Friederike Goltsche
Der Entwurf
eines Allgemeinen Deutschen
Strafgesetzbuches von 1922
(Entwurf Radbruch)

Juristische Zeitgeschichte
Abteilung 3: Beiträge zur modernen deutschen Strafgesetzgebung.
Materialien zu einem historischen Kommentar
Band 35

**Juristische Zeitgeschichte**
Hrsg. von Prof. Dr. Dr. Thomas Vormbaum
(FernUniversität in Hagen)

**Abteilung 3:**
**Beiträge zur modernen deutschen Strafgesetzgebung.**
**Materialien zu einem historischen Kommentar**

Band 35

Redaktion: Zekai Dagasan, Dana Theil

De Gruyter

Friederike Goltsche

# Der Entwurf eines Allgemeinen Deutschen Strafgesetzbuches von 1922 (Entwurf Radbruch)

De Gruyter

ISBN 978-3-89949-831-8
e-ISBN 978-3-89949-832-5

*Bibliografische Information der Deutschen Nationalbibliothek*

Die Deutsche Nationalbibliothek verzeichnet diese Publikation in der Deutschen Nationalbibliografie; detaillierte bibliografische Daten sind im Internet über http://dnb.d-nb.de abrufbar.



Druck: Hubert & Co. GmbH & Co. KG, Göttingen
♾ Gedruckt auf säurefreiem Papier

Printed in Germany

www.degruyter.com

# Vorwort

Die Arbeit wurde im Juli 2008 im Fachbereich Rechtswissenschaft der FernUniversität in Hagen als Dissertation angenommen.

Auf dem Weg zu diesem Buch hatte ich glücklicherweise viele Begleiter. Ich möchte deshalb an dieser Stelle die Gelegenheit nutzen und mich bei all denjenigen Menschen bedanken, die mich gefördert, motiviert und unterstützt haben.

Mein erster und herzlicher Dank gilt meinen Doktorvater Prof. Dr. Dr. Thomas Vormbaum, der mir nicht nur die Möglichkeit eröffnete, diese Arbeit zu schreiben, sondern auch mit wertvollen Anregungen immer zur Seite stand. Durch seine hervorragende Betreuungsarbeit hat er mir stets sein außergewöhnliches Verständnis von seiner Aufgabe als Doktorvater bewiesen.

Herrn Prof. Dr. Dr. h.c. mult. Günter Bemmann danke ich für die Übernahme des Zweitgutachtens.

Eine große Ehre bedeutet es für mich, daß diese Arbeit von der Gustav-Radbruch-Stiftung durch die vollständige Übernahme der Druckkosten äußerst großzügig gefördert wird. Hierfür möchte ich an dieser Stelle noch einmal ganz besonders danken.

Zudem möchte ich mich bei den Mitarbeitern der Archive bedanken, die mir bei der Recherche für diese Arbeit freundlich helfend zur Seite standen: Dabei sind die Mitarbeiter des Bundesarchivs in Berlin-Lichterfelde, des Handschriftenlesesaals der Heidelberger Universitätsbibliothek sowie des Österreichischen Staatsarchivs in Wien zu nennen.

Weiterer Dank gilt dem gesamten strafrechtlichen Lehrstuhl der FernUniversität. Hier habe ich während meiner Zeit als Mitarbeiterin und darüber hinaus stets Unterstützung und Zuspruch erfahren. Einen besonderen Dank gebührt dabei Anne Gipperich, die die Arbeit redaktionell begleitet hat.

Ein ganz besonderes Bedürfnis ist es mir, meinen Eltern und meinem Bruder Benjamin zu danken. Von ihnen habe ich stets Ermutigung und Unterstützung erfahren und fleißige Korrekturleser an meiner Seite gewusst.

Mein großer und besonders herzlicher Dank gilt meinem Freund Martin Asholt, der auch in schwierigen Phasen des Entstehungsprozesses dieser Arbeit immer an mich geglaubt und mir Rückhalt gegeben hat.

Düsseldorf, im Sommer 2009 *Friederike Goltsche*

# Inhaltsverzeichnis

*Vorwort* ... V

ERSTER TEIL:
EINLEITUNG UND GESCHICHTLICHE ENTWICKLUNG

*Erstes Kapitel: Einleitung* ... 3

A) Problemstellung ... 3

B) Stand der Forschung ... 4

C) Methoden und Fragestellungen ... 6

I. Kontinuität ... 6

II. Einflußfaktoren ... 7

III. Struktur und Systematik ... 8

IV. Sprache ... 8

V. Bedingungen und Begrenzungen der Strafbarkeit / Schuldprinzip ... 8

VI. Entkriminalisierung / Kriminalisierung: insbesondere Einzelstraftatbestände ... 8

VII. Sanktionssystem und Strafzweck ... 9

VIII. Subjektivierung / Objektivierung ... 9

IX. (Ent-)Moralisierung ... 9

D) Darstellungsweise ... 9

*Zweites Kapitel: Geschichtliche Entwicklung* ... 11

A) Die politische Situation um 1922 ... 11

B) Reformgeschichtliche Lage bis 1922 – Entwürfe 1909, 1911, 1913 und 1919 ... 19

## Zweiter Teil: Der Verfasser und sein Entwurf

*Drittes Kapitel: Gustav Radbruch* ..... 27
A) Werdegang ..... 27
B) Tätigkeit als Reichsjustizminister und Strafrechtsreformer ..... 43
I. Tätigkeitsbeginn und innere Haltung ..... 43
II. Begnadigungspolitik ..... 45
III. Gesetzgebungsarbeiten ..... 47
1. Das Geldstrafengesetz ..... 47
2. Das Jugendgerichtsgesetz ..... 50
3. Die Republikschutzgesetzgebung ..... 53
4. Weitere Gesetzgebungsarbeiten ..... 59
IV. Die zweite Amtszeit und das Ausscheiden aus der Politik ..... 60
C) Religiöse Überzeugung ..... 61
*Viertes Kapitel: Aufbau und Entstehungsgeschichte des Entwurfs* ..... 64
A) Aufbau des Entwurfs ..... 64
I. Name ..... 64
II. Inhalt ..... 65
1. Erstes Buch: Verbrechen und Vergehen ..... 66
a) Allgemeiner Teil ..... 66
b) Besonderer Teil ..... 71
aa) Straftaten gegen Gemeinschafts- und Persönlichkeitswerte ..... 71
bb) Straftaten gegen Vermögenswerte ..... 78
cc) Mißbrauch von Rauschmitteln ..... 80
2. Zweites Buch: Übertretungen ..... 81
3. Drittes Buch: Gemeinschädliches Verhalten ..... 82
4. Besonderheiten ..... 82

B) Entstehungsgeschichte des Entwurfs ... 83

I. Beratungen im Reichsjustizministerium über den Entwurf ... 83

II. Einflüsse ... 84

1. Deutsch-Österreichische Zusammenarbeit ... 84

a) Strafrechtsreformbewegung in Österreich bis 1922 ... 88

b) Ferdinand Kadečka ... 92

c) Diskussionspunkte ... 99

2. Moritz Liepmann ... 102

3. Franz von Liszt ... 104

III. Gang des Entwurfs ... 104

C) Straftheorie ... 110

*Fünftes Kapitel: Einzelregelungen* ... 122

A) Erstes Buch: Verbrechen und Vergehen ... 122

I. Allgemeiner Teil ... 122

1. Systematik ... 123

2. Sprache ... 124

3. Besonderheiten ... 125

a) Durchführung des Schuldprinzips ... 125

aa) Funktionen des Schuldbegriffs ... 127

bb) Entwicklung des Schuldbegriffs ... 129

b) Irrtum ... 137

aa) E 1922 ... 137

bb) Entwicklungslinien ... 139

c) Beseitigung der Reste der Erfolgshaftung ... 153

d) Gleichstellung von Versuch und Vollendung und subjektive Versuchslehre ... 158

aa) E 1922 ... 158

bb) Entwicklungslinien ... 159

e) Täterschaft und Teilnahme ... 168

aa) E 1922 ... 170

bb) Entwicklungslinien ... 171

f) Real- und Idealkonkurrenz ... 182

aa) E 1922 ... 183

bb) Entwicklungslinien ... 184

II. Besonderer Teil ... 193

1. Systematik ... 193

2. Sprache ... 194

3. Umfang der strafrechtlichen Sanktionsgewalt ... 197

a) Einschränkungen ... 197

aa) Allgemeines ... 197

bb) Einzelfragen ... 201

b) Ausweitungen ... 217

aa) Allgemeines ... 217

bb) Einzelfragen ... 219

c) Abschaffung der Zweikampfbestimmungen ... 232

B) Zweites Buch: Übertretungen ... 237

I. Allgemeiner Teil ... 239

II. Besonderer Teil ... 241

C) Drittes Buch: Gemeinschädliches Verhalten ... 246

*Sechstes Kapitel: Insbesondere: Rechtsfolgen* ... 249

A) Das Strafensystem ... 250

I. Todesstrafe ... 251

1. E 1922 ... 251

2. Entwicklungslinien ... 252

a) Der Entwurf von 1919 und die aktuelle Gesetzeslage ... 252

b) Österreichs Position zur Todesstrafe ... 252

c) Der Einfluß Franz von Liszts ... 253

3. Bewertung in der Öffentlichkeit ... 256

4. Zusammenfassung ... 257

II. Freiheitsstrafen ... 258

1. Strenges Gefängnis ... 259

a) E 1922 ... 259

b) Entwicklungslinien ... 262

aa) Stand im E 1919 und im RStGB ... 262

bb) Die Position Österreichs ... 263

cc) Der Einfluß Franz v. Liszts ... 265

c) Bewertung in der Öffentlichkeit ... 266

d) Zusammenfassung ... 268

2. Gefängnis ... 270

a) E 1922 ... 270

b) Entwicklungslinien ... 271

c) Zusammenfassung ... 273

3. Einschließung ... 274

a) E 1922 ... 274

b) Exkurs: Die Figur des Überzeugungstäters ... 276

c) Entwicklungslinien ... 282

aa) Stand im E 1919 und im RStGB ... 282

bb) Die Position Österreichs ... 284

cc) Der Einfluß Franz v. Liszts ... 286

d) Bewertung in der Öffentlichkeit ... 288

e) Zusammenfassung ... 292

4. Haft ... 293

a) E 1922 ... 293

b) Entwicklungslinien ... 294

c) Zusammenfassung und Bewertung ... 296

III. Geldstrafe ..... 297

1. E 1922 ..... 297

2. Entwicklungslinien ..... 298

a) Stand im E 1919 und im geltenden RStGB ..... 298

b) Die Position Österreichs ..... 300

c) Der Einfluß Franz v. Liszts ..... 301

d) Zusammenfassung und Bewertung ..... 302

IV. Ehrenstrafen ..... 304

B) Bedingter Straferlaß ..... 306

C) Maßregeln der Besserung und Sicherung ..... 312

I. Verhältnis der Maßregeln der Besserung und Sicherung zur Strafe ..... 313

1. Entwicklungslinien ..... 313

2. E 1922 ..... 316

II. Sicherungsverwahrung, Grundsatz des Vikariierens und die Figur des Gewohnheitsverbrechers ..... 318

1. E 1922 ..... 318

2. Entwicklungslinien ..... 321

a) Stand im E 1919 und im geltenden RStGB ..... 321

b) Die Position Österreichs ..... 323

c) Der Einfluß Franz v. Liszts ..... 324

3. Zusammenfassung und Bewertung ..... 326

III. Schutzaufsicht ..... 327

IV. Arbeitshaus ..... 328

1. E 1922 ..... 328

2. Entwicklungslinien ..... 329

3. Zusammenfassung ..... 333

D) Strafzumessung ..... 334

I. Grundsätze der Strafzumessung ..... 335

1. Milderungsgründe ... 338
2. Verwarnung ... 342
3. Strafschärfung ... 344
II. Richterliche Ermessensfreiheit im Rahmen der Strafzumessung ... 346

## DRITTER TEIL: ZUSAMMENFASSUNG UND WÜRDIGUNG

*Siebentes Kapitel: Zusammenfassung* ... 353
A) Struktur und Systematik ... 353
B) Durchführung des Schuldprinzips ... 354
C) Strafen und Maßregeln der Besserung und Sicherung ... 356
I. Strafarten ... 356
1. Freiheitsstrafen ... 356
2. Geldstrafe ... 359
3. Ehrenstrafen ... 360
II. Maßregeln der Besserung und Sicherung ... 360
D) Bedingter Straferlaß und Strafzumessung ... 362
I. Bedingter Straferlaß ... 362
II. Strafzumessung ... 364
E) Einzelstraftatbestände ... 365

*Achtes Kapitel: Würdigung* ... 367
A) (Dis-)Kontinuität ... 367
B) Subjektivierung ... 370
C) (Ent-)Moralisierung ... 375
D) (Ent-)Kriminalisierung und Neugestaltung des Sanktionensystems ... 378
E) Straftheorie des Entwurfs ... 383

F) Einflußfaktoren ... 387

G) Resümee: Liberalität des Entwurfs? ... 394

ANHANG

*Quellenverzeichnis* ... 399

I. Veröffentlichte Quellen ... 399

II. Unveröffentlichte Quellen ... 403

*Literaturverzeichnis* ... 404

# ERSTER TEIL:
# EINLEITUNG UND
# GESCHICHTLICHE ENTWICKLUNG

# Erstes Kapitel: Einleitung

## *A) Problemstellung*

Gegenstand dieser Arbeit ist der Entwurf eines Allgemeinen Deutschen Strafgesetzbuchs von 1922, welcher auch unter dem Namen Entwurf *Radbruch*, um ihn als Werk des damaligen Reichsjustizministers *Gustav Radbruch* zu kennzeichnen, bekannt ist. Aus der Fülle der im folgenden noch aufzuführenden Einflußfaktoren ergibt sich, daß Ziel bzw. Gegenstand dieser Untersuchung allein der Entwurf und seine Einordnung in die Strafrechtsreformdiskussionen sein kann. Eine Beschreibung oder gar Bewertung seines Namensgebers ist weder gewollt noch im Rahmen einer solchen Bearbeitung möglich.

Auf den ersten Blick mag die Beschäftigung mit diesem Thema in zweierlei Hinsicht verwundern: Der Entwurf erstarkte nie in Gesetzeskraft, d.h. er blieb Teil der Gesetzesvorhaben in den Bemühungen um eine Strafrechtsreform. Darüber hinaus gelangte er in seiner Ursprungsform erst dreißig Jahre nach seiner Entstehung zur Veröffentlichung; auf seine Zeit nahm er nur mittelbar Einfluß, indem er in der deutlich veränderten Form seines Nachfolgers, des Entwurfs von 1924/25, in die öffentliche Diskussion gelangte. Dabei konnten Rückschlüsse auf die Ursprungsform über die Aufzählung der Änderungen, die *Radbruch* selbst – nach Absprache mit dem neuen Reichsjustizminister – veröffentlichte[1], gezogen werden.

Der Entwurf hebt sich von den vorangegangen – und auch nachfolgenden – Entwürfen ab. Dies resultiert zum einen aus äußeren Umständen: So entstand der Entwurf im Wege einer geplanten Rechtsangleichung in enger Zusammenarbeit mit Österreich. Zudem war der Entwurf nicht das Ergebnis einer Kommissionsarbeit, sondern wurde maßgeblich unter der Federführung *Radbruchs* und seiner Mitarbeiter im Reichsjustizministerium erstellt. Seine Begründung – als *Bemerkungen* bezeichnet – wurde von *Radbruch* selbst verfaßt[2].

1 *Radbruch*, Regierungsvorlage 1922 und Reichratsvorlage 1924; in: Gustav Radbruch Gesamtausgabe – im folgenden GRGA, Bd. 9 (Strafrechtsreform), S. 211 ff.

2 In dem Nachlaß *Radbruchs*, der in Heidelberg archiviert ist, findet sich ein Originalexemplar des Entwurfs, in dem *Radbruch* selbst handschriftlich vermerkt hat: „Dies ist der nicht veröffentlichte sog. Entwurf Radbruch, der im Herbst vom Reichsjustizmini-

Neben diesen Äußerlichkeiten ist es die Ausgestaltung des Entwurfs selbst, die die Aufmerksamkeit auf sich gezogen hat bzw. noch zieht und zu überschwenglichen „Lobeshymnen“ verleitet hat. So bezeichnete *Moritz Liepmann* ihn als „Höhepunkt der strafgesetzlichen Reformarbeit“[3] und *Thomas Dehler* als „großen Wurf“[4].

Als wichtige Kernpunkte der Reformarbeit sind die Bestrebungen nach Aussonderung des „Polizeiunrechts“[5] und des „gemeinschädlichen Verhaltens“[6], die Reform des Strafensystems unter Abschaffung der Todes-, Zuchthaus- und sog. Ehrenstrafen, die Ausweitung der richterlichen Ermessensfreiheit, insbesondere im Hinblick auf die Strafzumessung und das „Vikariieren“ von Strafe und Sicherungsverwahrung[7], die neue Betonung des Schuldprinzips und die Entkriminalisierungsbemühungen im Besonderen Teil zu nennen[8].

Aufgabe dieser Untersuchung soll es sein, ein aussagekräftiges Profil des Entwurfs zu erstellen, das sowohl diese Kernpunkte als auch weitere Einzelregelungen näher beleuchtet. Daß aufgrund des Umfangs der zu untersuchenden Quelle kein Anspruch auf Vollständigkeit erhoben werden kann und wird, liegt in der Natur der Sache.

## *B) Stand der Forschung*

Das Leben und Werk *Gustav Radbruchs* ist umfangreich erforscht. So widmet sich die von seinem Schüler *Arthur Kaufmann* herausgegebene 20-bändige Gesamtausgabe[9] den zahlreichen Veröffentlichungen *Radbruchs* in Form von

---

sterium der Reichsregierung vorgelegt wurde. Die Begründung ist meine eigene Arbeit. G.R.“ Siehe: Heid. Hs. 3716 – II. D. 12. Nr. 16.

3 *Liepmann*, Die neuen „Grundsätze über den Vollzug von Freiheitsstrafen“ in Deutschland, S. 15.

4 *Dehler*, Geleitwort zum Entwurf eines Allgemeinen Deutschen Strafgesetzbuches, S. III.

5 Das „Polizeiunrecht“ waren die im 2. Buch des Entwurfs geregelten Übertretungen, Radbruch bezeichnete sie auch bereits als Ordnungswidrigkeiten. *Radbruch*, Bemerkungen, S. 50 f.

6 Das „gemeinschädliche Verhalten“ war Gegenstand des 3. Buches des Entwurfs und umfaßte die sog. „kleine“ Kriminalität wie Betteln, Ausschicken zum Betteln, Umherziehen in Banden und Arbeitsverweigerung.

7 Das heißt, daß unter bestimmten Voraussetzungen die Sicherungsverwahrung an die Stelle der Strafe treten konnte.

8 Siehe hierzu auch exemplarisch im Überblick: *Wassermann*, Einleitung, in: GRGA, Bd. 9 (Strafrechtsreform), S. 25.

9 Die Gustav Radbruch Gesamtausgabe (GRGA) besteht im einzelnen aus folgenden Bänden: Band 1 – Rechtsphilosophie I, Band 2 – Rechtsphilosophie II, Band 3 –

Aufsätzen und Büchern, aber auch Briefen und Reden. Der neunte Band der Gesamtausgabe befaßt sich unter einer ausführlichen Einleitung *Rudolf Wassermanns* auch mit den Beiträgen *Radbruchs* zur Strafrechtsreform.

Ausführlichere Gesamtanalysen des Entwurfs sind eher selten, neben der Einleitung *Eberhard Schmidts* zur Veröffentlichung des Entwurfs im Jahre 1952[10] sind das Werk *Krämers*[11] und das in Schriftform übermittelte Referat *Neumanns*[12] zu nennen.

Einzelne Tatbestände des Besonderen Teils des ersten Buches des Entwurfs – über die Verbrechen und Vergehen – werden durch die Längsschnittuntersuchungen „Beiträge zur modernen deutschen Strafgesetzgebung – Materialien zu einem historischen Kommentar“[13] aufgearbeitet.

---

Rechtsphilosophie III, Band 4 – Kulturpolitische und –historische Schriften, Band 5 – Literatur- und kunstpolitische Schriften, Band 6 – Feuerbach, Band 7 – Strafrecht I, Band 8 – Strafrecht II, Band 9 – Strafrechtsreform, Band 10 – Strafvollzug, Band 11 – Strafrechtsgeschichte, Band 12 – Politische Schriften aus der Weimarer Zeit I, Band 13 – Politische Schriften aus der Weimarer Zeit II, Band 14 – Staat und Verfassung, Band 15 – Rechtsvergleichende Schriften, Band 16 – Biographische Schriften, Band 17 – Briefe I (1898–1918), Band 18 – Briefe II (1919–1949), Band 19 – Reichstagsreden, Band 20 – Nachtrag und ist in den Jahren von 1987 bis 2003 in Heidelberg erschienen.

10 *E. Schmidt*, Einleitung zu: Gustav Radbruchs Entwurf eines Allgemeinen Deutschen Strafgesetzbuches (1922), S. VII.

11 *Krämer*, Strafe und Strafrecht im Denken des Kriminalpolitikers Gustav Radbruch.

12 *Neumann*, Gustav Radbruchs Beitrag zur Strafrechtsreform, in: KJ 2004, S. 432 ff. Das Referat wurde am 24. Mai im Rahmen der von der Friedrich-Ebert-Stiftung veranstalteten Tagung „Gustav Radbruch als Reichsjustizminister (1921–1923)“ in Berlin gehalten.

13 *Asholt*, Straßenverkehrstatbestände. Reformdiskussion und Gesetzgebung seit dem Ausgang des 19. Jahrhunderts. Berlin 2007; *Baumgarten*, Zweikampf §§ 201–210 a.F. StGB. Reformdiskussion und Gesetzgebung von 1870 bis zur Aufhebung der Zweikampfbestimmungen. Baden-Baden 2002; *Bernhard*, Falsche Verdächtigung (§§ 164, 165 StGB) und Vortäuschen einer Straftat (§ 145d StGB). Reformdiskussion und Gesetzgebung seit 1870. Berlin 2003; *Durynek*, Korruptionsdelikte (§§ 331 ff.). Reformdiskussion und Gesetzgebung seit dem 19. Jahrhundert. Berlin 2007; *Felske*, Kriminelle und terroristische Vereinigungen – §§ 129, 129a StGB. Reformdiskussion und Gesetzgebung seit dem 19. Jahrhundert. Baden-Baden 2002; *Gieseler*, Unterlassene Hilfeleistung. § 323c StGB; Reformdiskussion und Gesetzgebung seit 1870. Baden-Baden 1999; *Große-Vehne*, Tötung auf Verlangen (§ 216 StGB), „Euthanasie“ und Sterbehilfe. Reformdiskussion und Gesetzgebung seit 1870. Berlin 2005; *A. Hartmann*, Majestätsbeleidigung und Verunglimpfung des Staatsoberhauptes (§§ 94 ff. RStGB, 90 StGB). Reformdiskussion und Gesetzgebung seit dem 19. Jahrhundert. Berlin 2006; *I. Hartmann*, Prostitution, Kuppelei und Zuhälterei. Reformdiskussion und Gesetzgebung seit 1870. Berlin 2006; *Kisker*, Die Nichtanzeige geplanter Straftaten – §§ 138, 139 StGB. Reformdiskussion und Gesetzgebung seit 1870. Berlin 2002; *Koch*, Christina: Schwangerschaftsabbruch (§§ 218 ff. StGB). Reformdiskussion und Gesetzgebung von 1870 bis 1945. Münster 2004; *Korn*, Frank: Körperverletzungsdelikte – §§ 223 ff.,

Zahlreich sind zudem die Veröffentlichungen zum Nachfolgeentwurf 1924/25, die aufgrund der bestehenden Übereinstimmungen mit dem Vorgänger herangezogen werden können.

## *C) Methoden und Fragestellungen*

Die Arbeit konzentriert sich als Querschnittanalyse im wesentlichen auf die Analyse des Gesetzentwurfs. Dies kann jedoch nur vor dem Hintergrund der politischen und strafrechtsreformerischen Entwicklung geschehen, deren Darstellung sich hier auf die unmittelbare Umgebung des Entwurfs von 1922 beschränken wird und nur dort weiter ausholen soll, wo dies für Verständnis und Würdigung erforderlich ist.

Die wichtigsten Fragestellungen, die in der Bearbeitung stets wiederkehren, sowie die wesentlichen Untersuchungsgegenstände sollen im folgenden kurz dargestellt werden:

### *I. Kontinuität*

Wesentlich für die Entwurfsanalyse wird es sein, den Entwurf in die Entwicklung der Strafrechtsreform einzuordnen und die Frage zu beantworten, ob er sich in eine Kontinuitätslinie einfügt. Als Bezugsgröße wird hierbei der Vorgängerentwurf von 1919 dienen, der als Grundlage für die Fassung des neuen Entwurfs herangezogen wurde und an den nach *Radbruchs* Bekundungen eng

340 StGB. Reformdiskussion und Gesetzgebung von 1840 bis 1933. Berlin 2003; *Lindenberg*, Brandstiftungsdelikte – §§ 306 ff. StGB. Reformdiskussion und Gesetzgebung seit 1870. Berlin 2004; *Linka*, Mord und Totschlag (§§ 211–213 StGB), Reformdiskussion und Gesetzgebung seit 1870, Berlin 2008; *Prechtel*, Urkundendelikte (§§ 267 ff. StGB). Reformdiskussion und Gesetzgebung seit 1870. Berlin 2005; *Prinz*, Diebstahl – §§ 242 ff. StGB. Reformdiskussion und Gesetzgebung seit 1870. Baden-Baden 2002; *Putzke*, Sabine: Die Strafbarkeit der Abtreibung in der Kaiserzeit und in der Weimarer Zeit. Eine Analyse der Reformdiskussion und der Straftatbestände in den Reformentwürfen (1908–1931). Berlin 2003; *Rampf*, Hausfriedensbruch (§ 123 StGB). Reformdiskussion und Gesetzgebung seit 1870. Berlin 2006; *Rentrop*, Untreue und Unterschlagung (§§ 266 und 246 StGB). Reformdiskussion und Gesetzgebung seit dem 19. Jahrhundert. Berlin 2007; *Seemann*, Strafbare Vereitelung von Gläubigerrechten (§§ 283 ff., 288 StGB). Reformdiskussion und Gesetzgebung seit 1870. Berlin 2006; *Thiel*, Rechtsbeugung – § 339 StGB. Reformdiskussion und Gesetzgebung seit 1870. Berlin 2005; *Vormbaum*, Eid, Meineid und Falschaussage. Reformdiskussion und Gesetzgebung seit 1870. Berlin 1990; *Voßiek*, Eckhard: Strafbare Veröffentlichung amtlicher Schriftstücke (§ 353d Nr. 3 StGB). Gesetzgebung und Rechtsanwendung seit 1851. Berlin 2004. Darüber hinaus sind auch Probleme des Allgemeinen Teils im Längsschnitt erörtert worden: *Meyer-Reil*, Strafaussetzung zur Bewährung. Reformdiskussion und Gesetzgebung seit dem Ausgang des 19. Jahrhunderts. Münster 2006.

angeknüpft werden sollte[14]. Abgesehen von den Gesetzentwürfen der Strafrechtsreform wird auch das geltende Recht in Form des Reichsstrafgesetzbuchs und ggf. der Nebengesetze als Parallele in die Betrachtung mit einfließen. Abschließend soll für jeden Untersuchungspunkt kurz festgestellt werden, inwiefern die betreffende Vorschrift im Nachfolgeentwurf von 1924/25 beibehalten wurde.

## *II. Einflußfaktoren*

Neben den offensichtlichen Einflußfaktoren auf den Entwurf, wie die enge Zusammenarbeit mit Österreich zum Ziele einer Rechtsangleichung – die sich neben der schriftlichen Ausarbeitung von österreichischen Gegenvorschlägen zum E 1919 persönlich in der intensiven Zusammenarbeit des Referenten vom österreichischen Justizministerium, *Ferdinand Kadečka*, in Form zweier Besuche in *Radbruchs* eigenem Hause äußerte – und dem E 1919 war es *Radbruch* selbst, der weitere Quellen möglichen Einflusses preisgab: Zum einen äußerte er sich in seinem Buch „Elegantiae Iuris Criminalis“[15], daß er durch ein Werk[16] *Moritz Liepmanns* beeinflußt worden sei.

Der andere, gewichtige Einflußfaktor liegt in der Person *Radbruchs* und offenbart sich nach den *Bemerkungen* zum Entwurf vor allen Dingen in den Regelungen über die Strafzumessung: So verwies er darin ausdrücklich auf die Orientierung an der Tätertypologie seines Doktorvaters und Lehrers *Franz v. Liszt*[17]. Aus diesem Grunde wird ein Aspekt der Untersuchung sein, zu erörtern, inwieweit die straftheoretische Konzeption *v. Lizsts* sich im Entwurf wiederfindet. Dabei soll nicht außer Acht gelassen werden, daß *v. Liszt* selbst an der Strafrechtsreform mitgewirkt hat, indem er zusammen mit *Kahl*, *v. Lilienthal* und *Goldschmidt* einen Gegenentwurf zum Vorentwurf im Jahre 1911 verfaßte. Diese Quelle gesetzgeberischer Tätigkeit *v. Liszts* soll, als Gegengewicht zu seinen rein wissenschaftlichen Abhandlungen und als Bestandteil der Strafrechtsreform, miteinbezogen werden. Natürlich muß dabei Berücksichtigung finden, daß der GE von 1911 nicht von *v. Liszt* allein verfaßt wurde.

Es soll in der Analyse des Entwurfs versucht werden, das Gewicht der jeweiligen Einflußfaktoren aufzuzeigen. Hier wird bewußt von einem Versuch

14 *Radbruch*, Der innere Weg, S. 114.

15 S. 230 (Fn. 44).

16 Die Reform des deutschen Strafrechts.

17 *Radbruch*, Bemerkungen, S. 56.

gesprochen, da es im Einzelfall Schwierigkeiten bereiten kann, den wirklichen Ursprung zu offenbaren.

### *III. Struktur und Systematik*

Ein Ziel der Arbeit soll es sein, Struktur und Systematik des Entwurfs darzustellen, wobei ausgehend von einem Überblick auf die Gestaltung der einzelnen Bücher – Verbrechen und Vergehen (Erstes Buch), Übertretungen (Zweites Buch) und gemeinschädliches Verhalten (Drittes Buch) – eingegangen werden soll.

### *IV. Sprache*

Nach den *Bemerkungen* zum Entwurf sollte das Strafgesetzbuch ein „Volksbuch“[18] sein; dies impliziert eine klare und unmißverständliche Sprache. Es wird im Rahmen der Analyse auch immer ein Augenmerk auf die Terminologie des Entwurfs zu richten sein: Ist sie eindeutig oder verschleiert sie; gibt sie klare Vorgaben?

### *V. Bedingungen und Begrenzungen der Strafbarkeit / Schuldprinzip*

Ein wesentlicher Bestandteil der Arbeit wird darin bestehen, zu erschließen, an welche Bedingungen die Strafbarkeit knüpfte bzw. wie diese ggf. begrenzt wurde. Zentraler Punkt der Analyse wird das nach den *Bemerkungen* zum Entwurf besonders betonte Schuldprinzip[19] sein. Im Zusammenhang hiermit wird insbesondere die Ausgestaltung der Regelungen über den Irrtum, den Versuch sowie Täterschaft und Teilnahme eine Rolle spielen.

### *VI. Entkriminalisierung / Kriminalisierung: insbesondere Einzelstraftatbestände*

Ferner soll aufgezeigt werden, inwiefern der Entwurf Tendenzen zur Kriminalisierung und Entkriminalisierung aufwies: Eine Ausweitung / Begrenzung des Strafrechts soll im Hinblick auf die Analyse von Einzelstraftatbeständen aufgezeigt, aber auch hinsichtlich der übrigen Vorschriften des Entwurfs stets im Blick behalten werden.

---

18 *Radbruch*, Bemerkungen, S. 50.

19 *Radbruch*, Bemerkungen, S. 60 ff.

### *VII. Sanktionssystem und Strafzweck*

Als ein Kernpunkt des Entwurfs bereits benannt, wird ein besonderes Augenmerk auf die Ausgestaltung des Sanktionssystems im Hinblick auf die Formen der Sanktionen – Strafen und Maßregeln der Besserung und Sicherung –, ihre konkrete Ausgestaltung und ihr Verhältnis untereinander gelegt. Damit zusammenhängend werden die Möglichkeiten des Straferlasses sowie die Ausgestaltung der Strafzumessung diskutiert, die insbesondere auch in Bezug auf ein neu betontes Verständnis der richterlichen Ermessensfreiheit von Belang sein werden. An diesen Themenkomplex knüpft die wesentliche Frage danach an, welches Verständnis von Strafe dem Entwurf zugrunde lag.

### *VIII. Subjektivierung / Objektivierung*

In Zusammenhang mit der dem Entwurf zugrundeliegenden Straftheorie steht die Frage danach, ob der Entwurf die Strafe mehr auf Umstände, die in der (Art der) Persönlichkeit des Täters lagen, oder auf die von ihm verwirklichte Tat abstellte.

### *IX. (Ent-)Moralisierung*

Sprach *Radbruch* persönlich sich für eine Rationalisierung der Strafe im Sinne *Feuerbachs* aus, die sich in einer Trennung von Recht und Moral vollziehen sollte[20], so wird zu beachten sein, ob dieses Bestreben auch die praktische Entwurfsarbeit kennzeichnete.

## *D) Darstellungsweise*

Die Darstellung erfolgt in drei Teilen. Nach einer historischen Einleitung über die allgemeinen politischen Begleitumstände sowie einem kurzen Überblick über den Verlauf der Strafrechtsreform (Erster Teil) schließt der Hauptteil der Arbeit an (Zweiter Teil): Dieser gibt zunächst einen biographischen Überblick über die Person *Gustav Radbruchs*, der sich insbesondere mit seiner Tätigkeit als Reichsjustizminister und den damit verbundenen wesentlichen Gesetzgebungsarbeiten befaßt (Drittes Kapitel). Sodann sind Aufbau und Entstehungsgeschichte des Entwurfs zu betrachten (Viertes Kapitel), wobei der Blick vom Namen des Entwurfs über eine gestraffte Darstellung seines Inhalts, die näheren Umstände seiner Entstehung in Beratungen und mögliche Einflußfaktoren

20 *Radbruch*, Autoritäres oder soziales Strafrecht?, in: GRGA, Bd. 8 (Strafrecht II), S. 226 (228).

bis hin zu der strafrechtstheoretischen Position *Radbruchs* als Ausgangspunkt für eine spätere Analyse in der Entwurfsarbeit gelenkt wird.

Die anschließenden beiden Kapitel beschäftigen sich mit einzelnen Regelungsfeldern des Entwurfs. Das Fünfte Kapitel befaßt sich – dem Grundaufbau des Entwurfs in drei Bücher folgend – mit Einzelregelungen des Entwurfs. Die Darstellung, die sich auf das Erste Buch über die Verbrechen und Vergehen konzentriert, wird sich ausgehend von Überlegungen zu Sprache und Systematik mit grundlegenden Bestimmungen des Allgemeinen Teils im Hinblick auf die Durchführung des Schuldprinzips sowie mit einer Auswahl von Vorschriften des Besonderen Teils beschäftigen. Im Rahmen der Darstellung der Straftatbestände sollen Tendenzen zur Einschränkung und Ausweitung der staatlichen Sanktionsgewalt aufgezeigt werden. Daran schließt eine Darstellung und Analyse der beiden weiteren Bücher des Entwurfs, die Übertretungen und das gemeinschädliche Verhalten.

Sodann sind die vom Entwurf vorgesehenen Rechtsfolgen näher zu betrachten (Sechstes Kapitel). Dies erfordert neben der Darstellung der Sanktionsformen in Form von Strafen und Maßregeln, wobei in Bezug auf erstere die Möglichkeiten ihres Erlasses zu erörtern sind, auch eine nähere Auseinandersetzung mit ihrem Verhältnis zueinander sowie mit den ihrer Bemessung zugrundeliegenden Prinzipien (Strafzumessung).

Der dritte und letzte Teil enthält neben einer Zusammenfassung (Siebtes Kapitel) den Versuch einer rechtshistorischen Würdigung des Entwurfs von 1922 (Achtes Kapitel).

Das Fünfte[21] und das Sechste[22] Kapitel enthalten jeweils einen Exkurs. Grundsätzlich wird innerhalb der Darstellung der Gesetzestext der jeweiligen Vorschriften direkt im Fließtext bzw. in den Fußnoten angeführt. Ausgehend von einer Betrachtung der einzelnen Regelungen des Entwurfs erfolgt eine Analyse in Bezug auf die möglichen Einflußfaktoren, der sich eine Betrachtung der daran geäußerten Kritik anschließt. Kleinere Zusammenfassungen nach einem Untersuchungsgang sollen die spätere Würdigung nicht vorwegnehmen, sondern sie vorbereiten und die dahinterliegenden Diskussionen verständlicher machen.

---

21 Im Rahmen der Erörterung über die Irrtumsregelung des Entwurfs beschäftigt sich ein Exkurs mit der Rechtsprechung des Reichsgerichts.

22 Im Rahmen der Behandlung der vom Entwurf vorgesehenen Einschließungsstrafe befaßt sich ein Exkurs mit dem Begriff des Überzeugungsverbrechers.

# Zweites Kapitel: Geschichtliche Entwicklung

Die Ursachen für das Scheitern des Entwurfs von 1922 lagen neben drängenden außenpolitischen Fragen nach *Radbruchs* Vermutung auch an Widerständen innerhalb des Kabinetts *Wirth*[1]. Dies fügt sich in den grundsätzlichen Zustand von Politik und Gesellschaft in der Weimarer Republik ein: Unruhe, Krisenhaftigkeit und Zerrissenheit. Als Ausgangspunkt für die Analyse des Entwurfs sind die politische Situation um das Jahr 1922 sowie die Stellung des Entwurfs in der Entwicklung der Strafrechtsreform von Interesse.

## *A) Die politische Situation um 1922*

Nach 1918 stellte es für die Mehrheit der Deutschen ein unüberwindbares Hindernis dar, sich mit dem Ergebnis des Krieges und dessen Folgen abzufinden. Sie hatten den Übergang vom Kaiserreich zur Republik nicht aktiv gestalterisch und mit einem demokratisch erneuerten Geist, sondern nur passiv verharrend erlebt[2]. Die erlittenen Verluste und Entbehrungen rissen bei ihnen tiefe Wunden auf, die es ihnen in ihrem Selbstverständnis unmöglich machten, die neu geschaffene Demokratie als eine Chance zu begreifen und sie positiv zu nutzen, statt dessen standen sie dem neuen Staat skeptisch und feindlich gegenüber. Die neue deutsche Demokratie war nicht ersehnt und erkämpft worden, sie war vielmehr „improvisiert“ und versuchte, das Vakuum der verlorenen Monarchie auszufüllen[3].

*Kurt Tucholsky* charakterisierte die Sehnsucht nach den vergangenen Zeiten treffend, indem er schrieb, daß der erste Glaubensartikel im Katechismus der Bourgeoisie laute: „Unter dem Kaiser war alles besser“[4]. Diese nostalgische Stimmung blieb unter den wirtschaftlichen Entbehrungen der Zeit konserviert; es kam nicht dazu, daß die Bevölkerung sich mit der neuen Demokratie identifizierte. Es trat nie ein hinlänglicher Normalzustand ein – „der Normalzustand

---

1 *Radbruch*, Der innere Weg, S. 116.

2 *Craig*, Deutsche Geschichte 1866–1945, S. 380.

3 *Eschenburg*, Die Republik von Weimar, S. 77.

4 *Tucholsky*, Die Glaubenssätze der Bourgeoisie, in: Kurt Tucholsky, Gesammelte Werke in 10 Bänden, Band 6 (1928), Herausgegeben von Mary Gerold-Tucholsky und Fritz J. Raddatz, Reinbek bei Hamburg, 1960, S. 251 (252).

war die Krise“[5]. Das Jahr 1922 war für diesen krisenhaften Zustand sinnbildlich.

Außenpolitisch versuchte das Kabinett[6] um *Joseph Wirth*, das seit dem 10. Mai 1921 die Geschicke der Republik zu lenken suchte, sich zu konsolidieren und den durch den Krieg verlorenen Handlungsspielraum in der Außenpolitik wiederzugewinnen[7].

Die Regierung unter dem Reichskanzler *Josef Wirth* war eine Regierung der sog. Erfüllungspolitik. Sie setzte sich hauptsächlich aus Mitgliedern des Zentrums und der Sozialdemokratie zusammen. Wie sein Vorgänger *Fehrenbach* war *Wirth* Vertreter des „süddeutschen demokratischen Typus des politischen Katholizismus“, wobei bei ihm eine stärkere Betonung auf dem demokratischen Teil lag[8]. Obwohl er in der Zentrumspartei dem linken Flügel angehörte, war er zugleich ein brennender Nationalist[9].

*Wirth* sah die Möglichkeit der Stärkung des deutschen Ansehens im Ausland in erster Linie in dem Versuch, weitestgehend die Forderungen der Alliierten – gerade in der Reparationsfrage – zu erfüllen[10].

Die Reparationsfrage bestimmte insbesondere die Anfangsjahre der Republik. Nach dem verlorenen Krieg war den Deutschen 1919 von den Alliierten durch den Versailler Vertrag die Zahlung von 20 Milliarden Goldmark bis zum 1. Mai 1921 auferlegt worden. Bis zu diesem Termin sollte zudem gemäß Art. 233 des Versailler Vertrages die Reparationskommission die von den Deutschen zu leistende Gesamtsumme festsetzen.

Die Lösung der Reparationsfrage spitzte sich in der Folgezeit zunehmend zu: Schließlich stellten die Alliierten Deutschland – nachdem vorangegangene Einigungsversuche gescheitert waren – am 5. Mai 1921 das „Londoner Ultimatum“. Darin drohten sie die Besetzung des gesamten Ruhrgebiets ab dem 12. Mai für den Fall an, daß Deutschland nicht der Erfüllung ihrer Bedingungen zustimmte. Die Forderungen der verbündeten Regierungen bestanden in der Entwaffnung nach den bisherigen Vorgaben, der Abur-

---

5 *Craig*, Deutsche Geschichte 1866–1945, S. 380.

6 Das erste Kabinett *Wirth* regierte vom 10. Mai bis zum 26. Oktober 1921. Das zweite Kabinett *Wirth* (Zentrum, SPD, DDP) war vom 26. Oktober 1921 bis zum 14. November 1922 in der Regierungsverantwortung. Das Kabinett bestand neben dem Reichskanzler *Joseph Wirth* (Zentrum) aus: *Gustav Bauer* (Vizekanzler, SPD), *Walther Rathenau* (Auswärtiges Amt, 1. Februar 1922 bis 24. Juni 1922, DDP), *Adolf Köster* (Inneres, SPD), *Andreas Hermes* (ab dem 3. März 1922, Zentrum), *Robert Schmidt* (Wirtschaft, SPD), *Heinrich Brauns* (Arbeit, Zentrum), *Gustav Radbruch* (Justiz, SPD), *Otto Geßler* (Reichswehr, DDP), *Johannes Giesberts* (Post, Zen-trum), *Wilhelm Groener* (Verkehr, parteilos), *Andreas Hermes* (bis zum 10. März 1922 Ernährung, Zentrum), *Anton Fehr* (ab dem 10. März 1922, Bayerischer Bauernbund).

7 *Möller*, Weimar, S. 150.

8 *Eyck*, Geschichte der Weimarer Republik, Bd. 1, S. 249.

9 *Winkler*, Weimar 1918–1933, S. 157.

10 *Eyck*, Geschichte der Weimarer Republik, Bd. 1, S. 250.

teilung der deutschen Kriegsverbrecher, der Zahlung von 12 Milliarden Goldmark, die ihrer Rechnung entsprechend nach dem Versailler Vertrag für den 1. Mai 1921 noch fällig gewesen waren sowie der Anerkennung eines weiteren Reparationsplans[11]. In diesem wurde zwischen sofort und später anfallenden Leistungen differenziert, Schuldverschreibungen in Höhe von 50 Milliarden Goldmark sollten ab dem Jahre 1921 verzinst und getilgt werden („A- und B-Bonds"), wohingegen 82 Milliarden Goldmark, die „C-Bonds", erst später zu tilgen und zu verzinsen waren. Die zu tilgende Gesamtsumme belief sich folglich auf 132 Millionen Goldmark, wobei noch 6 Milliarden Goldmark zusätzlich für das neutrale, von Deutschland 1914 überfallene Belgien anfielen. 1 Milliarde Goldmark war bis zum 30. Mai 1921 zu zahlen; die anschließende jährliche Belastung belief sich zunächst auf 3 Milliarden Goldmark[12]. Dem noch jungen ersten Kabinett *Wirth*, in dem *Wirth* selbst neben dem Amt des Reichskanzlers noch provisorisch die Ämter des Außen- und Finanzministers bekleidete, gelang es, in der Abstimmung im Reichstag über das Ultimatum dessen Annahme zu erringen und sich damit politisch durchzusetzen[13]. Von der direkt zu erbringenden ersten Milliarde Goldmark vermochte das Deutsche Reich zunächst nur 150 Millionen in bar aufzubringen, den Rest finanzierte es mit Schatzwechseln mit einer Laufzeit von drei Monaten, die nur unter großen Problemen zum verlangten Termin eingelöst werden konnten.

---

11 *Winkler*, Weimar 1918–1933, S. 156.

12 *Winkler*, Weimar 1918–1933, S. 156.

13 *Winkler*, Weimar 1918–1933, S. 157. Bei seiner Regierungserklärung ließ *Wirth* anklingen, daß auch die Oberschlesienfrage Motivation für die Annahme des Ultimatums der Alliierten sei. Zwischen Polen und Deutschland bestand ein Streit um die Zugehörigkeit Oberschlesiens. Im August 1919 und August 1920 war es zu zwei polnischen Aufständen in Oberschlesien gekommen, auf die der Einsatz von deutschen Freikorps und Sicherheitskräften folgte. Am 20. Mai 1921 erfolgte dann die nach dem Versailler Vertrag vorgesehene Abstimmung in Oberschlesien; in dieser sprachen sich 60% für Deutschland und 40% für Polen aus. Dies hatte zur Folge, daß die Reichsregierung ganz Oberschlesien verlangte, wohingegen die Alliierten und Polen für eine Teilung des Gebietes plädierten. Infolge dieser Auseinandersetzung ereignete sich der dritte oberschlesische Aufstand, welcher eine erste große Bewährungsprobe für die Regierung *Wirth* darstellte: Die Regierung *Wirth* unterstützte – zusammen mit der preußischen Regierung – eine paramilitärische Organisation, den oberschlesischen Selbstschutz. Gegenüber den sich neu formierenden Freikorps ging die Regierung *Wirth* gezwungenermaßen aus außen- und innenpolitischen Gründen auf Distanz, auch wurde bald darauf der oberschlesische Selbstschutz – zumindest offiziell – aufgelöst. Die Frage der Zugehörigkeit Oberschlesiens wurde am 12. August 1921 dem Völkerbund zur Entscheidung überlassen und damit eine Entscheidung auf diplomatischer Ebene bewirkt. In Übereinstimmung mit dem Gutachten des Völkerbundrates kam der Oberste Rat der Alliierten am 20. Oktober zu dem Ergebnis, daß etwa vier Fünftel des oberschlesischen Industriegebietes an Polen fallen sollten, u.a. auch die Städte Königshütte und Kattowitz, in denen die Abstimmungen für Deutschland noch eine überwältigende Mehrheit ergeben hatten. Deutschlands Verlust belief sich auf drei Viertel der einträglichen Kohlen- und Bleierzförderung, 70% der Hochofenproduktion und 85% der Zinkerzförderung. Daraufhin drängten DDP und Zentrum auf den Rücktritt des ersten Kabinetts *Wirth*; dies kam der Forderung schließlich auch am 22. Oktober 1921 nach. Am 26. Oktober nahm das zweite Kabinett *Wirth* die Arbeit auf.

Im März 1922 reichten die Alliierten schließlich ihre noch ausstehenden Bedingungen nach: hierzu gehörte eine zusätzliche Steuer mit einem geschätzten Ertrag von 1 Milliarde Goldmark und Anordnung der Kontrolle des Reichshaushaltes durch die Reparationskommission[14]. *Wirth* bekundete am 26. März seine Ablehnung gegenüber diesen Plänen. Deutschland wurde für seine Zahlungen für das Jahr 1922 ein Zahlungsaufschub von sechs Monaten gewährt.

Deutschland versprach sich von der Taktik Erfolg, mit einer anderen im Weltkrieg unterlegenen Partei Verträge abzuschließen und nahm am Rande der Weltwirtschaftskonferenz[15] mit der Russischen Föderativen Sowjetrepublik Vertragsverhandlungen auf[16]. Deutschland war dabei mit einer prominenten Delegation – bestehend aus Reichskanzler *Wirth*, Außenminister *Rathenau* und der Ostabteilung des Auswärtigen Amtes – in der Erwartung angereist, an einem internationalen Wirtschaftskonsortium für die Sowjetunion aufgrund der bestehenden guten Kontakte zu Moskau beteiligt zu werden[17]. Aufgrund der enttäuschenden Feststellung, daß es wohl doch nicht zu einer solchen Beteiligung Deutschlands kommen sollte, bemühte man sich um einen Vertrag mit Sowjetrußland. *Rathenau* hatte zunächst einem solchen Vertrag ablehnend gegenübergestanden; aus Angst vor einem Reparationsabkommen zwischen den Alliierten und der Sowjetunion nach Art. 116 des Versailler Vertrages[18], dessen bevorstehenden Abschluß die Russen noch fälschlicherweise behaupteten, war er jedoch schließlich zu Verhandlungen bereit[19].

Am 16. April 1922 schloß er als Vertreter des Deutschen Reiches den Vertrag von Rapallo[20] mit dem Volkskommissar für Auswärtige Angelegenheiten, *Tschitscherin*, der die Russische Föderative Republik vertrat[21]. Im Mai 1921

---

14 *Winkler*, Weimar 1918–1933, S. 167.

15 Die Weltwirtschaftskonferenz fand auf Einladung der westlichen Alliierten vom 10. April bis zum 19. Mai 1922 in Genua statt und diente der Beratung wirtschaftlicher Probleme Europas im Hinblick auf die Reparationsfrage, s. *Schulze*, Weimar, S. 235.

16 *Winkler*, Der lange Weg nach Westen Bd. 1, S. 424; *Möller*, Weimar, S. 150; *Heiber*, Die Republik von Weimar, S. 108.

17 *Schulze*, Weimar, S. 235.

18 Die Sowjetunion hätte bei einem Abkommen mit England und Frankreich nach diesem Artikel des Versailler Vertrages eigene Kriegsentschädigungen an Deutschland stellen können, s. *Schulze*, Weimar, S. 236.

19 *Winkler*, Der lange Weg nach Westen Bd. 1, S. 424; *Schulze*, Weimar, S. 236; *Möller*, Weimar, S. 150.

20 Der Ort des Vertragsschlusses war das oberitalienische Seebad Rapallo.

21 *Möller*, Weimar, S. 150; *Winkler*, Der lange Weg nach Westen Bd. 1, S. 424.

war es bereits zur Unterzeichnung eines deutsch-sowjetrussischen Handelsvertrages gekommen[22].

Der Inhalt des Vertrages[23] von Rapallo umfaßte den wechselseitigen Verzicht auf alle Ansprüche aus dem Weltkrieg für entstandene Kriegsschäden, inklusive der Ansprüche ziviler Art, sowie die Aufnahme der konsularischen und diplomatischen Beziehungen und der gegenseitigen wirtschaftlichen Förderung[24]. Zudem erklärte das Deutsche Reich den Verzicht auf das deutsche Vermögen in Rußland, das durch die bolschewistische Revolution verstaatlicht worden war. Für die deutsch-sowjetischen Wirtschaftsbeziehungen sollte das Prinzip der Meistbegünstigung gelten[25]. Der Vertrag von Rapallo hatte demnach nur eine begrenzte Reichweite; gleichwohl beunruhigte er die westalliierten Mächte[26] und führte zu angespannten außenpolitischen Beziehungen. Eine Einigung in der Reparationsfrage war dadurch in weite Ferne gerückt. Die Angespanntheit der Lage wurde deutlich, als am 24. April 1922 der französische Ministerpräsident *Poincaré* die Möglichkeit der militärischen Intervention Frankreichs in einer Rede äußerte[27].

Hatte *Rathenau* die Zusammenarbeit mit Sowjetrußland aus Angst vor einer Belastung des Verhältnis Deutschlands zu den Westmächten nur sehr zögerlich unterstützt, so gefährdeten die weiteren Plänen *Wirths* gerade dieses sensible Verhältnis. Die von den Alliierten auferlegte Nachkriegsordnung war ihm insbesondere im Hinblick auf Polen ein Dorn im Auge. So äußerte sich *Wirth* gegenüber dem Grafen *Brockdorf-Rantzau*, daß Polen „erledigt" werden müsse, wobei er in diesem Punkt mit den Militärs einig sei, insbesondere mit *General von Seeckt*. Weiterhin bekundete er den Wunsch nach einer direkten Nachbarschaft von Rußland und Deutschland, Polen solle „zertrümmert" werden und auch die Randstaaten, die „baltischen Republiken", seien „zusammen[zu]schlagen"[28]. Diese Wünsche wurden bereits seit September 1921 durch eine geheime Zusammenarbeit zwischen Reichswehr und Roter Armee forciert. Im Truppenamt wurde Anfang 1922 die „Sondergruppe R(ußland)" gebildet, die den Ausbau der deutschen Militärmacht entgegen den Versailler Bestimmungen mit Hilfe Rußlands fördern sollte. Die für diese Aktion notwendigen Geldmittel wurden von *Wirth*, der bis November 1921 auch das Reichsfinanzministerium inne hatte, aufgebracht. Ende April 1922 wurden in Rußland, was nach dem Versailler Vertrag streng verboten war, auf deutsches Ansinnen die ersten Militärflugzeuge gebaut, im Laufe des Jahres 1922

22 *Möller*, Weimar, S. 150.

23 Am 5. November 1922 wurde der Vertrag auch auf die anderen Sowjetrepubliken ausgedehnt.

24 *Schulze*, Weimar, S. 237; *Möller*, Weimar, S. 151.

25 Das bedeutete, daß man sich alle handelspolitischen Vergünstigungen einräumte, die man anderen Staaten auch gewährte, s. *Schulze*, Weimar, S. 237.

26 *Möller*, Weimar, S. 150.

27 *Winkle*r, Der lange Weg nach Westen Bd. 1, S. 425.

28 *Winkler*, Weimar 1918–1933, S. 169.

wurden die ersten deutschen Reichswehroffiziere in Rußland fliegerisch ausgebildet[29]. Außerdem kam es zur Gründung der „Gesellschaft zur Förderung gewerblicher Unternehmungen", die als eine Dachorganisation deutscher Industrieniederlassungen in Rußland fungierte. Infolge dieser deutsch-russischen Zusammenarbeit wurden die Militärklauseln des Versailler Vertrages unterlaufen und *Wirth*, obwohl er sich zur Erfüllungspolitik bekannt hatte, besaß einen nicht unerheblichen Anteil hieran.

Innenpolitisch befand sich die junge Republik in einer desaströsen wirtschaftlichen Lage. Die Inflation befand sich auf dem Höhepunkt; die Teuerungsrate trieb die Menschen in die Verzweiflung. War im Jahre 1919 die deutsche offizielle Papiermark ungefähr ein Viertel, im Jahre 1920 ein Dreizehntel und im Jahre 1921 ein Zweiundzwanzigstel der Mark von 1914 wert, so war sie im Januar des Jahres 1922 nur noch ein Fünfzigstel der Goldmark wert, d.h. die Mark war gleich zwei Pfennig bzw. ein Cent[30].

Die Inflation war aber nicht nur Folge der zu leistenden Reparationszahlungen, sondern wurzelte bereits im ersten Kriegsjahr 1914. Die Reichsregierung entschied sich damals, die Kosten des Krieges zu 70 % durch Schuldenaufnahme und nicht, wie andere Staaten, so z.B. England, es praktizierten, den Hauptteil durch Steuererhöhungen zu decken[31]. Es wurden immer weitere Kriegsanleihen von der Bevölkerung gezeichnet, die aber nicht ausreichten, die Kriegskosten zu bestreiten. Als Hilfsmittel erhöhte die Reichsregierung schließlich die Geldumlaufmenge, während des Krieges erhöhte diese sich um das Dreizehnfache.

Zudem war am 23. Juni 1922 die Getreideumlage im Reichsausschuß gescheitert, so daß die Befürchtung bestand, die Brotpreise könnten heraufschnellen[32]. Dies war Anlaß für die gesamte Linke – über die ganze Spannbreite von MSPD bis zur KPD – zu Massendemonstrationen gegen Brotwucher und Reaktion aufzurufen[33].

Die Rechte war – aufgehetzt durch den wirtschaftlichen Niedergang und die in ihren Augen auf der Konferenz in Genua vertane Chance auf eine Abkehr von der von *Wirth* praktizierten und von ihr so verhaßten Erfüllungspolitik[34] – in ihrer politischen Agitation enthemmt und in jeder Form zum Kampf gegen die Regierung und ihre Vertreter bereit. Die Regierung hatte sich in ihren Augen

29 *Winkler*, Weimar 1918–1933, S. 170.

30 *Rosenberg*, Entstehung und Geschichte der Weimarer Republik, S. 22.

31 Siehe hierzu ausführlicher sowie mit weiteren Verweisen: *Vormbaum*, Lex Emminger, S. 23 f.

32 *Jasper*, Der Schutz der Republik, 3. Kapitel, S. 56.

33 *Jasper*, Der Schutz der Republik, 3. Kapitel, S. 56 f.

34 Erfüllungspolitik bedeutete zu versuchen, den Forderungen der alliierten Siegermächte ehrlich nachzukommen und dadurch zu beweisen, daß diese praktisch unerfüllbar seien und dadurch Verhandlungen herbeizuführen, s. *Bracher / Funke / Jacobsen-Schwabe*, Die Weimarer Republik, S. 95 (100).

„zum Gerichtsvollzieher und Gendarm der unergründlichen Raubgier, zum Zutreiber und Fronvogt der unersättlichen Herrschsucht unserer Feinde" gemacht[35]. Paraden ehemaliger kaiserlicher Militärs und Prinzen sowie Regimentstage wurden zum Sinnbild einer chauvinistischen, republikfeindlichen Gesinnung, die wiederum von der Arbeiterschaft als Provokation angesehen wurde[36].

Höhepunkt dieser republikverachtenden Agitation war eine Reihe von Anschlägen, denen eine große Anzahl von prominenten Politikern und Persönlichkeiten zum Opfer fiel. Opfer dieser Attentate waren u.a. *Matthias Erzberger* (gest. am 26. August 1921)[37], *Otto Gareis* (USPD-Abgeordneter, gest. am 10. Juni 1921) und *Philipp Scheidemann*, der ein Blausäureattentat überlebte. Trauriger Höhepunkt dieser Anschlagsserie war die Ermordung des Mannes, der seine Unterschrift nur nach Zögern unter den Vertrag von Rapallo gesetzt hatte und dessen Ratifizierung nicht mehr erleben sollte: *Walter Rathenau*[38]. Am späten Nachmittag des 24. Juni 1922 wurde der damalige Außenminister der Weimarer Republik auf dem Weg von seiner Villa am Grunewaldsee zum Auswärtigen Amt durch mehrere Pistolenschüsse getötet[39]. Die Täter[40] gehörten – wie auch die des Mordes an *Erzberger* – der Organisation Consul an[41]. Als sog. Erfüllungspolitiker und Jude verkörperte er das, was

35 *Helfferich*, Deutschland in den Ketten des Ultimatums, Deutschnationale Flugschriften 107, Berlin 1921, S. 19.

36 *Jasper*, Der Schutz der Republik, 3. Kapitel, S. 56.

37 In der Presse wurden Stimmen laut, die den Mord an *Erzberger* für gerechtfertigt erklärten: Die „Kreuz-Zeitung" zog einen Vergleich der Erzberger-Attentäter, dem Oberleutnant zur See Heinrich Tillessen und dem Reserveleutnant Heinrich Schulz, beide Mitglieder der „Organisation Consul", zu bekannten Persönlichkeiten wie Brutus, Wilhelm Tell und Charlotte Corday. Der Kampf gegen Erzberger sei ein „Abwehrkampf" gewesen. Andere Zeitungen wie der „Berliner Lokalanzeiger" oder die „Oletzkoer Zeitung" aus Ostpreußen bekundeten in ähnlicher Weise Sympathien für die Attentäter. Siehe hierzu: *Winkler*, Weimar 1918–1933, S. 161.

38 *Walter Rathenau* war Industrieller und Politiker; er leitete 1914/15 die von ihm angeregte Kriegsrohstoff-Abteilung im preußischen Kriegsministerium und war im Jahre 1921 im ersten Kabinett Wirth Reichswiederaufbauminister und im zweiten Reichsaußenminister.

39 *Winkler*, Der lange Weg nach Westen Bd. 1, S. 425.

40 Die Täter waren *Ernst Werner Techow*, Oberleutnant a.D. *Erwin Kern* und *Herrmann Fischer*.

41 Die Organisation Consul stellte sich als eine weitverzweigte Geheimorganisation dar, die als Nachfolgeorganisation der 1920 aufgelösten Marinebrigade *Ehrhardt* fungierte. Die Marinebrigade *Ehrhardt* hatte sich nach dem 1. Weltkrieg gebildet und war maßgeblich am *Kapp*-Putsch beteiligt gewesen. Danach wurde sie aufgelöst. Der Anführer der Organisation Consul, deren Mitglieder sich über ganz Deutschland verteilten und deren Hauptsitz sich in München befand, war der ehemalige Korvettenkapitän *Ehrhardt*.

die Rechte von Grund auf verachtete. Die Reaktion der Regierung auf diese Tat war in ihrer Machtlosigkeit die Verkündung zweier Verordnungen zum Schutze der Republik und des sich daran anschließenden Republikschutzgesetzes[42].

*Rathenau* war der Regierung in der Überzeugung – ähnlich wie *Wirth* – beigetreten, daß trotz der vielfältigen Hindernisse und Probleme der Versuch der Erfüllung gewagt werden müsse. Die beiden verband nach der Beobachtung *Radbruchs* ein besonderes Verhältnis:

> „Schön und eigenartig war das Verhältnis Rathenaus zu dem Reichskanzler Wirth. Man gewann aus der Zartheit, mit der Rathenau den Kanzler behandelte, den Eindruck, daß er sich sowohl des Wertes wie der Verletzlichkeit des Mannes, der mit dem Aussehen eines gesunden Bauernburschen weit unübersichtlicher war, als er schien, sehr bestimmt bewußt war, und daß er an ihm bewunderte, was ihm selbst fehlte. Rathenau war ein Mann der Kalkulation. Wenn Wirth dagegen kalkulierte, griff er mit seiner Entscheidung leicht fehl. Wirth war ganz ausgesprochen der Mann des Instinkts, eines bei uns seltenen starken politischen Instinkts. Und so sah jeder von beiden am andern das, was ihm fehlte und ihn zu ergänzen geeignet war.“[43]

Am Ende ließen neben der galoppierenden Inflation und dem Reparationsstreit mit dem Westen innerparteiliche Streitigkeiten das Kabinett *Wirth* II am 22. November 1922 scheitern.

Im Laufe des Jahres 1922 war Deutschland in die erste Phase der Hyperinflation eingetreten: Betrug der Wechselkurs der Mark im Mai 1922 noch 69,11 für einen Dollar, so waren es im Juni 75,62, im Juli 117,49, im August schon 270,26 und schließlich im Dezember 1922 1807,83[44]. Die Inflation war auch ein Resultat der *Wirth*schen Erfüllungspolitik: Deutschland war in den Bemühungen, die Reparationsforderungen der Alliierten zu erfüllen, weit gegangen[45].

---

Dieser trug den allgemein bekannten Decknamen Consul und verkehrte, obwohl er steckbrieflich wegen Hochverrats gesucht wurde, mit bayerischen Regierungsvertretern, insbesondere mit dem Polizeipräsidenten *Pöhner*, der rechtsradikale Verbände förderte. Die Statuten der Organsation Consul gaben dabei neben der Pflege des nationalen Gedankens die Bekämpfung des Judentums, aller Anti- und Internationalen, der linksradikalen Parteien, der Sozialdemokratie und der antinationalen Weimarer Verfassung als Ziele an. Vgl. *Jasper*, Der Schutz der Republik, 5. Kapitel, S. 110.

42 Näheres hierzu im 3. Kapitel.

43 *Radbruch*, Der innere Weg, S. 117.

44 *Winkler*, Weimar 1918–1933, S. 181.

45 Die Reparationsfrage war aber auch Anlaß für die Auseinandersetzung zwischen Organisationen der Arbeitnehmer und Unternehmern: aus Sicht der Arbeitnehmerverbände war eine Stabilisierung der Währung nur mit einer Belastung des Sachwertbesitzes zu erreichen, wohingegen die Unternehmer die Inflation so weit explodieren lassen wollten, bis eine Neuregelung der Reparationen sowie – und das war gemessen an den Zugeständnissen durch die Revolution von 1918/19 eine Rückentwicklung – der gel-

Die Reichsregierung hatte aber zugleich damit begonnen, konkrete Vorschläge zur Lösung des Reparationsproblems zu erarbeiten: in einer Note vom 13. November 1922 nahm die Reichsregierung Vorschläge der interfraktionellen Kommission auf, die neben Entwürfen zur Steigerung der Einnahmen und Verminderung der Ausgaben zum Ausgleich des Reichshaushaltes auch eine Neuregelung des Arbeitszeitrechts vorschlug, wobei auch gesetzlich begrenzte Ausnahmen zum 8-Stunden-Tag erwogen wurden. Erstmals wurde auch eine Unterstützung der Reichsbank in Betracht gezogen: Wenn eine internationale Anleihe 500 Millionen Goldmark erwirtschaftete, würde ein gleich hoher Zuschuß der Reichsbank erfolgen[46]. Zunächst schien durch die breite Zustimmung innerhalb der Parteien für die Note die Bildung einer großen Koalition möglich, jedoch scheiterte diese an der Zustimmung der SPD (diese nannte sich nunmehr Vereinigte Sozialdemokratische Partei Deutschlands); *Wirth* trat infolge dessen am 14. November 1922 zurück.

Die neue Reichsregierung unter dem parteilosen *Wilhelm Cuno* als Reichskanzler schloß sich dem Inhalt der Reparationsnote der Vorgängerregierung an. Zudem beantragte sie am 2. Dezember eine Verlängerung der Fristen bis zum 1. April 1923 für die nach dem Versailler Vertrag bis Ende 1922 fälligen Holzlieferungen. Die Reparationskommission stellte schließlich die schuldhafte Verletzung Deutschlands bei der Einhaltung der Lieferbestimmungen fest. Das durch den Vertrag von Rapallo bereits sehr angespannte Verhältnis zu Frankreich verschlechterte sich dadurch zunehmend. Als die Reparationskommission schließlich am 9. Januar 1923 einen bewußten Verstoß gegen die Pflicht zu Kohlenlieferungen im Jahr 1922 feststellte, begann am 11. Januar 1923 der Einmarsch belgischer und französischer Truppen zur Besetzung des Ruhrgebiets.

## *B) Reformgeschichtliche Lage bis 1922 – Entwürfe 1909, 1911, 1913 und 1919*

Die Strafrechtsreform war, als *Gustav Radbruch* mit der Arbeit an seinem Entwurf eines Allgemeinen Deutschen StGB begann, bereits seit der Jahrhundertwende ein Thema, mit dem sich die deutschen Juristen intensiv beschäftigten.

Ausgangspunkt war das Reichsstrafgesetzbuch vom 15. Mai 1871, das vom Norddeutschen Bund übernommen wurde und noch auf dem nur geringfügig geänderten preußischen Strafgesetzbuch vom 14. April 1851 basierte[47]. Dies

tenden Arbeitszeiten vollzogen worden war. Insbesondere *Hugo Stinnes* äußerte in einer Rede am 9. November 1922 vor dem Reichswirtschaftsrat die Forderung, daß die Arbeiter ohne besonderen Lohnzuschlag 10 bis 15 Jahre lang täglich zwei Stunden länger arbeiten sollten. Diese Forderung vermochte sich jedoch selbst in *Stinnes* eigener Partei, der DVP, nicht durchzusetzen. Ende 1922 wurde in der Montanindustrie mit Zustimmung des Reichsarbeitsministeriums mit dem Abbau der Löhne der Bergleute begonnen.

46 *Winkler*, Weimar 1918–1933, S. 184.

47 *Wassermann*, Einleitung; in: GRGA, Bd. 9 (Strafrechtsreform), S. 4 f.

galt zwar für seine Zeit als progressiv, denn es fußte auf der Idee eines liberalen Rechtsstaates[48], fiel aber in die Zeit eines Paradigmenwechsels[49].

Dieser vollzog sich um die Jahrhundertwende infolge des gesellschaftlichen, wirtschaftlichen und kulturellen Wandels. Maßgebend dafür waren die neuen Probleme, vor denen man stand, wie z.B. die soziale Frage. Der Umbruch sollte sich auch gerade in der Grundausrichtung des Strafrechts manifestieren und damit eine Abkehr vom tatorientierten hin zum täterorientierten Strafrecht vollziehen. Die Funktion von Strafe sollte nicht mehr nur reine Vergeltung der Tat sein, sondern der Schutz der Gesellschaft[50]. Federführend für ein neues strafrechtsideologisches Verständnis waren *Franz v. Liszt*, der spätere Doktorvater *Gustav Radbruchs*, und seine soziologische Schule. Aufgrund des Grundprinzips einer zweckgerichteten Strafe stand sie zu der klassischen Schule, der *Wilhelm Kahl* anhing, und dem ihr innewohnenden Vergeltungsgedanken im Widerspruch.

Dieser Schulenstreit war zwar auch Anfang des 20. Jahrhunderts noch nicht beigelegt, die beiden Hauptakteure, *v. Liszt* und *Kahl*, einigten sich jedoch am 1. Juli 1902, den Zwist über theoretische Grundsätze zunächst auf Eis zu legen, um gemeinsam eine Reform des Strafrechts anzustreben[51].

Weiterer Anstoßpunkt zur Reformierung und Modernisierung des Strafgesetzbuches und der Strafprozeßordnung war der Abschluß des vom Chef des Reichsjustizamtes, Staatssekretär *Nieberding*, maßgeblich im Parlament durchgesetzten Bürgerlichen Gesetzbuchs, das am 1. Januar 1900 in Kraft getreten war[52]. *Nieberding* ergriff auch wiederum nach dem offiziell erklärten „Waffenstillstand“ im Schulenstreit die Initiative und berief am 28. November 1902 ein „freies wissenschaftliches Komitee“ ein, das zur Vorbereitung der Strafrechtsreform eine rechtsvergleichende Darstellung aller relevanten Strafrechtsmaterien der größeren Kulturstaaten erarbeiten und diese unter kritischer Würdigung für einen Vorschlag eines deutschen Gesetzeswerkes berücksichtigen sollte[53].

---

48 *Schmidt*, Einführung in die Geschichte der deutschen Strafrechtspflege, S. 344.

49 *Wassermann*, Einleitung; in: GRGA, Bd. 9 (Strafrechtsreform), S. 5.

50 *Wassermann*, Einleitung; in: GRGA, Bd. 9 (Strafrechtsreform), S. 5.

51 *Schmidt*, Einführung in die Geschichte der deutschen Strafrechtspflege, § 327, S. 394.

52 *Schubert / Regge*, Quellen zur Reform des Straf- und Strafprozeßrechts, I, Bd. 1, S. VIII; *Wassermann*, Einleitung; in: GRGA, Bd. 9 (Strafrechtsreform), S. 6.

53 *Schmidt*, Einführung in die Geschichte der deutschen Strafrechtspflege, § 327, S. 394 f.; *Wassermann*, Einleitung; in: GRGA, Bd. 9 (Strafrechtsreform), S. 6; *Schubert / Regge*, Quellen zur Reform des Straf- und Strafprozeßrechts, I, Bd. 1, S. VIII f.

Das Komitee bestand aus den Strafrechtsprofessoren *Birkmeyer*, *Kahl*, *Wach*[54], *v. Liszt*, *Seuffer*[55], *Calker* und *Frank*[56]. Zudem stieß später *v. Lilienthal* hinzu, der auch der soziologischen Schule angehörte und engen Kontakt zu *v. Liszt* pflegte. *Seuffert* verstarb am 23. November 1902 und wurde durch *v. Hippel* ersetzt. Die aus der Komiteearbeit resultierende „Vergleichende Darstellung des deutschen und des ausländischen Strafrechts" in 16 Bänden wurde unter Mitwirkung österreichischer und deutscher Strafrechtslehrer im Jahre 1909 abgeschlossen und war die Basis der nachfolgenden Reformarbeiten[57].

Bevor es zum Abschluß der Arbeiten kam, wurde jedoch im Jahre 1906 (am 1. Mai) – auch auf Initiative *Nieberdings* hin – eine kleine Kommission praktischer Juristen dazu berufen, auf der Grundlage der bisher erworbenen Erkenntnisse die ersten Grundpfeiler für ein neues Strafgesetzbuch zu setzen. Diese Kommission setzte sich unter dem Vorsitz des damaligen Direktors des Preußischen Justizministeriums *Lucas*, dessen Stellvertreter der Geheimrat aus dem Reichsjustizamt *von Tischendorf* war, aus dem Geheimrat Dr. *Schulz* (Preußisches Justizministerium), dem Kammergerichtsrat und Vater von *Hans Fallada*, *Ditzen*, und dem bayerischen Oberlandesgerichtsrat *Meyer* zusammen[58]. Aufgrund der zahlreichen Amtsgeschäfte wurde *Tischendorf* von *Joël* ab 1908 vertreten; zudem kam es in diesem Jahr durch Krankheit zur Auswechslung *Schulzes* durch den Kammergerichtsrat *Kleine*. *Ditzen* schied aufgrund seiner Ernennung zum Reichsgerichtsrat im Jahre 1909 faktisch aus und wurde vom Kammergerichtsrat *Oelschläger* ersetzt.

Am 20. April 1909 hatte die Kommission bereits ihre Aufgabe erfüllt; der fertige „Vorentwurf zu einem Deutschen Strafgesetzbuch" wurde mit einer zweibändigen Begründung im Herbst 1909 der Öffentlichkeit übergeben. Er diente nicht zur Vorlage bei den gesetzgebenden Körperschaften, sondern nur als Grundlage für eine öffentliche Diskussion. Eine solche wurde auch intensiv in der Fach- und Tagespresse betrieben, der Entwurf wurde überwiegend als positive Grundlage für die weitere Reformarbeit gesehen[59].

---

54 *Karl Birkmeyer*, *Wilhelm Kahl* und *Adolf Wach* waren Anhänger der klassischen Schule.

55 *Franz v. Liszt* und *Hermann Seuffert* waren Vertreter der soziologischen Schule.

56 *Fritz van Calker* und *Reinhard Frank* sollten nach *Nieberdings* Vorstellung einen vermittelnden Standpunkt einnehmen.

57 *Wassermann*, Einleitung; in: GRGA, Bd. 9 (Strafrechtsreform), S. 7.

58 *Wassermann*, Einleitung; in: GRGA, Bd. 9 (Strafrechtsreform), S. 7.

59 *Schmidt*, Einführung in die Geschichte der deutschen Strafrechtspflege, § 329, S. 396; *Wassermann*, Einleitung; in: GRGA, Bd. 9 (Strafrechtsreform), S. 7.

Sie sollte durch einen von den Professoren *Kahl*, *v. Lilienthal*, *v. Liszt* und *Goldschmidt* aufgestellten „Gegenentwurf", der im Jahre 1911 erschien, vorangetrieben werden[60].

In der Zwischenzeit wurden die vom Reichsjustizamt initiierten Reformarbeiten durch den Nachfolger *Nieberdings*, Staatssekretär *Lisco*, fortgeführt, indem eine zweite Kommission mit der Beratung über den Vorentwurf und der Erstellung eines Regierungsentwurfs betraut wurde[61]. Diese aus achtzehn Mitgliedern, sechzehn ständigen und zwei nichtständigen, gebildete Kommission trat am 4. April 1911 erstmals zusammen. Sie bestand aus angesehenen Praktikern aus den größeren Bundesstaaten und dem Reich. Den Vorsitz führte zunächst *Lucas*[62], die Stellvertretung *Tischendorf*[63]. Weitere Mitglieder waren *Duffner*, *v. Feilitsch*, *v. Frank*, *Friedmann*, *v. Hippel*, *Lindenberg*, *Meyer*, *Niemeyer*, *Pfersdorff*, *v. Rupp*, *Rüster*, *Schulz*, *Moeli*, *Klein*, später auch *Cormann*, *Joël* und *Kleine*[64]. Reichsjustizamt und preußisches Justizministerium entsandten ständige Kommissare, die eine Verbindung zu den Ministerien gewährleisteten. Zu ihnen gehörte zunächst auch *Joël*. Er wurde jedoch im Jahre 1912 zum ständigen Mitglied der Kommission ernannt und in seiner Eigenschaft als Kommissar daraufhin von *Bumke*, dem späteren Reichsgerichtspräsidenten, abgelöst[65]. Die Kommission beendete ihre erfolgreiche Arbeit am 27. September 1913. Es kam aber nicht zur Veröffentlichung des „Entwurfs der Strafrechtskommission (1913)", auch nicht, als das Einführungsgesetz von einer kleineren Kommission unter dem Vorsitz von *Ebermayer* 1914 fertiggestellt war[66]; Grund hierfür war der Kriegsausbruch.

Mitten in der entscheidenden Phase des Ersten Weltkrieges im Frühjahr 1918 wurde die Reform durch den Staatssekretär des Reichsjustizamts, *Paul v. Krause*, wieder in Gang gebracht. Vom 15. April 1918 bis zum 21. November 1919 trat eine vierköpfige Kommission, bestehend aus *Joël*, *Ebermayer*, *Cormann* und *Bumke*, zusammen, welche auf der Grundlage des Entwurfs von 1913 unter Berücksichtigung der tiefgreifenden Änderungen der

---

60 *Wassermann*, Einleitung; in: GRGA, Bd. 9 (Strafrechtsreform), S. 7 f.; *Schmidt*, Einführung in die Geschichte der deutschen Strafrechtspflege, § 329, S. 396.

61 *Schmidt*, Einführung in die Geschichte der deutschen Strafrechtspflege, § 330, S. 397.

62 Aufgrund gesundheitlicher Probleme trat *Lucas* jedoch zurück und überließ *Kahl* 1913 den Vorsitz.

63 Nach der Ernennung *Tischendorfs* zum Senatspräsidenten beim Reichsgericht übernahm *Kahl* 1912 zunächst die Position des Stellvertreters.

64 Radbruch, Bemerkungen, S. 48.

65 *Wassermann*, Einleitung; in: GRGA, Bd. 9 (Strafrechtsreform), S. 9.

66 *Wassermann*, Einleitung; in: GRGA, Bd. 9 (Strafrechtsreform), S. 9.

Verhältnisse und Anschauungen, die Weltkrieg und die anschließende Staatsumwälzung verursacht hatten, einen neuen „Entwurf von 1919" erarbeitete.

Dieser wurde zusammen mit dem Entwurf von 1913 und einer von *Bumke* und *Joël* zum Entwurf von 1919 verfaßten Denkschrift Ende 1920 veröffentlicht, wiederum nicht als Regierungsentwurf, sondern erneut als Grundlage der öffentlichen Diskussion[67]. Aufgrund der allgemeinen Umbruchsstimmung und der Nachkriegswirren befaßte sich die Öffentlichkeit jedoch nicht so intensiv mit dem Entwurf von 1919, wie sie es 1909 mit dem Vorentwurf getan hatte.

---

67 *Radbruch*, Bemerkungen, S. 48; *Wassermann*, Einleitung; in: GRGA, Bd. 9 (Strafrechtsreform), S. 9 f.; *Schmidt*, Einführung in die Geschichte der deutschen Strafrechtspflege, § 331, S. 397 f.

# ZWEITER TEIL:

# DER VERFASSER UND SEIN ENTWURF

# Drittes Kapitel: Gustav Radbruch

## *A) Werdegang*

Eine Arbeit über den Entwurf von 1922, der sogar den Namen des Verfassers trägt, wäre unvollständig ohne eine Beschäftigung mit der Person *Gustav Radbruchs*.

Am 21. November 1878 wurde *Gustav Lambert Radbruch* als drittes und jüngstes Kind[1] des Kaufmanns *Heinrich Radbruch* und dessen Ehefrau *Emma*, einer Tochter des Konditormeisters *Wilhelm Prahl*, in Lübeck geboren[2]. Er wuchs dort in seinem begüterten großbürgerlichen Elternhaus auf, in das er auch später als Erwachsener immer wieder für Besuche zurückkehrte[3].

*Radbruch* wurde in seiner Persönlichkeit sehr stark von seinem Vater geprägt, der in ihm das Interesse für Geschichte weckte und ihm den Glauben an das grundsätzlich Gute im Menschen mitgab[4]. Die prägende Rolle seines Vaters wird auch in seinen Memoiren deutlich:

> „Ich selbst glaube mein Wesen zum überwiegenden Teile nicht der Mutter, sondern dem Erbe meines Vaters zu danken."[5]

Anders als der Sohn war der Vater nicht der Sozialdemokratie als politischer Heimat zugetan, er war vielmehr nationalliberal, ein Anhänger *Bismarcks*[6]. Trotzdem hat der Vater seinem Sohn dessen späteren politischen Werdegang nicht verübelt, sondern vielmehr „mit wohlwollender Anteilnahme verfolgt"[7].

---

1 *Gustav Radbruch* besaß zwei ältere Geschwister, eine sieben Jahre ältere Schwester und einen zehn Jahre älteren Bruder. Aufgrund dieser hohen Alterunterschiede baute er keine sehr enge Bindung zu ihnen auf; lediglich zu seiner Schwester bestand während seiner Schüler- und Studentenzeit eine engere Verbundenheit.

2 *Otte*, Gustav Radbruchs Kieler Jahre 1919–1926, S. 5; *Kaufmann*, Gustav Radbruch, S. 36.

3 *Radbruch*, Der innere Weg, S. 11, 15; *Kaufmann*, Gustav Radbruch, S. 36; *Spendel*, Jurist in einer Zeitenwende, S. 13.

4 *Radbruch*, Der innere Weg, S. 14 f., *Kaufmann*, Gustav Radbruch, S. 36.

5 *Radbruch*, Der innere Weg, S. 14.

6 *Radbruch*, Der innere Weg, S. 16; *Kaufmann*, Gustav Radbruch, S. 38; *Otte*, Gustav Radbruchs Kieler Jahre 1919–1926, S. 6.

7 *Kaufmann*, Gustav Radbruch, S. 38.

*Radbruch* besuchte zunächst in Lübeck von 1884 bis 1892 das Progymnasium von Dr. *Bussenius* und anschließend das Gymnasium Katharineum, das in einem ehemaligen Katharinenkloster untergebracht war, wo er als guter Schüler den Grundstein für eine fundierte Bildung legte[8]. Er beherrschte während seines gesamten Lebens Latein und war auch in begrenztem Umfang des Griechischen mächtig[9]. Seine Schulzeit beendete er 1898 als „Primus Omnium“ seines Abiturjahrganges[10].

Zudem entwickelte *Radbruch* früh eine musische Begabung, bereits zu seiner Zeit auf dem Gymnasium kam es zur Veröffentlichung von Gedichten[11]. Früh geweckt war auch sein Interesse für die Geschichte seiner Geburtsstadt. Charakteristisch war es für ihn, daß er sein ganzes Leben eine Begeisterung für Memoiren, Biographien und Anekdoten hegte und geflügelte Worte, seltene Zitate und ausgesuchte Motti sammelte[12].

Im Anschluß an die Schullaufbahn begann *Radbruch* Jura zu studieren, wobei er dieses nicht aufgrund seiner inneren Neigung tat, vielmehr damit dem Wunsch seines Vaters entsprach.

> „Aber Jurist wurde ich, obgleich mich zu dem Beruf keine innere Neigung zog – der Wunsch meines Vaters trat mir mit derartiger Selbstverständlichkeit gegenüber, daß ein Widerspruch ausgeschlossen war, zumal da ich andere Wünsche und Fähigkeiten nicht mit der unbedingten Kraft der Überzeugung vertreten konnte.“[13]

Im Sommer 1898 begann er in München sein drei Jahre dauerndes Studium. Besonders beeindruckte den jungen *Radbruch* in dieser Zeit die Vorlesung bei dem „Kathedersozialisten“[14] *Lujo Brentano*, bei dem er die Vorlesung „Natio-

8 *Radbruch*, Der innere Weg, S. 21; *Kaufmann*, Gustav Radbruch, S. 38.

9 *Kaufmann*, Gustav Radbruch, S. 38.

10 *Kaufmann*, Gustav Radbruch, S. 38; *Otte*, Gustav Radbruch Kieler Jahre 1919–1926, S. 6.

11 *Radbruch*, Der innere Weg, S. 29; *Kaufmann*, Gustav Radbruch, S. 38.

12 *Wolf*, Große Rechtsdenker, S. 713 (724).

13 *Radbruch*, Der innere Weg, S. 19.

14 Als „Kathedersozialisten“ wurde eine Gruppe von Nationalökonomen bezeichnet, die sich im 19. Jahrhundert für eine bessere soziale Lage der Arbeiterschaft einsetzten. Der Begriff wurde im Jahre 1871 von Heinrich Bernhard Oppenheim geprägt; er war aber insofern widerspüchlich, als die Anhänger dieser Gruppierung keine Sozialisten waren, sondern vielmehr die staatliche Ordnung und die Struktur des Privateigentums nicht ändern wollten. Sie glaubten daran, die Kluft zwischen Bürgertum und Arbeiterschaft durch soziale Reformen zu überwinden. Einige Vertreter dieser Richtung (u.a. von Schönberg, Held, Nasse und Schmoller) gründeten 1871 den „Verein für Socialpolitik“ und 1901 die Gesellschaft für Soziale Reform. Bismarck erhielt von ihnen Unterstützung für die Einführung von Sozialversicherungen. Auch waren die „Kathedersoziali-

nalökonomie der Wissenschaft“ hörte[15]. Durch sie wurden nach eigener Beurteilung die ersten Sympathien mit dem Sozialismus geweckt[16]; wirklicher Beweggrund für die politische Überzeugung war jedoch nicht der Kontakt mit der sozialistischen Wissenschaft, sondern derjenige mit der Dichtung der damaligen Zeit wie *Gerhard Hauptmanns* „Weber“ oder *Richard Dehmels* „Gedicht vom Arbeitsmann“[17].

Schon nach einem Semester[18] verließ er die dortige Juristische Fakultät und wechselte nach Leipzig[19]. Hier verbrachte er drei Semester[20], wobei es zunächst *Rudolf Sohm*[21] und *Karl Binding*[22] als Vertreter der klassischen historisch-positivistischen Strafrechtsschule waren, die *Radbruch* wissenschaftlich beeinflußten[23]. Dann zog es ihn aufgrund seiner damals beginnenden Affinität zu *v. Liszt* nach Berlin, wo er seine abschließenden Semester verbrachte[24]. Nach der erforderlichen Mindestzahl von sechs Semestern legte *Radbruch* im

---

sten“ darum bemüht Einfluß auf die reformerischen Kreise der SPD zu nehmen, die statt einer revolutionären Umwälzung Reformen innerhalb des Staates vorsahen.

15 *Radbruch*, Der innere Weg, S. 31; *Laufs*, Gustav Radbruch (1878–1949), S. 168 (174); *Kaufmann*, Gustav Radbruch, S. 39.

16 *Radbruch*, Der innere Weg, S. 31. Berücksichtigt werden muß jedoch, daß „Kathedersozialisten“ keine Sozialisten im eigentlichen Sinne waren, sondern vielmehr Sozialpolitiker.

17 *Gustav Radbruch*, Der innere Weg, S. 41; *Laufs*, Gustav Radbruch, S. 168 (174).

18 *Kaufmann*, Gustav Radbruch, S. 38 f.

19 *Gustav Radbruch*, Der innere Weg, S. 34.

20 In dieser Zeit gehörte *Radbruch* spöttisch der „Korporation der Nicht-Inkorporierten“ an, einer Finkenschaft, deren Führer *Bernhard Harms* war, und der ein späterer Kollege *Radbruchs* in Kiel wurde, s. *Radbruch*, Der innere Weg. S. 36.

21 *Sohm* war für *Radbruch* „der als Lehrer und Denker größte Jurist“, dem er in seiner Studienzeit begegnet sei. „Sein auf dem Boden einer tiefen Auffassung des Christentums gegründetes Kirchenrechtskolleg ist die eindrucksvollste Vorlesung meiner Studienzeit geblieben.“, s. *Radbruch*, Der innere Weg, S. 35.

22 *Karl Binding* war gegen eine Einbeziehung anthropologischer und soziologischer Gedanken in die Strafrechtswissenschaft. Gerade diese Auffassung ist für *Radbruch* nach eigenen Angaben der Anlaß gewesen, sich dem Gegenspieler *v. Liszt* zuzuwenden. Binding hatte das Strafrechtsbuch von *v. Liszt* als „gefährlich“ bezeichnet und so die Neugier des jungen *Radbruchs* auf dieses Werk geweckt. Durch das Lesen dieses Buches wurde *Radbruch* Sympathisant und Anhänger von *v. Liszt* und seiner Strafrechtsschule. S. *Radbruch*, Der innere Weg, S. 34 f.

23 *Radbruch*, Der innere Weg, S. 34 f.; *Kaufmann*, Gustav Radbruch, S. 41.

24 *Kaufmann*, Gustav Radbruch, S. 41.

Jahre 1901 am Berliner Kammergericht die Erste Juristische Staatsprüfung mit „Gut“ ab[25].

Zunächst begann er daraufhin das Referendariat in Lübeck, jedoch stellte er dort relativ schnell fest, daß sein juristisches Interesse nicht in der Auseinandersetzung mit konkreten menschlichen Sachverhalten, sondern in dogmatischen Grundfragen der Rechtslehre fußte.

> „Mich interessierte damals nicht der Einzelfall, sondern das Allgemeine, nicht das Konkrete, sondern die Abstraktion, nicht das Leben, sondern der Begriff, nicht das Positive, sondern das Unbedingte.“[26]

Daraufhin kehrte er Lübeck und dem Referendariat den Rücken zu und begab sich zurück nach Berlin, wo er sich im kriminalpolitischen Seminar theoretischen und philosophischen Diskussionen widmete[27]. Dort traf er auch den Mann wieder, der sein gesamtes juristisches Denken für sein Leben prägen sollte: *Franz v. Liszt*.

> „Liszts Persönlichkeit verdichtet sich mir in drei äußeren Eindrücken: ich höre, wenn ich an ihn denke, den festen und doch federnden Schritt, mit dem er das Seminar betrat, ich höre seine sonore, männlich sichere, vertrauenserweckende Stimme, und ich sehe seine unvergleichlich schöne, beschwingte Schrift. In diesen Bildern stellt sich die konzentrierte Tatkraft dar, die den Kern seines Wesens bildete.“[28]

Dieser den jungen *Radbruch* so beeindruckende Mann wurde, nach einer kurzen Tuchfühlung mit Professor *Finger* in Würzburg, sein Doktorvater, der ihm das Thema „Die Lehre von der adäquaten Verursachung“ eröffnete[29]. Dieses Thema wurde von *Radbruch* eher „philosophisch“ als „juristisch“ bearbeitet[30]. Bereits nach sehr kurzer Zeit, im Mai 1902, bestand er sein Rigorosum mit „magna cum laude“[31]. Der Referent *Josef Kohler* hatte zuvor die Arbeit als „ungenügend“ bezeichnet[32].

---

25 Einer der vier Prüfer bei der mündlichen Examensprüfung war *Franz v. Liszt*, s. *Radbruch*, Der innere Weg, S. 48.

26 *Radbruch*, Der innere Weg, S. 53.

27 *Radbruch*, Der innere Weg, S. 53; *Radbruch* hat sich zu Beginn des Jahres 1902 vom Referendariat beurlauben lassen, um seine Doktorarbeit schreiben zu können, s. *Otte*, Gustav Radbruchs Kieler Jahre (1919–1926), S. 10.

28 *Radbruch*, Der innere Weg, S. 54.

29 *Radbruch*, Der innere Weg, S. 56; *Wolf*, Große Rechtsdenker, S. 713 (725).

30 *Wolf*, Große Rechtsdenker, S. 713 (725); *Kaufmann*, Gustav Radbruch, S. 44.

31 *Radbruch*, Der innere Weg, S. 57. Das Rigorosum legte *Radbruch* zusammen mit Graf *Alexander zu Dohna* ab. *Radbruchs* Arbeit basierte auf einem damals neuerschienen Buch von *Max Rümelin* zur Kausalitätstheorie, über das er zunächst ein Referat verfasst

Im Anschluß an die Doktorarbeit begann *Radbruch* auf *v. Liszts* Rat hin bei dessen Freund und Anhänger, *Karl von Lilienthal*, in Heidelberg mit seiner Habilitation[33]. Auch diese verfaßte *Radbruch* in ungewöhnlich kurzer Zeit, bereits im Herbst 1903, eineinhalb Jahre nach der Promotion, legte er seine Habilitationsschrift zum Handlungsbegriff vor[34].

Im Alter von 25 Jahren, Ende 1903, wurde *Radbruch* Privatdozent in Heidelberg[35]. Die Jahre 1904 bis 1914 lehrte er an der dortigen Universität, zusätzlich bekam er im Sommersemester 1906 einen Lehrauftrag an der Universität Mannheim[36]. *Radbruch* hatte im Verhältnis zu den anderen Gelehrten an der Universität keinen leichten Stand. Einerseits aufgrund seiner von ihm selbst bemängelten schüchternen Art[37], andererseits, weil er die anderen Mitglieder der Fakultät durch seine aus Trotz vollführten Verstöße gegen die Regeln des akademischen Komments vergrämte[38] und auch die Gunst seiner Gönner, wie *v. Lilienthal*, auf eine harte Probe stellte[39]. Hinzu kam, daß *Radbruch* im Jahre

---

hatte. Seine Prüfer waren neben *Franz v. Liszt* und *Josef Kohler* auch der *Hübler* und der Dekan *Schollmeyer*.

32 Zu einem späteren Zeitpunkt hat *Josef Kohler* nochmals ein „Fehlurteil" über *Radbruch* gefällt. Er sagte über *Radbruchs* „Einführung in die Rechtswissenschaft", die im Nachhinein sehr bekannt wurde: „Das Schriftchen [...] zeigt bei gänzlich unreifer Darstellung solche oberflächliche Trivialität und Seichtigkeit, daß es besser unerwähnt bleibt.", *Josef Kohler* in: Archiv für Rechts- und Wirtschaftsphilosophie 3 (1909/10), S. 508.

33 *Wolf*, Große Rechtsdenker, S. 713 (726).

34 Der Titel der Arbeit lautete „Die Stellung des Handlungsbegriffs im Strafrechtssystem." *Radbruch* hatte gehofft, die Habilitationsschrift in drei bis vier Monaten anzufertigen und war unzufrieden, daß sich die Arbeit in seinen Augen so lange hinzog; s. GRGA, Bd. 17 (Briefe I), S. 23 (15. Brief), S. 25 (18. Brief).

35 *Kaufmann*, Gustav Radbruch, S. 46.

36 *Bleckmann*, Barrieren gegen den Unrechtsstaat?, S. 94.

37 *Radbruch*, Der innere Weg, S. 66.

38 *Radbruch*, Der innere Weg, S. 66 f.; *Adomeit*, NJW 1999, S. 3465 (3466); *Otte*, Gustav Radbruchs Kieler Jahre (1919–1926), S. 11 f. *Radbruch* kündigte z.B. mit einem Professor der Journalistik ein Seminar an, der wohl einen unrühmlichen Ruf besaß. Selbst als *v. Lilienthal* ihn darauf hingewiesen hatte, blieb *Radbruch* dabei, das Seminar veranstalten zu wollen. Außerdem lehnte er eine Einladung des bedeutenden Romanisten *Ernst Immanuel Bekker* zu einem seiner bekannten Diners zunächst wegen der vorgeschobenen Arbeitsüberlastung ab und mußte erst von *v. Lilienthal* davon überzeugt werden, die Einladung doch wahrzunehmen. Eine andere Begebenheit bestand darin, daß *Radbruch* sich einen Sportanzug gekauft hatte und diesen ins Kolleg anzog.

39 *Radbruch*, Der innere Weg, S. 67 f.; *Kaufmann*, Gustav Radbruch, S. 47; *Otte*, Gustav Radbruchs Kieler Jahre (1919–1926), S. 14.

1907 – am 28. September – die Ehe mit *Lina Götz*, einer Frau „außerhalb der Zunft“[40], schloß.

Beeinflußt haben *Radbruch* während seiner Heidelberger Zeit die Zusammentreffen mit einem Kreis Gleichgesinnter[41]. Deren Mittelpunkt war *Max Weber*, um den sich andere kritische Persönlichkeiten versammelten. Darunter waren so beeindruckende Frauen wie *Marianne Weber*, *Camilla Jellinek* und *Luise Gothein*. Außerdem schloß *Radbruch* hier Freundschaften, die für sein späteres Leben wichtig werden würden, wie zu *Karl* und *Gertrud Jaspers* und in besonderem Maße zu *Thea* und *Hermann Kantorowicz*.

In Heidelberg begann *Radbruch* auch seine politische Tätigkeit[42]. Dort schloß er sich zunächst der „Fortschrittlichen Volkspartei“[43] an, denn er sah in der „Demokratie eine Vorfrucht der Sozialdemokratie“[44]. 1908 wurde *Radbruch* als demokratisches Mitglied in die Heidelberger Stadtverordnetenversammlung und bald darauf in den Vorstand dieser kommunalen Körperschaft gewählt[45]. In den Jahren 1910 bis 1914 war er im Vorstand der Stadtverordnetenversammlung und Mitglied des Heidelberger Waisenrats[46]. Zudem wurde er Mitglied des Armenrats und als Armenpfleger für den Neu-

---

40 *Radbruch*, Der innere Weg, S. 67; *Kaufmann*, Gustav Radbruch, S. 47. Für die damalige Zeit mußte schon die Art und Weise, wie *Radbruch* und *Lina Götz* ihre Verlobung bekannt gaben, provokant gewirkt haben. Sie gaben keine Anzeige auf, statteten den Leuten mit einer Karte, auf denen ihre beiden Namen standen, einen Besuch ab.

41 *Radbruch*, Der innere Weg, S. 63; *Laufs*, Gustav Radbruch (1878–1949), S. 168 (176). Diese „freieren Verkehrformen“ zog *Radbruch* der „Geheimratsgeselligkeit“ in den Kreisen der Fakultät vor.

42 Dabei war es wohl nach seinen Angaben der Schmerz über die Trennung von seiner Frau *Lina Götz*, der Antrieb für seine politische Tätigkeit war: „[...] Doch fühlte ich mich in dem tiefen Dunkel meiner Seele nicht mehr zuhause, wandte mich nach außen, und so tat ich die ersten Schritte in die Politik. Wie fern ich ursprünglich politischem Denken war, zeigt mein Verhalten bei der ersten politischen Wahl, an der ich teilnahm. Ich gab einen weißen Zettel ab, und zwar aus folgenden Erwägungen: Meiner Gesinnung nach hätte ich für den sozialdemokratischen Kandidaten stimmen müssen, es dünkte mich aber unsittlich, heimlich für ihn abzustimmen, ohne mich vorher vor anderen zu ihm zu bekennen.“ *Radbruch*, Der innere Weg, S. 74 f.

43 *Otte*, Gustav Radbruchs Kieler Jahre (1919–1926), S. 79; *Wolf*, Große Rechtsdenker, S. 713 (732).

44 *Radbruch*, Der innere Weg, S. 74; *Wolf*, Große Rechtsdenker, S. 713 (732). Ein offenes Bekenntnis zur SPD war *Radbruch* zu dieser Zeit noch zu brisant, er wollte damit seine Lehrtätigkeit nicht gefährden, s. *Radbruch*, Der innere Weg, S. 74.

45 *Bleckmann*, Barrieren gegen den Unrechtsstaat?, S. 94; *Wolf*, Große Rechtsdenker, S. 713 (732).

46 *Laufs*, Gustav Radbruch (1878–1949), S. 168 (176).

enheimer Bezirk zuständig[47]. Auch betrieb er im Jahre 1906 im Bruchsaler Männerzuchthaus Studien, um sich in der allgemeinen Diskussion über die Reformbestrebungen hinsichtlich der Freiheitsstrafe ein fundierteres Urteil bilden zu können[48]. Eine Zeit lang spielte *Radbruch* mit dem Gedanken, selbst im Strafvollzug tätig zu werden[49].

Im Jahre 1910 verlieh der badische Großherzog *Radbruch* den Titel Professor. Dieser fiel aber in seiner Beachtlichkeit gegenüber dem Titel eines „Ordinarius“ ab[50], was *Radbruch* als Kränkung hinnahm[51].

Im Jahr 1912 schien es so, als könnte *Radbruch* nach Basel oder Frankfurt gehen. Diese beiden Hoffnungen zerschlugen sich jedoch, die wissenschaftliche Karriere schien zu stagnieren[52]. Zur selben Zeit, im Jahr 1913 scheiterte auch seine Ehe mit *Lina Götz*[53] endgültig. Es kam am 2. Juli 1913 vor dem Landgericht Heidelberg zur rechtskräftigen Scheidung[54]. Über die näheren Umstände hat *Radbruch* sich wohl bewußt nicht geäußert:

---

47 *Radbruch*, Der innere Weg, S. 74; *Adomeit*, Rechts- und Staatsphilosophie II, S. 157; *Wolf*, Große Rechtsdenker, S. 713 (732).

48 *Wolf*, Große Rechtsdenker, S. 713 (732); *Müller-Dietz*, Einleitung; in: GRGA, Bd. 10 (Strafvollzug), S. 21.

49 Dies geht aus einem Brief an *Hermann Kantorowicz* vom 15. Juli 1906 hervor: „Ich trage mich immer noch mit den Strafanstalts-Plänen und will Krohne aufsuchen und um Rat fragen; wenn er dann nicht verreist ist, fahre ich deshalb Mitte August von hier über nach Berlin und Lübeck. Sagen Sie mir selbst, was ich an der Universität noch zu suchen habe. Für die Begriffsklaubereien, denen ich Stellung und Ruf verdanke, habe ich durch unsere gemeinsamen methodologischen Erkenntnisse allen Sinn verloren. Für das, was nach unserer Ansicht in erster Linie not tut: Werturteile, fehlt mir das angeborene 'juristische Genie'. Historisch arbeiten wollen, hieße ganz von vorne anfangen. Und Kriminalpolitik kann ich eben nur aus der Praxis heraus treiben. Aber haben Sie keine Angst, mein Plan wird sich ja doch als unrealisierbar erweisen.“ GRGA, Bd. 17 (Briefe I), S. 100 (97. Brief).

50 *Radbruch*, Der innere Weg, S. 97.

51 *Radbruch*, Der innere Weg, S. 97: „In keinem Lebensbereich wird wohl eine gehemmte Karriere schmerzlicher fühlbar als in der akademischen Laufbahn. Wer nicht Ordinarius ist und der Fakultät angehört, ist von so vielem ausgeschlossen und so minderen Rechts, daß sich bei ihm die typischen Züge der Verbitterung und Überempfindlichheit herauszubilden pflegen, die man wohl als Privatdozentenkrankheit bezeichnet.“

52 *Kaufmann*, Gustav Radbruch, S. 54.

53 *Bleckmann*, Barrieren gegen den Unrechtsstaat?, S. 96.

54 Standesamt Heidelberg, Heiratsbuch 1907, Registernummer 444; *Otte*, Gustav Radbruchs Kieler Jahre, 1919–1926, S. 15; *Kaufmann* spricht entgegen dieser Quellen davon, daß die Ehe bereits 1908 wieder geschieden wurde, s. *Kaufmann*, Gustav Radbruch, S. 47 f.

„Ich will hier die weitere Entwicklung nicht im einzelnen schildern, ich will nur das eine feststellen, daß alles, was geschah, in voller Wahrhaftigkeit geschah. Meine Frau begab sich nach Hellerau in Dalcrozes Schule für rhythmische Gymnastik. Sie ist dann durch neue Irrungen neuen schweren Schicksalen ausgeliefert worden. Doch ich fühlte mich zunächst in dem tiefen Dunkel meiner Seele nicht mehr zu Hause, wandte mich nach außen, und so tat ich die ersten Schritte in die Politik."[55]

Er übte diesbezüglich eine achtenswerte Zurückhaltung, es wird aber deutlich, daß er unter der Scheidung litt:

„Als schließlich Jahre hingegangen waren, in denen gar keine Vakanzen strafrechtlicher Lehrstühle vorkamen, als der Zusammenbruch der Ehe mir den Ort, an dem ich ihn erlebt hatte, zu verdüstern begann, dachte ich an die Umhabilitierung nach München, fand dort auch freundliches Entgegenkommen, schaffte aber noch einmal als reiner Tor mir selbst Hindernisse, indem ich mich weigerte, das Scheidungsurteil dorthin mitzuteilen, teils weil ich meine Frau nicht bloßstellen wollte, teils weil ich in diesem Verlangen einen kränkenden Beweis mangelnden Vertrauens fand."[56]

In seiner politischen Auffassung nachhaltig geprägt hat *Radbruch* die Teilnahme an dem Begräbnis *August Bebels* im August 1913 in Zürich[57]. Dies gab wohl mit den Anstoß, sich offen zu seinen Sympathien für die Sozialdemokratie zu bekennen, da die alten verkrusteten Strukturen des Kaiserreiches langsam ins Wanken gerieten[58].

„Dieses große Massenerlebnis [das Begräbnis] belehrte mich endgültig darüber, wo ich zu stehen habe."[59]

Angesichts dieser Schilderungen *Radbruchs* stellt sich die Frage, wie es dazu kam, daß gerade ein Unternehmersohn wie er den Weg in die sozialdemokratische bzw. sozialistische Weltanschauung einschlug. Hierzu läßt sich vermuten, daß Radbruch dies aus „kompensatorischen Gründen"[60] tat. Wenn ihm schon das juristische Studium vom Vater aufgedrängt worden war, dann konnte er sich so zumindest intellektuell von ihm emanzipieren. Die Überzeugung, sich von der konservativen bürgerlichen Gesellschaft abzugrenzen, verstärkte sich auch gerade in seiner Heidelberger Lehrtätigkeit als Extraordinarius (1904–1914)[61].

---

55 *Radbruch*, Der innere Weg, S. 73.

56 *Radbruch*, Der innere Weg, S. 76.

57 *Radbruch*, Der innere Weg, S. 75; *Kaufmann*, Gustav Radbruch, S. 64; *Wolf*, Große Rechtsdenker, S. 713 (732).

58 *Kaufmann*, Gustav Radbruch, S. 63 f.

59 *Radbruch*, Der innere Weg, S. 75.

60 *Adomeit*, Rechts- und Staatsphilosophie II, S. 156.

61 *Adomeit*, Rechts- und Staatsphilosophie II, S. 156, 157.

Im Jahre 1914 tat sich endlich die Chance für einen Neubeginn auf. *Radbruch* erhielt einen Ruf nach Königsberg (dem heutigen Kaliningrad), wo ihm die Stellung zwar nicht eines Ordinarius, aber eines „etatmäßigen außerordentlichen Professors" angeboten wurde[62]. *Radbruch* folgte diesem Ruf und ging nach Königsberg. Im Sommer erschien sein Werk „Grundzüge der Rechtsphilosophie"[63].

In Königsberg lernte *Radbruch* seine zweite Frau *Lydia Aderjahn*[64], die Tochter des Gutsbesitzers *Frank Schenk* aus dem Memelschen Kreis Heydekrug, kennen[65] und heiratete sie am 9. November 1915. Am 8. September 1915 war bereits die gemeinsame Tochter *Renate-Maria* zur Welt gekommen[66].

---

62 *Radbruch*, Der innere Weg, S. 76 f.; *Kaufmann*, Gustav Radbruch, S. 55.

63 Grundzüge der Rechtsphilosophie. Leipzig 1914 (die 2. Auflage ist ein nicht als solcher kenntlich gemachter Nachdruck von 1922).
Auf eine nähere Darstellung der allgemeinen rechtsphilosophischen Lehren *Gustav Radbruchs* wird in dieser Arbeit aufgrund ihrer Zielrichtung, die in erster Linie in der Analyse der Entwurfsarbeit liegt, verzichtet. Zur näheren Darstellung siehe deshalb z.B.: *Hippel*, Fritz von: Gustav Radbruch als rechtsphilosophischer Denker, Heidelberg 1951; *Bonsmann*, Paul: Die Rechts- und Staatsphilosophie Gustav Radbruchs, Schriften zur Rechtslehre und Politik, Band 48, herausgegeben von Prof. Dr. Ernst von Hippel, Köln, 2. Auflage 1970; *Bleckmann*, Maja: Barrieren gegen den Unrechtsstaat? Kontinuitäten und Brüche in den rechtsphilosophischen Lehren Alfred Manigks, Gustav Radbruchs und Felix Holldacks angesichts des Nationalsozialismus, Beiträge zur rechtswissenschaftlichen Grundlagenforschung, Band 47, herausgegeben von Jürgen Frank, Joachim Rückert, Hans-Peter Schneider und Manfred Walther, Baden-Baden, zugl.: Hannover, Univ., Diss. 2003, 1. Auflage 2004; *Tjong*, Uk Zong: Der Weg des rechtsphilosophischen Relativismus bei Gustav Radbruch, Bonn 1967.

64 *Lydia* war zum Zeitpunkt des Kennenlernens noch verheiratet, daher der Name *Aderjahn*. Dieser geht nur aus einer einzigen Postkarte *Radbruchs* an sie hervor, s. UB Hdb., Heid. Hs. 3716 III C Nr. 50; *Otte*, Gustav Radbruchs Kieler Jahre (1919–1926), S. 17 Fn. 90; dabei war die Beziehung zunächst durch die noch existierende Ehe *Lydias* getrübt: „Mein erster Eindruck war, Du seist schwankend geworden, weil Du an Deiner Liebe zu mir zu zweifeln anfingst. Wäre das der Fall, wäre Dir angesichts des tief vornehmen und liebevollen Verhaltens Deines Mannes die Rückkehr überhaupt denkbar geworden, könntest Du jetzt noch irgendwie zweifeln, was Du zu antworten hast, – dann wäre das freilich das sicherste Zeichen dafür, daß Du alles rückgängig machen solltest – ohne Rücksicht auf mich, der dann nicht – wie sonst Dein Mann – ein großes Glück verlieren, sondern nur keines gewinnen, nur ebenso elend sein würde, wie ich es war, bevor wir uns trafen." in: GRGA, Bd. 17 (Briefe I), S. 188 f. (197. Brief).

65 *Wolf*, Große Rechtsdenker, S. 713 (733); *Kaufmann*, Gustav Radbruch, S. 78; *Radbruch*, Der innere Weg, S. 78; *Radbruch* beschreibt dort die Gefühle seiner Frau so: „[…] meine Frau erlöste mich von der fruchtlosen Innenwendung meiner Seele nur auf mich selbst zum unbefangenen Wirken hinaus in die Welt. Sie zwang mich zur Selbstbehauptung, – denn sie ist zu meinem Glück nicht voller Anbetung für mich, vielmehr voll kritischer Vorbehalte gegen meine Wesensart und manchmal gerade gegen Wesenszüge, in denen ich nicht selbst Fehler, sondern Vorzüge erblicken muß […] ."

66 *Kaufmann*, Gustav Radbruch – Leben und Werk, in: GRGA, Bd. 1 (Rechtsphilosophie I), S. 7 (25).

In den Jahren des ersten Weltkrieges meldete sich *Radbruch* zunächst als Kriegsfreiwilliger zum Roten Kreuz und saß viele Wochen untätig auf dem Bahnhof Dirschau fest[67]. Außerdem sorgte er für die Reklamation seiner Königsberger Lehrtätigkeit. Anschließend wurde er in Heidelberg militärisch ausgebildet und zog am 20. April 1916 ins Feld[68]. Dort war er zunächst im Ober-Elsaß eingesetzt, später in der Woëvre-Ebene. Zudem nahm er an einem Offizierskurs in Libau (Lettland) teil. Im Juli 1918 wurde er zum Leutnant ernannt. Dabei drängt sich die Frage auf, was ihn, als Pazifisten, dazu bewog in den Krieg zu ziehen:

> „Ich suchte die Bewährung, ich suchte die versäumte Jugend wieder nachzuholen, ich mußte freiwillig, aber kraft inneren Zwanges, zuerst die Patrouille machen, weil ich in meiner Jugend zu wenig Äpfel gestohlen hatte – das versäumte Jugendwagnis durch soundso viele Patrouillen nachholen."[69]

Am 30. Juli 1916 wurde ihm das Eiserne Kreuz II. Klasse verliehen[70]; zudem erhielt er im November 1916 das Hanseatenkreuz vom Lübecker Senat[71].

1918 kehrte er aus dem Krieg zurück und am 9. Dezember diesen Jahres wurde sein Sohn *Heinrich Franz Anselm* geboren, dessen Namensgebung biographisch motiviert war[72].

Im Jahr 1919 erhielt er einen Ruf nach Kiel als Extraordinarius, wenig später wurde ihm ein Ordinariat übertragen[73]. Damit erfüllte sich endlich *Radbruchs* Wunsch, dem Dasein als Privatdozent ein Ende zu bereiten.

Am 12. Dezember 1918 trat *Radbruch* durch eine schriftliche Meldung in die Sozialdemokratische Partei Deutschlands (SPD) ein[74]. Die Gründe für das

---

67 *Radbruch*, GRGA, Bd. 17 (Briefe I), S. 186 (194. Brief); *derselbe*, Der innere Weg, S. 79.

68 *Radbruch*, Der innere Weg, S. 79.

69 *Radbruch*, Der innere Weg, S. 80.

70 UB Heidelberg, Heid. HS. 3716 I A Nr. 50, Kriegsranglistenauszug über Gustav Radbruch., in *Otte*, Gustav Radbruchs Kieler Jahre 1919–1926, S. 25 Fn. 153.

71 Otte, Gustav Radbruchs Kieler Jahre 1919–1926, S. 27, Fn. 155; UB Hdb., Heid. HS. 3716 III A Nr. 50, Kriegsranglistenauszug über Gustav Radbruch. Zur Verleihung des Hanseatenkreuzes siehe auch: UB Hdb., Heid. HS. 3716 III C Nr. 263 vom 22.11.1916, Brief von *Gustav Radbruch* an *Lydia Radbruch*. Über die Gründe der Verleihung des Hanseatenkreuzes ist nichts bekannt.

72 Nach *Radbruchs* Erklärung war der Name so gewählt worden: „Es heißt *Heinrich Franz Anselm – Heinrich Franz* nach den beiden Großvätern und *Franz Anselm* nach den beiden Meistern des Faches *Franz v. Liszt* und *Anselm v. Feuerbach*. Der Rufname soll *Anselm* sein.", zitiert aus: GRGA, Bd. 17 (Briefe I), S. 288 (293. Brief).

73 *Radbruch*, Der innere Weg, S. 97.

politische Bekenntnis zur Sozialdemokratie waren in *Radbruchs* Erinnerungen folgende:

> „Ich wurde Sozialdemokrat, weil diese Partei eine vernünftige, vorsichtige und redliche, verantwortungsvolle und phrasenlose, nicht zur Unzeit revolutionäre und nicht zur Unzeit nationalistische Politik trieb, weil sie gerade die Eigenschaften besaß, die viele, die nur vermöge dieser Eigenschaften vor der Katastrophe gerettet worden sind, gern als kleinbürgerlich zu verspotten pflegen. Nur eine solche nüchterne und glanzlose, völlig unballadeske und unpittoreske Politik konnte Deutschland durch die schwere Zeit nach 1918 hindurchretten."[75]

*Radbruch* war willens, aktiv an der Parteiarbeit mitzuwirken. So beteiligte er sich an der Diskussion um eine Verfassung der neuen, noch jungen Republik und wirkte an der Denkschrift zur Reform der Verfassung der Sozialdemokratischen Fraktion als der maßgebliche Verfasser mit[76]. Auch war es ein Anliegen *Radbruchs*, daß die Juristen sozialdemokratischer Gesinnung sich organisierten, es kam Anfang 1919 zur Gründung der „Vereinigung sozialistischer Juristen"[77].

Aus dieser Zeit stammt auch die von *Radbruch* 1919 verfaßte Flugschrift „Ihr jungen Juristen"[78], in der er einen Umbruch in der Denkweise und dem Gebaren der heranwachsenden Generation von Juristen fordert:

> „Vorbei sind auch die Privilegien der Studienjahre, bunte Bänder, blitzende Schläger, sangesfrohe Kommerse, Schmisse und Räusche, unwiederbringlich vorüber. Es war einmal. Neue Menschen stürmen in die Hörsäle, Menschen mit starken Gliedern und starken, ausgehungerten, gefräßigen Hirnen, mit ursprünglicher Lernbegier und rücksichtslosem Drang zur Höhe. Feingliedrige Söhne alter Häuser, es gilt eure ganze Kraft, wenn ihr das Rennen bestehen wollt. Der Weg des Geistes ist heute ein strenger Weg, kein Weg durch Gassen und Genüsse, kein Weg zu Palästen der Fülle, nichts mehr eben als der Weg durch den Geist zum Geiste."[79]

---

74 *Otte*, Gustav Radbruchs Kieler Jahre (1919–1926), S. 28; *Radbruch* besaß in diesen Tagen die Hoffnung, einstweilig eine Tätigkeit im neuen Staatswesen ausüben zu können, aber dieser Wunsch erfüllte sich nicht. Er äußerte sein resignatives Bedauern darüber in einem Brief an *Hans Oettinger*: „[…] aber die Welt war schon verteilt, als ich kam." S. GRGA, Bd. 18 (Briefe II), S. 11 (1. Brief).

75 *Radbruch*, Der innere Weg, S. 130.

76 *de With*, Gustav Radbruch, S. 18; *Otte*, Gustav Radbruchs Kieler Jahre (1919–1926), S. 28, 32; Diese Denkschrift beinhaltete eine Zusammenfassung der von *Radbruch* vorgetragenen Verbesserungsvorschlägen, die er bereits veröffentlicht hatte. Näher auch zur Mitwirkung *Radbruchs* an der Reichsverfassung hierzu: *Klein*, Demokratisches Denken bei Gustav Radbruch, S. 21 ff.

77 *de With*, Gustav Radbruch, S. 18.

78 GRGA, Bd. 13 (Politische Schriften aus der Weimarer Zeit II), S. 23 ff.

79 GRGA, Bd. 13 (Politische Schriften aus der Weimarer Zeit), S. 24.

Aufgrund dieser Äußerungen lieferte sich *Radbruch* eine öffentliche Auseinandersetzung mit *Gerhard von Beseler*[80], bei der beide Kampfvorträge in Bezug auf den jeweils anderen hielten, wobei es nicht nur um die von Radbruch in der Flugschrift gemachten Reformvorschläge ging, sondern von *v. Beselers* Seite auch um die vermeintliche revolutionäre Gesinnung *Radbruchs*[81].

Im Jahr 1920 ließ sich *Radbruch* von seiner Partei als Kandidat für ein Abgeordnetenmandat bei den Reichstagswahlen am 6. Juni 1920 aufstellen und wurde auch gewählt[82]. *Radbruch* hatte zunächst Bedenken gegenüber einer Kandidatur:

> „Aber sie macht mir trotzdem allerschwerstes Kopfzerbrechen. Sie stört, zerstört vielleicht sogar meinen ganzen Lebensplan, eröffnet mir aber andererseits auch neue Möglichkeiten gerade auch wissenschaftlicher Art. Die neue Strafprozessordnung, das neue Strafgesetzbuch, eine Umarbeitung des BGB und sonst noch unübersehbar Vieles auf dem Gebiet der Justizgesetze wird grade von diesem Reichstag zu machen sein – all das und mehr, um deswillen sich damals Liszt in die Politik überhaupt hineinbegab und daran ich nun als sein getreuer Testamentsvollstrecker mitarbeiten könnte.“[83]

*Radbruch* wirkte auch bei der Vorbereitung eines neuen sozialistischen Parteiprogramms in Heidelberg mit, das weniger revolutionär und nicht so sehr ideologisch wie das „Erfurter Programm“ sein sollte[84].

Der Einzug *Radbruchs* in den Reichstag wurde wohl durch sein Verhalten beim sog. „*Kapp*-Putsch“ begünstigt[85]. Im Verlauf des Putsches kam es zu Kämpfen zwischen der kappistischen Marine und bewaffneten Arbeitern. Dabei versuchte *Radbruch* gemeinsam mit seinem Kollegen, dem Staatsrechtler *Dr. Heller*, als Unterhändler mit den Marineoffizieren über einen Waffenstillstand zu verhandeln[86]. Das Gespräch mit *Admiral von Levetzow*, dem

---

80 *Gerhard von Beseler* stammte aus einer alten namhaften schleswig-holsteinischen Familie und war „ordentlicher Honorarprofessor“ für Romanistik an der Kieler Universität. Er war ein Anhänger der Deutschen Volkspartei und bekannte sich dazu auch später öffentlich; s.: *Otte*, Gustav Radbruchs Kieler Jahre (1919–1926), S. 42.

81 *Otte*, Gustav Radbruchs Kieler Jahre (1919–1926), S. 42 f.

82 *Wolf*, Große Rechtsdenker, S. 713 (734).

83 GRGA, Bd. 18 (Briefe II), S. 34 (27. Brief).

84 *Wolf*, Große Rechtsdenker, S. 713 (734).

85 Am 13. Mai putschten in Kiel die Reichswehr und einige rechtsradikale Politiker, die sich um *Wolfgang Kapp* versammelt hatten.

86 GRGA, Bd. 12 (Politische Schriften aus der Weimarer Zeit I), S. 78; *Kaufmann*, Gustav Radbruch, S. 67; *Otte*, Gustav Radbruchs Kieler Jahre (1919–1926), S. 67, 69. Es war zuvor eine Anfrage *Hellers* an den Stationschef der Marinestation der Ostsee, Konteradmiral *v. Levetzow* erfolgt, in der *v. Levetzow* es offen ließ, ob er die Putschisten

Stationskommandanten, verlief jedoch nicht in der von *Radbruch* beabsichtigten Weise und seine an dem Aufstand geäußerte Kritik führte dazu, daß der Admiral die beiden festnehmen ließ, so daß *Heller* und *Radbruch* vom 13. bis zum 18. März in Schutzhaft in der Wik-Kaserne saßen[87]. Es kam sogar im Verlaufe des Putsches dazu, daß *Wolfgang Kapp*, der sich selbst zum Reichskanzler ernannt hatte, den Erlaß verkündete: „Rädelsführer und Streikposten werden mit dem Tode bestraft“[88].

Kaum war *Radbruch* wieder auf freiem Fuß, handelte er in einer Weise, die auf viele sicherlich befremdlich wirken mußte[89]. Er versuchte, die Anhänger der Gegenseite vor Gewalt zu schützen und eine weitere Eskalation zu verhindern:

> „In der Stadt freilich sah es böse aus. Trotz geschlossenen Waffenstillstands wurde überall geschossen, und die Luft war erfüllt von Mißtrauen und Haß. Im Gewerkschaftshaus befand sich eine große Anzahl Gefangener, Offiziere und Soldaten, die mit Einsatz seines Lebens vor der Volkswut zu retten Gustav Radbruch nun als seine Aufgabe betrachtete. Es gelang ihm auch in der Tat, diese hundertfünfzig Mann durch die ganze Stadt zu der für ihren Aufenthalt bestimmten Kaserne zu führen und so ihr Leben zu retten.“[90]

Das Begräbnis der zweiunddreißig Märzgefallenen der Arbeiterschaft fand am 24. März 1920 statt. In einem großen Trauerzug wurden die Toten zu ihrer letzten Ruhestätte auf dem Friedhof Eichhof geleitet. *Gustav Radbruch* hielt ihnen die Grabrede[91]. Aufgrund dieser Haltung verschaffte sich *Radbruch* Respekt und eine feste Verbindung zur Kieler Arbeiterschaft, die ihm wohl sonst als Akademiker eher verwehrt geblieben wäre.

---

oder die Regierung *Ebert-Bauer* unterstütze. Dies nahm die Kieler Arbeiterschaft als Bekenntnis zu den Putschisten auf. Daraufhin fand eine Versammlung statt, in der die Gewerkschaftsführer und die Vertreter der beiden sozialdemokratischen Parteien die Organisation des bewaffneten Widerstandes gegen die Putschisten beschlossen. *Heller* als ehemaliger Artillerieoffizier wurde beauftragt, Waffen aus dem Arsenal der Reichswerft und Munition zu besorgen. Zudem bestimmte diese Versammlung den Vorsitzenden des Metallarbeiterverbandes *Garbe* zum Gouverneur von Kiel und es wurde eine vorläufige Regierung aus Vertretern der USPD und SPD, der auch *Radbruch* angehörte, bestimmt.

87 GRGA, Bd. 12 (Politische Schriften aus der Weimarer Zeit I), S 79; *Otte*, Gustav Radbruchs Kieler Jahre (1919–1926), S. 70.

88 GRGA, Bd. 12, Politische Schriften aus der Weimarer Zeit I, S. 79; Über *Radbruchs, Garbes* und *Hellers* Haupt schwebte demnach für kurze Zeit das Damoklesschwert der Todesstrafe und die Bewohner von Kiel waren in Sorge, daß *Heller, Garbe* und *Radbruch* vor ein Standgericht gestellt würden.

89 *Kaufmann*, Gustav Radbruch, S. 68.

90 Anmerkung von *Lydia Radbruch* als Herausgeberin von *Radbruchs* Memoiren, siehe: Der innere Weg, S. 99.

91 *Otte*, Gustav Radbruchs Kieler Jahre (1919–1926), S. 78.

In der Abgeordnetenzeit hatte *Radbruch* aufgrund seines Daseins als Jurist eine ihn zufriedenstellende selbständige Position inne[92]. Die Fraktion ließ ihm weitestgehend freie Hand, so daß er in seinem politischen Handeln nicht gegängelt wurde[93]. Auch leistete *Radbruch* damals viel Ausschußarbeit, er sprach dem Rechtsausschuß eine hohe Kompetenz zu[94]. Zudem erfüllte er wichtige Aufgaben außerhalb des Reichstages, er entwarf für die Sozialdemokratische Partei den Abschnitt Justiz für das Parteiprogramm.[95]

Am 25. Januar 1921 hielt er eine Rede zum Justizetat, die mit dazu geführt haben soll, daß *Radbruch* kurze Zeit später zum Reichsjustizminister ernannt wurde[96]. *Radbruch* war in den Jahren 1921 bis 1923 Reichsjustizminister in den Kabinetten Wirth II und Stresemann I. Nach dem Rücktritt des Kabinetts *Stresemann* nahm er seine Professorentätigkeit an der Universität Kiel wieder auf[97].

Am 25. Mai 1925 erhielt er dann einen Ruf nach Heidelberg, wo er die Nachfolge *Alexander Graf von Dohnas* antreten sollte, der nach Bonn berufen worden war[98]. Die Verhandlungen über die Berufung zogen sich zunächst hin, da *Radbruch* auch einen Ruf an die Handelshochschule in Berlin erhalten hatte[99]. Schließlich folgte er am 6. Juli 1926 dem Ruf nach Heidelberg und hielt dort am 13. November 1926 seine Antrittsvorlesung „Der Mensch im Recht“[100].

Die verheerenden politischen Entwicklungen in den folgenden Jahren blieben auch für *Gustav Radbruch* nicht folgenlos. Am 9. Mai 1933 wurde er aus dem badischen Staatsdienst aufgrund politischer Unzuverlässigkeit nach § 4 des „Gesetzes zur Wiederherstellung des Berufsbeamtentums“ entlassen und verlor damit sein Lehramt[101]. Die Begründung für diese Entscheidung stellte fest, daß *Radbruch* „nach seiner ganzen Persönlichkeit und seiner bisherigen politischen

---

92 *Radbruch*, Der innere Weg, S. 103.

93 *Radbruch*, Der innere Weg, S. 103.

94 *Radbruch*, Der innere Weg, S. 104.

95 *Radbruch*, Der innere Weg, S. 104; *Otte*, Gustav Radbruchs Kieler Jahre (1919–1926), S. 80.

96 *Radbruch*, Der innere Weg, S. 105; *de With*, Gustav Radbruch, S. 21.

97 *Kaufmann*, Gustav Radbruch, S. 111.

98 *Kaufmann*, Gustav Radbruch, S. 111.

99 *Kaufmann*, Gustav Radbruch, S. 111 f.

100 *Radbruch*, Der innere Weg, S. 134; *Kaufmann*, Gustav Radbruch, S. 112.

101 GRGA, Bd. 18 (Briefe II), S. 104 (109. Brief); *Kaufmann*, Gustav Radbruch, S. 133; *de With*, Gustav Radbruch, S. 49.

Betätigung [...] nicht die Gewähr dafür" biete, „daß er jetzt rückhaltlos für den nationalen Staat eintritt"[102].

Die Meldung der „Vossischen Zeitung" über die Entlassung *Radbruchs* vom 29. April war von einem Bedauern über diese Entscheidung getragen:

> „Mit Gustav Radbruch verliert die juristische Fakultät der Universität Heidelberg [...] ein Mitglied von höchstem wissenschaftlichen Ansehen, das als akademischer Lehrer eine besondere Anziehungskraft auf die studierende Jugend ausgeübt hat [...]. Herr Radbruch zählt zu den Männern, deren Wort auch über den engeren Kreis seiner Gesinnungsgenossen hinaus Gewicht hat, weil es von einer umfassenden und geschlossenen Anschauung und einem ausgeprägten Gerechtigkeitsgefühl getragen wird."[103]

*Radbruch* selbst sah seine Entlassung zwar als Kränkung seiner eigenen Person, jedoch hat er sich im Nachhinein mit dieser Entwicklung versöhnlich gezeigt.

> „Meiner Entlassung vermag ich heute etwas Versöhnendes abzugewinnen, hat sie mir doch den Abstieg von der Höhe meiner Lehrtätigkeit erspart, welchen eine fortschreitende Krankheit unvermeidlich mit sich gebracht hätte. Tiefer empfand ich die Ächtung der Ideen, denen meine Lebensarbeit gegolten hatte, und die Herrschaft neuer Mächte, zu denen ich mich ablehnend verhalten mußte."[104]

*Radbruch* versuchte nach seiner Entlassung zunächst seine Lehrtätigkeit im Ausland wieder aufzunehmen. Er nahm dazu Kontakt zu Kollegen in Zürich, Genf und Lyon auf, diese Versuche blieben jedoch erfolglos[105]. Er erhielt einen Ruf an die Universität Kowno (bzw. Kaunas), wurde aber vom Auswärtigen Amt gezwungen, die erklärte Annahme rückgängig zu machen[106]. Auch spätere Angebote der Universitäten Zürich, New York und Lyon mußte er aufgrund des Drucks deutscher Stellen ablehnen[107]. Direkt nach seiner Entlassung arbeitete *Radbruch* weiter an seiner Biographie über *Paul Johann Anselm Feuerbach*[108], die dann 1934 in Wien erschien[109].

---

102 So die Begründung in der Personalakte *Radbruchs* (BA R 3001/71440), die den Gesetzeswortlaut wiedergibt, siehe hierzu auch den Nachweis bei *Erik Wolf*, Große Rechtsdenker, S. 713 (742).

103 BA R 3001/71440, S. 204.

104 *Radbruch*, Der innere Weg, S, 136.

105 *Radbruch*, Der innere Weg, S. 137.

106 *Radbruch*, Der innere Weg, S. 137; *Kaufmann*, Gustav Radbruch, S. 138.

107 *Kaufmann*, Gustav Radbruch, S. 138; *Radbruch*, Der innere Weg, S. 137; GRGA, Bd. 18 (Briefe II) S. 137 (147. Brief).

108 Paul Johann Anselm Feuerbach. Ein Juristenleben.

109 *Spendel*, Gustav Radbruch, S. 20; *Radbruch*, Der innere Weg, S. 136.

Von 1935 bis 1936 war *Radbruch* für einen Studienaufenthalt Gast des University College in Oxford, wo er viele neue wissenschaftliche Impulse setzte. Er beschäftigte sich in dieser Zeit ausführlich mit englischer und amerikanischer Jurisprudence (d.h. Rechtsphilosophie oder Allgemeiner Rechtslehre)[110]. Zudem fand *Radbruch* im Ausland Anerkennung für seine Arbeit. Am 21. November 1938 erhielt er zu seinem 60. Geburtstag von der Handelsuniversität von Tokyo eine Festschrift.

In den Jahren darauf mußte *Radbruch* den schmerzlichen Verlust seiner beiden Kinder erleiden. An 22. März 1939 kam seine Tochter *Renate-Maria* bei einem Lawinenunfall in den bayerischen Alpen ums Leben[111]. Wenige Jahre später, am 5. Dezember 1942, starb der Sohn *Anselm* als Leutnant im Krieg an der Ostfront bei Stalingrad an schweren Verwundungen[112].

> „Denke ich der Kinder, so sehe ich sie, wie sie bei einem Hauskonzert nebeneinander auf einer Stufe in der Fensterleibung saßen, beide schön, beide geschwisterlich eng miteinander verbunden – viele der anwesenden Freunde mögen bald auf die beiden jungen Menschen, bald auf ihr schönstes Kinderbildnis an der Wand geblickt und uns dieses stolzen Besitzes wegen glücklich gepriesen haben."[113]

*Radbruch* vollendete die von seine Tochter aufgenommene Dissertation „Der deutsche Bauernstand zwischen Mittelalter und Neuzeit" und sorgte dafür, daß diese in den Druck ging[114].

Im Jahre 1945 diktierte *Radbruch* seine selbstbiographischen Aufzeichnungen „Der innere Weg"[115]. Am 7. September desselben Jahres kam es zu seiner Wiedereinsetzung in das Lehramt der Juristischen Fakultät der Universität Heidelberg[116]. Seine Abschiedsvorlesung hielt *Radbruch* schließlich am 14. Juli 1948. Die Aufgabe des Lehrberufs war ein Schritt, der ihm nicht leicht fiel.

> „Der Abschied vom Lehramt war schmerzlich, die letzte Stunde auf dem Katheder aber für mich ein dankbar empfundenes, herzbewegendes Erlebnis. Damit beginnt nun der letzte Lebensabschnitt, der der Vollendung einer Reihe wissenschaftlicher Pläne gewidmet sein soll – rein wissenschaftlicher und nicht zeitgebundener Pläne; denn in den Verwirrungen der Zeit einen Weg zu finden, muß der nächsten Gene-

110 GRGA, Bd. 18 (Briefe II), S. 116 (124. Brief).

111 *Radbruch*, Der innere Weg, S. 139; *Kaufmann*, Gustav Radbruch, S. 141 f.

112 *Radbruch*, Der innere Weg, S. 139; *Kaufmann*, Gustav Radbruch, S. 142.

113 *Radbruch*, Der innere Weg, S. 139.

114 *Laufs*, Gustav Radbruch (1878–1949), S. 168 (192).

115 Hrsg. *Lydia Radbruch*, 2. Auflage 1961.

116 *Kaufmann*, Gustav Radbruch, S. 147.

ration überlassen bleiben, der man höchstens noch ratend und warnend dienen darf, wenn sie solchen Dienst nicht verschmähen wird.“[117]

Noch am Tag des Abschieds vom Lehramt bittet er *Adolf Rausch*, wieder in die SPD eintreten zu dürfen[118].

In den letzten Lebensjahren war Radbruch zudem von schwerer Krankheit gezeichnet; er litt an Parkinsonismus[119]. Die Folgen der Krankheit werden in seinem Schriftbild sehr deutlich. Vor Ausbruch der Krankheit schrieb er deutlich und groß, später klein und am Ende beinahe unleserlich[120].

Am 21. November beging man feierlich den 70. Geburtstag *Radbruchs*, ihm wurde der „Dr. phil. h. c.“ der Universitäten von Heidelberg und Göttingen verliehen[121]. Weitere Auszeichnungen folgten: Neben den Ehrendoktortiteln kam es zur Aufnahme in die Heidelberger Akademie der Wissenschaften und in die Accademia delle Science di Bologna, zur Wahl zum Ehrenmitglied des Deutschen Juristentags und zur Mitgliedschaft im Badischen Staatsgerichtshof[122].

Ein Jahr später, wiederum am 21. November, erlitt *Radbruch* einen Herzinfarkt, von dem er sich nicht wieder erholte. Er verstarb am 23. November 1949 im Alter von einundsiebzig Jahren in Heidelberg.

## *B) Tätigkeit als Reichsjustizminister und Strafrechtsreformer*

### *I. Tätigkeitsbeginn und innere Haltung*

*Gustav Radbruch* bekleidete in den Jahren 1921 bis 1923 zweimal das Amt des Reichsjustizministers. Die erste Amtszeit vom 26. Oktober 1921 bis zum 22. November 1922 unter dem Reichskanzler *Wirth*[123] war die Zeit der politischen Morde, die ihren Höhepunkt in der Ermordung *Walter Rathenaus* fand.

Zur Übernahme des Amtes bedurfte es der Aufforderung des Reichspräsidenten *Ebert* an *Radbruch*, wobei es anfangs noch um die Besetzung des preußi-

117 GRGA, Bd. 18 (Briefe II), S. 286 (307. Brief).

118 GRGA, Bd. 18 (Briefe II), S. 279 f. (301. Brief).

119 *Hattenhauer*, Georg Dahm und Gustav Radbruch, S. 23 (Anmerkung in Brief Nr. 9).

120 *Kaufmann*, Einleitung; in: GRGA, Bd. 2 (Rechtsphilosophie II), S. 5.

121 *Spendel*, Jurist in einer Zeitenwende, S. 21.

122 *Kaufmann*, Gustav Radbruch, S. 163.

123 *Radbruch*, Der innere Weg, S. 105; *Dreier / Paulson*, ARSP 1999 (85), S. 463 (464).

schen Justizministeriums ging[124]. Schließlich kam es jedoch zu einer Krise innerhalb der Reichsregierung, und *Radbruch* bekam die Möglichkeit, das Amt des Reichsjustizministers zu bekleiden[125].

> „Es hatte erst eines Appells bedurft, den der Reichspräsident Ebert in seiner überzeugenden und verpflichtenden Weise an mich richtete, um mich zur Übernahme eines Ministeriums zu bestimmen. Als der schwere Entschluß gefaßt war, ging ich zunächst einige Tage ins Riesengebirge, um von dem sorgenfreien Leben Abschied zu nehmen."[126]

*Radbruch* selbst beschreibt seine Tätigkeit mehr als reine Tätigkeit eines Fachministers, der sich mit den Fragen des eigenen Ressorts und nicht so sehr mit den grundlegenden politischen Fragen des Kabinetts auseinandersetzte[127]. Dabei nahm er an den jeweiligen Besonderheiten und Kleinigkeiten der Ministerialarbeit besonderen Anteil, mehr als es seinem Empfinden zufolge im Nachhinein die Aufgabe eines Ministers war; dieser

> „soll sich auf die politischen Fragen seines Ressorts beschränken und das Schwergewicht seiner Tätigkeit auf die Beteiligung an der politischen Arbeit des Gesamtkabinetts verlegen."[128]

In *Radbruchs* Amtszeiten machte es die politische Lage jedoch erforderlich, daß gerade der Tätigkeitsbereich des von ihm geleiteten Ministeriums hochpolitische Fragen, die eine generelle Ausrichtung der neuen Demokratie bedeuteten, zu beantworten bzw. zu lösen hatte.

Die Frage ist, ob *Radbruch* diese Fragen zufriedenstellend gelöst hat. Im Kreuzfeuer der Kritik stand *Radbruch* während seiner Amtszeit des öfteren. Diese prasselte gerade im Zusammenhang mit seinem Verhalten beim Lichtenburger Hungerstreik und der Ermordung des spanischen Ministerpräsidenten *Dato Iradier* auf ihn ein[129]. Im letzteren Fall forderte *Radbruch* die Auslieferung der Täter, die aus anarchistischen Kreisen stammten[130]. Dieses

124 GRGA, Bd. 18 (Briefe II), S. 45 (41. Brief); *Radbruch*, Der innere Weg, S. 105; *Wolf*, Große Rechtsdenker, S. 713 (734).

125 *Radbruch*, Der innere Weg, S. 105; *Wolf*, Große Rechtsdenker, S. 713 (734 f.).

126 *Radbruch*, Der innere Weg, S. 105.

127 *Radbruch*, Der innere Weg, S. 107.

128 *Radbruch*, Der innere Weg, S. 107.

129 *Radbruch*, Der innere Weg, S. 107; *Otte*, Gustav Radbruchs Kieler Jahre (1919–1926), S. 146; *de With*, Gustav Radbruch, S. 29.

130 *de With*, Gustav Radbruch, S. 30.

Verhalten brachte ihm seitens der Linken die Bezeichnung „Justiz-*Noske*" ein[131].

## *II. Begnadigungspolitik*

*Radbruchs* Ideal und Motivation bei der Ausübung seiner Tätigkeit als Reichsjustizminister lag in der Hauptsache darin, durch sein Handeln den „Kriegszustand zwischen Justiz und Volk"[132] zu beenden und dadurch das Vertrauen des Volkes in die Justiz und deren Funktionsfähigkeit und Ansehen zu stärken[133].

Diese Haltung brachte er insbesondere durch die Befürwortung einer Begnadigung möglichst vieler bereits zum Tode Verurteilter zum Ausdruck[134]. Kurz nach seinem Amtsantritt gab er die Anweisung, die Praxis der Gnadenentscheidungen wieder einer Überprüfung zu unterziehen[135].

Dadurch wollte er das von ihm selbst als Abgeordneter bereits mit initiierte und vom Reichstag am 4. Juni 1921 beschlossene Begnadigungsprogramm für

---

131 *Radbruch*, Der innere Weg, S. 107; *Otte*, Gustav Radbruchs Kieler Jahre (1919–1926), S. 146; *de With*, Gustav Radbruch, S. 30.

132 *de With*, Gustav Radbruch, S. 25.

133 *Otte*, Gustav Radbruchs Kieler Jahre (1919–1926), S. 139; *de With*, Gustav Radbruch, S. 25.

134 Durch diese Begnadigungspolitik war *Radbruch* vielfacher Kritik ausgesetzt. Beispielhaft hierfür ist das folgende Gedicht von *Karbolz*, aus: Äußerungen über Gustav Radbruch 1921–23 aus der Zeit als Reichsjustizminister (unter Wirth: 26.10.21–22.11.22, unter Stresemann: 13.8.–3.11.23), Heid. Hs. 3716 I.D.23:

„**Justizreform**:
Weil`s in Deutschland eben so famos,
Jedem X-Beliebigen in den Schoß
Man sein sorgenfreies Haupt kann legen,
Weil die Menschen nur einander Segen
Geben, weil kein Mord, kein Raub ist mehr,
Weil die Tugend so verteufelt hehr,
hat Minister Radbruch den enormen
Einfall von Begnadigungsreformen.
Ach, die Welt wird wirklich immer toller!
Mühsam nur versteht der Herr den Koller
Daß vor Freunde mit den Lämmermienen
München zog die eisernen Gardinen.
Freie Bahn, wem wider die Gesetze,
Glückte höchst verantwortliche Hetze! –
Milde Herren! milde, sanft und matt:
– Bis der Staatskarr'n gänzlich **Radbruch** hat."

135 *de With*, Gustav Radbruch, S. 25; *Otte*, Gustav Radbruchs Kieler Jahre (1919–1926), S. 140.

die von den mitteldeutschen Sondergerichten verurteilten Teilnehmer des kommunistischen Märzaufstandes forcieren[136] und die von seinem Vorgänger eingeleitete Begnadigungsaktion ausweiten[137]. In der vorherigen Debatte war darüber hinaus von KPD und USPD die Amnestie für diese wegen politischer Straftaten verurteilten Täter verlangt worden[138]; die Forderung scheiterte jedoch am Widerstand der anderen Parteien.

Kurze Zeit nach dem Amtsantritt *Radbruchs* kam es zu einer Bewährungsprobe der von ihm befürworteten Praxis der Gnadenentscheidungen. Im Zuchthaus Lichtenberg traten Häftlinge, die aufgrund ihrer Beteiligung an den mitteldeutschen Unruhen von 1920 einsaßen, in den Hungerstreik, um damit ihre Freilassung zu erzwingen[139]. Daraufhin stellte die Parlamentarische Linke den Antrag, daß der Reichstag die Amnestie für diese Häftlinge beschließen solle[140]. *Radbruch* stellte sich gegen die Freilassung und lehnte eine Ausweitung der Begnadigungspraxis ab[141]. Für diese Entscheidung mußte *Radbruch* herbe Kritik der Linken einstecken[142].

---

136 *Otte*, Gustav Radbruchs Kieler Jahre (1919–1926), S. 139; dieser Reichstagsbeschluß verpflichtete den Reichskanzler dazu, „die Urteile der Sondergerichte unter dem Gesichtspunkt möglicher Begnadigung nachprüfen zu lassen und dem Reichspräsidenten bloße Mitläufer der Aufruhrbewegung im weiten Umfange der Begnadigung zu empfehlen." s. Verh. D. RT., Bd. 367, S. 1796, Anlage 2105.

137 Ziel war es, sämtliche Urteile der Sondergerichte, die auf Zuchthaus lauteten, zu überprüfen, auch wenn kein ausdrückliches Gnadengesuch vorlag. Zudem sollten alle Urteile überprüft werden, bei denen ein Gnadengesuch seitens der Verurteilten eingelegt worden war. Es sollte eine Begnadigung aller Personen stattfinden, die als Mitläufer des Aufstandes einzuordnen seien. Außerdem wurde eine nochmalige Überprüfung bereits gestellter Gnadengesuche angeordnet. Mit der Überprüfung der Urteile befaßte sich *Radbruch* selbst umfangreich, er ließ sich jeden Fall einzeln vorlegen. S. *Otte*, Gustav Radbruchs Kieler Jahre (1919–1926), S. 140 f.

138 Verh. d. RT., Bd. 353, S. 6063 A; *Otte*, Gustav Radbruchs Kieler Jahre (1919–1926), S. 139 f.

139 *Otte*, Gustav Radbruchs Kieler Jahre (1919–1926), S. 142.

140 Die Amnestie wurde besonders vor dem Hintergrund gefordert, daß den *Kapp*-Putschisten Amnestie zuteil geworden war und sie kaum wirklich für ihre Taten gerichtlich zur Verantwortung gezogen wurden.

141 *Radbruch* schloß seine Rede im Reichstag mit den Worten: „Am 4. August 1921 hat der Reichstag die Begnadigungsaktion beschlossen und eine Amnestie abgelehnt. Durch den Hungerstreik soll eine solche Amnestie erzwungen werden. Eine Amnestie scheint mir auch heute nicht möglich zu sein. Ich muß hier ein Wort wiederholen, was ich hier schon einmal gesprochen habe: Amnestien sind Meilensteine der Revolution. Sie bezeichnen endgültig abgeschlossene Abschnitte ihrer Entwicklung, die sich nicht wiederholen werden. Ein solcher Abschnitt ist noch nicht wieder erreicht. Meine Herren von der äußersten Linken, solange sie nicht auf das Kampfmittel der Gewalt verzichten, können sie nicht von uns verlangen, daß wir darauf verzichten, Gewalt gegen Gewalt zu setzen." S. Verh. d. RT., Bd. 351, S. 5127 C – S. 5128 B.

142 Der Abgeordnete *Rosenfeld* konterte: „Die Rachejustiz wird fortgesetzt, wird erbarmungslos durchgeführt, gleichgültig, ob ein Deutschnationaler oder ein Sozialdemokrat

Erst viel später, nach der Ermordung *Walter Rathenaus*, kam es zur Verabschiedung eines Amnestiegesetzes, das auch die letzten Verurteilten des mitteldeutschen Aufständischen erfaßte[143].

## *III. Gesetzgebungsarbeiten*

Die andere, weitaus gewichtigere Bedeutung *Radbruchs* politischer Arbeit als Minister der Justiz bestand in seiner Tätigkeit als Initiator von Gesetzgebungsarbeiten. Dabei wirkte er an verschiedenen Gesetzen federführend mit, bei anderen war er nur derjenige, der das bereits von anderen verfaßte Endwerk unterzeichnete und damit auf seinen Weg brachte. Im Überblick folgt eine kurze Darstellung der wichtigsten Gesetze, an denen *Radbruch* mitwirkte.

### *1. Das Geldstrafengesetz*

Im Dezember 1921 unterzeichnete er das Geldstrafengesetz[144], das noch von seinem Vorgänger *Schiffer*[145] eingebracht worden war[146].

Dieses Gesetz war mit sehr hoher Geschwindigkeit verabschiedet worden: Der Entwurf wurde am 8. November dem Reichstag zugeleitet. Der Rechtsausschuß des Reichstages beriet hierüber bis zum 15. Dezember 1921. Am 21. Dezember wurde es vom Reichstag verabschiedet und am 1. Januar 1922 dann bereits wirksam.

Das Gesetz zielte auf eine rechtspolitische Intervention aufgrund der aktuellen wirtschaftlichen Situation, namentlich der Inflation, ab und war darüber hinaus ganz in *Radbruchs* Sinne, denn es diente der stärkeren Betonung der Geldstrafe im Verhältnis zu den Freiheitsstrafen und verkörperte somit gerade die

---

Reichsjustizminister ist." S. Verh. d. RT., Bd. 351, S. 5128 A; weiterhin wurde *Radbruch* als ein „offizieller Minister der Klassenjustiz" bezeichnet und „dass er mit dem Sterben der Opfer von Lichtenburg in die Galerie der Bluthunde der deutschen Konterrevolution eingereiht wird." S .Verh. d. RT., Bd. 351 S. 5134 C, 5134 A.

143 *Otte*, Gustav Radbruchs Kieler Jahre (1919–1926), S. 148.

144 Gesetz zur Erweiterung des Anwendungsgebiets der Geldstrafe und zur Einschränkung der kurzen Freiheitsstrafen vom 21. Dezember 1921, RGBl. 1921, S. 1604.

145 *Eugen Schiffer* (1860–1954), der Amtsvorgänger *Radbruchs* und angesehener Jurist und Politiker, war als Nationalliberaler Mitglied des preußischen Landtages (1903–18) und Mitglied des Reichstages (1912–17), später für die Deutsche Demokratische Partei (1919–1924). Im Frühjahr 1919 war er Reichsfinanzminister, von Oktober 1919 bis März 1920 und Mai bis Oktober 1921 Reichsjustizminister. In den Jahren 1945–48 war er Leiter der Justizverwaltung in der sowjetischen Besatzungszone Deutschlands. Als bekannt gelten seine Bücher: Die deutsche Justiz, 1. Aufl. 1928, 2. Aufl. 1949; Sturm über Deutschland, 1932; Ein Leben für den Liberalismus, 1951 (Autobiographie). Zitiert nach: *Spendel*, in: GRGA, Bd. 16 (Biographische Schriften), S. 434 Rn. 253.

146 *Radbruch*, Der innere Weg, S. 113; *de With*, Gustav Radbruch, S. 26.

Gedanken seines Lehrers *Franz v. Liszt*, dessen rechtspolitische und -philosophische Ideale er diesbezüglich teilte[147].

Dem Geldstrafengesetz voraus ging bereits die „Allgemeine Verfügung über die Vollstrekkung von Geldstrafen" des preußischen Justizministers *Zehnhoff* im Juni 1921. Hierdurch wurden die preußischen Strafvollstreckungsbehörden dazu ermächtigt, Teilzahlungen und Zahlungsfristen festzusetzen. Falls selbst diese Mittel nicht zur Beitreibung der Geldstrafen ausreichen sollten, wurden die Instrumente der bedingten Strafaussetzung sowie der Tilgung der Geldstrafen durch Arbeit herangezogen.

Die Geldstrafen wurden durch den Entwurf – der Inflation entsprechend – erhöht und die kurzzeitigen Freiheitsstrafen weitestgehend abgeschafft, wobei das entscheidende Moment der Reform in der „Umwandlungsnorm" des § 3 des Geldstrafengesetzes lag, der vorsah, daß bei Vergehen, bei denen eine Freiheitsstrafe von maximal drei Monaten verwirkt war, das Gericht auf eine Geldstrafe zu erkennen hatte, sofern der Strafzweck dadurch erreicht war[148]. Zudem sollte es die Möglichkeit geben, die Geldstrafe abzuarbeiten. War dieses zwar ein hehres Ziel im Rahmen der Bekämpfung der kurzen Freiheitsstrafen, so fehlte es in der Praxis mangels Einrichtungen in der Justizverwaltung zum einen an der Möglichkeit der Umsetzung; zum anderen wurde durch § 7 des Geldstrafengesetzes festgelegt, daß die Vollstreckungsbehörde dem Verurteilten zwar gestatten konnte, eine uneinbringliche Geldstrafe durch freie Arbeit zu tilgen; das Nähere sollte aber nach Absatz 2 des § 7 die Reichsregierung mit Zustimmung des Reichsrats regeln. Zu einer solchen Regelung kam es aber nicht[149].

Mochte dies Gesetz in *Radbruchs* Augen einen Fortschritt bedeuten und ein Zeichen für eine liberalere Strafrechtspolitik sein, so war es in den Augen anderer insbesondere auch ein Negativbeispiel der Klassenjustiz. Dr. *Rosenfeld*, ein Abgeordneter der USPD, kritisierte das neue Gesetz:

---

147 *Radbruch*, Der innere Weg, S. 113; *de With*, Gustav Radbruch, S. 26.

148 Diese Umwandlungsnorm wurde später durch das Geldstrafengesetz vom 27. April 1923, RGBl. I 254, als § 27b RStGB aufgenommen.

149 Siehe hierzu: *Hellwig*, Das Geldstrafengesetz, 1. Auflage 1922, § 7 Anm. 99, zu § 7 Abs. 2 des Geldstrafengesetzes. § 28 des Geldstrafengesetzes vom 27. April 1923 entsprach § 7 seines Vorgängers. Auch hier bemängelte Hellwig die Untätigkeit der Verantwortlichen: „Die bisherigen Erfahrungen scheinen zu zeigen, daß der von mir eingenommene pessimistische Standpunkt nicht unbegründet war, denn bisher sind irgendwelche reichsrechtlichen oder landesrechtlichen Bestimmungen, durch die ein Versuch zur Lösung dieses Problems gemacht würde, nicht ergangen und es hat auch nicht den Anschein, als solle in absehbarer Zukunft StGB. § 28b lediglich auf dem Papiere bestehen bleiben, wie dies dem § 7 des alten Geldstrafenges. beschieden gewesen ist." Siehe: *Hellwig*, Das Geldstrafengesetz vom 27. April 1923, § 28b Anm. 134.

> „Der Gesetzentwurf, der zur Beratung steht, ist die erste lex Radbruch, die dem Hause zugeht. Ich kann ganz offen sagen, daß ich mir mit einer gewissen Neugierde den Gesetzentwurf angesehen habe, der die Unterschrift eines sozialdemokratischen Justizministers trägt. Die Prüfung ergab aber dann, daß der Gegenentwurf so mager und so wenig sozial ist, daß ich wirklich bedauern muß, den Namen des Kollegen Radbruch unter diesem Gesetzentwurf als seinem Erstlingswerk zu sehen [...]. Der Gegenentwurf selber, um den es sich handelt, hat das eine Erfreuliche, daß er ermöglicht, in zahlreichen Fällen, wo jetzt das Gericht gebunden ist, eine Freiheitsstrafe zu erkennen, eine Geldstrafe festzusetzen. Aber wir haben die Befürchtung, daß diese Erleichterung der Freiheitsstrafe vielleicht ausschließlich, jedenfalls vor allem den besitzenden Klassen zugute kommen wird."[150]

Gegen diese Sichtweise, durch welche die Justiz zu einer Justiz der Kapitalisten werde, wehrte sich *Radbruch* vehement:

> „Im Gegensatz zu den Ausführungen des Herrn Kollegen Rosenfeld bin ich stolz darauf, unter diesem Gesetzentwurf, an dem das Verdienst übrigens meinem Vorgänger zukommt, meinen Namen setzen zu können. Es ist einer der ersten Schritte zur Verwirklichung der Strafrechtsreformideen meines großen Lehrers, der auch Mitglied dieses Hauses war, Franz v. Liszt`s. Es ist wahrlich nicht wenig, was dieser Entwurf bringt. Er bringt nicht nur die Erhöhung der Geldstrafen, er bringt praktisch die Abschaffung der kurzzeitigen Freiheitsstrafen."[151]

Zwar hatte *Radbruch* dies auch in der Begründung zum Gesetz angeführt, sein Hauptargument lag aber trotzdem nicht auf einer „im Einzelfall gebotene[n] liberal[eren] Strafvollzugshandhabung", sondern auf der praktischen Wirkung des Gesetzes – der Entlastung der überfüllten Gefängnisse[152]. *Radbruch* hatte dieses erste Geldstrafengesetz auch als „Experimentiergesetzgebung" bezeichnet[153].

Die Gründe für die neue Geldstrafengesetzgebung lagen neben der großen Zahl der damals verhängten kurzzeitigen Freiheitsstrafen und ihrem Versagen als spezialpräventives Strafmittel und der Anpassung der Höhe der Geldstrafen ganz in der Zielsetzung des dem Agrarstaat entwachsenen Handels- und Industriestaates[154]. Die Verabschiedung der Geldstrafengesetze führte – neben einem Wandel in der Strafauffassung der Gerichte – zu einem Umschwung in

---

150 BA R 3001/5761 S. 5120, Reichstag 147. Sitzung Sonnabend den 19. November 1921.

151 *Radbruch*, in: GRGA, Bd. 19 (Reichstagsreden), S. 81 (81) (Rede vom 19.11.1921).

152 *Peters*, Die Entwicklung von Sanktionspraxis und Strafrechtsreform 1871 bis 1933, S. 66. Dies hatte *Radbruch* auch an anderer Stelle betont. Siehe: *Radbruch*, in: GRGA, Bd. 19 (Reichstagsreden), S. 46 (60) (Rede vom 25.1.1921).

153 Stenographische Berichte des Reichstages, Band 352, S. 5314.

154 *Hellwig*, Das Geldstrafengesetz vom 27. April 1923, S. 8.

der Sanktionspraxis[155]: waren im Jahr 1921 nur 35,6% der verhängten Strafen Geldstrafen, so stieg der Anteil der Geldstrafen an allen Verurteilungen auf 58,1% im Jahre 1922 erheblich an[156]. Auch in den folgenden Jahren 1925–29 erreichte der Anteil der Geldstrafen einen Durchschnittswert von 66,9%, hingegen sanken die Durchschnittswerte der kürzeren und auch der längeren Freiheitsstrafen entsprechend[157]. Die Geldstrafengesetzgebung diente damit letztendlich – trotz der Zweifel an einem daraus resultierenden Wandel in dem Verständnis von Kriminalpolitik und Straftheorie – der Durchsetzung einer der wichtigsten Forderungen der modernen Schule, die hier in Gesetzeskraft erstarkte[158].

Auf das erste Geldstrafengesetz folgte am 27. April 1923 bereits ein zweites, das die Regelungen des ersten Geldstrafengesetzes in § 27 des RStGB aufnahm und die Höhe der Geldstrafe der Inflation anzupassen suchte.

### *2. Das Jugendgerichtsgesetz*

Weiterhin durchlief in der Amtszeit *Radbruchs* das Jugendgerichtsgesetz[159]

---

155 *Stapenhorst* (Die Entwicklung des Verhältnisses von Geldstrafe zu Freiheitsstrafe seit 1882, S. 44) zeigt auf, daß es aber nicht nur die Geldstrafengesetzgebung war, die zu einem Anstieg der Verhängung von Geldstrafen geführt hat und ein größerer Teil der Geldstrafenverurteilungen unabhängig von den Regelungen der Geldstrafengesetzgebung ergangen sind. Dabei verweist er (S. 44) auf die Untersuchung *Pitschels* (Die Praxis der Geldstrafe, Leipzig 1929, S. 33), der den Grund hierfür darin sieht, daß das Ziel, überhaupt Geldstrafen verhängen zu können, gewichtiger gewesen sei, als anstelle von kurzen Freiheitsstrafen Geldstrafen verhängen zu können.

156 *Stapenhorst*, Die Entwicklung des Verhältnisses von Geldstrafe zu Freiheitsstrafe seit 1882, S. 41; mit leicht abweichenden Zahlen: *Heinz*, MSchrKrim 64. Jg. (1981), S. 148 (156 f.); *Lösener*, Beitrag zum Problem der kurzen Freiheitsstrafen, S. 11.

157 *Lösener*, Beitrag zum Problem der kurzen Freiheitsstrafen, S. 11. Dort erfolgt an dieser Stelle auch eine Auflistung der Durchschnittwerte der Anteile der einzelnen Freiheitsstrafen: Gefängnis bis zu drei Monaten 18,8%; bis zu einem Jahr 9,9%; über ein Jahr 2,1%; Zuchthaus 1,1%.

158 *Kubink*, Strafen und ihre Alternativen im zeitlichen Wandel, S. 187.

159 Mit dem Jugendgerichtsgesetz erreichte das Jugendstrafrecht erstmals seine rechtliche Selbstständigkeit. Die Reform des Jugendstrafrechts trug dem Zweckgedanken der modernen Schule Rechnung; es war das erste spezialpräventiv ausgerichtete Gesetz.
Der Anwendungsbereich wurde in § 1 JGG bestimmt: Danach war Jugendlicher, wer vierzehn, aber nicht achtzehn Jahre alt war. Es erhöhte damit das Alter der Strafmündigkeit im Verhältnis zum RStGB um zwei Jahre, kam aber Forderungen der Erhöhung der Grenze auf sechzehn Jahre nicht nach (siehe hierzu *Kubink*, Strafen und ihre Alternativen im zeitlichen Wandel, S. 190). Eine Strafbarkeit des Jugendlichen kam nur dann in Betracht, wenn er nach „seiner geistigen oder sittlichen Reife Entwicklung fähig" war, „das Ungesetzliche der Tat einzusehen" oder seinen Willen dieser Einsicht gemäß zu bestimmen" (§ 3). Damit war das noch vom RStGB geforderte „Unterscheidungsvermögen" nicht mehr das alleinige Kriterium für die Begründung der strafrecht-

den Reichsrat[160]. Es wurde am 16. Februar 1923 vom Reichstag verabschiedet[161], nachdem es als Entwurf bereits Anfang 1920 von dem demokratischen

---

lichen Verantwortlichkeit. Die Forderung, ein solches Kriterium für die strafrechtliche Verantwortlichkeit gänzlich aufzugeben, war nicht erfüllt worden (*Kubink*, Strafen und ihre Alternativen im zeitlichen Wandel, S. 190).
In den Regelungen des JGG gab es z.B. die Lockerung des Legalitätsprinzips bei bestimmten Gruppen, die in dieser Form erstmalig war. Zudem stand es im Ermessen der Staatsanwaltschaft, das Verfahren einzustellen, wenn das Gericht wahrscheinlich von Strafe absehen würde oder bereits eine Erziehungsmaßregel getroffen war. Die Staatsanwaltschaft konnte in Fällen, in denen die Täter zwar bei der Begehung der Tat Jugendliche waren, aber im Zeitpunkt der Erhebung der Anklage zwischen 18 und 21 Jahren waren, entscheiden, ob diese Täter vor dem Jugendgericht oder dem ordentlichen Strafgericht angeklagt werden sollten. Es wurde aber damit den sog. Heranwachsenden kein genereller Sonderstatus eingeräumt. Begründet wurde dies mit dem starken Wachstum jugendlicher Kriminalität. (Siehe hierzu *Kubink*, Strafen und ihre Alternativen im zeitlichen Wandel, S. 190).
Es kam zu einer Ausdehnung der Ermessensfreiheit der Staatsanwaltschaft und des einzelnen Richters. „In besonders leichten Fällen" konnte das Gericht von Strafe absehen (§ 9 Abs. 4); dies war auch dann der Fall, wenn das Gericht gemäß § 6 Erziehungsmaßnahmen für ausreichend erachtete. Nach § 23 Abs. 1 JGG war zudem die Öffentlichkeit bei den Gerichtsverhandlungen ausgeschlossen. Die Frage nach der Erforderlichkeit eines Verteidigers entschied, außer in Fällen schwerer Kriminalität, der Richter. Auch konnte der angeklagte jugendliche Täter vom Verfahren ausgeschlossen werden, wenn dadurch seine nachteilige Beeinflussung zu befürchten war.
Wesentlich war auch eine Trennung zwischen Strafen und Maßregel. Es konnten beide nebeneinander verhängt werden, die Strafe konnte aber auch gänzlich durch die Maßregel ersetzt werden. Diese Entwicklung kann als entscheidend bezeichnet werden, denn dadurch war das Gericht verpflichtet, zu überprüfen, ob eine Maßregel mit erzieherischem Charakter ausreichend war. Im Falle der positiven Beantwortung dieser Frage war von Strafe gemäß den Vorschriften §§ 5, 6 JGG abzusehen. Jedoch war der Richter bei der Verhängung von Maßnahmen bezüglich deren Auswahl nach dem damaligen Recht strenger gebunden als heute. Dem Jugendgericht war es zudem gemäß § 5 Abs. 2 erlaubt, die Wahl der Maßregeln an das Vormundschaftsgericht zu verweisen. Bezogen auf die Dauer der verhängten Maßnahmen existierte allerdings keinerlei Beschränkung. Die Kompetenzen des Gerichts bestanden auch darin, bei einer bedingten Verurteilung Auflagen festzusetzen, die es gemäß § 12 nachträglich ändern, verschärfen oder aufheben konnte. Darüber hinaus war es sogar möglich, die Bewährungsfrist nachträglich auf einen Zeitraum von bis zu fünf Jahren zu verlängern (§ 12 Abs. 1). (Siehe: *Martiny*, Integration oder Konfrontation?, S. 182 ff.).
Eine Besonderheit, die auch in Bezug auf den Entwurf *Radbruchs* zum Strafgesetzbuch von Interesse ist, war die in § 10 Abs. 1 JGG vorgesehene Möglichkeit, die Strafvollstreckung auf Probe auszusetzen, wobei keine Einschränkung bezüglich der Strafhöhe vorgesehen war. Der Entwurf sah Ähnliches für Erwachsene in § 35 E 1922 vor (allerdings auch sein Vorgänger in § 63 E 1919). Die bedingte Strafaussetzung erlangte durch das JGG erstmals Gesetzeskraft. (*Kubink*, Strafen und ihre Alternativen im zeitlichen Wandel, S. 195).

160 *Radbruch*, Der innere Weg, S. 113 f.

161 RGBl. I 1923, S. 135.

Justizminister *Schiffer* in den Reichstag eingebracht worden war[162]. Zwar fanden die entscheidenden Beratungen des Gesetzentwurfs erst in der Amtszeit *Radbruchs* statt; dieser konnte aber in seiner Eigenschaft als Reichsjustizminister nur bedingten Einfluß auf den Inhalt und die Gestaltung des Gesetzes nehmen. Die abschließende Debatte des Gesetzes erfolgte zudem erst, als bereits ein Regierungswechsel erfolgt war und unter der Leitung des Reichskanzlers *Cuno* der Reichsjustizminister *Heinze* an Stelle *Radbruchs* das Amt bekleidete. Dieses Gesetz war somit nicht das Verdienst *Radbruchs*, und man würde ihn mit fremden Federn schmücken, wenn man ihn als Vater des Entwurfs bezeichnete[163].

*Radbruch* selbst kommentierte das Ergebnis der Gesetzgebungsarbeiten eher nüchtern:

> „Das Gesetz ist gewiß ein hocherfreulicher Fortschritt, aber seit langem nicht mehr ein kühner Entwurf. Es tut, was zu tun noch übrig geblieben ist, es bucht, was seit mehr als einundeinemhalben Jahrzehnt zur selbstverständlichen Forderung, zum Teil durch die Länder auf dem Verwaltungswege schon zur segensreichen Wirklichkeit geworden ist.“[164]

Es kommt hierin zum Ausdruck, daß die Reform des Jugendstrafrechts eine lang diskutierte Materie war. Folge dieser Diskussion war der vom JGG bekundete Kompromiß zwischen Strafe und Erziehung[165], wobei dem Erziehungsgedanken insofern besonders Rechnung getragen wurde, als die Erziehungsmaßregeln Vorrang vor der Strafe hatten. Auch wurde für den Strafvollzug der in früheren Entwürfen enthaltene Vorbehalt gestrichen, der den Erziehungsgedanken nur „unter Wahrung des Ernstes der Strafe“ verwirklichen sollte. Dieses Bekenntnis zu der ausschließlich erzieherischen Ausrichtung des Strafvollzuges war von konservativer Seite angegriffen worden[166], *Radbruch* argumentierte hier für den Ausschluß des Vergeltungsgedankens (wenigstens) beim Jugendstrafrecht[167].

---

162 *Martiny*, Integration oder Konfrontation?, S. 182; RGBl. I, S. 135, 252. In seinen wesentlichen Teilen trat das JGG am 1. Juli 1923 in Kraft. Die Heraufsetzung der Strafmündigkeit von 12 auf 14 Jahre wurde bereits mit der Verkündung (am 27. Februar 1923) wirksam.

163 *Martiny*, Integration oder Konfrontation?, S. 182.

164 *Radbruch*, in: Zentralblatt für Vormundschaftswesen, Jugendgerichte und Fürsorgeerziehung, 1923, S. 249 ff.

165 *Wolff / Dörner*, RdJB 38 (1990), S. 54 (54).

166 Der deutschnationale Abgeordnete *Warmuth* hatte die Wiederaufnahme des Zusatzes beantragt. Siehe hierzu: *Wolff / Dörner*, RdJB 38 (1990), S. 54 (55).

167 Stenographische Berichte über die 294. Sitzung des Reichstags vom 31. Januar 1923, in: Verhandlungen des Reichstags, 358.

Bei aller Anerkennung der reformerischen Tendenzen darf aber nicht vergessen werden, daß das JGG nicht allein als „Vehikel“ einer allgemeinen strafrechtlichen Milderung fungieren sollte, sondern es dem Gesetzgeber auch darauf ankam, der in der Zeit der Beratungen 1919–1923 nachhaltig sichtbaren Verwahrlosung der Jugend in bzw. nach den Kriegsjahren durch Erziehung Herr zu werden[168].

### *3. Die Republikschutzgesetzgebung*

In der aufgeheizten antirepublikanischen Stimmung des Sommers 1922, in der sich die Reihe der politisch motivierten Morde fortsetzte und in der Ermordung *Walter Rathenaus*[169] gipfelte, stand *Radbruch* als Initiator von Gesetzen zur Abwehr gegen die Feinde der Republik besonders in der Verantwortung und war gerade in dieser Zeit der Republikschutzgesetzgebung[170] der Kritik der Öffentlichkeit in erhöhtem Maße ausgesetzt.

---

168 *Wolff / Dörner*, RdJB 38 (1990), S. 54 (54).

169 In seinen Lebenserinnerungen beschreibt *Radbruch Rathenau*: „Mir ist niemals ein Mensch begegnet, dessen Wesen so ins Letzte bewußt durchgeformt gewesen wäre wie das seine, und wenn Adel persönlicher und unauffälliger Lebensstil ist, dann war für ihn das gelegentlich gebrauchte Wort vom ‘jüdischen Adel’ zutreffend. Diese bewußte Selbstgestaltung der eigenen Persönlichkeit war es, die bei Rathenau von oberflächlichen Betrachtern immer wieder als Eitelkeit ausgedeutet wurde. Ich habe mich immer wieder gefragt, warum gerade dieser liebenswürdige Mann Gegenstand so vielseitigen Hasses war.“ S. *Radbruch*, Der innere Weg, S. 116 f.

170 Es gab bereits im Jahre 1921 zwei Verordnungen zum Schutze der Republik. Die erste war am 29. August 1921 infolge des *Erzberger*-Mordes erlassen worden und sollte eine die aufstachelnde Publizistik der republikfeindlichen Kreise eindämmen und die erregte Öffentlichkeit wieder etwas besänftigen. Diese Verordnung sah Verschärfungen des Versammlung- und Vereins- sowie des Presserechts vor. Danach war es möglich, „periodische Druckschriften zu beschlagnahmen und verbieten, die ‘zur gewaltsamen Änderung oder Beseitigung der Verfassung oder verfassungsmäßiger Einrichtungen des Reiches oder einer seiner Länder, zu Gewalttaten gegen Vertreter republikanisch-demokratischen Staatsform, zum Ungehorsam gegen Gesetze oder rechtsgültige Verordnungen oder gegen die innerhalb ihrer Zuständigkeit getroffenen Anordnungen der verfassungsmäßigen Behörden’ aufforderte, anreizte, solche Handlungen billigte oder jene Schutzgüter in einer den inneren Frieden gefährdenden Weise verächtlich machte“ (§ 1). Versammlungen und Vereinigungen, bei denen die Gefahr bestand, daß sie solche Handlungen vornehmen könnten, konnten nach dieser Verordnung verboten werden. Die zweite Notverordnung im Jahre 1921 erging am 28. September 1921 und war in den materiellen Bestimmungen mit ihrer Vorgängerin deckungsgleich, der Schutz wurde jedoch von den „Vertretern der republikanisch-demokratischen Staatsform“ auf „Personen des öffentlichen Lebens“ ausgedehnt. Vgl. *Gusy*, Weimar – die wehrlose Republik, S. 128 ff.

Am 26. Juni 1922, zwei Tage nach der Ermordung *Walter Rathenaus* erging die sog. Erste Verordnung zum Schutze der Republik[171].

Diese Verordnung war in vier Abschnitte gegliedert. Der erste Abschnitt enthielt ein strafbewehrtes Verbot gegen Versammlungen, Aufzüge und Kundgebungen, wenn die Besorgnis begründet war, daß in ihnen Erörterungen stattfinden, die zur gesetzwidrigen Beseitigung der republikanischen Staatsform oder zu Gewalttaten gegen Mitglieder der jetzigen oder einer früheren republikanischen Regierung des Reichs oder eines Landes aufgereizt würde[172]. Demzufolge bedurfte es für ein Versammlungsverbot nur der Gefahr solcher herabwürdigender Erörterungen bzw. Aufforderungen zu gewaltsamen Taten. Es handelte sich damit um einen abstrakten Gefährdungstatbestand, der die Strafbarkeit insofern weit ausdehnte, als er den Zeitpunkt des Beginns der strafbaren Handlung erheblich vorverlagerte[173]. Auch der Strafrahmen von bis zu fünf Jahren war hoch und blieb gleich, wenn es – wie im zweiten Abschnitt der Verordnung geregelt – tatsächlich zu einer solchen Herabwürdigung oder Aufforderung zur Gewalt kam.

Der zweite Abschnitt der Verordnung enthielt Strafbestimmungen gegen den Aufruf oder die Verabredung zu Gewalttaten gegen Regierungsmitglieder, öffentliche Beschimpfung derselben, der Republik oder ihrer Farben; auch war die Teilnahme an geheimen und staatsfeindlichen Verbindungen nach §§ 128 f. StGB strafbar (§§ 5, 11). Zudem gab es Bestimmungen zur Bildung des Staatsgerichtsgerichtshofes zum Schutze der Republik[174] (§§ 6 f.), welcher für die Aburteilung von Straftaten (§ 7) sowie für die Klärung von Streitigkeiten um die Ausführung der Verordnung zwischen Reich und Ländern (§ 2 Abs. 2) und für die Beschwerden gegen Maßnahmen nach § 1 zuständig sein sollte. Die Verordnung erweiterte auch das Recht zum Verbot und zur Beschlagnahme von Presserzeugnissen.

---

171 Verordnung zum Schutze der Republik. Vom 26. Juni 1922, in: RGBl. I 1922, S. 521 ff.

172 Hierfür war die Landeszentralbehörde zuständig, der Reichsinnenminister besaß darüber hinaus aber noch die Möglichkeit, selbst Ersuchen an die Länder zu richten. Im Falle der Weigerung der Länder konnten diese sich an den neu errichteten Staatsgerichtshof zum Schutz der Republik wenden.

173 *Durth*, Der Kampf gegen das Unrecht, S. 113.

174 Die Zuständigkeit des Staatsgerichtshofs zum Schutze der Republik umfaßt „Gewalttaten gegen die republikanische Staatsform des Reiches oder gegen Mitglieder der jetzigen oder früheren republikanischen Regierung des Reiches oder eines Landes" sowie die im zweiten Abschnitt des Gesetzes genannten Straftaten. Dabei ist der Staatsgerichtshof mit sieben Mitgliedern besetzt, wobei drei durch das Präsidium des Reichsgerichts und vier durch den Reichspräsidenten ernannt werden. Die vier durch den Reichspräsidenten ernannten Mitglieder müssen keine Qualifikation zum Richteramt besitzen.

Die Regelungsgegenstände dieser Verordnung waren aufgrund ihrer präventiven Ausrichtung mehr Teil des polizeirechtlichen Versammlungsrechts als des Strafrechts und zielten mehr auf den Schutz von Institutionen als den von Individuen ab[175]. Auch die Zielrichtung der Verordnung war daher nicht diejenige, die Politiker direkt vor Attentaten zu schützen, sondern die, das politische Klima, in dem solche Verbrechen keimten, zu bekämpfen[176].

Am 29. Juni 1922[177] erging eine weitere Notverordnung. Diese enthielt im Ergebnis nur Korrekturen der zuvor ergangenen Verordnungen[178]. Mit Zuchthaus oder dem Tode wurden Personen bestraft, wenn sie an Vereinigungen, von denen sie wußten, daß es zu deren Zielen gehörte, Mitglieder einer im Amte befindlichen oder einer früheren republikanischen Regierung des Reichs oder eines Landes durch den Tod zu beseitigen, teilnahmen, sie wissentlich mit Geld unterstützten oder nicht den Strafverfolgungsbehörden anzeigten (Art. I). Zu einem Versuch oder zum Eintritt des Erfolges unter direkter Beteiligung mußte es nicht gekommen sein. Es wurde demzufolge die bloße Vorbereitungshandlung unter dieselbe Strafandrohung wie das vollendete Verbrechen gestellt, was singulär in der deutschen Strafrechtsgeschichte war[179]. Selbst Personen, die nur Kenntnisse von einer solchen Vereinigung besaßen, es aber unterließen, die staatlichen Organisationen hiervon in Kenntnis zu setzen, wurden nach Absatz 2 mit Zuchthaus bestraft.

Zudem lud Reichskanzler *Wirth* die Ministerpräsidenten der Länder am 29. Juni 1921 zu einer Besprechung über den inzwischen fertiggestellten Entwurf eines Gesetzes zum Schutze der Republik ein, welcher am 30. Juni dem Reichsrat vorgelegt und schließlich am 21. Juli als Gesetz vom Reichspräsidenten ausgefertigt wurde[180].

Hier war *Radbruch* über die Mitgliedschaft im Kabinett überaus aktiv am gestalterischen politischen Geschehen beteiligt; er selbst war es, der an der Formulierung der Entwürfe maßgeblich mitwirkte[181]. An diesen Gesetzeswerken wurde fieberhaft gearbeitet, bereits am 18. Juli 1922 wurde das Gesetz

175 *Durth*, Der Kampf gegen das Unrecht, S. 113.

176 *Durth*, Der Kampf gegen das Unrecht, S. 113.

177 Zweite Verordnung zum Schutze der Republik. Vom 29. Juni 1922; in: RGBl. I 1922, S. 532.

178 *Gusy*, Weimar – die wehrlose Republik?, S. 138.

179 *Lobe*, DJZ 1922, S. 471; *Felske*, S. 140.

180 *Schroeder*, Der Schutz von Staat und Verfassung im Strafrecht, § 10, S. 122.

181 *de With*, Gustav Radbruch, S. 34.

zum Schutze der Republik[182] in dritter Lesung vom Reichstag beschlossen. Für *Radbruch* stellte dieses Gesetzeswerk auch eine persönliche Belastungsprobe da, denn es kam zu einem gewichtigen Konflikt zwischen Bayern und dem Reich. Bayern wollte sich insbesondere nicht mit dem Staatgerichtshof abfinden und konnte nur durch die Einführung eines süddeutschen Senats besänftigt werden[183]. *Radbruch* stand in dieser Zeit kurz vor seinem Rücktritt[184].

Das Gesetz zum Schutze der Republik war in sechs Teile gegliedert und löste die beiden Republikschutzverordnungen aus dem Jahre 1922 ab[185].

Im ersten Teil des Gesetzes wurden drastische Strafen für diejenigen festgesetzt, die die Republik in ihrem Bestand gefährdeten (Strafbestimmungen zum Schutze der Republik, §§ 1–11). Jeder, der ein Mitglied einer republikanischen Regierung eines Landes oder des Reiches tötete oder dies versuchte, wurde mit dem Tode bestraft. Der Teilnehmer an der Verabredung oder an einer mit diesem Ziel gegründeten Vereinigung sah sich der Strafandrohung mit lebenslangem Zuchthaus ausgesetzt.

Einen gewichtigen Punkt im Rahmen der Republikschutzgesetzgebung stellte die Errichtung eines Staatsgerichtshofes dar, die im zweiten Teil des Gesetzes geregelt war und dazu dienen sollte, die Interessen der Reichsregierung und die gesetzlichen Sanktionen durchzusetzen. Diese bereits in der Verordnung vom 26. Juni eingeführte Neuerung stieß nicht überall auf Verständnis und Unterstützung[186]. Einige Mitglieder des Reichsgerichts waren gegen die Anlehnung des Staatsgerichtshofes an das Reichsgericht in der Sorge, daß es dadurch zu einer Politisierung der Justiz kommen würde[187]. Der Anschluß an das Reichsgericht war aber gerade im Sinne *Radbruchs*, denn dadurch sollte dem Staatsgerichtshof gerade der „Anschein eines Revolutionstribunals" genommen werden[188].

Außerdem enthielt das Gesetz zum Schutze der Republik vom 22. Juli 1922 in seinem dritten Teil versammlungs- und vereinsrechtliche Vorschriften (§§ 14–19). Nach § 14 bestand die Möglichkeit, Versammlungen, Aufzüge und Kundgebungen zu verbieten, wenn bestimmte Tatsachen vorlagen, die die Besorgnis rechtfertigten, daß in ihnen

182 Dies wurde am 21. Juli 1922 verkündet, in: RGBl. I 1922, S. 585.

183 *Radbruch*, Der innere Weg, S. 120; *de With*, Gustav Radbruch, S. 38.

184 *Radbruch*, Der innere Weg, S. 119.

185 Diese wurden mit einer Verordnung vom 23. Juli 1922 aufgehoben.

186 Eine ähnliche Forderung hatte die SPD nach dem *Kapp*-Putsch gestellt, dementsprechend erhielt diese Neuerung zunächst Zustimmung von der Linken, s. *Jasper*, Der Schutz der Republik, S. 59.

187 *Radbruch*, Der innere Weg, S. 119.

188 *Radbruch*, Der innere Weg, S. 119.

Erörterungen stattfinden, die den Tatbestand einer der bereits genannten Handlungen, wie der Planung der Tötung eines Mitglieds eines Landes, erfüllten.

Der vierte Teil umfaßte Bestimmungen über das Recht zum Verbot von und zur Beschlagnahme von Druckerzeugnissen (§§ 20–22) und bedeutete damit eine Einschränkung der Pressefreiheit[189].

Der fünfte Teil räumte die Möglichkeit des Verbotes von Einreise und Aufenthalt von Mitgliedern vormals landesherrlicher Familien ein (§ 23), und im sechsten Teil waren Überleitungs- und Schlußbestimmungen enthalten. Darunter war eine Änderung des Strafgesetzbuches durch § 25 dahingehend, daß bereits bei der Verabredung eines Mordes die Strafe Gefängnis nicht unter einem Jahr betrug.

Am 21. Juli 1922 ergingen zusammen mit dem Republikschutzgesetz[190] weitere Gesetze, die mit der Materie des Republikschutzes zusammenhingen: das Gesetz über die Pflichten der Beamten zum Schutze der Republik[191], das Reichskriminalpolizeigesetz[192], das Gesetz über die Straffreiheit für politische Straftaten[193] und das Gesetz über die Bereitstellung von Mitteln zum Schutze der Republik[194].

Die Bedenken, die sich gegen die Republikschutzgesetzgebung erhoben, suchte *Radbruch* bei seinen Äußerungen im Reichstag stets zu zerstreuen. Er war der Überzeugung, daß solche gesetzlichen Maßnahmen erforderlich waren, um dem vergifteten Klima der politischen Kultur Abhilfe zu verschaffen:

---

189 § 20 des Republikschutzgesetzes weitete den Anwendungsbereich des Gesetzes über die Presse vom 7. Mai 1874 bezüglich der in den §§ 1 bis 8 geregelten Delikte aus. In diesen Fällen erlaubte § 21 im Falle von Tageszeitungen ein Verbot von vier Wochen und bezüglich anderer Druckerzeugnisse eines von sechs Monaten. Dieses Verbot bezog sich auch auf eventuell folgende Neugründungen. Im letzten Paragraphen des Abschnittes war es vorgesehen, daß die Drucker, Herausgeber, Verleger und Vertreibenden mit einer individuellen Gefängnisstrafe von drei Monaten bis zu fünf Jahren bestraft werden können; daneben war eine Geldstrafe von bis zu einer halben Million Mark möglich.

190 RGBl. I 1922, S. 585.

191 RGBl. I 1922, S. 590; das Gesetz sah die Vereidigung Beamter auf die Reichsverfassung vor und verpflichtete sie dazu, in ihrer „amtlichen Tätigkeit für die verfassungsmäßige republikanische Staatsgewalt einzutreten".

192 RGBl. I 1922, S. 593; dieses Gesetz sah die Errichtung eines Reichskriminalpolizeiamtes für die Bekämpfung von Straftaten über die Landesgrenzen hinaus und von Landeskriminalpolizeiämtern vor, welchen die Bekämpfung von Straftaten oblag, die eine besondere Beeinträchtigung der öffentlichen Sicherheit bedeuteten, insbesondere auch Staatsschutzdelikte, vgl. in: *Gusy*, Weimar – Die wehrlose Republik, S. 142.

193 RGBl. I 1922, S. 595; dieses erfasste unter anderem auch die von den 1921 Verurteilten der mitteldeutschen Sondergerichte.

194 RGBl. I 1922, S. 596.

> „Die Verordnung des Reichspräsidenten ist aus einer Notlage erwachsen, die durch Ausschreitungen und Kundgebungen rechtsradikaler Kreise entstanden ist. Irgendwelcher Anlaß zu Befürchtungen linksradikaler Ausschreitungen liegt nicht vor. Eine Verordnung, die sich auf bisher gar nicht vorliegende linksradikale Ausschreitungen mit erstrecken würde, würde mit dem Geist des Art. 48 der Reichsverfassung nicht in Einklang stehen, die eine bereits vorliegende erhebliche Störung der öffentlichen Ordnung fordert. Besorgnisse der Arbeiterschaft, daß auch diese Verordnung zwar gegen den Rechtsradikalismus gerichtet sei, aber nachher links angewendet werden würde, sind völlig unbegründet. Die Fassung „Gewalttaten gegen die republikanische Staatsform" ist nach eingehender Prüfung gewählt worden, um klarzustellen, daß rechtsradikale Gewalttaten gemeint sind."[195]

Das Gesetz zum Schutze der Republik sollte nach *Radbruchs* Vorstellung keine kurzweilige Erscheinung sein, sondern die Republik dauerhaft gegen zerstörerische Kräfte sichern[196]. Seiner Ansicht nach richtete sich das Gesetz nicht gegen eine bestimmte politische Gesinnung, sondern gegen die Aktivitäten der Feinde der Republik. Dies tritt in seiner Rede im Reichstag zutage, in der er die Abgrenzung seines Gesetzeswerkes zu anderen gesinnungsstrafenden Gesetzeswerken – wie dem Sozialistengesetz von 1878 – deutlich zu machen versuchte:

> „Der andere Wesenszug des Sozialistengesetzes war, daß es sich gegen eine geistige Bewegung richtete [...]. Welche Bestimmungen des Gesetzes richten sich gegen eine geistige Bewegung? Diejenigen, die den Mörderclubs gelten? Diejenigen, die der Geheimbündelei zum Zwecke von Mord gelten? Diejenigen, die den Mitwissern von Mörderclubs gelten? Diejenigen, die der Mordbegünstigung oder der Aufforderung zum Mord oder der Beschimpfung der Opfer oder der Verherrlichung des Mordes oder der antirepublikanischen Geheimbündelei oder den bewaffneten Verbindungen oder den Waffenlagern oder der Beschimpfung der Staatsform oder der Beschimpfung der Landesfarben gelten? Damit bin ich am Ende. Wo ist da die geistige Bewegung? [...] Gegenüber diesem Gesetze zum Schutze der Republik sollten Sie, wenn Sie nicht in den Verdacht kommen wollen, verbrecherische Bestrebungen zwar nicht unter ihren Schutz zu nehmen, aber doch allzu milde zu beurteilen, sich lieber vollkommen schweigend verhalten."[197]

In der Republikschutzgesetzgebung zeigte sich – neben der Verkennung ihrer Mißbrauchsgefahr – eine Abkehr der von *Radbruch* vor seiner Ministerzeit vielfach beschworenen Prinzipien von Rechtsstaatlichkeit und Demokratie. Trotz seiner persönlichen Bedenken wandte er sich nicht entschieden gegen die einseitige politische Ausrichtung seines Ministeriums, des Reichsgerichtes

---

195 GRGA, Bd. 19 (Reichstagsreden), S. 109 (109) (Rede vom 25. Juni 1922).

196 *Durth*, Der Kampf gegen das Unrecht, S. 118.

197 GRGA, Bd. 19 (Reichstagsreden), S. 113 (114) (Rede vom 11. Juli 1922).

sowie des Staatsgerichtshofes[198]. Außerdem war *Radbruch* hier bereit, die Todesstrafe in Kauf zu nehmen und damit einem seiner fundamentalen Prinzipien – ihrer Abschaffung – abzuschwören.

### *4. Weitere Gesetzgebungsarbeiten*

Über die weiteren Gesetzgebungsarbeiten gibt *Radbruch* in seinen Lebenserinnerungen Auskunft[199].

Nach eigenen Angaben hat er insbesondere bei den Reichsratgrundsätzen über den Vollzug der Freiheitsstrafen intensiv mitgewirkt. Zudem arbeitete er an den gesetzgeberischen Vorarbeiten über die Neuordnung der Strafgerichte[200] mit und brachte die Reform des Zivilprozesses mit auf den Weg, die die Grundlage für die späteren *Emminger*-Verordnungen wurden[201]. Darunter fiel zum einen das Gesetz über die Entschädigung der Schöffen und der Geschworenen, das das Ziel verfolgte, daß auch diejenigen Volksgruppen ein solches Amt bekleiden können sollten, die finanziell sonst zu schwach gewesen wären[202].

Auch wurden zwei Gesetze über die Zulassung von Frauen zu den Justizämtern auf den Weg gebracht. Das erste der beiden Gesetze stammte noch aus der Feder von *Radbruchs* Vorgänger, das zweite, das Gesetz über die Frau als Berufsrichter, hat *Radbruch* selbst trotz des Widerstandes im eigenen Ressort eingebracht[203].

Außerdem arbeitete er an dem Mieterschutzgesetz mit und mußte sich zwangsläufig aufgrund der schlechten wirtschaftlichen Verhältnisse mit der Wuchergesetzgebung befassen[204].

Aufgrund der durch den Krieg bedingten hohen Verschuldung des Reiches kam es – zur Deckung des Finanzbedarfes – zum übermäßigen Druck von Banknoten, was einen erheblichen Geldüberfluß zur Folge hatte. Die dadurch immer stärker werdende Inflation führte zu Preistreiberei, Warenknappheit, Kapitalflucht ins Ausland und Spekulation. Der Reichstag beschloß aufgrund dessen in zweiter Lesung am 14. Juni 1922 im

---

198 *Peters*, Die Entwicklung von Sanktionspraxis und Strafrechtsreform 1871 bis 1933, S. 71.

199 *Radbruch*, Der innere Weg, S. 113 f.

200 Siehe hierzu: *Vormbaum*, Lex Emminger, S. 115 ff.

201 Siehe hierzu: *Vormbaum*, Lex Emminger, S. 49 ff.

202 *Radbruch*, Der innere Weg, S. 114.

203 *Radbruch*, Der innere Weg, S. 114.

204 *Radbruch*, Der innere Weg, S. 114, siehe hierzu: *Meyer ImHagen*, Die deutsche Wuchergesetzgebung 1880–1976, S. 62 ff.

Anschluß an die Beschlüsse seines 5. Ausschusses Gesetzentwürfe betreffend die öffentliche Bekanntmachung der Verurteilung wegen Preistreiberei, Schleichhandels, verbotener Ausfuhr lebenswichtiger Gegenstände und unzulässigen Handelns und die Änderung der Wuchergerichtsordnung[205]. Eine dritte, abschließende Beratung fand jedoch nicht statt. In der Reichstagsdebatte[206] war vor allen Dingen der Begriff der Preistreiberei diskutiert worden, wobei sich *Radbruch* gegen jede Lockerung der Wucherbestimmungen in Zeiten solch ungeheurer Preissteigerungen aussprach. Die Beratungen dienten zudem der Grundlage des Notgesetzes vom 24. Februar 1923, worin u.a. die öffentliche Bekanntmachung der Verurteilung zu einer Freiheitsstrafe von mindestens drei Monaten oder einer Geldstrafe von mindestens 100.000 Mark wegen Preistreiberei, Schleichhandel, verbotener Ausfuhr lebenswichtiger Gegenstände und unzulässigem Handel festgelegt wurde. Zur weiteren Ausführung des Notgesetzes traten am 15. August 1923, also in der zweiten Amtszeit *Radbruchs*, eine Reihe weiterer Verordnungen in Kraft: Preistreibereiverordnung, Verordnung gegen verbotene Ausfuhr lebenswichtiger Gegenstände, Verordnung über Handelsbeschränkungen, Verordnung über den Verkehr mit Vieh und Fleisch, Verordnung über Notstandsversorgung, Verordnung über Preisprüfungsstellen, Verordnung über Auskunftspflicht und die Wuchergerichtsverordnung[207].

Des weiteren war *Radbruch* an den damals bereits beginnenden Vorbereitungen für die Änderungen des Rechts der unehelichen Kinder beteiligt.

Von *Radbruch* selbst in seiner biographischen Aufzeichnung nicht erwähnt ist seine versuchte Änderung des Scheidungsrechts; er bemühte sich dabei um die Einführung des Zerrütungsprinzips[208]. Er ließ hierzu „vorläufige unverbindliche Grundlinien eines Gesetzes zur Änderung der Vorschriften des Bürgerlichen Gesetzbuches über die Ehescheidung" ausarbeiten[209]. Jedoch kam es nicht zu einer Gesetzesvorlage, denn das Zentrum widerstrebte einer Reform des Ehescheidungsrechts[210].

### *IV. Die zweite Amtszeit und das Ausscheiden aus der Politik*

In der zweiten Amtszeit *Radbruchs* als Reichsjustizminister im Kabinett Stresemanns[211] vom 13. August bis zum 2. November 1923[212] war der politi-

205 *Meyer ImHagen*, Die deutsche Wuchergesetzgebung 1880–1976, S. 64.

206 Verhandlungen des Reichstags, I. Wahlperiode 1920, Stenographische Berichte, S. 8591 ff.

207 Siehe hierzu: *Meyer ImHagen*, Die deutsche Wuchergesetzgebung 1880–1976, S. 73 ff.

208 *de With*, Gustav Radbruch, S. 26.

209 *de With*, Gustav Radbruch, S. 26 f.; *Otte*, Gustav Radbruchs Kieler Jahre (1919–1926), S. 150.

210 *de With*, Gustav Radbruch, S. 26 f.; *Otte*, Gustav Radbruchs Kieler Jahre (1919–1926), S. 150.

211 Das Kabinett *Stresemann* I (DVP, SPD, Zentrum, DDP) war vom 13. August bis zum 4. Oktober 1923 an der Regierung und bestand aus: *Gustav Stresemann* (Reichskanzler,

sche Alltag geprägt durch den Ruhrwiderstand bzw. dessen Beendigung und die damit verbundenen wirtschaftlichen Probleme Deutschlands.

Die Sozialdemokratische Partei hatte es sich bei ihrem Wiedereintritt in die Regierung zur Aufgabe gemacht, die marode Finanzlage zu sanieren und für die Verteidigung der territorialen Reichseinheit einzutreten, dies berührte jedoch nicht den Aufgabenbereich *Gustav Radbruchs* als Reichsjustizminister[213]. Auch die weiteren sich stellenden Probleme lagen im Schwerpunkt anderer Mitglieder des Kabinetts, es handelte sich dabei vielmehr um innenpolitische Krisen wie die hohe, durch den Ruhrkampf bedingte Inflation.

Die einzigen Gesetzeswerke, die *Radbruch* in dieser Zeit auf den Weg brachte, waren die Regelungen zur Anpassung des Kosten- und Gebührenrechts an die galoppierende Inflation[214]. Eine Ausnahme bildete die Verordnung über die Bildung eines außerordentlichen Gerichtes, die in Ausführung der vom Reichspräsidenten am 26. September 1923 ergangenen Verordnung erging und zur Aburteilung der Putschisten von Küstrin diente[215].

Infolge dieser wenig fruchtbaren Amtszeit schied *Radbruch* am 2. November auch ohne große Wehmut aus dem politischen Leben. Eine dritte Amtszeit, zu der er im Jahre 1928 berufen wurde, lehnte er ab[216].

## *C) Religiöse Überzeugung*

> „Religion ist Überwindung des Unwerts, letztendige Bejahung alles Seienden, lächelnder Positivismus, der über alle Dinge sein Ja und Amen spricht, ein übereudämonistischer Optimismus, der um eine Seligkeit jenseits von Glück und Unglück weiß, um eine Gnade jenseits von Schuld und Unschuld, um einen Frieden, der höher ist als alle Vernunft und ihre Probleme; sie ist (mit dem schönen Worte Sche-

---

DVP), *Robert Schmidt* (Vizekanzler, SPD), *Wilhelm Sollmann* (Inneres, SPD), *Rudolf Hilferding* (Finanzen, SPD), *Hans von Raumer* (Wirtschaft, DVP), *Heinrich Brauns* (Arbeit, Zentrum), *Gustav Radbruch* (Justiz, SPD), *Otto Geßler* (Reichswehr, DDP), *Anton Höfle* (Post, Zentrum), *Rudolf Oeser* (Verkehr, DDP), *Hans Luther* (Ernährung, parteilos), *Robert Schmidt* (Wiederaufbau, SPD), *Johannes Fuchs* (ab dem 24. August 1923 Besetzte Gebiete, Zentrum).

212 *Radbruch*, Der innere Weg, S. 105; *Kuhn*, Deutsche Justizminister 1877–1977, S. 63; Das Monatsgehalt *Radbruchs* bei Dienstantritt betrug 12 087 490 M, das Ruhegehalt beim Ausscheiden 76 451 000 000 000 M.

213 *de With*, Gustav Radbruch, S. 41.

214 *Radbruch*, Der innere Weg, S. 129; *de With*, Gustav Radbruch, S. 42; *Otte*, Gustav Radbruchs Kieler Jahre (1919–1926), S. 154.

215 *de With*, Gustav Radbruch, S. 42.

216 *Kaufmann*, Gustav Radbruch, S. 92.

> lers) der ‘fröhliche metaphysische Leichtsinn’ der Kinder Gottes, denen alles zum Guten dienen muß.“[217]

In seinem Elternhaus war *Gustav Radbruch* nur in geringem Maße mit Religion und Kirche in Berührung gekommen[218]. Er war evangelisch getauft, aber auch seine Konfirmation hinterließ seinen Angaben nach keinen nachhaltigen religiösen Eindruck auf ihn[219].

Trotz dieser religionsasketischen Kindheit beschäftigte sich *Radbruch* im Laufe seines Lebens intensiv mit Religion, dies mag einem „metaphysischen Bedürfnis“ entsprungen sein[220].

Dabei trennte *Radbruch* aber streng die beiden Elemente des Erkennens und Bekennens – der persönliche Glaube war unabhängig von seinen religionsphilosophischen Erwägungen und damit auch unabhängig von Theologie.

> „Glaube ist eines und Theologie ein anderes. Theologie ist menschliche Denkarbeit, Glaube ist nach der Ansicht der Gläubigen ein Geschenk und eine Gnade Gottes [...].“[221]

Anfänglich war für ihn auch eine Religion ohne Gott denkbar; diese Sichtweise wandelte sich im aber im Laufe seines Lebens, es verstärkte sich in *Radbruchs* Denken und der Wunsch nach einer Religion mit einem Gott. Trotz gewisser Skepsis lag darin auch ein Bekenntnis zum Christentum.

> „Noch bei dem ‘Freidenker’, dem Atheisten, ist die Stelle, an der bei dem Gläubigen Gott seinen Sitz hat, nicht leer. Man darf mit Fug sagen: anima naturaliter religiosa, man kann für unseren Kulturkreis sogar zu der ursprünglichen Form dieses Satzes (bei Tertullian) zurückkehren: anima naturaliter christiana.“[222]

*Radbruch* war der Überzeugung, daß der Mensch gut war, diese Grundüberzeugung spiegelt sich auch in seiner Religionsphilosophie wieder. Dort ließ er sich von dem Gedanken leiten:

> „Gott sah alles an, was er gemacht hatte: Es war sehr gut“ (Genesis, 1, 31).

In dieser Wertung steckt wiederum die Grundposition seiner rechtsphilosophischen Wertelehre, bei der die Religion als wertüberwindendes Element fungiert.

---

217 *Radbruch / Tillich*, Religionsphilosophie der Kultur, S. 10.

218 *Radbruch*, Der innere Weg, S. 18.

219 *Radbruch*, Der innere Weg, S. 18.

220 *Wolf*, Große Rechtsdenker, S. 713 (746).

221 *Radbruch*, Theodor Fontane oder Skepsis und Glaube, 3. Auflage 1954, S. 60.

222 *Radbruch*, Theodor Fontane oder Skepsis und Glaube, S. 10.

Die Frage, ob man *Gustav Radbruch* als einen gläubigen Menschen bezeichnen kann, kann hier nicht und wird wohl nie eindeutig beantwortet werden. Er war sicherlich aufgrund der Erfahrungen und Schicksalsschläge, die er im Laufe seines Lebens gemacht hat, gläubiger geworden. Noch in der „Verhandlung über die Lei-stung des Beamteneides“ durch *Radbruch* vor dem Heidelberger Rektor am 2. November 1926 waren die beiden religiösen Formeln im Vordruck gestrichen worden.

Es war auch eine Tendenz erkennbar, daß er – evangelisch getauft – eine Affinität zum Katholizismus entwickelte[223], wobei dies mehr aus einer Bewunderung der katholischen Bräuche resultierte, der vielfältigen klerikalen Kunst, die sie hervorgebracht hatte[224]. Zudem war er von der Idee begeistert, daß Kulturorganisationen völkerrechtliche Souveränität – wie der Vatikan – erlangen könnten. Ein ernstgemeinter Überläufer zur katholischen Kirche mit all ihren streng konservativen Dogmen wäre *Radbruch* wohl aber auch nie geworden[225]. Zeit seines Lebens blieb er ein Skeptiker.

> „Ich für meine Person liebe die Skepsis und werde wohl in ihr verbleiben – schon weil Skepsis zur Nachsicht und Güte stimmt, Glaube nur zu oft zum Fanatismus.“[226]

---

223 *Radbruch*, Der innere Weg, S. 26. Dort zieht *Radbruch* in einem Nebensatz zumindest die Möglichkeit in Betracht, daß er einmal zum katholischen Glauben konvertieren könnte.

224 *Radbruch*, Vorschule der Rechtsphilosophie, S. 104 ff.

225 *Kaufmann*, Gustav Radbruch, S. 178.

226 Brief an *Erik Wolf* vom 19. Mai 1943, zitiert in der Einleitung *Wolfs* zu *Radbruchs* Rechtsphilosophie, S.67 A.1.

# Viertes Kapitel: Aufbau und Entstehungsgeschichte des Entwurfs

## *A) Aufbau des Entwurfs*

### *I. Name*

Der hier behandelte Entwurf von 1922 trägt offiziell den Namen „Entwurf eines Allgemeinen Deutschen Strafgesetzbuches (1922)". Die Wahl des Namens erfolgte in Anlehnung an das Allgemeine Deutsche Handelsgesetzbuch[1], wobei der Zusatz „Allgemein" die Kooperation von Österreich und Deutschland und den Willen zur Rechtsvereinheitlichung nach außen dokumentieren sollte[2]. Im Rahmen der Bemühungen um eine deutsch-österreichische Rechtsangleichung wurde der Entwurf bei seiner Entstehung mit der österreichischen Seite diskutiert und von derselben auch beeinflußt.

Aber der Entwurf wird auch der Entwurf *Radbruch* oder *Radbruch*scher Entwurf genannt. Zweifelsohne war es *Gustav Radbruch* als Reichsjustizminister, der diesen nach Besprechung mit seinen Mitarbeitern, dem Staatssekretär *Joël*, Ministerialdirektor *Bumke*, den Geheimräten *Kiesow* und *Schäfer* sowie dem Ersten Staatsanwalt *Koffka*[3], der als Sachbearbeiter tätig war, als Kabinettsvorlage einbrachte und dessen Begründung (*Bemerkungen*) selbst verfaßte[4].

Die Frage, die sich in diesem Zusammenhang stellt, ist, inwieweit das Bemühen um eine deutsch-österreichische Strafrechtsreform den Entwurf beein-

---

1 Dieses war von 1861 bis 1865 in zahlreichen deutschen Ländern als Landesgesetz eingeführt worden und wurde 1869 zum Gesetz des Norddeutschen Bundes und nach der Reichsgründung 1870/71 zum Reichsgesetz erhoben.

2 *Radbruch*, Auf dem Wege zu einem Allgemeinen Deutschen Strafgesetzbuch, in: GRGA, Bd. 9 (Strafrechtsreform), S. 201 (201); *ders*, Der Innere Weg, S. 115; *Wassermann*, Einleitung in: GRGA, Bd. 9 (Strafrechtsreform), S. 22.

3 Siehe mit Ausnahme *Joëls* die Kurzbiographien bei *Schubert / Regge*, Bd. 1, S. XXIV f. Zu *Joël* siehe: *Godau-Schüttke*, Rechtsverwalter des Reiches Staatssekretär Dr. Curt Joël; *Kohl*, in: Biographisches Lexikon der Weimarer Republik, S. 161 f.

4 *Radbruch*, Der innere Weg, S. 114; *Schubert / Regge*, Bd. 1, S. X f. *Schubert* erwähnt an dieser Stelle abweichend zu *Radbruch* nur *Bumke*, *Kiesow* und *Schäfer*.

flußte und er aus diesem Grunde wirklich noch „so sehr das Werk Radbruchs" war, wie dies in der Literatur behauptet wird[5].

## *II. Inhalt*

Bevor eine detaillierte Aufschlüsselung der Besonderheiten des E 1922 erfolgen kann, ist eine Grundlegung[6] erforderlich, die den äußeren Rahmen für eine solche Analyse vorgibt.

Der Entwurf *Radbruchs* sollte

> „ein Volksbuch sein, ein Buch staatsbürgerlicher Erziehung, in dem klar und übersichtlich die Rangordnung der Rechtsgüter und die Stufenleiter ihrer Störungen zum Ausdruck [kämen]."[7]

Der E 1922 gliederte sich in drei Bücher, die eine Grundkonzeption des Entwurfes erkennen lassen. Das erste Buch regelte die Verbrechen und Vergehen, das zweite Buch enthielt die Übertretungen und das dritte Buch erfaßte „gemeinschädliches Verhalten". Diese Differenzierung bedeutete schon neben der einfachen Strukturgebung eine Bewertung, auf die an späterer Stelle noch einzugehen ist.

Die strafrechtlichen Nebengesetze waren in den Entwurf nicht einbezogen worden. Darauf – so *Radbruch* – sei aus Rücksicht auf die angestrebte deutsch-österreichische Rechtsangleichung verzichtet worden, denn diese sanktionierten Übertretungen verschiedenartiger Vorschriften des Öffentlichen und Privaten Rechts. Bei einer Einarbeitung in das Strafgesetzbuch würde der Zwang ausgelöst, die Rechtsangleichung neben dem Strafrecht auch auf die anderen Rechtsgebiete zu erstrecken[8] und so die gemeinsame Reform des Strafgesetzbuches in „unerreichbare Ferne" rücken[9]. Zum anderen wurde der Verzicht damit begründet, daß bei diesen Gesetzeswerken noch nicht absehbar sei, wie lange sie noch in Kraft seien, gerade wenn sie durch einen zeitweiligen Notstand bedingt und unter Umständen gar nicht von dauerhaftem Regelungs-

---

5 *Wassermann*, Einleitung, in: GRGA, Bd. 9 (Strafrechtsreform), S. 1 (22); *Eberhard Schmidt*, Einleitung, S. XXIV; *Neumann*, KJ 2004, S. 432 ff.

6 Die zusammenfassende Darstellung orientiert sich insbesondere an *Radbruchs Bemerkungen* zum Entwurf.

7 *Radbruch*, Bemerkungen, S. 50.

8 *Radbruch*, Bemerkungen, S. 49.

9 *Radbruch*, Bemerkungen, S. 49.

bedürfnis seien[10]. *Radbruch* schloß jedoch an dieser Stelle nicht aus, daß in dem noch geplanten Einführungsgesetz zum StGB die Nebengesetze,

> „welche nicht selten die Züge einer prinziplosen Gelegenheitsgesetzgebung tragen, mit den Grundsätzen des Strafgesetzbuchs in Einklang gebracht werden."[11]

### *1. Erstes Buch: Verbrechen und Vergehen*

Das erste Buch als Kern des Entwurfes über die Verbrechen und Vergehen war in einen Allgemeinen und Besonderen Teil unterteilt: Der Allgemeine Teil, der zehn Abschnitte umfaßte, begegnete den einzelnen Grundvoraussetzungen der Strafbarkeit schrittweise.

#### *a) Allgemeiner Teil*

Zunächst wurde im ersten Abschnitt das Strafgesetz (§§ 1–11 E 1922) geregelt, wobei in § 1 der Grundsatz „nullum crimen, nulla poena sine lege" in den Entwurf übernommen wurde[12].

Der zweite Abschnitt befaßte sich mit der *strafbaren Handlung* (§§ 12–22 E 1922): Der Entwurf enthielt sich zum einen positiver Begriffsbestimmungen von Vorsatz und Fahrlässigkeit (§ 12 E 1922). *Radbruch* schrieb dazu in seinen *Bemerkungen*:

> „Die gesetzliche Definition von Begriffen, deren Umfang völlig unstreitig ist, deren Inhalt, deren Begriffsmerkmale, deren schulmäßige Definition allein den Gegenstand des Streites bildet, wäre ein Machtspruch in einem wissenschaftlichen Streit, in welchem dem Gesetzgeber eine Entscheidung nicht zusteht."[13]

Zum anderen ist die Regelung des § 15 E 1922 über die Erfolgshaftung hervorzuheben:

---

10 *Radbruch*, Bemerkungen, S. 50. Damit könnte *Radbruch* auf die vielen Nebenstrafgesetze des Ersten Weltkrieges angespielt haben.

11 *Radbruch*, Bemerkungen, S. 50.

12 § 1 lautete: „Eine Tat kann nur dann mit einer Strafe belegt werden, wenn die Strafbarkeit gesetzlich bestimmt war, bevor die Tat begangen wurde." Die Festlegung dieses Grundsatzes ging auf einen österreichischen Antrag bei der Entwurfsfassung zurück, wobei der österreichische Gegenvorschlag der Fassung des Artikel 116 der Weimarer Reichsverfassung entsprach, der lautete: „Eine Handlung kann nur dann mit einer Strafe belegt werden, wenn die Strafbarkeit gesetzlich bestimmt war, bevor die Handlung begangen wurde". Auf deutscher Seite hatte der Gegenentwurf von 1911 in § 2 Abs. 1 GE bereits eine inhaltlich entsprechende Bestimmung enthalten.

13 *Radbruch*, Bemerkungen, S. 61.

> „Eine höhere Strafe, die das Gesetz an eine besonders bezeichnete Folge der Tat knüpft, trifft den Täter nur, wenn er diese Folge wenigstens fahrlässig herbeigeführt hat."

*Radbruchs* Anliegen war es – wie in seinen Bemerkungen zum Entwurf deutlich wird[14] –, das Schuldprinzip konsequent durchzuführen. Durch die Regelung des § 15 E 1922 sollten die Reste der Erfolgshaftung beseitigt werden[15]:

> „Wo Folgen der Tat eine strengere Strafdrohung begründen, sind darunter nicht mehr wie heute auch zufällige, unverschuldete Folgen zu verstehen, vielmehr nur solche, die der Täter zum mindesten voraussehen konnte."[16]

Eine „Verfeinerung der Schuldlehre"[17] sollte auch durch § 13 E 1922 erfolgen, wonach die Bestrafung wegen vorsätzlicher Begehung einer Tat ausgeschlossen war, wenn der Täter einem Irrtum, der ihn das Unerlaubte seiner Tat nicht erkennen ließ, unterlag. Durch diese Negativdefinition hatte das Bewußtsein der Rechtswidrigkeit der eigenen Tat als Bestandteil des Vorsatzes „im wesentlichen in den Entwurf Aufnahme gefunden"[18].

Die Regelungen über den Versuch (dritter Abschnitt, §§ 23–24 E 1922) sahen eine Besonderheit in § 23 Abs. 2 E 1922 vor, wonach der Versuch milder bestraft werden *konnte* als die vollendete Tat und damit die Strafmilderung nur fakultativ war[19]. Dies bedeutete die Annäherung von Versuch und Vollendung. *Radbruch* sah auch dies als ein Teil der konsequenten Durchführung des Schuldprinzips[20]. Zudem wurde der (grob) untaugliche Versuch in § 23 Abs. 4 E 1922 straflos gestellt[21].

---

14 *Radbruch*, Bemerkungen, S. 60 f.

15 Inwieweit der Entwurf die Erfolgshaftung wirklich beseitigte, wird noch zu erörtern sein.

16 *Radbruch*, Bemerkungen, S. 60.

17 *Radbruch*, Bemerkungen, S. 61.

18 *Radbruch*, Bemerkungen, S. 61.

19 Im E 1919 war es noch in § 24 E 1919 festgelegt, daß der Versuch milder zu bestrafen sei als die vollendete Tat.

20 *Radbruch*, Bemerkungen, S. 60. „Wenn er die bisher vorgeschriebene Milderung der Strafe seinerseits noch zuläßt, so geschieht es in der Erwägung, daß das Ausbleiben des Erfolges wohl auch die Folge eines Mangels an entschiedenem Erfolgswillen gewesen sein kann (§ 23 Abs. 2)."

21 § 23 Abs. 4 besagte:

> „Der Versuch bleibt straflos, wenn der Täter die Tat aus grober Unwissenheit an einem Gegenstand oder mit einem Mittel versucht hat, an oder mit dem die Tat überhaupt nicht ausgeführt werden kann."

Der Entwurf enthielt nur ausdrückliche Bestimmungen über die Teilnahmeformen Anstiftung und Beihilfe (§§ 25–28 E 1922)[22]. Neuerungen bestanden darin, daß die Anstiftung die mittelbare Täterschaft umfassen sollte (§ 25 E 1922)[23]. Die Bestrafung der Beihilfe wurde der der Täterschaft in § 26 E 1922 gleichgestellt[24]. Auch sollte die Akzessorietät der Teilnahme gemäß § 27 E 1922 insofern aufgegeben werden, als die Strafbarkeit des Teilnehmers unabhängig von der Strafbarkeit dessen gestellt wurde, der die Tat ausführte. Die Differenzierung zwischen den einzelnen Beteiligten im Einzelfall sollte bei „der Abwägung ihrer Schuld durch den Richter an der Hand der allgemeinen Strafzumessungsgründe“ überlassen werden[25].

Nicht mehr Gegenstand der Regelungen über Teilnahme war der sog. Paragraph *Duchesne* (§ 49a StGB)[26], der „seiner willkürlichen Einschränkungen

---

22 Diese bildeten den vierten Abschnitt mit dem Titel „Teilnahme“. Aus der Definition der Anstiftung ging aber im Umkehrschluß hervor, daß Täter war, wer eine strafbare Handlung ausführte. § 25 E 1922 definierte die Strafbarkeit des Anstifters nämlich so:

„Wer vorsätzlich veranlaßt, daß ein anderer eine strafbare Handlung ausführt, wird als Anstifter gleich einem Täter bestraft.“

23 *Radbruch*, Bemerkungen, S. 61. Siehe vorangegangene Fn.

24 § 26 lautete:

„Wer vorsätzlich einem anderen die Ausführung der strafbaren Handlung erleichtert, wird als Gehilfe gleich einem Täter bestraft; doch kann die Strafe gemildert werden (§ 72).“

25 *Radbruch*, Bemerkungen, S. 61.

26 § 49a RStGB lautete:

„(1)Wer einen Anderen zur Begehung eines Verbrechens oder zur Theilnahme an einem Verbrechen auffordert, oder wer eine solche Aufforderung annimmt, wird, soweit nicht das Gesetz eine andere Strafe androht, wenn das Verbrechen mit dem Tode oder mit lebenslänglicher Zuchthausstrafe bedroht ist, mit Gefängniß nicht unter drei Monaten, wenn das Verbrechen mit einer geringeren Strafe bedroht ist, mit Gefängniß bis zu zwei Jahren oder mit Festungshaft von gleicher Dauer bestraft.

(2) Die gleiche Strafe trifft denjenigen, welcher sich zur Begehung eines Verbrechens oder zur Theilnahme an einem Verbrechen erbietet, sowie Denjenigen, welcher ein solches Erbieten annimmt.

(3) Es wird jedoch das lediglich mündlich ausgedrückte Auffordern oder Erbieten, sowie die Annahme eines solchen nur dann bestraft, wenn die Aufforderung oder das Erbieten an die Gewährung von Vorteilen irgendwelcher Art geknüpft worden ist.

(4) Neben der Gefängnißstrafe kann auf den Verlust der bürgerlichen Ehrenrechte und auf Zulässigkeit von Polizei-Aufsicht erkannt werden.“

Hintergrund für die Einführung des Paragraph *Duchesne* 1876 war der erfolglose Versuch des belgischen Kesselschmiedes *Duchesne*, Ende des Jahres 1874 den Erzbischof *d'Affre* von Paris anzustiften, ihm für die geplante Ermordung Bismarcks eine Belohnung zu zahlen. Nachdem dieses der Öffentlichkeit bekannt geworden war, übte die deutsche Führung Druck auf die belgische Regierung aus, das Sichbereiterklären und die versuchte Anstiftung des *Duchesne* unter Strafe zu stellen, im eigenen Land wurde in Folge dessen § 49a RStGB verabschiedet.

entkleidet und in den Besonderen Teil[27] überführt wurde (§ 181 E 1922)"[28]. Die Vereinigung und Verbindung zu Verbrechen, d.h. die beiden Teilnahmeformen Komplott und Bande des ehemaligen gemeinen Strafrechts, waren – wie schon im E 1919 in § 232 E 1919 – gemäß § 182 E 1922 Bestandteile des Besonderen Teils[29].

Die Strafen[30], die der Entwurf für den Verstoß gegen einen Straftatbestand des Besonderen Teils des Ersten Buches festsetzte (§ 29 E 1922), waren Freiheitsstrafen (§§ 30–32 E 1922) und Geldstrafe (§ 33 E 1922). Die Freiheitsstrafen unterteilten sich in strenges Gefängnis, Gefängnis und Einschließung; der Entwurf enthielt somit nicht mehr die Todesstrafe, die Zuchthausstrafe und die Ehrenstrafen, ferner nicht mehr die Strafe des Verlustes der bürgerlichen Ehrenrechte[31].

Die Möglichkeit, die Strafe bedingt zu erlassen, war in den §§ 35–41 E 1922 des sechsten Abschnitts geregelt, worin der „Grundgedanke des unbestimmten Strafurteils" seine Berücksichtigung finden sollte[32].

---

27 Er wurde in den 13. Abschnitt über die Vorbereitung strafbarer Handlungen, Begünstigung und Strafvereitelung (§§ 181–185) überführt.

28 *Radbruch*, Bemerkungen, S. 63.

29 In einigen Partikularstrafgesetzbüchern waren Komplott und Bande im den Bestimmungen zur Teilnahme geregelt. Siehe hierzu: *Alexander*, Komplott und Bande, S. 46 ff. (zum Komplott), 72 f. (Bande).
Im RStGB war die Verabredung zum Verbrechen im Fall des Hochverrates strafbar. § 83 Abs. 1 RStGB bestimmte:

> „Haben Mehrere die Ausführung eines hochverrätherischen Unternehmens verabredet, ohne daß es zum Beginn einer nach § 82 strafbaren Handlung gekommen ist, so werden dieselben mit Zuchthaus nicht unter fünf Jahren oder mit Festungshaft von gleicher Dauer bestraft."

Die bandenmäßige Begehung war im RStGB nur als Strafschärfungsgrund enthalten; zum einen in § 243 Abs. 1 Nr. 6 (Auf Zuchthaus bis zu zehn Jahren ist zu erkennen, wenn [...] zu dem Diebstahle mehrer mitwirken, welche sich zur fortgesetzten Begehung von Raub und Diebstahl verbunden haben, oder [...]) und in § 250 Abs. 1 Nr. 2 RStGB (Auf Zuchthaus nicht unter fünf Jahren ist zu erkennen, wenn [...] zu dem Raube mehrere mitwirken, welche sich zur fortgesetzten Begehung von Raub und Diebstahl verbunden haben; [...]).
Im E 1919 waren Komplott und Bande im Besonderen Teil geregelt (§ 232 E 1919).

30 Fünfter Abschnitt (§§ 29–34 E 1922).

31 Die Begrifflichkeit des strengen Gefängnisses wird zu erörtern sein. Auf dem gesamten Strafensystem wird ein Hauptaugenmerk der Untersuchung liegen.

32 *Radbruch*, Bemerkungen, S. 57. Der Grundgedanke, der dahinter steckte war, das Maß der Strafe an die Wirkungen des Vollzuges auf den Verurteilten zu knüpfen und dementsprechend die Freiheitsstrafe ein früheres oder späteres Ende nehmen zu lassen. Begründet wurde diese Idee damit, daß der Richter den einzelnen Täter nicht hinreichend einschätzen und dementsprechend eine Entscheidung über die letztendliche Strafzu-

Die sich anschließenden Maßregeln der Besserung und Sicherung (§§ 42–62 E 1922) wurden in § 42 E 1922 zunächst katalogisiert aufgeführt[33]. Eine an dieser Stelle schon erwähnenswerte Besonderheit war die Regelung des § 45 E 1992, wonach gegenüber dem ungebesserten „Gewohnheitsverbrecher" Sicherungsverwahrung für unbestimmte Dauer angeordnet werden konnte[34].

Im Anschluß an den achten Abschnitt (Konkurrenzen[35]) traf der neunte Abschnitt Bestimmungen über einen sehr wesentlichen Teil des Entwurfs, in dem *Radbruchs* Bemerkungen zufolge „die beherrschenden Gedanken der Strafrechtsreform ihren Sitz erhalten" hatten[36]: die Strafbemessung. Neben der Festlegung der bei der Strafzumessung zu berücksichtigenden Aspekte (§ 67 E 1922)[37] enthielt der Abschnitt Bestimmungen, die der *v. Liszt*schen Dreiteilung in den Gelegenheits-, den angehenden und besserungsfähigen sowie den unverbesserlichen Gewohnheitsverbrecher Rechung tragen sollten[38]. Erörternswert in der näheren Besprechung wird insbesondere die darauf folgende Regelung des § 71 sein, wonach für den sogenannten Überzeugungstäter an die Stelle von strengem Gefängnis und Gefängnis Einschließung von gleicher Dauer treten sollte. Die den Abschnitt schließenden Regelungen über eine Strafmilderung und Strafschärfung beinhalteten zwei Besonderheiten: zum einen die Regelung des § 72 Abs. 2 E 1922, wonach bei Vergehen (im Falle der Strafmilderung) das Gericht statt der Freiheitsstrafe auf Geldstrafe erkennen konnte, wenn der Strafzweck durch eine Geldstrafe erreicht werden konnte; zum anderen die Regelung des Rückfalls nach § 77 E 1922, wonach

---

messung erst im Vollzug getroffen werden könne. Die Aufgabe des Richters beschränke sich folglich nur auf die Festsetzung des Strafrahmens. Siehe hierzu *v. Liszt*, Strafrechtliche Aufsätze und Vorträge, Bd. 1, S. 290 (340, 393).

33 Die Maßregeln der Besserung und Sicherung waren Gegenstand des siebten Abschnitts und waren die Unterbringung in einer öffentlichen Heil- oder Pflegeanstalt, die Unterbringung in einer Trinkerheilanstalt, die Sicherungsverwahrung, die Schutzaufsicht, das Wirtshausverbot, die Reichsverweisung, der Verlust der Amtsfähigkeit, der Verlust des Wahl- und Stimmrechts, die Urteilsbekanntmachung und die Einziehung.

34 *Radbruch*, Bemerkungen, S. 57.

35 Es sollte „die herkömmliche Unterscheidung" zwischen Ideal- und Realkonkurrenz durch den Entwurf aufgegeben werden. § 63 besagte:

> „Sind auf dieselbe Tat mehrer Strafgesetze anwendbar oder hat jemand mehrere selbständige Taten begangen, die gleichzeitig abgeurteilt werden, so ist nur auf eine Strafe zu erkennen."

36 *Radbruch*, Bemerkungen, S. 56.

37 Auch dieser sollte dem Schuldprinzip nach *Radbruchs* Vorstellung Rechung tragen, weil er die Folgen der Tat nicht mehr als Umstände, die bei der Strafzumessung zu berücksichtigen waren enthielt; *Radbruch*, Bemerkungen, S. 60.

38 *Radbruch*, Bemerkungen, S. 56. Das *v. Liszt*sche Modell wird noch ausführlicher erläutert.

die Strafe desjenigen, der nach zweimaliger Verurteilung erneut eine Tat beging, erhöht werden konnte, wenn aus der neuen Tat in Verbindung mit den vorangegangenen Taten hervorging, daß der Täter ein für die öffentliche Sicherheit gefährlicher Gewohnheitsverbrecher war.

Der Allgemeine Teil schloß mit den Verjährungsvorschriften[39], die festlegten, wann strafbare Handlungen (§§ 78–81 E 1922) und wann Strafen (§§ 82–84 E 1922) verjährten.

### *b) Besonderer Teil*

Der Besondere Teil des E 1922 war in 34 Abschnitte gegliedert. Erwähnenswert sind an dieser Stelle die Änderungen bzw. Neuerungen, die von *Radbruch* in den Bemerkungen zum Entwurf benannt werden und Abweichungen zum geltenden Recht darstellten und teilweise auch Gegenstand der näheren Untersuchung sein werden.

#### *aa) Straftaten gegen Gemeinschafts- und Persönlichkeitswerte*

Der strafrechtliche Schutz des Staates und seiner Einrichtungen, sowie von Wahlen und Abstimmungen[40] wurde den neuen Vorgaben des Verfassungsrechts und den Erfordernissen der Republikschutzgesetzgebung angepaßt[41]. Der zweite Abschnitt über den Landesverrat (§§ 89–97 E 1922) enthielt nunmehr neben dem Verrat von Staatsgeheimnissen ihre Ausspähung (§ 91 E 1922). Aufgrund des Falles *Anspach* wurde die durch Fälschung verursachte Gefährdung von Reich oder Land (§ 93 E 1922) unter Strafe gestellt[42]. Die Beschimpfung und Verleumdung von verfassungsmäßigen Körperschaften (§ 100 E 1922) war neu in den dritten Abschnitt übernommen und aus den allgemeinen Beleidigungsvorschriften herausgenommen worden[43].

Als Ergänzung der Vergehen bei Wahlen und Abstimmungen[44] wurden Volksbegehren und Volksabstimmungen unter strafrechtlichen Schutz gestellt und

---

39 Diese waren im 10. Abschnitt geregelt (§§ 78–84 E 1922).

40 Davon waren der erste Abschnitt (Hochverrat, §§ 85–88), der dritte Abschnitt (Angriffe gegen verfassungsmäßige Körperschaften, §§ 98–101) der vierte Abschnitt (Vergehen bei Wahlen und Abstimmungen, §§ 102–109), der achte Abschnitt (Auflehnung gegen die Staatsgewalt, §§ 141–157) und der neunte Abschnitt (Störung der öffentlichen Ordnung, §§ 158–165) betroffen.

41 *Radbruch*, Bemerkungen, S. 62 f.

42 *Radbruch*, Bemerkungen, S. 62.

43 Hier verwies *Radbruch* explizit auf die Republikschutzgesetzgebung, S. 62.

44 Vierter Abschnitt (§§ 102–109 E 1922).

die neuen Straftatbestände der §§ 104 (Täuschung bei Wahlen und Abstimmungen), 107 (Verhinderung einer Wahl oder Abstimmung) und 108 E 1922 (Verletzung des Wahlgeheimnisses) geschaffen[45].

Neu eingeführt wurde auch die im Republikschutzgesetz geregelte Beschimpfung der Reichs- oder Landesfarben (§ 155 Abs. 1 E 1922)[46]. Der Tatbestand der Geheimbündelei (§ 162 E 1922)[47] war entsprechend den Bestimmungen der Reichsverfassung angepaßt und durch die diesbezüglichen Bestimmungen im Republikschutzgesetz ergänzt worden[48]. Hingegen waren die Delikte Anreizung zum Klassenkampf, Kanzelmißbrauch und Staatsverleumdung (§§ 130, 130a, 131 RStGB) im Entwurf nicht enthalten.

Die Amtsdelikte[49] wurden in mehrfacher Hinsicht modifiziert: Zum einen wurde der Täterkreis der Rechtsbeugung von Richtern um Verwaltungsbeamte erweitert, zum anderen der Tatbestand der Verletzung des Amtsgeheimnisses (§ 133 E 1922) auf alle offenbarten Amtsgeheimnisse erstreckt, soweit dadurch ein berechtigtes öffentliches oder privates Interesse gefährdet wurde – was eine Erweiterung in Bezug auf den geltenden sog. Arnimparagraphen (§ 353a RStGB)[50] darstellte. Zum dritten kamen die Tatbestände der Erschleichung

---

45 *Radbruch*, Bemerkungen, S. 62.

46 Diese war im achten Abschnitt (Auflehnung gegen die Staatsgewalt. §§ 141–157) geregelt.

47 Dieser war Bestandteil des neunten Abschnitts über die Störung der öffentlichen Ordnung (§§ 158–165).

48 *Radbruch*, Bemerkungen, S. 63.

49 Siebter Abschnitt, Verletzung der Amtspflicht (§§ 121–140 E 1922).

50 § 353a RStGB lautete:

„(1) Ein Beamter im Dienste des Auswärtigen Amtes des Deutschen Reichs, welcher die Amtsverschwiegenheit dadurch verletzt, daß er ihm amtlich anvertraute oder zugängliche Schriftstücke oder eine ihm von seinem Vorgesetzten ertheilte Anweisung oder deren Inhalt Anderen widerrechtlich mittheilt, wird, sofern nicht nach anderen Bestimmungen eine schwerere Strafe verwirkt ist, mit Gefängniß oder mit Geldstrafe bis zu fünftausend Mark bestraft.

(2) Gleiche Strafe trifft einen mit einer auswärtigen Mission betrauten oder bei einer solchen beschäftigten Beamten, welcher den ihm durch seinen Vorgesetzten amtlich ertheilten Anweisungen vorsätzlich zuwiderhandelt, oder welcher in der Absicht, seinen Vorgesetzten in dessen amtlichen Handlungen irre zu leiten, demselben erdichtete oder entstellte Tatsachen berichtet."

§ 353a RStGB wurde durch Art. II des Reichsgesetzes vom 26.2.1876 in das RStGB aufgenommen. Der Anlaß für die Schaffung des Tatbestandes bestand in einer Auseinandersetzung zwischen dem Reichskanzler *Otto von Bismarck* und dem deutschen Botschafter in Paris, Graf *von Arnim*. Zunächst war Graf *Harry von Arnim-Suckow* in den Jahren 1864–1871 als preußischer Gesandter bei der römischen Kurie tätig und erhielt dadurch nähere Einblicke in die Kirchenpolitik Preußens. Am 9.1.1972 wurde er erster Botschafter des Deutschen Reiches bei der französischen Republik. Jedoch wurde er eines Amtes (§ 139) und der Erschleichung der Befähigung zu einem Amte (§ 140) hinzu[51].

Auch die Religionsdelikte unterlagen Änderungen[52]. Der strafrechtliche Schutz der Religionsgesellschaften wurde erweitert; es war nunmehr auch die Beschimpfung des Glaubens in § 166 E 1922 unter Strafe gestellt. Der Tatbestand der Gotteslästerung war in Folge dessen für obsolet erklärt worden[53]. Es erfolgte in § 166 Abs. 2 E 1922 zudem eine Gleichstellung der Vereinigungen, die sich die gemeinschaftliche Pflege einer Weltanschauung zur Aufgabe gemacht hatten, mit den Religionsgesellschaften, soweit diese Vereinigungen Körperschaften des öffentlichen Rechts waren.

Die Urkundendelikte[54] wurden insofern verändert, als der bisherige Tatbestand der Urkundenfälschung in den Tatbeständen der Urkundenfälschung (§ 186

---

von diesem Posten am 2.3.1874 wieder abberufen. Hintergrund für die Abberufung war, daß *von Arnim* dienstliche Anweisungen *von Bismarcks* nicht befolgt hatte. *Von Arnim* unterstützte entgegen dem Wunsche *Bismarcks* nicht die herrschenden republikanischen Kräfte, sondern die monarchistischen (und katholischen) Bestrebungen in Frankreich. *Bismarck* warf ihm vor, eine eigene Außenpolitik zu betreiben. Zudem gab es aber auch persönliche Differenzen zwischen *v. Arnim und Bismarck* aufgrund von Stimmen, die eine Reichskanzlerschaft *von Arnims* befürworteten. Wenig später erschien in „Der Presse" ein Artikel mit dem Titel „Diplomatische Enthüllungen", den *von Arnim* verfaßt haben soll und in dem die Kirchenpolitik *Bismarcks* kritisiert wurde. Dieser Artikel und auch ein weiterer Beitrag, in dem auf die Reaktion *Bismarcks*, die auf den ersten Artikel erfolgt war, Stellung bezogen wurde, enthielt Verweise auf Teile von Akten, die in Paris als vermißt galten. *Von Arnim* gab zu, einige Akten aus dem Pariser Botschaftsarchiv mitgenommen zu haben, er sah diese jedoch als sein Privatvermögen an, weil sie sich auf den persönlichen Konflikt mit Bismarck bezögen. Zurückgegeben wurden daraufhin nur ein Teil der Akten, den anderen behielt er. Der Verbleib einiger weiterer Schriftstücke blieb ungeklärt. Daraufhin wurde vom Auswärtigen Amt bei der Berliner Staatsanwaltschaft eine strafrechtliche Untersuchung beantragt. Das erstinstanzliche Urteil zu einer Gefängnisstrafe von drei Monaten wurde vom Berufungsgericht verworfen und eine Verurteilung zu neun Monaten wegen Beiseiteschaffens amtlicher Urkunden (§ 133 RStGB) ausgesprochen. Eine Strafbarkeit wegen Beseiteschaffens amtlicher Urkunden im Amte (§ 348 Abs. 2 RStGB) und Amtsunterschlagung (§ 350 RStGB) wurde verneint. Aufgrund dieser Strafbarkeitslücke wurde unter der Federführung *Bismarcks* vom Auswärtigen Amt angestrebt, einen neuen Straftatbestand zu schaffen, der diese Fälle erfaßte. Im Jahre 1875 wurde die Gesetzesvorlage zu § 353a RStGB eingereicht, der in veränderter Form Teil des RStGB wurde. Siehe hiezu: *Bernd Heinrich*, Bismarcks Zorn – Inhalt und Bedeutung eines „vergessenen" Tatbestandes, in: ZStW 11 (1998), S. 327 ff.

51 *Radbruch*, Bemerkungen, S. 62 f.

52 Diese waren im zehnten Abschnitt über die Störung des religiösen Friedens und der Totenruhe (§§ 166–169) geregelt.

53 *Radbruch*, Bemerkungen, S. 63.

54 14. Abschnitt über die Urkundenfälschung (§§ 186–192).

E 1922), der Fälschung öffentlicher Beglaubigungszeichen (§ 187 E 1922) und der Fälschung von Beweismitteln aufging. Auch die Begrifflichkeiten als Grundvoraussetzung für den Anwendungsbereich der Tatbestände wurden in § 11 Nr. 9 E 1922 (Urkunde) und § 11 Nr. 10 E 1922 (Beweiszeichen) restriktiver gefaßt bzw. geändert.

Als Teil der gemeingefährlichen Straftaten[55] wurde der Tatbestand der Brandstiftung, nach *Radbruchs* Erwähnung auf den Wunsch Österreichs hin, „vereinfacht" und die vorangegangene Differenzierung einzelner Fälle aufgegeben[56]. Erwähnenswert an dieser Stelle ist noch, daß sich im Gegensatz zum geltenden RStGB die Möglichkeit der Strafmilderung bei freiwilliger Schadensverhütung über die Brandtstiftung hinaus auf die Fälle der §§ 201–208 und 211 E 1922 erstreckte[57].

Die Straftaten gegen das Leben[58] und die körperliche Integrität[59] wurden nach den *Bemerkungen* zum Entwurf erheblich verändert[60]: Mord und Totschlag unterschieden sich nicht mehr durch das Merkmal der Überlegung, vielmehr beging einen Totschlag nur derjenige, der sich durch Jähzorn oder entschuldbare heftige Gemütsbewegung zur Tötung des anderen hinreißen ließ (§ 219 E 1922). Die Anstiftung zum Selbstmord wurde durch den Entwurf für strafbar

---

55 16. Abschnitt über Gemeingefährliche Handlungen und Störungen des öffentlichen Verkehrs (201–217 E 1922). Weitere Tatbestände des Abschnitts wurden modifiziert, siehe *Radbruch*, Bemerkungen, S. 63.

56 Der Einfluß Österreichs auf die Entwurfsfassung wird bei der Erörterung einzelner Vorschriften auch Gegenstand der Untersuchung sein. § 201 E 1922 lautete:

„Wer an einer fremden Sache eine Feuersbrunst verursacht, wird mit strengem Gefängnis bestraft.

Ebenso wird bestraft, wer eine eigene Sache eines anderen mit dessen Einwilligung in Brand setzt und dadurch eine Gemeingefahr herbeiführt."

57 Es unterfielen damit der Möglichkeit der Strafmilderung: die Brandstiftung (§ 201), die Strandung (§ 202), die Herbeiführung einer Überschwemmung und Explosion (§ 203), die Brunnenvergiftung (§ 204), die Störung der Sicherheit des Eisenbahn-, Schiffs- oder Luftverkehrs (§ 205), die Störung der Verkehrssicherheit auf Straßen (§ 206), die Beschädigung von Wasserbauten (§ 207), die Beseitigung von Sicherungsvorrichtungen in gefährlichen Betrieben (§ 208) und die fahrlässige Begehung der Handlungen der in §§ 201 bis 207 bezeichneten Handlungen (§ 211).

58 Der 17. Abschnitt beinhaltete die Regelungen über die Tötung (§§ 218–229 E 1922).

59 Der 18. Abschnitt befaßte sich mit den Körperverletzungsdelikten (§§ 230–241 E 1922).

60 *Bemerkungen*, S. 64. Dabei wird von *Radbruch* nicht erwähnt, daß er diesbezüglich den Forderungen Österreichs weit entgegengekommen war (vgl. Schubert / Regge, I Bd. 1, S. XI). Siehe hierzu und ausführlicher zu den Änderungen in Bezug auf die Tötungsdelikte: *Linka*, Mord und Totschlag (§§ 211–213 StGB), Reformdiskussion und Gesetzgebung seit 1870, Berlin 2008, S. 137 ff.

erklärt (§ 221 E 1922). Eine Strafschärfung erfuhren die Tatbestände der Aufforderung zum Mord (§ 223 E 1922)[61] und der Verabredung eines Mordes (§ 224 E 1922).

Im Rahmen der Abtreibungstatbestände wurde das Strafmaß der Abtreibung von der nach geltendem Recht zu erwartenden Zuchthausstrafe bis zu fünf Jahren und bei mildernden Umständen Gefängnis nicht unter sechs Monaten auf eine Gefängnisstrafe reduziert und der untaugliche Versuch der Abtreibung für straflos erklärt (§ 225 E 1922). Neu unter Strafe gestellt wurde die Ankündigung von Abtreibungsmitteln (§ 226 E 1922).

Der österreichische Einfluß trat nach *Radbruchs* Angaben bei den Tatbeständen der Kindesweglegung (§ 275 E 1922), der zusätzlich zur Aussetzung (§ 227 E 1922) aufgenommen wurde, und bei dem Tatbestand der Lebensgefährdung (§ 228 E 1922) zu Tage[62]. Letzterer wird aufgrund seiner Unbestimmtheit Gegenstand der weiteren Untersuchung sein[63].

Im Rahmen der Körperverletzungsdelikte fand eine Differenzierung zwischen dem Tatbestand der Körperverletzung (§ 230 E 1922) und der Mißhandlung (§ 234 E 1922) statt, indem letztere auf die Initiative Österreichs als „bloß schmerzerregende Tätlichkeit, die weder die körperliche Unversehrtheit, noch die Gesundheit beschädigt“[64], aus dem Tatbestand der (einfachen) Körperverletzung herausgenommen und als eigener Tatbestand einem milderen Strafmaß unterstellt wurde[65]. Für nicht strafbar wurde ausdrücklich der ärztliche Heileingriff erklärt, worunter „Eingriffe und Behandlungsweisen, die der Übung eines gewissenhaften Arztes entspr[a]chen“ (§ 235 E 1922), fielen. Auch wurde der Fall der Einwilligung des Verletzten außer für die Fälle, in denen die Körperverletzung trotz der Einwilligung gegen die guten Sitten verstieß, als nicht strafbar in § 236 E 1922 normiert.

Ein auffälliger Aspekt des E 1922 war, daß dieser keine Bestimmungen mehr über den Zweikampf enthielt.

---

61 Dies geschah aufgrund der Republikschutzgesetzgebung.

62 *Radbruch*, Bemerkungen, S. 64.

63 § 228 (Lebensgefährdung) lautete:

> „Wer wissentlich und gewissenlos einen anderen in unmittelbare Lebensgefährdung bringt, wird mit strengem Gefängnis bestraft.“

64 *Radbruch*, Bemerkungen, S. 64.

65 Auf der anderen Seite wurde der Tatbestand der Körperverletzung erweitert, indem die Begehungsweise „wer einen anderen am Körper verletzt“ mitaufgenommen wurde, damit auch Handlungen wie das Abschneiden des Bartes oder des Zopfes darunter fielen. *Radbruch*, Bemerkungen, S. 64.

Die Straftaten gegen die persönliche Freiheit oder Sicherheit[66] umfaßten als neuen Tatbestand neben der einfachen Nötigung, die in Anlehnung an das geltende Recht gestaltet war, als neuen Tatbestand die sog. Chantage bzw. Ehrennötigung (§ 247 E 1922)[67].

Die Sittlichkeitsdelikte[68] unterlagen im Vergleich zum geltenden Recht einigen Änderungen: Neu unter Strafe gestellt wurde, wer eine Frau durch Mißbrauch ihrer durch ein Dienst- oder Arbeitsverhältnis begründeten Abhängigkeit zum außerehelichen Beischlaf nötigte (§ 255 E 1922). Der mannmännliche Geschlechtsverkehr war insoweit strafbar, als ein Erwachsener einen Jugendlichen dazu verführte oder jemand, der gewerbsmäßig oder unter Mißbrauch einer durch ein Dienst- oder Arbeitsverhältnis begründetes Abhängigkeitsverhältnis Unzucht trieb (§ 260). Modifiziert wurde weiterhin der § 262 E 1922, indem die Formulierung der sog. *Lex Heinze* (§ 184a RStGB), durch die in Absatz 2 ersetzt wurde[69]. Durch § 263 E 1922 sollte festgestellt werden, daß Mittel zur Empfängnisverhütung keine Sachen zu unzüchtigem Gebrauch darstellten[70]. Nicht mehr enthalten im Entwurf waren neben dem Tatbestand

---

66 19. Abschnitt über die Verbrechen und Vergehen gegen die persönliche Freiheit oder Sicherheit (§§ 242–247 E 1922):

67 § 247 Abs. 1 lautete:

„Wer einen anderen durch Drohung mit einer Strafanzeige oder mit der Offenbarung einer Tatsache, die geeignet ist, den Ruf zu gefährden, nötigt, sich einer gegen die Sitten verstoßenden Zumutung zu fügen, wird mit Gefängnis bestraft, gleichviel, ob das angedrohte Übel den Bedrohten selbst, oder einen seiner Angehörigen treffen soll.“

68 Sie waren Gegenstand des 20. Abschnitts mit dem Titel „Unzucht“ (§§ 248–264 E 1922).

69 Die *Lex Heinze* setzte „Schriften usw., welche ohne unzüchtig zu sein, das Schamgefühl gröblich verletzen“ voraus, der § 262 Abs. 2 setzte dagegen voraus, daß die „Schrift, Abbildung oder andere Darstellung“, „unzüchtig oder doch geeignet“ war, „das Geschlechtsgefühl der Jugend zu überreizen oder irrezuleiten“. Die *Lex Heinze* war nach dem verurteilten Berliner Ehepaar *Heinze* benannt, deren Mordprozeß mit Zuhälterei und Prostitution in Verbindung gebracht wurde. Herr *Heinze* war nicht nur Ehemann, sondern auch der Zuhälter seiner Frau gewesen. In diesem Kontext hatte er einen Nachtwächter umgebracht. Aufgrund der Tatsache, daß der Prozeß öffentlich geführt wurde, gelangten einige brisante Details aus dem Zuhältermilieu ans Licht. Die *Lex Heinze* war ein umstrittenes Gesetz, durch das neben der öffentlichen Darstellung „unsittlicher“ Handlungen Zensuren bei Kunstwerken, Literatur und Theateraufführungen vorgenommen werden konnten, sowie die Zuhälterei strafbar gestellt wurde. Ausführlich zu den einzelnen Entwürfen der *Lex Heinze*, insbesondere bezogen auf die Strafbarkeit von Kuppelei, Prostitution und Zuhälterei, *I. Hartmann*, S. 72 ff.

70 Nur wer das „Mittel, Werkzeug oder Verfahren, das zur Verhütung der Empfängnis oder zur Verhütung von Geschlechtskrankheiten“ diente, in „einer Sitte oder Anstand verletzenden Weise“ öffentlich ankündigte, anpries oder an einem allgemein zugänglichen Orte ausstellte, war nach § 263 strafbar.

der Beischlafserschleichung (§ 179 RStGB) die Unzucht mit Tieren (§ 175 RStGB) und der einfache mannmännliche Geschlechtsverkehr (§ 175 RStGB).

Die Vorschriften über Kuppelei, Frauenhandel und Zuhälterei[71] stellten die einfache Kuppelei (§ 265 E 1922), die Kuppelei aus Eigennutz (§ 266 Abs. 1 E 1922), die Kuppelei mit Personen unter achtzehn Jahren oder mit hinterlistigen Kunstgriffen (§ 267 E 1922) – wobei derjenige, der an einer Person, die noch nicht achtzehn Jahre alt war, Kuppelei beging, mit der hohen Strafe strengen Gefängnisses bis zu fünf Jahren sanktioniert wurde[72] – und die Kuppelei an dem eigenen Kind[73] oder der eigenen Ehefrau (§ 268 E 1922) unter Strafe. Als nicht strafbar wurde die Wohnungskuppelei erklärt, wenn der Vermieter „den unzüchtigen Verkehr des Mieters" nicht ausbeutete oder förderte (§ 266 Abs. 2 E 1922) und die Duldung des Beischlafs zwischen Verlobten (§ 268 Abs. 2 E 1922). Das deutsche Reich unterzeichnete am 31. März 1922 das internationale Übereinkommen zur Bekämpfung des Frauen- und Kinderhandels aus dem Jahre 1921. Als dessen Folge wurde neben dem Frauenhandel auch der Handel mit Jugendlichen gemäß § 269 E 1922 unter Strafe gestellt[74].

Der strafrechtliche Schutz von Ehe und Familie[75] war insoweit reformiert worden, als § 274 E 1922 die Verletzung einer Unterhaltspflicht sanktionierte[76]. Im Gegensatz dazu gab es keine dem § 172 RStGB[77] entsprechende Regelung über die Strafbarkeit des Ehebruchs.

---

71 21. Abschnitt (§§ 265–270).

72 Dies wird noch Erwähnung finden.

73 Dies ist vereinfacht ausgedrückt, § 268 sah in Abs. 2 vor, daß „Eltern, Adoptiveltern, Stiefeltern, Großeltern und Pflegeeltern, Vormünder und Pfleger" bestraft werden sollten, die „an ihrem Kind, Adoptivkind, Stiefkind, Enkel, Pflegekind, Mündel oder Pflegling Kuppelei begehen, „sowie Geistliche, Lehrer und Erzieher, die an einem ihrer Erziehung oder ihrem Unterricht anvertrauten Schüler oder Zögling" Kuppelei begingen.

74 *Radbruch*, Bemerkungen, S. 65.

75 Der 22. Abschnitt hatte die Verbrechen und Vergehen gegen Ehe und Familie zum Gegenstand (§§ 271–276).

76 § 274 lautete:

„Wer sich böswillig einer gesetzlichen Unterhaltspflicht derart entzieht, daß der notwendige Unterhalt des Unterhaltsberechtigten ohne öffentliche Hilfe anderer gefährdet wäre, wird mit Gefängnis bis zu einem Jahre oder mit Geldstrafe bestraft.

Hat die Tat den Selbstmord oder die Tötung des Unterhaltsberechtigten oder die Tötung eines Kindes, für das der Unterhaltsberechtigte zu sorgen hatte, oder den Versuch einer solchen Handlung zur Folge (§ 15), so ist die Strafe Gefängnis nicht unter drei Monaten."

77 § 172 RStGB lautete:

Entscheidend verändert wurden auch die Beleidigungsvorschriften[78]. Erwähnenswert – neben der Änderung der anderen Vorschriften[79] – war das Vorhaben, die Fälle des § 280 E 1922, wonach eine Beleidigung weder üble Nachrede noch Verleumdung war, nach noch zu treffenden strafprozessualen Vorschriften nur von einem Friedensrichter verfolgen zu lassen. Erst wenn dieser die Notwendigkeit für die Verhandlung des Falls vor einem ordentlichen Gericht sah, sollten diese Fälle dorthin gelangen[80]. Als weitere Neuerung sollte ein Tatsachenverfahren eingeführt werden, das neben dem Straf- und Zivilprozeß dem Beleidigten zur Verfügung gestellt werden und damit das meist sehr starke Interesse des Beleidigten an der „Klarstellung des vom Beleidiger behaupteten und vom Beleidigten bestrittenen Sachverhaltes“ befriedigen sollte[81].

### *bb) Straftaten gegen Vermögenswerte*

Auch die Eigentumsdelikte wurden reformiert: Im Falle der Sachbeschädigungsdelikte[82] wurde der Grundtatbestand der Sachbeschädigung in § 286 Abs. 2 E 1922 um die Fälle ergänzt, in denen der Täter „eine fremde Sache in einer Weise unbrauchbar“ machte, so „daß sie der Verletzte nur mit erheblichem Aufwand an Arbeit, Kosten oder Zeit wieder brauchbar machen“ konnte. Aufgrund dieser Regelung über die Unbrauchbarmachung wurden die der

„(1) Der Ehebruch wird, wenn wegen desselben die Ehe geschieden ist, an dem schuldigen Ehegatten sowie dessen Mitschuldigen mit Gefängniß bis zu sechs Monaten bestraft.

(2) Die Verfolgung tritt nur auf Antrag ein.“

78 23. Abschnitt, §§ 277–285 E 1922.

79 Bei einer Strafbarkeit wegen übler Nachrede wurde in § 277 bei Tatsachen, die Angelegenheiten des Privat- oder Familienlebens und das öffentliche Interesse nicht berührten, es als unerheblich festgesetzt, ob diese wahr oder unwahr waren, wenn diese aus Gewinnsucht oder bloß in der Absicht zu schmähen öffentlich behauptet oder verbreitet worden waren. Als strafbar wurde in § 281 auch der Vorwurf einer strafbaren Handlung bzw. Bestrafung bei deren wirklichem Vorliegen angesehen, wenn dieser in der Absicht geschah, den anderen zu schmähen. Herausgenommen aus der Strafbarkeit wurde die Wahrnehmung berechtigter Interessen, welche nunmehr in § 278 Abs. 2 auch angenommen wurde, wenn der Täter „zur Wahrnehmung eines berechtigten öffentlichen oder privaten Interesses“ handelte und dabei „die einander gegenüberstehenden Interessen pflichtmäßig abgewogen“ hatte. Diese Formel entsprach derjenigen des § 285 Abs. 3 über den Geheimnisverrat.

80 *Radbruch*, Bemerkungen, S: 66.

81 *Radbruch*, Bemerkungen, S. 66.

82 Der 24. Abschnitt regelte die Sachbeschädigung (§§ 286, 287 E 1922).

§§ 317 ff. RStGB[83] als überflüssig angesehen und waren nicht mehr Bestandteil des Entwurfs.

Die Regelungen über Diebstahl und Unterschlagung[84] wurden durch den Tatbestand des § 296 E 1922 ergänzt, der die dauernde Entziehung von Sachen unter Strafe stellte. Der Diebstahl setzte nunmehr auch die Bereicherungsabsicht voraus. Die Fälle der schwereren Begehungsweise waren in den §§ 289 und 290 E 1922 geregelt, wobei § 290 (Einbruch, bewaffneter Diebstahl) neben der generellen eine darüber hinausgehenden Strafschärfung für die Tatbegehung zur Nachtzeit vorsah (§ 290 Abs. 3). Zudem legte § 291 E 1922 für alle Fälle des Diebstahls im Falle der gewerbsmäßigen Begehung eine Strafschärfung fest. Zwischen den Handlungen der „'Veruntreuung' anvertrauter und der Unterschlagung anderer Sachen" wurde entsprechend den Vorstellungen und Vorgaben Österreichs stärker differenziert und beide Handlungsweisen in zwei unterschiedlichen Tatbeständen behandelt (§§ 292, 293 E 1922)[85]. Gleichgestellt wurde den Sachen in § 292 E 1922 anderes anvertrautes Gut, insbesondere Geld.

Im Rahmen der Vermögensdelikte wurden die Regelungen über Raub und Erpressung[86] insoweit verändert, als die Erpressung nicht mehr nur die einfache Drohung voraussetzte, sondern auf eine gefährliche Drohung, die nach § 11 Nr. 7 E 1922 „eine Drohung mit Gewalt, mit einem Verbrechen oder Vergehen, mit einer Strafanzeige oder mit der Offenbarung einer Tatsache, die geeignet [war], den Ruf zu gefährden, gleichviel, ob das angedrohte Übel den Bedrohten selbst oder einen Angehörigen treffen soll[te]", abstellte. Als Ergänzung zu den Regelungen über Betrug und Untreue[87] kam der Tatbestand der Erschleichung freien Eintritts (§ 305 E 1922) hinzu. Der Tatbestand des Versicherungsbetruges wurde verallgemeinert (§ 303 E 1922)[88] ebenso wie die

---

83 Die §§ 317 ff. RStGB stellten z.B. Handlungen unter Strafe, die die Benutzung einer Telegraphenanstalt verhinderten oder störten.

84 25. Abschnitt über Diebstahl, Veruntreuung und Unterschlagung (§§ 288–296).

85 *Radbruch*, Bemerkungen, S. 66. Die Veruntreuung setzte eine Zueignung einer dem Täter anvertrauten beweglichen Sache voraus, wohingegen die Unterschlagung die übrigen Fälle der Zueignung erfaßte.

86 26. Abschnitt über Raub und Erpressung (§§ 297–298).

87 28. Abschnitt (§§ 302–307 E 1922).

88 § 303 E 1922 lautete:

„Wer eine gegen Untergang, Beschädigung, Verlust oder Diebstahl versicherte Sache in der Absicht zerstört, beschädigt oder beiseiteschafft, sich oder einem anderen die Versicherungssumme zu verschaffen oder den Versicherer zu schädigen, wird mit Gefängnis bestraft.

in § 266 RStGB kasuistisch gehandhabte Untreue[89]. Über die Strafbarkeit der vorsätzlichen Hehlerei[90] hinaus sollte nunmehr auch die fahrlässige Hehlerei (§ 310 E 1922)[91] in Ergänzung zum geltenden Recht strafbar sein. Der Entwurf ermöglichte neben der Hehlerei an Sachen auch diejenige an dem Erlös aus der Sache gemäß § 308 Abs. 2.

#### *cc) Mißbrauch von Rauschmitteln*

Schließlich wurde im letzten Abschnitt des Besonderen Teils des ersten Buches der Mißbrauch von Rauschmitteln (34. Abschnitt, §§ 327–334 E 1922) geregelt. Dieser erstmalig eingestellte Abschnitt sollte „mit aller Entschiedenheit den Kampf mit dem Alkoholmißbrauch" aufnehmen[92]. Er umfaßte eine gesetzliche Regelung der actio libera in causa (§ 327 E 1922)[93]. Weiterhin stellte er verschiedene Handlungen unter Strafe, namentlich den Bruch des Wirtshausverbotes, die Abgabe geistiger Getränke an Insassen einer Trinkerheilanstalt, die Verabreichung geistiger Getränke an Jugendliche und Betrunkene, die Übertretung von Vorschriften gegen die Verabreichung geistiger Getränke, die Verabreichung von Tabakwaren an Jugendliche und das Überlassen berauschender Gifte[94]. Dieser Abschnitt wies eine Besonderheit insofern aus, als es dem Gericht möglich war, in besonders leichten Fällen eine Ver-

---

Der Versuch ist strafbar.

In besonders schweren Fällen ist die Strafe strenges Gefängnis bis zu zehn Jahren."

89 § 306 E 1922:

„Wer die ihm durch Gesetz oder Rechtsgeschäft eingeräumte Befugnis, über das Vermögen eines anderen zu verfügen, wissentlich zum Nachteil des anderen mißbraucht, wird mit Gefängnis bestraft."

Die Verallgemeinerung der Vorschrift über die Untreue war aber schon vom E 1919 vollzogen worden (§ 377 E 1919).

90 Der 29. Abschnitt befaßte sich mit Hehlerei (§§ 308–311 E 1922), wobei sich diese neben dem Grunddelikt (§ 308) in die gewerbsmäßige (§ 309) und fahrlässige Hehlerei (§ 310) unterteilte.

91 Dieser sollte an die Stelle der Vorsatzvermutung des geltenden Rechts treten, wo der Täter den Umständen nach annehmen mußte, daß die Sachen mittels einer strafbaren Handlung erlangt worden waren (§ 259 RStGB). § 310 E 1922 setzte hingegen fest:

„Wer beim Betriebe des Handels oder eines Gewerbes fahrlässig eine Sache, die ein anderer gestohlen oder sonst durch strafbare Verletzung fremden Vermögens erlangt hat, ankauft, zum Pfande nimmt oder sonst an sich bringt, verheimlicht, absetzt oder zum Absatz einer solchen Sache mitwirkt, wird mit Gefängnis bis zu einem Jahre oder mit Geldstrafe bestraft."

92 *Radbruch*, Bemerkungen, S. 58.

93 Es hatte eine solche bereits schon im E 1919 gegeben, § 274 E 1919.

94 Den Bruch des Wirtshausverbotes hatte es schon im E 1919 gegeben (§ 201 E 1919).

warnung gegenüber dem Täter auszusprechen, statt ihn zu strafen (§ 334 E 1922).

### *2. Zweites Buch: Übertretungen*

Das zweite Buch behandelte die Übertretungen: dies waren Handlungen, die nur mit Geldstrafe bedroht wurden. Das sogenannte Polizeiunrecht wurde wie bereits im Entwurf von 1919 in einem eigenen Buch geregelt, das neben dem Besonderen Teil einen eigenen Allgemeinen Teil besaß. Im E 1922 geschah dies in der Absicht *Radbruchs*, die Übertretungen vom Strafgesetzbuch abzusondern; diese sollten eigentlich Gegenstand eines neuen Reichspolizeistrafgesetzbuches werden, wurden aber aufgrund der Rücksichtnahme auf die möglichst schnelle Durchführung der Strafrechtsreform ins Strafgesetzbuch integriert[95]. Durch die geplante Aussonderung der Tatbestände und der diesen Weg vorzeichnenden Sonderstellung im Entwurf sollte das Verständnis dokumentiert werden, daß

> „das Polizeiunrecht sich vom Kriminalunrecht nicht etwa nur durch geringere Schwere, sondern seiner Wesensart nach verschieden“[96]

sei. Die Abspaltung der Übertretungstatbestände stelle eine Entwicklung dar, die Österreich durch seinen Entwurf zum Verwaltungsstrafrecht schon eingeleitet habe[97].

Der Allgemeine Teil des Zweiten Buches enthielt eigene Vorschriften über die Sanktionierung und sah neben der Geldstrafe als Hauptstrafe (§ 336 E 1922), für besonders leichte Fälle den Verweis (§ 343 E 1922) und für besonders schwere Fälle (§ 344 E 1922) sowie bei der uneinbringlichen Geldstrafe (§ 346 E 1922) die Haftstrafe vor. Die Haftstrafe war auf die Sanktionierung von Übertretungen limitiert, sie war keine Strafart des ersten Buches. Der Besondere Teil umfaßte die einzelnen Übertretungstatbestände[98].

---

95 *Radbruch*, Bemerkungen, S. 50. Auch im 1919 war das zweite Buch über die Übertretungen in einen allgemeinen und einen besonderen Teil untergliedert.

96 *Radbruch*, Bemerkungen S. 50 f.

97 *Radbruch*, Bemerkungen, S. 50.

98 Dieses waren der Bruch der Verweisung aus dem Gebiet eines Landes (§ 349 E 1922), der unbefugte Wappenmißbrauch (§ 350 E 1922), das unbefugte Titelführen, Uniformtragen usw. (§ 351 E 1922), die falsche Namensangabe (§ 352 E 1922), die Übertretung der Polizeistunde (§ 353 E 1922), die Belästigung des Publikums (§ 354 E 1922), die Sonntagsfeier (§ 355 E 1922), die Vornahme von Bestattungen entgegen der Vorschriften über die Bestattungen (§ 356 E 1922), die Gefährdung des Verkehrs mit öffentlichen Urkunden und des Geldverkehrs (§§ 357–359 E 1922), das Übertreten von Vorschriften über Bauten zum Schutze des Lebens oder der Gesundheit von Menschen

### *3. Drittes Buch: Gemeinschädliches Verhalten*

Das dritte Buch des Entwurfs trug den Titel „Gemeinschädliches Verhalten" und umfaßte Handlungen, die anders als das kriminelle Unrecht als „bloß unsoziales Verhalten"[99] galten[100]. Auch dies sollte einer Vermengung solcher Verhaltensweisen mit Strafnormen entgegenwirken:

> „Das bisherige Strafrecht zieht keine Grenze zwischen dem antisozialen und dem bloß unsozialen Verhalten. Es wendet sich mit den gleichen Waffen gegen die Unredlichkeit, die Roheit und die Unstetheit, die Schwäche, ja es trifft die schlecht sogenannte „kleine" Kriminalität, den Landstreicher, den Bettler, die Dirne, infolge der Verbindung der Strafe mit der Unterbringung im Arbeitshaus vielfach sogar härter als den Dieb, Betrüger, den Roheitsverbrecher."[101]

Das gemeinschädliche Verhalten wurde mit Arbeitshaus geahndet, das als reine Verwaltungsmaßregel nur diese Handlungsweisen sanktionieren sollte. Im Falle des Genügens von Schutzaufsicht, war diese gemäß § 374 vom Gericht zu verhängen. Dem sogenannten gemeinschädlichen Verhalten unterfielen das Betteln (§ 370 E 1922), Ausschicken zum Betteln (§ 371 E 1922), Umherziehen in Banden (§ 371 E 1922) und die Arbeitsverweigerung (§ 373 E 1922). Auch hier war es erklärtes Ziel, daß die Absonderung dieser Tatbestände im weiteren Verlauf der Reformarbeiten fortgesetzt werden und eine „völlige Loslösung aus dem Verbande des Strafrechts" stattfinden sollte, wie dies Österreich schon begonnen habe[102].

### *4. Besonderheiten*

Abgesehen von diesen Änderungen wies der Entwurf gegenüber dem geltenden Recht – aber auch gegenüber den den vorangegangenen Entwürfen im Zuge der Strafrechtsreform – zwei weitere Besonderheiten auf: Zum einen

---

oder zum Schutze fremden Eigentums erlassen sind oder Vertiefungen unverwahrt läßt (§ 360 E 1922), das Übertreten von Vorschriften bezüglich der Straßen- und Eisenbahnpolizei und der Sicherung der Schiff- und Luftschiffahrt (§ 361 E 1922), der Feuerpolizei (§ 362 E 1922), des Verkehrs mit gefährlichen Gegenständen (§ 363 E 1922), dem Uferschutz (§ 364 E 1922), Heimatschutz (§ 365 E 1922), Hundehetzen, Steinewerfen, gefährliches Schießen, Gefährliche Tiere (§ 366 E 1922), das Abgraben, Abpflügen, die Wegnahme von Erde (§ 367 E 1922), die Anfertigung von Schlüsseln (§ 368 E 1922) und das Betreten fremden Jagdgebiets (§ 369 E 1922).

99 *Kubink*, Strafen und ihre Alternativen im zeitlichen Wandel, S. 174.

100 Im E 1919 gab es kein drittes Buch, die Verhaltensweisen waren teilweise in Tatbeständen des Besonderen Teils des E 1919 erfaßt, wie das Betteln (§ 279 E 1919) und das Umherziehen in Banden (als Teil der Landstreicherei, § 277 E 1919).

101 *Radbruch*, Bemerkungen, S. 51.

102 *Radbruch*, Bemerkungen, S. 52.

enthielt er keine Regelungen über die strafrechtliche Behandlung Jugendlicher. Diese sollten dem Jugendgerichtsgesetz vorbehalten werden, das zu dem Zeitpunkt der Fertigstellung des Entwurfs dem Reichsrat vorlag[103]. Die äußerliche Trennung sollte die „besondere Eigenart des Jugendstrafrechts", die in der „Verbindung strafender und erziehender Maßnahmen" lag, betonen und gleichzeitig die sich aus dem „Wesen des Jugendstrafrechts" ergebende Verknüpfung materieller und prozessualer Elemente im Hinblick auf das Jugendgerichtsgesetz erhalten[104].

Prozessuale Vorschriften waren abgesehen von den Regelungen darüber, inwiefern für die Strafverfolgung einzelner Straftaten das Verlangen oder die Zustimmung des Opfers erforderlich war, aus dem Entwurf ausgeklammert[105]. Das Antragsverfahren sollte von dem geplanten Einführungsgesetz in die Strafprozeßordnung überführt werden. Auch sollte eine Bestimmung darüber, wann internationale Strafrechtsrechtsfälle der staatsanwaltschaftlichen Verfolgung unterlagen[106], vom Prozeßrecht getroffen werden.

## *B) Entstehungsgeschichte des Entwurfs*

### *I. Beratungen im Reichsjustizministerium über den Entwurf*

Als der Entschluß *Radbruchs* in seiner ersten Amtszeit[107] als Reichsjustizminister reifte, einen neuen Entwurf zu erstellen, sollte dieser sich nach seinen Bekundungen auf der Göttinger Tagung der Internationalen Kriminalistischen Vereinigung stark an dem Entwurf von 1919 orientieren[108]:

> „Der Entwurf ist der Entwurf der deutschen Landesgruppe der Internationalen Kriminalistischen Vereinigung, genährt von dem Geiste der gesamten deutschen Strafrechtswissenschaft oder, wenn wir einen Namen nennen wollen, Franz v. Liszt's."[109]

---

103 *Radbruch*, Bemerkungen, S. 52.

104 *Radbruch*, Bemerkungen, S. 52.

105 *Radbruch*, Bemerkungen, S. 52.

106 § 8 des Entwurfs bestimmte dahingehend:
> „Wann die Verfolgung einer Tat ausgeschlossen ist oder von der Verfolgung abgesehen werden kann, bestimmen die Prozeßgesetze."

107 26.10.1921–22.11.1922.

108 *Radbruch*, Der innere Weg, S. 114; *Bellmann*, Die Internationale Kriminalistische Vereinigung (1889–1933), S. 155.

109 *Radbruch* in: Mitteilungen der deutschen Landesgruppe der IKV, 18. Versammlung, S. 1 (2).

Diese ursprüngliche Absicht wurde jedoch nach *Radbruchs* Bekunden nicht gänzlich befolgt, er nahm an dem Ursprungsentwurf grundlegende Änderungen vor – die der Erörterung bedürfen.

Zur Beratung des Entwurfs kam es vom 8. April bis zum 15. Juni 1922 zu regelmäßigen Treffen zwischen *Radbruch* und seinen Mitarbeitern[110]. Diese morgens stattfindenden Besprechungen wurden von *Radbruch* als „äußerst anregend und fruchtbar" bezeichnet[111].

Die Besprechungen wurden nicht detailliert protokolliert, d.h., es wurden nicht die einzelnen Redebeiträge festgehalten, sondern nur jeweils kurz die wichtigsten Punkte der Besprechung aufgelistet und so die „Ergebnisse des Vortrags" dokumentiert[112]. Zum Ende der Beratungen hin – ab dem 12. Juni – stieß auch der Gesandte des österreichischen Bundesjustizministeriums, *Kadečka*, hinzu.

## *II. Einflüsse*

### *1. Deutsch-Österreichische Zusammenarbeit*

War Österreich der tatsächliche und wirtschaftliche Anschluß an Deutschland aufgrund der vehementen Ablehnung der Alliierten in den Anschlußregeln von 1919[113] und einer später geplanten Zollunion 1930/31 verwehrt, so wurde trotz der sonstigen Vorbehalte zumindest auf der rechtlichen Ebene die Anpassung und Vereinheitlichung angestrebt. Die Idee einer deutsch-österreichischen Strafrechtsreform verdichtete sich nach den Aussagen *Wilhelm Kahls*[114], der für eine deutsch-österreichische Rechtsangleichung eintrat, im Jahre 1916[115].

---

110 Die Mitarbeiter waren Staatssekretär *Joël*, Ministerialdirektor *Bumke*, die Geheimräte *Kiesow* und *Schäfer*, sowie der Erste Staatsanwalt *Koffka*, der als Sachbearbeiter tätig war.

111 *Radbruch*, Der innere Weg, S. 115.

112 Dazu die Akte des RJM R 3001/5811.

113 Der Anschluß Österreichs wurde durch den Vertrag von St. Germain verhindert. Dieser am 10. September 1919 in Saint-Germain-en-Laye unterzeichnete Vertrag regelte nach dem 1. Weltkrieg die Auflösung des Kaiserreiches Österreich-Ungarn und die Bedingungen für die neue Republik Österreich. Damit war er einer der Pariser Vorortverträge, die den 1. Weltkrieg formal beendeten. Vertragspartner waren Österreich und die 27 alliierten und assoziierten Mitglieder. Der Vertrag regelte unter anderem, daß die Verwendung des Namens Deutschösterreich als Staatsname und der Anschluß ans Deutsche Reich verboten war.

114 *Kahl*, Einheitliches Recht für Deutschland und Österreich, in: Max Alsberg, Wilhelm Kahl, 1929, S. 145 (148).

115 Vorher war bereits die Forderung zur Vereinheitlichung des Handels- und Wirtschaftsrechts laut geworden, die auf die zu Beginn des Ersten Weltkrieges begonnene einheitliche Wirtschaftspolitik Deutschlands und Österreich-Ungarns aufbauen sollte. Die Frage der Vereinheitlichung auf diesem Rechtsgebiet wurde aber erst Anfang 1916 zu-

Die Vereinheitlichung des Strafrechts wurde von *Graf Gleispach* in der Deutschen Strafrechts-Zeitung erstmals im April 1916 gefordert[116]. Für ihn waren die Vorteile einer Rechtsangleichung vielfältig, namentlich praktischer, wissenschaftlicher und ideeller Natur. In der Praxis würden die unterschiedlichen Strafrechtsbestimmungen die Auslieferung von Tätern verkomplizieren und dadurch häufig dazu führen, daß die Strafverfolgung oder die Verurteilung vereitelt würde[117]. Ein großer Nutzen sei aber auch der wissenschaftliche Gewinn einer Rechtsvereinheitlichung: Die geistige Arbeit eines Landes werde die des anderen bereichern und beleben und nicht zuletzt auch eine Arbeitsersparnis darstellen[118]. Am bedeutsamsten war für *Graf Gleispach* jedoch der Aspekt der gesellschaftlichen Funktion einer Rechtsvereinheitlichung:

> „Die ideellen Vorteile der Rechtsgemeinschaft scheinen mir noch mehr als die praktischen das Ziel erstrebenswert zu machen. Das Recht als Schöpfung der Menschen hat seine Wurzeln in ihren Gefühlen und Vorstellungen. Allein zum herrschenden Recht geworden, beeinflußt es auch gewaltig das ganze geistige Leben. Gleiches Recht fördert die Gefühle des Zusammenhalts und kann sie selbst erzeugen, wenn anders die vom Recht geregelten tatsächlichen Verhältnisse nicht solche Verschiedenheit aufweisen, daß die Rechtsgleichheit zur Vergewaltigung würde."[119]

Den einzigen Problempunkt auf dem Wege zur Rechtseinheit stellte in seinen Augen das richterliche Ermessen dar; die Weite der vom deutschen Gesetzgeber angemessen empfundenen Grenzen sei, „wenn auch nicht, ohne da und dort auf manche Bedenken zu stoßen", für Österreich nicht akzeptabel[120].

Die Reaktion auf diese Forderung *Gleispachs* fiel unterschiedlich aus. Zustimmung erhielt er von *Franz v. Liszt*, wohingegen *Ebermayer*[121] und *Kahl*[122] einer Rechtsvereinheitlichung kritisch gegenüber standen und gerade aufgrund der nationalen Eigenart des Strafrechts eine solche für ausgeschlossen hielten[123]. *Kahl* stellte fest:

---

nächst von den Ältesten der Berliner Kaufmannschaft, dann von der ständigen Deputation des DJT (8.4.1916) und schließlich von dem Ausschuß für Recht und Rechtspflege der Reichsdeutschen Waffenbrüderlichen Vereinigung. S.: *Schubert / Regge*, I Bd. 3.1, S. XXIX.

116 *Gleispach*, DStrZ 1916, Sp. 107–117.

117 *Gleispach*, DStrZ 1916, Sp. 107 (108).

118 *Gleispach*, DStrZ 1916, Sp. 107 (108 f.).

119 *Gleispach*, DStrZ 1916, Sp. 107 (109 f.).

120 *Gleispach*, DStrZ 1916, Sp. 107 (113).

121 *Ebermayer*, LZ 1916, Sp. 1393 ff.

122 *Kahl*, DStrZ 1916, Sp. 275 ff.

123 *Ebermayer*, LZ 1916, Sp. 1393 (1396 f.); *Kahl*, DStrZ 1916, Sp. 275 (278).

„Das Strafrecht ist mehr als ein anderer Rechtsteil an die geschichtliche Sonderart seines Volkes, an seine Rechtssymbolik, an ethische und religiöse Vorstellungen, an soziale Verhältnisse, an volkseigentümliche Entwicklungsbedingungen und Erscheinungsformen des Verbrechertums, an hundert andere Besonderheiten national gebunden; [...].“[124]

Deshalb waren seiner Ansicht nach die meisten Grundprinzipien und Bestimmungen der Entwürfe nicht miteinander zu vereinbaren; eine Einigung hielt er höchstens bei den Bestimmungen über das räumliche und zeitliche Geltungsgebiet der Strafgesetze, den Versuch, „Zusammentreffen“[125] und den Strafantrag für möglich[126]. Zudem sei das richterliche Ermessen der zentrale Punkt des deutschen Entwurfs, mit diesem stehe und falle derselbe[127]. Gerade diesbezüglich scheitere aber aufgrund mangelnden Konsenses eine Rechtseinheit.

Nach dem Ersten Weltkrieg verstärkte sich der Wunsch nach einer Rechtsangleichung mit dem Deutschen Reich seitens der Österreichischen Kriminalistischen Vereinigung. Auch hier war es *Gleispach*, der auf der Tagung der IKV im Jahre 1921 (19. bis 20. Mai) in Jena, wo der Entwurf von 1919 Diskussionsgegenstand war, im Namen der österreichischen Landesgruppe die Rechtsangleichung ausdrücklich konkretisierte: Österreich betrachte den deutschen Entwurf nicht nur mit rein theoretischem Interesse; es erblicke vielmehr im künftigen deutschen Strafgesetzbuch auch das neue österreichische Strafrecht, das unmittelbar zu übernehmen man in Österreich gesonnen sei[128].

Die Österreichische Kriminalistische Vereinigung hielt ihrerseits vom 13. bis 15. Oktober 1921 eine Tagung ab, in der der deutsche E 1919 ausführlich erläutert wurde[129]. In dreiundzwanzig Vorträgen erörterten achtzehn Berichterstatter den Entwurf und legten zahlreiche Abänderungsvorschläge vor[130].

Dabei knüpfte man an die Tradition der Zusammenarbeit deutscher und österreichischer Juristen auf dem Deutschen Juristentag an, österreichische Juristen stellten seit dessen

---

124 *Kahl*, DStrZ 1916, Sp. 275 (278).

125 Hierbei ist wahrscheinlich das Zusammentreffen mehrerer strafbarer Handlungen gemeint.

126 *Kahl*, DStrZ 1916, Sp. 275 (282).

127 *Kahl*, DStrZ 1916, Sp. 275 (284).

128 *Löwenstein*, JW 1921, S. 796 (799). *Löwenstein* gibt den Beitrag *Gleispachs* auf der Tagung der Internationalen Kriminalistischen Vereinigung wieder.

129 *Gleispach* in dem Vorwort des Tagungsbandes, der die Berichte und Abänderungsvorschläge der Tagung enthielt, s. Der Deutsche Strafgesetz-Entwurf: „Der Deutsche Strafgesetz-Entwurf sollte durch wissenschaftliche Kritik gefördert und von dem Standpunkt österreichischer Verhältnisse und Bedürfnisse geprüft werden.“

130 *Gleispach*, Vorwort zu: Der Deutsche Strafgesetz-Entwurf.

Gründung einen Teil der Mitglieder. Zu dieser Zeit, im Jahre 1860, war es auch noch Österreich, das die Präsidialmacht des Deutschen Bundes darstellte, und auch die spätere Entstehung des Deutschen Reiches im Jahre 1871 und der Umbruchs durch die Revolution von 1918 taten dem keinen Abbruch[131].

Beteiligt an der Ausarbeitung der österreichischen Gegenvorschläge auf der Tagung der ÖKV war auch – in nicht unbeträchtlichen Umfang – der Ministerialrat und Leiter der gesetzgebenden Abteilung für Strafrecht im Österreichischen Bundesministerium für Justiz, *Ferdinand Kadečka*. Er war es dann auch, der offiziell als Referent vom Justizministerium mit der Ausarbeitung eines Gegenentwurfes zum deutschen Entwurf von 1919 betraut wurde.

Es war von offizieller Seite Österreichs bereits mit dem Vorgänger *Radbruchs*, Reichsjustizminister *Schiffer*, Kontakt aufgenommen worden, um die Pläne einer deutsch-österreichischen Rechtsangleichung zu konkretisieren. Hierbei sollte zunächst noch „jedes Aufsehen vermieden werden"[132]; *Schiffer* bat, einen österreichischen Gesandten von „möglichster Autorität" nach Deutschland für grundlegenden Verhandlungen über die anzugleichenden Rechtsmaterien zu senden[133]. Aufgrund der politisch unruhigen Situation in Deutschland wurden die Verhandlungen aber verschoben.

Zunächst wurde ein Gegenentwurf zum Allgemeinen Teil des Ersten Buches des E 1919 erstellt, der auch später zur Veröffentlichung gelangte[134], er enthielt oder griff viele der Gedanken, die aus der Tagung der ÖKV hervorgegangenen waren, auf. Insbesondere auf die Äußerungen *Kadečkas* auf dieser Tagung wurde offiziell vom österreichischen Reichsjustizministerium verwiesen[135]. In der zweiten Etappe wurden die Gegenvorschläge zum Besonderen Teil des Entwurfs von 1919 verfaßt[136]. Diese Ausarbeitungen wurden ab Oktober 1921 nach Berlin geschickt, zunächst die Gegenvorschläge zum

131 *Wassermann*, Einleitung, in: GRGA Bd. 9 (Strafrechtsreform), S. 22.

132 Österreichisches Staatsarchiv, Allg. Verwaltungsarchiv, Justizministerium, Karton Nr. 985.

133 Hiermit sollte Dr. Julius Olfner betraut werden.

134 Österreichischer Gegenentwurf zu einem Allgemeine Teil des Ersten Buches der Deutschen Strafgesetzentwurfes vom Jahre 1919, Wien 1922. Der Druck enthielt nur den Gesetzestext, er umfaßte nicht die in der maschinenschriftlichen Fassung enthaltene Begründung. Im Vorwort zu diesem Entwurfsdruck wurde auf dies mit den hohen Druckkosten begründet, weshalb auf die von *Gleispach* herausgegebenen Berichte der ÖKV verwiesen wurde. Jedoch mit einer Einschränkung: „Einige Abschnitte des Allgemeinen Teils sind allerdings in der Österreichischen Kriminalistischen Vereinigung überhaupt nicht besprochen worden, in mehreren anderen weicht der Gegenentwurf von den Vorschlägen der Berichterstatter nicht unbeträchtlich ab".

135 Dies geht aus einem Schreiben des österreichischen Reichsjustizministeriums hervor, BA R 3001/5915.

136 Auch bei diesen war sicherlich ein Einfluß der ÖKV-Tagung zu verzeichnen, die Frage, die sich dabei stellt, war, in welchem Umfang dies geschah.

Allgemeinen Teil[137] und ab Juli 1922 auch diejenigen zum Besonderen Teil[138]. Bei den Beratungen *Radbruchs* mit seinen Mitarbeitern waren demzufolge die österreichischen Gegenvorschläge – zumindest bezüglich des Allgemeinen Teils – bekannt[139].

*Kadečka* kam im Jahre 1922 auch zweimal mehrere Wochen für die gemeinsame Arbeit an dem Entwurf nach Berlin und logierte während dieser Zeit im Hause *Radbruchs*[140]. Im Juni fanden die deutsch-östereichischen Beratungen über den Allgemeinen Teil und im August über diejenigen den Besonderen Teil statt[141].

### a) Strafrechtsreformbewegung in Österreich bis 1922

Das damals geltende österreichische Strafgesetzbuch entsprang – ähnlich dem deutschen Gesetzeswerk – einer anderen politischen und gesellschaftlichen Epoche. Es wurde im Jahre 1852 kundgetan, war im wesentlichen eine überarbeitete Fassung des Gesetzbuches von 1803 und charakterisierte sich selbst als „neue, durch die späteren Gesetze ergänzte Ausgabe des Strafgesetzbuches über Verbrechen und Polizeiübertretungen vom 3. September 1803“[142]. Selbst die Bestimmungen aus dem Jahre 1803 beruhten ihrerseits wiederum größtenteils auf dem „Westgalizischen Strafgesetzbuch“, welches von *Leopold II.*, der sich schon im Rahmen einer kriminalgesetzgeberischen Tätigkeit in der Toskana einer großen Anerkennung erfreut hatte, initiiert und von *M. v. Haan* ausgearbeitet worden war[143]. Dieses war in Westgalizien als StGB eingeführt worden und am 1. Januar 1797 in den österreichischen Teilen Polens in Kraft getreten[144]. Die Entwurfsarbeit kam schließlich im Jahre 1803 zu einem Ende[145].

---

137 *Schubert / Regge*, I Bd. 1, S. XI.

138 *Schubert / Regge*, I Bd. 1, S. XI; dies geht auch aus der Akte BA R 3001/5915 hervor.

139 *Schubert / Regge*, I Bd. 1, S. XI.

140 *Radbruch*, Der innere Weg, S. 115.

141 *Schubert / Regge*, I Bd. 1, S. XI.

142 Zitiert nach *Broda*, Die österreichische Strafrechtsreform, S. 11, 75; s. auch *Nowakowski*, Probleme der österreichischen Strafrechtsreform, S. 7; *Wassermann*, Einleitung, in: GRGA Bd. 9 (Strafrechtsreform), S. 22 f.

143 *Rittler*, Lehrbuch des österreichischen Strafrechts 1. Bd., § 4 S. 17.

144 *Broda*, Die österreichische Strafrechtsreform, S. 75; *Wassermann*, Einleitung, in: GRGA, Bd. 9 (Strafrechtsreform), S. 22 f.

145 Der erste Teil ist dabei maßgeblich von *Haans* und *Zeilers*, wohingegen Professor *Sonnenfels* den zweiten Teil verfaßte, s. *Rittler*, Lehrbuch des österreichischen Strafrechts, 1. Bd. AT, S. 17 f.

1861 verdichtete sich der Plan, eine Reform des Strafrechts durch Schaffung eines neuen Strafgesetzbuches durchzuführen; der Universitätsprofessor und Ministerialrat *Hye*, der der Redaktor des Strafgesetzbuches von 1852 gewesen war[146], wurde mit der Ausarbeitung eines Reformentwurfes beauftragt[147]. In den Jahren 1863 bis 1867 befaßte er sich unter Zugrundelegung des geltenden Gesetzbuches mit der Fassung eines neuen Strafgesetzentwurfes. Dieser neue Gesetzentwurf wurde durch einen von *Lienbacher* verfaßten Entwurf über Polizeiübertretungen ergänzt[148].

1867 lag dem Abgeordnetenhaus dann eine Regierungsvorlage vor, die auch nach einem Bericht vom 21. Februar 1870 im Ausschuß des Abgeordnetenhauses beraten wurde. Sie stand jedoch im Zentrum der Kritik, weil in vielen ihrer Vorschriften Handlungen als Verbrechen qualifiziert wurden[149]. Zudem beruhte das im Entwurf praktizierte Strafensystem auf einer Dialektik von entehrenden und nicht entehrenden Strafen[150]. Im Plenum wurde der Entwurf nicht mehr behandelt[151].

Im folgenden wurde, nach der Auflösung des Abgeordnetenhauses im Jahre 1870, ein neuer Entwurf erstellt. Der Anstoß für den weiteren Reformversuch ging dabei auch vom Reichsstrafgesetzbuch aus dem Jahre 1871 aus[152]. Auf Initiative des damaligen Justizministers *Glaser* arbeiteten die beiden Professoren *Wahlberg* und *Merkel*, sowie OlG-Präsident *Wasser* und Sektionschef *Khoß* das deutsche Reichsstrafgesetzbuch entsprechend den besonderen österreichischen Verhältnissen und Bedürfnissen um[153]. Im Jahre 1874 wurde der Entwurf schließlich dem Reichsrat vorgelegt.

In den nächsten 20 Jahren war dieser Entwurf Gegenstand parlamentarischer Beratungen und wurde dreimal im Ausschuß und im Jahre 1894 zu etwa einem Drittel im Plenum des Abgeordnetenhauses behandelt[154]. Es kamen ihm mit der Zeit zwar auch Änderungen zugute, die speziell durch den Justizminister Grafen *Schönborn* und den „permanenten" Strafgesetzausschuß der

146 Siehe hierzu: *Rittler*, Lehrbuch des Österreichischen Strafrechts, 1. Bd AT, S. 18.

147 *Schubert / Regge*, I Bd. 3.1, S. XXV.

148 *Rittler*, Lehrbuch des Österreichischen Strafrechts, 1. Bd AT, S. 20.

149 *Nowakowski*, Probleme der österreichischen Strafrechtsreform, S. 8.

150 *Nowakowski*, Probleme der österreichischen Strafrechtsreform, S. 8.

151 *Schubert / Regge*, I Bd. 3.1, S. XXV.

152 *Jeschek*, Lange FS, S. 365 (366); *Nowakowski*, Probleme der österreichischen Strafrechtsreform, S. 8.

153 *Rittler*, Lehrbuch des österreichischen Strafrechts, 1. Bd. AT, S. 20.

154 *Broda*, Die österreichische Strafrechtsreform, S. 75 f.

IX. Session (1891–1895) vorgenommen worden waren[155]. Man berücksichtigte dabei mehr als die Ursprungsfassung, die noch eng am deutschen Reichsstrafgesetzbuch orientiert war, die Eigenarten der österreichischen Partikulargesetzgebung und die sozialpolitischen Postulate dieser Zeit[156]. Infolge der immensen Zeit, die ins Land gegangen war, wurde der Entwurf jedoch als veraltet betrachtet und aufgrund dessen im Jahre 1895 von Graf *Gleispach* zurückgezogen.

Auch auf die österreichische Strafrechtsreform wirkte sich der große Schulenstreit aus, es wurde in dessen Rahmen das Reichsstrafgesetzbuch als Leitbild verworfen; ausschlaggebend hierfür war insbesondere die Kritik *Franz v. Liszts*, nach der das Reichsstrafgesetzbuch veraltete Ideale vertrat[157]. Statt dessen erlangte der von *Carl Stooß* verfaßte schweizerische Vorentwurf aus dem Jahre 1893 Vorbildfunktion[158].

Im Jahre 1909 erschien ein vom Justizministerium veröffentlichter Vorentwurf eines Strafgesetzbuches, dem zu Beginn des Jahres 1910 die „Erläuternden Bemerkungen“ folgten, die einen sehr ausführlicher Bericht über die Motive beinhalteten.

Dieses Gesetzeswerk war auf der Grundlage vorangegangener Entwürfe erstellt worden: Zunächst hatte eine vom Justizminister Dr. *Ruber* eingesetzte Kommission[159] einen Entwurf im Jahre 1902 ausgearbeitet, der in einer über-

---

155 *Rittler*, Lehrbuch des österreichischen Strafrechts, 1. Bd. AT, S. 20.

156 *Rittler*, Lehrbuch des österreichischen Strafrechts, 1. Bd. AT, S. 20.

157 *Jescheck*, Lange FS, S. 365 (366).

158 *Jescheck*, Lange FS, S. 365 (366). Von dem *v. List* Schüler *Ernst Hafter* wurde *Stooß* vorgeworfen, daß sein Entwurf – obwohl dieser zweckmäßig und brauchbar sei – nicht die erforderliche scharfe Trennung von Strafe und sichernder Maßnahme vornehme, und damit einen „Kompromiß“ zwischen den beiden Schulen und damit von Vergeltungs- und Zweckstrafe vorgenommen habe. *Stooß* werte sich gegen den Vorwurf des Kompromisses, die Kritik ziele mehr auf das Strafensystem des Entwurfs ab, sondern vielmehr auf *Hafters* Verständnis von Strafe. Die streng dogmatische Entscheidung zwischen Strafe und Maßnahme war wohl für *Stooß* auch keine entscheidende Frage, denn er hatte eine strenge Differenzierung von Repression und Prävention als unmöglich angesehen. Siehe: *Kaenel*, Die kriminalpolitische Konzeption von Carl Stooss im Rahmen der geschichtlichen Entwicklung von Kriminalpolitik und Straftheorien, S. 116 ff.

159 Die Kommission bestand aus dem damaligen Strafrechtsreferenten des Justizministeriums und späteren Generalprokurators Dr. *Högel* sowie den beiden Professoren *Lammasch* und *Stooß*.

arbeiteten und redigierten Fassung 1906 vorlag[160]. Justizminister *Klein* legte diesen Entwurf[161] einer aus Praktikern und Theoretikern bestehenden Enquete und schließlich einer Kommission[162] als Grundlage zur Beratung vor. Das Resultat der Kommissionsarbeit wurde von einem kleineren Komitee[163] nochmals überarbeitet, wobei *Graf Gleispach* als Redaktor fungierte. An den Diskussionen der Kommission nahm Justizminister *Klein* regen Anteil, und auch während der Amtszeit seines Nachfolgers Dr. *v. Hochenburger* wurden die Beratungen in Kommission und Komitee eifrig fortgesetzt[164].

Nach der Veröffentlichung des Vorentwurfs im Jahre 1909 kam es zu dessen erneuter Umarbeitung im Jahre 1911 durch das Komitee, und im Jahre 1912 (29. Juni) wurde der neue Entwurf eines Strafgesetzbuches mit fünf weiteren Vorlagen vom Justizminister *v. Hochenburger* in das Herrenhaus des Reichsrates eingereicht.[165] Das Herrenhaus nahm nur geringe Änderungen vor, und so wurde die Regierungsvorlage am 27. Juni 1913 verabschiedet. Es kam jedoch nicht mehr zur Debatte über den Entwurf im Abgeordnetenhaus. Zudem stagnierte wegen des ausbrechenden Ersten Weltkriegs auch die Arbeit des Reichrates, und es fanden keine Beratungen des Entwurfs mehr statt; die XXI. Session schloß früher.

Der Entwurf von 1912 wurde nach 1918 nicht weiter verfolgt, vielmehr wurde durch die nach dem Krieg in Deutschland erschienen Entwürfe von 1919 und 1913 vielmehr das Interesse geweckt, nach einer rechtlichen Vereinigung mit Deutschland zu streben.

Auch die österreichische Nationalversammlung gab einen entscheidenden Impuls für die Strafrechtsreform: am 15. Juli 1920 beschloss sie, im Anschluß an das Gesetz über die Unterstellung der aktiven Heeresangehörigen unter die allgemeinen Strafgesetze folgende Resolution:

> „Da die Bestimmungen des Militärstrafgesetzes zum grossen Teil veraltet sind und daher einer modernen Rechtsauffassung absolut nicht mehr entsprechen, wird die

---

160 Nach dem Ausscheiden von *Stooß* wurde der Entwurf von *Högel* und *Lammasch* weiter beraten und von *Högel* schließlich redigiert. *Rittler*, Lehrbuch des Österreichischen Strafrechts, 1. Bd AT, S. 20.

161 *Lammasch* hatte zu diesem Entwurf Abänderungsanträge gestellt.

162 Die Kommission bestand aus Dr. *Edmund Benedikt*, Professor *Graf Gleispach*, Professor *Hans Groß*, Professor *Lammasch*, Professor *Lenz*, Professor *Rosenblatt*, Ministerialrat *Schober*, Professor *Storch*, und OLG-Präsident *Vittorelli*.

163 Das Komitee bestand aus *Gleispach*, *Lammasch*, *Lenz*, *Schober* und *Vittorelli*.

164 Der Schriftführer der Kommission und des Komitees war *Rittler*.

165 *Schubert / Regge*, I Bd. 3.1, S. XXV; *Rittler*, Lehrbuch des österreichischen Strafrechts, 1. Bd. AT, S. 21.

Regierung aufgefordert, der Nationalversammlung ehestens ein neues Zivil- wie auch ein neues Militärstrafgesetz vorzulegen."[166]

### b) Ferdinand Kadečka

In der deutsch-österreichischen Zusammenarbeit war der „Gegenspieler" *Radbruchs* der damalige Gesandte des österreichischen Justizministeriums *Ferdinand Kadečka.* Da dieser in den Jahren 1918–1933 die Reform des Strafrechts und des Strafprozeßrechts maßgeblich mit vorangetrieben hat, soll im folgenden seine Person Gegenstand des Interesses sein.

*Ferdinand Kadečka* wurde am 16. Juli 1874 in Wien geboren. Sein Vater *Ferdinand Kadečka* (sen.) stammte aus Königgrätz und wuchs als Sohn eines armen Schneiders auf. Er hatte zunächst die Mittelschule besucht und war dann nach Wien gegangen, um die Rechte zu studieren. Jedoch war es ihm aufgrund seiner Mittellosigkeit versagt, das Jurastudium zu beenden und so mußte er nach dessen Abbruch eine Stelle als Beamter einer wechselseitigen Versicherungsanstalt annehmen[167]. Seine Mutter *Leopoldine Hák* war tschechischer Abstammung, wuchs aber in Wien unter deutscher Erziehung auf und war die Ziehtochter des Wiener Bürgermeisters Dr. Zelinka[168].

*Kadečka* wuchs in bescheidenen Verhältnissen auf. Sein Vater hatte zur Verbesserung seines Einkommens neben seiner Tätigkeit als Privatbeamter die Verwaltung der Häuser eines Baumeisters übernommen. Dies führte dazu, daß die Familie kurz vor der Geburt von *Kadečkas* Bruder *Ludwig* in ein Haus in der oberen Donaustraße zogen (II. Bezirk), in dem *Kadecka* bis zu seinem 38. Lebensjahr mit Ausnahme der zwei Jahre als Richter in Gmunden wohnte[169]. Sein Elternhaus war für ihn die Stätte, die ihn nach eigenen Angaben am meisten prägte:

> „Im Elternhaus wurzelt alles, was ich geworden bin und was ich geschaffen habe. Wenn etwas davon Wert hat, so ist es nur meinen Eltern zu verdanken. Sie haben unter vielen persönlichen Opfern für ihre Kinder – im Jahre 1880 wurde ihnen noch eine Tochter Anna geboren – alles getan, was in ihren Kräften stand. Sie ha-

---

166 Österreichisches Staatsarchiv, Allg. Verwaltungsarchiv, Justizministerium, Karton Nr. 985, Fortlaufende Nr. 3. 10).

167 *Kadečka*, in: Österreichische Rechts- und Staatswissenschaften der Gegenwart in Selbstdarstellungen, S. 105 (105); *Schubert / Regge*, I Bd. 3.1, S. XXVI.

168 *Kadečka*, in: Österreichische Rechts- und Staatswissenschaften der Gegenwart in Selbstdarstellungen, S. 105 (105).

169 *Kadečka*, in: Österreichische Rechts- und Staatswissenschaften der Gegenwart in Selbstdarstellungen, S. 105 (105).

> ben mir das Leben vorgelebt, dessen getreue Nachahmung mich dorthin geführt hat, wo ich heute stehe.“[170]

Dem Vater *Kadečkas* war es sehr wichtig, daß seine Kinder ein gute Bildung erlangten[171]. Er wählte das Schottengymnasium für seinen Sohn aus.

Nach Beendigung der Schulzeit begann *Kadečka* Jura zu studieren, wobei dies nicht seinem eigenen Wunsch entsprach.

> „Als ich die Mittelschule verließ, war es mein Herzenswunsch, klassische Philologie und Geschichte zu studieren. Mein Vater aber wünschte, daß ich Jurist werde. Die Entscheidung fiel mir nicht leicht. Ich erinnere mich noch genau, wie ich am letzten Tag der Inskriptionsfrist auf einer Bank vor der Universität saß und mit mir zu Rate ging, ob ich dem Zug meine Herzens folgen oder mich der väterlichen Autorität beugen solle. Schweren Herzens entschloß ich mich schließlich, meinen philologischen Aspirationen zu entsagen und dem Rat meines Vaters zu folgen. So wurde ich Jurist und es war mir zum Heil, es riß mich nach oben.“[172]

In seinem Studium lag sein Interessenschwerpunkt entsprechend seinen ursprünglichen Absichten auf dem historischen Gebiet; er beschäftigte sich viel mit Rechtsgeschichte und erst später mit der Rechtsdogmatik. Dabei hatten es ihm insbesondere das Pandektenrecht und das österreichische Privatrecht angetan. Mit Strafrecht beschäftigte er sich zu dieser Zeit nur so viel nötig, um ein gutes Ergebnis bei den Prüfungen zu erlangen. Nach seiner Promotion im Jahre 1898 war es sein Traum, sich für das österreichische Privatrecht zu habilitieren.

Es kam aber ganz anders. Im Rahmen seines richterlichen Vorbereitungsdienstes war *Kadečka* Schriftführer bei dem damals noch als Untersuchungsrichter tätigen und späteren Professor des Strafrechts *Alexander Löffler*. Dieser begeisterte ihn für das Strafrecht und so wuchs das Interesse *Kadečkas* an strafrechtlichen Grundproblemen. in dieser Zeit widmete er sich der Lektüre u.a. der Aufsätze und Vorträge *Franz v. Liszts*.

Nach dem Bestehen der Richteramtsprüfung 1902 wurde er nach kurzer Tätigkeit am Bezirksgericht Gmunden gegen seinen Willen nach Wien zum Landesstrafgericht versetzt. Nach der anfänglichen Tätigkeit als Untersuchungsrichter für öffentliche Gewalttätigkeiten gegen Wachorgane und gefährliche Drohungen kam es zur Versetzung in eine andere Abteilung, die

---

170 *Kadečka*, in: Österreichische Rechts- und Staatswissenschaften der Gegenwart in Selbstdarstellungen, S. 105 (105).

171 *Kadečka*, in: Österreichische Rechts- und Staatswissenschaften der Gegenwart in Selbstdarstellungen, S. 105 (105).

172 *Kadečka*, in: Österreichische Rechts- und Staatswissenschaften der Gegenwart in Selbstdarstellungen, S. 105 (106).

schwerwiegendere Delikte untersuchte. Durch die Übernahme dieser Tätigkeit erwarb *Kadečka* die Möglichkeit, sich auf eine Stelle in der VIII. Rangklasse zu bewerben, wobei er sein Interesse an einer Stelle als Gerichtssekretär und an der Stelle eines Staatsanwaltschaftsvertreters anmeldete. Entgegen seinen Wünschen wurde er jedoch zum Staatsanwaltssubstituten ernannt. Selbst zu diesem Zeitpunkt beschäftigte sich *Kadečka* noch nicht tiefergehend mit der Strafrechtstheorie, er nahm hingegen Schauspielkurse, um gegen die berühmtesten Verteidiger zu triumphieren[173].

Im Jahre 1912 kam es zur Berufung *Kadečkas* in das österreichische Reichsjustizministerium. Dies resultierte auf einer 1910 vorangegangenen Begebenheit: Die österreichische kriminalistische Vereinigung initiierte einen Vortragsblock zum Strafgesetzentwurf von 1909. Der Präsident der Vereinigung, der Oberstaatsanwalt und spätere Generalprokurator *Högel* veranlaßte, daß auch ein Referent der Staatsanwaltschaft Wien einen Vortrag übernahm und wählte zu diesem Zwecke *Ferdinand Kadečka* aus, über das außerordentliche Milderungsrecht im österreichischen Vorentwurf zu referieren. Bei diesem Vortrag war auch der damalige Leiter der strafrechtlichen legislativen Abteilung im Justizministerium, Sektionschef *Schober*, anwesend. Dieser erinnerte sich ca. anderthalb Jahre später *Kadečkas*, als er von seinem Hilfsarbeiter *Theodor Rittler*, der einen Ruf als Professor nach Innsbruck erhalten hatte, verlassen worden war, und empfahl ihn Justizminister *Dr. Hochenburger* als Nachfolger *Rittlers*[174]. So wurde *Kadečka* Mitarbeiter der legislativen Sektion für Strafrecht im Justizministerium.

Im Jahre 1912 heiratete *Kadečka* am 16. Mai *Theodora Ehrenberg*. Aus dieser Ehe gingen zwei Kinder hervor: im Jahre 1913 wurde die Tochter *Elfriede* und 1916 der Sohn *Hubert* geboren.

Nach dem Tod *Schobers* am Ende des Ersten Weltkrieges ernannte man *Kadečka* zum Sektionsrat der legislativen Abteilung für Strafrecht. Im Rahmen seiner Tätigkeit verfaßte *Kadečka* in den Jahren 1918 bis 1933 sämtliche Strafgesetz- und Strafprozeßnovellen sowie die strafrechtlichen Nebengesetze und verteidigte diese bei parlamentarischen Beratungen. Seine strafrechtstheoretische Grundauffassung, die sich den spezialpräventiven Straftheorien verschrieben hatte, konnte er insbesondere bei den Gesetzen über die Tilgung der Verurteilung, über den bedingten Straferlaß und die bedingte Entlassung,

---

173 *Kadečka*, in: Österreichische Rechts- und Staatswissenschaften der Gegenwart in Selbstdarstellungen, S. 105 (107).

174 *Schubert / Regge*, I Bd. 3.1, S. XXVI; *Kadečka*, in: Österreichische Rechts- und Staatswissenschaften der Gegenwart in Selbstdarstellungen, S. 105 (108).

im Rahmen des Arbeitshausgesetzes und besonders beim Jugendgerichtsgesetz einfließen lassen.

Während seiner Tätigkeit als legislativer Referent war es natürlich auch gerade die angestrebte Rechtseinheit zwischen Deutschland und Österreich, die seine alltägliche Arbeit bestimmte. Wie bereits erwähnt war es *Kadečka,* der die Federführung für die Ausarbeitung eines Gegenentwurfs übernahm. Im Jahre 1922 reiste *Kadečka* nach Berlin, um mit *Radbruch* einen gemeinsamen Entwurf zu erarbeiten. Zugleich wurde er in diesem Jahr Privatdozent für Strafrecht und Strafprozeßrecht an der Universität Wien und drei Jahre später, im Jahre 1925, erhielt er den Titel eines außerordentlichen Professors[175].

In den kommenden Jahren wuchs die Unzufriedenheit *Kadečkas* mit seiner Tätigkeit im Justizministerium. Er war nicht, wie die Mehrzahl seiner auch jüngeren Kollegen, von der früh erreichten Position eines Ministerialrates zum Sektionschef befördert worden, *Kadečka* erlangte diese Position erst 1932[176]. Hinzu kam, daß auch seine Bemühungen um eine Professur im Ausland scheiterten[177].

---

175 *Kadečka,* in: Österreichische Rechts- und Staatswissenschaften der Gegenwart in Selbstdarstellungen, S. 105 (110). *Kadečka* „wurde“ habilitiert: Der damalige Ordinarius für Strafrecht fragte ihn, ob er sich nicht habilitieren wolle. *Kadečka* war von der Vorstellung sehr angetan, es ermangelte ihn aber in seinen Augen an einer Habilitationsschrift. Jedoch hatte er im Jahre 1918 einen systematischen Kommentar zu dem Gesetz über die Tilgung der Verurteilung verfaßt. Prof. *Gleispach* genügte dies als Habilitationsschrift *Kadečkas.*

176 Im Jahre 1932 verstarb der damalige Generalprokurator Dr. *Höpler*, und *Kadečka* bewarb sich um seine Stelle. Diese wurde ihm dann auch vom Minister zugesagt. Es kam jedoch in Folge einer Kabinettskrise dazu, daß ein neuer Justizminister bestimmt wurde. Dieser hatte die Stelle des Generalprokurators jedoch schon anderweitig mit einem Parteigenossen besetzt, und so kam es, daß *Kadečka* nur die Stelle eines Sektionschefs erhielt. Dies war in seinen Augen jedoch nur eine geringe Entschädigung, denn er hatte die Bezüge eines Sektionschefs durch Ansammeln von Biennien schon erreicht.

177 *Kadečka* war einmal in der engeren Auswahl für eine Professur in Breslau, jedoch wurde statt seiner Prof. *Nagler* auf die Stelle berufen. Auch nach Deutschland wäre *Kadečka* gerne gegangen. Dies wird aus einem Brief an Radbruch vom 18. November 1927 aus Wien deutlich. Im Nachlaßverzeichnis sind die drei Briefe unter dem Namen *Hermann Kadečka* aufgeführt, es läßt sich jedoch aus diesem (Alter des Briefeschreibers) und den anderen, die Bezug auf die Strafrechtsreform nehmen, schließen, daß es sich um *Ferdinand Kadečka* handeln muß. S. Heid. Hs. III. F. 585 (Zweiter Brief):
„Sehr verehrter Herr Minister!
Verzeihen Sie mir, wenn ich Sie mit einer Frage bedränge, die ich schon öfter an Sie zu richten versucht war und immer wieder unterdrückt habe, vielleicht aus Bescheidenheit, vielleicht aus Feigheit, weil ich das Nein fürchtete – ich weiß es selbst nicht. Es ist die Frage, ob es nach Ihrer Meinung im Bereich der Möglichkeit liegt, daß ich trotz meines Alters von 53 Jahren noch einmal eine Berufung an eine deutsche Universität erhalte, wenn ich mich darum bemühe.

Im Jahre 1933 bewarb sich *Kadečka* auf Rat seines Freundes *Gustav Walker* um die Professur von *Graf Gleispach*, der wegen seiner kritischen Bemerkungen über die Regierung pensioniert worden war. Am 15. Oktober 1934 wurde er schließlich zum ordentlichen Professor der Wiener Universität ernannt. Im Studienjahr 1936/37 bekleidete er die Stellung des Dekans. Zudem war er in den Jahren 1933 bis 1939 Präsident der österreichischen kriminalistischen Vereinigung und Österreichs Vertreter in der Commission Internationale Pénale et Pénitentaire und im Büro International pour l'Unification du Droit Pénal. In den Jahren 1917 bis 1951 war er weiterhin Mitglied der judiziellen Staatsprüfungskommission, zu dessen Vizepräsident er im Jahre 1938 und Präsident er im Jahre 1945 bestellt wurde.

1940 wurde *Kadečka* in den Ruhestand versetzt, weil er die Altersgrenze erreicht hatte, blieb jedoch bis zur Ernennung seines Nachfolgers für den Strafrechtslehrstuhl zuständig. Auch als die Stelle von Prof. *Schwinger* als Ordinarius für Strafrecht besetzt worden war, hielt *Kadečka* aufgrund der anderweitigen Tätigkeit *Schwingers* als Militärrichter noch weiterhin zu dessen Entlastung Vorlesungen über Straf- und Strafprozeßrecht. Zudem war *Kadečka* 1941 wenn auch nur in geringem Umfang, an Beratungen eines Ausschusses über die deutsch-österreichische Strafrechtsangleichung der Akademie für Deutsches Recht beteiligt[178].

Im Jahre 1944 ging *Kadečka* infolge der Einladung seines Freundes *Rittler* für zwei Jahre nach Tirol. Als *Schwinger* nach Ende des Zweiten Weltkrieges Wien verließ, kam es zur Ernennung *Kadečkas* zum Honorarprofessor und 1946 zur abermaligen Betrauung mit dem Lehrstuhl. Auch nach Übernahme des Lehrstuhls durch *Graßberger* hielt er noch hoch frequentierte Vorlesungen.

1954 wurde *Kadečka* Vorsitzender der Strafrechtskommission, deren Ergebnis nach der 2. Lesung der 1962 erschienene Strafgesetzbuchsentwurf war und an dem er, trotz nur unregelmäßiger Teilnahme an den Sitzungen einen gewichti-

---

Die akademische Laufbahn ist von jeher mein stiller Traum. Ich habe das Gefühl, daß ich der Wissenschaft noch manches geben könnte, wenn ich mich, ungestört durch die aufreibende und undankbare Aufgabe ministerielle Tätigkeit, ihr ganz widmen könnte. In Österreich habe ich, da wir nur drei Lehrkanzeln haben und diese mit verhältnismäßig jungen Herren besetzt sind, keine Aussichten und so richten sich meine Blicke immer verlangender nach Deutschland.
Seien Sie mir nicht böse, wenn ich Sie bitte, mir aus meinem Traum zu helfen.
Mit ausgezeichneter Hochachtung,
Ihr sehr ergebener
*Kadečka*".

178 *Schubert / Regge*, I Bd. 3.1, S. XXVI.

gen Anteil hatte[179]. Er hatte stets eigene Ausarbeitungen zu den einzelnen Abschnitten gefertigt und diese wurden zur Grundlage der Beratungen gemacht, so daß *Kadečka* als ständiger Referent fungierte[180].

Die Strafrechtslehre *Kadečkas* hatte ihren Ausgangspunkt in der modernen Schule *Franz v. Liszts*[181]; er wandte sich gegen die Vergeltungsstrafe und plädierte für die Spezialprävention[182]. Auch setzte er sich für ein „Schuldstrafrecht" ein, wobei er den Weg im Schuldverständnis von der „moralischen Schuld" zur „sozialen Schädlichkeit" beschreiten wollte[183].

*Kadečka* war aber auch entschiedener Anhänger des Willensstrafrechts, wie ein im Jahre 1940 erschienener Aufsatz mit dem Titel „Willensstrafrecht und Verbrechensbegriff" verdeutlicht[184]. *Nowakowski* kennzeichnete den Aufsatz *Kadečkas* als Anpassung der „objektiven Verbrechensauffassung" *Belings* an

---

179 *Schubert / Regge*, I Bd. 3.1, S. XXVI; *Nowakowski*, Juristische Blätter 1959, S. 368 (368).

180 *Schubert / Regge*, I Bd. 3.1, S. XXVI; *Nowakowski*, Juristische Blätter 1959, S. 368 (368).

181 *Schubert / Regge*, I Bd. 3.1, S. XXVIII.

182 *Kadečka*, Gesammelte Aufsätze, S. 48 (62 ff.).

183 *Kadečka*, Gesammelte Aufsätze, S. 48 (61); es sollten die Erfordernisse der Schuld „objektiviert" werden: „Nicht mehr darauf soll es mehr ankommen, ob der Täter die Sorgfalt angewendet hat, zu der er persönlich fähig war, sondern bloß darauf, ob er die Sorgfalt angewendet hat, die in der gleichen Lage eine rechtschaffender und gewissenhafter Mensch angewendet hätte – selbstverständlich eine rechtschaffener und gewissenhafter Mensch gleichen Alters, gleichen Geschlechts, gleichen physischen Gesundheits- und Kräftezustandes. Denn nur Willensfehler oder Einsichtsmängel können zur Verhängung einer Strafe oder Sicherungsmaßregel Anlaß geben, nicht rein psychologische Beschaffenheiten oder körperliche Gebrechen."

184 in ZStW 59 (1940), S. 1–22, auch abgedruckt in: *Kadečka*, Gesammelte Aufsätze, S. 9 ff. Die Eigenschaft des Willens als strafbegründendes Merkmal wurde von *Kadečka* aber auch in einem 1933 erschienen Aufsatz, über die „Ausführungshandlung" deutlich: „Unbefangen betrachtet ist aber eine Handlung, durch die ein Verbrechen bloß versucht und nicht vollendet worden ist, niemals eine Handlung, die dem Tatbestand des versuchten Verbrechens entspricht, ja sie braucht nicht einmal eine rechtswidrige Handlung zu sein. Es genügt zur Strafbarkeit, daß tatbestandsmäßig und rechtswidrig das ist, was der Täter bewirken wollte. Die Rechtsgarantien, die in dem Satz: „nullum crimen sine lege" enthalten sind, bleiben davon völlig unangetastet. Dieser Satz verlangt nur, daß der Gesetzgeber vorher erkläre, welche Taten er bestrafen wolle, damit niemand, der sich der im Gesetz mit Strafe bedrohten Handlungen enthält, durch nachträgliche Bestrafung überrascht werde. Wer aber ein Verbrechen versucht, weiß, daß er etwas Verbotenes zu tun im Begriffe ist, und hat daher keine Anlaß, sich darüber aufzuhalten, wenn er bestraft wird. Weiß er aber nicht, daß das, was er tun will, verboten ist, dann weiß er es auch im Falle des Gelingens nicht. Jedenfalls ist in dieser Beziehung zwischen Versuch und Vollendung kein Unterschied." *Kadečka*, in: Gesammelte Aufsätze, S. 86 (91).

die „willensstrafrechtliche“ bzw. subjektive Verbrechenslehre. *Kadečka* definierte hier sein Verständnis von Willensstrafrecht:

> „Das Strafrecht ist Willensstrafrecht, wenn es den Grund der Strafe nicht mehr in dem Schaden oder in der Gefahr erblickt, die sich als Erfolge der Tat darstellen, oder sonst in einem äußeren normwidrigen Geschehen, sondern im Willen des Täters. Natürlich muß der Wille bis zum ‘Exequatur!’ gediehen und durch sein äußeres Verhalten unwiderleglich dargetan sein.“[185]

Bei „reiner“ Durchführung des Willensstrafrechts definierte *Kadečka* das Verbrechen so:

> „Verbrechen ist das – etwaigen besonderen äußeren und inneren Strafdrohungsbedingungen genügende – Verhalten eins Menschen, womit er sich anschickt, auf Grund eines Willensfehlers tatbildmäßiges Unrecht zu tun.“[186]

Darüber hinaus skizzierte er die Aufgabe des Strafgesetzes: Seine Aufgabe sei es nicht, „das Recht vom Unrecht, sondern das strafbare Unrecht vom nichtstrafbaren Unrecht abzugrenzen“[187].

Kritisch zu bewerten ist die Strafrechtslehre *Kadečkas* angesichts der Reformströme in der Zeit nach der nationalsozialistischen Machtergreifung, denn auch das nationalsozialistische Strafrecht war vom Willensstrafrecht geprägt. Gerade *Kadečkas* Arbeiten nach dem Anschluß Österreichs an das Deutsche Reich im Jahre 1938 können eine regimekonforme Auffassung vermuten lassen[188]. Insbesondere fällt unter diesem Blickwinkel ein Aufsatz aus dem Jahre 1944 auf mit dem Titel: „Gesundes Volksempfinden und gesetzlicher Grundgedanke“, in welchem *Kadečka* sich nicht unbeeinflußt vom nationalsozialistischen Strafrecht zeigte:

> „Eine Tat verdient nach gesundem Volksempfinden und dem Grundgedanken eines Strafgesetzes Bestrafung, wenn sie nach deutschem Rechtsgefühl strafwürdig ist und vermöge ihrer Ähnlichkeit mit einer im Gesetz ausdrücklich mit Strafe bedrohten Tat und der besonderen Umstände des Falles dieselben dem Gemein-

---

185 *Kadečka*, Gesammelte Aufsätze, S. 9 (25).

186 *Kadečka*, Gesammelte Aufsätze, S. 9 (27).

187 *Kadečka*, Gesammelte Aufsätze, S. 9 (20). Dazu führte er weiter aus (S. 22 des Aufsatzes): „Das Strafgesetz kann einfach nicht bestimmen, was Recht und was Unrecht ist, auch nicht bloß für seinen Bereich. Es hat das aber auch gar nicht zu bestimmen. Das ist nicht seine Aufgabe. Es hat nur zu bestimmen, welche rechtswidrigen Handlungen bestraft werden sollen, welche zusätzlichen Merkmale das Unrecht aufweisen muß, um zum Verbrechen zu werden. Nur diese zusätzlichen Merkmale sind im Tatbild enthalten. Es kann sein, daß diese Merkmale von solcher Art sind, daß sie nur einer rechtswidrigen Handlung anhaften können. Gleichwohl werden sie dadurch nicht zu Rechtswidrigkeitsmerkmalen, wird das Tatbild dadurch nicht zum Unrechtstypus. Die Aufgabe des Strafrechts ist auch in diesen Fällen keine andere als sonst“.

188 *Schubert / Regge*, I Bd. 3.1, S. XXVIII.

schaftsleben abträglichen Tätereigenschaften verrät wie jene, und wenn sich nicht außerhalb der Grenzen liegt, die der Gesetzgeber der Strafbarkeit durch Aufstellung von Voraussetzungen gezogen hat, die keinen Schluß auf die Täterpersönlichkeit zulassen."[189]

Festzustellen sei aber – so *Schubert* –, daß *Kadečka* seine Lehre vom Willensstrafrecht schon in den 20er Jahren herausgearbeitet hatte – ohne eine ideologische Prägung[190].

*Schubert* zieht – nach kritischer Analyse dessen – ein differenziertes Resümee:

> „Insgesamt ist die Strafrechtstheorie Kadečkas aus den zwanziger Jahren eine der konsequentesten Lehren der modernen Schule und deshalb scharf von den Mißbräuchen unter dem Nationalsozialismus zu trennen, denen das deutsche Strafrecht in Theorie und Praxis viel stärker unterlag. Allerdings wäre es rückblickend betrachtet klüger gewesen, wenn Kadečka in der NS-Zeit angesichts der Strafrechtspraxis gerade wegen gewisser Ähnlichkeiten seiner Strafrechtslehre mit derjenigen des Nationalsozialismus, geschwiegen hätte."[191]

Fraglich bleibt, ob man den von *Schubert* geforderten scharfen Trennstrich wirklich ziehen kann.

*Ferdinand Kadečka* verstarb am 14. März 1964 in Wien[192].

### *c) Diskussionspunkte*

In der Diskussion um einen von Deutschland und Österreich gemeinsam verfaßten Entwurf war die österreichische Position früh deutlich gemacht worden. Auf die innerdeutschen Unterredungen folgten Besprechungen unter österreichischer Beteiligung – des Hofrats *Kadečka* – über den Allgemeinen Teil im Juni 1922[193] und im August 1922[194] über den Besonderen Teil[195].

---

189 Zitiert nach: *Schubert / Regge*, I Bd. 3.1, S. XXVIII.

190 *Schubert / Regge*, I Bd. 3.1, S. XXVIII.

191 *Schubert* in: Schubert / Regge, I Bd. 3.1, S. XXVIII f.

192 *Ferdinand Kadečka* wurden einige Ehrungen zuteil: Er erhielt für seine Tätigkeit als Exponent des Justizministeriums in einer im Kriegsministerium gebildeten interministeriellen Kommission das Ritterkreuz des Franz-Josefs-Ordens und 1927 das Große Ehrenzeichen für Verdienste um die Republik Österreich für seine Gesetzgebungsarbeiten. 1925 wurde *Kadečka* von der Universität Berlin die Ehrendoktorwürde der Staatswissenschaften verliehen, im Jahre 1948 wurde von der Universität Wien sein Doktordiplom erneuert und 1949 die Ehrendoktorwürde für Staatswissenschaften verliehen. *Kadečka*, in: Österreichische Rechts- und Staatswissenschaften der Gegenwart in Selbstdarstellungen, S. 112.

193 12.–24. Juni 1922. Siehe hierzu: Österreichisches Staatsarchiv, Allg. Verwaltungsarchiv, Justizministerium, Karton Nr. 985, Fortl. Bl. 31.

194 Nach *Kadečkas* Bericht über die Beratungen war es *Radbruchs* Bestreben, für die weiteren deutsch-österreichischen Besprechungen des Rests des Besonderen Teils und

Neben *Kadečka* wirkten auf österreichischer Seite nach den Angaben *Radbruchs* noch der Bundesminister für Justiz *Leopold Waber* und der Gesandte *Richard Riedl* an den Entwurfsarbeiten mit[196].

*Radbruch* stellte in seiner Autobiographie die deutsch-österreichische Zusammenarbeit als sehr fruchtbar dar[197]. Dabei resümierte er, daß der Entwurf bis auf eine einzige Abweichung, dem Schutz der Weltanschauungen im Abschnitt über die Religionsdelikte (10. Abschnitt, § 166 des Entwurfs 1922), beiderseitige Zustimmung fand[198]. Er lobte zudem die Kooperation auf sachlicher Ebene hinsichtlich des Abschnitts über die Urkundenfälschung, wo Österreich ihn sachlich sehr überzeugte[199].

Auch *Ferdinand Kadečka* zeichnete in seinem Bericht ein sehr positives Bild über die enge persönliche Zusammenarbeit mit *Radbruch*. Er wurde am 12. Juni 1922 von Ministerialdirektor *Bumke* vom Bahnhof abgeholt und direkt zu *Radbruch* gebracht. *Radbruch* muß ihn seinen eigenen Angaben zufolge sehr herzlich empfangen haben und stellte ihm für den Aufenthalt in Berlin ein Zimmer seiner Wohnung zur Verfügung. Dies führte dazu, daß er mit *Radbruch* auch ohne die Referenten wiederholt private Diskussion über die streitigen Fragen des Entwurfs führte. Aber auch in Anwesenheit seiner Referenten kam *Radbruch Kadečka* entgegen:

> „Es war ein Vergnügen mit ihm zu debattieren, und wiederholt half mir sein Entgegenkommen den Widerstand seiner Ministerialreferenten überwinden.“[200]

---

die Schlußredaktion des ganzen Entwurfes einen Termin noch im Juli des Jahres 1922 anzuberaumen (Österreichisches Staatsarchiv, Allg. Verwaltungsarchiv, Justizministerium, Karton Nr. 985, Fortl. Bl. 31). Aus dem Briefwechsel *Radbruchs* mit seiner Frau ist aber zu entnehmen, daß *Kadečka* erst am 4. August 1922 wieder in Berlin eintraf und vermutlich am 25. August 1922 wieder abreiste. Siehe hierzu: Heid.Hs. 3716 III. C.9., Gustav Radbruch an Lydia Radbruch 17.2.–13.12. 1922 (814–859), Briefe Nr. 841 und 847.

195 *Schubert / Regge*, I Bd. 1, S. XI.

196 *Radbruch*, Der innere Weg, S. 115.

197 *Radbruch*, Der innere Weg, S. 115. Auch in den *Bemerkungen* zum Entwurf erwähnte er lobend die Teilnahme von österreichischer Seite: „Mit besonderem Danke muß der Mitarbeit des österreichischen Bundesministeriums für Justiz gedacht werden, das nicht nur einen vollständigen Gegenentwurf vorlegt, sondern auch zur persönlichen Mitwirkung an den letzten Beratungen im Reichsjustizministerium eines seiner Mitglieder entsandte.“ Siehe *Radbruch*, Bemerkungen, S. 49.

198 *Radbruch*, Der innere Weg, S. 115.

199 *Radbruch*, Der innere Weg, S. 115.

200 *Kadečka*, in: Österreichische Rechts- und Staatswissenschaften der Gegenwart in Selbstdarstellungen, S. 105 (109).

Über die Unterredungen gibt es von deutscher Seite leider keine Aufzeichnungen[201]. Auf österreichischer Seite wurden die Beratungen zumindest durch einen Bericht[202] *Kadečkas* über die Unterredungen zum Allgemeinen Teil sowie einer kurzen Aufzählung in seinem autobiographischen Aufsatz[203], die auch auf den Besonderen Teil eingeht, ansatzweise dokumentiert.

Bezogen auf die Diskussion des Allgemeinen Teils ist die Aufzeichnung *Kadečkas* insofern aufschlußreich, als die Aufstellung der angenommenen und abgelehnten österreichischen Anträge sowie der angenommenen deutschen Anträge Rückschlüsse auf die jeweiligen Positionen zulassen[204]. Bei der Erörterung des Besonderen Teils wurden zunächst die Abschnitte 1 bis 6, 8 und 9 erörtert und mit der Besprechung über die Abschnitte bezüglich der Urkunden- und Amtsdelikte begonnen. Die Ermordung *Rathenaus* und die darauffolgende Reaktion der Regierung insbesondere der Republikschutzgesetzgebung unterbrachen die Beratungen[205]. Über die Fortsetzung der Gespräche existieren seitens *Kadečkas* keine weiteren detaillierteren Aufzeichnungen[206].

---

201 *Schubert / Regge*, I Bd. 3.1, S. XXX.

202 Bericht des MR Dr. *Kadečka* über die Verhandlungen mit dem Deutschen Reichsjustizministerium, betreffend den gemeinsamen Entwurf eines Strafgesetzbuches, Allg. Teil (Juni 1922) in: *Schubert / Regge*, I Bd. 1, S. XXI ff. Über die Arbeiten am Besonderen Teil siehe: *Schubert / Regge*, I Bd. 1, S. XI.

203 *Kadečka*, in: Österreichische Rechts- und Staatswissenschaften der Gegenwart in Selbstdarstellungen, S. 105 (109 f.).

204 Diese Anträge sind aufgelistet in *Schubert / Regge*, I Bd. 1, S. XXI ff.

205 *Kadečka* in: *Schubert / Regge*, I Bd. 1, S. XXIV.

206 Es sind nur in der kurzen Aufzählung der österreichischen Standpunkte in *Kadečkas* Selbstportrait (in: Österreichische Rechts- und Staatswissenschaften der Gegenwart in Selbstdarstellungen, S. 105 [109 f.]) Hinweise auf die österreichischen Standpunkte, die durchgesetzt wurden bzw. denen sich angenähert wurde. Dabei nannte er für den Bereich des Besonderen Teil folgende Punkte: „[...] die Strafdrohung gegen die Verletzung des Amtsgeheimnisses, die Definition der Urkunde und des öffentlichen Beglaubigungszeichens, die Strafdrohungen gegen die Störung der Sicherheit des Eisenbahn-, Schiffs- und Luftverkehrs durch Unterlassung, die dem § 87 des geltenden österreichischen Strafgesetzes entsprechende Strafdrohung gegen die Lebensgefährdung, die Abgrenzung zwischen Mord und Totschlag, die Strafdrohung gegen Verleitung zum Selbstmord, den Ausschluß des Wahrheitsbeweises für die Behauptung ehrenrühriger Tatsachen des Privat- und Familienlebens, wenn die Beschuldigung aus einem niedrigen Beweggrund und öffentlich aufgestellt und verbreitet wird, die Strafdrohung gegen den Vorwurf einer nicht mehr verfolgbaren strafbaren Handlung, die Aufnahme der Bereicherungsabsicht in die Diebstahlsdefintion und die Strafdrohung gegen die fahrlässige Hehlerei“.

### 2. *Moritz Liepmann*

War *Gustav Radbruch* offenkundig in seiner strafrechtsdogmatischen und kriminalpolitischen Bildung von *Franz v. Liszt* geprägt worden, so beeinflußte ihn bei der Entwurfsarbeit auch *Moritz Liepmann* (1869–1928)[207], der seit 1919 in Hamburg Strafrecht lehrte. In seinem Buch „Elegantiae Iuris Criminalis“[208] schrieb Radbruch, daß das Buch *Liepmanns* „Die Reform des deutschen Strafrechts“ auf den E 1922, den er an dieser Stelle selbst „Entwurf Radbruch“ nannte, stark eingewirkt habe. In welchem Maße, wird zu zeigen sein[209].

*Liepmann*, der als entschiedener Gegner der Todesstrafe ihrer Abschaffung eine eigene Schrift gewidmet hatte[210], war ein Schüler *Adolf Merkels* und zählte wie dieser zur „Dritten Schule“[211]. Er beschäftigte sich – im Gegensatz zu vielen anderen Juristen seiner Zeit – mit der politischen Justiz und äußerte sich kritisch zu der Rechtsprechung des RG, speziell zu den Urteilen gegen *Liebknecht* (1907) und *Lauffenberg* (1919)[212]. Sein besonderes Interesse galt

---

207 *Liepmann* wurde am 8.9.1869 in Danzig als Sohn eines Bankiers geboren. Er studierte Rechtswissenschaft in Göttingen, Kiel und Leipzig. 1891 promovierte er zum Dr. iur. in Jena und 1896 zum Dr. phil. in Halle. In Halle habilitierte er sich 1897 zum für Strafrecht, Strafprozeßrecht und Rechtsphilosophie. Er erhielt 1902 ein Extraordinariat in Kiel für Strafrecht, Rechtsphilosophie und Völkerrecht und wurde Dozent an der Marine-Akademie. 1910 wurde er dort Ordinarius. Im Jahre 1919 erhielt er bei der Gründung der hamburgischen Universität einen Ruf als Ordinarius für Strafrecht und strafrechtliche Hilfswissenschaften; diese Stelle füllte er bis zu seinem Tode am 26. August 1928 aus. Wie *Radbruch* war *Liepmann* Teilnehmer des *v. Liszt*schen Kriminalpolitischen Seminars (einer der ersten) und begründete auch später selbst eine strafrechtliches Seminar, aus dem auch zahlreiche bedeutende Persönlichkeiten hervorgingen wie *Rudolf Sieverts*, *Max Grünhut*, *Curt Bondy*, *Walter Herrmann* und *Arthur Wegener*. Siehe die kurze biographische Einleitung in: *Hüser-Goldberg*, Das Kriminalpolitische Programm von Moritz Liepmann (1869–1928), S. 1 f.

208 S. 230 (Fn. 44).

209 Dabei werden die **Reformvorschläge *Liepmanns*** Erwähnung finden, wenn *Radbruch* sich ihrer **angenommen** hat. Zudem wird auch die Kritik *Liepmanns* am E 1922 bzw. den gleichgebliebenen Vorschriften des E 1924/25 eine Rolle spielen.

210 Die Todesstrafe, 1912.

211 Als Dritte Schule bezeichneten sich die Anhänger der Vereinigungstheorien innerhalb der *Liszt*-Schule im sog. Schulenstreit. Dazu wurden *Merkel*, *Liepmann*, *Frank* und *Robert von Hippe* gezählt. *Liepmann* war zum einen *Liszt*-Schüler und zum anderen auch Schüler *Adolf Merkels* gewesen; *Frommel*, Präventionsmodelle in der deutschen Strafzweck-Diskussion, S. 42 (Fn. 2), 111.

212 *Liepmann*, Reform des Strafrechts, S. 64 ff. *Liepmann* veröffentlichte im Jahre 1927 sein Rechtsgutachten mit dem Titel „Kommunistenprozesse“, in dem er die Anwendbarkeit der §§ 128, 129 RStGB, § 7 Nr. 4 RepSchG auf die KPD und deren Funktionärskörper untersuchte und in einer Fallstudie deutlich machte, daß nur die politische Gesinnung bestraft worden war, diese war nicht einmal durch objektive Handlungen

dem praktischen Strafvollzug und dessen Reformierung, in seinen Augen sollten Gefängnisse Erziehungsanstalten sein[213].

In seiner Kritik am E 1919 in dem von *Radbruch* hervorgehobenen Buch richtete *Liepmann* dann auch ein besonderes Augenmerk auf das Strafensystem, und seine Auseinandersetzung damit und Kritik daran waren „Voraussetzung und Schlußfolgerung seiner Bemühungen um den praktischen Strafvollzug"[214].

*Liepmann* forderte bezogen auf den E 1919 und die weitere strafrechtsreformerische Entwurfsarbeit neben der Abschaffung der Todesstrafe, die Beseitigung jeder Art von Ehrenstrafe, namentlich der Zuchthausstrafe – die als Strafe für eine unehrenhafte Gesinnung fungiere –, der Einschließungsstrafe, die dem Täter seine „ehrenhafte Gesinnung" attestiere und jeglicher durch oder nach Strafe gesetzmäßig eintretender ehrenmindernder Folgen[215]. Das von ihm postulierte Strafensystem sollte auf die beiden Freiheitsstrafen Haft und Gefängnis limitiert sein[216]. Er plädierte darüber hinaus für eine Abschaffung des Arbeitshauses und der im E 1919 vorgesehenen Sicherungsverwahrung[217]. Seiner Auffassung nach sollte die Arbeit als Erziehungsmittel in den normalen Gefängnissen eingeführt werden; es handele sich bei der Arbeit um die wichtigste Aufgabe des Strafvollzuges[218]. An die Stelle der Sicherungsverwahrung sollte die Verlängerung der Freiheitsstrafe treten:

> „Also: Verlängere man die Freiheitsstrafe, so lange die Gemeingefährlichkeit präsumtiv fortdauert und gestalte sie vernünftig aus. Das heißt: man verzichte auf den mechanisierten Trott, der den Menschen zur Maschine und damit unbrauchbar fürs Leben macht, und versuche immer wieder, alles, was in ihm gut und brauchbar ist herauszubilden und zu befestigen. Und man höre nicht auf in der praktischen Betätigung des unerschütterlichen Glaubens, daß kein Mensch verloren ist."[219]

---

zur Betätigung gekommen. Siehe hierzu: *Hüser-Goldberg*, Das Kriminalpolitische Programm von Moritz Liepmann (1869–1928), S. 33 ff.

213 *Liepmann*: Die Reform des deutschen Strafrechts, S. 132.

214 *Hüser-Goldberg*, Das Kriminalpolitische Programm von Moritz Liepmann (1869–1928), S. 17.

215 *Liepmann*, Die Reform des deutschen Strafrechts, S. 123. Die Einschließungsstrafe existierte in der Ausgestaltung nicht im geltenden RStGB. Es gab die Strafe die Festungshaft (§ 17 RStGB), die für den Zweikampf und bestimmte politische Delikte vorgesehen war.

216 *Liepmann*, Die Reform des deutschen Strafrechts, S. 131.

217 *Liepmann*, Die Reform des deutschen Strafrechts, S. 133.

218 *Liepmann*, Die Reform des deutschen Strafrechts, S. 135.

219 *Liepmann*, Die Reform des deutschen Strafrechts, S. 135.

Neben den Grundvorstellungen über das Strafensystem forderte *Liepmann* beispielweise die Abänderung der Zweikampfbestimmungen[220] und die Abschaffung der besonderen Bestrafung der Sodomie (§ 326 E 1919)[221] sowie die Reform des Abtreibungsstrafrechts[222].

*Liepmanns* Ideal war ein pädagogisches Verständnis von Strafe und Vollzug, er achtete aber gleichzeitig genau darauf, daß die rechtsstaatlichen Grundsätze eingehalten wurden[223].

Über den Entwurf *Radbruchs* äußerte sich *Liepmann* positiv:

> „[…] er stellt weitaus den Höhepunkt der strafgesetzlichen Reformarbeit der letzten Jahrzehnte dar […].“[224]

### 3. Franz von Liszt

War *Radbruch* durch das kriminalpolitische Seminar *Franz v. Liszts*[225] in Berlin bereits früh in seinem juristischen Werdegang geprägt worden, so vertiefte sich diese Beziehung in der Folgezeit noch darin, daß *v. Liszt* sein Doktorvater wurde[226]. Sein Bezug zu den Lehren *v. Liszts* als Begründer der modernen Schule wird in dem Abschnitt der von *Radbruch* verfaßten *Bemerkungen* zum Entwurf deutlich, wo er in den Ausführungen zur Strafbemessung ausdrücklich auf die Anlehnung an die *v. Lisztschen* Ideen hinweist[227].

## III. Gang des Entwurfs

*Radbruch* gelang es nicht, den Entwurf, den er am 13. September 1922 als Vorlage an das Kabinett übersandte, bis zum Ende seiner ersten Amtszeit zu

---

220 *Liepmann*, Die Reform des deutschen Strafrechts, S. 88 ff. *Liepmann* vertrat die Auffassung, daß die Tötung im Zweikampf nach allgemeinen Grundsätzen zu beurteilen sei und keiner Privilegierung unterliege. Es solle aber einen Tatbestand geben, der die Herausforderung und Provokation zum Zweikampf besonders unter Strafe stelle.

221 *Liepmann*, Die Reform des deutschen Strafrechts, S. 91.

222 *Liepmann*, Die Reform des deutschen Strafrechts, S. 96 ff.

223 *Krämer*, Strafe und Strafrecht im Denken des Kriminalpolitikers Gustav Radbruch, S. 31.

224 *Liepmann*, Die neuen „Grundsätze über den Vollzug von Freiheitsstrafen“ in Deutschland, S. 15.

225 Zu *Franz v. Liszt* siehe: *Radbruch*, Franz v. Liszt – Anlage und Umwelt, in: Elegantia Iuris Criminalis, , S. 208–232.

226 Siehe hierzu im 3. Kapitel unter S. 27 ff.

227 *Radbruch*, Bemerkungen, S. 56.

verabschieden[228]. Er hatte den Entwurf schnell durch das Kabinett in den Reichstag schleusen wollen und sprach sich in Abwesenheit des Reichkanzlers *Wirth* für ein „beschleunigte Verfahren aus“:

> „Was die Haltung des Kabinetts zu dem Entwurf betreffe, so möchte er [Radbruch] den Vorschlag machen, daß das Kabinett ebenso wie seinerzeit bei der Beratung der Reichsverfassung sich damit begnüge, der Einbringung des Entwurfs seine Zustimmung zu geben, von einer Erörterung der Einzelheiten aber absehe. Es würde eine unabsehbare Zeit dazu gehören, wenn die unvermeidlichen weltanschaulichen und parteipolitischen Fragen, deren Aufrollung bei der Bewertung des Entwurfs unvermeidlich sei, erst im Kabinett und dann noch einmal im Reichstag diskutiert würden. Der Entwurf würde, falls das Kabinett seinem Vorschlage zustimme, dem Reichstag mit dem Hinzufügen vorzulegen sein, daß das Kabinett den Entwurf lediglich als eine geeignete Diskussionsgrundlage ansehe, ohne daß die einzelnen Kabinettsmitglieder allen Einzelheiten zugestimmt hätten. Selbstverständlich sei es aber, daß bei den Kabinettsberatungen von den Ressorts die Wünsche zum Ausdruck gebracht würden, die als reine Ressortanträge anzusehen seien.“[229]

Das Kabinett stimmte diesem Vorgehen zu; jedoch wurde dies von dem Reichskanzler *Wirth* durchkreuzt, der in einem Telegramm an die Reichskanzlei anordnete, daß die Entscheidung darüber und die Erörterung des Entwurfs bis zu seiner Wiederkehr zu warten hätten. *Wirth* war in einem Telegramm[230] über den Vorschlag *Radbruchs* informiert worden, und antwortete seinerseits:

> „Erörterung betr. neuen Entwurf zum Strafgesetzbuch im Kabinett verschieben bis zu meiner Rückkehr. Ich muß unter allen Umständen an Besprechung teilnehmen, da sonst meine Stellung im Zentrum unmöglich. Sagen Sie Radbruch, daß er sich

---

228 *Schubert / Regge*, I Bd. 1, S. XII.

229 Aus dem Protokoll der Kabinettssitzung vom 5. Oktober 1922, s. *J. Schulze-Bidlingmaier* (Bearb.), Akten der Reichskanzlei, Weimarer Republik, Die Kabinette Wirth I und II, Bd. 2, S. 1114 f. (Zitat, S. 1115).

230 Aus der Akte BA R 43 I 1214, S. 145:
„Dem Herrn Reichskanzler
Betreffs des neuen Entwurfs zum Strafgesetzbuch hat Minister Radbruch heute im Kabinett den Vorschlag gemacht, daß das Kabinett dem Entwurf nicht materiell zustimmen, sondern lediglich der Einbringung des Entwurfs in den Reichsrat und Reichstag seine Zustimmung geben sollte. Auch im Kabinett solle nicht über die weltanschaulichen und parteipolitischen Seiten des Gesetzentwurfes diskutiert werden, sondern nur über die Einwendungen, die die Ressorts als solche machten. Bei der großen parteipolitischen Bedeutung der Sache bitte ich um Weisung, ob die Erörterung im Kabinett in dem eben bezeichneten Rahmen vor sich gehen oder bis zu Ihrer Rückkehr zurückgestellt werden soll. Ich für meinen Teil würde Beratung in Ihrer Anwesenheit empfehlen, da meines Erachtens nur das Kabinett eine Stellungnahme zu gewissen politisch wichtigen Punkten herumkommen kann. Gez. Hemmer.“

> in dieser Frage erst mit mir aussprechen muß und geben sie ihm den nötigen Aufschluß über die Wichtigkeit meiner persönlichen Stellung beim Zentrum."[231]

Am 5. November 1922 war der Entwurf Tagesordnungspunkt bei der Kabinettssitzung; es wurde dort aber nur beschlossen, daß dieser Punkt von der Tagesordnung abgesetzt wurde[232].

Nach *Radbruchs* erstem Ausscheiden aus dem Amt des Reichsjustizministers, bekleidete *Rudolf Heinze* im Kabinett von Reichskanzler *Wilhelm Cuno* vom 23. November 1922 bis zum 13. August 1923 dieses Amt, von ihm gingen keine Initiativen bezüglich der Strafrechtsreform aus[233].

Es waren als Reaktion auf den Entwurf *Radbruchs* mehrere Anträge verschiedener Reichsministerien eingegangen[234]. Im Mai 1923 wurde dann im Reichsjustizministerium eine Liste der Regelungen aufgestellt, bezüglich derer eine Änderung im Reichskabinett in Betracht zu ziehen war. Darunter fielen z.B. die Todesstrafe, das strenge Gefängnis und die Anwendung der Einschließung. Damit waren Kernpunkte des Entwurfs betroffen[235].

Die Veröffentlichung des Entwurfs wurde von verschiedenen Seiten gefordert[236]; in der Veröffentlichung wurde aber die Gefahr der Verzögerung des Entwurfs erblickt[237].

Kurz nach Beginn seiner zweiten Amtszeit[238] richtete *Radbruch* am 21. August 1923 ein Schreiben an die Reichsregierung, in dem er die rasche Verabschiedung des Entwurfs forderte[239]. Eile sei zum einen aufgrund der angestrebten

---

231 Aus der Akte BA R 43 I 1214, S. 114.

232 Akte BA R 43 I 1214, S. 173: „Auszug aus dem Protokoll der Sitzung des Reichsministeriums vom 9. November1922,
7. Entwurf eines Allgemeinen Deutschen Strafgesetzbuchs
Dieser Punkt wurde von der Tagesordnung abgesetzt."

233 *Schubert / Regge*, I Bd. 1, S. XII.

234 Diese sind in der Akte R 3001/5811 enthalten.

235 Zur kompletten Liste siehe: Akte BA R 3001/5811, S. 431 ff.

236 Schreiben des Thüringischen Justizministers an den Reichsjustizminister vom 3. Mai 1923, s. Akte BA R 3001/5811, S. 466; Schreiben des Sächsischen Justizministers vom 28. Mai 1923, s. Akte BA R 3001/5811, S. 467.

237 Schreiben des Reichsjustizministers vom 7. Juli 1923 an den Thüringischen Reichsjustizminister, s. Akte BA R 3001/5811, S. 478.

238 13.08.1923–02.11.1923.

239 Schreiben aus der Akte BA R 43 I/1214, S. 280 f. (auch enthalten in R 3001/5811, S. 486 f.) Dort mahnte er eindringlich schnelles Handeln an (S. 280): „Die Verzögerung, welche die seit mehr als 20 Jahren schwebende Strafrechtsreform hierdurch erfahren hat, ist in der Öffentlichkeit mit Recht lebhaft beklagt worden. Angesichts der langen Stockung der Arbeiten der Strafrechtsreform lege ich besonderen Wert darauf, daß die Vorlage im Kabinett nunmehr so bald wie möglich, und zwar noch im Laufe

Rechtseinheit mit Österreich geboten, da die österreichische Justizverwaltung darauf verwiesen habe, daß bei weiterem Stocken der strafrechtsreformerischen Entwicklung Österreich zur Novellengesetzgebung übergehen würde. Zudem mache auch die Belastung des deutschen Kabinetts, die auf „noch nicht absehbare Zeit“ andauern werde, es erforderlich, daß es sich zu einer „besonderen Verfahrensweise“ entschließe. Es sei damit ausgeschlossen, daß sich das Kabinett mit allen Einzelheiten ausführlich befasse, es solle sich bei der Aussprache auf einige wesentliche Aspekte wie z.B. die Abschaffung der Todesstrafe und die Beseitigung des Namens Zuchthaus beschränken. *Radbruch* bat die Reichsminister, ihre Änderungswünsche schnellstmöglich an das Kabinett zu senden; er setzte eine Frist bis zum 10. September 1923. Falls sich im Laufe der Verhandlungen von Reichsrat und Reichstag noch weitere wichtige Fragen ergäben, so würden diese im Laufe der Verhandlungen dem Kabinett zur Entscheidung vorgelegt. Als Anlage übersandte *Radbruch* die Liste einiger Materien, die auf Wünsche anderer Ressorts geändert werden sollten oder sich aufgrund aktueller Gesetzgebung oder vorgelegter Gesetzentwürfe geändert hatten[240]. In dieser Liste wurden die Besonderheiten des Entwurfs nicht berührt.

Kurz vor Ende seiner Amtszeit strebte *Radbruch* noch eine Unterredung mit den Parteien[241] an, um die politische Legitimation für sein Vorhaben zu gewinnen[242]. Wie schon in der ersten Amtszeit gelang es ihm aber nicht, die Verabschiedung *seines* Entwurfs vom Kabinett zu bewirken. *Radbruch* selbst vermutete die Gründe für das Scheitern des Entwurfs außer in dringenden außenpolitischen Verhandlungen in den „konfessionellen Bedenken“ gegen bestimmte Bestimmungen des Entwurfs, die Reichsarbeitsminister Dr. *Brauns* dem Reichskanzler mitgeteilt habe[243]. Die Vermutung von Widerständen innerhalb des Kabinetts wurde in einem späteren Schreiben *Bumkes* an *Rad-*

---

des nächsten Monats verabschiedet wird, damit die Beratungen des Reichsrats über den Entwurf bis zur Neuwahl des Reichtags so weit gefördert werden können, daß der Entwurf dem neuen Reichstag zu einem möglichst frühen Abschnitt seiner Tagungen vorgelegt werden kann. Hierzu bestimmt mich insbesondere auch der Umstand, daß Österreich nach wiederholter Mitteilung seiner Justizverwaltung bei weiterer Verzögerung der Strafrechtsreform in die Notwendigkeit versetzt werden würde, zu einer umfassenden Novellengesetzgebung auf dem Gebiete des Strafrechts überzugehen. Ein solcher Schritt würde naturgemäß den Plan, ein einheitliches Strafrecht in Deutschland und Österreich zu schaffen, ernstlich gefährden.“

240 *Schubert / Regge*, I 1, S. XIV ff; Akte BA R 43 I/1214, S. 281 ff.

241 Für die DVP *Kahl,* für die DDP *Schiffer*, für die USPD/SPD *Rosenfeld*, *Spahn* für das Zentrum.

242 *Schubert / Regge*, I Bd. 1, S. XVI.

243 *Radbruch*, Der innere Weg, S. 116.

*bruch* bestätigt[244]; *Bumke* sah aber auch eine Gegnerschaft bei der strafrechtlichen Gesellschaft bis in die IKV[245] und der Länder, insbesondere bei Preußen[246].

Abgelöst wurde *Radbruch* in seinem Amt von *Erich Emminger*; anschließend trat an dessen Stelle der Interimsminister[247] *Joël* bis Anfang des Jahres 1925.

---

244 *Bumke* nannte die Gründe in einem Brief vom 25. Mai 1927 an *Radbruch* (Heid HS 3716 III. F. 158): „[...] Ich bin davon überzeugt, daß es nicht der Ruhreinbruch und die Inflation gewesen sind, die die Kabinette verhinderten, sich mit dem Entwurf während ihrer Ministerzeiten zu befassen, sondern innere Hemmungen bei den Mitgliedern des Kabinetts, die nicht Ihrer Partei angehörten. Eine Auseinandersetzung über den Entwurf wollte man vermeiden und so wich man der Beratung aus [...].

245 Diese Gegnerschaft habe selbst beim Nachfolgeentwurf von 1925 bestanden. *Bumkes* Brief vom 25. Mai 1927 an *Radbruch*, Heid HS 3716 III. F. 158. *Bumke* sah die Möglichkeit der Reform darin aufgrund der Widerstände nur in langsamen Schritten für durchführbar an: „[...] Vielleicht hätte aber gerade eine Verteidigung keinen großen Nutzen gebracht. Der Erfolg der strafrechtlichen Gesellschaft erklärt sich letzten Endes doch wohl daraus, daß die Auffassung, die eine wesentlich Aufgabe der Strafe in der Vergeltung erblickt, im Volke noch tiefe Wurzeln hat – und zwar, wie ich glaube, in allen Schichten und Teilen des Volkes ohne Unterschied der Parteistellung. Ist dem aber so, so muß man sich darüber klar werden, daß eine Strafrechtsreform zur Zeit nur möglich ist, wenn man sich damit begnügt, die Entwicklung um ein gutes Stück wenn auch nicht bis zu einem letztem Ziele, vorwärts zu führen [...].“

246 *Bumkes* Brief vom 25. Mai 1927 an *Radbruch*, Heid HS 3716 III. F. 158: „[...] In der Auffassung, daß eine solche Selbstbeschränkung notwendig ist, hat mich der Gang der Beratung im Reichsrat bestärkt. Ich weiß nicht, ob Ihnen die Anträge der Länder bekannt geworden sind. Wenn es der Fall ist, so werden Sie daraus ersehen haben, daß wir in vielen Fragen einer festen Front der Länder gegenüber gestanden haben. Jedenfalls darf ich wohl annehmen, daß Sie die Drucksache des Preußischen Landtags kennen, in der über die Verhandlungen des Rechtsausschusses des Landtags zum Strafgesetzentwurf berichtet wird (Nr. 6150). Aus diesem Bericht ergibt sich, daß die von Ihnen beanstandeten Änderungen des Entwurfs zu einem Großteil auch von Preußen gewollt worden sind und daß Preußen in entscheidenden Fragen noch weiter von dem Entwurf hat abweichen wollen. Daß der Strafrichter die Unterbringung der Zurechnungsunfähigen, der geistig Minderwertigen und der Trinker nicht mehr anordnen, sondern nur zulassen kann, ist auf Antrag Preußens beschlossen worden. Daß wir den Kampf gegen diese Verschlechterung, die auch meiner Auffassung an dem Lebensnerv des Entwurfs rührt, bis ins Plenum des Reichsrats getragen haben, hat uns nichts genützt. Aus dem Landtagsbericht ergibt sich aber weiter, daß Preußen in erster Reihe sogar die ganzen Vorschriften über die genannten sichernden Maßnahmen überhaupt aus dem Strafgesetzentwurf beseitigt wissen wollte. Auf preußischen Anträgen beruht weiter, um nur einiges aus dem Allgemeinen Teil herauszugreifen, daß die bedingte Strafaussetzung auf Strafen von nicht mehr als 6 Monaten beschränkt, daß das Recht der freien Strafmilderung in besonders leichten Fällen beseitigt und die Befugnis des Rechts, Freiheitsstrafen durch Geldsstrafen zu ersetzen, nur noch für Freiheitsstrafen bis zu drei Monaten gewährt ist. Welchen Standpunkt Preußen – zum Glück ohne Erfolge – in der Frage der Einschließung eingenommen hat, ist Ihnen bekannt.“

247 In den Kabinetten Marx wurde *Joël* mit der Wahrnehmung der Geschäfte des Reichsjustizministers beauftragt, es wurde kein neuer Minister für das Justizressort bestimmt;

Letzterer richtete am 5. Juli 1924 an die Reichsregierung ein Schreiben, indem er in einer Anlage die Änderungen[248] des E 1922 beifügte[249]. Er drängte auf ein schnelles Handeln[250]:

> „Wie stark das Bedürfnis nach einer grundsätzlichen Umgestaltung des Strafrechts ist, zeigt sich besonders deutlich darin, daß die Reichsregierung sich bereits genötigt gesehen hat, wichtige Fragen der Strafrechtsreform durch Sondergesetze wie das Jugendgerichtsgesetz und die Geldstrafengesetze vorwegzunehmen. Ebenso dringend wie diese Punkte ist aber eine Reihe anderer Fragen, insbesondere die Verstärkung der Machtmittel des Staates gegen das gewerbsmäßige Verbrechertum und gegen verbrecherische Irre sowie eine Regelung der Frage des Rechtsirrtums. Bei einer weiteren Hinausschiebung der Gesamtreform wird es nicht ausbleiben, daß auch diese Fragen durch Novellen geregelt werden müssen. Es liegt auf der Hand, daß damit die Gesamtreform völlig in Frage gestellt würde und so an Stelle eines von einheitlichen Grundgedanken beherrschten modernen Strafgesetzbuches nur ein undurchsichtiges und unvollkommenes Stückwerk erreicht werden würde. Daß ein solches Ergebnis bei einem Gesetze von der Bedeutung des allgemeinen Strafgesetzbuches in hohem Grade mißlich wäre, bedarf keiner Darlegung. Es würde ferner auch bedeuten, daß Deutschland die führende Stellung, die es auf dem Gebiet des Strafrechts Jahrzehnte hindurch gehabt hat und durch die Verzögerung der Reformarbeiten bereits gefährdet ist, endgültig einbüßt. Die Reichsjustizverwaltung muß deshalb im Interesse des Ansehens der deutschen Rechtswissenschaft sowie aus rechts- und staatspolitischen Gründen den größten Wert darauf legen, daß die allgemeine Reform wieder aufgenommen und zu Ende geführt wird."

Auch verwies *Joël*, wie es *Radbruch* getan hatte, auf die Gefährdung der mit Österreich angestrebten Rechtseinheit. Er richtete an die Reichsregierung die Bitte, den Entwurf möglichst zeitnah zu verabschieden – noch im Sommer des Jahres – damit er noch vor den Etatberatungen des Reichstages dem Reichsrat vorgelegt werden könne. Den Schreiben lagen zum einen die zusammengefaßten Änderungswünsche der Ressorts und zum anderen die mutmaßlichen grundsätzlichen Änderungswünsche der Reichsregierung bei[251]. Darunter fielen z.B. die Beibehaltung der Todesstrafe und des Zuchthauses.

---

siehe hierzu: *Godau-Schüttke*, Rechtsverwalter des Reiches Staatssekretär Dr. Curt Joël, S. 74.

248 Es waren dem Schreiben zwei Anlagen beigefügt. In der ersten Anlage waren die in den Besprechungen mit den einzelnen Ressorts sowie die Anpassungen an die laufende Gesetzgebung aufgeführt (Akte BA R 43 I/1214, S. 374 f.). Die zweite Anlage enthielt die Änderungen, die mutmaßlich dem Kabinett notwendig erscheinen würden (Akte BA R 43 I/1214, S. 375).

249 Aus der Akte BA R 43 I/1214, S. 372 ff. (Anhänge mit den Änderungen ab S. 374 ff.).

250 Aus der Akte BA R 43 I/1214, S. 372.

251 Akte BA R 43 I/1214, S. 374 ff.

Am 12. November 1924 wurde diese Vorlage *Joëls* ohne weitere Debatte vom Kabinett verabschiedet, davon ausgehend, daß es während der Beratungen noch die Möglichkeit zur Stellungnahme in Bezug auf Einzelheiten geben werde[252]. Schließlich wurde der Entwurf am 17. November 1924 inklusive der amtlichen Begründung, die unter Mitwirkung *Kadečkas* entstanden war, übersandt und als Drucksache Nr. 174 in den Reichsrat eingebracht[253].

Im Jahre 1925 erschien der Entwurf als Buch und löste reges öffentliches Interesse aus. *Radbruch* selbst beteiligte sich daran noch u.a. in der Kommentierung der Abschnitte 17 bis 20 (Tötung, Körperverletzung, Zweikampf und Verbrechen und Vergehen gegen die persönliche Freiheit und Sicherheit)[254].

## *C) Straftheorie*

Das Spannungsverhältnis zwischen der persönlichen Auffassung und dem realpolitischen Kompromiß ist ein ureigenes Phänomen der Reformarbeit eines Politikers. Ob auch die Straftheorie des Entwurfs zu der seines wichtigsten „Autors" in einem solchen Spannungsverhältnis stand? Diese Frage wird erst nach der Analyse einzelner Tatbestände und des Strafensystems des Entwurfs beantwortet werden können. Hier wird die Frage in einem ersten Schritt eindimensional angegangen, indem das Hauptaugenmerk auf das persönliche Verständnis *Radbruchs* von Strafe gelegt wird.

Fest steht zumindest, daß *Radbruch* in der Gesetzgebung den Schulenstreit ad acta legen wollte:

> „Heute ist dieser Schulenstreit beendet, nicht durch Sieg oder Niederlage, sondern durch Verständigung. Man ist sich darüber klar geworden, daß die praktischen Folgerungen weit näher aneinanderliegen als ihre gedanklichen Ausgangspunkte. Man ist unter dem Druck der Not der Zeit müde geworden, sich noch länger durch theoretische Meinungsverschiedenheiten den Weg zu gemeinsamer praktischer Tat versperren zu lassen. Gesellschaftsschutz durch Vergeltung, Besserung und Sicherung durch den Strafvollzug und Abschreckung durch die Strafdrohung verlangen in wohlausgewogenem Gleichgewicht gleichermaßen Einfluß auf ein Strafgesetzbuch, das nicht nur ein blutleeres Gedankengebilde sein will, sondern lebendiger Ausdruck des Vollgeistes."[255]

---

252 Aus dem Protokoll der Kabinettssitzung vom 12. November 1924, s. *C. Abramowski* (Bearb.), Die Akten der Reichskanzlei. Kabinette Marx I und II, Bd. 2, S. 1173.

253 *Schubert / Regge*, I Bd. 1, S. XVIII.

254 Siehe *Radbruch* in: Aschrott / Kohlrausch, Reform des Strafrechts, S. 301 ff.

255 *Radbruch*, Bemerkungen, S. 47.

*Radbruch* war zweifelsohne als gelehriger Schüler seines Lehrers *Franz v. Liszt* ein Anhänger der soziologischen, modernen Schule und trat damit – plakativ ausgedrückt – im Kampf gegen die Vergeltungsstrafe für die Zweckstrafe ein[256].

Die moderne Schule ging davon aus, daß der Zweck des Rechts im Schutz menschlicher Lebensinteressen liege; das Wesen des Rechts sei mithin der Interessenschutz und „der Zweckgedanke die das Recht erzeugende Kraft“[257]. Die vom Recht geschützten Interessen, die Rechtsgüter seien Lebensinteressen, die vom Rechtsschutz zum Rechtsgut erhoben worden seien. Die Ordnung der verschiedenen Interessen übernehme der „über dem einzelnen stehende Wille“, der diese in der Rechtsordnung „auflöse“ und damit die berechtigten von den unberechtigten Interessen trenne[258]. Um die Rechtsgüter zu schützen, stelle die Rechtsordnung Normen auf, diese Normen seien „der Schutzwall der Rechtsgüter“; die beiden Begriffe „Rechtsgut“ und Norm“ seien mithin die Grundbegriffe des Rechts[259]. Das Strafrecht habe die Funktion durch das Mittel der Strafe den Schutz der Interessen zu erreichen[260], und diene dem Schutz der Gemeinschaft. Darausfolgend sei die Strafe immer „Zweckstrafe“ und übernehme nicht nur die Aufgaben der Vergeltung als Äquivalent zum begangenen Verbrechen und der Wiederherstellung des Gleichgewichts der Rechtsordnung. Vorrangig bei der Verbrechensbekämpfung sollte die Vorbeugung der Begehung von Verbrechen sein, die Ahndung begangener Verbrechen stand erst an zweiter Stelle[261].

Zugleich wurde eine Ursachenforschung betrieben, und es wurden soziologische Untersuchungen über die Gründe des Verbrechens angestellt[262]. Es wurde davon ausgegangen, daß die Entstehung eines Verbrechens zweierlei Bedingungen in sich trage, zum einen die „individuelle Eigenart des Verbrechers“ und zum anderen die ihn umgebenden äußeren Verhältnisse, physikalischer, gesellschaftlicher und insbesondere wirtschaftlicher Natur[263]. Je nachdem, welche Ursachen bei dem einzelnen Täter

---

256 *Neumann*, KJ 2004, S. 432 (433 f.).

257 *v. Liszt / Schmidt*, Lehrbuch des deutschen Strafrechts, 23. Auflage, S. 4. Hier wird das Lehrbuch *v. Liszts* in der 23. Auflage, das 1921 erschienen ist, herangezogen. Dies basiert auf der Tatsache, daß es sich hierbei um die letzte Auflage, die vor dem Beginn der Entwurfsarbeiten im Jahre 1922 erscheinen ist, handelt. Franz v. Liszt verstarb zwar bereits im Jahre 1919, sein Lehrbuch wurde aber von Eberhard Schmidt weitergeführt. Dieser bemühte sich um die weitestgehende Beibehaltung des ursprünglichen Werkes von *v. Liszt*. Stellen, die er überarbeitet hat, wurden von ihm entsprechend gekennzeichnet und werden daher nicht als Aussage von *v. Liszt* herangezogen.

258 *v. Liszt / Schmidt*, Lehrbuch des deutschen Strafrechts, 23. Auflage, S. 5.

259 *v. Liszt / Schmidt*, Lehrbuch des deutschen Strafrechts, 23. Auflage, S. 5.

260 *v. Liszt / Schmidt*, Lehrbuch des deutschen Strafrechts, 23. Auflage, S. 8.

261 *v. Liszt / Schmidt*, Lehrbuch des deutschen Strafrechts, 23. Auflage, S. 12 f.

262 *Seidl*, Der Streit um den Strafzweck zur Zeit der Weimarer Republik, S. 80.

263 *v. Liszt / Schmidt*, Lehrbuch des deutschen Strafrechts, 23. Auflage, S. 11 f.

überwogen, wurde eine Differenzierung der einzelnen Tätergruppen vorgenommen[264]: Waren äußere Ursachen Veranlassung zum Verbrechen, bei dem der bisher unbescholtene Täter aufgrund einer Notlage oder plötzlichen Erregung sich zu einer Handlung hinreißen ließ, so handelte es sich um den Gelegenheits- oder Augenblickverbrecher. Für diesen sollte die Strafe den Zweck der Abschreckung haben, ein „'Denkzettel' für den egoistischen Trieb des Verbrechers" sein[265]. Davon abgegrenzt wurden die Täterpersönlichkeiten, bei denen das Verbrechen bei nur geringfügigem äußerem Anlaß aus der „dauernden Eigenart", der „tiefgewurzelten Anlage des Verbrechers" erwuchs[266]. Diese gewohnheitsmäßigen Verbrecher oder auch Zustandsverbrecher wurden in zwei Gruppen unterteilt, die Unverbesserlichen und die Besserungsfähigen. Bei Letzterem, dessen Eingliederung in die Gesellschaft möglich erschien, war Ziel der Strafe die Besserung. Ein Gewicht sei auf die Erforschung der Gründe zu legen, die zur Besserung von Tätern geführt haben und den Strafvollzug, im Glauben an die Besserungsfähigkeit des Gewohnheitsverbrechers, entsprechend auszugestalten[267]. Jede Strafe stelle sich – soweit sie nicht „Vernichtung" des Täters sei – als Versuch dar, auf den Täter psychisch einzuwirken; gleichzeitig sei aber auch die Sicherung der Gesellschaft ein Aspekt der Strafe[268]. Die Unverbesserlichen, die nicht mehr resozialisiert werden konnten, sollten „unschädlich" gemacht werden[269], der Strafzweck bestand danach in der Sicherung der Gesellschaft vor den Täter.

In der Strafrechtsreform war zwischen der so verstandenen modernen Schule und der klassischen Schule, die der Strafe eher tat- und damit vergangenheitsbezogene Funktion beimaß, ein Kompromiß geschlossen worden. Dieser sah neben der weiterhin traditionell verstandenen Strafe die Einführung präventionsorientierter Maßregeln vor[270]. Dieser Kompromiß wurde von den Vertretern der modernen Schule als unbefriedigend empfunden, da nach ihnen neben der (nachrangigen) Vergeltungsfunktion die Strafe vorwiegend der Erziehung und Sicherung dienen sollte[271]. Die pragmatischen Gründe für das Abrücken von der rein modernen Position dürften in der Verwurzelung der klassischen Schule in Staat und Gesellschaft zu finden sein. *Radbruch* äußerte (einige

264 *v. Liszt*, Der Zweckgedanke im Strafrecht, S. 45 ff.; *v. Liszt / Schmidt*, Lehrbuch des deutschen Strafrechts, 23. Auflage, S. 11 f. Diese Einteilung sei aber nach *v. Liszt* „eine der wichtigsten und schwierigsten Aufgaben der Kriminologie" (S. 11 Fn. 3).

265 *v. Liszt*, Der Zweckgedanke im Strafrecht, S. 49.

266 *v. Liszt / Schmidt*, Lehrbuch des deutschen Strafrechts, 23. Auflage, S. 11.

267 *Hartung*, JR 1927, Sp. 602 (603 f.).

268 *Grünhut*, ZStW 46 (1925), S. 260 (278); *Bumke*, DJZ 1921, Sp. 11 (13).

269 *v. Liszt*, Der Zweckgedanke im Strafrecht, S: 46.

270 Diese Zweispurigkeit war durch den E 1919 eingebracht worden. Ihre Aufnahme in StGB erfolgte 1933.

271 Bezogen auf den Sicherungszweck und dessen Ausgestaltung wurden verschiedene Ansichten vertreten und darauf aufbauend eine Diskussion über das Strafe und Sicherungsverwahrung geführt. Für einen Überblick s. *Seidl*, Der Streit um den Strafzweck zur Zeit der Weimarer Republik, S. 84 ff., 90 ff.

Jahre nach der Entwurfsarbeit), daß „Vernunft und guter Wille nicht die Kraft haben, im Volksbewußtsein die Strafe umzuprägen zu einer neuen Sicherungsmaßregel“[272].

Die moderne Schule forderte eine Umorientierung vom tat- zum täterorientierten Strafrecht[273]: Die Strafe sollte eine Wirkung auf den Täter haben, ihn an der Begehung weiterer Taten hindern – was eine Betonung der Spezialprävention zur Folge hatte[274] – und damit nicht mehr nur „feindlicher Akt“ sein, sondern den Erziehungsgedanken verfolgen[275]. Auch *Radbruchs* Leitmotiv in

---

272 *Radbruch,* Mitteilungen der IKV 1927, S. 95.

273 *Radbruch* führte die neue Auffassung „nicht die Tat, sondern der Täter“ weiter, indem er forderte, daß „nicht der Täter, sondern der Mensch“, d.h. der Mensch mit seinen soziologischen und psychologischen Eigenart in den Gesichtskreis des Rechts trete. S. *Rabruch,* Der Mensch im Recht, GRGA Bd. 2 (Rechtsphilosophie), S. 492.
Wird (mehr) an die Bestrafung der Tat, d.h. an eine tatbestandlich beschriebene Handlung angeknüpft und die Strafe nur als Antwort auf die Einzeltat und nicht etwa auf die gesamte Lebensführung des Täters oder der von ihm zu erwartenden Gefahren begriffen, so spricht man von Tatstrafrecht. Knüpft die Strafe dagegen (mehr) an die Persönlichkeit des Täters an und bemißt sie sich anhand der menschlichen Eigenarten des Täters und dessen Maß an Asozialität, so findet eine Beurteilung nach dem Täterstrafrecht statt. Tat- und Täterstrafrecht können sich jeweils in verschiedener Hinsicht äußern: Das Tatstrafrecht kann Erfolgs- oder Schuldstrafrecht sein, d.h. der wesentliche Bestimmungsfaktor der Strafe wird entweder an den objektiven Gehalt des Unrechts (Erfolgsstrafrecht) oder an die Schuld angeknüpft, wobei hierunter die Einzeltatschuld – in Abgrenzung zur Lebensführungsschuld – zu verstehen ist. Der Begriff des Täterstrafrechts ist in dreierlei Hinsicht bedeutsam. Eine Sichtweise setzt den Ausdruck „Täterstrafrecht“ in Beziehung zur Rechtsfolge des Verbrechens, d.h. die Rechtsfolge der Tat knüpft vielmehr an die Persönlichkeit des Täters als an die Tat. Die Berücksichtigung der Persönlichkeit des Täters kann in verschiedener Hinsicht erfolgen: Es ist zum einen möglich, daß Strafen und Maßnahmen sehr individuell an die Täterpersönlichkeit angepaßt werden, mit dem Ziel, durch diese intensive Einwirkung auf den Täter seine Wiedereingliederung in die Gesellschaft zu erreichen, d.h. die Sanktion soll in erster Linie Erziehungsmittel sein. Jedoch kann der Schwerpunkt der Strafe und Maßregel nicht nur auf der konkreten Behandlung des Täters sondern darüber hinaus auch in der Abschreckung potentieller Täter liegen. Durch diese zusätzliche Komponente entsprechen die Strafen und Maßnahmen in ihrer Ausgestaltung mehr bestimmten „Sozialtypen“ von Tätern wie z.B. dem Berufs- oder Gewohnheitsverbrecher. Über diese beiden Ausrichtungsmöglichkeiten hinaus ist eine dritte Denkweise möglich, ein Täterstrafrecht zu etablieren. Dabei wird auf den personalen Unrechtsgehalt der Tat abgestellt, d.h. die Tateinstellung des Täters, die Gesinnung oder ein tatbestandlicher Tätertyp werden bestimmend. Dies zielt auf eine Gestaltung der Delikte dergestalt ab, daß das personale Unrecht kennzeichnend wird und Gesinnungsmerkmale von Bedeutung sind. Siehe hierzu: *Hardwig,* in: MschrKrim 42 (1959), S.1 ff.

274 *Radbruch,* DJT 1934, S. 354 (359 f.); *Seidl,* Der Streit um den Strafzweck zur Zeit der Weimarer Republik, S. 82.

275 *Freudenthal,* ZStW 46 (1925), S. 403 (403).

seinen strafrechtsdogmatischen Arbeiten war der Erziehungs- und Besserungsgedanke[276]. Er betonte zudem:

> „Die wichtigste Aufgabe der Strafrechtsreform muß es sein, die Strafzumessung unter die Herrschaft kriminalpolitischer Vernunftserwägungen zu bringen [...] Man sollte den Richter durch gesetzliche Vorschrift zwingen, im Urteil ausdrücklich zu sagen, nicht weshalb, sondern wozu er gerade dieses Strafmaß wählt, ob für die Höhe der Strafe der Zweckgedanke der Besserung, der Sicherung, der Warnung des Täters oder der Abschreckung anderer oder der Vergeltung maßgebend war.“[277]

Eine wichtige Rolle sollte dem Strafrichter nach Vorstellung der soziologischen Schule und auch *Radbruchs*[278] zukommen; er sollte individuell und damit spezialpräventiv auf den einzelnen Täter eingehen[279]; die Gefährlichkeit des einzelnen Täters sollte bei der Strafbemessung Hauptkriterium sein[280].

Im Zusammenhang mit der Ausweitung der richterlichen Ermessensfreiheit und dem Verständnis von den beiden in der Strafe vereinten Zwecken – Sicherung und Erziehung – war das unbestimmte Strafurteil eine wesentliche Forderung der modernen Schule[281], der sich auch *Radbruch* nicht verschloß[282]. Dies bedeutete, daß das richterliche Urteil zunächst noch keine genau bestimmte Strafe aussprechen sollte, vielmehr die Dauer des Vollzuges nach den Erkenntnissen aufgrund der „genaueren Feststellung des Charakters des Verbrechers endgültig bemessen werden“[283].

---

276 *Schneider* in: Streitbare Juristen, S. 295 (298).

277 *Radbruch*, JW 1932, S. 3037 (3038).

278 *Radbruch*, Einführung in die Rechtswissenschaft, S. 154.

279 *Radbruch*, DJZ 1925, Sp. 1286 (1286).

280 Bezogen auf die Gefährlichkeit bei der Strafbemessung: *Seelig*, MschrKrim 18 (1927), S. 237 (242), 259 f. Nach *Radbruchs* Auffassung war die Gefährlichkeit auch Inhalt des Schuldvorwurfes: „Vielmehr bedeutet der normative Schuldbegriff nichts weiter als die Auswertung des durch die psychologische Zurechnung festgestellten charakterologischen Befunds im Sinne der Vorwerfbarkeit – des gleichen charakterologischen Befunds, der vom Standpunkte einer wertfreien Sicherungstheorie im Sinne der Gefährlichkeit aufgefaßt wird. Ja es ist sogar, wie Grünhut einleuchtend gezeigt hat, eben diese Gefährlichkeit selbst, die den Inhalt des Schuldvorwurfs bildet – und so ist der normative Schuldbegriff nur eine Werteetikette auf dem gleichen, gleich beinhalteten Behältnis, dessen sich, ohne solche Werteetikette, auch die sog. psychologische Schuldauffassung bedient.“ S. *Radbruch*, Frank-Festgabe, Bd. I, S. 168 f.

281 *v. Liszt*, Strafrechtliche Aufsätze und Vorträge, Bd. 1, S. 290 (340, 393). Auf die Figur des unbestimmten Strafurteils wird im Rahmen der Erörterung über den bedingten Straferlaß noch eingegangen.

282 *Radbruch*, Strafrechtsreform, in: GRGA Bd. 9 (Strafrechtsreform), S. 168 (171).

283 *v. Liszt / Schmidt*, Lehrbuch des deutschen Strafrechts, 25. Auflage, S. 17.

Darüber hinaus stellte *Radbruch* den Kontext zwischen den strafrechtstheoretischen Positionen und politischen Grundüberzeugungen her[284]. Für *Radbruch* war die jeweilige strafrechtstheoretische Auffassung Sinnbild für die politische Überzeugung des Diskutanten und der Schulenstreit damit der Konflikt zwischen Konservativismus und Sozialliberalismus.

*Radbruch* wandte sich gegen die konservativen Strukturen, die Überreste des Absolutismus – auch vertreten durch die klassische Schule. Ein demokratisches Staatsverständnis war in großen Teilen der Bevölkerung, insbesondere in der Staatsverwaltung noch nicht verankert. Anhand der geäußerten Forderungen (wie z.B. der unbestimmten Verurteilung) sollte aber noch kein vorschnelles Urteil über *Radbruchs* Liberalität gefällt werden; die reformatorischen Bestrebungen sind immer in Relation zur damaligen Zeit zu setzen. Erscheinen Ansätze aus damaliger Sicht liberal, so können sie sich heute gerade ins Gegenteil verkehren. Im folgenden handelt es sich nur um eine Darstellung der theoretischen Konzeption, erst nach einer näheren Untersuchung und Einordnung in den reformgeschichtlichen Kontext werden in einer Würdigung Wertungen und Rückschlüsse zu ziehen sein.

Bereits 1909 setzte *Radbruch* sich mit dem Verhältnis der Strafrechtsreform und Politik in seinem Aufsatz „Die politische Prognose der Strafrechtsreform" auseinander:

> „Wir wollen nicht weissagen, sondern beweisen. Die politische Prognose der Strafrechtsreform stellen, das vermutliche Verhalten der politischen Parteien zu dem strafrechtlichen Reformprogramm der modernen Kriminalistenschule ermitteln, kann deshalb für uns nur heißen: die Stellungnahme jenes Programms im Streite der staatsphilosophischen Systeme untersuchen, von dem der Kampf der politischen Parteien nur die sichtbare Außenseite ist. Die Kriminalpolitik als einen Teil der Politik zu begreifen, soll unsere Aufgabe sein."[285]

Auch bei seinem Lehrer *Franz v. Liszt* kritisierte *Radbruch* die mangelnde Sensibilität für politische Zusammenhänge:

> „So von Grund aus Politiker Liszt auch ist, hat er doch seine Kriminalpolitik, wenigstens bei ihrer Konzeption, nicht politisch motiviert, ist sich ihrer politischen Motivation, wenigstens zu Anfang, vielleicht sogar nicht einmal voll bewußt geworden. Parteipolitik war für jene Gelehrtengeneration noch ein anrüchiges Geschäft. Auch wo in Wirklichkeit politische Motive vorwalteten, bemühte man sich, sie vor sich selbst wie vor anderen aus dem Bewußtsein zu verdrängen. Man verschloß sich der Einsicht, daß auch Kriminalpolitik Politik sei, und kämpfte den

---

284 *Schmidt*, Gustav Radbruch als Kriminalist, in: Heidelberger Strafrechtslehrer im 19. und 20. Jahrhundert, S. 195 (201).

285 *Radbruch*, Die politische Prognose der Strafrechtsreform, in: GRGA Bd. 9 (Strafrechtsreform), S. 161 (161).

eminent politischen Kampf um die Strafrechtstheorien und die Strafrechtserneuerung unter pseudowissenschaftlichen Masken aus. Deshalb ist die Literatur jener Zeit über den Schulenstreit heute so restlos veraltet und überholt.“[286]

Für *Radbruch* wurzelte der Streit um den Strafzweck in den Grundsätzen der Staatsphilosophie[287], der Schulenstreit wurde als ein „politische[r] Streit um die Staatsauffassung“[288] gedeutet: Die Entscheidung, welcher Strafzweck verfolgt werde, hänge davon ab, ob der Staat sich aus dem Wert für seine einzelnen Glieder rechtfertige oder ihm darüber hinaus auch ein „selbständiger Eigenwert“ zukomme[289]. Wenn der Staat wie im erstgenannten Falle der Gesellschaft diene, dann bezwecke die Strafe auch lediglich die Sicherung derselben. Im zweiten Falle, wo der Wert des Staates sich nicht darin erschöpfe, sondern ihm ein eigener Wert zukomme, reiche die Sicherungsfunktion der Strafe nicht aus, sondern es müsse die „Bewährung der Herrlichkeit des Staates in dem Leiden des Empörers“, also Vergeltung erfolgen[290]. *Radbruch* stellte weiter fest, daß die Lehre, die dem Staat nur den „individualethisch abgeleiteten Eigenwert“ zugestehe, die Grundlage der liberalen Staatsphilosophie darstelle, während die Lehre, die von einem eigenen überindividualistischen Wert des Staates ausgehe, seit *Hegel* und *Stahl* die Grundlage der konservativen Staatslehre darstelle[291]. Aus dieser Argumentation zog *Radbruch* den Beweis, daß die Sicherungstheorie Postulat des Liberalismus und die Vergeltungstheorie ein Manifest des Konservativismus sei[292].

Weiterhin spannte *Radbruch* den Bogen vom Liberalismus zum Sozialismus: Wie der Liberalismus spreche auch der Sozialismus dem Staat keinen überindividualistischen Eigenwert zu, sondern leite den Staatszweck davon ab,

---

286 *Radbruch*, Elegantiae Juris Criminalis, S. 208 (212).

287 „Wir werden uns deshalb nicht wundern, in dem Gegensatze der Vergeltungs- und Sicherungslehre einen uns bereits bekannten Gegensatz der Rechts- und Staatsauffassung wiederzufinden.“ S. *Radbruch*, Einführung in die Rechtswissenschaft, S. 81; *Neumann*, KJ 2004, S. 432 (434).

288 *Frommel*, Präventionsmodelle in der deutschen Strafzweckdiskussion, S. 107.

289 *Radbruch*, Die politische Prognose der Strafrechtsreform, in: GRGA Bd. 9 (Strafrechtsreform) S. 161 (161).

290 *Radbruch*, Die politische Prognose der Strafrechtsreform, in: GRGA Bd. 9 (Strafrechtsreform) S. 161 (161); *ders.*, Einführung in die Rechtswissenschaft, S. 81 f.

291 *Radbruch*, Die politische Prognose der Strafrechtsreform, in: GRGA Bd. 9 (Strafrechtsreform), S. 161 (161). Bei *Stahl*, *Hegel* und *Kant* (bei diesem in dem „unlösbaren Widerspruch mit einer individualistischen Staatsauffassung“) und später bei *Karl Binding* sei die Vergeltungsidee zu Tage getreten. S. *Radbruch*, Einführung in die Rechtswissenschaft, S. 83.

292 *Radbruch*, Die politische Prognose der Strafrechtsreform, in: GRGA Bd. 9 (Strafrechtsreform) S. 161 (161).

welchen Wert er für seine Glieder habe[293]. Zudem bestehe eine Gemeinsamkeit insofern, als beide – Liberalismus und Sozialismus – den Individualismus bzw. die individualistische Staatstheorie in sich vereinten und damit auch der Sozialismus die strafrechtliche Sicherungstheorie in sich berge. Seine Äußerungen sind ein Plädoyer für die individualistisch gekennzeichnete Staatsauffassung, die sozialistische und liberale Momente vereint[294]:

> „Erwägt man weiter, daß die theoretische Fundierung des strafrechtlichen Reformprogramms, die soziologische Verbrechensätiologie, von derselben naturwissenschaftlichen Welle emporgetragen wurde, wie die theoretische Fundierung des Sozialismus, die materialistische Geschichtsauffassung, und daß eine beiden gemeinsame Konsequenz der Satz ist, daß eine gute Sozialpolitik die beste Kriminalpolitik sei, so ist man gewärtig, im sozialdemokratischen Lager für die strafrechtlichen Reformvorschläge einen herzlichen Empfang zu finden."[295]

Nach der Ablösung des Kaiserreiches durch die neue Republik von Weimar definierte *Radbruch* das Verhältnis von sozialer und liberaler Lehre von Strafe und Staat neu; sein Augenmerk fiel auf die Differenzierung der beiden[296]. Im rechtsstaatlichen Liberalismus sei der Zweck der Strafe durch die Vergeltungs- und Abschreckungslehre definiert. Dies ergebe sich aus dem Umstand, daß der Liberalismus „überall die personenrechtlichen Bindungen von Mensch zu Mensch in ihrer Totalität gelockert und durch scharfumrissene Teilbeziehungen ersetzt" habe[297]. Genau so komme die Abschreckungs- und Vergeltungstheorie zum Zuge: die Tat werde vom Täter oder der Täter vom Menschen losgelöst. Dies führe dazu, daß der Täter „individualitätslos" werde und im Strafrechtsverhältnis nicht der gesamte Mensch, sondern nur der Täter eine Rolle spiele[298].

Dem stellte *Radbruch* das sozial motivierte Strafrecht (soziologische Schule) gegenüber. Sinnbild für dieses sei die Sicherungs- und Besserungslehre. Gegenüber der individualistischen Sichtweise des Liberalismus sehe das Recht

---

293 *Radbruch*, Die politische Prognose der Strafrechtsreform, in GRGA Bd. 9 (Strafrechtsreform), S. 161 (166).

294 *Neumann*, KJ 2004, S. 432 (434).

295 *Radbruch*, Die politische Prognose der Strafrechtsreform, in: GRGA Bd. 9 (Strafrechtsreform), S. 161 (166).

296 *Radbruch*, Rechtsphilosophie, § 22, S. 262 (266); *Neumann*, KJ 2004, S. 432 (434).

297 *Radbruch*, Rechtsphilosophie, § 22, S. 262 (266). *Radbruch* zog einen Vergleich des strafrechtlichen Täterbegriffs mit dem Personenbegriff des Privatrechts. Der Arbeiter sei individualitätsloser Besitzer seiner Arbeitskraft, nur noch der „Verkäufer der 'Ware Arbeit'". „Wie man nach individualistischer Auffassung des Arbeitsverhältnisses die Ware Arbeitskraft verkauft, so gilt [gibt] man nach der entsprechenden Strafrechtsauffassung das Verbrechen ab."

298 *Radbruch*, Rechtsphilosophie, § 22, S. 262 (266).

in dem einzelnen Menschen nicht ein „abstraktes und isoliertes Individuum“, sondern sei auf die „konkrete und vergesellschaftete Individualität“[299] ausgerichtet, d.h.:

> „Der konkrete Mensch mit seiner psychologischen und seiner soziologische Eigenart tritt in den Gesichtskreis des Rechts.“[300]

Jedoch wird in den Ausführungen *Radbruchs* deutlich, daß keine „Schwarzweiß“-Malerei betrieben werden sollte. Der Vergeltungscharakter der Strafe wurde nicht mehr nur als ein Zeugnis autoritär-konservativer Gesinnung angenommen, sondern ihm auch ein rechtsstaatlicher Aspekt zugesprochen[301]:

> „Mit der einen wendet es sich gegen den Verbrecher, mit der andern aber gegen den Staat, dem es bei seiner Reaktion auf das Verbrechen die Grenze der Gerechtigkeit im Sinne des Gleichmaßes zwischen Schuld und Strafe setzt.“[302]

Es wurde das Verständnis der Vergeltungsstrafe als „Rechtsstrafe“ geprägt[303]. Nach *Radbruchs* Auffassung besaß der Vergeltungsgedanke neben seinem autoritären Charakter auch eine „rechtsstaatlich-liberale Seite“, denn nach dem rechtsstaatlichen Prinzip „ohne Ansehen der Person“ würde die Bestrafung des Täters nur von der Tat ab und nicht von seiner Persönlichkeit abhängig gemacht und leite sich damit aus dem vom Liberalismus verfochtenen Gedanken der Rechtssicherheit ab[304].

Der Grund für dieses Verständnis des Vergeltungsgedankens lag für *Radbruch* in der strafrechtsreformerischen Entwicklung: Hatte *Feuerbach* das „Strafrecht des Rechtsstaates“ begründet, so wurde „in dieses Strafrecht jetzt der Strafrechtsgedanke des Autoritätsstaates eingeschmolzen“, d.h. die Strafe diente der

---

299 *Radbruch*, Rechtsphilosophie, § 22, S. 262 (266).

300 *Radbruch*, Rechtsphilosophie, § 22, S. 262 (266).

301 *Neumann*, KJ 2004, S. 432 (435); *Vogel*, Gustav Radbruch – ein Rechtsdenker und Rechtspolitiker der deutschen Sozialdemokratie, in: Heidelberger Strafrechtslehrer im 19. und 20. Jahrhundert, S. 243 (256). *Radbruch* stellte zudem fest, daß die Erneuerung des Vergeltungsstrafrechts in Deutschland gerade durch die Kreise geschehe, die befürchteten, einer politischen Justiz zum Opfer zu fallen, s. *Radbruch*, Sozialismus und Strafrechtsreform, in: GRGA Bd. 9 (Strafrechtsreform), S. 270 (271).

302 *Radbruch*, Sozialismus und Strafrechtsreform, in: GRGA Bd. 9 (Strafrechtsreform), S. 270 (271).

303 *Radbruch* warf der strafrechtlichen Gesellschaft vor, das Schlagwort der Vergeltungsstrafe als Rechtsstrafe für ihre Zwecke mit Erfolg entsprechend geprägt bzw. genutzt zu haben und dadurch auch Gegner der Vergeltungsstrafe für ihre Zwecke beeinflußt zu haben, sogar die Linke, die sich „aus Furcht vor politischem Mißbrauch der Sicherungs- und Besserungsstrafe“ an diese Begrifflichkeit hielt. S. *Radbruch*, Sozialismus und Strafrechtsreform, in: GRGA Bd. 9 (Strafrechtsreform), S. 270 (271).

304 *Radbruch*, Autoritäres oder soziales Strafrecht, in: GRGA Bd. 8 (Strafrecht II), S. 226 (228).

Wiederherstellung der verletzten Autorität des Staates und bedeutete damit Vergeltung[305]. Auch sah *Radbruch* das geltende Reichsstrafgesetzbuch von 1870 in dieser autoritär-liberalen Tradition.

Das Ziel der weiteren strafrechtsreformerischen Bestrebungen war damit gekennzeichnet: Strafrecht sollte nicht mehr nur autoritär-liberal, sondern sozial-liberal geprägt sein. Den entscheidenden Anstoß hierfür hatte nach *Radbruchs* Bekunden *Franz v. Liszt* gegeben, der als „überzeugter Liberaler" nicht nur dem liberalen Rechtssicherheitsbedürfnis Rechnung getragen, sondern auch die soziale Komponente des Strafrechts berücksichtigt habe:

> „Aber Liszt war nicht nur Erbe des Liberalismus, sondern zugleich Vorläufer der sozialen Rechtsauffassung. Er erfaßt das Verbrechen im doppelten Sinne als soziale Erscheinung, nämlich einerseits als antisoziale Handlung und andrerseits als doch wiederum sozial bedingtes Verhalten. Er sieht entsprechend in der Strafe wesentlich die Resozialisierung des Rechtsbrechers und er sieht im Rechtsbrecher nicht nur den 'Täter', sondern den so oder so beschaffenen biologisch-sozialen Typus, den Augenblicksverbrecher, den man warnen, den besserungsfähigen Zustandsverbrecher, den man bessern, den Unverbesserlichen, den man unschädlich machen soll."[306]

Im Vordergrund der *Liszt*schen Strafrechtsreform habe aber nicht der Gedanke der Humanisierung, sondern der Rationalisierung des Strafrechts gestanden[307].

Auch *Radbruch* bezeichnete den Fortschritt des Strafrechts als „eine fortschreitende Affektbefreiung, Ernüchterung und Rationalisierung der Strafe"[308]. Den für ihn entscheidenden Anstoß für die Rationalisierung des Strafrechts – vor *Franz v. Liszt* – habe *Anselm v. Feuerbach* gegeben, der die „Strafe ausschließlich als Zweckmäßigkeitsmaßregel des Staates" gerechtfertigt und der Trennung von Sittlichkeit und Recht oberste Priorität verliehen habe[309], sowie die Strafe mit dem Satz „nullum crimen, nulla poena sine lege" an das Gesetz gebunden habe. *Radbruch* betitelte *Feuerbach* als „Begründer des

---

305 *Radbruch*, Autoritäres oder soziales Strafrecht, in: GRGA Bd. 8 (Strafrecht II), S. 226 (228).

306 *Radbruch*, Autoritäres oder soziales Strafrecht, in: GRGA Bd. 8 (Strafrecht II), S. 226 (227).

307 *Radbruch*, Autoritäres oder soziales Strafrecht, in: GRGA Bd. 8 (Strafrecht II), S. 226 (228).

308 *Radbruch*, Autoritäres oder soziales Strafrecht, in: GRGA Bd. 8 (Strafrecht II), S. 226 (228).

309 *Radbruch*, Autoritäres oder soziales Strafrecht, in: GRGA Bd. 8 (Strafrecht II), S. 226 (228).

Liberalismus“ im Strafrecht[310]. In der Tradition *Feuerbachs* forderte *Radbruch* die strikte Trennung von Recht und Moral[311].

Die Rationalisierung im *v. Liszt*schen Sinne wirke aber zugleich humanisierend, was freilich nicht nur Milderungen des Strafrechts bedeute[312]. Entgegen der praktischen Entwicklung, die nur die Reformwünsche umgesetzt habe, die dem Rechtsbrecher zugute kämen – wie die größere Betonung der Geldstrafe, die Strafaussetzung anstelle des Strafvollzuges, den Ersatz der Strafe durch Erziehungsmaßnahmen, die Ausweitung der Gnade – betonte *Radbruch* auch die andere Komponente der Reform, die Sicherungsverwahrung für die Unverbesserlichen. Entgegen der Aufgabe des Strafvollzuges, der den Glauben an die Besserungsfähigkeit als oberste Maxime in sich trage, sei die Aufgabe des Strafgesetzes eine andere:

> „Aber das Strafgesetz andrerseits darf vor der traurigen Wahrheit der Unverbesserlichkeit die Augen nicht verschließen, und die Strafrechtsreformbewegung hat auch niemals vergessen, neben der Besserung des Besserungsfähigen die Sicherung vor dem Unverbesserlichen zu betonen.“[313]

Zu einem früheren Zeitpunkt – im Jahre 1919 – hatte sich *Radbruch* bereits mit Bezug auf das von ihm geschätzte Werk des damaligen Unterstaatssekretärs im preußischen Justizministerium, *Heinemann*[314], über die Reform des Strafrechts in ähnlicher Weise geäußert: Es könne zwar im „sozialen Volksstaat“ das Verbrechen nur als antisoziale Handlung und die Strafe als soziale Sicherungsmaßregel verstanden werden[315], aber es dürfe nicht verkannt werden (wie dies Heinemann tue), daß der Schutz gegen den unverbesserlichen Gewohnheits- und Gewerbsverbrecher aufgrund der „beängstigenden Ausdehnung des gewerbsmäßigen Verbrechertums“ von Nöten sei[316].

Bei der abschließenden Bewertung des Entwurfs wird die zweite Dimension – die Straftheorie des Entwurfs – näher zu betrachten sein. Die Entwurfsarbeit des *v. Liszt*-Schülers *Radbruch* wird von *Kubink* als „Höhepunkt der Reformarbeit im Geiste der modernen Schule“ bezeichnet, wobei *Radbruch* mit den

---

310 *Radbruch*, Autoritäres oder soziales Strafrecht, in: GRGA Bd. 8 (Strafrecht II), S. 226 (228).

311 *Neumann*, KJ 2004, S. 432 (437); *Radbruch*, Feuerbach Gedenkrede, in: GRGA Bd. 6 (Feuerbach), S. 296 (297).

312 *Radbruch*; Autoritäres oder soziales Strafrecht, in: GRGA Bd. 8 (Strafrecht II), S. 226 (230).

313 *Radbruch*, Autoritäres oder soziales Strafrecht, in: GRGA Bd. 8 (Strafrecht II), S. 226 (231).

314 Berlin 1919, Verlag für Sozialwissenschaft.

315 *Radbruch*, Die Reform des Strafrechts, in: GRGA Bd. 9 (Strafrechtsreform), S. 187 (187).

316 *Radbruch*, Die Reform des Strafrechts, in: GRGA Bd. 9 (Strafrechtsreform), S. 187 (188).

„nach dem Präventionsbedarf selektierende[n] Modernisierungsstrategien der Kriminalpolitik“ die Vorschläge *v. Liszts* konkretisiert, gleichzeitig aber auch „persönliche Synthese von kriminalpolitischer Zweckkonzeption und praktischer Politik“ gebildet habe[317]. Als die entscheidende Frage stellt sich die nach einem „Mehr“ oder „Weniger“ von eigener Strafrechtsdogmatik *Radbruchs* und dem Einfluß von Politik und Taktik.

317 *Kubink*, Strafen und ihre Alternativen im zeitlichen Wandel, S. 206 f.

# Fünftes Kapitel: Einzelregelungen

„Strafrecht ist [...] die rechtlich begrenzte Strafgewalt des Staates. Rechtlich begrenzt nach Voraussetzung und Inhalt; rechtlich begrenzt im Interesse der individuellen Freiheit.“[1]

Dieses Kapitel soll der Analyse einzelner Straftatbestände dienen bzw. feststellen, welche Verhaltensweisen der E 1922 im Vergleich zu seinem Vorgänger (E 1919) und zum geltendem Recht besonders sanktionierte bzw. gerade straffrei stellte.

Neben dem noch zu erläuternden Strafensystem soll dabei auch die Frage, welches Verständnis von Sinn und Zweck sowie staatlicher Legitimation von Strafe durch die Auswahl strafbarer Handlungen zum Ausdruck kam, nicht aus den Augen verloren werden. In diesem Kapitel sollen Einzelregelungen der drei Bücher[2] des Entwurfs näher untersucht werden.

Die Ausgestaltung der Einzelregelungen wird ein weiterer Indikator für die strafrechtstheoretische Bewertung sein. Ein dabei zu berücksichtigender Aspekt ist die Frage nach der *Moralität* des Strafrechts, gegen die sich *Radbruch* so wehrte.

## *A) Erstes Buch: Verbrechen und Vergehen*

### *I. Allgemeiner Teil*

Der Allgemeine Teil des Ersten Buches war ein Herzstück des Entwurfs – er enthielt wie auch das heutige Strafgesetzbuch die grundlegenden Bestimmungen über die Voraussetzungen der Strafbarkeit. Besonders hervorzuheben sind das Strafensystem des Entwurfs, die Bestimmungen über die Maßregeln der Besserung und Sicherung und diejenigen über die Strafzumessung. Aufgrund ihrer herausragenden Bedeutung für die Systematik des Entwurfs werden diese in einem eigenen Kapitel über die Rechtsfolgen behandelt.

---

1 *v. Liszt*, Die deterministischen Gegner der Zweckstrafe; in: Strafrechtliche Aufsätze und Vorträge, 2. Bd., S. 25 (60).

2 Das Erste Buch behandelte die Verbrechen und Vergehen, das Zweite Buch die Übertretungen und im Dritten Buch das „Gemeinschädliche Verhalten“.

## *1. Systematik*

Die grundsätzliche Systematik des Entwurfs, die Einteilung in die drei Bücher (Verbrechen und Vergehen, Übertretungen und Gemeinschädliches Verhalten) wird bei der Besprechung der einzelnen Bücher erörtert.

Wie bereits in der einleitenden Darstellung des Entwurfs dargestellt, untergliederte sich der Allgemeine Teil des Ersten Buches über die Verbrechen und Vergehen in zehn Abschnitte[3]. Die Regelungen gruppierten sich um die Grundbegriffe: *Strafgesetz, strafbare Handlung* (und ihre einzelnen Voraussetzungen) und *Strafe* (Strafarten, Maßregeln der Besserung und Sicherung etc)[4].

Der E 1922 strukturierte die einzelnen Vorschriften aber abweichend von seinem Vorgänger:

Unterteilte der E 1919 noch in drei Abschnitten die „Geltung der Strafgesetze" (1. Abschnitt), die „Einteilung der strafbaren Handlungen" und „Ort und Zeit der Tat" (2. Abschnitt) sowie „Sprachgebrauch" (3. Abschnitt), so faßte der E 1922 diese Vorschriften in einem Anschnitt (*Das Strafgesetz*) unter veränderter Reihenfolge zusammen. Entsprechend behandelte der 2. Abschnitt des E 1922 wie der 4. Abschnitt des E 1919 die *strafbare Handlung*[5] und schloß die Regelungen über den Versuch an (5. Abschnitt).

Der 6. Abschnitt behandelte die *Teilnahme*, wobei dieser Titel schon auf die Abweichung zu seinem Vorgänger hinwies, dieser besprach in seinem 6. Abschnitt neben der Teilnahme auch die Täterschaft.

In den anschließenden Abschnitten nahm der E 1922 eine Reihe von Umstellungen vor: Hatte sein Vorgänger nach den Regelungen zur Täterschaft und Teilnahme die Konkurrenzen behandelt, so schlossen sich im E 1922 an die *Teilnahme* zunächst die Abschnitte über die Strafen (5. Abschnitt), den bedingten Straferlaß (6. Abschnitt) und die Maßregeln der Besserung und Sicherung (7. Abschnitt) an. Der 8. Abschnitt befaßte sich schließlich mit dem *Zusammentreffen mehrerer Gesetzesverletzungen.* Daran anschließend wurde die Strafbemessung behandelt (9. Abschnitt).

---

3 1. Abschnitt: Das Strafgesetz (§§ 1–11); 2. Abschnitt: Die strafbare Handlung (§§ 12–22); 3. Abschnitt: Versuch (§§ 23–24); 4. Abschnitt: Teilnahme (§§ 25–28); 5. Abschnitt: Strafen (§§ 29–34); 6. Abschnitt: Bedingter Straferlaß (§§ 35–41); 7. Abschnitt: Maßregeln der Besserung und Sicherung (§§ 42–62); 8. Abschnitt: Zusammentreffen mehrerer Gesetzesverletzungen (§§ 63–66); 9. Abschnitt: Strafbemessung (§§ 67–77) und 10. Abschnitt: Verjährung (§§ 78–84).

4 Die Gruppierung um diese drei Grundbegriffe wurde von *Kohlrausch* als „üblich und richtig" bezeichnet. *Kohlrausch*, in: Aschrott / Kohlrausch, Reform des Strafrechts, S. 3 (12).

5 Der E 1919 betitelte den entsprechenden Abschnitt noch mit „Die Straftat".

Der E 1919 hatte hier eine abweichende Struktur besessen: Er behandelte in Anschluß an die Konkurrenzen (7. Abschnitt) den Strafantrag (8. Abschnitt) und dann den Kernbereich um die Rechtsfolgen: die Strafen (9. Abschnitt), die bedingte Strafaussetzung und vorläufige Entlassung (10. Abschnitt), die Nebenstrafen und Nebenfolgen (11. Abschnitt), die Maßregeln der Besserung und Sicherung (12. Abschnitt) und die Strafbemessung (13. Abschnitt).

Der Allgemeine Teil des Ersten Buches schloß mit den Regelungen über die Verjährung (10. Abschnitt).

Wie bereits erwähnt, enthielt der E 1922 im Gegensatz zu seinem Vorgänger keinen Abschnitt mehr über den Strafantrag (8. Abschnitt E 1919)[6], die Nebenstrafen und Nebenfolgen (11. Abschnitt E 1919)[7] und Regelungen über Kinder und Jugendliche (15. Abschnitt E 1919)[8].

### *2. Sprache*

Der Allgemeine Teil zeichnete sich – abgesehen von den Legaldefinitionen in § 11 E 1922, die der Präzisierung der Tatbestände des Besonderen Teils dienten[9] – dadurch aus, daß er viele Begriffe im Gegensatz zu seinem Vorgänger nicht definierte:

So verzichtete der E 1922 bei der Bestimmung der Grundvoraussetzungen darüber, wann eine Handlung strafbar sein sollte, fast auf jegliche Begriffser klärungen[10]. So existierten keine positiven Legaldefinitionen der Begriffe Schuld, Vorsatz und Fahrlässigkeit[11].

---

6 Es war bei der Entwurfsfassung bewußt auf strafprozessuale Vorschriften verzichtet worden. Der Entwurf legte zwar fest, welche Vorschrift nur auf Verlangen oder mit Zustimmung des Verletzten verfolgt werden konnten, die Regelung des Antragsverfahrens sollten aber durch das noch folgende Einführungsgesetz in die Strafprozeßordnung eingegliedert werden. *Radbruch*, Bemerkungen, S. 52.

7 Der Abschnitt über die Nebenstrafen und Nebenfolgen des E 1919 regelte u.a. die Aberkennung von bürgerlichen Ehrenrechten. Diese Möglichkeit bestand nach dem E 1922 nicht mehr. Näheres zu den Rechtsfolgen siehe im 6. Kapitel.

8 Die strafrechtliche Behandlung Jugendlicher sollte dem Jugendgerichtsgesetz obliegen, das zur Zeit der Fertigstellung des Entwurfs dem Reichsrat vorlag. Siehe: *Radbruch*, Bemerkungen, S. 52.

9 Die Legaldefinitionen finden deshalb erst bei der Erörterung des Besonderen Teils nähere Erwähnung.

10 Der Entwurf bestimmte aber wie sein Vorgänger, wann ein Täter nicht zurechungsfähig war. Die Definition der Unzurechungsfähigkeit war „von einer unwesentlichen Änderung abgesehen, aus dem österreichischen Entwurf vom Jahre 1912 übernommen" worden. Siehe *Kadečkas* Bericht in: Österreichisches Staatsarchiv, Allg. Verwaltungsarchiv, Justizministerium, Karton Nr. 985, Fortl. Blatt 31.

11 Auf diese Definitionen war bewußt verzichtet worden. Siehe hierzu *Radbruch*, Bemerkungen, S. 61 und auch die Ausführungen hierzu unter A) I. 3. a).

Auch im Abschnitt über die Teilnahme wurden dogmatisch motivierte Begriffe reduziert: so fanden die Rechtsfiguren der mittelbaren Täterschaft und der Mittäterschaft keine Erwähnung mehr, die Täterschaft wurde nur indirekt im Rahmen der Anstiftung definiert[12].

### *3. Besonderheiten*

#### *a) Durchführung des Schuldprinzips*

Aus dem Bestreben, dem Richter die Rolle des „scharfblickenden Kenners und wegsicheren Führers von Menschenseelen" zukommen zu lassen, forderte *Radbruch* die Betonung des Schuldprinzips[13]. Aufgrund dessen sollte

> „[...] der Entwurf auch das Verbrechen als ein zwar sichtbar körperliches Ereignis, aber zugleich Zug für Zug als ein Ereignis im Seelenleben seines Täters erfassen. Es mußte mit anderen Worten das Schuldprinzip restlos durchgeführt werden."[14]

Einen Aspekt der Durchführung stellte die angestrebte Beseitigung der Reste der Erfolgshaftung dar: Im Gegensatz zum geltenden Recht, das auch unvorhersehbare, zufällige, unverschuldete Folgen für eine strengere Strafdrohung ausreichen ließ, wurden nach § 15 E 1922 straferhöhende Folgen einer Tat dem Täter nur dann zugerechnet, wenn er sie wenigstens fahrlässig verursacht hatte. Im Rahmen der Strafzumessung wurden die Folgen der Tat nach § 67 nicht mehr als straferhöhende Umstände im Rahmen der Strafzumessung berücksichtigt[15]; nach § 76 Abs. 2 E 1922[16] konnten „ungewöhnlich" schwere Folgen nur dann einen besonders schweren Fall begründen, wenn sie verschuldet waren.

Als Konsequenz, daß der Entwurf im Gegensatz zum geltenden Recht den „zur Schuld nicht zurechenbaren Erfolg" nicht als strafschärfend einstufte, legte er „das dem Täter nicht zum Verdienst zurechenbare Ausbleiben des Erfolges" aber auch nicht strafmildernd aus und stellte darausfolgend auch den Versuch

---

12 Die genaue Ausgestaltung und die Gründe hierfür werden in diesem Kapitel noch ausführlicher erörtert.

13 *Radbruch*, Bemerkungen, S. 60.

14 *Radbruch*, Bemerkungen, S. 60.

15 Das Gericht sollte nach § 67 S. 1 E 1922 abwägen, „inwieweit die Tat auf einer verwerflichen Gesinnung oder Willensneigung des Täters und inwieweit sie auf Ursachen beruht[e], die dem Täter nicht zum Vorwurf gereich[t]en".

16 § 76 Abs. 2 E 1922 lautete:
„Ein besonders schwerer Fall liegt vor, wenn der verbrecherische Wille des Täters ungewöhnlich stark und verwerflich und die Tat wegen der besonderen Umstände ihrer Begehung oder wegen ihrer verschuldeten Folgen besonders strafwürdig ist."

der Vollendung in der Strafe gleich[17]. Die Milderung der Strafe wurde nur noch in den Fällen angenommen, in denen „das Ausbleiben des Erfolges wohl auch die Folge eines Mangels an entschiedenem Erfolgswillen“ gewesen sein konnte: § 23 Abs. 2 E 1922 legte fest, daß der Versuch milder als die Vollendung bestraft werden konnte[18]. Der Entwurf verfolgte nach den *Bemerkungen* die subjektive Versuchslehre[19], d.h. die „Strafwürdigkeit des Versuchs“ war „in dem durch ihn offenbarten bösen Willen“ zu suchen[20]. Danach sollte der untaugliche Versuch generell strafbar sein, jedoch eine Ausnahme in den Fällen des aus grober Unwissenheit begangenen untauglichen Versuchs zugelassen werden (§ 23 Abs. 4 E 1922[21])[22].

Auch wurde eine Modifizierung der Vorschriften über Täterschaft und Teilnahme vorgenommen mit dem Ziel, die Differenzierung zwischen den einzelnen Beteiligten unter Abwägung ihrer Schuld dem Richter anhand der allgemeinen Strafzumessungsgründe zu überlassen[23]. Der Entwurf stellte die Täterschaft der Beihilfe „in der Strafe grundsätzlich gleich“ (§ 26 E 1922) und

---

17 *Radbruch*, Bemerkungen, S. 60.

18 Näheres zur Strafmilderung bestimmte § 72 E 1922:

„Kommt eine der Vorschriften zur Anwendung, nach denen die ordentliche Strafe gemildert werden kann oder muß, so tritt an die Stelle von lebenslangem strengen Gefängnis strenges Gefängnis nicht unter drei Jahren. Ist eine zeitige Freiheitsstrafe angedroht, so darf höchstens auf die Hälfte des angedrohten Höchstmaßes erkannt werden. Ist ein erhöhtes Mindestmaß angedroht, so kann auf das gesetzliche Mindestmaß herabgegangen werden.

Bei Vergehen kann das Gericht statt der Freiheitsstrafe auf Geldstrafe erkennen, wenn der Strafzweck durch eine Geldstrafe erreicht werden kann.“

19 Die subjektive Versuchslehre wurde hauptsächlich vom Reichsgericht vertreten: RG 1, 439 (441); 8, 198 (203); 17, 158 (159 f.); 24, 382 (383); 33, 321 (323); 38, 423 (425); 42, 92 (93) ; 47, 189 (191); 49, 16 (20); 50, 35 (36); 58, 302 (303); 60, 136 (138).

20 *Radbruch*, Bemerkungen, S. 59.

21 § 23 Abs. 4 E 1922 lautete:

„Der Versuch bleibt straflos, wenn der Täter die Tat aus grober Unwissenheit an einem Gegenstand oder mit einem Mittel versucht hat, an oder mit dem die Tat überhaupt nicht ausgeführt werden kann.“

22 Darüber hinaus gewährte der Entwurf noch für den Fall des untauglichen Versuchs der Abtreibung in weiterem Umfange Straffreiheit, was „besonderen, in diesem Delikt gelegenen Gründen“ gerechtfertigt wurde (*Radbruch*, Bemerkungen, S. 60 f.). § 225 Abs. 3 E 1922 lautete:

„Der Versuch ist strafbar. Ein strafbarer Versuch liegt nicht vor, wenn die Frau, welche die Abtreibung versucht oder an der sie versucht wird, nicht schwanger ist oder wenn die Abtreibung mit dem angewendeten Mittel, Werkzeug oder Verfahren überhaupt nicht ausgeführt werden kann.“

23 *Radbruch*, Bemerkungen, S. 61.

fügte den Begriff der mittelbaren Täterschaft in die Anstiftung ein[24]. Gleichzeitig sollte die „Akzessorietät der Teilnahme“, d.h. die Abhängigkeit der Strafbarkeit der Teilnahme von der Strafbarkeit der Haupttat aufgegeben werden (§ 27 E 1922)[25].

Ebenso aus der Überlegung heraus, daß dem Richter eine möglichst weite Kompetenz bei der Bestimmung der Strafe nach Maßgabe der Schuld zugesprochen werden sollte, wurde die Unterscheidung zwischen Real- und Idealkonkurrenz im herkömmlichen Sinne aufgehoben und es ihm ermöglicht, in beiden Fällen des Zusammentreffens eine einheitliche Strafe zu bilden[26]. Schließlich sollte die Schuldlehre verfeinert werden, indem neben den Tat- der Rechtsirrtum in den Entwurf (§ 13 E 1922) aufgenommen wurde, wobei das Bewußtsein der Rechtswidrigkeit als Bestandteil des Vorsatzes verstanden wurde[27].

Um diese Ausprägungen des von *Radbruch* so benannten Schuldprinzips näher untersuchen zu können, muß gefragt werden, auf welche Facette des Schuldprinzips abgestellt wurde und was *Radbruch* selbst unter Schuld verstand.

### *aa) Funktionen des Schuldbegriffs*

Die Schwierigkeit, die sich im Falle des Schuldbegriffs ergibt, ist dessen vielfältige Verwendung[28]. An dieser Stelle soll daher nur kurz festgestellt werden, welche Funktionen des strafrechtlichen Schuldbegriffs[29] für die Regelungen des Entwurfs relevant sind.

---

24 *Radbruch*, Bemerkungen, S. 61.

25 Ob die Akzessorietät wirklich beseitigt oder vielmehr nur limitiert wurde, wird auch Gegenstand der sich anschließenden Untersuchung sein.

26 *Radbruch*, Bemerkungen, S. 61.

27 *Radbruch*, Bemerkungen, S. 61.

28 Neben der Verwendung des Begriffs „Schuld“ in den außerjuristischen Disziplinen wie z.B. der Literaturwissenschaft, Theologie, Psychologie, Psychiatrie, Anthropologie und Philosophie, ist aber auch der zivilrechtliche Schuldbegriff von dem des Strafrechts zu trennen. S. *Achenbach*, Schuldlehre, S. 1.

29 Innerhalb des Strafrechts kann zunächst zwischen dem prozessualen und dem materiellrechtlichen Schuldbegriff getrennt werden. Der prozessuale Schuldbegriff, der die „Schuldfrage“ nach § 263 StPO umfaßt, hat die Aussage, daß der Täter der Begehung der Tat überführt werden konnte, und eine Strafe nach den Gesetz zu erwarten hat. *Frank* hatte einen Einfluß des prozessualen auf den materiellen Schuldbegriff angenommen (Über den Aufbau des Schuldbegriff, S. 7), *Achenbach* bezeichnet es aber als gesicherte Erkenntnis seit der Auseinandersetzung mit *Franks* Ansicht, daß dem prozessualen Schuldbegriff für das materielle Recht keinerlei Bedeutung mehr zugesprochen werde. Siehe: *Achenbach*, Schuldlehre, S. 1.

Es werden in erster Linie Fragen des strafbegründenden materiellen Schuldbegriffs zu erörtern sein[30]: Als Element der Strafbegründung hat die Schuld die Aufgabe, im individuellen Fall die Strafe des einzelnen Täters zu begründen bzw. auszuschließen und ist zugleich „wesentliches Moment des Anknüpfungstatbestandes für die Strafverhängung“[31]. Dieser Schuldbegriff behandelt das „Ob“ der Strafe[32] und befaßt sich mit der individuellen Zurechnung des Unrechts. Die Merkmale der Schuld im strafrechtlichen System sind Gegenstand dieses Schuldbegriffs, der auch die im herkömmlichen Sinne gängigen Fragen danach aufweist, welche Position die Zurechungsfähigkeit einnimmt, die Rolle von Vorsatz und Fahrlässigkeit als Schuldformen etc.[33].

---

30 Bezogen auf das materielle Strafrecht sind verschiedene Funktionen und Begrifflichkeiten von „Schuld“ zu unterscheiden: Der reinen materiellen Strafrechtsdogmatik vorgeschaltet ist das sog. Schuldprinzip bzw. die sog. Schuldidee, welches als Grundlage auch in die Überlegungen der weiteren Analyse mit hineinspielt. Der Begriff „Schuldidee“ ist von *Arthur Kaufmann* verwandt worden. (Siehe: *Kaufmann*, Unrechtsbewußtsein, S. 33 f.) *Kaufmann* stellte fest, daß die Schuldfrage ein rechtsphilosophisches Problem sei und dies eine „metajuristische“ Betrachtungsweise erfordere. Der Begriff der Schuld könne sich nicht aus dem Strafgesetzbuch selbst, sondern nur aus dem Wesen des unabhängigen kriminellen Unrechts ergeben. Dieser Schuldbegriff beruht auf den rechtstheoretischen und rechtsphilosophischen Wurzeln des Strafrechts, der Strafrechtstheorie und den Straftheorien, sowie anthropologischen und soziologischen übergreifenden Prinzipien (*Achenbach*, Schuldlehre, S. 3). Das Schuldprinzip ist ein „überpositives Regulativ von materialer Struktur“ (*Achenbach*, Schuldlehre, S. 3), das sich in dem Grundsatz „nulla poena sine culpa“ – der verfassungsrechtlich anerkannt ist (BVerfGE 20, 323, 331) – niederschlägt. Die Schuld ist hier Grundlage und zugleich Grenze der staatlichen Strafgewalt, sie dient als Rechtfertigung für den staatlichen Eingriff in die persönliche Freiheit des Einzelnen. In diesen Kontext sind die Fragen einzuordnen, die sich damit befassen, warum eine Strafe verhängt wird, wie z.B. die Frage nach der Bewertung der Auffassung von der Einzeltat bzw. Charakterschuld, nach der Willensfreiheit oder nach dem „Schuldcharakter“ von Konstellationen wie z.B. der unbewußten Fahrlässigkeit (*Achenbach*, Schuldlehre, S. 3).

31 *Achenbach*, Schuldlehre, S. 4.

32 *Roxin*, Strafrecht AT I, S. 876 Rn. 54.

33 *Achenbach*, Schuldlehre, S. 5. Von dem Begriff der Strafbegründungsschuld abzugrenzen sind die innerhalb der materiellen Strafrechtsdogmatik verwendeten Begriffe der Strafzumessungsschuld bzw. Strafmaßschuld, welche auch im Bereich der Rechtsanwendung eine Rolle spielen. Die Strafzumessungsschuld bzw. Strafmaßschuld stellt den Anknüpfungspunkt für die richterliche Strafzumessung da und enthält damit alle Momente, die für die Strafhöhe im konkreten Fall ausschlaggebend sind (*Achenbach*, Schuldlehre, S. 4). An dieser Stelle eröffnen sich die Fragen wie nach dem Gewichtung der vorsätzlichen Tat gegenüber der fahrlässigen schwerer bezüglich ihres jeweiligen Schuldgehalts oder nach der Bedeutung des Handlungs- und Erfolgswertes für die Schuld (*Achenbach*, Schuldlehre, S. 3). Im heutigen StGB findet dieser Grundsatz in § 46 Abs. 1 seinen Niederschlag, wonach die Schuld des Täters Grundlage für die Zumessung der Strafe ist.

#### *bb) Entwicklung des Schuldbegriffs*

Im folgenden sollen ohne Anspruch auf Vollständigkeit die Grundpositionen der zu Entwurfszeiten relevanten Debatte dargestellt werden.

##### *(1) Psychologischer und normativer Schuldbegriff*

Die Herausbildung der Schuld als eigenständiges Element im Deliktsaufbau vollzog sich erst, als strafrechtsdogmatisch die Trennung von Unrecht und Schuld ihre Befürwortung fand[34]. Diese Differenzierung beruhte auf dem Verständnis des „klassischen Strafrechtssystems", wonach alle objektiven Merkmale des Delikts Teil des Unrechts und alle subjektiven Aspekte Teil der Schuld waren[35].

Von diesem Ausgangspunkt wurde – beruhend auf dem naturalistischen Standpunkt, der die Rechtsbegriffe aus „naturwissenschaftlich faßbaren empirischen Gegebenheiten" herleitete – der sog. psychologische Schuldbegriff entwickelt. Nach der psychologischen Schuldauffassung[36] stellte sich die Schuld als psychische Beziehung des Täters zur Tat dar; diese Beziehung wurde auf ihre objektive Bedeutung reduziert, sie erschöpfte sich „im seelischen Spiegelbild von der Wirklichkeit"[37]. Entscheidend war der psychische Sachverhalt, es wurde auf das Wissen bzw. Nichtwissen, das Wollen bzw. das Nichtwollen des Täters abgestellt, Vorsatz und Fahrlässigkeit waren Schuldarten. Die Zurechnungsfähigkeit galt hingegen als „Schuldvoraussetzung" bzw. „Schuldfähigkeit" oder „Strafvoraussetzung"[38].

Zu Beginn des 20. Jahrhunderts begründete *Frank* durch seine Schrift „Über den Aufbau des Schuldbegriffs"[39] den normativen Schuldbegriff. *Frank* entwickelte seine Auffassung aus der Analyse des vorherrschenden psychologischen Schuldbegriffs und der damit verbundenen „Beschränkung des

34 *Roxin*, Strafrecht AT I, S. 855 Rn. 10.

35 *Roxin*, Strafrecht AT I, S. 855 Rn. 10.

36 *v. Buri*, Ueber Causalität und deren Verantwortung, Leipzig 1873; *v. Liszt*, Lehrbuch des Deutschen Strafrechts, 2. Auflage, S. 147, zu den differierenden Formulierungen *v. Liszts* in seinem Lehrbuch siehe: *Achenbach*, Historische und dogmatische Grundlagen der Schuldlehre, S. 38 ff; *Löffler*, Die Schuldformen des Strafrechts in vergleichend-historischer und dogmatischer Darstellung, Band I, Leipzig 1895; *Radbruch* – wie auch im folgenden gezeigt wird, „Über den Schuldbegriff", ZStW 24 (1904), S. 333–348, GRGA Bd. 7 (Strafrecht I), S. 207 ff.

37 Schönke / Schröder-*Lenckner*, Vorbem §§ 13 ff., Rn. 113 (27. Auflage); *Wessels / Beulke*, Rn. 406.

38 *Roxin*, Strafrecht AT I, S. 855 Rn. 10.

39 Diese Schrift stammte aus dem Jahr 1907.

Schuldbegriffs auf psychische Beziehungen"[40]. Als eine der Schwachstellen ermittelte er den entschuldigenden Notstand:

> „Denn umfaßt der Schuldbegriff nichts weiter als die Summe von Vorsatz und Fahrlässigkeit, und bestehen diese in der bewußten oder unvorsichtigen Herbeiführung des Erfolgs, so bleibt es ganz unverständlich wie die Schuld durch den Notstand ausgeschlossen werden könnte. Denn auch der im Notstand handelnde Täter weiß, was er tut. Ihm den Vorsatz in dem mitgeteilten Sinne absprechen heißt einfach unlogisch sein."[41]

Einen anderen Kritikpunkt an der psychologischen Schuldauffassung stellte nach *Frank* die Annahme dar, daß die Zurechnungsfähigkeit eine Schuldvoraussetzung und damit Voraussetzung der Schuldarten Vorsatz und Fahrlässigkeit sei[42]. Denn auch ein Geisteskranker und damit Unzurechnungsfähiger könne eine Handlung wollen und seine Vorstellung die Merkmale umfassen, die die Handlung zum Verbrechen machen würden, er könne sogar wissen, daß die Handlung ein Verbrechen sei[43]. Die Dreiecksbeziehung von Strafe, Schuld und Zurechnungsfähigkeit wurde von *Frank* in folgenden Kontext gesetzt:

> „Freilich waltet ein Zusammenhang zwischen Zurechnungsfähigkeit und Strafe ob, aber dieser Zusammenhang ist kein anderer als der zwischen Schuld und Strafe: nur der Schuldige ist strafwürdig und strafbar, und zur Schuld gehört die Zurechnungsfähigkeit. Sie ist nicht Schuldfähigkeit, nicht Schuldvoraussetzung, sondern sie gehört zur Schuld."

Er machte den Vorwurf einer rechtswidrigen Handlung von drei verschiedenen Voraussetzungen abhängig[44]: Zum einen sollte eine „normale geistige Beschaffenheit des Täters", d.h. dessen Zurechungsfähigkeit, gegeben sein, woraus diesem bei Vorhandensein zwar aus dessen rechtswidrigem Verhalten „im allgemeinen" ein Vorwurf gemacht werden könne, aber noch nicht für den konkreten Einzelfall. Hinzukommen müsse eine „gewisse konkrete psychische Beziehung des Täters zu der in Rede stehenden Tat oder doch die Möglichkeit einer solchen", „so daß er entweder deren Tragweite" übersah (beim Vorsatz) oder übersehen hätte können (im Falle der Fahrlässigkeit). Darüber hinaus müsse aber noch als weitere Voraussetzung hinzutreten, daß die Umstände, unter denen der Täter gehandelt habe, von normaler Beschaffenheit gewesen seien. Trotz des allgemeinen Vorwurfs einer rechtswidrigen Handlung könnten die begleitenden Umstände im einzelnen Falle eine Gefahr für den Täter oder

---

40 *Frank*, Über den Aufbau des Schuldbegriffs, S. 4.

41 *Frank*, Über den Aufbau des Schuldbegriffs, S. 6.

42 *Frank*, Über den Aufbau des Schuldbegriffs, S. 8.

43 *Frank*, Über den Aufbau des Schuldbegriffs, S. 8

44 *Frank*, Über den Aufbau des Schuldbegriffs, S. 12.

vielleicht auch für eine dritte Person in sich geborgen haben, aus der die verbotene Handlung gerade Rettung verspreche.

Zusammenfassend kennzeichnete *Frank* den Schuldbegriff[45] mit dem Begriff der „Vorwerfbarkeit":

> „Auf der Suche nach einem kurzen Schlagwort, das alle erwähnten Bestandteile des Schuldbegriffs in sich enthält, finde ich kein anderes als Vorwerfbarkeit. Der Ausdruck ist nicht schön, aber ich weiß keinen besseren. [...] Damit wären wir zu dem Satze gelangt: ein verbotenes Verhalten ist jemanden dann zur Schuld anzurechnen, wenn man ihm einen Vorwurf daraus machen kann, daß er es eingeschlagen hat."[46]

### *(2) Schuldbegriff im Sinne Radbruchs*

*Radbruch* hatte sich noch in seiner Zeit als Privatdozent in Heidelberg mit dem Schuldbegriff befaßt[47]. Darin ging er von dem Ausgangspunkt aus, daß der ursprüngliche Schuldbegriff – die beiden „Schuldformen" Vorsatz und Fahrlässigkeit umfassend – mit anderen Verbrechensmerkmalen vermengt worden sei[48]. In seiner Darstellung zeigte *Radbruch* auf, wie sich die Schuld zur Handlung, wie zur Zurechnungsfähigkeit und wie zur Rechtswidrigkeit verhielt, wobei sein Bestreben darin bestand, die „Grenzverwirrung" und irrtümliche Versetzung des Schuldbegriffs mit den einzelnen Elementen zu beseitigen.

In dem zunächst analysierten Verhältnis von Handlung und Schuld forderte er demgemäß eine strikte Trennung des Handlungs- vom Schuldbegriff. In seiner Kritik wandte er sich im ersten Schritt gegen eine Vermengung von Schuld- und Kausalzusammenhang, welche durch die „ältere Doktrin" vollzogen worden sei[49]. *Radbruch* äußerte zum anderen Ablehnung gegenüber den

---

45 Der von *Frank* so dargestellte sog. normative Schuldbegriff erfuhr in der darauffolgenden Zeit noch Modifizierungen: Zum einen wurden von ihm selbst Modifizierungen vorgenommen (siehe hierzu: *Achenbach*, Historische und dogmatische Grundlagen der strafrechtssystematischen Schuldlehre, S. 99–101; *Goldschmidt*, Frank-Festgabe I, S. 428 [428–430]), zum anderen beispielsweise durch *Freudenthal* (Schuld und Vorwurf, 1922) und *Goldschmidt* (Frank-Festgabe I, S. 428 ff.).

46 *Frank*, Über den Aufbau des Schuldbegriffs, S. 11.

47 „Über den Schuldbegriff", ZStW 24 (1904), S. 333–348, GRGA Bd. 7 (Strafrecht I), S. 207 ff.

48 *Radbruch*, Über den Schuldbegriff, in: GRGA Bd. 7 (Strafrecht I), S. 207 (207).

49 Diese nahm – ausgehend von einer Trennung von Bedingung und Ursache – den Willen als Ursache eines Erfolges nur dann an, wenn dieser Erfolg gewollt war. Daraus wurde weiter der Schluß gezogen, daß ein gewolltes Geschehen aber auch immer ein zurechenbares Geschehen sei. Die „ältere Doktrin" rechnete zur Handlung nur den Kausalzusammenhang zwischen Körperbewegung und Erfolg, zur Schuld aber neben dem Schuldzusammenhang zwischen Wille und Erfolg auch den Kausalzusammenhang zwi-

„strafrechtlichen Hegelianern“, die Handlung und Schuld insofern vermischten, als die Handlung zurechenbar, vorsätzlich bzw. fahrlässig und schuldhaft sein müsse und der Schuldbegriff vollkommen im Handlungsbegriff „aufgehe“[50].

Auch dem herrschenden Handlungsbegriff[51] warf er vor, daß er neben dem Kausalzusammenhang zwischen Wille und Erfolg auch den Schuldzusammenhang zwischen Handlung und Willen, also die „Gewolltheit der Körperbewegung“ fordere[52]. Nach *Radbruchs* Vorstellung war eine strikte Trennung zwischen Kausal- und Schuldzusammenhang zu vollziehen: bei beiden seien die drei Stufen Wille, Körperbewegung und Erfolg streng zu unterscheiden[53]. Er forderte – sich auf *Beling*[54] berufend –, daß

> „[…] die Scheidung zwischen Bewirktheit durch den Willen und Gewolltheit, Willenswirkung und Willensinhalt, Kausalzusammenhang und Schuldzusammenhang nicht nur bis zur Körperbewegung, sondern hinauf bis zum Willen durchgeführt werde […].“[55]

*Radbruch* strebte dem folgend die Differenzierung zwischen der reinen Betätigung des Willens und dem Inhalt des Willens an: Erstere sollte zur Handlung gezählt werden, letzterer Gegenstand der Schuld sein[56]. Ohne die strikte Trennung dieser Begrifflichkeiten seien ungeschickte Körperbewegungen, die

---

schen Wille und Körperbewegung. *Radbruch*, GRGA Bd. 7 (Strafrecht I), S. 207 (208 f.).

50 *Radbruch*, Über den Schuldbegriff, in: GRGA Bd. 7 (Strafrecht I), S. 207 (208). Ebenso wandte er sich gegen die von *Merkel* und *Liepmann* vertretene Auffassung, die auch eine Vermengung von Handlung und Schuld vornahm, wobei sie entgegen der Hegelianer die Handlung in den Schuldbegriff einbezogen; die Handlung war danach nicht „begriffnotwendig schuldhaft“, sondern die Schuld wurde zu einer „bestimmt gearteten Handlung“ erklärt (*Radbruch*, GRGA Bd. 7 (Strafrecht I), S. 207 (210).

51 Dieser war nach seiner Darstellung von *Bekker* und *Zitelmann* entwickelt worden und wurde auch von *v. Liszt* vertreten. Die Entwicklung und Inhalt des Handlungsbegriff stellte *Radbruch* in seiner Habilitationsschrift „Der Handlungsbegriff in seiner Bedeutung für das Strafrechtssystem“ dar, GRGA Bd. 7 (Strafrecht I), S. 75 (145 ff.).

52 *Radbruch*, Über den Schuldbegriff, in: GRGA Bd. 7 (Strafrecht I), S. 207 (210).

53 *Radbruch*, Über den Schuldbegriff, in: GRGA Bd. 7 (Strafrecht I), S. 207 (209).

54 *Beling* hatte es entsprechend für die Feststellung über das Vorliegen einer Handlung als ausreichend angesehen, daß „der Täter willentlich tätig geworden bzw. untätig geblieben“ war; *was* er gewollt habe, sei gleichgültig, der Willensinhalt spiele nur für die Frage der Schuld eine Rolle. Siehe *Beling*, Grundzüge des Strafrechts (8. und 9. Auflage), S. 20 f. *Radbruch* zitierte in seinem Aufsatz entsprechend die 2. Auflage von 1902 (dort: S. 38).

55 *Radbruch*, Über den Schuldbegriff, in: GRGA Bd. 7 (Strafrecht I), S. 207 (210).

56 *Radbruch*, Über den Schuldbegriff, in: GRGA Bd. 7 (Strafrecht I), S. 207 (210).

durch den Willen verursacht würden, ohne gewollt zu sein, nicht als fahrlässige Verbrechen qualifizierbar[57].

Im nächsten Schritt befaßte er sich mit der Abgrenzung von Schuld und Zurechnungsfähigkeit. Dabei wandte er sich zunächst gegen die Auffassung der beiden *Hegelianer Berner*[58] und *Köstlin*[59], wonach die Zurechnungsfähigkeit als Willensfähigkeit bzw. als Fähigkeit zu Vorsatz / Fahrlässigkeit verstanden wurde[60].

*Radbruch* entdeckte in dieser Auffassung Schwächen[61]: Die Aufgabe der Zurechnungsfähigkeit als weiteres Verbrechensmerkmal neben Vorsatz und Fahrlässigkeit sei nicht erklärbar, wenn man neben der „Möglichkeit von Vorsatz und Fahrlässigkeit in der Person des Täters" auch noch ihre „Wirklichkeit" – also das Vorliegen von Vorsatz und Fahrlässigkeit – feststellen müsse[62]. Auch eine graduelle Abstufung im Rahmen der Zurechungsfähigkeit schied für *Radbruch* hiernach aus, weil es im Falle des tatsächlichen Vorliegens von Vorsatz bzw. Fahrlässigkeit unerheblich sei, wie es sich mit dem Grad ihres *möglichen* Vorliegens, der Zurechungsfähigkeit, verhalte[63].

Jedoch sei damit noch nicht endgültig nachgewiesen, daß die Zurechnungsfähigkeit nicht zum Schuldbegriff gehöre. Er gestand zu, daß sie neben der Zurechenbarkeit ein selbständiges Element der Schuld sein könnte, wenn man von der Schuld eben diese beide Elemente fordere – Zurechenbarkeit der Tat und Zurechnungsfähigkeit des Täters[64]. Die Zurechnungsfähigkeit sei dann nicht mehr „doli et culpae capacitas", aber dennoch Schuldfähigkeit[65]. Von dieser Warte aus könne zwar geklärt werden, „*was* das Gesetz als Voraussetzung

57 *Radbruch*, Über den Schuldbegriff, in: GRGA Bd. 7 (Strafrecht I), S. 207 (210).

58 *Berner* sieht in der Zurechnungsfähigkeit den Zustand, in „welchem man wollen könne" (*Berner*, Grundlinien der criminalisitischen Imputationslehre, S. 35), wobei er Vorsatz und Fahrlässigkeit als Äußerung als „Vermittlung des Willens zur Tat" ansah (so von *Radbruch*, GRGA Bd. 7 [Strafrecht I], S. 207 [212] zusammengefaßt).

59 Nach *Köstlin* stellte die Zurechnungsfähigkeit die Möglichkeit, zu handeln, was bedeutete mit „Willkühr sich selbst zu bestimmen" und damit eine subjektive Bedingung der Strafbarkeit da. S. *Köstlin*, System des deutschen Strafrechts, S. 133.

60 *Radbruch*, Über den Schuldbegriff, in: GRGA Bd. 7 (Strafrecht I), S. 207 (212).

61 Hier wird die Darstellung auf einige Gegenargumente beschränkt.

62 *Radbruch*, Über den Schuldbegriff, in: GRGA Bd. 7 (Strafrecht I), S. 207 (212).

63 *Radbruch*, Über den Schuldbegriff, in: GRGA Bd. 7 (Strafrecht I), S. 207 (215).

64 *Radbruch*, Über den Schuldbegriff, in: GRGA Bd. 7 (Strafrecht I), S. 207 (216).

65 Diese Annahme sei Bestandteil der u.a. von *v. Liszt* vertretenen Auffassung, wonach die psychische Seite des Verbrechens Schuld sei. *Radbruch*, GRGA Bd. 7 (Strafrecht I), S. 207 (216).

zung der Strafe fordere“, aber nicht, „weshalb das Gesetz sie als Voraussetzung der Strafe fordere“[66]. Nämlich dann, wenn man mit *v. Liszt* annehme, daß

> „[…] die Zurechnungsfähigkeit besage, daß der Täter für die durch die Strafe bezweckte Motivsetzung empfänglich ist. Alsdann verfolgt sie einen ganz anderen Zweck als Vorsatz und Fahrlässigkeit, welche den Begeher einer rechtswidrigen Handlung als sozialgefährlich charakterisieren wollen. Man kann also auf diesem Standpunkt, wenn man die Zurechnungsfähigkeit neben der Zurechenbarkeit zum Merkmal des Schuldbegriffs macht, die Schuld zwar ihrem Wesen nach, als die zum Verbrechen erforderliche psychische Beschaffenheit des rechtswidrig Handelnden, definieren, vermag aber einen einheitlichen Zweck der Schuld nicht anzugeben.“[67]

*Radbruch* verstand damit in Anlehnung an *v. Liszt* die Zurechungsfähigkeit wohl als „Empfänglichkeit für Strafe“ bzw. für die „durch die Strafe bezweckte Motivsetzung“[68] und im Sinne *Feuerbachs* als Bedingung der Strafbarkeit eines Verbrechens[69]. Er begrüßte die Ansicht, daß nicht mehr nur Zurechnungsfähigkeit ohne Vorsatz und Fahrlässigkeit, sondern auch umgekehrt Vorsatz und Fahrlässigkeit ohne Zurechnungsfähigkeit gegeben sein könnten[70].

Schließlich sonderte *Radbruch* auch das Merkmal der Rechtswidrigkeit von dem der Schuld ab: Wie er gezeigt habe, sei die Rechtswidrigkeit nur über den Handlungsbegriff Bestandteil der Schuld geworden und scheide deshalb auch mit ihm automatisch aus[71].

Trotzdem sah er das Problem, die „Schuldformen“ Vorsatz und Fahrlässigkeit unter einen auf sie inhaltlich limitierten „Gattungsbegriff“ zusammenzufassen, woraus er den Schluß zog, daß in dem Schuldbegriff noch ein „fremder

66 *Radbruch*, Über den Schuldbegriff, in: GRGA Bd. 7 (Strafrecht I), S. 207 (216).

67 *Radbruch*, Über den Schuldbegriff, in: GRGA Bd. 7 (Strafrecht I), S. 207 (216).

68 *Radbruch*, Über den Schuldbegriff, in: GRGA Bd. 7 (Strafrecht I), S. 207 (215, 216). Dies deutet *Radbruch* aber auch nur an: „Erst wenn man aufhört, die Zurechungsfähigkeit mit Vorsatz und Fahrlässigkeit in Verbindung zu bringen, kann man überhaupt darüber streiten, ob sie besage, daß der Täter Strafe *verdiene*, oder, daß der Täter für Strafe *empfänglich* sei“ (S. 215). Siehe hierzu: *Achenbach*, Schuldlehre, S. 68 (Fn. 13).

69 *Radbruch* äußerte dies nicht direkt, er zitiert eine solche Aussage *Feuerbachs* als richtige Ansicht. *Radbruch*, Über den Schuldbegriff, in: GRGA Bd. 7 (Strafrecht I), S. 207 (214). Dies wird so auch von *Achenbach* (Schuldlehre, S. 69 (Fn. 14) gedeutet.

70 *Radbruch*, Über den Schuldbegriff, in: GRGA Bd. 7 (Strafrecht I), S. 207 (216).

71 *Radbruch*, Über den Schuldbegriff, in: GRGA Bd. 7 (Strafrecht I), S. 207 (217).

Beisatz“ enthalten sein müsse[72]. Alsdann analysierte er die Begriffe Vorsatz und Fahrlässigkeit, wobei er folgende Definition anführte[73]:

> „Vorsatz ist Wille und Voraussicht, also ein wirklicher psychischer Zustand, Fahrlässigkeit Mangel der normalen Vorsicht, also nicht nur ein wirklicher Seelenzustand, sondern auch die Abweichung dieses wirklichen Seelenzustandes vom normalen, richtigen.“[74]

Anhand dieser Definition zeigte er das Problem auf, das sich für ihn stellte: verstehe man die Schuld als Abweichung des wirklichen vom richtigen Seelenzustande, so könne man den Vorsatz nicht unter den Schuldbegriff fassen; verstehe man die Schuld hingegen nur als einen wirklichen Seelenzustand, falle die Fahrlässigkeit heraus. Darauf aufbauend formulierte er – „offensichtlich von dem gewünschten Ergebnis bestimmt [...]“[75] und etwas unzusammenhängend – die Frage, „welche von den beiden Seiten der Fahrlässigkeit der bereits von einem andern Verbrechensmerkmal gedeckte, mithin aus dem Schuldbegriff ausscheidbare Bestandteil ist“[76].

Die Fahrlässigkeit enthielt *Radbruchs* Charakterisierung nach zwei Elemente: der Fahrlässige müsse erstens „unvorsichtig gewesen“ sein und zweitens müsse er – was als Wertung hinzukomme – „unvorsichtiger gewesen sein als der Normalmensch“[77]. Die letzte Anforderung konkretisierte er dadurch, daß zu dem im Vergleich zum Normalmensch, unvorsichtigeren Verhalten hinzutreten müsse, daß der Fahrlässige „etwas von ihm nicht Vorausgesehenes hätte voraussehen können und sollen“. Diese Anforderung an die Fahrlässigkeit qualifizierte *Radbruch* als eine „Form der Rechtswidrigkeit“[78], denn die „übernormale Unvorsichtigkeit“ sei rechtswidrig[79].

Nach *Radbruchs* Analyse mußte demnach nicht nur der Erfolg rechtswidrig sein, sondern auch der Wille zum Erfolg. Er begründete dies mit dem Vergleich zu den Unterlassungsdelikten; dort sei nicht nur der eingetretene Erfolg, sondern auch das Unterlassen der Handlung, die den Erfolg hätte vereiteln können, rechtswidrig. Ebenso verhalte es sich mit den Fahrlässigkeitsdelikten;

---

72 *Radbruch*, Über den Schuldbegriff, in: GRGA Bd. 7 (Strafrecht I), S. 207 (217).

73 Diese Definition lehnte er an die Ausführungen *Sturms* (Die strafrechtliche Verschuldung, S. 46–51) und *Seufferts* (Ein neues Strafgesetzbuch für Deutschland, S. 46) an.

74 *Radbruch*, Über den Schuldbegriff, in: GRGA Bd. 7 (Strafrecht I), S. 207 (217).

75 *Achenbach*, Schuldlehre, S. 69.

76 *Radbruch*, Über den Schuldbegriff, in: GRGA Bd. 7 (Strafrecht I), S. 207 (218).

77 *Radbruch*, Über den Schuldbegriff, in: GRGA Bd. 7 (Strafrecht I), S. 207 (218).

78 *Achenbach*, Schuldlehre, S. 69.

79 *Radbruch*, Über den Schuldbegriff, in: GRGA Bd. 7 (Strafrecht I), S. 207 (218).

neben die Rechtswidrigkeit des Erfolges trete die „Unterlassung einer inneren Handlung", d.h. die „zur Voraussicht eines voraussehbaren Erfolges nötige Willensanspannung"[80]. *Radbruch* zog unter Annahme dieser doppelten Rechtswidrigkeit für die Fahrlässigkeitsdelikte folgenden Schluß: Das Erfordernis „eines übernormalen Grades der Unvorsichtigkeit" verhalte sich genauso wie das Erfordernis der Rechtswidrigkeit zur Unterlassung. Von letzterem behaupte *v. Liszt* mit Recht, daß dieses nur um den Zusammenhang nicht zu zerstören, in der Lehre vom Unterlassen behandelt werde, aber eigentlich in die Lehre von der Rechtswidrigkeit gehöre[81]. Entsprechend sei das Erfordernis „eines übernormalen Grades der Unvorsichtigkeit" kein Merkmal der Fahrlässigkeit sondern der Rechtswidrigkeit der fahrlässigen Handlung[82]. Den Fahrlässigkeitsbegriff kennzeichnete damit nur noch das Element der Unvorsichtigkeit (der „Nicht-Voraussicht des voraussehbaren Erfolges") und der Schuldbegriff war auf die Merkmale Vorsatz und Fahrlässigkeit limitiert[83]. Es fügt sich schließlich eine angedeutete Definition des Schuldbegriffs an[84]:

> „[...] der Gemütszustand, der eine Handlung als für den Handelnden charakteristisch erscheinen läßt, und, wenn jede Handlung eine rechtswidrige, die aus ihr zu erschließende Gesinnung eine antisoziale ist, als Schuld bezeichnet wird."[85]

Dieser als rein psychologisch ausgerichtete (bzw. als solcher beabsichtigte) Schuldbegriff *Radbruchs* hat berechtigterweise Kritik erfahren[86]. An dieser Stelle sollen nur zwei Aspekte der Auseinandersetzung erwähnt werden. Zum einen ist die von *Radbruch* in Anschluß an *v. Liszt* definierte Zurechnungsfähigkeit als Straffähigkeit benannt. Wäre dies der Fall, so würde nicht der Tatzeitpunkt, sondern der Zeitpunkt des Strafantritts für die Beurteilung der Zurechnungsfähigkeit maßgeblich sein; der bei der Tatbegehung unzurechungsfähige Täter würde bei zwischenzeitlicher Besserung seines Zustandes

80 *Radbruch*, Über den Schuldbegriff, in: GRGA Bd. 7 (Strafrecht I), S. 207 (218).

81 *v. Liszt*, Lehrbuch des Deutschen Strafrechts (14./15. Auflage), S. 133 (Fn. 4).

82 *Radbruch*, Über den Schuldbegriff, in: GRGA Bd. 7 (Strafrecht I), S. 207 (220).

83 *Radbruch*, Über den Schuldbegriff, in: GRGA Bd. 7 (Strafrecht I), S. 207 (220). *Achenbach* sieht neben Vorsatz und Fahrlässigkeit noch den „Willensinhalt" als Element des *Radbruch*schen Schuldbegriffes an. S. *Achenbach*, Schuldlehre, S. 69.

84 *Radbruch* bezeichnet dies nicht ausdrücklich als eine Definition seines Schuldbegriffs.

85 *Radbruch*, Über den Schuldbegriff, in: GRGA Bd. 7 (Strafrecht I), S. 207 (220).

86 So z.B. *Dohna*, GS 65 (1905), S. 304 (307 ff.); *Hegler*, ZStW 36 (1915), S. 184 (194, Fn. 80); *v. Liszt / Schmidt*, Lehrbuch des Deutschen Strafrechts (25. Auflage), S. 214 (Fortsetzung Fn. 8); *Mezger*, Lehrbuch S. 250; *Roeder*, Schuld und Irrtum, S. 54; *Mittermaier*, Kritische Beiträge zur Lehre von der Strafrechtsschuld, S. 33 f.; *Wolf*, Strafrechtliche Schuldlehre (1. Teil), S. 52 f.

bestraft[87]. Zum anderen ist es schwerlich möglich, die *Fahrlässigkeit* unter den psychologischen Schuldbegriff *Radbruchs* einzuordnen[88]. Er beseitigt zwar das normative Element aus der Fahrlässigkeit, übersieht jedoch, daß auch in seinem Begriff der „Unvorsichtigkeit" bei der Fahrlässigkeitsdefinition immer auch eine Bewertung, damit immer auch eine normative Komponente erhalten bleibt[89].

Inwiefern dieser von *Radbruch* entwickelte Schuldbegriff Niederschlag in dem Entwurf fand, wird zu zeigen sein.

### *b) Irrtum*

#### *aa) E 1922*

Der „Verfeinerung der Schuldlehre" sollte zum einen die Regelung des § 13 E 1922 dienen, welche neben dem Tatirrtum auch den Rechtsirrtum umfaßte[90]. § 13 Abs. 1 E 1922 besagte, daß ein Irrtum, der den Täter nicht das Unerlaubte seiner Tat erkennen ließ, die Bestrafung wegen vorsätzlicher Begehung ausschloß. Nach § 13 Abs. 2 E 1922 waren die Vorschriften über fahrlässige Handlungen anwendbar, wenn der Irrtum auf Fahrlässigkeit beruhte. Die endgültige Vorschrift ähnelte damit derjenigen, die bei der Besprechung

87 *Kaufmann*, Das Unrechtsbewußtsein in der Schuldlehre des Strafrechts, S. 91.

88 *Radbruch* hat dieses sogar zu einem späteren Zeitpunkt selbst zugegeben. Er nennt seine Äußerungen den „Versuch einer solchen Auseinandersetzung". S. *Radbruch*, Frank-Festgabe I, S. 158 (167 Fn. 3). Jedoch hat *Radbruch* im Prinzip den psychologischen Schuldbegriff an dieser Stelle nochmals verteidigt: „Mit dem normativen Schuldbegriff wird also der subjektiven Verbrechensseite nicht etwa noch etwas hinzugefügt, was nicht schon in dem psychologischen Zurechnungsbegriff enthalten wäre, irgendein normatives zu den deskriptiven Schuldelementen. Vielmehr bedeutet der normative Schuldbegriff nichts weiter als die Auswertung des durch die psychologische Zurechnung festgestellten charakterologischen Befunds im Sinne der Vorwerfbarkeit – des gleichen charakterologischen Befunds, der vom Standpunkte einer wertungsfreien Sicherungstheorie im Sinne der Gefährlichkeit aufgefaßt wird." *Ders.*, Frank-Festgabe I, S. 158 (168 f.).

89 *Kaufmann*, Das Unrechtsbewußtsein in der Schuldlehre des Strafrechts, S. 92; *Achenbach*, Historische und dogmatische Grundlagen der strafrechtsystematischen Schuldlehre, S. 70 f.; *Hegler*, ZStW 36 (1915), S. 184 (194, Fn. 80); *Dohna*, GS 65 (1905), S. 304 (310); *v. Liszt* / *Schmidt*, Lehrbuch des Deutschen Strafrechts (25. Auflage), S. 214 (Fortsetzung Fn. 8). *Mezger* hat *Radbruch* vorgeworfen, daß dieser zu einem rein psychologischen Begriff von Schuld, der nur Vorsatz und Fahrlässigkeit enthalte, gekommen sei, indem er „echte Schuldbestandteile" wie Voraussetzungen der Fahrlässigkeit und Zurechnungsfähigkeit „künstlich mit einer anderen Etikette" ausgestattet habe. S. *Mezger*, Lehrbuch, S. 250 (Fn. 6).

90 Die Reihenfolge der hier angesprochenen Aspekte der Durchführung des Schuldprinzips wird sich entgegen der von *Radbruch* gewählten Auflistung in den *Bemerkungen* an ihrer Reihenfolge im Entwurf orientieren.

*Radbruchs* mit seinen Mitarbeitern als eines der Ergebnisse vom 19. Mai 1922 festgehalten worden war[91].

Durch § 13 E 1922 hat nach *Radbruchs* Aussage die in Bezug auf das geltende Recht nur von einer Minderheit vertretene Auffassung, daß das Bewußtsein der Rechtswidrigkeit der Tat zum Vorsatz gehöre, ihren Ausdruck im Entwurf gefunden[92]. Der Entwurf legte nicht fest, wann schuldhaftes Handeln vorlag, sondern bestimmte nur die Frage des strafbaren Verhaltens näher[93]; ob Vorsatz und Fahrlässigkeit die beiden Schuldformen bildeten, ist demnach nicht bestimmbar.

§ 13 E 1922 war die einzige Bestimmung, die einen Hinweis auf die Begriffbestimmung des Vorsatzes gab; als eine Negativdefinition wurden die Fälle benannt, bei denen Vorsatz nicht vorlag. Der Entwurf hatte *Radbruchs* Bemerkungen zufolge bewußt dahingehend auf Definitionen verzichtet:

> „Die gesetzliche Definition von Begriffen, deren Umfang völlig unstreitig ist, deren Inhalt, deren Begriffsmerkmale, deren schulmäßige Definition allein den Gegenstand des Streites bildet, wäre ein Machtspruch in einem wissenschaftlichen Streit, in welchem dem Gesetzgeber die Entscheidung nicht zusteht.“[94]

Die Regelung des § 13 E 1922 wurde im E 1925 beibehalten.

---

91 S. Akte BA R 3001/5811, S. 148, wo eine eckige Klammer in der Vorschrift scheinbar die noch bestehende Unschlüssigkeit in der Formulierung kennzeichnete:

> „Nimmt der Täter irrig an, seine Tat [sei nicht verboten oder sie] sei erlaubt, so ist er straffrei.
>
> Beruht der Irrtum des Täters auf Fahrlässigkeit, so finden die Bestimmungen über fahrlässige Handlungen Anwendung.“

92 *Radbruch*, Bemerkungen, S. 61.

93 So u.a. in § 12 E 1922 wonach strafbar war, wer vorsätzlich und fahrlässig gehandelt hatte und in § 16 E 1922, wonach nicht strafbar war, wer zur Zeit der Tat nicht zurechnungsfähig war. Die Frage der Voraussetzungen der Strafbarkeit wird aber noch im Rahmen der Teilnahmeregelungen diskutiert.

94 *Radbruch*, Bemerkungen, S. 61. Auch in der Begründung der gleichlautenden Vorschriften über Vorsatz und Fahrlässigkeit des E 1925 wurde das Problem angesprochen, daß es äußerst schwierig sei, allgemein befriedigende Definitionen der Begriffsmerkmale der strafbaren Handlung wie Vorsatz und Fahrlässigkeit zu finden. Bei den früheren Entwürfen, die eine solche Begriffsbestimmung versucht hätten, sei diese angefochten worden. Darüber hinaus bestehe bei Grenzgebieten der Schuldlehre noch Bedarf, diese näher wissenschaftlich zu erforschen; eine gesetzliche Regelung würde hier frühzeitig die wissenschaftliche Forschung in Schranken weisen. Siehe Begründung zum E 1925, S. 12.

### *bb) Entwicklungslinien*

#### *(1) E 1919 und geltendes RStGB*

Die Vorschriften des E 1919 waren auf eine umfassendere Regelung der Irrtumsproblematik ausgerichtet[95] und sollten zudem die Irrtumslehre vereinfachen[96]. Die Verfasser des Entwurfs wollten nicht mehr nach der Quelle des Irrtums unterscheiden, d.h. tatsächlicher und rechtlicher, strafrechtlicher und außerstrafrechtlicher Irrtum sollten gleichbehandelt werden[97]. Differenziert werden sollte hinsichtlich der Wirkung des Irrtums, es sollte darauf ankommen, „welche Vorstellung des Täters von dem Irrtum beeinflußt worden" war[98].

Aus der Begriffsbestimmung des Vorsatzes[99] sollte sich mittelbar ergeben, daß ein Täter dann nicht vorsätzlich gehandelt habe, wenn er annahm, daß seiner Tat ein zum gesetzlichen Tatbestand gehörendes Merkmal fehle[100]. Zum anderen handelte nach § 11 Abs. 2 E 1919 nicht vorsätzlich, wer irrtümlich

95 So auch die Begründung E 1925, S. 15.

96 Denkschrift zum E 1919, S. 23.

97 Denkschrift zum E 1919, S. 23 f.

98 Denkschrift zum E 1919, S. 24.

99 Der E 1919 bestimmte im Gegensatz zu seinem Nachfolger die Begriffe Vorsatz und Fahrlässigkeit gesetzlich. Nach § 11 Abs. 1 E 1919 handelte vorsätzlich, wer den Tatbestand der strafbaren Handlung mit Wissen und Willen verwirklicht oder die Verwirklichung des Tatbestandes zwar nur für möglich hielt, aber jedoch für den Fall der Verwirklichung mit ihr einverstanden war. Die Fahrlässigkeit war in § 14 E 1919 definiert: „Fahrlässig handelt, wer die Sorgfalt außer acht läßt, zu der er nach den Umständen und nach seinen persönlichen Verhältnissen verpflichtet und imstande ist, und infolgedessen nicht voraussieht, daß sich der Tatbestand der strafbaren Handlung verwirklichen könne, oder, obwohl er dieses für möglich hält, darauf vertraut, daß es nicht geschehen werde."

100 Denkschrift zum E 1919, S. 24. Der Vorsatz sollte hiernach auch entfallen, wenn der Täter über einen sogenannten Komplexbegriff irrte. (Ein Komplexbegriff entspricht ungefähr dem heute sog. normativen Tatbestandsmerkmal, in ihm war die Zusammenfassung einer Reihe tatsächlicher und rechtlicher Erfordernisse in einem kurzen Ausdruck, wie z.B. Urkunde, Beamter usw. beschrieben.) Wenn dieser im Gesetz besonders erläutert sei, wie in §§ 9 und 330 E 1919, so müsse man diese Begriffsbestimmung als in den Tatbestand enthalten hineinlesen. „Selbstverständlich genügt[e] es aber, wie in allen anderen Fällen, daß der Täter die einzelnen Merkmale des Komplexbegriffes nach ihrer tatsächlichen und rechtlichen Seite k[a]nnte; darauf, ob er sie richtig unterordnet[e], z.B. [wußte], daß eine Sache, die er zutreffend als einen Gegenstand beurteilt[e], der durch Schriftzeichen einen Gedankeninhalt zum Ausdruck [brachte], im Sinne des Gesetzes eine Urkunde [war], [kam] es ebensowenig an wie darauf, ob jemand, der die Tatbestandsmerkmale des Betrugs mit Wissen und Willen verwirklicht[e], [wußte], daß seine Handlung ein Betrug [war]." Denkschrift zum E 1919, S. 24.

einen Tatbestand annahm, der nach öffentlichem oder bürgerlichem Recht die Rechtswidrigkeit ausgeschlossen hätte. Nur in diesen beiden Fällen, dem Irrtum über ein Tatbestandsmerkmal und dem Irrtum über das Vorliegen des Tatbestandes eines Rechtfertigungsgrundes, war der Vorsatz ausgeschlossen. Der Entwurf wollte auch hier nicht dahingehend differenzieren, ob es sich um einen tatsächlichen oder rechtlichen Irrtum handelte[101].

Die übrigen Fälle des Irrtums, die der E 1919 erfaßte, bewirkten keinen Vorsatzausschluß: Nach § 12 Abs. 1 E 1919 war die Strafe zu mildern[102], wenn der Täter vorsätzlich handelte, aber auf Grund rechtlichen oder tatsächlichen Irrtums die Tat für erlaubt hielt (§ 12 Abs. 1 E 1919). War der Irrtum unverschuldet, so sollte der Täter straffrei bleiben (§ 12 Abs. 2 E 1919). Für den Irrtum nach § 12 E 1919 wurden nur zwei Konstellationen von der Denkschrift als möglich erachtet:

> „Der Täter nimmt irrig an, seine Tat sei überhaupt nicht verboten oder er weiß zwar, daß seine Handlung im allgemeinen verboten ist, glaubt aber, auf seinen Fall finde dieses Verbot keine Anwendung, es stehe ihm mit anderen Worten ein Rechtfertigungsgrund zur Seite. § 11 Abs. 2 deckt diesen Fall nicht. Dort wäre der Täter gerechtfertigt, wenn seine irrige Annahme der Wirklichkeit entspräche; hier nimmt er dagegen irrig an, das Gesetz kenne einen Rechtfertigungsgrund, den es in Wahrheit nicht kennt."[103]

Das Bewußtsein der Rechtswidrigkeit war nach der Vorsatzdefinition in § 11 Abs. 1 E 1919[104] nicht Bestandteil des Vorsatzes, was auch aus der Denkschrift hervorging[105].

Nicht eindeutig verhielt sich E 1919 bei der Verwendung der Begriffe Vorsatz und Fahrlässigkeit: Nach § 10 E 1919 handelte schuldhaft, wer den Tatbestand einer strafbaren Handlung vorsätzlich oder fahrlässig verwirklichte und zur Zeit der Tat zurechungsfähig war. Vorsatz und Fahrlässigkeit erschienen somit nicht als Schuldformen, sondern neben der Zurechungsfähigkeit als Schuldvoraussetzungen[106]. In der

---

101 Denkschrift zum E 1919, S. 24.

102 Die Milderung war in § 110 E 1919 geregelt.

103 Denkschrift zum E 1919, S. 24.

104 Siehe vorherige Fußnote.

105 Dies geht aus dem abschließenden Resümee der Irrtumsregelung des E 1919 hervor: „Die Regelung der Irrtumslehre, wie sie der Entwurf vorsieht, erreicht im Ergebnis im wesentlichen den gleichen Erfolg, wie er von denen angestrebt wird, die das Bewußtsein der Rechtswidrigkeit zu einem Bestandteil des Vorsatzbegriffs machen oder neben dem Vorsatz zur Strafbarkeit erfordern wollen. Wer aus irgendeinem Grunde sein Tun für erlaubt gehalten hat, ist straffrei, wenn seine irrige Annahme entschuldbar war, und wird, wo dies nicht zutrifft, jedenfalls milder bestraft als der bewußt rechtswidrig Handelnde." Denkschrift zum E 1919, S. 25.

106 *Lillich*, Irrtum über die Rechtswidrigkeit, S. 16.

Begründung zum E 1919 wurde darauf verwiesen, daß es sich hierbei der Sache nach um den Schuldbegriff des Strafrechtskommissionsentwurfs handele, dort seien Vorsatz und Fahrlässigkeit als Schuldarten verstanden und es sei in den Vorschriften über die Zurechnungsfähigkeit von der Formulierung, daß der Täter „nicht schuldhaft" handele, ausgegangen worden[107]. Die Zurechungsfähigkeit wurde auch als Schuldbestandteil bezeichnet[108] und die Unzurechnungsfähigkeit als Schuldausschließungsgrund behandelt[109].

Das damalige Recht sah in § 59 Abs. 1 RStGB vor, daß jemandem, der bei Begehung einer strafbaren Handlung das Vorhandensein von Tatumständen nicht kannte, welche zum gesetzlichen Tatbestand gehörten oder die Strafbarkeit erhöhten, diese Umstände nicht zuzurechnen waren. Für die Bestrafung fahrlässig begangener Handlungen galt diese Bestimmung nur insoweit, als die Unkenntnis selbst nicht durch Fahrlässigkeit verschuldet war (§ 59 Abs. 2 RStGB).

### *(a) Exkurs: Irrtumslehre des Reichsgerichts*

Es stellt sich die Frage, wie die Vorschrift des § 59 RStGB auszulegen war. Einigkeit bestand zwar darüber, daß der Vorsatz durch den Irrtum über den Tatbestand ausgeschlossen wurde[110]; streitig war aber zwischen Rechtsprechung und Rechtslehre der „Irrtum über das Bestehen, die Anwendbarkeit und die Auslegung von Rechtssätzen"[111]. Das Reichsgericht, als Vertreter der Schuldtheorie, war – entgegen der Vorschrift über den Irrtum im E 1922/25 – der Auffassung, daß das Bewußtsein der Rechtswidrigkeit kein Bestandteil des Vorsatzes darstelle und deshalb der Fall fehlenden Unrechtsbewußtseins keinen Vorsatzausschluß nach sich ziehe[112]. Eine Ausnahme wurde nur in den Fällen gemacht, in denen der objektive Tatbestand Merkmale wie „unbefugt" oder „rechtswidrig" aufwies; in solchen Fällen konnte ein Irrtum, also ein Irrtum über die Rechtswidrigkeit, den Vorsatz ausschließen. Anerkannt wurde

---

107 Denkschrift zum E 1919, S. 21.

108 Denkschrift zum E 1919, S. 20.

109 Eher indirekt, s. Begründung zum E 1919, S. 29.

110 Das Reichsgericht faßte unter den Tatirrtum den Irrtum über die Tatumstände des gesetzlichen Tatbestandes einschließlich der rechtfertigenden Tatumstände von „tatsächlicher" Natur. Siehe auch zur Rechtsprechung des Reichsgerichts und dessen Irrtumslehre, sowie auch zur Gesetzgebung der einzelnen Saaten des deutschen Bundes vor dem Reichsstrafgesetzbuch zusammenfassend: BGHSt 2, 194 (197 ff.).

111 Begründung zum E 1925, S. 14.

112 RGSt 55, 96 (96); bezogen auf das Bewußtsein der Rechtswidrigkeit bzw. Pflichtwidrigkeit, das Merkmal eines gesetzlichen Tatbestandes war (hier § 356 RStGB), herrschte Uneinigkeit, ob der Vorsatz dies umfassen mußte: einerseits verneinend RGSt 58, 247 (249) und andererseits bejahend RGSt 62, 289 (296).

vom Reichsgericht also der Irrtum über Tatsächliches, der Tatirrtum. Im Falle des Rechtsirrtums differenzierte das Reichsgericht zwischen dem Irrtum über außerstrafrechtliche Rechtssätze und dem Irrtum über strafrechtliche Rechtsätze, d.h. ein Irrtum über einen juristischen Sachverhalt, der Rechte, Rechtsverhältnisse und rechtliche Beziehungen betraf, die auf außerstrafrechtlichem Gebiete lagen[113], wurde gegenüber einem solchen, der strafrechtliche Rechtssätze betraf, privilegiert und konnte einen Vorsatzausschluß bewirken.

Auch im Falle eines Irrtums über einen Rechtfertigungsgrund wurde vom Reichsgericht unterschieden: Irrte der Täter über die tatsächlichen Voraussetzungen eines Rechtfertigungsgrundes, so irrte er über Tatsachen und es lag ein beachtlicher Tatirrtum bzw. Tatsachenirrtum vor. Der Irrtum über die rechtlichen Voraussetzungen eines Rechtfertigungsgrundes war nur dann beachtlich, wenn es sich um einen außerstrafrechtlichen Rechtfertigungsgrund handelte[114]. Irrtümer über strafrechtliche Rechtfertigungsgründe waren demnach unbeachtlich.

Beim Irrtum über Rechtssätze hatte der Vorentwurf an die Rechtsprechung des Reichsgerichtes angeknüpft. Diese Regelungen waren in der Literatur weitgehend auf Ablehnung gestoßen; allerdings hatte sich im Gegenzug keine herrschend vertretende Lösung über die Behandlung von Rechtsirrtümern herausgebildet[115].

### *(b) Regelung des Irrtums im Nebenstrafrecht*

Eine Ausnahme im Rahmen des geltenden Rechts bildete die Verordnung über die Verfolgung von Zuwiderhandlungen gegen Vorschriften über wirtschaftli-

113 Die Rechtsprechung des Reichsgerichtes mutete jedoch sehr einzelfallorientiert an und ließ eine erkennbare Stringenz vermissen. So befand sich der Täter in einem außerstrafrechtlichen Rechtsirrtum und damit relevanten Irrtum iSv § 59 RStGB, wenn er im Falle des § 140 RStGB über seine Staatsangehörigkeit durch mangelnde Kenntnis oder falsches Verständnis der Regelungen über den Erwerb und Verlust der deutschen Staatsangehörigkeit handelte, denn diese waren Bestandteil des Staatsrechtes, RGSt 42, 26 (27). Im Falle des Irrtums über die Beamteneigenschaft wurde dies unterschiedlich beurteilt, so wurde zunächst häufig ein außerstrafrechtlicher Irrtum angenommen, weil sich die Beamteneigenschaft nach Vorschriften des öffentlichen Rechts bemaß (RGSt 23, 374 [375]), später wurde dies abweichend beurteilt (RGSt 53, 131 [131 f.]; 57, 366 [367]). In einem strafrechtlichen – und damit in einem unbeachtlichen Rechtsirrtum befand sich der Täter u.a., wenn er sich über die Beweiserheblichkeit von Privaturkunden irrte (RGSt 68, 240 [243]), wenn er ein Testament für einen anderen verfaßte, es in dessen Namen unterschrieb und glaubte, daß dies eine vom Recht gebilligte Handlungsweise sei (RGSt 57, 235 [236]). Siehe hierzu auch: *Schroth*, Vorsatz und Irrtum, S. 15 ff.

114 RGSt 61, 242 ff.

115 Begründung zum E 1925, S. 14.

che Maßnahmen[116] vom 18. Januar 1917[117].

Die Irrtumsverordnung von 1917 wurde durch die „Verordnung über [die] Ausdehnung einzelner Verordnungen für die Kriegwirtschaft auf die Übergangswirtschaft vom 12. Februar 1920“[118] ausgedehnt; sie sollte nunmehr auch für alle Strafvorschriften gelten, die vom Rat der Volksbeauftragten bzw. von der Reichsregierung (vom 9. November 1918 bis zum 9. Februar 1919) und infolge der wirtschaftlichen Demobilmachung aufgrund der betreffenden Befugnisse des Demobilamtes bzw. der Reichsministerien, sowie aufgrund des Gesetzes vom 17. April 1919[119] erlassen worden waren[120]. Weitere Ausweitungen wurden durch das Gesetz über den Erlaß von Verord-

---

116 *Binding* kritisierte, daß der Titel der Verordnung an „Länge und Unverständlichkeit“ nicht leicht übertroffen werden könne. S. *Binding*, Die Normen und ihre Übertretung, 3. Bd., S. 387.

117 Die Verordnung lautete:

**„Verordnung über die Verfolgung von Zuwiderhandlungen gegen Vorschriften über wirtschaftliche Maßnahmen.**

(Rechtsirrtums-VO.)

Vom 18. Januar 1917 (RGBl. S. 58)

Der Bundesrat hat auf Grund des § 3 des Gesetzes über die Ermächtigung des Bundesrats zu wirtschaftlichen Maßnahmen usw. vom 4. August 1914 (RGBl. S. 327) folgende Verordnung erlassen:

**§ 1**

Bei Zuwiderhandlungen gegen Vorschriften, die auf Grund des § 3 des Gesetzes über die Ermächtigung des Bundesrats zu wirtschaftlichen Maßnahmen usw. vom 4. August 1914 (RGBl. S. 327) ergangen sind oder noch ergehen, kann die Staatsanwaltschaft, solange die öffentliche Klage nicht erhoben ist, bei dem Gerichte die Einstellung des Verfahrens beantragen, wenn der Beschuldigte in unverschuldetem Irrtum über das Bestehen oder die Anwendbarkeit der übertretenen Vorschrift die Tat für erlaubt gehalten hat.

Über den Antrag entscheidet der Amtsrichter; der Beschluß ist unanfechtbar. Der Beschluß, durch den das Verfahren eingestellt wird, ist dem Beschuldigten bekanntzumachen.

Ist das Verfahren eingestellt, so kann es nur auf Grund neuer Tatsachen oder Beweismittel aufgenommen werden.

**§ 2**

Ist die öffentliche Klage erhoben und erachtet das Gericht die Voraussetzungen des § 1 für gegeben, so hat es die Eröffnung des Hauptverfahrens abzulehnen oder, wenn Voruntersuchung geführt ist, den Angeschuldigten außer Verfolgung zu setzen; ist Strafbefehl beantragt, so hat das Gericht den Antrag abzulehnen.

Ergibt die Hauptverhandlung, daß die Voraussetzungen des § 1 vorliegen, so ist der Angeklagte freizusprechen.

**§ 3**

Diese Verordnung tritt mit dem Tage der Verkündung in Kraft. Der Reichskanzler bestimmt den Zeitpunkt des Außerkrafttretens.“

118 RGBl. 1920, S. 230.

119 Gesetz über die vereinfachte Form der Gesetzgebung für die Zwecke der Übergangswirtschaft vom 17. April 1919; in: RGBl. I 1919, S. 394.

120 *Alsberg*, Preistreibereistrafrecht, S. 254.

nungen für die Zwecke der Übergangswirtschaft vom 6. Februar 1921[121] und den Artikel III der Verordnung zur Ausführung des Artikels VI Abs. 3 des Notgesetzes vom 13. Juli 1923[122] vorgenommen.

Nach § 1 der Irrtumsverordnung konnte die Staatsanwaltschaft bei Zuwiderhandlungen gegen Vorschriften über wirtschaftliche Maßnahmen, solange die öffentliche Klage nicht erhoben war, bei Gericht die Einstellung des Verfahrens beantragen, wenn der Beschuldigte in unverschuldetem Irrtum über das Bestehen oder die Anwendbarkeit der übertretenen Vorschrift die Tat für erlaubt gehalten hatte. Die Verordnung bildete den Gegensatz zu der reichsgerichtlichen Rechtsprechung, die den Irrtum über strafrechtliche Rechtssätze nicht als strafbefreienden Irrtum einstufte[123]. Zudem wurde für den Bereich strafrechtlicher Nebengesetzgebung ein Augenmerk auf das Bewußtsein des Täters, die Tat für erlaubt zu halten, gerichtet bzw. dies als Bestandteil des Vorsatzes verstanden.

Vom Reichsgericht wurde das Element des „Für-erlaubt-haltens" zunächst noch weiter verstanden: Der Täter müsse auch dann wegen unverschuldeten Irrtums hinsichtlich der entsprechenden Vorschrift iSd Verordnung straflos bleiben, wenn er bewußt gegen ein anderes Gesetz verstoßen habe[124]. Später wurde der Begriff enger ausgelegt, es könne sich nicht auf die Irrtumsverordnung berufen, „wer trotz des Irrtums mit dem Bewußtsein des Unerlaubtseins, der Rechtswidrigkeit gehandelt" habe[125]. Es reichte also für die Anwendung der Irrtumsverordnung nicht aus, daß der Täter sich über die Anwendung einer Strafvorschrift und „damit über die Strafbarkeit seiner Handlung nach dieser Bestimmung befunden" habe, er mußte vielmehr in seinem Irrtum die Tat für erlaubt gehalten haben, d.h. der Überzeugung gewesen sein, daß seine Tat durch keine Norm des öffentlichen Rechts verboten sei[126].

Die Folge des Irrtums nach der Verordnung wurde unterschiedlich beurteilt: Nach der Ansicht des Reichsgerichts stellte er einen persönlichen Strafausschließungsgrund dar[127]:

---

121 RGBl. 1921, S. 139.

122 Reichsgesetzblatt I 1923, S. 699.

123 So bezeichnete RGSt 51, 392 (396) die „sonst in der in der Strafrechtspflege herrschende Ansicht".

124 RGSt 51, 363 (369 f.).

125 RGSt 57, 179 (181).

126 RGSt 59, 363 (369).

127 RGSt 59, 363 (369).

„Hält er [der Täter] seine Tat in ihrer besonderen Ausgestaltung auf Grund irgend einer Bestimmung des öffentlichen Rechts, insbesondere einer ihm bekannten anderweitigen Strafvorschrift für verboten, so ist der durch die Irrtumsverordnung geschaffene Strafausschließungsgrund nicht gegeben, und es verbleibt bei der Regel, daß derjenige, welcher in Kenntnis der Tatumstände handelt, die die Handlung nach einem gesetzlichen Tatbestand zu einer strafbaren machen, wegen vorsätzlicher Zuwiderhandlung zu bestrafen ist."

Dabei hatte das Reichsgericht zunächst – wie die Literatur[128] – davon abweichend einen Schuldausschließungsgrund als Folge des Irrtums nach der Verordnung angenommen[129].

*Binding* äußerte die Hoffnung, daß durch die Verordnung die Entschuldbarkeit des Rechtsirrtums auch in der Reichsstrafgesetzgebung in § 59 RStGB Anerkennung finden werde. Die Verordnung sei trotz ihrer „Kleinlichkeit" ein Anfang, „eine in ihrer Verblendung widerspenstige Praxis zum Gesetzesrecht zurückzuführen"[130].

Neben der sog. Irrtumsverordnung regelte § 358 der Reichsabgabenordnung von vom 13. Dezember 1919 die Straffreiheit dessen, der in einem unverschuldeten Irrtum über das Bestehen oder die Anwendbarkeit steuerrechtlicher Vorschriften die Tat für erlaubt gehalten hatte.

### *(3) Die Position Österreichs*

Österreich gab einen entscheidenden Impuls für die Irrtumsregelung: Nach dem Bericht *Kadečkas* über die Beratungen war aufgrund eines österreichischen Antrags der Auffassung, daß das Bewußtsein der Rechtswidrigkeit Bestandteil der Vorsatzes werden sollte, Rechung getragen worden[131]. Auch

---

128 *Lobe*, Einführung in den Allgemeinen Teil des Strafgesetzbuches, S. 104; *Olshausen*, Kommentar zum Strafgesetzbuch, 1. Bd., 1927, S. 327 (32); *Binding*, Die Normen und ihre Übertretung, 3. Bd., S. 391.

129 In RGSt 51, 154 (159) wurde ausgeführt: „Ein unverschuldeter, also nicht schuldbarer Irrtum hierüber schließt jedenfalls den Vorsatz aus." Nach Vorstellung des Reichsgerichts handelte es sich bei Vorsatz um eine Schuldform (s.o.).

130 *Binding*, Die Normen und ihre Übertretung, 3. Bd., S. 394.

131 Österreichisches Staatsarchiv, Allg. Verwaltungsarchiv, Justizministerium, Karton Nr. 985 (Fortl. Bl. 31). Eine Verallgemeinerung der Irrtumsregelung war von österreichischer Seite bereits zu einem früheren Zeitpunkt angestrebt worden: Nach § 8 des Regierungsentwurfes von 1912 galt: „Handelt der Täter im Irrtum über Umstände der Tat, so ist sie nach der Vorstellung des Täters zu beurteilen, wenn diese Beurteilung für den Täter günstiger ist. Beruht der Irrtum auf Fahrlässigkeit, so ist der Täter dafür verantwortlich, sofern das fahrlässige Handeln strafbar ist." Die „erläuternden Bemerkungen" des Entwurfes hoben dies noch einmal deutlich hervor: „Auf die Unterscheidung von Tat- und Rechtsirrtum konnte der Entwurf von seinem Standpunkt aus ebenso verzichten wie auf die weitere von strafrechtlichem und außerstrafrechtlichem Irrtum. Darin liegt ein großer Vorzug, weil diese Entscheidungen des sicheren Kriteriums entbehren, in der Wissenschaft immer mehr angefochten werden und in der Rechtspre-

der österreichische Gegenvorschlag zum Allgemeinen Teil des Ersten Buches spiegelte dieses Verständnis von Vorsatz in § 14 ÖGV[132] deutlich wieder:

**„§ 14**
**Böser Vorsatz.**

Mit bösem Vorsatz verwirklicht den Tatbestand einer strafbaren Handlung, wer die für den Tatbestand wesentlichen Umstände kennt und sich bewußt ist, unrecht zu tun, gleichwohl aber die Tat begehen will, und wer es zwar nur für möglich hält, daß diese Umstände vorliegen oder eintreten könnten und daß seine Tat unrecht sei, jedoch für den Fall, daß diese Annahme zutrifft, mit der Begehung der Tat einverstanden ist.

Mit bösem Vorsatz handelt nicht, wer irrtümlich einen Sachverhalt annimmt, der nach öffentlichem oder bürgerlichem Recht die Rechtswidrigkeit ausschließen würde."

Bis auf Absatz 2 des § 14 ÖGV, wonach der Irrtum über einen Sachverhalt, der den Ausschluß der Rechtswidrigkeit nach öffentlichem oder bürgerlichen Recht bewirkte, traf der ÖGV keine weitere direkte Bestimmung über den Irrtum; es war vielmehr das in Absatz 1 geforderte Bewußtsein, Unrecht zu tun, welches die Irrtumsfrage regeln sollte. Nach den österreichischen Gegenvorschlägen sollte die Zurechnungsfähigkeit nicht als Bestandteil, sondern vielmehr als Voraussetzung der Schuld behandelt werden[133]. Entsprechend dem österreichischen und dem Schweizer Entwurf wurden die Bestimmungen über die Zurechnungsfähigkeit denen über Vorsatz und Fahrlässigkeit voran-

---

chung vielfach zu Unsicherheit und Verwirrung geführt haben. Daß auch ein Rechtsverhältnis einen Umstand der Tat bilden könnte, wird niemand bezweifeln, aber für den Einfluß auf die Zurechung ist es ganz gleichgültig, ob der Gegenstand des Irrtums tatsächlicher oder rechtlicher Natur ist." Zitiert nach *Troemer*, Die Lehre vom Irrtum, S. 74 f.

132 Die Abkürzung **ÖGV** steht für die Österreichischen Gegenvorschläge zum deutschen E 1919. Es wird im folgenden jeweils der in der Akte BA 3001/5915 bzw. – soweit übereinstimmend – der diesem verwandte, in dem Tagungsband der Österreichischen Kriminalistischen Vereinigung (Der Deutsche Strafgesetz-Entwurf, Berichte und Abänderungsvorschläge bei der I. Tagung der Ö.K.V. vom 13. bis 15. Oktober 1921 erstattet von W. Gleispach) aufgeführte Gesetzestext herangezogen. Dessen Numerierung ist größtenteils parallel zu der des E 1919. Im Jahre 1922 wurden die Gegenvorschläge – zum Allgemeinen Teil – auf Anordnung des österreichischen Bundesministeriums für Justiz als „Österreichischer Gegenentwurf zu dem Allgemeinen Teil des Ersten Buches des Deutschen Strafgesetzentwurfes vom Jahre 1919" veröffentlicht. Das Vorwort des Entwurfsdrucks verwies auf die von *Gleispach* herausgegebenen Berichte der ÖKV, jedoch mit der Einschränkung, daß einige Abschnitte des Allgemeinen Teils in der ÖKV überhaupt nicht besprochen worden seinen und der Gegenentwurf von den Vorschlägen der Berichterstatter in mehreren Vorschriften nicht unbeträchtlich abweiche. Der Entwurf gab den Vorschriften teilweise eine andere Numerierung, welche im folgenden – soweit für das Verständnis erforderlich – jeweils ergänzend in eine Klammer gesetzt, wobei **ÖGE** („Österreichischer Gegenentwurf") diese spätere Fassung bezeichnet.

133 BA R 3001/5915, S. 1 der Bemerkungen zu den ÖGV zum 4. Abschnitt des AT.

gestellt[134]. Schuldhaft handelte nach dem ÖGV (§ 13 Abs. 2 ÖGV), wer den Tatbestand einer strafbaren Handlung mit bösem Vorsatz oder fahrlässig verwirklichte; Vorsatz und Fahrlässigkeit bildeten danach die Schuldformen.

Die österreichischen Gegenvorschläge bezüglich „Schuld und Rechtsirrtum nach dem deutschen Strafgesetzentwurf" wurden von *Kadečka* in dem so betitelten Aufsatz erläutert; auf diesen war von offizieller Seite als Begründung verwiesen worden. *Kadečka* leitete zu dem in § 14 ÖGV verwendeten Begriff des „bösen Vorsatzes"[135] hin und entwickelte eine eigene Begriffsbestimmung von Fahrlässigkeit. Er kritisierte, daß der E 1919 nur den alten rein psychologischen Vorsatzbegriff verwende, wohingegen „das lang gesuchte und schwer entbehrte normative Element im Vorsatzbegriffe" keinen Platz in der Entwurfsdefinition finde[136]. Der Entwurf versuche dies in seinen Irrtumsvorschriften zu kompensieren – aber mit Inkonsequenzen: Ein Rechtsirrtum führe nicht zum Vorsatzausschluß, im Falle seines „Unverschuldetseins" löse er jedoch Straffreiheit aus. Nach dem vom E 1919 vertretenen Schuldbegriff bildeten Vorsatz und Fahrlässigkeit die beiden Schuldformen; es sei daher nicht erklärbar, warum ein verschuldeter Rechtsirrtum eines vorsätzlich handelnden Täters eine Schuldminderung (bzw. eine Strafmilderung[137]) bewirken könne, wenn man davon ausgehe, daß Vorsatz und das Bewußtsein der Rechtswidrigkeit keinerlei Verbindung zueinander hätten[138]. Mit dem Vorwurf der Inkonsequenz befand sich *Kadečka* in Gesellschaft mit *Frank*, der, unter kritischer Betrachtung des psychologischen, den normativen Vorsatzbegriff entwickelt hatte[139].

---

134 Dies war auch im Sinne von *Gleispach*, in: Der Deutsche Strafgesetz-Entwurf, S. 7 (10).

135 *Kadečka* schlug hierin auch noch eine Vereinfachung der „offiziellen" Definition des „bösen Vorsatzes" vor: „Mit bösem Vorsatz verwirklicht den Tatbestand einer strafbaren Handlung, wer das Übel, das mit der Tat verbunden ist, mit Wissen und Willen herbeiführt oder es zwar nur für möglich hält, daß er dieses Übel herbeiführen könnte, jedoch für den Fall des Eintrittes damit einverstanden ist." BA 3001/5915 (S. 10 Anm. 19 des Aufsatzes „Schuld und Rechtsirrtum nach dem deutschen Strafgesetzentwurf").

136 BA 3001/5915, S. 4 des Aufsatzes „Schuld und Rechtsirrtum nach dem deutschen Strafgesetzentwurf".

137 Nach dem Gesetzeswortlaut von § 12 Abs. 1 E 1919.

138 BA 3001/5915, S. 5 des Aufsatzes „Schuld und Rechtsirrtum nach dem deutschen Strafgesetzentwurf".

139 Siehe oben unter A) I. 1. b) aa). *Frank* hatte den Vorwurf der Inkonsequenz gerade bezogen auf den entschuldigenden Notstand geäußert. S. *Frank*, Über den Aufbau des Schuldbegriffs, S. 6.

*Kadečka* forderte – und das war auch für die Fassung des § 13 E 1922 letztlich wohl mitentscheidend – ein „ethisches Moment“ im Vorsatzbegriff. Ausgehend von den Begrifflichkeiten „antisoziale Bedeutung“ und „formelle Rechtswidrigkeit“ andererseits[140], suchte er nach einer gemeinsamen Oberbegriff, der das besondere Merkmal im Vorsatz kennzeichnen sollte. Er wählte den Begriff „Unrecht“[141], welchen er mit dem Verweis auf die Definition in Wörterbüchern als Gegenteil von Recht abgrenzte und als das bezeichnete, was dem Gesetze als auch den Geboten der Sittlichkeit widerspreche. *Kadečka* sah, aus Erwägungen bei der Behandlung der Rechtsfahrlässigkeit, in dem Bewußtsein, Unrecht zu tun, nicht das Bewußtsein der formellen Rechtswidrigkeit, sondern das Bewußtsein der Pflichtwidrigkeit[142]. Nach *Kadečka* stellte nur der böse Vorsatz eine Schuldform dar[143].

Wie in der Vorsatzdefinition wollte *Kadečka* auch in der Fahrlässigkeitsdefinition zu den Elementen „Unrecht der Tat“, „Unerlaubtheit“ und „Kulturwidrigkeit“ eine Brücke schlagen[144]. *Kadečkas* Definition von Fahrlässigkeit lautete:

> „Fahrlässig verwirklicht den Tatbestand einer strafbaren Handlung, wer die Sorgfalt außeracht läßt, die er nach den Umständen und nach seinen persönlichen Verhältnissen anzuwenden verpflichtet ist, und sich infolgedessen der für den Tatbestand wesentlichen Umstände oder des Unrechts seiner Tat nicht bewußt wird oder, obwohl er es für möglich hält, daß diese Umstände vorliegen oder eintreten

---

140 BA 3001/5915, S. 9 des Aufsatzes „Schuld und Rechtsirrtum nach dem deutschen Strafgesetzentwurf“.

141 BA 3001/5915, S. 9 des Aufsatzes „Schuld und Rechtsirrtum nach dem deutschen Strafgesetzentwurf“.

142 BA 3001/5915, S. 10 des Aufsatzes „Schuld und Rechtsirrtum nach dem deutschen Strafgesetzentwurf“.

143 Es sei nicht der Vorsatz schlechthin, der eine Schuldform darstelle, sondern dies könne nur der böse Vorsatz sein. Zudem sei es ein Fehler – wobei auf *Seuffert* (Ein neues Strafgesetzbuch für Deutschland, S. 46) verwiesen wurde –, den „rein psychologischen Begriff Vorsatz“ mit dem „ethischen Begriff“ Fahrlässigkeit auf eine Ebene zu stellen und beide als Formen des Oberbegriffes Verschulden einzuordnen. S. *Kadečka*, BA 3001/5915, S. 8 des Aufsatzes „Schuld und Rechtsirrtum nach dem deutschen Strafgesetzentwurf“.

144 Der Vorwurf, der einem fahrlässig Handelnden zu machen sei, bestehe darin, „daß ihm der Gedanken, möglicherweise Unrecht zu tun, nicht genug Abscheu einflöße, um sich bei Handlungen, die ihn bei allen rechtmäßig Gesinnten wach[riefen], einzustellen und seine Aufmerksamkeit auf die Gebote des Rechts und der Moral und damit auch die von Recht und Moral perhorreszierten [?] Erfolge zu lenken“, BA 3001/5915 (S. 12 des Aufsatzes „Schuld und Rechtsirrtum nach dem deutschen Strafgesetzentwurf“). Hier verwies *Kadečka* darauf, daß dieses Verständnis von Fahrlässigkeit dem von *Exner* weitestgehend entspreche.

könnten und daß seine Tat Unrecht sei, darauf vertraut, daß diese Annahme nicht zutreffe."[145]

### *(4) Der Einfluß Franz v. Liszts*

Trotz des offenkundigen Einflusses, den Österreich auf die Irrtumsregelung des E 1922 besaß, stellt sich die Frage, ob auch das Gedankengut von *Franz v. Liszt* sich in der Regelung widerspiegelte.

Nach § 19 S. 2 des von *v. Liszt* mitverfaßten Gegenentwurfes handelte schuldhaft, wer vorsätzlich oder fahrlässig handelte; die Schuldarten des Entwurfs waren so auf Vorsatz und Fahrlässigkeit begrenzt. Die hier maßgeblich interessierende Vorschrift trug den Titel „Irrtum über die Rechtswidrigkeit" (§ 23 GE): Danach lag Vorsatz nicht vor, wenn der Täter sich zur Vornahme der Handlung für berechtigt hielt, und Fahrlässigkeit nur dann, wenn der Irrtum auf Fahrlässigkeit beruhte. Bei der sehr allgemein gehaltenen Formulierung des § 23 wollte sich der GE aber trotz Kritik dem Vorentwurf insofern anschließen, als es zwar nicht des „Nachweises des Vorhandenseins oder der Möglichkeit des Bewußtseins der Rechtswidrigkeit in abstracto" bedürfe, jedoch die Widerlegung erforderlich sei, „daß infolge eines konkreten Rechtsirrtums das Bewußtsein der Berechtigung" vorhanden gewesen sei[146]. Das Bewußtsein der Rechtswidrigkeit sollte nicht per se zum Vorsatzbestandteil erhoben, sondern nur in den Fällen, in denen der Täter „trotz bekannter oder bekannt sein sollender Tatumstände, infolge irriger Auffassung eines konkreten Rechtsverhältnisses sich zur Vornahme der Handlung für positiv 'berechtigt' hielt, insbesondere also eine 'Ausnahme von der Norm' (Binding) für vorliegend erachtete." Wenn dem Täter die Behauptung eines solchen Irrtums nicht widerlegt werden könne, dann fehle es „allerdings an dem Nachweis eines wesentlichen Schuldmerkmals."[147].

Es wurde entgegen dem Vorentwurf nicht auf die Unterscheidung des Reichsgerichtes abgestellt, wonach im Falle eines Rechtsirrtums danach differenziert wurde, ob dieser auf einer strafrechtlichen oder auf einer außerstrafrechtlichen Norm basierte, sondern darauf „ob er die Rechtswidrigkeit oder die Strafbarkeit der Handlung bedingt" habe[148]. Der GE wollte nur eine „innerliche" Unterscheidung der Irrtümer über die Rechtswidrigkeit und über die Strafbar-

145 BA 3001/5915, S. 13 des Aufsatzes „Schuld und Rechtsirrtum nach dem deutschen Strafgesetzentwurf".

146 Begründung zum GE, S. 33.

147 Begründung zum GE, S. 33.

148 Begründung zum GE, S. 34.

keit vornehmen; § 23 GE sollte nicht nur den Irrtum über die Rechtswidrigkeit als Rechtsirrtum, sondern auch den auf einem Tatirrtum basierenden Irrtum über die Rechtswidrigkeit erfassen[149]. Insofern strebte schon der GE – ähnlich wie der E 1922 – an, sowohl Tat- als auch Rechtsirrtum gesetzlich zu erfassen.

In seinem Lehrbuch merkte *v. Liszt* an, daß eine Unterscheidung zwischen Tat- und Rechtsirrtum auf keiner gesetzlichen Grundlage aufbaue[150]. Entschieden abzulehnen sei es zudem, im Falle des Rechtsirrtums zu unterscheiden, ob dieser auf strafrechtlichen oder außerstrafrechtlichen Rechtssätzen beruhe[151]. Diese Unterscheidung kranke daran, daß es rein strafrechtliche Rechtssätze nicht gebe, das Strafrecht habe in seiner Funktion als Schutzrecht vielmehr seine Begrifflichkeiten den anderen Rechtsgebieten entlehnt[152]. Jedoch ging *v. Liszt* entgegen dem vom E 1922 vorgesehenen Verständnis davon aus, daß das Bewußtsein der Rechtswidrigkeit kein Vorsatzmerkmal sein sollte[153]. Sowohl nach dem wissenschaftlichen als auch nach dem positivrechtlichen Vorsatzbegriff sei es unerheblich, ob der Täter wisse, daß er etwas „durch die Rechtsordnung Verbotenes" tue bzw. „daß er damit [durch seine Tat] gegen eine Rechtsnorm verstoßen" habe[154]. Eine Ausnahme stellte nach *v. Liszt* nur der Fall des im Tatbestand benannten Merkmals der Rechtswidrigkeit dar, bei dem das Bewußtsein der Rechtswidrigkeit Bestandteil des Vorsatzes werde[155].

#### *(5) Zusammenfassung und Bewertung*

Die Irrtumsregelung des E 1922, die nach der Quellenlage in hohem Maße von österreichischer Seite beeinflußt wurde, war, verglichen mit ihren Vorgängern, vereinfacht. Die Ausrichtung darauf, daß der Täter das „Unerlaubte" seiner Tat nicht erkannt hatte, sollte die Möglichkeit schaffen, sowohl den Tat- als auch den Rechtsirrtum unter die Regelung zu fassen. *Radbruch* ließ in seinen *Bemerkungen* jedoch die Frage offen, ob er im Falle des Rechtsirrtums wie das Reichsgericht zwischen außerstrafrechtlichen und strafrechtlichen Rechtssätzen eine Unterscheidung vornahm. Im Hinblick auf die Begründung zu der gleichlautenden Regelung des nachfolgenden E 1925, die einen Irrtum über Rechtssätze unabhängig davon, auf welche Rechtsquelle er sich bezog, unter

149 Begründung zum GE, S. 34 f.

150 *v. Liszt / Schmidt*, Lehrbuch des Deutschen Strafrechts, 23. Auflage, S. 177 f.

151 *v. Liszt / Schmidt*, Lehrbuch des Deutschen Strafrechts, 23. Auflage, S. 178.

152 *v. Liszt / Schmidt*, Lehrbuch des Deutschen Strafrechts, 23. Auflage, S. 178.

153 *v. Liszt / Schmidt*, Lehrbuch des Deutschen Strafrechts, 23. Auflage, S. 180.

154 *v. Liszt / Schmidt*, Lehrbuch des Deutschen Strafrechts, 23. Auflage, S. 181.

155 *v. Liszt / Schmidt*, Lehrbuch des Deutschen Strafrechts, 23. Auflage, S. 183.

die Vorschrift faßte[156], ist anzunehmen, daß auch nach dem E 1922 jeder Rechtsirrtum unter § 13 E 1922 fallen sollte.

Die Regelung des Entwurfs entsprang einer Strömung, die mit der explosionsartigen Zunahme von Strafvorschriften im Zusammenhang mit dem Ersten Weltkrieg und der damit einhergehenden Verwirrung über die Frage der Strafbarkeit einzelner Handlungen auch Grundlage der Irrtumsverordnung geworden war. Während das Reichsgericht zunächst eine strenge Linie in der Irrtumsfrage vertreten hatte, folgte nach Inkrafttreten der Irrtumsverordnung eine vorrübergehende Milderung der Rechtsprechung, die im Verständnis des Irrtums als Schuldausschluß ihren Niederschlag fand. Das Reichsgericht kehrte jedoch relativ schnell zu der oben beschriebenen restriktiven Linie zurück und betrachtete die Regelung der Irrtumsverordnung nur noch als Ausnahmetatbestand, der zu einem Strafausschluß führen sollte.

Die Vereinfachung der Irrtumsregelung des Entwurfs erntete nicht nur Zuspruch in der Literatur[157]. Neben *Wach*[158] und *Ebermayer*[159] war es *Richard Schmidt*, der Kritik an der Regelung übte: Die Regelung des Entwurfs bleibe hinter der des geltenden Reichsstrafgesetzbuches zurück, die Gefahr der Verwechselungen bei der Zusammenziehung der beiden Irrtumsformen sei nur

---

156 Begründung zum E 1925, S. 15.

157 Ein besonderer Kritikpunkt war auch die Regelung des § 13 Abs. 2. *Kohlrausch* bezeichnete diesen als „Pferdefuß". S. *Kohlrausch*, in: Aschrott / Kohlrausch, Reform des Strafrechts, S. 3 (24). *Beck* gibt einen kurzen Überblick über die Auseinandersetzung bezüglich der Behandlung des auf Fahrlässigkeit beruhenden Irrtums. § 13 Abs. 2 unterschied nicht mehr zwischen der sog. Sach- und der Rechtsfahrlässigkeit. Die Sachfahrlässigkeit hinderte den Täter daran, „überhaupt die Folgen seiner Handlung zu erkennen" und im Fall der Rechtsfahrlässigkeit bezog sich der Irrtum „unmittelbar auf die Norm oder ihre Anwendbarkeit". Dadurch daß der Entwurf beide Formen der Fahrlässigkeit gleichstellte, wurde die Rechtsfahrlässigkeit nur noch dann bestraft, wenn der Entwurf die fahrlässige Begehung des Delikts unter Strafe stellte. *v. Hippel* hatte eine besondere Behandlung der Rechtsfahrlässigkeit gefordert; die Rechtsfahrlässigkeit sollte danach – wenn auch milder als die bewußt rechtswidrig begangene Tat – stets strafbar sein. Siehe *Beck*, Das Unrechtsbewußtsein in den deutschen Strafgesetzentwürfen, S. 28 (33 ff.).

158 *Wach*, DJZ 1925, Sp. 529 (534). § 13 sei als „praktisch unannehmbar abzulehnen".

159 *Ebermayer*, LZ 1925, Sp. 169 (174). *Ebermayer* sah die Regelung des E 1922 bzw. 1925 im Grunde positiv, er hegte nur Bedenken hinsichtlich einer Ausdehnung der Straffreiheit bei Fahrlässigkeitsdelikten; die einfachste Lösung der Irrtumsproblematik liege seiner Meinung nach in der Verwirklichung des Bindingschen Postulats, das Bewußtsein der Rechtswidrigkeit Bestandteil des Vorsatzes werden zu lassen: „Der Entw. hat in § 13 den Mut, diesen Standpunkt einzunehmen; an sich gegenüber den dermaligen Verhältnissen ein entscheidender Fortschritt; ich bringe nur das Bedenken nicht los, ob nicht mit Rücksicht auf die geringe Zahl der auch bei fahrlässiger Begehung strafbarer Delikte die Straffreiheit zu weit ausgedehnt wird."

dadurch zu verhindern, daß man ähnlich dem E 1919 eine saubere Trennung der beiden Irrtümer vollziehe[160]. Auch *Moritz Liepmann*, dessen Analyse und Bewertung des E 1919 *Radbruch* beeinflußt hatte, äußerte sich ablehnend gegenüber der Irrtumsregelung; sie würde zu einer Rechtsprechung führen, die entweder auf der Basis von Vermutungen alles so beibehalte wie bisher oder zu sehr „Rücksicht auf subjektive Werturteile des Angeklagten" nehme und damit die „Sicherheit von Staat und Gesellschaft wesentlich zu kurz" kommen lasse[161].

Jedoch fand die Regelung des § 13 E 1922/25 auch Zustimmung[162] – *Gleispach* sah in der Vereinfachung der Regelung einen Vorteil, da sie die ganzen Unterscheidungsfragen über Bord werfe[163]. Er deutete die Regelung des § 13 E 1922/25 in zweierlei Hinsicht: Er stellte fest, daß ein vorsatzausschließender Irrtum im Sinne des § 13 nicht das „reine Fehlen der Erkenntnis des Unerlaubten" sein könne, wer handele, „ohne sich um die Beurteilung seiner Tat durch die Gesellschaft, Sitte und Recht überhaupt zu kümmern", könne sich nicht auf § 13 berufen. Wenn der Täter das Unerlaubte seiner Tat nicht erkenne, liege der Grund für diese mangelnde Erkenntnis nicht in einem Irrtum, sondern im dem mangelnden Bemühen um die Erkenntnis[164]. Er argumentierte

160 *Schmidt*, Grundriß des deutschen Strafrechts (1925), Anh. S. 9. *Schmidt* bezeichnete die Vorschrift als eine „nichtssagende und schwersten Verwechslungen ausgesetzte Vorschrift".

161 *Liepmann*, Frankfurter Zeitung vom 4. März 1925, 1. Morgenbl., zitiert nach *Troemer*, Die Lehre vom Irrtum, S. 78.

162 So auch von *Troemer*, Die Lehre vom Irrtum, S. 76 f.; *Beck*, Das Unrechtsbewußtsein in den deutschen Strafgesetzentwürfen, S. 28 (40). *Beck* hob hervor, daß durch die Regelung alle denkbaren Irrtumsfälle – wie der Irrtum über Tatbestandsmerkmale, Subsumtionsirrtum, Falschannahme von Rechtfertigungsgründen und Irrtümer über den Kausalverlauf – einheitlich und befriedigend gelöst werden könnten. Er zog aus § 13 den Schluß, daß das Unrechtsbewußtsein hierdurch ein notwendiger Bestandteil des Vorsatzes werde, es sei sogar nicht nur „irgendein" sondern das „beherrschende", dem Vorsatz erst den Charakter als Schuldart gebende Merkmal. *Kohlrausch* hingegen stimmte zwar generell der Regelung des § 13 Abs. 1 E 1922/25 zu. Seiner Ansicht nach forderte § 13 nicht das Bewußtsein der Rechtswidrigkeit; er bewirke nur, daß die Schuld ausgeschlossen werde, wenn ein Irrtum den Täter, das „Unerlaubte" seiner Tat nicht erkennen ließe. Zur Schuld sei es erforderlich, aber auch ausreichend, daß die Möglichkeit bestehe, das Unerlaubte zu erkennen. § 13 sei nur eine Klarstellung diesbezüglich, daß Rechts- und Tatirrtum gleichsam relevante Irrtümer in diesem Sinne darstellten. Sein Änderungsvorschlag des Abs. 1 bestand darin, anstelle von „vorsätzlicher" den Begriff „schuldhafter" zu setzen S. *Kohlrausch*, in: Aschrott / Kohlrausch, Reform des Strafrechts, S. 3 (23, 25).

163 *Gleispach*, MschrKrim 16 (1925), 225 (230).

164 *Gleispach*, MschrKrim 16 (1925), 225 (230 f.).

dabei mit dem Begriff der Pflichtwidrigkeit, der als Kriterium aufgestellt werde[165], welcher eine enorme Wirkung habe:

> „Es ist in der Tat ein Kulturfortschritt, es ist die stärkste Rechtfertigung der staatlichen Strafe, wenn wir sagen können, wir strafen nur den, der wußte, daß er pflichtwidrig handelt, oder der das doch hätte wissen sollen."[166]

Gleichzeitig zeigt die Begründung des E 1925 aber auch, welche Interpretation der Regelung möglich war: Unerlaubt sei, was das Recht oder das Sittengesetz verbiete[167]. Durch die Einbeziehung des Sittengesetzes wurde aber die Dimension einer Moralität in das Strafrecht miteinbezogen, die *Radbruch* gerade hatte verhindern wollen[168].

Bezogen auf das heutige StGB erscheint der Gedanke, daß die Aufnahme des Bewußtseins der Rechtswidrigkeit als Bestandteil des Vorsatzes den Weg zum Verbotsirrtum im Sinne des heutigen Strafgesetzbuches geebnet habe[169], bemerkenswert; es läßt sich im Rückblick der vorgenommenen Analyse aber auch die Frage stellen, ob die Regelungen des E 1919 den heutigen Irrtumsbestimmungen nicht sogar näher stehen.

### *c) Beseitigung der Reste der Erfolgshaftung*

Der Entwurf wollte die Reste der Erfolgshaftung beseitigen, d.h. nach § 15 E 1922 sollte eine höhere Strafe, die das Gesetz an eine besonders bezeichnete

---

165 Durch das Kriterium der Pflichtwidrigkeit kam *Gleispach* zu folgenden Begriffsbestimmungen von Vorsatz und Fahrlässigkeit: „Vorsätzlich handelt, wer trotz der Erkenntnis von der Möglichkeit der Pflichtwidrigkeit handelt oder sich doch durch die Erkenntnis von der Möglichkeit der Pflichtwidrigkeit vom Handeln nicht hat abhalten lassen. Das läßt sich durchaus halten. Wegen Fahrlässigkeit haftet dann, wer nicht einmal die Möglichkeit erkannt hat, pflichtwidrig zu handeln, oder sie doch in concreto verneint hat, aber das Gegenteil hätte tun sollen."

166 *Gleispach*, MschrKrim, Bd. 16 (1925), 225 (232 f.).

167 Begründung zum E 1925, S. 15.

168 *Mittermaier* hat dieses Problem der Einbeziehung des Sittengesetzes in Bezug auf die Regelungen der §§ 13, 17 E 1925 gesehen. S. *Mittermaier*, MschrKrim17 (1926), S. 339 (347). Auch *Lobe* hat diese Entwicklung vehement kritisiert, in: Der Gerichtssaal 92 (1926), S. 53 (66 f.): „'Unerlaubt' soll nach dieser Begründung sein nicht nur, was das Recht verbietet, sondern auch was das Sittengesetz verpönt. Und bei den Verboten des Rechts soll es genügen, daß es sich nur um eine Norm des Privatrechts handelt. Damit wird das Bewußtsein der Rechtswidrigkeit gänzlich herausgedeutet, der Strafe wird die Aufgabe zugewiesen, die sie nicht hat und in alle Wege nicht haben darf. Sie ist nicht dazu da, Normen des Sittengesetzes oder des Privatrechts zu garantieren. Gegen deren Verletzung gibt es andere Arten von Reaktionen. 'Erlaubt' ist nicht, 'was gefällt', sondern das, was nicht durch öffentlich rechtliche Normen zwecks Unterdrückung asozialer Handlungen verboten ist."

169 *Neumann*, Gustav Radbruchs Beitrag zur Strafrechtsreform, S. 49 (60).

Folge der Tat knüpfte, den Täter nur treffen, wenn er diese Folge wenigstens fahrlässig verursacht hatte. In den Bemerkungen *Radbruchs* wurde die „fahrlässige“ Verursachung der Folgen dahingehend konkretisiert, daß unter den Folgen „nicht mehr wie heute auch zufällige, unvoraussehbare, unverschuldete Folgen“ zu verstehen seien, sondern vielmehr solche, „die der Täter zum mindesten voraussehen konnte“[170]. Die Fahrlässigkeit war an keiner Stelle näher konkretisiert, der Entwurf hatte sich positiver Begriffsbestimmungen von Vorsatz und Fahrlässigkeit bewußt enthalten[171].

Wie schon angedeutet, traf das Reichsstrafgesetzbuch keinerlei Begrenzung – bis auf die oben genannte Irrtumsregelung des § 59 RStGB; es herrschte eine „Zufallshaftung“ [172]. *Radbruch* hatte dies in der „Vergleichenden Darstellung“, den Vorarbeiten zum E 1909, bemängelt[173] und Beispiele der Straferhöhung durch das Eintreten eines zufälligen Erfolges nach dem geltenden Recht angeführt, wobei er das oft drastische Verhältnis zum Grunddelikt aufzeigte[174]: So war u.a. im Falle des § 229 RStGB[175] die Höchststrafe des Grunddelikts

---

170 *Radbruch*, Bemerkungen, S. 60. Über die Besprechung *Radbruchs* mit seinen Mitarbeitern war über das Ergebnis des Vortrages vom 19. Mai 1922 über den vierten Abschnitt festgehalten worden, daß die Formulierung des § 17 E 1919 „wenn er die Folge wenigstens als möglich voraussehen konnte“ durch die Worte „wenn ihn bezüglich dieser Folge wenigstens Fahrlässigkeit zur Last fällt“ ersetzt wurden. S. BA R 3001/5811, S. 148.

171 *Radbruch*, Bemerkungen, S. 61.

172 Dies war allerdings strittig: Nach der h.M. (insbes. RGSt, 5, 29) war dem Täter auch der nicht voraussehbare, zufällige Erfolg zuzurechnen, die Nichtvoraussehbarkeit sollte lediglich in der Strafzumessung Berücksichtigung finden. Eine beachtliche Gegenauffassung (siehe hierzu auch den Überblick bei *v. Olshausen* [Kommentar zum Reichsstrafgesetzbuch, 10. Auflage, Bd. 2, § 224 Anm. 4, Abs. 4], u.a. *Berner* [Lehrbuch des Deutschen Strafrechts, 18. Auflage, Leipzig 1898, Neudruck 1986, Scientia Verlag Aalen, S. 122, 533] und *Binding*, [Handbuch des Strafrecht, 1. (einziger) Band, Neudruck der Ausgabe Leipzig 1885, Aalen 1991, S.366]) nahm eine Begrenzung der Haftung vor: „Die Folgen einer Handlung, welche selbst bei der gehörigen Besonnenheit nicht vorhergesehen werden konnten, stehen mit dem Willen des Subjektes nicht mehr im Zusammenhange. Es hört bei ihnen die Zurechnung auf. Sie sind bloßer Casus. Demnach kann eine an sich leichte Körperverletzung auch dann nur als leichte zugerechnet werden, wenn sie eine zwar schwere, aber zugleich unvorhersehbare Folge gehabt hat.“ (*Berner*, S. 122)

173 *Radbruch* in: Vergleichende Darstellung, AT Bd. II, S. 227 ff.

174 *Radbruch* in: Vergleichende Darstellung, AT Bd. II, S. 227 (237).

175 § 229 RStGB lautete:

„(1) Wer vorsätzlich einem Anderen, um dessen Gesundheit zu beschädigen, Gift oder andere Stoffe beibringt, welche die Gesundheit zu zerstören geeignet sind, wird mit Zuchthaus bis zu zehn Jahren bestraft.

(2) Ist durch die Handlung eine schwere Körperverletzung verursacht worden, so ist auf Zuchthaus nicht unter fünf Jahren und, wenn durch die Handlung der Tod verur-

von zehn Jahren Zuchthaus (Abs. 1) das Mindeststrafmaß bei Eintritt der schweren Folge (Abs. 2); im Rahmen der Brandstiftungsdelikte trat neben die zeitige Zuchthausstrafe die Möglichkeit der lebenslänglichen Zuchthausstrafe (§ 307 Nr. 1[176]). Es kam sogar zu Änderungen der Strafart wie bei den Körperverletzungstatbeständen der §§ 223 und 224 RStGB[177] aufgrund des zufälligen Erfolgseintritts, wo anstelle der Geldstrafe die Freiheitsstrafe trat, oder der §§ 223a und 226 RStGB[178], wo die entehrende Zuchthausstrafe zulässig wurde.

*Radbruch* kam zu dem Ergebnis, daß die Erfolgshaftung unabhängig von der Position im Schulenstreit Ablehnung erfahre und erfahren müsse; weder die Generalpräventionstheorie noch die Spezialpräventionstheorie fordere sie, auch die Vergeltungslehre lehne sie ab[179].

---

sacht worden, auf Zuchthaus nicht unter zehn Jahren oder auf lebenslängliches Zuchthaus zu erkennen."

176 § 307 Nr. 1 RStGB besagte:
„Die Brandstiftung (§ 306) wird mit Zuchthaus nicht unter zehn Jahren oder mit lebenslänglichem Zuchthaus bestraft, wenn
1. der Brand den Tod eines Menschen dadurch verursacht hat, daß dieser zur Zeit der That in einer der in Brand gesetzten Räumlichkeit sich befand,
[...]"

177 § 223 RStGB bildete den Grundtatbestand der Körperverletzung. Danach wurde mit Gefängnis bis zu drei Jahren oder mit Geldstrafe bis zu eintausend Mark bestraft, „wer vorsätzlich einen Anderen körperlich mißhandelt[e] oder an der Gesundheit beschädigt[e]". Nach § 224 RStGB war auf Zuchthaus bis zu fünf Jahren oder Gefängnis nicht unter einem Jahr zu erkennen, wenn die Körperverletzung zur Folge hatte, „daß der Verletzte ein wichtiges Glied seines Körpers, das Sehvermögen auf einem oder beiden Augen, das Gehör, die Sprache oder die Zeugungsfähigkeit ver[lor] oder in erheblicher Weise dauernd entstellt [wurde], oder in Siechthum, Lähmung oder Geisteskrankheit ver[fiel]".

178 Nach § 223a RStGB trat Gefängnisstrafe nicht unter zwei Monaten ein, wenn die Körperverletzung „mittels einer Waffe, insbesondere eines Messers oder eines anderen gefährlichen Werkzeuges, oder mittels eines hinterlistigen Ueberfalls, oder von Mehreren gemeinschaftlich, oder mittels einer das Leben gefährdenden Behandlung begangen" wurde. § 226 RStGB legte fest, daß auf Zuchthaus nicht unter drei Jahren oder Gefängnis nicht unter drei Jahren zu erkennen war, wenn durch die Körperverletzung der Tod des Verletzten verursacht worden war.

179 *Radbruch* in: Vergleichende Darstellung, AT Bd. II, S. 227 (241). *Radbruch* begründete die ablehnende Haltung der Anhänger der Vergeltungstheorie gegenüber der Erfolgshaftung so: „Vergeltung üben kann ich nur gegen eine Wollung, Motive setzen nur gegen Motive, nur mit Menschen, nicht mit Elementen kann die Strafe den Kampf aufnehmen. Aber der gar nicht voraussehbare Erfolg bietet für die Strafe nirgends einen psychologischen Angriffspunkt, er gestattet keinen Rückschluß auf den Charakter des Täters, kennzeichnet ihn weder als einen Bösewicht noch als einen Schädling, sondern höchstens als einen Pechvogel."

Die Beseitigung der Erfolgshaftung wurde auch im Rahmen der Strafzumessung praktiziert: Die Folgen der Tat sollten nach dem Entwurf auch im Rahmen der Strafzumessung innerhalb des gesetzlichen Strafrahmens nicht mehr als straferhöhender Umstand miteinbezogen werden können (§ 67 E 1922)[180]. Auch begründete Folgen von ungewöhnlicher Schwere sollten nur dann einen besonders schweren Fall begründen, wenn sie neben dem ungewöhnlich starken und verwerflichen verbrecherischen Willen eintraten und verschuldet waren (§ 76 Abs. 2 E 1922)[181].

An der Fassung der Regelung über die Erfolgshaftung des E 1922 war Österreich nicht unwesentlich beteiligt. Es entsprach einem angenommener Antrag Österreichs, „daß die qualifizierenden Folgen einer Tat nur zugerechnet werden [durften], wenn sie wenigstens fahrlässig herbeigeführt [worden waren]"[182]. Bereits die österreichischen Gegenvorschläge zum E 1919, die als Grundlage der deutsch-österreichischen Beratungen gedient hatten, enthielten eine Bestimmung für die Erfolgshaftung. Sie bestimmte, daß der Täter die Folge wenigstens fahrlässig herbeigeführt haben müsse, damit die höhere Strafe für die gesetzlich besonders bezeichnete Folge verhängt werden könne[183]. In den Beratungen zum Entwurf zwischen *Radbruch* und seinen Mitarbeitern – bei denen die Gegenvorschläge der österreichischen Seite schon bekannt waren – war die Formulierung des E 1919 („wenn er die Folge wenigstens als möglich voraussehen konnte") noch durch die Worte „wenn ihm bezüglich dieser Folge wenigstens Fahrlässigkeit zur Last fällt" ersetzt worden[184]. Die Formulierung in den österreichischen Gegenvorschlägen ähnelte also mehr der des späteren E 1922[185].

Wie bereits erwähnt, enthielt auch der dem E 1922 unmittelbare vorangegangene E 1919 eine Regelung über die Erfolgshaftung (§ 17 E 1919); eine höhere Strafandrohung für eine im Gesetz besonders bezeichnete Tatfolge traf den Täter danach nur, wenn er die Folge „wenigstens als möglich voraussehen konnte"[186]. Die Verfasser des Entwurfes von 1919 sahen in der „Zufallshaf-

---

180 Siehe auch: *Radbruch*, Bemerkungen, S. 60.

181 Diese beiden Aspekte werden noch an anderer Stelle ausführlicher erörtert. Siehe im 6. Kapitel über die *Rechtsfolgen*, D) I.

182 *Kadečka* in: Schubert / Regge, I Bd. 1, XXII (XIII).

183 **„§ 20 ÖGV**

**Erfolghaftung:**

Ist für den Fall, daß eine Tat eine im Gesetz besonders bezeichnete Folge hat, eine höhere Strafe angedroht, so trifft sie den Täter nur, wenn er die Folge wenigstens fahrlässig herbeigeführt hat."

184 Ergebnis des Vortrags vom 19. Mai 1922, S. BA R 3001/5811, S. 148.

185 Im Falle der Regelung des § 15 E 1922 war nur die Satzstellung eine etwas andere.

186 § 17 lautete:

tung" des geltenden Rechts einen Verstoß gegen die Gerechtigkeit, wenn unabhängig vom Verschulden des Täters die Haftung für schwere Folgen eintrete[187]. Der E 1919 enthielt im Gegensatz zu seinem Nachfolger Bestimmungen bzw. Definitionen von Vorsatz (§ 11 E 1919[188]) und Fahrlässigkeit (§ 14 E 1919[189]). Das Element der Vorhersehbarkeit des Erfolges unter Aufwendung aller Sorgfalt bildete als kognitives Merkmal die Mindestgrenze für eine Strafbarkeit[190].

Die Tendenz der Abschaffung der Erfolgshaftung war bereits in einem früheren Stadium der Strafrechtsreform gefordert worden; insbesondere hat auch *Franz v. Liszt* – dessen Einfluß auf *Radbruch* hier von Interesse ist –, diesbezüglich eine ablehnende Position vertreten[191]:

> „Daß dieser Überrest der alten Erfolghaftung weder dem heutigen Rechtsbewußtsein noch den Grundsätzen einer vernünftigen Kriminalpolitik entspricht, sollte keinem Zweifel unterliegen."[192]

Auch der von ihm mitverfaßte Gegenentwurf von 1911 sah bereits eine Bestimmung für die Erfolgshaftung vor; danach trat eine erhöhte Strafe für den

---

**„§ 17**
**Erfolgshaftung**

Ist für den Fall, daß eine Tat eine im Gesetze besonders bezeichnete Folge hat, eine höhere Strafe angedroht, so trifft sie den Täter nur, wenn er die Folge wenigstens als möglich voraussehen konnte."

187 Denkschrift E 1919, S. 28. Die Verfasser des E 1919 waren auch Verfechter des psychologischen Schuldbegriffes. Schuldhaft handelte nach § 10 Abs. 2 E 1919, wer den Tatbestand einer strafbaren Handlung vorsätzlich oder fahrlässig verwirklichte und zur Zeit der Tat zurechnungsfähig war.

188 Siehe zur Vorsatzregelung Fn. 99.

189 Siehe zur Fahrlässigkeitsregelung Fn. 99.

190 Die „Voraussehbarkeit des schädlichen Erfolges" als entscheidendes strafbegründendes Merkmal erinnerte an die Formulierung, die die Anforderungen des bedingten bzw. eventuellen Vorsatz und die bewußte Fahrlässigkeit definierte, wonach der Täter den Erfolg für möglich halten mußte (Wortlaut §§ 11, 14; Begründung zum E 1919, S. 22, 26). Das „konnte" in § 17 E 1919 soll wohl die Grenze zur Fahrlässigkeit allgemein markieren, also war jede Form von Fahrlässigkeit (unbewußte und bewußte) ausreichend.

191 *v. Liszt* vertrat zwar den psychologischen Schuldbegriff – die subjektive Beziehung zwischen Tat und Täter könne nur eine psychologische sein; ob eine solche Beziehung gegeben sei, würde von der Rechtsordnung aber in wertender und damit normativer Weise bestimmt. Sie definiere die schuldhafte Handlung als die „vorsätzlich oder fahrlässige begangene (rechtswidrige) Handlung des schuldfähigen Menschen". Daraus ergebe sich der materielle Inhalt des Schuldbegriffs, dieser liege „in der aus der begangenen Tat (dem antisozialen Verhalten) erkennbaren asozialen Gesinnung des Täters. S. *v. Liszt / Schmidt*, Lehrbuch des Deutschen Strafrecht, 23. Auflage, S. 160.

192 *v. Liszt / Schmidt*, Lehrbuch des deutschen Strafrechts, 23. Auflage, S. 164.

Fall, daß eine strafbare Handlung einen bestimmten, unvorsätzlichen Erfolg verursachte, nur dann ein, wenn dem Täter in Bezug auf den Eintritt des Erfolges Fahrlässigkeit zur Last fiel (§ 24 GE).

In der Literatur fand die Vorschrift des E 1922 bzw. die gleichgebliebene Vorschrift des E 1925 angesichts der kritisierten Zufallshaftung des geltenden Rechts dem Grunde nach Zustimmung[193]. *Radbruch* hatte sich mit der Beseitigung der „Reste der Erfolgshaftung“ einer begrüßenswert wirkenden Entwicklung angeschlossen, wobei er in Begründung und Entwurf jedoch offen ließ, wann ein Täter die Folgen *fahrlässig* herbeigeführt hatte. Nicht außer Acht gelassen werden dürfen in diesem Zusammenhang die „Umkehrungen“ dieses Prinzips, die der Entwurf vornahm – den Ausbau der Gefährdungshaftung, wo der „böse Wille“ bei fehlendem Erfolg bestraft wurde wie im Tatbestand der Lebensgefährdung (§ 228 E 1922)[194].

#### *d) Gleichstellung von Versuch und Vollendung und subjektive Versuchslehre*

Ein weiterer Aspekt der konsequenten Durchführung des Schuldprinzips sollte die Gleichstellung von Versuch und Vollendung in der Strafbarkeit sein.

##### *aa) E 1922*

Da der Entwurf im Gegensatz zum geltenden Recht dem Täter keine unverschuldeten schweren Folgen zurechnete, bedurfte es den *Bemerkungen* zufolge nicht des Ausgleichs, daß das – ohne eigenen Verdienst des Täters – Ausbleiben des Erfolges, der Versuch, grundsätzlich milder bestraft werden müsse als die vollendete Tat[195]. Die Strafmilderung beim Versuch war fakultativ (§ 23 Abs. 2 E 1922); sie fand ihre Begründung darin, daß ein Mangel an entschiedenem Erfolgswillen für das Ausbleiben des Erfolges ursächlich gewesen sein könnte[196]. Die Versuchsregelungen des Entwurfs sollten – wie bereits in der Einführung erwähnt – der subjektiven Versuchslehre gerecht werden, „welche die Strafwürdigkeit des Versuchs in dem durch ihn geoffenbarten bösen Willen such[te]“[197]. Daher wurde auch im Grundsatz die Aufrechterhaltung der Strafbarkeit des untauglichen Versuchs angenommen, nur für den „aus grober

---

193 So z.B. *Gleispach*, MschrKrim 16 (1925), S. 225 (226); *Alsberg*, in: Reform des Strafrechts, S. 51 (67); *Aschaffenburg*, MschKrim 18 (1927), S. 502 (503).

194 Dies wird im folgenden noch Gegenstand der Untersuchung sein.

195 *Radbruch*, Bemerkungen, S. 60.

196 *Radbruch*, Bemerkungen, S. 60.

197 *Radbruch*, Bemerkungen, S. 60.

Unwissenheit" begangenen „überhaupt untauglichen" Versuch (§ 23 Abs. 4 E 1922) und den Versuch der Abtreibung (§ 225 Abs. 3 E 1922) – hier in noch weiterem Umfange – wurde Straffreiheit gewährt[198]. Ferner war die Strafbarkeit des Versuchs im Falle des Rücktritts (§ 24 E 1922) ausgeschlossen[199].

**„§ 23**

Wer den Entschluß, eine strafbare Handlung zu begehen, durch Handlungen betätigt, die nach seiner Vorstellung den Anfang der Ausführung bilden, ist wegen Versuchs zu bestrafen.

Der Versuch kann milder bestraft werden als die vollendete Tat (§ 72).

Der Versuch eines Vergehens ist nur strafbar, wenn ihn das Gesetz ausdrücklich mit Strafe bedroht.

Der Versuch bleibt straflos, wenn der Täter die Tat aus grober Unwissenheit an einem Gegenstand oder mit einem Mittel versucht hat, an oder mit dem die Tat überhaupt nicht ausgeführt werden kann."

Die vorläufige Fassung der Versuchsregelungen des Entwurfs, die im Juni von *Radbruch* und seinen Mitarbeitern – und wahrscheinlich auch unter Mitwirkung von *Kadečka* – erarbeitet worden war, ähnelte der endgültigen, auch hier war die Strafmilderung beim Versuch nur noch fakultativ[200].

### *bb) Entwicklungslinien*

#### *(1) E 1919 und geltendes RStGB*

Im Gegensatz dazu wurde im E 1919 der Versuch grundsätzlich (§ 24 Abs. 1 E 1919[201]) milder bestraft als die vollendete Tat[202]. In dieser Hinsicht bestand

---

198 *Radbruch*, Bemerkungen, S. 60 f.

199 Danach wurde nach Abs. 1 nicht bestraft, wer aus freien Stücken die Ausführung aufgab oder verhinderte und nach Abs. 2 wer den zur Vollendung gehörigen Erfolg aus freien Stücken abwendete. Wenn der Versuch nicht zur Vollendung führen konnte oder schon fehlgeschlagen war, so genügte es, solange der Täter das nicht wußte, dessen ernstliches Bemühen, den Erfolg abzuwenden.

200 Akte BA 3001/5811, S. 166. Danach war wegen Versuchs (§ 22) zu bestrafen, „wer den Vorsatz, eine Straftat zu begehen, durch Handlungen betätigt[e], die nach seiner Vorstellung einen Anfang der Ausführung enth[ie]lten" und die Tat nicht vollendet wurde. „Der Versuch k[onnte] milder bestraft werden als die vollendete Tat (§ 111). Der Versuch eines Vergehens [war] straffrei, wenn nicht die Strafbarkeit ausdrücklich bestimmt [war]. Auch die Rücktrittsregelung war weitestgehend ähnlich (§ 24): „Wegen Versuchs [wurde] nicht bestraft, wer freiwillig die Ausführung aufgegeben oder verhindert hat[te]. Wegen Versuchs wurde ferner nicht bestraft, wer freiwillig den Eintritt des zur Vollendung gehörigen Erfolges abgewendet hat[te]". Ausnahmen wurden für den untauglichen und fehlgeschlagenen Versuch gemacht, dort genügte das „ernstliche Bemühen, den Erfolg abzuwenden".

201 § 24 lautete:

nicht nur eine fakultative sondern eine zwingende Strafmilderung. Bedenkt man, daß auch im E 1919 die schweren Folgen einer Tat dem Täter – entgegen dem geltenden Recht – nur abhängig von einem kognitiven Element („wenigstens als möglich voraussehen konnte") zugerechnet wurden und zusätzlich eine obligatorische Strafmilderung beim Versuch vorgesehen war, erscheint die Erfolgshaftung des E 1919 im Gegensatz zum E 1922 insgesamt milder.

Im Falle des untauglichen Versuchs sah § 24 Abs. 2 E 1919 die Möglichkeit einer weiteren Strafmilderung durch das Gericht nach freiem Ermessen vor, wobei sich diese aber auf alle Fälle des untauglichen Versuchs, d.h. ohne Unterscheidung zwischen dem „relativ" und dem „absolut untauglichen Versuch" die Strafmilderung erstreckte[203]; war zudem nach den besonderen Umständen des Falles eine Bestrafung nicht geboten, so durfte davon abgesehen werden.

Der E 1919 stellte somit zum einen in Anlehnung an das Reichsstrafgesetzbuch darauf ab, „ob sich eine Tätigkeit bereits als Ausführungshandlung darstellt[e]"[204], die Formulierung des § 24 Abs. 1 E 1919[205] sollte aber auch zum Ausdruck bringen, daß einzubeziehen war, „was sich der Täter als Erfolg seines Tuns vorstellt[e]"[206]. Die Verfasser des E 1919 wollten mit der Ver-

---

**„§ 24**
**Strafe**

Der Versuch ist milder zu bestrafen als die vollendete Tat (§ 111).

Konnte der Versuch nicht zur Vollendung führen, so darf das Gericht die Strafe nach freiem Ermessen mildern. Ist nach den besonderen Umständen des Falles eine Bestrafung nicht geboten, so darf davon abgesehen werden."

202 Nach § 23 Abs. 2 E 1919 war der Versuch eines Vergehens nur strafbar, wenn das Gesetz dies ausdrücklich bestimmte.

203 Der Entwurf sollte die von der Strafrechtskommission angenommene Beschränkung auf die Fälle des Versuchs, die „unter keinen Umständen zur Vollendung führen" konnten aufgeben, damit die Rechtsprechung nicht mehr dem Unterscheidungsproblem zwischen verschiedenen Graden eines untauglichen Versuchs unterlag. S. Denkschrift zum E 1919, S. 40.

204 Denkschrift zum E 1919, S. 39.

205 § 23 lautete:

**„§ 23**
**Strafbarkeit des Versuchs**

Wer den Vorsatz, eine Straftat zu begehen, durch Handlungen betätigt, welche die Tat zur Ausführung bringen sollen, ist, wenn die Tat nicht vollendet wird, wegen Versuchs zu bestrafen.

Der Versuch eines Vergehens wird nur bestraft, wenn dies ausdrücklich bestimmt ist."

206 Denkschrift zum E 1919, S. 39. Dies sollte klarstellen, daß auch der untaugliche Versuch strafbar war.

suchsregelung einen Mittelweg einschlagen: einerseits wollten sie die Frage der Behandlung des untauglichen Versuchs, die das geltende Reichsstrafgesetzbuch offen gelassen und der Entscheidung der Wissenschaft vorbehalten hatte, regeln, andererseits diese aber nicht generell durch eine Straflosigkeitserklärung aus der Welt schaffen[207].

Auch sah der E 1919 eine strafbefreiend wirkende Rücktrittsregelung vor[208].

Nach dem Reichsstrafgesetzbuch war wegen Versuches nach § 43 RStGB zu bestrafen, „wer den Entschluß, ein Verbrechen oder Vergehen zu verüben durch Handlungen, welche einen Anfang der Ausführung dieses Verbrechens oder Vergehens enth[ie]lten, bethätigt hat[te], [...], wenn das beabsichtigte Verbrechen oder Vergehen nicht zu Vollendung gekommen [war]“[209]. Nach § 44 Abs. 1 RStGB war das versuchte Verbrechen bzw. Vergehen milder zu bestrafen als das vollendete[210]. Einer Regelung des untauglichen Versuchs enthielt sich das RStGB; es war nur in § 43 RStGB die gesetzliche Abgrenzung von der bloßen Vorbereitungshandlung zum strafbaren Versuch getroffen worden.

---

207 Denkschrift zum E 1919, S. 39.

208 § 25 lautete:

**„§ 25**
**Rücktritt**

Wegen Versuchs wird nicht bestraft, wer freiwillig die Ausführung aufgegeben hat.
Wegen Versuchs wird ferner nicht bestraft, wer freiwillig den Eintritt des zur Vollendung gehörigen Erfolgs abgewendet hat. Konnte der Versuch nicht zur Vollendung führen, so genügt das ernstliche Bemühen, den Erfolg abzuwenden.“

209 Der Versuch eines Vergehens wurde aber nur in den Fällen bestraft, in denen das Gesetz dies ausdrücklich anordnete.

210 Dabei galt für den Fall das vollendete Verbrechen mit dem Tode oder mit lebenslänglichem Zuchthaus bedroht war, daß Zuchthaus nicht unter drei Jahren an die Stelle trat; daneben war die Anordnung von Polizeiaufsicht möglich (§ 44 Abs. 2 RStGB). War das vollendete Verbrechen mit lebenslänglicher Festungshaft bedroht, so trat an deren Stelle Festungshaft nicht unter drei Jahren (§ 44 Abs. 3 RStGB). In den übrigen Fällen konnte die Strafe bis auf ein Viertel („Viertheil“) des Mindestbetrages der auf das vollendete Verbrechen oder Vergehen angedrohten Freiheits- und Geldstrafe ermäßigt werden. War hiernach eine Zuchthausstrafe unter einem Jahre verwirkt, so war dieselbe nach Maßgabe des § 21 in Gefängnis zu verwandeln (§ 44 Abs. 4). Darüber hinaus war es nach § 45 RStGB möglich, wenn neben der Strafe des vollendeten Verbrechens oder Vergehens die Aberkennung der bürgerlichen Ehrenrechte zulässig oder geboten war, oder auf Zulässigkeit von Polizei-Aufsicht erkannt werden konnte, auf Gleiches auch bei der Versuchsstrafe zu erkennen.

Wie die Entwürfe E 1919 und E 1922 traf auch bereits das RStGB eine Regelung über die Rücktrittsmöglichkeiten des Täters, die Straflosigkeit zur Folge hatten[211].

*(2) Die Position Österreichs*

Nach dem Bericht *Kadečkas* über die deutsch-österreichischen Verhandlungen entsprach es einem Antrag Österreichs, daß die mildere Bestrafung des Versuches nicht mehr zwingend vorgeschrieben, sondern dem Gericht nur freigestellt wurde; die Straflosigkeit des untauglichen Versuchs wurde in beschränkten Umfang anerkannt[212].

Dagegen hatte sich der österreichische Wunsch nach einer – dem österreichischen Recht entsprechenden – generellen Strafbarkeit des Versuchs, also auch des Versuchs des Vergehens, nicht erfüllt[213]. In den österreichischen Gegenvorschlägen zum E 1919, die mit als Grundlage für die Erstellung und Beratung des E 1922 gedient hatten, war dementsprechend auf eine diesbezügliche Bestimmung (Limitierung der Strafbarkeit des Vergehens über die Bestimmungen des BT) bewußt verzichtet worden, was dem geltenden österreichischen Recht entsprach, wonach der Versuch eines Vergehens oder einer Übertretung auch im Falle einer fehlenden ausdrücklichen Bestimmung des Gesetzgebers stets strafbar war[214]. Nach der österreichischen Auffassung fehlte es – wobei auf Ausführungen *Bindings* verwiesen wurde – an einer ausschlaggebenden Begründung für die unterschiedliche Behandlung des Versuchs von Vergehen und Verbrechen[215]. Es sei keine Auswahl von der Vielzahl der Vergehen zu treffen, ohne daß diese Ungerechtigkeiten aufweise. Falls jedoch eine Straflosstellung des Versuchs spezieller Vergehen erfolgen solle, könnte

---

211 Nach § 46 RStGB blieb ein Versuch als solcher straflos, wenn der Täter die Ausführung der beabsichtigten Handlung aufgegeben hatte, ohne daß er an dieser Ausführung durch Umstände gehindert worden war, welche von seinem Willen unabhängig waren (Nr. 1) oder wenn der Täter zu einer Zeit, zu welcher die Handlung noch nicht entdeckt war, den Eintritt des zur Vollendung des Verbrechens oder Vergehens gehörigen Erfolges durch eigene Tätigkeit abgewendet hatte (Nr. 2).

212 Österreichisches Staatsarchiv, Allg. Verwaltungsarchiv, Justizministerium, Karton Nr. 985 (Fortl. Bl. 31).

213 Österreichisches Staatsarchiv, Allg. Verwaltungsarchiv, Justizministerium, Karton Nr. 985 (Fortl. Bl. 31).

214 Begründung zu den Österreichischen Gegenvorschlägen zum 5. Abschnitt (S. 4), Österreichisches Staatsarchiv, Allg. Verwaltungsarchiv, Justizministerium, Karton Nr. 985 (Fortl. Bl. 18).

215 Begründung zu den Österreichischen Gegenvorschlägen zum 5. Abschnitt (S. 4), Österreichisches Staatsarchiv, Allg. Verwaltungsarchiv, Justizministerium, Karton Nr. 985 (Fortl. Bl. 18).

dies in der Formulierung der Strafdrohung Berücksichtigung finden[216]. Die zwingend vorgeschriebene Milderung der Strafe beim Versuch – wie sie der E 1919 vornahm – wurde als nicht gerechtfertigt angesehen – denn sie stelle eine Widerspruch zum Schuldprinzip und der dem Entwurf zugrundegelegten subjektiven Versuchslehre dar; es reiche demnach aus, dem Richter ein Milderungsrecht einzuräumen[217].

Ebenso ist aber den österreichischen Gegenvorschlägen entnehmbar, daß Österreich die Versuchsregelungen des E 1922 beeinflußt hat. So verwiesen *Radbruchs* Begründungen auf die subjektive Versuchslehre, welche die „Strafwürdigkeit des Versuchs in dem durch ihn offenbarten bösen Willen“[218] suche, § 23 ÖGV (§ 24 ÖGE) forderte eben diesen[219]. Jedoch widersprach die Manifestation der subjektiven Versuchslehre im Gesetz den eigentlichen Absichten des österreichischen Reichsjustizministeriums, sie war vielmehr das Zugeständnis an die praktische Durchsetzbarkeit:

> „Das österreichische Bundesministerium für Justiz würde der gesetzlichen Anerkennung der objektiven Versuchstheorie den Vorzug geben. Sie entspricht dem allgemeinen Grundsatz, daß der Täter wegen seines Vorhabens, eine strafbare Handlung zu begehen, erst dann bestraft werden kann, wenn er angefangen hat, es durch tatbestandsmäßige Handlungen zu verwirklichen. Sie ermöglicht eine schärfere Abgrenzung des Versuches von straflosen Vorbereitungshandlungen und führt von selbst zur Lösung der Frage, wann der sogenannte untaugliche Versuch straflos zu bleiben hat.
>
> Wenn das österreichische Bundesministerium für Justiz gleichwohl davon absieht, die objektive Theorie in seinen Gegenvorschlägen festzulegen, so hat das seinen Grund in der Befürchtung, daß sich die Legalisierung der objektiven Theorie im

---

216 Begründung zu den Österreichischen Gegenvorschlägen zum 5. Abschnitt (S. 4), Österreichisches Staatsarchiv, Allg. Verwaltungsarchiv, Justizministerium, Justizministerium, Karton Nr. 985 (Fortl. Bl. 18).

217 Begründung zu den Österreichischen Gegenvorschlägen zum 5. Abschnitt (S. 5), Österreichisches Staatsarchiv, Allg. Verwaltungsarchiv, Justizministerium, Justizministerium, Karton Nr. 985 (Fortl. Bl. 18).

218 Bemerkungen, S. 60.

219 § 23 ÖGV (§ 24 ÖGE) lautete:

„**§ 23**

**Strafbarkeit des Versuchs**

Wer mit bösem Vorsatz eine Handlung unternimmt, die eine mit Strafe bedrohte Tat zur Ausführung bringen soll, ist, wenn die Tat nicht vollendet wird, wegen Versuchs zu bestrafen.

Der Versuch ist nicht strafbar, wenn er an einem Gegenstand oder mit einem Mittel unternommen wird, dessen Beschaffenheit den Eintritt des Erfolges unter allen Umständen ausschließt, es sei denn, daß der Täter nur infolge eines Zufalls oder eines Irrtums statt des geeigneten einen ungeeigneten Gegenstand angreift oder ein ungeeignetes Mittel verwendet.“

> Hinblick auf die Rechtsprechung der Obersten Gerichtshöfe im Deutschen Reich und in Österreich nur schwer würde durchsetzen lassen. Daher ist in den Gegenvorschlägen an die Spitze über die Vorschriften über den Versuch eine dem ersten Absatze des § 23 des Entwurfs entsprechende Bestimmung gestellt und ihr ein zweiter Absatz angefügt worden, der bestimmt ist, den straflosen von dem strafbaren untauglichen Versuch im Gesetz selbst abzugrenzen."[220]

Die Frage des untauglichen Versuchs beantwortete der Österreichische Gegenvorschlag in § 23 Abs. 2 ÖGV (§ 24 Abs. 2 ÖGE), wobei diese Regelung laut der Begründung zu den Gegenvorschlägen dem Sinne nach § 14 ÖE[221] entsprach. Demzufolge sollte der untaugliche Versuch regelmäßig straflos sein, wenn der Täter diesen an einem Gegenstand oder mit einem Mittel unternahm, dessen Beschaffenheit den Eintritt des Erfolges unter allen Umständen ausschloß, darunter sollte z.B. der Mordversuch an einem Leichnam, Totbeten und dergleichen fallen[222]. Eine Ausnahme wurde aber in den Fällen gemacht, in denen sich der Täter nur aufgrund eines Irrtums oder Zufalls an dem Gegenstand oder Mittel „vergriffen" hatte[223]. Der relativ untaugliche Versuch sollte also stets strafbar sein. Diese Regelung entsprach der E 1922 insofern, als nach beiden der grob untaugliche Versuch straflos gestellt wurde.

Des weiteren enthielten die österreichischen Gegenvorschläge eine Regelung über den Rücktritt vom Versuch[224]. § 25 Abs. 1 ÖGV (§ 26 Abs. 1 ÖGE) entsprach sinngemäß den beiden ersten Sätzen von § 25 E 1919 und auch denen des § 24 E 1922. Im Gegensatz zu diesen beiden Entwürfen enthielt der ÖGV in § 25 Abs. 2 (§ 26 Abs. 2 ÖGE) aber eine Aussage darüber, wie der

---

220 Österreichisches Staatsarchiv, Allg. Verwaltungsarchiv, Justizministerium, Karton Nr. 985 (Fortl. Bl. 18).

221 Hiermit ist wohl der österreichische Entwurf von 1912 gemeint.

222 Begründung zu den Österreichischen Gegenvorschlägen zum 5. Abschnitt (S. 3), Österreichisches Staatsarchiv, Allg. Verwaltungsarchiv, Justizministerium, Karton Nr. 985 (Fortl. Bl. 18).

223 Als Beispiel wurde hier der Fall angeführt, daß der A dem B, den er vergiften wollte, Zucker statt des vorbereiteten Giftes gab, weil er diesen mit dem Gift verwechselt hatte. Begründung zu den Österreichischen Gegenvorschlägen zum 5. Abschnitt (S. 3), Österreichisches Staatsarchiv, Allg. Verwaltungsarchiv, Justizministerium, Karton Nr. 985 (Fortl. Bl. 18).

224 § 25 ÖGV (§ 26 ÖGE) lautete:

„Wegen Versuchs wird nicht bestraft, wer freiwillig die Ausführung der strafbaren Handlung aufgegeben oder freiwillig den Eintritt des zur Vollendung gehörigen Erfolges abgewendet hat.

Wer vom Versuch wegen eines Umstandes zurücktritt, der die Aussicht, daß ihm die Tat gelingen oder daß er an der Strafverfolgung [„der Bestrafung" bei § 26 Abs. 2 ÖGE] entgehen werde, merklich vermindert, handelt nicht freiwillig, mag er auch einen solchen Umstand nur irrtümlich annehmen."

Begriff der Freiwilligkeit beim Rücktritt zu verstehen war; es wurden dort die Fälle benannt, bei denen der Täter zwar ohne Zwang vom Versuch zurücktrat, aber dennoch dabei nicht „freiwillig" im gesetzgeberischen Sinne handelte[225]. Insofern hatte sich der österreichische Gegenvorschlag in Bezug auf den E 1922 nicht durchzusetzen vermocht.

### *(3) Der Einfluß Franz v. Liszts*

Ob sich der E 1922 mit den Versuchsregelungen an dem Gedankengut der *v. Liszt*schen Strafrechtslehre orientierte, ist fraglich. In dem von *v. Liszt* (nur) mitverfaßten Gegenentwurf von 1911 war entgegen dem E 1922 nicht das Hauptaugenmerk auf die subjektive Versuchslehre gerichtet; nach § 27 Abs. 1 E 1911[226] war der Vorsatz erforderlich, ein Verbrechen oder Vergehen zu vollenden, daneben war der Beginn der Ausführungshandlung ausschlaggebend, wobei sich dessen Zeitpunkt nicht nach der Vorstellung des Täters richtete. Eine Besonderheit war, daß der Versuch eines Vergehens, das mit einer Gefängnisstrafe von unter sechs Monaten bedroht war, generell straflos blieb, im Gegenschluß war aber der Versuch jedes übrigen Vergehens strafbar. Laut der Entwurfsbegründung hatte sich der Gegenentwurf diesbezüglich an den Regelungen des schweizerischen und insbesondere des österreichischen Vorentwurfes orientiert[227].

In § 28 Abs. 1 GE 1911 war ein obligatorisches Milderungsgebot verankert[228]. Dieses sah *v. Liszt* jedoch kritisch: Seines Erachtens sollten die Gründe, die für

---

225 Begründung zu den Österreichischen Gegenvorschlägen zum 5. Abschnitt (S. 6), Österreichisches Staatsarchiv, Allg. Verwaltungsarchiv, Justizministerium, Karton Nr. 985 (Fortl. Bl. 18).

226 § 27 hieß:

**„§ 27**
**Begriff des Versuchs**

Wer mit dem Vorsatz, ein Verbrechen oder Vergehen zu vollenden, die Ausführung dieses Verbrechens oder Vergehens begonnen hat, ist, wenn das Verbrechen oder Vergehen nicht vollendet worden ist, wegen Versuchs zu bestrafen.

Der Versuch eines Vergehens, das mit Gefängnis von nicht mehr als sechs Monaten bedroht ist, bleibt straflos."

227 Begründung zum Gegenentwurf, S. 42.

228 § 28 lautete:

**„§ 28**
**Bestrafung des Versuchs**

Der Versuch ist milder zu bestrafen als die vollendete Tat.

An Stelle der Todes- oder lebenslangen Zuchthausstrafe tritt Zuchthaus nicht unter drei Jahren. In den übrigen Fällen kann die Strafe unter das für die vollendete strafbare Handlung angedrohte Mindestmaß herabgesetzt, auch statt auf Zuchthaus auf Gefängeine obligatorische Strafmilderung angeführt wurden, einer weiteren Prüfung unterzogen werden[229].

Im Gegensatz zum geltenden Recht und übereinstimmend mit dem E 1922 traf der GE bereits eine gesetzliche Regelung des untauglichen Versuchs[230], wobei er den untauglichen Versuch regelmäßig als strafbar ansah, aber in den Fällen, „in denen auch der Beginn der Ausführung nicht den Beweis eines ernsten verbrecherischen Willens“ erbrachte, straflos stellte[231]. Die Unterscheidung zwischen relativ und absolut untauglichen Versuch sollte durch diese Formulierung ohne Bedeutung sein[232].Wie das geltende Recht und wie seine Nachfolger schloß der GE eine Strafbarkeit des Versuchs aus, wenn der Täter freiwillig die Ausführung der Tat aufgegeben hatte oder den Eintritt des zur Vollendung gehörigen Erfolges abgewendet hatte (§ 30 GE Rücktritt und tätige Reue).

In seinem Lehrbuch äußerte sich *v. Liszt* – und darin läßt sich eine Parallele zum E 1922 erkennen – zustimmend bezüglich der subjektiven Versuchslehre, indem er die „Gefährlichkeit der Willensbetätigung als Wesen des Versuchs“ bezeichnete[233]; das versuchte Verbrechen definierte er als „die auf die Erfüllung des Tatbestandes gerichtete Willensbetätigung[234].

Für den Fall des untauglichen Versuchs stellte *v. Liszt* fest, daß § 29 des von ihm mitverfaßten Gegenentwurfs zwar eine „selbständige und brauchbare“,

---

nis erkannt und in besonders leichten Fällen (§ 88) von Strafe überhaupt abgesehen werden.

Auf Nebenstrafen und sichernde Maßnahmen kann auch neben der Versuchsstrafe erkannt werden.“

229 *v. Liszt*, ZStW 30 (1910), S. 250 (272).

230 Nach § 29 E 1911 blieb der Versuch straflos, „wenn der Täter die Ausführung unter Umständen, welche die Vollendung als ausgeschlossen erscheinen ließen, in Kenntnis dieser Umstände vorgenommen hat[te]“.

231 S. Begründung zum Gegenentwurf, S. 43.

232 S. Begründung zum Gegenentwurf, S. 43.

233 *v. Liszt / Schmidt*, Lehrbuch des Deutschen Strafrechts, 23. Auflage, S. 202.

234 *v. Liszt / Schmidt*, Lehrbuch des Deutschen Strafrechts, 23. Auflage, S. 201. Nach *v. Liszts* Vorstellung war ein Versuch zum einen dann anzunehmen, „wenn die auf Herbeiführung des Erfolges gerichtete (d.h. in der Meinung, daß der Erfolg eintreten werde, unternommene) Willensbetätigung erfolglos geblieben ist“. Zum anderen liege Versuch aber auch dann vor, „wenn eines der begleitenden Tatbestandsmerkmale (also abgesehen vom Erfolg), deren Vorliegen oder Eintreten der Täter angenommen hatte, nicht vorgelegen hat oder nicht eingetreten ist“. Es sei z.B. ein versuchter Diebstahl, wenn der Täter die von ihm weggenommene Sache als fremde ansehe, obwohl sie seine eigene wäre, oder wenn er bei einem Meineid die Tatsache, die er beschwöre für unwahr hielte, obwohl sie der Wahrheit entspräche.

aber „freilich nicht ganz durchsichtige Regelung“ enthalte[235]. Aus seiner Definition des Versuchsbegriffs – dessen Wesen in der „Gefährlichkeit der Willensbetätigung“ lag – folgerte er, daß „der ungefährliche (‘absolut untaugliche’) Versuch“ kein Versuch sei, sondern ein Wahnverbrechen und damit nicht strafbar[236]. Das Problem des untauglichen Versuchs löse sich auch über den „richtig erfaßten Begriff der Gefahr“: Die zu beurteilende Handlung dürfe nicht „in willkürlicher Verallgemeinerung“, sondern nur unter Beachtung aller „begleitenden besonderen Umstände“ betrachtet werden, es müsse also auf die konkrete Gefährlichkeit abgestellt werden[237]. Die Beurteilung (darüber) habe in einer nachträglichen Prognose zu erfolgen, bei der sich der Beurteilende in den Augenblick der Ausführungshandlung zurückzuversetzen und alle zu diesem Zeitpunkt allgemein erkennbaren oder nur vom Täter bekannten Umstände zu berücksichtigen habe[238]. Wenn bei dieser Betrachtung die Verwirklichung der Tatbestandsmerkmale – insbesondere der Erfolgseintritt – ausgeschlossen erscheine, liege ein strafloser Versuch vor.

*(4) Bewertung und Zusammenfassung*

Die Versuchsregelungen des E 1922, die bis auf kleine Abweichung[239] mit denen des E 1925 übereinstimmten, ernteten, insbesondere aufgrund ihres Bekenntnisses zur subjektiven Versuchslehre, neben Anerkennung[240] auch Kritik[241].

Im Gegensatz zu den vorangegangenen Entwürfen und dem geltenden Recht suchte der E 1922 das Problem der Behandlung des untauglichen Versuchs zu lösen, indem er den grob untauglichen Versuch straflos stellte und diesbezüglich eine klare gesetzliche Entscheidung traf. Damit entsprach *Radbruch* einer Forderung *Liepmanns*, der – obwohl er sich in Bezug auf den E 1919 sehr

235 *v. Liszt / Schmidt*, Lehrbuch des Deutschen Strafrechts, 23. Auflage, S. 210.

236 *v. Liszt / Schmidt*, Lehrbuch des Deutschen Strafrechts, 23. Auflage, S. 208.

237 *v. Liszt / Schmidt*, Lehrbuch des Deutschen Strafrechts, 23. Auflage, S. 209.

238 *v. Liszt / Schmidt*, Lehrbuch des Deutschen Strafrechts, 23. Auflage, S. 209.

239 Im Falle der Regelung des untauglichen Versuchs gemäß § 23 Abs. 4 wich die Fassung des E 1925 etwas von der des E 1922 ab; sie lautete: „Der Versuch bleibt straflos, wenn der Täter die Tat aus grober Unwissenheit über Naturgesetze an einem Gegenstand oder mit einem Mittel versucht hat, an oder mit dem die Tat überhaupt nicht ausgeführt werden kann.“

240 *Ebermayer*, LZ 1925, Sp. 169 (174).

241 *Lobe*, Der Gerichtssaal 92 (1926), S. 53 (69).

ablehnend geäußert hatte[242] – für den untauglichen Versuch eine „klare gesetzliche Stellungnahme" gefordert hatte[243].

*Liepmann* hatte gerade in Bezug auf die Behandlung des untauglichen Versuchs bemängelt, daß die subjektive Versuchslehre eine Differenzierung zwischen tauglichen und untauglichen Versuchshandlungen nicht vornehmen könne: Wenn man die Strafbarkeit des Versuchs unabhängig davon beurteile, was einer getan habe, sondern nur das beachte, was der jeweilige gewollt habe, so könne die Strafbarkeit auch bei untauglichen Handlungen nicht abgesprochen werden. Der Subjektivismus erleide Schiffbruch, er könne keine einleuchtende Lösung finden, innerhalb der untauglichen Versuchshandlungen zwischen straflosen und vermindert strafwürdigen Handlungsweisen zu unterscheiden[244].

Bemerkenswert ist, daß die Regelung des E 1922 insofern nur ein fakultatives Milderungsrecht festlegte und die Straflosigkeit des „grob untauglichen Versuchs" vorsah, was den heutigen Bestimmungen des StGB weitgehend entspricht.

Zwar erscheint die Festsetzung der fakultativen Strafmilderung in *Radbruchs* Argumentation angesichts der Beseitigung der Erfolgshaftung nicht inkonsequent, im Verhältnis zum E 1919 bedeutet sie aber ein deutliches „Mehr" an Strafe.

### *e) Täterschaft und Teilnahme*

Im Zusammenhang mit der Gleichstellung von Versuch und Vollendung wies *Radbruch* darauf hin, daß auch Beihilfe und Täterschaft in der Strafe vom Entwurf gleichgestellt wurden[245]. Dies entschärfe das Problem der Abgrenzung beider Institute[246]. Zugleich wurde die mittelbare Täterschaft in den Begriff der Anstiftung mit aufgenommen (§ 25 E 1922). Ohnehin sollte – neben der „Lehre von der Unterbrechung des Kausalzusammenhanges"[247] – die „schola-

---

242 Siehe hierzu: *Liepmann*, Die Reform des deutschen Strafrechts, S. 51.

243 *Liepmann*, Die Reform des deutschen Strafrechts, S. 48. Nach *Liepmanns* Vorstellung sollte die Vorschrift folgendermaßen gestaltet sein: „Wer mit der vorsätzlichen Ausführung einer bestimmten strafbaren Handlung begonnen hat, ist wegen Versuchs dieser Handlung zu bestrafen. Konnte der Versuch nicht zur Vollendung führen, weil der Plan des Täters untauglich war, so ist der Täter straflos.

244 *Liepmann*, Die Reform des deutschen Strafrechts, S. 51.

245 *Radbruch*, Bemerkungen, S. 61.

246 *Radbruch*, Bemerkungen, S. 61.

247 Die Lehre von der Unterbrechung des Kausalzusammenhanges spielte bzw. spielt in den Fällen eine Rolle, in denen eine „neue Kausalreihe von einem vom Täter verschiedenen Menschen eingeleitet" wurde (*v. Liszt / Schmidt*, Lehrbuch des Deutschen Strafrechts, 23. Auflage, S. 129). Der vom Täter gewollte Erfolg war damit zwar eingetreten, aber dies geschah nur aufgrund einer nicht vom Täter miteingeplanten und

stische“ Lehre von der „Abhängigkeit der Strafbarkeit der Teilnahme von der Strafbarkeit der Haupttat“, die „Akzessorietät der Teilnahme“, aufgegeben und eine „unterschiedslose gesetzliche Behandlung aller Formen ursächlicher Mitwirkung an einem Verbrechen durchgeführt“ werden[248].

Grundvorstellungen des Entwurfes sind demnach die Gleichstellung aller Bedingungen im Rahmen der Kausalität und eine darauf aufbauende Gleichbehandlung der Beteiligungsformen.

Bei den Entwurfsberatungen im Ministerium enthielt die Fassung der Täterschafts- und Teilnahmeformen, die als Ergebnis der Vortrags vom 15. Juni 1922 niedergelegt wurde[249], noch Definitionen der einzelnen Begrifflichkeiten[250]; die Regelung der Akzessorietät hingegen ähnelte der endgültigen Fassung[251].

---

auch in objektiver Hinsicht nicht vorhersehbaren Umstandes, dessen Erfolg aber ohne die vorangegangene Handlung des Täters nicht eingetreten wäre. Die Frage, die sich stellte, war, ob der Erfolg dem Täter zuzurechnen ist. Nach derjenigen Kausalitätstheorie, die jede Bedingung eines Erfolges genügen ließ, wurde entweder von einer Erfolgszurechung ausgegangen oder es wurde eine „Unterbrechung des Kausalzusammenhanges“ angenommen. Dieser wurde für die Fälle angenommen, in denen der Erfolg durch ein selbständiges nachträgliches Ereignis eingetreten war (*Meyer / Allfeld*, Deutsches Strafrecht, 8. Auflage, S. 112).

*v. Liszt* kritisierte in diesem Zusammenhang die Haltung des Gesetzgebers: „Nach der Auffassung unseren Strafgesetzbuches ist die Anstiftung nicht als mittelbare Selbstverursachung des Erfolges, nicht als intellektuelle Urheberschaft, sondern als Teilnahme an der Tat eines anderen aufzufassen. [...] Ähnlich verhält es sich mit der Beihilfe. Der Gesetzgeber erblickt also in der Tat des Haupttäters, auch wenn der Tatentschluß nicht durch eine Dritten hervorgerufen oder verstärkt war, stets den Eindruck einer neuen und selbständigen Kausalreihe. Wenig glücklich spricht man in diesem Fall, statt von fehlender Kausalität, von einer „Unterbrechung des Kausalzusammenhanges“ (*v. Liszt / Schmidt*, Lehrbuch des Deutschen Strafrechts, 21. Auflage, S. 129).

248 *Radbruch*, Bemerkungen, S. 61.

249 BA R 3001/5811, S. 164 f.

250 Nach § 26 fanden die Strafandrohungen Anwendung auf jeden, „der eine mit Strafe bedrohte Handlung allein, mit oder neben einem anderen ausführt[e] (Täter) oder dazu vorsätzlich [half] (Gehilfe). Gemäß § 27 fanden die Strafdrohungen gegen vorsätzliche Straftaten auch auf den Anwendung, „der vorsätzlich veranlaßt[e], daß ein anderer eine mit Strafe bedrohte Handlung ausdführt[e]“. Auch fanden darüber hinaus die Strafandrohungen gegen fahrlässige Strafdrohungen auf den Anwendung, „der fahrlässig veranlaßt[e], daß ein anderer, der nicht vorsätzlich handelt[e ] eine Straftat ausführt[e] (fahrlässiges Zusammenwirken)“.

251 § 28 der Fassung lautete: „Die Strafbarkeit des Gehilfen und des Anstifters ist unabhängig von der Strafbarkeit des Täters. Der Gehilfe kann jedoch milder als ein Täter bestraft werden (§ 111)“.

*aa) E 1922*

Die abschließende Version der Vorschriften über Anstiftung, Beihilfe und selbständige Strafbarkeit des Teilnehmers lautete:

**„Anstiftung**
**§ 25**

Wer vorsätzlich veranlaßt, daß ein anderer eine strafbare Handlung ausführt, wird als Anstifter gleich einem Täter bestraft.

**Beihilfe**
**§ 26**

Wer vorsätzlich einem anderen die Ausführung der strafbaren Handlung erleichtert, wird als Gehilfe gleich einem Täter bestraft; doch kann die Strafe gemildert werden (§ 72).

**Selbständige Strafbarkeit des Teilnehmers**
**§ 27**

Die Strafbarkeit des Anstifters und des Gehilfen ist unabhängig von der Strafbarkeit dessen, der die Tat ausführt.

**Besondere Eigenschaften oder Verhältnisse**
**§ 28**

Wenn besondere Eigenschaften oder Verhältnisse die Strafbarkeit der Tat begründen, so sind der Anstifter und der Gehilfe strafbar, wenn diese Umstände bei ihnen oder beim Täter vorliegen. Liegen die Umstände beim Anstifter nicht vor, so kann seine Strafe gemildert werden (§ 72).

Bestimmt das Gesetz, daß besondere Eigenschaften oder Verhältnisse die Strafe schärfen, mildern oder ausschließen, so gilt das nur für den Täter, Anstifter oder Gehilfen, bei dem sie vorliegen.“

Die weitestgehende Gleichstellung der Beteiligten sollte dadurch ausgeglichen werden, daß der Richter in der Einzelfallentscheidung zwischen den Beteiligten unter Abwägung ihrer individuellen Schuld mit Hilfe der allgemeinen Strafzumessungsgründe differenzierte[252].

Die Regelung des § 27 E 1922 erscheint angesichts der Bestimmungen über Anstiftung und Beihilfe zunächst insofern widersprüchlich, als Anstiftung bzw. Beihilfe voraussetzte, daß ein anderer (der Haupttäter) eine strafbare Handlung begangen hatte, in § 27 aber betont wurde, daß die Strafbarkeit des Teilnehmers unabhängig von der Strafbarkeit des Täters sein sollte. Dieser Widerspruch wird im folgenden näher zu untersuchen sein.

Ergänzend zu den Regelungen im Allgemeinen Teil waren im E 1922 – wie schon bei seinem Vorgänger – Bestimmungen, die im geltenden Recht Gegen-

---

252 *Radbruch*, Begründung, S. 61.

stand des Allgemeinen Teils waren, im Besonderen Teil verankert. Zum einen war in § 181 E 1922[253] das Verleiten und Erbieten zu Verbrechen unter Strafe gestellt (sog. *Duchesne*-Paragraph); § 182 E 1922[254] sanktionierte die beiden vormaligen Teilnahmeformen[255] Komplott und Bande.

### *bb) Entwicklungslinien*

#### *(1) geltendes RStGB und E 1919*

Das RStGB gab entgegen dem E 1922 Definitionen von Mittäterschaft[256], Anstiftung[257] und Beihilfe[258] vor; hingegen ersetzte der E 1922 gerade im Fall der Definition der Anstiftung die Aufzählung der verschiedenen Anstiftungsmittel durch eine allgemeinere Formulierung[259].

Die Strafe des Anstifters und des Gehilfen war nach demjenigen Gesetze festzusetzen, welches auf die Handlung Anwendung fand, an/zu der die Teilnahme verübt wurde (§§ 48 Abs. 2, 49 Abs. 2 RStGB). Zudem fand die Aufforderung zu Straftaten eine besondere Berücksichtigung (§ 49a RStGB[260]), zu

---

253 § 181 E 1922 lautete:

„Wer einen anderen zu einem Verbrechen zu verleiten sucht oder sich auf das Ansinnen eines anderen zu einem Verbrechen bereit erklärt, wird mit Gefängnis bestraft.

Ebenso wird bestraft, wer sich zu einem Verbrechen erbietet oder ein solches Erbieten annimmt."

254 § 182 lautete:

„Wer mit einem anderen ein Verbrechen verabredet, wird mit Gefängnis bestraft.

Ebenso wird bestraft, wer sich mit einem anderen zu fortgesetzter Begehung von Verbrechen verbindet, die im einzelnen noch nicht bestimmt sind.

Nach diesen Vorschriften wird nicht bestraft, wer aus freien Stücken seine Tätigkeit aufgibt und den beabsichtigten Erfolg abwendet; § 24 Abs. 2 Satz 2 gilt entsprechend."

255 *Radbruch*, Bemerkungen, S. 63.

256 Nach § 47 RStGB war jeder als Täter strafbar, wenn mehrere eine strafbare Handlung gemeinsam ausführten.

257 Als Anstifter wurde nach § 48 RStGB bestraft, „wer einen Anderen zu der von demselben begangenen strafbaren Handlung durch Geschenke oder Versprechen, durch Drohung, durch Mißbrauch des Ansehens oder der Gewalt, durch absichtliche Herbeiführung oder Beförderung eines Irrthums oder durch andere Mittel vorsätzlich bestimmt hat[te]".

258 Als Gehilfe war strafbare, „wer dem Thäter zur Begehung des Verbrechens oder Vergehens durch Rath und That wissentlich Hülfe geleistet hat[te]".

259 Nach der Begründung des E 1925 wurde dies aber nicht als inhaltliche sondern nur als formelle Änderung gesehen.

260 Nach § 49a RStGB war die Aufforderung zur Begehung eines Verbrechens oder zu der Teilnahme daran und deren Annahme strafbar. Auch war nach § 49a RStGB strafbar,

*Radbruchs* Amtszeit wurde im Rahmen der Republikschutzgesetzgebung eine Vorschrift in das Reichsstrafgesetzbuch eingeführt (§ 49b RStGB)[261], nach der die Verabredung zum Mord strafbar war.

Auch das RStGB stellte darauf ab, daß die Teilnahme an einer strafbaren Handlung begangenen worden war. Fraglich ist, was unter einer strafbaren Handlung im Sinne des Reichsstrafgesetzbuches zu verstehen war. Nach dem geltenden Recht war die Strafbarkeit kein „notwendiges Erfordernis der Täterschaft". Sie lag vor, wenn der Täter den objektiven und den subjektiven Tatbestand erfüllte, wurde aber nicht davon berührt, wenn die Strafverfolgung aus prozessualen oder tatsächlichen Gründen (z.B. Abwesenheit oder Tod des Täters) sowie die Strafbarkeit „selbst" (Strafausschließungsgründe) ausgeschlossen war[262]:

> „Es folgt hieraus, daß, wenn das StGB die Ausführung des Tatbestandes einer mit Strafe bedrohten Hdlg. als 'strafbare Handlung bezeichnet', dennoch eine solche Hdlg. aus rechtlichen Gründen straflos sein kann, daß es sonach straflose 'strafbare Handlungen' geben kann."[263]

Die beiden Teilnahmeformen waren somit abhängig von der Haupthandlung und ausgeschlossen, wenn die Haupthandlung nicht strafbar war[264], wurden aber nicht von einem „Wegfall der Strafbarkeit des Täters (persönlicher Strafausschließungsgrund, Strafaufhebungsgrund) oder dem Mangel einer Prozeßvoraussetzung" berührt[265].

Die Teilnahme war nach dem geltenden Recht demnach „streng" akzessorisch insofern, als die Strafbarkeit des Teilnehmers von der Schuld des Haupttäters abhängig war[266]; um eventuelle Strafbarkeitslücken zu schließen wurde auf die

---

wer sich zur Begehung eines Verbrechens oder zur Teilnahme an einem Verbrechen erbot. Näheres hierzu siehe 4. Kapitel, Fn. 25.

261 § 49b RStGB lautete:

> „(1) Wer mit einem anderen ein Verbrechen des Mordes verabredet, wird schon wegen dieser Verabredung mit Gefängnis nicht unter einem Jahre bestraft; die Strafe ist Zuchthaus, wenn eine Person aus Gründen ermordet werden soll, die in ihrer Stellung im öffentlichen Leben liegen. Neben der Freiheitsstrafe kann auf Geldstrafe bis zu fünf Millionen Mark erkannt werden.
>
> (2) Straffrei bleibt, wer der bedrohten Person oder der Behörde von der Verabredung Kenntnis gibt, bevor der Mord begangen oder versucht worden ist".

262 *v. Olshausen*, Kommentar zum Reichsstrafgesetzbuch, 10. Auflage, Bd. 1, S. 164.

263 *v. Olshausen*, Kommentar zum Reichsstrafgesetzbuch, 10. Auflage, Bd. 1, S. 164.

264 Hier konnte aber mittelbare Täterschaft vorliegen. *v. Liszt / Schmidt*, Lehrbuch des Deutschen Strafrechts, 23. Auflage, S. 227.

265 *v. Liszt / Schmidt*, Lehrbuch des Deutschen Strafrechts, 23. Auflage, S. 227.

266 *Wegner*, in: Aschrott / Kohlrausch, S. 102 (112).

Figur des mittelbaren Täters zurückgegriffen. Eine strafbare Handlung nach dem RStGB war eine „tatbestandsmäßige, objektiv rechtswidrige und schuldhaft begangene Handlung", fehlte eines dieser Merkmale beim Haupttäter, so war die Teilnahme straflos[267].

Nach den *Bemerkungen* des *Radbruchschen* Entwurfes sollte die Akzessorietät der Teilnahme von der Haupttat „aufgegeben" werden[268]. Gemäß den §§ 25 und 26 mußte der Teilnehmer sich an einer „strafbaren Handlung" beteiligen. Der Entwurf gab hinsichtlich der Definitionen ein zunächst widersprüchlich erscheinendes Bild ab: Nach § 20 E 1922 lag eine strafbare Handlung nicht vor, „wenn die Rechtswidrigkeit der Tat [...][269] ausgeschlossen" war. § 12 E 1922 setzte für die Strafbarkeit Vorsatz oder Fahrlässigkeit voraus. Schließlich legte § 16 E 1922 fest, daß als nicht strafbar galt, wer zur Zeit der Tat nicht zurechnungsfähig war. Fraglich ist, ob und wie diese gesetzlichen Aussagen in Einklang gebracht werden können. Die Terminologie könnte darauf hinweisen, daß der Entwurf zwischen der Strafbarkeit des Täters und derjenigen der Tat differenzierte[270]. Nur für die Bestrafung des Täters war ein subjektives Verschulden erforderlich; die Tat selbst war von der objektiven Rechtswidrigkeit abhängig. Der Schluß aus diesen Gegebenheiten könnte für den Begriff der strafbaren Handlung lauten, daß sie als tatbestandsmäßiges und objektiv rechtswidriges Verhalten zu definieren war[271]. Die Schuldausschließungsgründe des damals geltenden Rechts erschienen im E 1922 bzw. E 1925 als Strafausschließungsgründe. Eine strafbare Handlung erforderte nicht mehr das Element der Schuld; Konsequenz dessen war, daß Schuldlosigkeit des Haupttäters die Teilnahme nicht ausschloß, dies konnte nur durch „einen

---

267 *Dahm*, Täterschaft und Teilnahme, S. 74. Die Dissertation *Georg Dahms* (1904–1963) war *Gustav Radbruch* gewidmet. *Dahm* hatte an den Universitäten Tübingen, Hamburg und Kiel Rechts- und Staatswissenschaften studiert und im Jahre 1927 seine Promotion vollendet und war 1930 Privatdozent in Heidelberg. Als Straf- und später als Völkerrechtler war er ordentlicher Professor an den Universitäten Kiel (1933; 1935/36 auch Rektor), Leipzig (1939), Straßburg (1941), Dacca (Pakistan, 1951) und wieder in Kiel (1955). Als sein Schüler hatte *Dahm* ein enges Verhältnis zu *Radbruch* gepflegt. Dieses wurde jedoch infolge der Sympathie *Dahms* mit dem NS-Regime von *Radbruch* beendet. Auch ein späterer Aussöhnungsversuch *Dahms* wurde von *Radbruch* abgelehnt. Siehe hierzu: GRGA, Bd. 18 (Briefe II), Editionsbericht Heidelberger Zeit 1926–49, S. 411 (zu 125. Brief an Lydia Radbruch vom 3. Juni 1935); *Hattenhauer*, Georg Dahm und Gustav Radbruch, in: Jahrbuch der Juristischen Zeitgeschichte Bd. 6 (2004/2005), S. 311–336.

268 *Radbruch*, Bemerkungen, S. 61.

269 [durch das öffentliche oder bürgerliche Recht].

270 *Dahm*, Täterschaft und Teilnahme, S. 74.

271 *Dahm*, Täterschaft und Teilnahme, S. 75.

Ausfall rechtlich relevanter objektiver Momente“ geschehen[272]. Dadurch war die Beziehung bzw. Abhängigkeit der Teilnahme von der Haupttat begrenzt worden in Form einer limitierten Akzessorietät. Diese Interpretation wird von *Radbruch* in seiner Analyse der Vorschriften der Abschnitte 17 bis 20 des Entwurfs 1925 unterstützt, in der er auch Bezug nimmt auf das Verhältnis der mittelbaren Täterschaft zur Teilnahme:

> „Die §§ 25, 26 verschmelzen heutige mittelbare Täterschaft mit heutiger Anstiftung und Beihilfe zu einheitlichen Rechtsfiguren, ‘Anstiftung’ und ‘Beihilfe’ im neuen Sinne. Damit ist der Begriff der mittelbaren Täterschaft nicht nur ‘zum größten Teile überflüssig’ geworden, wie Begr. S. 27 annimmt, sondern in der Anstiftung und Beihilfe neuen Stils ganz und gar untergegangen. Insbesondere wird deshalb die Akzessorietät, soweit sie für die neue Anstiftung und Beihilfe aufrechterhalten geblieben ist, auf die bisherige mittelbare Täterschaft erstreckt, so daß also auch der bisherige mittelbare Täter nur insoweit bestraft werden kann, als die Handlung des Werkzeuges sich als eine tatbestandsmäßige und rechtswidrige Handlung darstellt. (Beweis: in §§ 25, 26 die Worte ‘strafbare Handlung’.).“[273]

Der E 1922 unterschied sich von seinem Vorgänger, dem E 1919, insofern, als dieser sämtliche Begriffe – vom Täter über den mittelbaren Täter[274] und Mittäter[275], bis hin zu den Teilnehmern Anstifter und Gehilfe[276] definierte. Der mittelbare Täter (§ 26 Abs. 3 E 1919), jeder Mittäter (§ 27 Abs. 2) und der Anstifter (§ 28 Abs. 2 E 1919) wurden als Täter bestraft, hingegen war der Gehilfe milder zu bestrafen als der Täter (§ 29 Abs. 2 E 1919).

Mit der Aufhebung bzw. Lockerung der strengen Akzessorietät der Teilnahme baute der E 1922 auf die Bestimmungen des E 1919 auf. Dort wurde in den

272 *Dahm*, Täterschaft und Teilnahme, S. 75.

273 *Radbruch*, in: Aschrott / Kohlrausch, Reform des Strafrechts, S. 301 (305).

274 Nach § 26 Abs. 1 E 1919 war Täter, „wer eine Straftat selbst beg[ing]“. Mittelbarer Täter war nach § 26 Abs. 2 E 1919, „wer vorsätzlich veranlaßt[e], daß eine Straftat durch einen anderen zur Ausführung gelangt[e], der diese Tat nicht selbst vorsätzlich beg[ing] oder der nicht zurechnungsfähig [war]“; auch lag mittelbare Täterschaft vor, „wenn sich nachträglich erg[ab], daß der andere in Wahrheit die Straftat vorsätzlich begangen hat[te] und zurechnungsfähig [war]“.

275 Mittäter war nach § 27 Abs. 1 E 1919, „wer mit einem anderen den Vorsatz, gemeinsam eine Straftat zu begehen, gemeinsam verwirklicht[e]“.

276 Anstifter war nach § 28 Abs. 1 E 1919, „wer vorsätzlich einen anderen zu der von diesem vorsätzlich begangenen Straftat bestimmt hat[te]“. „Anstiftung [lag] auch dann vor, wenn sich nachträglich erg[ab], daß der Angestiftete in Wahrheit nicht vorsätzlich gehandelt hat[te] oder nicht zurechnungsfähig [gewesen] war“. Gehilfe war nach § 29 Abs. 1 E 1919, „wer vorsätzlich einen anderen, der den Tatbestand eines Verbrechens oder vorsätzlichen Vergehens verwirklicht hat[te], hierzu durch Rat oder Tat Hilfe geleistet hat[te]. Ob der andere das Verbrechen oder Vergehen vorsätzlich beg[ing] und ob er zurechnungsfähig [war] und ob der Gehilfe dies w[ußte], [war] für die Strafbarkeit des Gehilfen ohne Bedeutung“.

Regelungen über Täterschaft und Teilnahme bereits die „wichtigste sachliche Änderung des geltendes Rechtes“ getroffen, die Aufgabe des „Grundsatz[es] der sog. Akzessorietät“ der Teilnahme[277]. Die Bestimmungen des E 1919 über Anstiftung und Beihilfe sahen vor, daß diese auch dann vorlagen, wenn sich bei der Anstiftung nachträglich ergab, daß der Angestiftete in Wahrheit nicht vorsätzlich gehandelt hatte oder nicht zurechnungsfähig gewesen war (§ 28 Abs. 1 S. 2 E 1919)[278], bzw. bei der Beihilfe, ob der andere das Verbrechen oder Vergehen vorsätzlich beging und ob er zurechnungsfähig war und ob der Gehilfe dies wußte (§ 29 Abs. 1 S. 2 E 1919)[279]. Die Bestimmungen sollten dazu dienen, die Lücken zu schließen, die das geltende Recht bei den beiden Teilnahmeformen aufweise[280]. Über die Teilnahmeformen hinaus wurde auch im Fall der mittelbaren Täterschaft die Strafbarkeit des Tatmittlers angenommen, wenn sich nachträglich ergab, daß der andere (der unmittelbare Täter) die Tat in Wahrheit vorsätzlich begangen hatte und zurechungsfähig gewesen war (§ 26 Abs. 2 S. 2 E 1919).

Der E 1919 enthielt ebenso wie sein Nachfolger und das geltende Recht eine Vorschrift über die Aufforderung und das Erbieten zu Verbrechen (§ 231

---

277 Begründung zum E 1919, S. 42.

278 Es sollte nach der Begründung zum E 1919 in Bezug auf die Anstiftung die Strafbarkeitslücke ausgefüllt werden, die sich bei der Anstiftung trotz der Figur der mittelbaren Täterschaft ergebe: Derjenige, der einen anderen zu einem Diebstahl bestimme, bliebe nicht mehr straflos, wenn sich ergebe, daß der Angestiftete bei der Tatbegehung unzurechnungsfähig war. Im Falle der mittelbaren Täterschaft müsse der Täter davon ausgehen, daß der unmittelbare Täter unvorsätzlich handele oder unzurechnungsfähig sei, für eine Anstiftung müsse der Anstifter aber gegenteilig davon ausgehen, daß der Angestiftete vorsätzlich handele und zurechungsfähig sei. Der Anstifterwillen sei also ausgeschlossen, wenn der Beeinflussende von dem nicht vorsätzlichen Handeln bzw. der Unzurechnungsfähigkeit des Beeinflußten ausginge, es sei nur die mittelbare Täterschaft möglich. Bezogen auf die mittelbare Täterschaft war aber auch der Fall geregelt, bei dem sich später ergab, daß der unmittelbare Täter doch vorsätzlich handelte bzw. zurechnungsfähig war; hier wurde auch eine Strafbarkeit des mittelbaren Täters angenommen (§ 26 Abs. 2 S. 2 E 1919). S. Begründung zum E 1919, S. 45.

279 Auch hier sollte die Strafbarkeitslücke geschlossen werden, die entstünde, wenn derjenige, der mit Gehilfenvorsatz handele, einem nicht vorsätzlich oder unzurechnungsfähigen Täter oder nur einem in seiner Annahme so beschaffenen Täter, Hilfe leistete. Wer einen solchen Täter in dem Bewußtsein über dessen Werkzeugeigenschaft zu einer Tat bestimme, war mittelbarer Täter; wer bei der Ausführung der Tat mitgewirkt habe, müsse er nicht notwendigerweise Täterwillen besessen haben. Habe der Täter in diesem letzten Fall Täterwillen, sei er als mittelbarer Täter zu bestrafen. Habe er diesen aber nicht, müsse aber die Möglichkeit eröffnet werden, ihn als Gehilfen zu bestrafen. Diese Lücke werde durch § 29 Abs. 1 S. 2 E 1919 geschlossen. S. Begründung zum E 1919, S. 45.

280 Begründung zum E 1919, S. 44 f.

E 1919)[281] sowie über die „Teilnahmeformen“ Komplott und Bande (§ 232 E 1919)[282].

Im Falle der Zurechnung besonderer Eigenschaften und Verhältnisse wich der E 1919 vom E 1922 abgesehen von den genannten Beteiligungsformen auch in seiner Formulierung ab: Nach § 28 Abs. 1 E 1922 war der Teilnehmer strafbar, wenn die besonderen strafbegründenden Eigenschaften und Verhältnisse bei ihm selbst oder beim Täter vorlagen; der E 1919 traf nur die Aussage, daß diese nicht beim mittelbaren Täter und Teilnehmer vorliegen mußten[283]. Jedoch war das Ergebnis der beiden Aussagen dasselbe: Beim einem – Täter oder Teilnehmer – mußten die strafbegründenden Merkmale vorliegen. Übereinstimmung der beiden Entwürfe bestand hinsichtlich von Eigenschaften und Verhältnissen, die die Strafe schärfen, mildern oder ausschließen konnten: diese galten nur für den Täter oder Teilnehmer, bei dem sie vorlagen (§ 28 Abs. 2 E 1922, § 30 Abs. 2 E 1919).

Darüber hinaus traf der E 1919 noch eine Regelung über das fahrlässige Zusammenwirken mehrerer bei einer strafbarer Handlung, wonach jeder unabhängig davon, ob der Tatbestand der strafbaren Handlung mit- oder nebeneinander verwirklicht wurde, als Täter strafbar war (§ 31 E 1919).

---

281 Danach war derjenige, der „einen anderen zu einem Verbrechen auffordert[e] oder die Aufforderung an[nahm]“, mit Gefängnis bis zu zwei Jahren oder mit Geldstrafe bestraft wurde. Ebenso wurde bestraft, wer sich zu einem Verbrechen erbot oder das Erbieten davon annahm.

282 Nach § 232 Abs. 1 E 1919 wurde mit Gefängnis bestraft, wer mit einem anderen ein Verbrechen verabredete. Gemäß § 232 Abs. 2 E 1919 wurde ebenso bestraft, wer sich mit einem anderen zu fortgesetzter Begehung von Verbrechen verband, auch wenn diese im einzelnen noch nicht bestimmt waren. Nach § 232 Abs. 3 E 1919 wurde straffrei, wer freiwillig die Verbrechen verhinderte oder ihre Verhütung durch Anzeige bei der Behörde ermöglichte.

283 § 30 E 1919 lautete:

**„§ 30**
**Besondere Eigenschaften**
**oder Verhältnisse**

Bestimmt das Gesetz, daß besondere Eigenschaften oder Verhältnisse die Strafbarkeit begründen, so sind der mittelbare Täter, Anstifter und Gehilfe auch dann strafbar, wenn diese Umstände bei ihnen nicht vorliegen. Doch kann die Strafe des mittelbaren Täters und des Anstifters gemildert werden (§ 111).

Bestimmt das Gesetz, daß besondere Eigenschaften oder Verhältnisse die Strafe schärfen, mildern oder ausschließen, so gilt dies nur für den Täter oder Teilnehmer, bei dem sie vorliegen.“

*(2) Die Position Österreichs*

Ein Einfluß Österreichs auf die Bestimmungen über Täterschaft und Teilnahme des E 1922 ist insofern erkennbar, als es einem bei der Entwurfsberatung angenommenen österreichischen Antrag entsprach, mittelbare Täterschaft und Anstiftung zusammenzuziehen[284].

Auch die österreichischen Gegenvorschläge zum E 1919 verzichteten bewußt auf Definitionen – zumindest bezogen auf den Täter- und Mittäterbegriff. In Anlehnung an den österreichischen Entwurf von 1912 und den Schweizer Entwurf sollten diese Definitionen der Wissenschaft überlassen werden[285]. Es sei in der österreichischen Praxis – trotz mangelnder Definitionen – noch zu keinen Problemen bei der Abgrenzung der Mittäterschaft von der Beihilfe gekommen[286]. Davon abgesehen unterschieden sich die vorgeschlagenen Regelungen von der späteren Fassung des E 1922.

In § 26 ÖGV (§ 27 ÖGE) war die Strafbarkeit des Urhebers geregelt, worunter der Anstifter und der mittelbare Täter fallen sollten. Urheber war,

> „wer mit bösem Vorsatz bewirkt[e], daß durch einen anderen eine Tat zur Ausführung gelangt[e], deren vorsätzliche Begehung mit Strafe bedroht [war].“

Der Urheber wurde gleich einem Täter bestraft.

Als Gehilfe wurde davon abweichend milder als ein Täter bestraft (§ 28 ÖGV, § 29 ÖGE),

> „wer mit bösem Vorsatz zu einer durch einen anderen zur Ausführung gelangten Tat, deren vorsätzliche Begehung mit Strafe bedroht [war], durch Rat oder Tat Hilfe geleistet hat[te].“

Dem Antrag bei den Entwurfsberatungen entsprechend, erklärten es sich die österreichischen Gegenvorschläge zum Ziel, den Unterschied zwischen mittelbarer Täterschaft und Anstiftung zu beseitigen. Gemessen am E 1919 – dessen richtiges Verständnis vorausgesetzt – liege der einzige praktische Unterschied zwischen den beiden in der Behandlung des Versuchs: Die versuchte mittelbare Täterschaft sollte als Versuch der strafbaren Handlung gewertet werden, hingegen war für die versuchte Anstiftung eine Vorschrift im Besonderen Teil (§ 231 E 1919) vorgesehen. Es lag nach österreichischer Meinung insbesonde-

284 Österreichisches Staatsarchiv, Allg. Verwaltungsarchiv, Justizministerium, Karton Nr. 985 (Fortl. Bl. 31).

285 Österreichisches Staatsarchiv, Allg. Verwaltungsarchiv, Justizministerium, Karton Nr. 985 (Fortl. Bl. 18, S. 3 der Gegenvorschläge zum 6. Abschnitt).

286 Österreichisches Staatsarchiv, Allg. Verwaltungsarchiv, Justizministerium, Karton Nr. 985 (Fortl. Bl. 18, S. 3 der Gegenvorschläge zum 6. Abschnitt).

re ein Mißverhältnis insofern vor, als alle Fälle der versuchten Anstiftung mit derselben Strafdrohung bedroht waren und nicht danach differenziert würde, zu welchem Verbrechen angestiftet werden sollte[287]. Dieses Problem werde aber auch nicht dadurch gelöst, daß der Entwurf bei bestimmten Delikten eine höhere Strafdrohung für die Anstiftung vorsehe. Von dieser Unterscheidung wollte der österreichische Gegenvorschlag, angelehnt an das österreichische Recht, den Schweizer Entwurf und einige Rechtslehren (*Beling*[288], *Mayer*[289] und *Lammasch*[290]) absehen und den Versuch der Anstiftung und der mittelbaren Täterschaft der Strafdrohung des Versuchs der Haupttat unterstellen, wobei auch keine Limitierung auf Verbrechen stattfinden sollte, sondern nur auf eine Tat, die mit mehr als einem Jahr Freiheitsstrafe bedroht war (§ 27 ÖGV, § 28 ÖGE):

**„§ 27**
**Strafbarkeit des Versuches**

> Wer mit bösem Vorsatz zu bewirken versucht (§ 23), daß durch einen anderen eine Tat zur Ausführung gelangt, deren vorsätzliche Begehung mit einer strengeren Strafe als einjähriger Freiheitsstrafe bedroht ist, wird gleich einem Täter bestraft, der die Tat versucht hat.
>
> Wegen Versuches wird nicht bestraft, wer freiwillig (§ 25) bewirkt hat, daß die Tat nicht zur Ausführung gelangte, und wer freiwillig den Eintritt des zu ihrer Vollendung gehörigen Erfolges abgewendet hat.“

Zuletzt enthielten die österreichischen Gegenvorschläge (§ 29 ÖGV, § 30 ÖGE) auch eine Bestimmung über die „Besonderen Eigenschaften und Verhältnisse“, die der des E 1919 weitestgehend entsprach.

### *(3) Der Einfluß Franz v. Liszts*

Entgegen dem E 1922 traf der von *Radbruchs* Doktorvater mitverfaßte Gegenentwurf von 1911 Bestimmungen zur Täterschaft[291], Anstiftung[292] und

---

287 Österreichisches Staatsarchiv, Allg. Verwaltungsarchiv, Justizministerium, Karton Nr. 985 (Fortl. Bl. 18, S. 4 (Begründung) der Gegenvorschläge zum 6. Abschnitt).

288 *Beling*, Lehre vom Verbrechen, S. 466 ff.

289 *Mayer*, Strafrecht AT, S. 396 f.

290 *Lammasch*, Grundriß des österreichischen Strafrechts, S. 152.

291 Als Täter wurde nach § 31 GE „auch derjenige bestraft, der bei Ausführung der ihm zurechenbaren strafbaren Handlung mitwirkt[e] oder ihre Ausführung durch einen bewirkt[e] oder pflichtwidrig zu[ließ]“. Die Verfasser des Entwurfs gingen davon aus, daß der Begriff des Alleintäters keiner gesetzlichen Definition bedürfe, deshalb lautete die Formulierung des § 31 GE „Als Täter wird auch derjenige bestraft […]“ und zielte auf den mittelbaren Täter und den Mittäter ab. S. Begründung zum Gegenentwurf, S. 48, 50.

Beihilfe[293]. Der Anstifter wurde nach § 32 Abs. 1 als Anstifter gleich einem Täter bestraft, „soweit er wegen Fehlens eines gesetzlichen Merkmals nicht nach § 31 als Täter" bestraft werden konnte. Der Versuch der Anstiftung zu einem Verbrechen sollte wie der Versuch der Haupttat bestraft werden. Die Beihilfe zu einem Verbrechen oder Vergehen sollte nach den Vorschriften über den Versuch (§ 28 GE) bestraft werden. Die Beihilfe wurde zur Täterschaft bzw. Mittäterschaft abgegrenzt, indem nach § 31 GE derjenige als Täter bestraft wurde, der „bei Ausführung der ihm zurechenbaren strafbaren Handlung mitwirkt[e]". Die Verfasser des Entwurfs wollten sich damit auf einen vermittelnden Standpunkt in der Auseinandersetzung zwischen objektiver und subjektiver Theorie stellen; die (Bei-)Hilfe bei der Ausführungshandlung sollte nach § 31 GE als Mittäterschaft bestraft werden, im Falle der Beihilfe zur Vorbereitungshandlung sollte diese nach § 33 GE milder bestraft werden[294].

Der Entwurf wollte auch die nach geltendem Recht streitige Frage, ob Mittäter und Gehilfe im Falle eines Rücktritts vom Versuch bzw. Abwendung des für die Vollendung erforderlichen Erfolges straflos iSv. § 46 RStGB werden konnten, positiv beantworten. Die Anwendbarkeit des § 30 GE (freiwilliger Rücktritt und tätige Reue), der dem § 46 RStGB entsprach, wurde im Fall des Mittäters über seine Qualifikation als Täter und beim Anstifter durch sein Behandlung „gleich dem Täter" hergeleitet, für die Beihilfe wurde ausdrücklich auf § 30 verwiesen[295]. Auch enthielt der Entwurf eine Bestimmung (§ 34 Satz 1 GE) über die „Einwirkung persönlicher Eigenschaften", wonach „persönliche Eigenschaften oder Verhältnisse, welche die Strafbarkeit erhöh[t]en, verminder[te]n oder ausschl[oss]en" nur bei dem berücksichtigt wurden, bei dem sie vorlagen.

In § 34 Satz 2 GE traf der Entwurf eine Aussage zur Akzessorietät der Teilnahme: Die Strafbarkeit des Teilnehmers – Anstifter und Gehilfe – sollte „ohne Rücksicht auf die Strafbarkeit der Person des Täters" erfolgen. Die Teilnahme wurde „limitiert-akzessorisch" ausgestaltet, d.h. zur Strafbarkeit des Anstifters wurde nur gefordert, daß der Täter den „objektiven und den objektiv-rechtswidrigen Verbrechenstatbestand" verwirklicht hatte[296]. Damit

292 Anstifter war nach § 32 GE, „wer einen anderen zu dem von ihm begangenen Verbrechen oder Vergehen vorsätzlich bestimmt hat[te]".

293 Unter Beihilfe wurde gemäß § 33 Abs. 1 GE jede „nicht unter die §§ 31, 32 fallende vorsätzliche Beteiligung bei dem von einem anderen begangenen Verbrechen oder Vergehen" verstanden.

294 Begründung zum Gegenentwurf, S. 51.

295 Begründung zum Gegenentwurf, S. 54.

296 Begründung zum Gegenentwurf, S. 47.

war die Anstiftung nicht nur im Falle des Vorliegens eines persönlichen Strafaufhebungs- oder Strafausschließungsgrundes in der Person des Angestifteten, sondern auch bei dessen Schuldlosigkeit[297] strafbar. Insofern war der GE dem E 1922 ähnlich.

Eine Besonderheit des Gegenentwurfs lag darin, daß er im Falle einer vom Gesetz angeordneten Straflosigkeit der Beihilfe auch die Anstiftung in diesen Fällen für nicht strafbar erklärte (§ 35 GE).

Die persönliche Auffassung *v. Liszts* schlug in gewisser Hinsicht eine Brücke zu *Radbruchs* Entwurf: *v. Liszt* war der Auffassung, daß jeder, der für einen bestimmten Erfolg eine Bedingung gesetzt habe und damit an dessen Eintritt beteiligt gewesen sei, den Erfolg verursacht habe[298]. Aufgrund der Gleichheit aller Bedingungen eines Erfolges bestehe kein „begrifflicher Unterschied" zwischen den einzelnen Beteiligten einer Erfolgsherbeiführung; gerechtfertigt sei ihre unterschiedliche Bestrafung nur innerhalb desselben Strafrahmens[299]. Eine obligatorische Strafmilderung im Fall der Beihilfe wurde von ihm als verfehlt betrachtet[300]. Von dieser Warte aus kritisierte *v. Liszt* das Verständnis des geltenden Rechts, zwischen Täterschaft und Teilnahme eine scharfe begriffliche Trennung zu vollziehen, wonach nur die Täterschaft Erfolgsverursachung bedeutete, Anstiftung und Beihilfe nur

> „als Teilnahme an der durch den Täter bewirkten Verursachung des Erfolges ('akzessorische Natur' der Teilnahme)"[301]

verstanden wurde und für den Gehilfen die obligatorische Strafmilderung im Vergleich zum Täter vorgesehen wurde[302].

Der E 1922, der sich auch um eine weitgehende Gleichstellung der Beteiligten bemühte, kam den diesbezüglichen Forderungen *v. Liszts* nahe; nach *Radbruchs Bemerkungen* sollten die Unterschiede zwischen den Tatbeteiligten –

---

297 Die Schuld wurde als subjektiver Tatbestand verstanden und sie fehlte, wenn der Angestiftete zurechnungsunfähig oder gutgläubig war.

298 *v. Liszt / Schmidt*, Lehrbuch des Deutschen Strafrechts, 23. Auflage, S. 214.

299 *v. Liszt / Schmidt*, Lehrbuch des Deutschen Strafrechts, 23. Auflage, S. 214.

300 *v. Liszt*, ZStW 30 (1910), S. 250 (275).

301 *v. Liszt / Schmidt*, Lehrbuch des Deutschen Strafrechts, 23. Auflage, S. 214.

302 Dieses strenge Verständnis habe der Gesetzgeber aber nicht überall durchgesetzt: Abgesehen von dem Fall des § 50 RStGB sei dieser Grundsatz dort aufgeweicht worden, wo das Gesetz nur von bestimmten Personen Gehorsam verlange – hier war nur der Täter, nicht aber der Teilnehmer zu bestrafen, und in einzelnen Gesetzen, bei denen die Unterscheidung von Täter und Teilnehmer aufgegeben wurde, wie im Sklavenraubgesetz von 1895 und § 45 Abs. 2 des Auswanderungsgesetzes von 1897.

Täter und Teilnehmer – im Rahmen der Strafzumessung vom Richter berücksichtigt werden.

### *(4) Zusammenfassung*

Die Regelungen des E 1922 über Täterschaft und Teilnahme zeichneten sich im Gegensatz zum RStGB und zu den vorangegangenen Entwürfen durch eine sehr reduzierte und komprimierte Fassung aus; der Entwurf enthielt nur noch ausdrückliche Bestimmungen über die Teilnahmeformen; eine Definition der Täterschaft war in der Anstiftung enthalten, und die Anstiftung sollte nunmehr auch die mittelbare Täterschaft erfassen. Auch die Begründung zu den gleichlautenden Vorschriften des E 1925 lobte die Vereinfachung der Vorschriften als positive Errungenschaft und sah – entgegen Stimmen in der Literatur[303] – die von *Radbruch* in seinen Bemerkungen und im Entwurf nicht weiter erwähnte Mittäterschaft als „selbstverständlich" aus der Täterschaft herleitbar an, so daß sie keiner Definition bedürfe[304]. Ebenso wurde die Rechtsfigur der mittelbaren Täterschaft aufgrund ihrer Einbettung in die Teilnahmeformen als entbehrlich angesehen[305].

Gleichzeitig betonte der E 1922/25 – wie es auch schon der E 1919 getan hatte – die Unabhängigkeit der Strafbarkeit der Teilnahme von der der Täterschaft. Aber gerade in der Knappheit der Bestimmungen offenbarte sich eine Gefahr: Es mutet widersprüchlich an, daß die Teilnahme eine strafbare Handlung des Haupttäters erforderte, aber der Wortlaut des § 27 E 1922/25 gerade dies zu negieren schien. Dies hat dann auch in der Literatur zu unterschiedlichen Schlußfolgerungen und Bewertungen geführt: Teilweise wurden die Regelungen des E 1922/25 so verstanden, daß die Akzessorietät der Teilnahme gänzlich aufgegeben werde[306]. Gemessen an den Bemerkungen *Radbruchs*, der

303 *Wegner*; in: Aschrott / Kohlrausch, Reform des Strafrechts, S. 102 (103 f., 111); *v. Lilienthal*, MschrKrim 16 (1925), S. 113 (121). *v. Lilienthal* meinte, daß in der mangelnden ausdrücklichen Regelung von Täterschaft und Mittäterschaft der Eindruck vermittelt werde, daß die Mittäterschaft unter die Beihilfe fallen solle. Damit werde der „fruchtlose" Streit über den Unterschied zwischen Täterschaft und Beihilfe zwar erledigt, „ob man wirklich an eine so radikale Änderung gedacht" habe, wäre „immerhin zweifelhaft".

304 Begründung zum E 1925, S. 25.

305 Begründung zum E 1925, S. 25. Auch *Radbruch* hatte in seinen Bemerkungen bereits geäußert, daß die mittelbare Täterschaft in die Anstiftung gezogen werden sollte. *Wegner* ging in seiner Analyse der Vorschriften dagegen davon aus, daß es wie bei der Mittäterschaft einer Regelung der mittelbaren Täterschaft bedürfe. S. *Wegner*; in: Aschrott / Kohlrausch, Reform des Strafrechts, S. 102 (117).

306 So: *Gerland*, Der Entwurf 1925, S. 52 f.; *v. Lilienthal*, MschKrim, 16 (1925), S. 113 (121). *Gerland* spricht davon, daß § 27 E 1922/25 die Akzessorietät radikal beseitige

davon spricht, daß die Lehre von „der Abhängigkeit der Strafbarkeit der Teilnahme von der Strafbarkeit der Haupttat (‘Akzessorietät der Teilnahme’)“ durch den Entwurf aufgegeben worden sei, ist eine solche Deutung möglich[307]. Bei näherer Analyse der Vorschriften des E 1922/25 kann aber – wie gezeigt – von der Limitierung der Akzessorietät ausgegangen werden[308], was auch von *Radbruch* nachträglich bestätigt wurde[309].

In den Regelungen über die Täterschaft und Teilnahme sollte – und dies war ein wiederkehrender Aspekt der Entwurfskonzeption – durch die weitgehende Gleichstellung der unterschiedlichen Mitwirkungsformen dem Richter eine größere Entscheidungskompetenz eingeräumt[310], somit das freie richterliche Ermessen gestärkt werden. War das neu gesetzte Vertrauen in den Richterstand nötig für eine Reform, so stellt sich damit aber auch zwingend die Frage nach dessen Reichweite. Das geltende Recht war Ausdruck des Mißtrauens in den Richterstand, *Radbruch* hingegen war von der Idee eines neuen Richterstandes beseelt. Die sehr knapp gehaltenen Bestimmungen darüber, wer Täter und wer Teilnehmer sein sollte, lassen an der Sicherheit für den einzelnen bei der Bewertung seiner Strafbarkeit Zweifel aufkommen. Es ließe sich diesbezüglich ein Leitsatz zur Sicherung des Verhältnisses von Gesetz und Ermessen aufstellen:

> „Die Reform kann demgegenüber unter keinem andern Leitwort stehen als diesem: objektive, äußerlich, feststellbare Grenzen, soweit es geht, aber nicht um jeden Preis. Generalisierende Regelung für die typischen Fälle, richterliche Freiheit für den Ausnahmefall.“[311]

### *f) Real- und Idealkonkurrenz*

Das Ziel der stärkeren Betonung des freien richterlichen Ermessens war neben dem, das Schuldprinzip konsequent durchzuführen, Leitmotiv für die Aufhebung der Unterscheidung zwischen Real- und Idealkonkurrenz im herkömmlichen Sinne. Unter Idealkonkurrenz (Tateinheit) wurde der Fall gefaßt, daß auf

---

und nennt zum Vergleich § 4 JGG. Eben diesen nennt auch *Wegner* (in: Aschrott / Kohlrausch: Reform des Strafrecht, S. 102 [112]), der aber von einer Limitierung der Akzessorietät sprach.

307 *Radbruch*, Bemerkungen, S. 61.

308 *Dahm*, Täterschaft und Teilnahme, S. 75; *Wegner*; in: Aschrott / Kohlrausch, Reform des Strafrechts, S. 102 (112).

309 *Radbruch*, in: Aschrott / Kohlrausch, Reform des Strafrechts, S. 301 (305).

310 Siehe Bemerkungen, S. 61.

311 *Wegner*, in Aschrott / Kohlrausch, Reform des Strafrechts, S. 102 (110).

dieselbe Tat mehrere Strafgesetze anwendbar waren[312]; Realkonkurrenz (Tatmehrheit) lag dann vor, wenn jemand mehrere selbständige Taten begangen hatte, die gleichzeitig abgeurteilt wurden[313].

Nach den Bemerkungen *Radbruchs* sollten nicht mehr nur die begrifflichen Unterscheidungen das Urteil darüber fällen, ob den Täter eine „einfache Strafe oder eine künstliche Gesamtstrafe" treffe[314]. In den beiden Konstellationen des Zusammentreffens strafbarer Handlungen sollte es vielmehr dem Richter obliegen, „innerhalb eines nach oben erweiterten Strafrahmens nach Maßgabe des Schuldgehaltes im Einzelfalle eine einheitliche Strafe zu bestimmen"[315].

### *aa) E 1922*

Nach § 63 E 1922 galt, daß wenn auf dieselbe Tat mehrere Strafgesetze anwendbar waren oder jemand mehrere selbständige Taten begangen hatte, die gleichzeitig abgeurteilt wurden, nur auf eine Strafe zu erkennen war. Die Frage der Behandlung der ehemaligen Real- und Idealkonkurrenz wurde in § 64 E 1922 beantwortet; dort wurde festgelegt, wie die Strafe im einzelnen zu bestimmen war[316]. Danach war die Strafe nach dem Gesetze zu bestimmen, das die höchste Strafe oder, bei ungleichen Strafarten, die Strafe schwerster Art androht. Es durfte jedoch auf kein niedrigeres Strafmaß und auf keine leichtere

---

312 Von der Idealkonkurrenz abzugrenzen war/ist aber die sog. Gesetzeskonkurrenz; diese lag/liegt dann vor, wenn nach dem Wortlaut auf eine Tat zwar mehrere Strafvorschriften zutrafen/zutreffen, sich aber aus ihrem Verhältnis zueinander ergab/ergibt, daß nur eine der Strafvorschriften wirklich verletzt war/ist. Als Beispiel wurde der Tatbestand des Raubes genannt, der den Diebstahl beinhaltete. Der Fall der Gesetzeskonkurrenz war folglich nicht als Zusammentreffen mehrerer Gesetzesverletzungen zu verstehen und damit die Bestimmungen des 8. Abschnitts nicht anwendbar. S. Begründung zum E 1925, S. 48.

313 Der E 1922 beschreibt diese beiden Konstellationen in § 63 E 1922, deren Einordnung im herkömmlichen Sinne hier noch erfolgt.

314 *Radbruch*, Bemerkungen, S. 61.

315 *Radbruch*, Bemerkungen, S. 61.

316 § 64 E 1922 besagte:

„Die Strafe ist nach dem Gesetze zu bestimmen, das die höchste Strafe oder, bei ungleichen Strafarten, die Strafe schwerster Art androht; doch darf auf kein niedrigeres Strafmaß und auf keine leichtere Strafart erkannt werden, als sie nach den übrigen Strafgesetzen zulässig sind.

Das Höchstmaß der Strafe, das in dem anzuwendenden Strafgesetz vorgesehen ist, darf um die Hälfte überschritten werden; doch darf die Dauer einer zeitigen Freiheitsstrafe die Summe der angedrohten Höchststrafen und die Dauer von fünfzehn Jahren nicht übersteigen.

Auf Einschließung kann erkannt werden, wenn die Voraussetzungen hierfür auch nur bei einer der Taten vorliegen."

Strafart erkannt werden, als sie nach den übrigen Strafgesetzen zulässig waren (§ 64 Abs. 1). Durch die Gleichstellung durfte in beiden Fällen das Höchstmaß, das in dem anzuwendenden Strafgesetz vorgesehen war, um die Hälfte überschritten werden; doch durfte die Dauer einer zeitigen Freiheitsstrafe die Summe der angedrohten Höchststrafen und die Dauer von fünfzehn Jahren nicht übersteigen.

Eine Besonderheit lag in § 64 Abs. 3 E 1922, wonach auf Einschließung erkannt werden konnte, wenn die Voraussetzungen hierfür auch nur bei einer der Taten vorlagen. Die Einschließungsstrafe war als privilegierende Strafart für die von *Radbruch* eingeführte Figur des Überzeugungstäters bestimmt[317] und wird später noch ausführlich erörtert[318]. Durch die Bestimmung des § 64 Abs. 3 E 1922 wurde wiederum eine Betonung auf diesen Tätertypus gelegt.

Es mußte oder konnte neben der Strafe auf Maßregeln der Besserung und Sicherung und auf Geldstrafe gemäß § 69 Abs. 1 erkannt werden, wenn sie auch nur wegen einer der Taten vorgeschrieben oder zugelassen waren (§ 65 E 1922). Zuletzt galten nach § 66 E 1922 die Vorschriften der §§ 63 bis 65 auch dann, wenn jemand vor der Verbüßung, Verjährung oder dem Erlaß einer Strafe wegen einer strafbaren Handlung verurteilt wurde, die er vor Verkündung des früheren Urteils begangen hatte[319]. Die Vorschriften des E 1925 entsprachen denen des E 1922.

### *bb) Entwicklungslinien*

#### *(1) E 1919 und geltendes RStGB*

Damit wich der E 1922 entschieden vom E 1919 und dem RStGB ab, die beide zwischen Real- und Idealkonkurrenz unterschieden und sie in eigenen Vorschriften unterschiedlich behandelten. Die Formulierungen und der Inhalt der Bestimmungen des E 1919 waren denen des E 1922 sehr ähnlich, jedoch variierten die Folgen der Konkurrenzarten aufgrund ihrer Differenzierung.

Nach dem E 1919 erfolgte mit der Differenzierung zwischen den beiden Tatbeständen auch eine unterschiedliche Behandlung des Täters. Nach § 32 Abs. 1 E 1919 war beim Zusammentreffen mehrerer Strafgesetze für dieselbe

317 Nach § 71 E 1922 war die Einschließungsstrafe dann vorgesehen, wenn der ausschlaggebende Beweggrund des Täters darin bestand, daß er sich zu der Tat auf Grund seiner sittlichen, religiösen oder politischen Überzeugung für verpflichtet hielt.

318 Siehe hierzu: 6. Kapitel, A) II 3.

319 Dies erinnert an das heutige Institut der nachträglichen Gesamtstrafenbildung.

Tat (Idealkonkurrenz[320]), die Strafe aus dem Gesetz zu bestimmen, das die schwerste Strafe oder bei ungleichen Strafarten die Strafe schwerster Art androhte. Es durfte jedoch nicht auf ein niedrigeres Strafmaß und auf eine leichtere Strafart erkannt werden, als nach einem anderen anwendbaren Strafgesetze zulässig war[321]. Für die Idealkonkurrenz galt also im wesentlichen das Absorptionsprinzip[322].

Hingegen wurde im Falle der Realkonkurrenz das Asperationsprinzip angewandt, d.h. wenn jemand durch mehrere selbständige Straftaten mehrere zeitige Freiheitsstrafen verwirkt hatte, war gegen ihn auf eine Gesamtstrafe zu erkennen (§ 33 Abs. 1 E 1919). Die Gesamtstrafe bestand in einer Erhöhung der verwirkten schwersten Strafe, wobei eine verwirkte Zuchthausstrafe ohne Rücksicht auf die Dauer als schwerste Strafe galt, und den Gesamtbetrag der verwirkten Einzelstrafen nicht erreichen und fünfzehn Jahre nicht übersteigen durfte[323]. Wie sein Nachfolger stellte der E 1919 eine Besonderheit für die Einschließungsstrafe auf: im Fall der Realkonkurrenz war nach § 34 Abs. 1 E 1919 auf Einschließung gesondert zu erkennen, wenn sie neben Gefängnis verwirkt war; aus mehreren Einschließungsstrafen wurde eine Gesamtstrafe gebildet. Waren Gefängnis und Einschließung nebeneinander verwirkt, so durfte die Gesamtdauer der Strafen wiederum fünfzehn Jahre nicht übersteigen. Neben der Einschließung wurde auch für die Haftstrafe eine Ausnahme zum Regelfall der Gesamtstrafe gemacht (§§ 59, 404 Abs. 2 E 1919)[324].

---

320 Die Bestimmung zur Idealkonkurrenz sollte eine deutlichere Grenze als bisher zur Gesetzeskonkurrenz gezogen werden. Gesetzeskonkurrenz lag vor, „wenn auf eine Tat zwar mehrere Strafvorschriften dem Wortlaut nach zu[trafen], sich zugleich aber aus dem inneren Verhältnisse der Vorschriften erg[ab], daß nur eine von ihnen anzuwenden [war]“. S. Begründung zum E 1919, S. 47.

321 Nach § 32 Abs. 2 E 1919 mußte oder konnte auf Nebenstrafen, Nebenfolgen sowie Maßregeln der Besserung und Sicherung erkannt werden, wenn sie auch nur eines der anwendbaren Gesetze vorschrieb oder zuließ.

322 Die Behandlung der von ideal- und realkonkurrierenden Delikten bzw. die Anwendung des Absorptions- und des Asperationsprinzips wurde diskutiert, gerade bzgl. des geltenden RStGB. Siehe zum Meinungsstand: *Springborn*, Idealkonkurrenz und Realkonkurrenz, S. 38 ff. (Idealkonkurrenz), S. 41 ff. (Realkonkurrenz).

323 Nach § 33 Abs. 3 E 1919 mußte oder konnte ebenso auf Nebenstrafen, Nebenfolgen sowie Maßregeln der Besserung und Sicherung erkannt werden, wenn sie auch nur neben einer der verwirkten Einzelstrafen vorgeschrieben oder zugelassen waren.

324 § 35 Abs. 2 E 1919 war hier von Bedeutung, denn danach war bei Freiheitsstrafen, die anstelle von uneinbringlichen Geldstrafen traten – was für Haft nach § 59 E 1919 galt – auf jede gesondert zu erkennen, wobei jedoch ihre Gesamtdauer zwei Jahre nicht übersteigen durfte. Beim Zusammentreffen mehrerer Haftstrafen wegen Übertretungen war nach § 404 Abs. 2 E 1919 auf jede gesondert zu erkennen, wobei die Gesamtdauer ein Jahr nicht übersteigen durfte.

Zudem enthielt der E 1919 noch eine besondere Regelung für den Fall der Realkonkurrenz bei Geldstrafen bzw. Freiheitsstrafen, die anstelle einer uneinbringlichen Geldstrafe traten (§ 35 E 1919)[325]. Der E 1919 enthielt ebenso wie sein Nachfolger eine Bestimmung darüber, daß die Vorschriften über die §§ 33 bis 35 auch dann galten, wenn jemand vor Verbüßung, Verjährung oder Erlaß einer Strafe wegen einer Straftat verurteilt wurde, die er vor Verkündung des früheren Urteils begangen hatte. Eine Betonung des richterlichen Ermessens fand im Rahmen der Regelungen über das Zusammentreffen mehrerer Straftaten in der diesen Abschnitt schließenden Vorschrift über die fortgesetzte Straftat (§ 37) Platz, wonach die Strafe unter Berücksichtigung des Umfangs der strafbaren Tätigkeit zu bemessen war, wenn mehrere Taten einer Person eine fortgesetzte Straftat bildeten.

Der E 1919 hatte diese Bestimmungen weitestgehend an das RStGB angelehnt: § 32 des E 1919 stimmte „in den Grundzügen"[326] mit § 73 RStGB überein; danach kam im Fall der Idealkonkurrenz nur dasjenige Gesetz, welches die schwerste Strafart androhte, und bei ungleichen Strafarten, dasjenige Gesetz, welches die schwerste Strafe abdrohte, zur Anwendung. Auch im Fall der Realkonkurrenz gab es Überschneidungen; so war nach § 74 RStGB[327] auch auf eine Gesamtstrafe zu erkennen, welche in der Erhöhung der verwirkten schwersten Strafe bestand[328].

Bei den Beratungen *Radbruchs* mit seinen Mitarbeitern war entgegen der endgültigen Fassung des E 1922 noch von einer Beibehaltung beider Konkurrenzformen ausgegangen worden[329]. Es wurde die Überlegung angestellt, die Konkurrenzvorschriften an den Anfang des Abschnitts über die Strafbemessung zu stellen. Beschlossen worden war neben der Streichung des § 37

325 § 35 lautete:

„**§ 35**

Sind mehrere Geldstrafen verwirkt, so ist auf jede gesondert zu erkennen.

Das Gleiche gilt von den Freiheitsstrafen, die an die Stelle uneinbringlicher Geldstrafen treten. Ihre Gesamtdauer darf zwei Jahre nicht übersteigen."

326 Begründung zum E 1919, S. 47.

327 Realkonkurrenz wurde dann angenommen, wenn jemand durch mehrere selbständige Handlungen mehrere Verbrechen oder Vergehen mehrmals begangen und dadurch mehrere zeitige Freiheitsstrafen verwirkt hatte (§ 74 Abs. 1 RStGB).

328 Für das Zusammentreffen ungleichartiger Freiheitsstrafen trat diese Erhöhung bei der ihrer Art nach schwersten Strafe ein (§ 74 Abs. 2 RStGB). Nach § 74 Abs. 3 RStGB durfte das Maß der Gesamtstrafe den Betrag der verwirkten Einzelstrafen nicht erreichen und fünfzehnjähriges Zuchthaus, zehnjähriges Gefängnis oder fünfzehnjährige Festungshaft nicht übersteigen.

329 Ergebnis des Vortrags vom 1. Juni 1922, s. Akte BA R 3001/5811, S. 156 f.

E 1919, daß auf Einschließung stets, auch neben Zuchthaus, gesondert erkannt werden sollte.

Auch das RStGB machte bei den Strafarten der Festungshaft und der Haft Ausnahmen zu der Grundregel (§§ 75[330], 77[331] RStGB); ebenso enthielt es eine entsprechende Regelung zur Geldstrafe (§ 78 RStGB[332]). Es traf entgegen E 1919 und E 1922 eine Bestimmung zu dem Verhältnis der Gesamtstrafe zu der Aberkennung von bürgerlichen Ehrenrechten und der Polizeiaufsicht (§ 76 RStGB).

Eine Übereinstimmung des RStGB mit den beiden Reformwerken bestand darin, daß auch das RStGB anordnete, die Vorschriften über die Realkonkurrenz (§§ 74 bis 78 RStGB) auch dann anzuwenden, „wenn, bevor eine erkannte Strafe verbüßt, verjährt oder erlassen [war], die Verurteilung wegen einer strafbaren Handlung erfolgt[e], welche vor der früheren Verurteilung begangen [war]“.

### *(2) Die Position Österreichs*

Ein gewichtiger Grund für die Gleichstellung von Ideal- und Realkonkurrenz lag in der Zusammenarbeit mit Österreich. Es entsprach einem angenommenen Antrag Österreichs, daß die beiden Konstellationen wie im geltenden österreichischen Recht gleich behandelt werden sollten[333]. Entsprechend waren auch

---

330 Nach § 75 Abs. 1 RStGB war im Fall der Zusammentreffens der Festungshaft mit Gefängnis auf jede dieser Strafarten gesondert zu erkennen. War Festungshaft oder Gefängnis mehrfach verwirkt, so war hinsichtlich der mehreren Strafen gleicher Art so zu verfahren, als wenn dieselben allein verwirklicht worden wären (§ 75 Abs. 2 RStGB). Auch hier durfte die Gesamtdauer der Strafen fünfzehn Jahre nicht übersteigen (§ 75 Abs. 3 RStGB).

331 Gemäß § 77 Abs. 1 RStGB war in dem Fall, daß Haft mit einer anderen Freiheitsstrafe zusammentraf, so war auf Haft gesondert zu erkennen. Auf eine mehrfach verwirkte Haft war ihrem Gesamtsbetrag nach – jedoch nicht über die Dauer von drei Monaten – zu erkennen.

332 § 78 besagte:

„(1) Auf Geldstrafen, welche wegen mehrerer strafbarer Handlungen allein oder neben einer Freiheitsstrafe verwirkt sind, ist ihrem vollen Betrage nach zu erkennen.

(2) Bei Umwandlung mehrerer Geldstrafen ist der Höchstbetrag der an die Stelle derselben tretenden Freiheitsstrafe zwei Jahre Gefängniß und, wenn die mehreren Geldstrafen nur wegen Uebertretungen erkannt worden sind, drei Monate Haft.“

333 Österreichisches Staatsarchiv, Allg. Verwaltungsarchiv, Justizministerium, Karton Nr. 985 (Fortl. Bl. 31). Die Gleichstellung entsprach auch dem Norwegischen StGB und dem Schweizer Entwurf für ein Strafgesetzbuch. S. *Gerland*, Der Entwurf 1925, S. 83.

die österreichischen Gegenvorschläge zum Allgemeinen Teil des E 1919 ausgestaltet; die entscheidende Norm § 32 ÖGV (§ 31 ÖGE) besagte:

> „Hat jemand durch die dieselbe oder durch verschiedene Taten mehrere strafbare Handlungen begangen, so ist über ihn eine Gesamtstrafe von einer der auf die einzelnen strafbaren Handlungen gesetzten Strafarten zu verhängen. Die Gesamtstrafe darf nicht von leichterer Art sein als die schwerste Strafe, die nach dem Gesetze verhängt werden müßte, wenn jede der strafbaren Handlungen abgesondert bestraft würde. Statt auf Gefängnis kann jedoch auf Einschließung erkannt werden, wenn die mit Gefängnis bedrohte strafbare Handlung gegenüber einer mit Einschließung bedrohten von verschwindender Bedeutung ist und nicht ehrlose Gesinnung bekundet."

Der österreichische Gegenentwurf wollte ebenso wie der spätere E 1922 die herkömmlichen Prinzipien der Absorption und der Asperation (Häufung) aufgeben und alle Konkurrenzfälle bis auf die gesetzlich geregelten Ausnahmen einem „kombinierten Strafrahmen" unterstellen, der umfassend die Strafarten und Strafgrößen erfassen sollte. Begrenzt werden sollte diese Ausgangsregelung durch § 33 S. 1 ÖGV (§ 32 S. 1 ÖGE), wonach für den Fall, daß die Gesamtstrafe in einer Freiheitsstrafe bestand, diese nicht kürzer sein durfte als das höchste Mindestmaß der auf die einzelnen strafbaren gesetzten Freiheitsstrafen. Für eine zeitige Gesamtfreiheitsstrafe galt, daß sie das höchste Höchstmaß der auf die einzelnen strafbaren Handlungen gesetzten zeitigen Freiheitsstrafen um die Hälfte übersteigen, jedoch nicht mehr als fünfzehn Jahre betragen durfte (§ 33 S. 2 ÖGV, § 32 S. 2 ÖGE). In der Begründung wird dies als „Prinzip der fakultativen Strafschärfung" bezeichnet[334]. Dies entspreche auch am besten der allgemeinen Tendenz des Entwurfes, dem richterlichen Ermessen bei der Strafzumessung eine größere Bedeutung zukommen zu lassen und diene zudem der Möglichkeit, sich den verschiedenen Streitfragen im Rahmen der Konkurrenzlehre zu entziehen[335].

In der Begründung wurde Kritik an der getrennten Regelungsweise des E 1919 geübt: Das Problem im Rahmen der Idealkonkurrenz bestehe darin, daß der Entwurf aus „mehreren ideal konkurrierenden Tatbeständen zusammengesetzte Delikte oder besondere Hilfstatbestände" konstruiert habe, bei denen eine strengere Strafe angedroht werde, als nach der Anwendung des Absorptionsprinzips zustande komme[336]. Auch über das Vorgehen bei der Realkonkur-

---

334 Österreichisches Staatsarchiv, Allg. Verwaltungsarchiv, Justizministerium, Karton Nr. 985, Fortl. Bl. 18, S. 5 der Gegenvorschläge zum 7. Abschnitt.

335 Österreichisches Staatsarchiv, Allg. Verwaltungsarchiv, Justizministerium, Karton Nr. 985, Fortl. Bl. 18, S. 5 der Gegenvorschläge zum 7. Abschnitt.

336 Österreichisches Staatsarchiv, Allg. Verwaltungsarchiv, Justizministerium, Karton Nr. 985, Fortl. Bl. 18, S. 3 der Gegenvorschläge zum 7. Abschnitt.

renz wurden große Bedenken geäußert. Es sei ein Fehler, von der Einzelstrafe auszugehen und aus deren Häufung die Gesamtstrafe zu bemessen; dies widerspreche „dem natürlichen psychischen Vorgang bei der Strafbemessung“[337]. Der Richter frage sich nicht, welche Strafe die einzelnen Taten verdienten, sondern welche Strafe der Mensch verdiene[338]. Auf Grundlage des Entwurfes werde er aber die Frage nach den Einzelstrafen der Frage nach der Gesamtstrafe vorziehen. Entspreche die Gesamtstrafe nicht seinem Rechtsempfinden, so würde er die Einzelstrafen solange verändern, bis das Endergebnis ihm gefalle[339].

In den österreichischen Gegenvorschlägen war entgegen dem späteren E 1922 eine ausführlichere Regelung über die Behandlung von Geldstrafen enthalten. Bestand nach § 34 ÖGV (§ 33 ÖGE) die Gesamtstrafe in einer Geldstrafe, „so d[urfte] sie das höchste Höchstmaß der auf die einzelnen strafbaren Handlungen gesetzten Geldstrafen um die Hälfte übersteigen“; weiterhin durfte die Ersatzstrafe „um die Hälfte länger sein als die längste wegen einer einzelnen der zusammentreffenden strafbaren Handlungen zulässige Ersatzstrafe“[340]. Für die Maßregeln der Besserung und Sicherung traf der ÖGV eine dem späteren § 65 E 1922 ähnliche Bestimmung[341].

Auch galten nach § 37 Abs. 1 ÖGV (§ 36 Abs. 1 ÖGE) die Vorschriften der §§ 32 bis 35 ÖGV (§ 31 bis 35 ÖGE) auch dann, „wenn jemand wegen einer strafbaren Handlung verurteilt wurde, die er vor Verkündung eines früher gegen ihn gefällten Urteils begangen hat[te]“. Entgegen der später dem Abs. 1 entsprechenden Bestimmung des § 66 E 1922 enthielt § 37 ÖGV (§ 36 ÖGE) in seinem 2. Abs. einen Zusatz: War „jedoch die neu hervorgekommene Tat nur mit einer Strafe bedroht, die leichterer Art [war] als die schon verhängte, so [konnte] eine Zusatzstrafe in der leichteren Strafart verhängt werden“.

---

337 Österreichisches Staatsarchiv, Allg. Verwaltungsarchiv, Justizministerium, Karton Nr. 985, Fortl. Bl. 18, S. 4 der Gegenvorschläge zum 7. Abschnitt.

338 Dieser Gedanke liegt dem Täterstrafrecht inne.

339 Österreichisches Staatsarchiv, Allg. Verwaltungsarchiv, Justizministerium, Karton Nr. 985, Fortl. Bl. 18, S. 4 der Gegenvorschläge zum 7. Abschnitt.

340 Nach § 36 ÖGV war § 55 ÖGV anwendbar, auch wenn nur eine der zusammentreffenden strafbaren Handlungen auf Gewinnsucht beruhte.

341 Nach § 35 ÖGV mußte oder konnte neben der Gesamtstrafe „auf Nebenstrafen und Maßregeln der Besserung und Sicherung erkannt werden, wenn sie auch nur wegen einer der zusammentreffenden Handlungen vorgeschrieben oder zugelassen und neben der Gesamtstrafe vollziehbar“ waren.

### *(3) Der Einfluß Franz v. Liszts*

Der Gegenentwurf von 1911, an dem *Franz v. Liszt* mitgewirkt hatte, trennte entgegen dem späteren Entwurf seines Schülers *Radbruch* zwischen Ideal- und Realkonkurrenz und zeigte viele Ähnlichkeiten mit dem geltenden Recht auf. In der Begründung des Entwurfs[342] und auch von *v. Liszt*[343] selbst wurde Ablehnung gegenüber einer einheitlichen Behandlung und der damit verbundenen Aufgabe der Differenzierung der beiden Institute geäußert wie sie im norwegischen StGB, dem schweizerischen und dem österreichischen Vorentwurf vorgenommen worden war. Es sei „von jedem theoretischen Standpunkt aus" so, daß eine Handlung „wesentlich leichter ins Gewicht" falle als mehrere[344]. Nur wer die „Auffassung des Lebens durch blutleere Begriffskonstruktionen" austausche, könne zur Annahme der Gleichwertigkeit der beiden Begriffe kommen[345].

### *(4) Bewertung und Zusammenfassung*

Die Motive für die Gleichstellung von Real- und Idealkonkurrenz bestanden nach den *Bemerkungen* von *Radbruch* in der Erweiterung der richterlichen Ermessensfreiheit und dem damit verbundenen Ziel, die Strafe nach der Schuld des Täters stärker in den Focus zu rücken[346]. Die Begründung des den E 1922 ablösenden E 1925 sah den Grund für die Aufhebung der Unterscheidung hingegen darin, daß die Abgrenzung der beiden Konkurrenzformen oft „schwierig und zweifelhaft" sei und oft nicht im Verhältnis zum „praktischen Werte der Unterscheidung" stehe[347]. Wie es die Quellenlage und die Begründung des E 1925 bestätigen, war es die Zusammenarbeit mit Österreich, die den entscheidenden Impuls für eine Zusammenlegung der beiden Begriffe gab[348]; war es doch Österreich, das in seinem Gegenentwurf und in den Anträgen dafür plädierte.

---

342 Begründung zum Gegenentwurf, S. 135.

343 *v. Liszt*, ZStW 30 (1910), S. 250 (276 f.).

344 *v. Liszt*, ZStW 30 (1910), S. 250 (276 f.). Hier kommt im Gegensatz zur österreichischen Argumentation eher der Gedanke des Tatstrafrechts zum Tragen.

345 *v. Liszt*, ZStW 30 (1910), S. 250 (277).

346 *Radbruch*, Bemerkungen, S. 61.

347 Begründung zum E 1925, S. 48.

348 Begründung zum E 1925, S. 48.

Die Aufhebung der Differenzierung der beiden Konkurrenzarten[349] variierte in der öffentlichen Bewertung; vom Lob über die „Elastizität und Einfachheit“[350], die der Entwurf an dieser Stelle wieder an den Tag bringe, bis hin zu einem „Rückschritt in der Erfassung der Eigenart der Tatbestände“[351]. Bedenken wurden dahingehend geäußert, daß die Gleichstellung nicht zwingend eine Entlastung der Gerichte bedeute; es müßten nach wie vor sämtliche verletzten Gesetze im Rahmen der Strafzumessung ermittelt werden (auch im Falle der Idealkonkurrenz), denn eine diesbezügliche Übergehung würde einen Revisionsgrund bedeuten[352]. Die Nichterwähnung eines verletzten Gesetzes würde wie im Falle der Differenzierung die Frage nach der Angreifbarkeit des Urteils nach sich ziehen; diese müßte ebenso mit der res iudicata im Falle der Idealkonkurrenz und der Möglichkeit einer neuen Klage im Falle der Realkonkurrenz beantwortet werden[353]. Weiterhin wurde auf die Schwierigkeiten hingewiesen, die sich im Falle der Realkonkurrenz z.B. bei einer Revision ergeben würden: Wenn eine Straftat aufgrund des eingelegten Rechtsmittels wegfalle, so fehle es an Strafmaßfestsetzung für die andere Tat, die dann vom Tatrichter vorgenommen werden müsse[354]. Dieser Aspekt konnte aber auch positiv umgedeutet werden; die neue Sichtweise führe dazu, daß die Strafzumessung nie nur ein Rechenexempel sein dürfe, sondern daß sich durch eine angegriffene Straftat auch ein ganz neues Gesamtbild von der Verbrecherpersönlichkeit des Täters ergebe[355]. Das Rechtsmittelgericht müsse im Rahmen

---

349 Eine Darstellung der Ansichten und ihrer Vertreter zur Beibehaltung bzw. Aufhebung der Unterscheidung zwischen Ideal- und Realkonkurrenz siehe: *Springborn*, Idealkonkurrenz und Realkonkurrenz, S. 38 ff. (Beibehaltung), 46 ff. (Aufhebung bzw. Gleichbehandlung von Ideal- und Realkonkurrenz).

350 *Wegner*, in: Aschrott / Kohlrausch, Reform des Strafrechts, S. 180 (185). Zustimmung zu den Regelungen wurde auch von *Wach* (DJZ 1925, Sp. 529 (537) geäußert.

351 *v. Hippel*, ZStW 42 (1921), S. 525 (541). Auch *Kohlrausch* bemängelte den Abschnitt über die Konkurrenzen. Seiner Auffassung nach war schon die Positionierung der Bestimmungen falsch gewählt: sie gehörten hinter den 2. oder 4. Abschnitt, wenn man sie als Strafzumessungsregelungen auffasse hinter den 9. Abschnitt. Eine optimale Lösung sei es aber die Idealkonkurrenz als Tatbestandsfrage und die Realkonkurrenz als Strafbemessungsfrage aufzufassen und sie entsprechend getrennt in das Gesetz einzuordnen. S. *Kohlrausch*, in: Aschrott / Kohlrausch, Reform des Strafrechts, S. 3 (12, 8 f.).

352 *v. Hippel*, ZStW 42 (1921), S. 525 (541).

353 *v. Hippel*, ZStW 42 (1921), S. 525 (541). *Wegner* stimmte der Notwendigkeit der Unterscheidung zwischen den beiden Fällen zu, er sah aber eine Erleichterung insofern, als die „zwecklose Rechnerei“ im Falle der Realkonkurrenz wegfiele, die sonst dadurch entstehe, daß für jede Einzeltat eine Strafe festgesetzt werden müsse, die dann „in einer mysteriösen Weise“ die Gesamtstrafe bildeten. S. *Wegner*, in: Aschrott / Kohlrausch, Reform des Strafrechts, S. 180 (183).

354 *Lobe*, Der Gerichtssaal 92 (1926), S. 53 (66).

355 *Wegner*, in: Aschrott / Kohlrausch, Reform des Strafrechts, S. 180 (184).

einer Gesamtrevision die falsche Gesamtbewertung – die nicht in der falschen Bewertung einer Einzelstrafe liege – nach freiem richterlichen Ermessen korrigieren dürfen[356].

Übereinstimmend wurde die Regelung des § 64 Abs. 3 E 1922/25 als bedenklich eingestuft[357], wonach auf Einschließung erkannt werden konnte, wenn die Voraussetzungen hierfür auch nur bei einer der Taten vorliegen würden. Der politische Verbrecher, der zugleich Mörder oder Räuber sei, könne nicht als „Edelverbrecher" behandelt werden[358].

Festzustellen bleibt, daß die Änderung insofern ambivalent war, als sie für die Idealkonkurrenz bzw. Tateinheit die Möglichkeit der Verhängung einer strengeren Strafandrohung eröffnete[359], im Fall der Realkonkurrenz (Tatmehrheit)

---

356 *Wegner*, in: Aschrott / Kohlrausch, Reform des Strafrechts, S. 180 (184). Darin läßt sich wiederum der Gedanke des Täterstrafrechts erkennen.

357 *Kohlrausch*, in: Aschrott / Kohlrausch, Reform des Strafrechts, S. 3 (9); *Wegner*, in: Aschrott / Kohlrausch, Reform des Strafrechts, S. 180 (184); *Gerland*, Der Entwurf 1925, S. 85.

358 *Kohlrausch*, in: Aschrott / Kohlrausch, Reform des Strafrechts, S. 3 (9). Ein weiterer Diskussionspunkt stellte das Fehlen einer Regelung über das fortgesetzte Delikt dar. Darunter war die „unterbrochene stoßweise wiederholte Verwirklichung desselben verbrecherischen Tatbestandes", „eine Mehrheit von (bisher nicht bestraften) Handlungen, juristisch zusammengehalten durch ihre Gleichartigkeit, die nicht nur in dem Inhalt des jeweiligen Vorsatzes und in der Richtung gegen dasselbe Rechtsgut, sondern in der Ähnlichkeit der Begehungsart begründet sein mu[ßte]", zu verstehen (*v. Liszt / Schmidt*, Lehrbuch des Deutschen Strafrechts, 23. Auflage, S. 235). *Gerland* (Der Entwurf von 1925, S. 85 f.) plädierte für eine Bestimmung – § 64 Abs. 2 –, die den Fall der fortgesetzte Straftat eindeutig regeln sollte: „Eine Mehrheit selbständiger Handlungen liegt nicht vor, wenn mehrere Teilhandlungen der Verwirklichung eines und desselben Vorsatzes dienen (fortgesetzte Straftat)". Eine solche Regelung hielt *Springborn* (Idealkonkurrenz und Realkonkurrenz, S. 50) für nicht zwingend; es sei Aufgabe der Rechtsprechung und der Wissenschaft, Grundsätze hierfür herauszuarbeiten. *Wegner* (in: Aschrott / Kohlrausch, Reform des Strafrechts, S. 180 [185] sah durch die Gleichbehandlung von Ideal- und Realkonkurrenz das Problem als gelöst; es werde ja ohnehin eine Gesamtstrafe festgesetzt.

359 Auf diese Gefahr hatte *v. Liszt* hinsichtlich der Gleichstellung der Ideal- und Realkonkurrenz bezogen auf das norwegische StGB und den schweizerischen und österreichischen Vorentwurf hingewiesen (s.o.). *v. Liszt*, ZStW 30 (1910), S. 250 (276 f.). Auch *v. Hippel* kritisierte die Aufhebung einer Unterscheidung beider Institute, wobei er darauf hinwies, daß dadurch ein Zwang zur Aufstellung eines einheitlichen Strafrahmens entstehe, der eine gerechte Strafzumessung in Gefahr bringen würde; der Strafrahmen für die Realkonkurrenz würde zu eng oder für die Idealkonkurrenz „übertrieben weit". S. *v. Hippel*, ZStW 42 (1921), S. 525 (541). Auch *Wegner* äußerte das Bedenken, daß die Idealkonkurrenz „ungebührlich schwer bedroht werde"; *Wegner*, in: Aschrott / Kohlrausch, Reform des Strafrechts, S. 180 (183).

hingegen fiel die obligatorische Strafschärfung des geltenden Rechts und der vorherigen Entwürfe weg[360].

## *II. Besonderer Teil*

> „Das vorherrschende Merkmal, das bei der Reform der Tatbestände des Besonderen Teils zutage trat, war das Bestreben, die Tatbestände präziser als bisher zu erfassen und die Hypertrophie des Strafens durch die Begrenzung auf wirkliche Rechtsgutverletzungen zu beseitigen."[361]

Es stellt sich die Frage, ob der Besondere Teil des Entwurfs *Radbruch* dieser wohlwollenden Bewertung standhalten kann. Dessen Analyse soll sich auf folgende Fragen beschränken: Wie gestaltete sich die Systematik des Besonderen Teils, d.h. gab es Abweichungen zu seinem Vorgänger? Wie verhielt es sich mit der Sprache des Entwurfs – war sie klar und verständlich? Und schließlich: Bestand ein ausgeglichenes Verhältnis zwischen Schutz von Rechtsgütern durch das Strafrecht und Schutz von Rechtsgütern vor dem Strafrecht?

### *1. Systematik*

Die Systematik des Besonderen Teils im Ersten Buch des E 1922 wich, bis auf vier erwähnenswerte Besonderheiten, nur unwesentlich von der seines Vorgängers – des E 1919 – ab[362]:

---

360 *Wegner*, in: Aschrott / Kohlrausch, Reform des Strafrechts, S. 180 (182).

361 *Wassermann*, Einleitung, in: GRGA Bd. 9 (Strafrechtsreform), S. 1 (34).

362 Ansonsten waren die Änderungen nur redaktioneller Art; die Reihenfolge der Abschnitte blieb bis auf die erwähnten Einschnitte erhalten. Mehrere Abschnittsbezeichnungen änderten sich, wobei dies teilweise auf die Umstrukturierung von Tatbeständen zurückzuführen war: der Titel des 3. Abschnitts von „Angriffe gegen Volksvertretung und Regierung" in „Angriffe gegen verfassungsmäßige Körperschaften", der des 6. Abschnitt von „Angriffe gegen die Wehrmacht" in „Angriffe gegen die Wehrmacht oder die Volkskraft", der des 11. Abschnitts von „Meineid" in „Meineid und falsche Aussage.", der des 13. Abschnitts von „Vorbereitung von Straftaten. Begünstigung. Strafvereitelung." in „Vorbereitungen von strafbaren Handlungen. Begünstigung. Strafvereitelung.", der des 21. Abschnitts E 1919 „Verletzung der persönlichen Freiheit oder Sicherheit." in „Verbrechen und Vergehen gegen die persönliche Freiheit und Sicherheit." (19. Abschnitt E 1922), der des 22. Abschnitts E 1919 „Sittlichkeitsverbrechen." in „Unzucht." (20. Abschnitt), der des 23. Abschnitts E 1919 „Kuppelei. Mädchenhandel. Zuhälterei." in „Kuppelei. Frauenhandel. Zuhälterei." (21. Abschnitt E 1922), der des 24. Abschnitts E 1919 „Verbrechen gegen Ehe und Elternrechte." in „Verbrechen gegen Ehe und Familie." (22. Abschnitt des E 1922) und schließlich der des 28. Abschnitts von „Diebstahl. Unterschlagung." in „Diebstahl. Veruntreuung. Unterschlagung." (25. Abschnitt).

Nicht mehr enthalten waren Bestimmungen über den Zweikampf, den der E 1919 im 20. Abschnitt behandelt hatte[363].

Das noch vom Vorgänger im Besonderen Teil des Buches über die Verbrechen und Vergehen behandelte „Gemeinschädliche Verhalten" (17. Abschnitt des E 1919) war Gegenstand eines neu angeführten Dritten Buches geworden.

Die Beleidigungsdelikte und die Straftatbestände betreffend die „Verletzung fremder Geheimnisse" wurden nicht mehr in zwei Abschnitten behandelt[364], sondern in einem Abschnitt mit dem Titel „Beleidigung und Verletzung fremder Geheimnisse" zusammengefaßt (23. Abschnitt E 1922)[365].

E 1922 stellte an das Ende des Besonderen Teils einen neuen Abschnitt über den Mißbrauch von Rauschmitteln (§§ 327–334 E 1922).

### *2. Sprache*

Eine deutliche und unmißverständliche Ausdrucksweise ist eine eminent wichtige Forderung an jedes Gesetzeswerk im Allgemeinen und an ein Strafgesetzbuch im Besonderen[366]: *v. Liszt* hatte das Strafgesetzbuch auch als „magna charta des Verbrechers" bezeichnet[367]. *Aschrott* faßte die Anforderungen an ein Strafgesetzbuch zusammen: Es müsse zum einen „klar und bestimmt" und zum anderen „leicht verständlich und volkstümlich" sein; der Einzelne müsse es auch ohne juristische Kenntnisse verstehen können[368]. Diesem Anspruch wollte auch *Radbruch* gerecht werden, der E 1922 sollte ein „Volksbuch" sein, „in dem klar und übersichtlich die Rangordnung der Rechtsgüter und die Stufenleiter ihrer Störungen zum Ausdruck kommen"[369].

Im Vergleich zum geltenden Recht wies der E 1922 insofern eine Änderung auf, als er im Allgemeinen Teil einen Katalog von Legaldefinitionen (§ 11 E 1922) aufstellte, der für die Tatbestände des Besonderen Teils von Bedeu-

---

363 Siehe: *Baumgarten*, §§ 201–210 a.F. StGB, Reformdiskussion und Gesetzgebung von 1870 bis zur Aufhebung der Zweikampfbestimmungen, Baden-Baden 2002.

364 Im E 1919: 25. Abschnitt Beleidigung und 26. Abschnitt Verletzung fremder Geheimnisse.

365 Siehe hierzu: *Radbruch*, Bemerkungen, S. 65 f.

366 So auch *Aschrott* in: Aschrott / Kohlrausch, Reform des Strafrechts, S. 213 (225).

367 *v. Liszt*, Ueber den Einfluss der soziologischen und anthropologischen Forschungen auf die Grundbegriffe des Strafrechts, in: Strafrechtliche Aufsätze und Vorträge, Bd. 2, S. 75 (80).

368 *Aschrott*, in: Aschrott / Kohlrausch, Reform des Strafrechts, S. 213 (225).

369 *Radbruch*, Bemerkungen, S. 50. Das vollständige Zitat hierzu findet sich im 4. Kapitel auf S. 61.

tung war[370]: In § 11 E 1922 definierte er die Begriffe *Jugendlicher*[371], *Frau*[372], *Amtsträger*[373], *Richter*[374], *Gewalt*[375], *gefährliche Drohung*[376], *Entgelt*[377], *Urkunde*[378], *öffentliches Beglaubigungszeichen*[379], *Gemeingefahr*[380] und bestimmte, wann eine Handlung *öffentlich begangen*[381] wurde. *Aschrott* stufte auch noch § 4 Abs. 2 E 1922[382] als Legaldefinition ein[383]. Darüber hinaus

---

370 Das geltende Recht enthielt nur eine Legaldefinition im Besonderen Teil, die des Beamten in § 359 RStGB: „Unter Beamten im Sinne dieses Strafgesetzes sind zu verstehen alle im Dienste des Reichs oder in unmittelbarem oder mittelbarem Dienste eines Bundesstaats, auf Lebenszeit, auf Zeit oder nur vorläufig angestellte Personen, ohne Unterschied, ob sie einen Diensteid geleistet haben oder nicht, ingleichen Notare, nicht aber Advokaten und Anwälte."

371 Jugendlicher war nach § 11 Nr. 1 E 1922 „wer vierzehn, aber noch nicht achtzehn Jahre alt" war.

372 Als Frau galt gemäß § 11 Nr. 2 E 1922 „auch eine unverheiratete Person weiblichen Geschlechts".

373 Amtsträger nach § 11 Nr. 3 E 1922 war, „jeder, der berufen [war], ein öffentliches Amt auszuüben".

374 Richter war gemäß § 11 Nr. 4 E 1922 „jeder, der berufen [war], ein öffentliches Richteramt auszuüben".

375 Unter Gewalt wurde „auch die Anwendung der Hypnose oder eines betäubenden Mittels zu dem Zwecke, jemanden gegen seinen Willen bewußtlos oder widerstandsunfähig zu machen", (§ 11 Nr. 6 E 1922) verstanden.

376 Eine gefährliche Drohung war nach § 11 Nr. 7 E 1922 „eine Drohung mit Gewalt, mit einem Verbrechen oder Vergehen, mit einer Strafanzeige oder mit der Offenbarung einer Tatsache, die geeignet [war], den Ruf zu gefährden, gleichviel ob das angedrohte Übel den Bedrohten selbst oder einen seiner Angehörigen treffen soll[te]".

377 Entgelt nach § 11 Nr. 8 E 1922 war „jeder Vorteil, gleichviel ob er dem Empfänger selbst oder einem anderen zugute kommen soll[te]".

378 Urkunde war gemäß § 11 Nr. 9 E 1922 „eine Schrift, die zu dem Zwecke errichtet worden [war], ein Recht oder ein Rechtsverhältnis zu begründen oder eine Tatsache von rechtlicher Bedeutung zu beweisen".

379 Ein „öffentliches Beglaubigungszeichen" war „ein Zeichen, das eine öffentliche Behörde innerhalb ihrer Amtsbefugnisse oder eine mit öffentlichem Glauben versehene Person innerhalb des ihr zugewiesenen Geschäftskreises an einer Sache in der vorgeschriebenen Form angebracht hat[te], um eine bestimmte Eigenschaft der Sache zu bestätigen".

380 Eine Gemeingefahr verstand der E 1922 die „Gefahr für Menschenleben und oder in bedeutendem Umfange für fremdes Vermögen".

381 Öffentlich begangen war „auch eine Handlung, die in einer geschlossenen Versammlung oder durch Verbreiten, Anschlagen oder Auslegen von Schriften, Abbildungen oder anderen Darstellungen begangen" wurde.

382 Gemäß § 4 Abs. 2 E 1922 galten Deutsche Schiffe und Luftfahrzeuge als Inland, gleichviel wo sie sich befanden.

383 *Aschrott*, in: Aschrott / Kohlrausch, Reform des Strafrechts, S. 213 (226).

enthielt der Besondere Teil selbst Legaldefinitionen: *Geld*[384] (§ 200 E 1922) und *Kuppelei*[385] (§ 272 E 1922).

Mit diesen Legaldefinitionen setzte der E 1922 eine Gesetzestechnik fort, die seit dem Vorentwurf in den Reformentwürfen angewendet wurde. Im Vergleich zum E 1919 enthielt der E 1922 Definitionen der gefährlichen Drohung, des öffentlichen Beglaubigungszeichens und der *öffentlich* begangenen Handlung, nicht mehr enthalten war die Definition des *Kindes*. Zudem war die Bezeichnung *Beamter* durch die des *Amtsträgers* ersetzt worden[386].

*Radbruch* hob darüber hinaus noch weitere gesetzestechnische Besonderheiten des Entwurfs hervor: Der Entwurf verzichte im Vergleich zum geltenden Reichsstrafgesetzbuch stärker auf Kasuistik[387], indem er durch die allgemeine Strafandrohung für besonders schwere Fälle (§ 76 E 1922) Qualifizierungen entsprechend schwerer sanktioniere und generell eine Strafmilderung bei Vorliegen mildernder Umstände (§ 73 E 1922) ermögliche[388].

Abgesehen von diesen allgemein gehaltenen Aussagen läßt sich über Präzision und Technik der Entwurfsformulierungen nur bei Analyse einzelner Tatbestände etwas sagen.

---

384 Nach § 200 Abs. 1 E 1922 war Geld „inländisches und ausländisches Geld, gleichviel aus welchem Stoff es hergestellt“ wurde.

385 Nach § 265 E 1922 beging Kuppelei, „wer durch seine Vermittlung oder durch Gewähren oder Verschaffen von Gelegenheit der Unzucht Vorschub leistet[e]“.

386 Die Definition des *Amtsträgers* stimmte mit der des *Beamten* in § 9 Nr. 4 E 1919 überein („jeder, der berufen ist, ein öffentliches Amt auszuüben“). Die Umbenennung ist auf einen Antrag Österreichs bei der Entwurfsarbeit zurückzuführen. Siehe: Österreichisches Staatsarchiv, Allg. Verwaltungsarchiv, Justizministerium, Karton Nr. 985, Fortl. Blatt 31 (A.5).

387 Die Tendenz, die Kasuistik des geltenden Reichsstrafgesetzbuches einzudämmen, ist z.B. bei den Brandstiftungsdelikten (§ 201 ff. E 1922) erkennbar. Dies geschah nach *Radbruchs* Angaben auf österreichischen Vorschlag hin. Siehe *Radbruch*, Bemerkungen, S. 63. Aber es gab auch entgegenstehende Tendenzen, so z.B. die Ausweitung der Fälle des schweren Diebstahls in § 289 E 1922.

388 *Radbruch*, Bemerkungen, S. 61 f.

### *3. Umfang der strafrechtlichen Sanktionsgewalt*

#### *a) Einschränkungen*

##### *aa) Allgemeines*

Im Vergleich zum geltenden Recht und zu seinem Vorgänger fand im E 1922 eine Verminderung der Zahl von Tatbeständen statt[389].

So stellte der E 1922 nicht mehr unter Strafe: Anreizung zum Klassenkampf (§ 130 RStGB[390], § 208 E 1919[391]); Strafschärfung gegen Beamte (§ 181 E 1919[392]); Widerstand gegen die Staatsgewalt in irriger Annahme der Rechtmäßigkeit der Diensthandlung (§ 185 E 1919[393]); Tötung der Frucht zur Rettung der Mutter (§ 288 E 1919[394]);

389 Die Aufzählung geschieht in dem Bemühen um Vollständigkeit. Aufgrund der Vielzahl von Vorschriften sollen hier nur diejenigen Änderungen Erwähnung finden, die das Reichsstrafgesetzbuch und den E 1919 bzw. nur den E 1919 betreffen. In den Klammern werden jeweils die entsprechenden Tatbestände des E 1919 und des RStGB aufgeführt. Es werden aber nicht alle Änderungen Erwähnung finden, insbesondere nicht diejenigen, die sich ausschließlich aus den Änderungen des Allgemeinen Teils (Teilnahme usw.) ergeben, die aufgrund der staatlichen Umwälzung (Abschaffung der Monarchie) und der Abschaffung der allgemeinen Wehrpflicht entstanden sind. Die Veränderungen, die das zweite Buch der Übertretungen und die Einordnung von Vergehen und Übertretungen betreffen, werden bei der Besprechung des Buches erörtert.

390 § 130 RStGB lautete: „Wer in einer den öffentlichen Frieden gefährdenden Weise verschiedene Klassen der Bevölkerung zu Gewaltthätigkeiten gegen einander öffentlich anreizt, wird mit Geldstrafe bis zu sechshundert Mark oder mit Gefängniß bis zu zwei Jahren bestraft."

391 Die dem § 130 RStGB ähnliche Vorschrift trug im E 1919 lautete: Aufreizung der Bevölkerung zu Gewalttaten.

392 Nach § 181 E 1919 galt: „Begeht ein Beamter in oder bei Ausübung des Amtes ein Verbrechen oder vorsätzliches Vergehen, bei dem das Gesetz die Eigenschaft des Täters als Beamter nicht bereits berücksichtigt, so kann eine Freiheitsstrafe bis um die Hälfte des für die Tat angedrohten Höchstmaßes erhöht werden. Sie darf jedoch bei Zuchthaus oder Einschließung nicht das gesetzliche Höchstmaß der Strafart und, wenn für die Tat Gefängnis von mehr als fünf Jahren angedroht ist, nicht diese besonders angedrohte Höchstgrenze übersteigen" (Abs. 1). „Für die Einteilung der strafbaren Handlungen (§ 7) kommt die hier vorgesehene Schärfung nicht in Betracht" (Abs. 2).

393 § 185 E 1919 lautete:

„Wer eine Behörde oder einen Beamten oder Mannschaften der bewaffneten Macht durch Gewalt oder Drohung mit Gewalt an einer rechtmäßigen Amts- oder Diensthandlung in der irrigen Annahme hindert, die Amts- oder Diensthandlung sei nicht rechtmäßig, wird mit Gefängnis oder Einschließung bis zu einem Jahre oder mit Geldstrafe bestraft. Der Versuch ist strafbar.

Ebenso wird bestraft, wer einen Beamten oder Mannschaften der bewaffneten Macht während der rechtmäßigen Ausübung des Amtes oder Dienstes in der irrigen Annahme tätlich angreift, die Amts- oder Diensthandlung sei nicht rechtmäßig.

War der Irrtum unverschuldet, so ist der Täter straffrei."

394 Nach § 288 E 1919 machte sich strafbar, „wer gegen den Willen einer Schwangeren ihre Frucht oder ihr in der Geburt begriffenes Kind tötet[e], um von ihr eine nicht an-

unwahre Entschuldigung von Geschworenen usw. (§ 228 E 1919[395], § 138 RStGB); Erheben nicht geschuldeter Gebühren (§ 230 E 1919[396], § 352 RStGB); mittelbare Urkundenfälschung[397] (§ 238 E 1919[398], § 271 RStGB); Inverkehrbringen von Schuldverschreibungen auf den Inhaber (§ 249 E 1919[399], § 145a RStGB[400]); Verhinderung des Betriebs einer Eisenbahn, Post, Telegraphenanlage usw. (§§ 268, 269 E 1919, §§ 315 ff RStGB) und vorsätzliches Herbeiführen dieser Tatbestände in gemeiner Not (§ 270 E 1919); Ausstellung von Abtreibungsmitteln (§ 287 E 1919[401]); unterlassene

---

ders abwendbare schwere Gefahr für Leben oder Gesundheit abzuwenden (Abs. 1). Die Tat wurde nur auf Antrag verfolgt, wobei der Antrag zurückgenommen werden konnte (Abs. 2).

395 Nach § 228 E 1919 war strafbar, wer als Geschworener oder Schöffe berufen, eine Tatsache der Wahrheit zuwider als Entschuldigung vorschützte. Auch wurde bestraft, wer als Zeuge berufen, der Wahrheit zuwider eine Tatsache vorschützte, um sein Ausbleiben zu entschuldigen oder Verweigerung der Aussage zu begründen. Das Gleiche galt für Sachverständige, soweit sie zur Erstattung des Gutachtens gesetzlich verpflichtet waren.

396 Nach § 230 E 1919 wurde mit Gefängnis bis zu einem Jahre oder mit Geldstrafe bestraft, wer als Rechtsanwalt wissentlich nicht geschuldete Gebühren oder andere Vergütungen erhob. Ebenso wurde ein Rechtsbeistand bestraft, der gewerbsmäßig fremde Rechtsangelegenheiten besorgte oder wissentlich höhere als die behördlich zugelassenen Gebühren oder Vergütungen erhob. Der Versuch des § 230 E 1919 war strafbar. Der E 1922 stellte nur in § 130 E 1922 den Amtsträger unter Strafe, der wissentlich nicht geschuldete Steuern, Abgaben, Gebühren oder andere Vergütungen erhob.

397 Die mittelbare Urkundenfälschung tauchte im Entwurf wohl nicht auf, weil der E 1922 die mittelbare Täterschaft unter die Anstiftung faßte.

398 Nach § 238 E 1919 trafen die Strafen der Urkundenfälschung auch den, der bewirkte, daß eine rechtliche erhebliche Tatsache in einer öffentlichen Urkunde unrichtig beurkundet wurde, oder der von einer solchen unrichtigen Beurkundung in der Absicht, einen anderen über die beurkundete Tatsache zu täuschen, im Rechtsverkehr Gebrauch machte.

399 Nach § 249 E 1919 war strafbar, „wer, abgesehen von den Fällen des § 55 des Bankgesetzes, vorsätzlich oder fahrlässig im Inland ausgestellte Schuldverschreibungen auf den Inhaber, in denen die Zahlung einer bestimmten Geldsumme versprochen [wurde], im Inland ohne staatliche Genehmigung in Verkehr [brachte]“.

400 § 145a RStGB lautete:

„Wer im Inlande Schuldverschreibungen auf den Inhaber, in denen die Zahlung einer bestimmten Geldsumme versprochen wird, ohne die erforderliche staatliche Genehmigung ausstellt und in den Verkehr bringt, wird mit einer Geldstrafe bestraft, die dem fünften Theile des Nennwerths der ausgegebenen Schuldverschreibungen gleichkommen kann, mindestens aber dreihundert Mark beträgt.“

401 Nach § 287 E 1919 wurde über die auch vom E 1922 sanktionierte Ankündigung von Abtreibungsmitteln hinaus, mit Gefängnis bis zu zwei Jahren bestraft, „wer öffentlich oder durch Verbreitung von Schriften, Abbildungen oder Darstellungen, wenn auch verschleiernder Weise, Mittel, Gegenstände oder Verfahren zur Abtreibung (§ 286) [...] an einem allgemein zugänglichen Orte ausstellt“. Das geltende RStGB kannte einen solchen Tatbestand nicht, ein solcher wurde erst durch das Gesetz zur Abänderung strafrechtlicher Vorschriften vom 26. Mai 1933 eingeführt (§ 219 RStGB).

Lebensrettung (§ 291 E 1919[402]); Beischlafserschleichung (§ 316 E 1919[403], § 179 RStGB); die Blutschande zwischen Verschwägerten auf- und absteigender Linie (§ 319 Abs. 2, 3 E 1919, § 173 Abs. 2, 3 RStGB[404]); Unzucht mit Tieren (§ 326 E 1919, § 175 RStGB); einfacher mannmännlicher Geschlechtsverkehr[405] (§ 175 RStGB; § 325 E 1919); Ehebruch (§ 339 Abs. 1 E 1919, § 172 RStGB); öffentliche Erörterung fremder Privatangelegenheiten (§ 353 E 1919[406]), Zueignung von Munition (§ 367 E 1919[407], § 291 RStGB); arglistige Benachteiligung (§ 381 E 1919[408]); Vollstrekkungsvereitelung[409] (§ 387 E 1919[410], § 288 RStGB) und Küstenfischerei (§ 399 E 1919[411], § 296a RStGB[412]).

---

402 Gemäß § 291 E 1919 war strafbar, wer es unterließ, einen anderen aus einer Lebensgefahr zu retten, obwohl er ihn ohne erhebliche Gefahr für sein eigenes Leben oder seine eigene Gesundheit retten konnte (Abs. 1). Die Tat war aber nur strafbar, wenn der Gefährdete in der Gefahr sein Leben verloren oder eine schwere Körperverletzung erlitten hatte (Abs. 2).

403 Nach § 319 Abs. 2 S. 2 E 1919 wurden mit Gefängnis bis zu zwei Jahren Verschwägerte auf- und absteigender Linie bestraft, die miteinander den Beischlaf vollzogen. Straflos wurden nach § 319 Abs. 3 E 1919 Verwandte und Verschwägerte absteigender Linie, die zur Zeit der Tat noch jugendlich waren.

404 Auch nach dem geltenden Reichsstrafgesetzbuch war der Beischlaf zwischen Verschwägerten auf- und absteigender Linie mit Gefängnis bis zu zwei Jahren unter Strafe gestellt (§ 173 Abs. 2 RStGB). Nach § 173 Abs. 4 RStGB blieben Verwandte und Verschwägerte absteigender Linie straflos, wenn sie das achtzehnte Lebensjahr nicht vollendet hatten.

405 In § 260 E 1922 wurde der mannmännliche Geschlechtsverkehr nur insofern sanktioniert, als ein Jugendlicher von einem erwachsenen Mann verführt wurde (Abs. 1), oder ein Mann mit einem anderen Mann gewerbsmäßig oder unter Mißbrauch einer durch ein Dienst- oder Arbeitsverhältnis begründeten Abhängigkeit Unzucht trieb (Abs. 2).

406 Wegen § 353 Abs. 1 machte sich strafbar, „wer über Angelegenheiten des häuslichen oder Familienlebens eines andern, die das öffentliche Interesse nicht berühr[ten], eine ehrenrührige Tatsache öffentlich oder durch Verbreitung von Schriften, Abbildungen oder Darstellungen behauptet[e] oder mitteilt[e]".

407 Nach § 367 E 1919 war strafbar, wer sich oder einem anderen Munition, die bei militärischen Übungen verschossen worden [war], oder Teile davon rechtswidrig zueignete.

408 Gemäß § 381 machte sich strafbar, wer „in der Absicht, einem anderen Nachteil zuzufügen, dessen Vermögen dadurch beschädigt[e], daß er ihn oder einen Dritten durch arglistige Täuschung über Tatsachen zu einer Handlung, Duldung oder Unterlassung bestimmt[e]".

409 Die konkursrechtlichen Strafbestimmungen waren aus dem RStGB in die Konkursordnung ausgegliedert worden. Nach der Begründung des E 1925 sei die Vollstreckungsvereitelung aufgrund ihrer Ähnlichkeit zu den konkursrechtlichen Bestimmungen aus dem Strafgesetzentwurf ausgelassen worden: „Auch die Strafbestimmung gegen die Vereitelung der Zwangsvollstreckung, die der § 288 des Strafgesetzbuchs enthält, ist ausgeschieden, weil sie mit den konkursrechtlichen Strafvorschriften nahe verwandt ist; wie und an welcher Stelle, hierfür Ersatz zu schaffen ist, wird beim Einführungsgesetz zu prüfen sein." Siehe: Begründung E 1925, S. 169.

Zudem wurden vom E 1922 folgende Verhaltensweisen für straflos erklärt: untauglicher Abtreibungsversuch, § 225 E 1922[413] (§ 286 ff. E 1919, § 218 ff. RStGB[414]); ärztlicher Heileingriff, § 235 E 1922[415] (E 1919, RStGB); Körperverletzung bei Einwilligung unter bestimmten Voraussetzungen, § 236 E 1922[416] (E 1919, RStGB); nicht ausbeuterische Wohnungskuppelei, § 266 Abs. 2 E 1922[417] (§ 331 Abs. 2 E 1919[418], § 180 RStGB) und der Beischlaf Verlobter, § 268 Abs. 2 S. 2 E 1922 (§ 333 E 1919, § 181 RStGB).

---

410 § 387 Abs. 1 E 1919 lautete: „Wer wissentlich bei drohender Zwangsvollstreckung die Befriedigung des Gläubigers dadurch vereitelt, daß er Bestandteile seines Vermögens beschädigt, zerstört, veräußert oder beiseiteschafft, wird mit Gefängnis bis zu zwei Jahren oder mit Geldstrafe bestraft.“ Nach Abs. 2 wurde ebenso bestraft, wer die Handlung mit Einwilligung oder zugunsten des Schuldners vornahm.

411 Wegen § 399 E 1919 wurde ein Ausländer oder Deutscher auf einem ausländischen Schiffe, der vorsätzlich oder fahrlässig in inländischen Hoheitsgewässern unbefugt fischte, bestraft.

412 § 296a RStGb war aufgrund des Reichsgesetzes vom 26. Februar 1876 eingeführt worden. Der Tatbestand war laut der Begründung zum E 1925 aufgrund der angestrebten Rechtseinheit mit Österreich nicht in den Entwurf aufgenommen worden. Die „für die deutsche Seefischerei unentbehrliche Strafvorschrift“ sollte aber nach der Begründung zum E 1925 im Einführungsgesetz behandelt werden. Begründung zum E 1925, S. 172.

413 Nach § 225 Abs. 3 S. 2 E 1922 lag ein strafbarer Versuch nicht vor, „wenn die Frau, welche die Abtreibung versucht[e] oder an der sie versucht [wurde], nicht schwanger [war] oder wenn die Abtreibung mit dem angewendeten Mittel, Werkzeug oder Verfahren überhaupt nicht ausgeführt werden [konnte]“.

414 In den Regelungen zur Abtreibung des RStGB und des E 1919 gab es keine Bestimmung, die besondere Fälle des untauglichen Versuchs der Abtreibung straflos stellte. Zur Behandlung des untauglichen Versuchs siehe oben unter A) I 3 d).

415 § 235 E 1922 lautete: „Eingriffe und Behandlungsweisen, die der Übung eines gewissenhaften Arztes entsprechen, sind keine Körperverletzungen oder Mißhandlungen im Sinne dieses Gesetzes“. Der E 1919 enthielt noch eine Regelung, die den Sonderfall der Heilbehandlung in entgegengesetzter Richtung anging. Nach § 313 E 1919 wurde mit Gefängnis bis zu drei Jahren oder mit Geldstrafe bestraft, „wer einen anderen gegen seinen Willen zu Heilzwecken behandelte“. Die Strafe trat auch dann ein, wenn der Täter fahrlässig angenommen hatte, daß der andere mit der Behandlung einverstanden gewesen war.

416 § 236 E 1922 lautete:„Wer eine Körperverletzung mit Einwilligung des Verletzten vornimmt, wird nur bestraft, wenn die Tat trotz der Einwilligung gegen die guten Sitten verstößt.“

417 Nach § 266 Abs. 2 E 1922 wurde der Vermieter von Wohnraum nur dann wegen Kuppelei bestraft, wenn er den unzüchtigen Verkehr des Mieters ausbeutete oder förderte.

418 Nach dem E 1919 galt die Ausnahme der Straffreiheit des Vermieters nur dann, wenn die Mieterin des Wohnraums über achtzehn Jahre alt war.

#### *bb) Einzelfragen*

Einige Tatbestände des Besonderen Teils, die eine Reduzierung strafrechtlicher Sanktionierung erkennen lassen, seien näher betrachtet.

##### *(1) Reform der sog. Sittlichkeitsdelikte*

Der neu betitelte Abschnitt über die Unzucht (20. Abschnitt) bedeutete die Aufgabe einiger Tatbestände[419], die im Reichsstrafgesetzbuch und auch im späteren Strafgesetzbuch noch lange Zeit erhalten bleiben sollten: die Beischlafserschleichung, die Sodomie und die Strafbarkeit der einfachen Homosexualität[420].

Gerade die zuletzt genannte Neuerung fand in der allgemeinen Liberalisierung – gesellschaftlicher und auch gesetzgebender Art – ihren Ursprung. Waren durch die Weimarer Verfassung Grundrechte wie die Vereins- und Versammlungsfreiheit (Art. 123, 124 WRV) und das Recht auf die freie Meinungsäußerung (Art. 118 WRV) gewährleistet worden, so schafften diese den Rahmen für der „Fortsetzung des Emanzipationskampfes gegen § 175 RStGB" – der die „Widernatürliche Unzucht" bestrafte – von organisierten Zusammenschlüssen Homosexueller[421]. Dazu gehörten das von *Hirschfeld* 1919 gegründete Wissenschaftlich-humanitäre Komitee und das ebenfalls auf seine Initiative ins Leben gerufene „Institut für Sexualwissenschaften", welche, neben dem Bestreben, die Homosexualität zu erforschen, auch soziale und juristische Impulse geben und die Strafrechtsreformbestrebungen beeinflussen wollten[422].

Darüber hinaus fand die Begrenzung der sog. Blutschande statt: In § 256 E 1922 wurden nicht mehr Verschwägerte (auf- und absteigender Linie), die miteinander den Beischlaf vollzogen, unter Strafe gestellt. Im E 1919 (§ 319) und im Reichsstrafgesetzbuch (§ 173 RStGB) waren sie noch mit einer Strafdrohung von Gefängnis bis zu zwei Jahren bedroht. Nach beiden Bestimmungen blieben Verwandte und Verschwägerte absteigender Linie, die zur Tatzeit noch jugendlich waren bzw. das achtzehnte Lebensjahr noch nicht vollendet

---

419 Im Gegensatz zum RStGB enthielt der E 1922 aber auch einen neuen Tatbestand: § 255 (Nötigung Abhängiger zum Beischlaf). Diesen Tatbestand hatte es mit einer etwas anderen Formulierung aber bereits im E 1919 gegeben, und er stellte keine Besonderheit des E 1922 dar. Im E 1922 war strafbar nach § 255, wer eine Frau „durch Mißbrauch ihrer durch ein Dienst- oder Arbeitsverhältnis begründeten Abhängigkeit zum außerehelichen Beischlaf" nötigte; der E 1919 setzte voraus, daß der Täter die Frau „durch Mißbrauch ihrer wirtschaftlichen Abhängigkeit zum außerehelichen Beischlaf" nötigte (§ 318 E 1919).

420 Erst das erste Strafrechtsreformgesetz vom 25. Juni 1969 (BGBl. I 1969, S. 645 [653] führte unter dem Eindruck des Alternativentwurfs zu einer Aufgabe der Strafbarkeit von Sodomie und einfacher Homosexualität. S. *Schäfer*, S. 300.

421 *Schäfer*, S. 34.

422 *Schäfer*, S. 34.

hatten, straflos. Hingegen ist erwähnenswert, daß die Straflosstellung im E 1922 einer engeren Begrenzung unterlag: Nach § 256 Abs. 3 E 1922 waren Verwandte, die zur Zeit der Tat noch jugendlich waren, nur straffrei, wenn sie zu der Tat verführt worden waren.

### *(a) Beischlafserschleichung*

Die Abschaffung der Beischlafserschleichung wurde nur kurz kommentiert:

> „Dagegen ist der Tatbestand der Beischlafserschleichung (StGB 179) als völlig unpraktisch gestrichen worden."[423]

Die in § 179 RStGB festgelegte Beischlafserschleichung setzte voraus, daß der Täter eine Frau zur Gestattung des Beischlafs verleitete, indem er eine Trauung vorspiegelte oder einen anderen Irrtum in ihr erregte oder benutzte, in welchem sie den Beischlaf für einen ehelichen hielt[424]. Im E 1919 sanktionierte § 316 die Erschleichung des Beischlafes, wobei nur die Erregung oder das Benutzen eines Irrtums, in dem der Beischlaf von der Frau für ehelich gehalten wurde, als Tathandlung aufgeführt wurde[425].

Auch im Gegenentwurf war der Tatbestand der Erschleichung des Beischlafes noch zu finden (§ 239 GE[426]). Dieser hatte nach dem Bekunden von *v. Liszt* den Tatbestand sogar noch etwas erweitert[427]. Neu war, daß das Verhalten des Täters dann strafbar sein sollte, wenn die Frau „die Bedeutung des Vorganges nicht zu verstehen" vermochte. Diese Fassung entsprach § 267 des österreichischen Vorentwurfes[428].

Der Tatbestand der Beischlafserschleichung war in den österreichischen Gegenvorschlägen zum E 1919, die als Grundlage der deutsch-österreichischen Entwurfsberatungen dienten, noch Bestandteil des Abschnitts über die Sittlich-

---

423 *Radbruch*, Bemerkungen, S. 65.

424 Die Strafe war Zuchthaus bis zu fünf Jahren.

425 Das Strafmaß war zum geltenden Recht vergleichsweise höher: es lautete auf Zuchthaus bis zu zehn Jahren.

426 § 239 besagte:

**„§ 239**

**Erschleichung des Beischlafs**

Wer eine weibliche Person zur Gestattung des Beischlafs durch Vorspiegelung einer Eheschließung oder sonst durch Erregung oder Benutzung eines Irrtums bestimmt, in dem sie den Beischlaf für einen ehelichen hält oder die Bedeutung des Vorganges nicht zu verstehen vermag, wird mit Zuchthaus bis zu fünf Jahren bestraft."

427 *v. Liszt / Schmidt*, Lehrbruch des deutschen Strafrechts, 23. Auflage, S. 386.

428 Begründung zum GE, S. 234.

keitsdelikte (§ 319 OGV)[429]; hingegen fand er bei der in den Berichten und Abänderungsvorschlägen der ÖKV keine Erwähnung.

Die Notwendigkeit der Sanktionierung der Beischlafserschleichung wurde trotz der sehr geringen Relevanz in der Praxis – nach der Angabe *Mittermaiers* handelte es sich nur um 2–6 Fälle im Jahr[430] – von der Literatur unterschiedlich beurteilt: Trotz der Seltenheit der Fälle sah *Mittermaier* den Tatbestand als unentbehrlich an, es sei denn, der Tatbestand der Schändung würde so allgemein gefaßt, daß auch der Täuschungsfall mit erfaßt werde[431]. In der sehr knappen Äußerung *Kroneckers* wurde – wohl aufgrund der mangelnden Praxisrelevanz – der Streichung der Beischlafserschleichung zugestimmt[432].

Der Tatbestand der Beischlafserschleichung blieb auch im E 1925 aufgehoben.

### *(b) Sodomie*

Zu der Abschaffung des Tatbestandes der Sodomie hieß es in der Entwurfsbegründung nur:

> „Ferner erschien die Unzucht mit Tieren (StGB § 175) als eine Verirrung, deren strafrechtliche Behandlung eher schaden als nutzen kann."[433]

Damit stand der E 1922 zum E 1919, der in § 326[434] die Strafbarkeit der Unzucht mit Tieren festlegte, und § 175[435] des Reichsstrafgesetzbuches im Widerspruch.

---

429 Aus Akte BA R 3001/5915, S. 10 der Gegenvorschläge: § 319 (Erschleichung des Beischlafes) des ÖGE besagte:

> „Wer eine Frau dadurch zum außerehelichen Beischlaf bestimmt, dass er einen Irrtum erregt oder benützt, indem sie den Beischlaf für ehelich hält, wird mit strengem Gefängnis bis zu zehn Jahren bestraft. Der Täter wird nur mit Ermächtigung des Verletzten verfolgt."

430 *Mittermaier* in: Vergleichende Darstellung, BT Bd. IV, S. 112.

431 *Mittermaier* in: Vergleichende Darstellung, BT Bd. IV, S. 112.

432 *Kronecker*, in: Aschrott / Kohlrausch, Reform des Strafrechts, S. 325 (325).

433 *Radbruch*, Bemerkungen, S. 65.

434 § 326 besagte:

> **„§ 326**
> **Unzucht mit Tieren**
> Wer mit einem Tiere eine beischlafähnliche Handlung vornimmt, wird mit Gefängnis bestraft."

435 § 175 RStGB lautete:

> **„§ 175**
> Die widernatürliche Unzucht, welche zwischen Personen männlichen Geschlechts oder von Menschen mit Thieren begangen wird, ist mit Gefängniß zu bestrafen; auch kann auf Verlust der bürgerlichen Ehrenrechte erkannt werden."

In den österreichischen Gegenvorschlägen war der Tatbestand der Sodomie nicht aufgeführt; auch in der Begründung der Gegenvorschläge fand er keine Erwähnung. Die ÖKV forderte die Abschaffung der Vorschrift über die Unzucht mit Tieren[436]: Die Geschlechtsehre des Tieres könne kein schützenswertes Rechtsgut sein[437]. Wenn eine solche Handlung in der Öffentlichkeit begangen werde, könne diese aufgrund des allgemeinen Tatbestandes über die öffentliche Vornahme unzüchtiger Handlungen (§ 327 E 1919) zur Bestrafung gelangen; auch sei eine Bestrafung des Täters wegen einer boshaften Sachbeschädigung oder Tierquälerei denkbar[438].

Erwähnenswert ist, daß bereits der von *v. Liszt* mitverfaßte Gegenentwurf keinen Straftatbestand über die Unzucht mit Tieren enthielt. Die Begründung verwies darauf, daß auch der österreichische und schweizerische Vorentwurf diesen aus guten Gründen gestrichen hätten[439]. Auch *v. Liszt* selbst äußerte sich kritisch gegenüber dem Tatbestand; seine Auslegung führe zu Willkürlichkeiten, und die Strafbarkeit der Tat verleihe „dem Erpressertum eine oft gebrauchte Waffe“[440].

Für die Abschaffung der Strafbarkeit der Sodomie war ebenso *Moritz Liepmann* eingetreten:

> „Von einer Schädigung rechtsschutzwürdiger Interessen, von einer Gefährdung staatlicher Rechtsgüter hier zu reden, liegt kein Grund vor. Nur wer das Strafrecht, uralten religiösen Forderungen folgend, auf die Betätigung unreiner Gesinnungen ausdehnt, kann ihre Bestrafung fordern.“[441]

*Liepmann* stand mit seiner Auffassung nicht allein, es gab Strafrechtler seiner und früherer Zeiten, die mit ihm übereinstimmten[442]. So wiesen alle den Entwurf beeinflussenden Faktoren auf eine Abschaffung der Bestrafung der Sodomie hin.

---

436 *Türkel*, in: Der Deutsche Strafgesetz-Entwurf, S. 158 (170).

437 *Türkel*, in: Der Deutsche Strafgesetz-Entwurf, S. 158 (170).

438 *Türkel*, in: Der Deutsche Strafgesetz-Entwurf, S. 158 (170).

439 Begründung zum GE, S. 238. Der Vorentwurf von 1909 enthielt einen Straftatbestand für die Sodomie, wobei auf die „ländlichen Kreise“ in der Entwurfsbegründung hingewiesen wurde, deren Verhältnisse diese Strafvorschrift rechtfertigten. Es wurde in der Begründung zum GE betont, daß Österreich und die Schweiz trotz des hohen ländlichen Bevölkerungsanteils die Sodomie aus ihren Entwürfen verbannt hätten.

440 *v. Liszt / Schmidt*, Lehrbuch des Deutschen Strafrechts, 23. Auflage, S. 398.

441 *Liepmann*, Die Reform des deutschen Strafrechts, S. 91.

442 So zustimmend für die Nichtbestrafung der Sodomie u.a.: *Mittermaier*, Die strafbaren Handlungen gegen die Sittlichkeit, S. 19 und *Kohler*, GA 45 (1897), S. 175 (204 f.).

Auch im E 1925 wurde die „einfache“ Sodomie nicht unter Strafe gestellt; wurde sie öffentlich begangen, so sollte sie dem Tatbestand der „Öffentlichen Vornahme unzüchtiger Handlungen“ gemäß § 268[443] unterfallen.

### *(c) Homosexualität*

Eine Besonderheit des E 1922 lag in der Neuregelung der Unzucht zwischen Männern (§ 260 E 1922)[444]:

> „Der mannmännliche Geschlechtsverkehr bleibt strafbar, soweit ein Jugendlicher mißbraucht, die dienstliche oder wirtschaftliche Abhängigkeit ausgenutzt oder daraus ein Gewerbe gemacht wird (§ 260).“[445]

Demnach war der „einfache“ mannmännliche Geschlechtsverkehr zwischen Erwachsenen straflos.

In § 325 Abs. 1 E 1919 wurden Männer, die eine beischlafsähnliche Handlung vornahmen, mit Gefängnis bestraft. Darüber hinaus wurde, wie im E 1922, die Tatbegehung unter Verführung eines Jugendlichen und unter Mißbrauch eines durch Amts- oder Dienstgewalt begründeten Abhängigkeitsverhältnisses (Abs. 2) sowie die gewerbsmäßige Begehung unter Strafe gestellt (Abs. 3), die Strafandrohung war Zuchthaus bis zu fünf Jahre. Im E 1922 wurde nur in besonders schweren Fällen des Absatzes 1 strenges Gefängnis bis zu fünf Jahren angedroht.

Zudem bedrohte § 325 Abs. 4 E 1919 auch denjenigen mit Gefängnis bis zu zwei Jahren, der sich in der Absicht, aus dem Unzuchtsbetrieb ein Gewerbe zu machen, zu der Tat anbot oder bereit erklärte. Neben der Gefängnisstrafe konnte in den Fällen des § 325 Abs. 2 bis 4 ein Aufenthaltsverbot zugelassen werden.

---

443 Begründung zum E 1925, S. 135.

444 § 260 E 1922 lautete:

**„Unzucht zwischen Männern**

**§ 260**

Ein erwachsener Mann, der einen männlichen Jugendlichen verführt, mit ihm Unzucht zu treiben, wird mit Gefängnis bestraft.

Ebenso wird ein Mann bestraft, der mit einem Manne gewerbsmäßig oder unter Mißbrauch einer durch ein Dienst- oder Arbeitsverhältnis begründeten Abhängigkeit Unzucht treibt.

In besonders schweren Fällen des Abs. 1 ist die Strafe strenges Gefängnis bis zu fünf Jahren.“

445 *Radbruch*, Bemerkungen, S. 65.

Auch im RStGB wurde in § 175 die „widernatürliche Unzucht" zwischen Personen männlichen Geschlechts mit Gefängnis sanktioniert; auch konnte auf den Verlust der bürgerlichen Ehrenrechte erkannt werden.

Es fragt sich, ob die Neuregelung der Unzucht zwischen Männern eine Errungenschaft *Radbruchs* war. Der österreichische Gegenvorschlag zu § 325 E 1919 sah von einer Pönalisierung des einfachen mannmännlichen Geschlechtsverkehrs ab[446]. In der Begründung zu § 325 ÖGV hieß es:

> „Die vorgeschlagene Formulierung entspricht den bei der mündlichen Besprechung des allgemeinen Teils vereinbarten Grundsätzen. Sie bildet keine österreichische Forderung."[447]

Diesem schloß sich der neue § 326 ÖGV, der die schweren Folgen der gleichgeschlechtlichen Unzucht regelte, an[448].

In seinem Bericht über die Tagung der ÖKV äußerte *Türkel* – entsprechend der späteren Regelung des E 1922 – Ablehnung gegenüber der Sanktionierung der Homosexualität zwischen erwachsenen Männern[449]. Auch wenn die Verbreitung der „Homosexualität auf das möglichste" eingeschränkt werden sollte, wurde doch die Streichung von § 325 Abs. 1 E 1919 gefordert[450].

*Radbruchs* Lehrer *v. Liszt* mag mit dem von ihm mitverfaßten Gegenentwurf ein Vorbild gewesen sein. Dort war neben der Aufgabe des Straftatbestandes der Sodomie auch der einfache mannmännliche Geschlechtsverkehr nicht mehr im Tatbestand über die „widernatürliche Unzucht" (§ 245 GE) enthalten. In der Begründung hieß es dazu:

---

446 Aus der Akte BA R 3001/5915, S. 12 der Gegenvorschläge:

**„§ 325**

Erwachsene Personen, die mit Jugendlichen Personen desselben Geschlechtes Unzucht treiben, werden mit strengem Gefängnis bis zu fünf Jahren bestraft.

Ebenso werden Männer bestraft, die gewerbsmäßig gleichgeschlechtliche Unzucht treiben.

Ein Mann, der sich in der Absicht, aus der gleichgeschlechtlichen Unzucht ein Gewerbe zu machen, zu der Tat anbietet oder bereit erklärt, wird mit Gefängnis bis zu zwei Jahren bestraft."

447 Akte BA R 3001/5915, S. 27 der Gegenvorschläge.

448 Aus der Akte BA R 3001/5915, S. 12 der Gegenvorschläge:

**„§ 326**

Hat die im ersten Absatz des § 325 mit Strafe bedrohte Handlung eine Körperverletzung mit schwerem oder sehr schwerem Erfolg, insbesondere die Ansteckung mit einer Geschlechtskrankheit oder den Tod des Jugendlichen zur Folge (§ 15), so ist die Strafe strenges Gefängnis nicht unter fünf Jahren oder lebenslanges strenges Gefängnis."

449 Siehe den Bericht von *Türkel*, in: Der deutsche Strafgesetz-Entwurf, S. 158 (167 f.).

450 *Türkel*, in: Der Deutsche Strafgesetz-Entwurf, S. 158 (168).

„Der GE. hat sich auf den grundsätzlichen Standpunkt gestellt, daß die Strafgesetzgebung nur soweit einzuschreiten habe, als eine wirkliche Gefahr für die Gesellschaft gegeben ist, daß sie dann aber auch schärfer als bisher vorgehen müsse. Eine solche Gefahr liegt aber nicht vor, wenn der Verkehr zwischen Erwachsenen in voller Gegenseitigkeit der Entschließung stattfindet, ohne den Charakter der Gewerbsunzucht anzunehmen.“[451]

Auch in seinem Lehrbuch zum deutschen Strafrecht äußerte *v. Liszt* Zustimmung für der Idee, die widernatürliche Unzucht ganz aus dem Strafgesetzbuch zu verbannen oder zumindest den Begriff wesentlich einzuschränken[452].

Im „Umfeld“ *Radbruchs* vertrat auch *Moritz Liepmann* die Auffassung, daß der einfache homosexuelle Verkehr ohne die Merkmale des Mißbrauchs, der Verführung oder der Gewerbsmäßigkeit straflos zu stellen sei[453].

Daß *Radbruch* sich mit § 260 E 1922 an den GE von 1911 anschloß, ist als Fortschritt zu werten. Es bedeutete eine punktuelle Abkehr vom moralischen Strafrecht – ganz im Sinne *Feuerbachs*. Der Nachfolger des E 1922, der E 1925 machte eine Kehrtwende, indem er die Strafbarkeit der einfachen Homosexualität wieder aufnahm: Trotz der Härten, die die Anwendung des § 175 hervorrufen könne, sei der Schaden für die „Gesundheit und Reinheit“ des „Volkslebens“ nicht zu vernachlässigen; die gleichgeschlechtliche Beziehung zwischen zwei Männern stelle eine „Verirrung“ dar, die geeignet sei, „den Charakter zu zerrütten und das sittliche Gefühl zu zerstören“[454].

### *(d) Prostitution*

In den Bemerkungen zum E 1922 führte *Radbruch* zur Neugestaltung der Regelung über die Prostitution[455] aus:

„Die gewerbsmäßige Unzucht wird nach dem Vorgang des Gesetzes zur Bekämpfung der Geschlechtskrankheiten gestrichen und durch den Tatbestand der öffentlichen sittenwidrigen Aufforderung oder Anbietung zur Unzucht ersetzt.“[456]

Die Regelung des § 264 mit dem Titel „Aufforderung zur Unzucht“ bedrohte denjenigen mit bis zu sechs Monaten Gefängnis, der öffentlich in einer Sitte oder Anstand verletzenden Weise zur Unzucht aufforderte oder sich dazu

451 Begründung zum GE, S. 239.

452 *v. Liszt / Schmidt*, Lehrbuch des deutschen Strafrechts, 23. Auflage, S. 398.

453 *Liepmann*, Die Reform des deutschen Strafrechts, S. 92 f.

454 Begründung zum E 1925, S. 135.

455 Zur Entwicklung und Inhalt des Gesetzes zur Bekämpfung von Geschlechtskrankheiten siehe *I. Hartmann*, S. 132–166.

456 *Radbruch*, Bemerkungen, S. 65.

anbot[457]. Folge dieser Regelung war es, daß die allgemeine Strafbarkeit der gewerbsmäßigen Unzucht bei Verstoß gegen die Reglementierung, die § 361 Nr. 6 RStGB[458] vorsah, aufgehoben wurde. Auch der E 1919 sah noch die Strafbarkeit der Gewerbsunzucht[459] (bei Verstoß gegen die Reglementierungsvorschriften) vor, wobei die Regelung mit einer Fußnote versehen war, die darauf hinwies, daß die Vorschrift „nur einstweilen in dieser Gestalt" in den Entwurf aufgenommen werde; es wurde auf die Arbeiten an dem „Gesetz zur Bekämpfung von Geschlechtskrankheiten" verwiesen[460].

In den österreichischen Gegenvorschlägen wird darauf verwiesen, daß die Übertretung der zur Überwachung der gewerbsmäßigen Unzucht erlassenen Vorschriften reines Polizeiunrecht sei und die Bestimmung deshalb in den Übertretungsteil zu stellen sei[461].

Die Arbeiten zum GeschlKG[462] fanden im E 1922 überraschenderweise weit geringere Beachtung als die diskutierten Neuerungen des Gesetzes verdient hätten: in den Beratungen wurde eine Neuregelung der Prostitutionsgesetze angenommen, die eine grundsätzliche Straffreiheit in Betracht zogen; zugleich wurden Regelungen zum Schutz von Kirchen, Schulen, Jugendlichen und kleineren Gemeinden getroffen[463].

Der von *v. Liszt* mitverfaßte Gegenentwurf ging ebenfalls von einer Strafbarkeit der „Gewerbsunzucht" nur bei Verstoß gegen die Regularien (§ 246 GE)

---

457 Nach § 264 Abs. 2 E 1922 wurde ebenso bestraft, wer öffentlich eine Ankündigung erlies, die bestimmt war, unzüchtigen Verkehr herbeizuführen.

458 § 361 Nr. 6 RStGB lautete:
„Mit Haft wird bestraft […]
6. eine Weibsperson, welche wegen gewerbsmäßiger Unzucht einer polizeilichen Aufsicht unterstellt ist, wenn sie den in dieser Hinsicht zur Sicherung der Gesundheit, der öffentlichen Ordnung und des öffentlichen Anstandes erlassenen polizeilichen Vorschriften zuwiderhandelt, oder welche, ohne einer solchen Aufsicht zu unterstellt zu sein, gewerbsmäßig Unzucht treibt."

459 Nach § 280 Abs. 1 E 1919 wurde eine Frau mit Gefängnis bis zu drei Monaten bestraft, die gewerbsmäßig Unzucht trieb, wenn sie zur Überwachung der gewerbsmäßigen Unzucht erlassenen Vorschriften übertrat.

460 Die Fußnote zu § 280 E 1919 besagte: „Die Vorschrift ist nur einstweilen in dieser Gestalt eingestellt. Ob und nach welcher Richtung sich das künftige Strafgesetzbuch mit der Gewerbsunzucht zu befassen hat, wird von den Ergebnissen abhängen, zu denen die schwebenden Erörterungen über die Neuregelung der Prostitutionsfrage gelangen".

461 Akte BA R 3001/5915.

462 Gesetz zur Bekämpfung von Geschlechtskrankheiten; Reichsratsvorlage v. 10.3.1920, RR-Drs., Tagung 1920, Nr. 71.

463 *I. Hartmann*, S. 168.

aus und qualifizierte sie – anstelle der Einstufung als Übertretung im Vorentwurf – als Vergehen. Die Behandlung als Vergehen entspreche der von verschiedenen Seiten wiederholt ausgesprochenen Forderung und dem „inneren Wesen“ des Delikts[464]. In seinem Lehrbuch kritisierte *v. Liszt* die geltende Reichsgesetzgebung zur Prostitution: Die Prostitution sei streng zu überwachen – „im sittenpolizeilichen wie im gesundheitspolitischen Interesse“, dabei seien bisher nur halbe Maßregeln getroffen worden[465].

Zusammenfassend bleibt festzuhalten, daß *Radbruch* auf die aktuelle Gesetzesentwicklung in seiner Begründung nur schemenhaft verwies, ohne auf die konkrete Diskussion des GeschlKrG Bezug zu nehmen und den „Kernpunkt“ der Diskussion – die Abschaffung der Reglementierung – zu erwähnen[466]. Im Entwurf über die Prostitution wurde auch nicht auf die wahrscheinliche „Übergangsnatur“ der Vorschrift hingewiesen.

Erst zu einem späteren Zeitpunkt – in seiner zweiten Amtszeit – strebte *Radbruch* Änderungen der ursprünglichen Fassung des § 264 Abs. 1 E 1922 an. Dieser sollte lauten:

> „Wer öffentlich in einer Sitte oder Anstand verletzenden oder andere belästigenden Weise zur Unzucht auffordert oder sich dazu anbietet, wird mit Gefängnis bis zu sechs Monaten bestraft.“[467]

Der Strafbarkeit des „Straßenstrichs“ wurde damit um eine Variante („andere belästigende Weise“) ausgedehnt[468].

Ungefähr in diesem Zeitpunkt war bei den Gesetzgebungsarbeiten zum GeschlKrG vom 14. Ausschuß ein Kompromiß erzielt worden, wie der Schutz kleinerer Gemeinden, Kirchen, Schulen und Jugendlichen auszugestalten sei. *Radbruch* machte aufgrund dessen ebenfalls den Vorschlag, einen § 373a einzuführen:

> „Wer gewohnheitsmäßig zum Zwecke des Erwerbs die Unzucht in der Nähe von Kirchen, Schulen oder anderen zum Besuch durch Kinder und Jugendliche bestimmten Örtlichkeiten, oder in einer Wohnung, in der jugendliche Personen zwischen vier und achtzehn Jahren wohnen, oder in einer Gemeinde mit weniger als zehntausend Einwohnern, für welche die oberste Landesbehörde zum Schutze der

---

464 Begründung zum Gegenentwurf, S. 240.

465 *v. Liszt / Schmidt*, Lehrbuch des Deutschen Strafrechts, 23. Auflage, S. 655.

466 *I. Hartmann*, S. 168 (auch Fn. 209).

467 *Schubert / Regge*, I 1, S. XVI; Akte BA R 43 I/1214, S. 282 (Rückseite), S. 4 des Anhangs.

468 *Schubert / Regge*, I 1, S. XVI; Akte BA R 43 I/1214, S. 282 (Rückseite), S. 4 des Anhangs.

Jugendlichen oder des öffentlichen Anstandes eine entsprechende Anordnung getroffen hat, ausübt, kann einem Arbeitshaus überwiesen werden.

Wer gewohnheitsmäßig zum Zwecke des Erwerbs die Unzucht ausübt, kann ferner einem Arbeitshaus überwiesen werden, wenn er bereits zweimal wegen eines Vergehens gegen § 264 bestraft worden ist und sich erneut eines solchen Vergehens schuldig macht."[469]

Auch fand bei den Änderungsvorschlägen *Radbruchs* § 13 Ziff. I GeschlKrG[470] Berücksichtigung; § 265 sollte ein neuer Absatz 2 hinzugefügt werden:

„Als Kuppelei gilt insbesondere die Unterhaltung eines Bordells oder eines bordellartigen Betriebs."[471]

Damit trug er den gesetzlichen Neuerungen Rechnung, die er bei Fassung seines Entwurfes trotz Anmerkung noch außer Acht gelassen hatte.

Im E 1925 war neben dem Tatbestand der Aufforderung zur Unzucht (§ 271 E 1925), nach dem mit Gefängnis zu sechs Monaten bestraft werden sollte, wer sich öffentlich in einer Sitte oder Anstand verletzenden oder andere belästigenden Weise zur Unzucht anbot, nach § 382 E 1925[472] war auch gewerbsmäßige Unzucht strafbar.

### *(2) Straflosstellung des Ehebruchs*

Als weiterer Punkt in der Reformarbeit *Radbruchs* ist die Aufgabe der Sanktionierung des Ehebruchs hervorzuheben:

---

469 *Schubert / Regge*, I 1, S. XVI; Akte BA R 43 I/1214, S. 283.

470 Reichsratsvorlage v. 10.3.1920, RR-Drs., Tagung 1920, Nr. 71.

471 Akte BA R 43 I/1214, S. 282 (Rückseite), S. 4 des Anhangs.

472 § 382 E 1925 besagte:

**„Gemeinschädliches Verhalten bei Ausübung der Unzucht**

**§ 382**

Wer gewohnheitsmäßig zum Zwecke des Erwerbes die Unzucht in der Nähe von Kirchen, Schulen oder anderen zum Besuche durch Kinder oder Jugendliche bestimmten Örtlichkeiten oder in einer Wohnung, in der jugendliche Personen zwischen vier und achtzehn Jahren wohnen, oder in einer Gemeinde mit weniger als zehntausend Einwohnern, für welche die oberste Landesbehörde zum Schutze der Jugendlichen oder des öffentlichen Anstandes eine entsprechende Anordnung getroffen hat, ausübt, kann einem Arbeitshaus überwiesen werden.

Wer gewohnheitsmäßig zum Zwecke des Erwerbs die Unzucht ausübt, kann ferner einem Arbeitshaus überwiesen werden, wenn er bereits zweimal wegen eines Vergehens gegen § 271 bestraft worden ist und sich erneut eines solchen Vergehens schuldig gemacht hat."

> „Die Ehebruchsbestimmung (StGB § 172), die fast nur als Werkzeug der Rache und der Erpressung in der Hand der geschiedenen Ehegatten zur praktischen Anwendung gelangt, ist in den Entwurf nicht übergegangen.“[473]

Der E 1922 stand neben dem geltenden Recht[474] auch zum E 1919 im Widerspruch, der in § 339 Abs. 1 festlegte, daß ein Ehegatte, der die Ehe brach, und sein Mitschuldiger mit Gefängnis bis zu einem Jahr bestraft wurden[475].

Nach den Entwurfsmaterialien war die Abschaffung der Ehebruchsbestimmung einem Bestreben von deutscher Seite entsprungen. Auf österreichischer Seite war von einer Aufhebung in den Österreichischen Gegenvorschlägen nicht die Rede. Vielmehr sahen diese einen solchen Straftatbestand vor[476]. Auch in der Begründung erfolgte keine Äußerung darüber, daß die Vorschrift abgeschafft werden sollte.

Der Referent auf der Tagung der ÖKV, *Türkel*, sah hingegen die Vorschrift über den Ehebruch des E 1919 als überflüssig an[477]. Er wies auf die Probleme, die der Straftatbestand mit sich brachte, hin[478]. Fraglich war z.B., welches Rechtsgut durch den Ehebruch überhaupt geschützt werde – unabhängig von der Frage, ob dies überhaupt ein schützenwertes Rechtsgut im Sinne des Strafrechts sein könne: „die Sittlichkeit, die sittliche Reinheit der Ehe, die Institution der Ehe, der Familienstand, die eheliche Treue etc.“[479]. Auch stellte

---

473 *Radbruch*, Bemerkungen, S. 65.

474 § 172 RStGB sah vor:

„(1) Der Ehebruch wird, wenn wegen desselben die Ehe geschieden ist, an dem schuldigen Ehegatten, sowie dessen Mitschuldigen mit Gefängniß bis zu zwei Jahren bestraft.

(2) Die Verfolgung tritt nur auf Antrag ein.“

475 Entsprechend der Regelung des § 339 Abs. 2–4 wurde die Tat nur verfolgt, wenn die Ehe wegen des Ehebruchs geschieden worden war. Die Verfolgung trat nur auf Antrag ein; die Antragsfrist begann, sobald der Berechtigte von der Scheidung der Ehe Kenntnis erlangt hatte. Der Antrag konnte zurückgenommen werden. Mit dem Tode des verletzten Ehegatten erlosch das Antragsrecht. War zur Zeit der Tat die häusliche Gemeinschaft der Ehegatten aufgehoben, so konnte von Strafe abgesehen werden.

476 § 339 ÖGV lautete (BA R 3001/5915, S.4 der Gegenvorschläge):

„Ein Ehegatte, der die Ehe bricht, und wer mit einer verheirateten Person die Ehe bricht, wird mit Gefängnis bis zu einem Jahr bestraft, wenn die Ehe wegen des Ehebruchs geschieden oder getrennt worden ist.

Der Täter wird nur auf Verlangen des Verletzten selbst bestraft. Das Verlangen kann nicht gestellt werden, wenn die Ehegatten die eheliche Gemeinschaft vor dem Ehebruch aufgegeben oder wenn der verletzte Ehegatte dem Ehebruch zugestimmt hat.“

477 *Türkel*, in. Der Deutsche Strafgesetz-Entwurf, S. 158 (172).

478 *Türkel*, in: Der Deutsche Strafgesetz-Entwurf, S. 158 (171 f.).

479 *Türkel*, in: Der Deutsche Strafgesetz-Entwurf, S. 158 (171).

er einige der Argumente dar, die gegen die Beibehaltung des Tatbestandes geäußert wurden: Der Ehebruch sei ein Überbleibsel der Hörigkeit der Frau aus früheren Jahrhunderten[480]. Auch wurde auf ausländische Strafgesetze, die eine Strafbarkeit des Ehebruches nicht vorsahen, verwiesen. Zudem sei der Ehebruch nur eine Variante der Verletzung der ehelichen Treue, da die eheliche Treue „etwas so innerliches" sei[481]; auch schädigten Strafverfahren über den Ehebruch nicht nur die Ehepartner, sondern auch aus der Ehe entstandene Kinder[482].

*Radbruchs* Bestreben ist hier wohl nicht – wie in anderen Teilen des Entwurfs – von seinem Lehrer *v. Liszt* beeinflußt worden: Der von *v. Liszt* mitverfaßte GE sah gemäß § 232, wenn die Ehe wegen des Ehebruchs geschieden wurde, eine Gefängnisstrafe bis zu sechs Monaten vor[483]. In seinem Lehrbuch äußerte sich *v. Liszt* zwar dahingehend, daß die geltende Gesetzgebung – von wenigen Ausnahmen abgesehen –, „an der Strafbarkeit des Ehebruchs trotz der entgegenstehenden schweren Bedenken festgehalten" habe[484].

*Moritz Liepmann* hingegen wandte sich entschieden gegen eine Bestrafung des Ehebruchs. Er verwies dabei u.a. auf die Worte *Mittermaiers*, daß „der Staat nicht jede Unsittlichkeit und nicht jede soziale Gefahr gleich bestrafen" solle[485]. *Liepmann* betonte, daß Strafe nicht nur für Ausnahmefälle geschaffen sei und auch vom Unrecht abhalten solle. Die Gründe für einen Ehebruch seien aber „tief und unbeeinflußbar in der menschlichen Natur" gelegen und nur vom ethisch-religiösen Standpunkte aus strafbar, nicht aber vom staatlich-juristischen[486].

---

480 Dazu bemerkte *Türkel*, daß es sich in der Praxis der Ehebruchsklagen gerade anders verhalte, denn es erschienen die Klagen von Frauen gegen ihre Männern viel häufiger; s. *Türkel*, in: Der Deutsche Strafgesetz-Entwurf, S. 158 (172).

481 Auch *Mittermaier*, in: Vergleichende Darstellung, BT Bd. IV, S. 1 (100) gibt dieses Argument wieder.

482 *Türkel*, in: Der Deutsche Strafgesetz-Entwurf, S. 158 (172).

483 § 232 GE lautete:

**„§ 232**

**Ehebruch**

Der Ehebruch wird, wenn die Ehe deshalb geschieden ist, mit Gefängnis bis zu sechs Monaten bestraft.

Die Verfolgung tritt nur auf Antrag ein. Das Antragsrecht ist ausgeschlossen, wenn der verletzte Ehegatte vor dem Ehebruch die eheliche Gemeinschaft unberechtigt aufgehoben hat."

484 *v. Liszt / Schmidt*, Lehrbuch des Deutschen Strafrechts, 23. Auflage, S. 407.

485 *Liepmann*, Reform des Deutschen Strafrechts, S. 111.

486 *Liepmann*, Reform des Deutschen Strafrechts, S. 111.

*Radbruch* trug damit den Forderungen, „den Ehebruch nicht mehr zu strafen [...] sondern der Kritik der Moral zu überlassen“[487], Rechnung.

Der E 1925 kehrte in § 280 zur Strafbarkeit des Ehebruchs zurück; die Strafdrohung betrug Gefängnis bis zu einem Jahr[488]. In der Begründung wurden zwar die geäußerten Bedenken erwähnt, daß „der Schutz der Reinheit der Ehe außerhalb der richtig verstandenen Aufgaben des Strafrechts liege“, und auch der kritische Einwand *Radbruchs* über die Ausnutzung der Vorschrift für Erpressungen und Racheakte fand seine Erwähnung, jedoch reichte dies nach der Begründung – obwohl sie diesen Bedenken nicht ohne weiteres die Berechtigung aberkannte – für eine Aufhebung des Tatbestandes nicht aus.

### *(3) Kuppelei*

Die Kuppelei war – an den E 1919 anknüpfend – im E 1922 nicht Gegenstand des Abschnitts über die Sittlichkeitsdelikte, sondern in einem eigenen 21. Abschnitt „Kuppelei – Frauenhandel – Zuhälterei“ geregelt (§§ 265–270) und enthielt einige bedeutende Änderungen im Vergleich zu seinem Vorgänger.

#### *(a) Wohnungskuppelei*

Zum einen wurde der Vermieter von Wohnraum nach § 266 Abs. 2 E 1922[489] nur wegen Kuppelei aus Eigennutz[490] bestraft, wenn er den unzüchtigen Verkehr des Mieters ausbeutete oder förderte. Damit traf der E 1922 keine Bestimmung über das Alter der mietenden Partei; das Vermieterprivileg konnte somit auch dem Vermieter von Wohnraum an Minderjährige zugute kommen. Damit lehnte sich E 1922 wieder an die Fassung des E 1913 an[491].

---

487 *Kohler*, GA 56 (1909), S. 285 (297).

488 Nach § 280 Abs. 2 E 1925 trat die Verfolgung nur auf Antrag ein. Ein Antragrecht war ausgeschlossen, wenn der verletzte Ehegatte vor dem Ehebruch die eheliche Gemeinschaft unberechtigt aufgehoben hatte. Zudem konnte nach § 280 Abs. 3 E 1925 das Gericht von Strafe absehen, wenn er zur Zeit der Tat die häusliche Gemeinschaft der Ehegatten aufgehoben war.

489 § 266 Abs. 2 besagte:
„Der Vermieter eines Wohnraums wird auf Grund dieser Vorschrift nur bestraft, wenn er den unzüchtigen Verkehr des Mieters ausbeutet und fördert.“

490 In § 265 E 1922 wurde die Kuppelei definiert. Danach beging Kuppelei, „wer durch seine Vermittlung oder durch Gewähren oder durch Gelegenheit der Unzucht Vorschub leistet[e]“. Nach § 266 Abs. 1 E 1922 wurde mit Gefängnis bestraft, wer aus Eigennutz Kuppelei beging.

491 *I. Hartmann*, S. 168.

§ 331 Abs. 2 E 1919[492] war noch davon ausgegangen, daß die Ausnahme nur dann gelten konnte, wenn die Mieterin des Wohnraums über achtzehn Jahre alt war.

Das geltende Recht sah hingegen keine Ausnahme der Strafbarkeit für den Vermieter vor. Nach § 180 RStGB wurde, wer gewohnheitsmäßig oder aus Eigennutz durch seine Vermittelung oder durch Gewährung und Verschaffen von Gelegenheit der Unzucht Vorschub leistete, wegen Kuppelei mit Gefängnis bestraft; daneben konnte auf den Verlust der bürgerlichen Ehrenrechte sowie auf Polizei-Aufsicht erkannt werden[493].

*Radbruch* war mit der Fassung des § 266 Abs. 2 zu der Fassung des E 1913 zurückgekehrt, aber auch der von *v. Liszt* miterstellte Gegenentwurf sah in

---

492 § 331 Abs. 2 E 1919 besagte:

„Das Gewähren von Wohnung an eine Frau, die das achtzehnte Lebensjahr vollendet hat, wird auf Grund dieser Vorschrift nur bestraft, wenn damit ein Ausbeuten der Frau oder ein Anwerben oder Anhalten der Frau zur Unzucht verbunden ist."

493 § 180 RStGB hat 1927 durch das Gesetz zur Bekämpfung von Geschlechtskrankheiten vom 18. Februar 1927, welches am 1. Oktober 1927 in Kraft getreten war, einen zweiten und dritten Absatz erhalten:

„(2) Als Kuppelei gilt insbesondere die Unterhaltung eines Bordells oder eines bordellartigen Betriebes.

(3) Wer einer Person, die das achtzehnte Lebensjahr vollendet hat, Wohnung gewährt, wird auf Grund des Abs. 1 nur dann bestraft, wenn damit ein Ausbeuten der Person, der die Wohnung gewährt ist, oder ein Anwerben oder ein Anhalten dieser Person zur Unzucht verbunden ist."

Mit den Arbeiten zu einem *Gesetz zur Bekämpfung der Geschlechtskrankheiten* war während des Ersten Weltkriegs begonnen worden; dies sollte unter anderem die Frage der Prostitution lösen. Begonnen hat die Gesetzesarbeit mit der Bundesratsvorlage vom 8. November 1917 bzw. mit den Haushaltsberatungen vom 12. Mai 1916. Der Bundesrat leitete am 16. Februar 1918 den ersten Entwurf fast unverändert an den Reichstag weiter, jedoch verhinderte die Novemberrevolution die Verabschiedung des Gesetzes, weil ein abschließender, vom Reichstag beantragter, Kommissionsbericht aufgrund dessen noch nicht vorlag. Es waren jedoch zuvor Richtlinien zur Reglementierung der Prostitution am 22. Februar 1918 vom Reichstag verabschiedet worden. Auch verabschiedete der Rat der Volksbeauftragten am 11. Dezember 1918 eine „Verordnung zur Bekämpfung der Geschlechtskrankheiten"; diese galt bis zum Inkrafttreten des Gesetzes 1927. Es folgte ein zweiter Entwurf, den *Radbruch* am 9. Februar 1922 in seiner ursprünglichen Fassung dem Reichstag vorlegte. Auch dieser scheiterte aber schließlich aufgrund eines vom Reichsrat eingelegten Einspruchs, der sich in der Legislaturperiode nicht mehr erledigte nach Art. 74 Abs. 3 WRV. Der dritte Entwurf wurde am 30. Mai 1925 von der Reichsregierung dem Reichsrat vorgelegt und trat schließlich mit knapper Mehrheit (insbesondere bzgl. einzelner Bestimmungen) vom Reichstag beschlossen und am 18. Februar 1927 im Reichsgesetzblatt verkündet. Siehe zu der Entwicklung des GeschlKrG: *I. Hartmann*, S. 132–166.

§ 248 Abs. 2 das Vermieterprivileg vor[494], ohne eine Alterbegrenzung aufzustellen[495].

Der österreichische Gegenentwurf hingegen sah die Altersbegrenzung des E 1919 vor; § 331 Abs. 2 ÖGV lautete:

> „Wer einer Frau, die das achtzehnte Lebensjahr vollendet hat, zu unzüchtigem Verkehr Wohnung gewährt, wird wegen Kuppelei nur bestraft, wenn er die Frau ausbeutet oder zu unzüchtigem Verkehr anwirbt oder anhält."[496]

Auch in der Begründung erfolgte keine Äußerung darüber, daß von deutscher oder österreichischer Seite andere Fassungen angestrebt wurden.

Bei der Tagung der ÖKV war die Forderung nach einer Altersgrenze von 20 Jahren geäußert worden[497]. Zudem sei die Erweiterung des Tatbestandes um die Bestrafung der Ausübung psychischen und sonstigen Druckes ratsam, falls diese nicht ausreichen sollte, eine Strafbarkeit wegen Nötigung zu begründen[498].

In seiner zweiten Amtszeit brachte *Radbruch* in dem Bestreben, die Verabschiedung des Entwurfs im Kabinett endlich durchzusetzen, einige Abänderungsvorschläge ein. Darin schlug er auch eine andere Fassung des § 266 Abs. 2 vor:

> „Wer einer Person, die das achtzehnte Lebensjahr vollendet hat, Wohnung gewährt, wird auf Grund des Abs. 1 nur dann bestraft, wenn damit ein Ausbeuten der Person, der die Wohnung gewährt ist, oder ein Anwerben oder ein Anhalten dieser Person zur Unzucht verbunden ist."[499]

Durch diese Fassung war die fehlende Altersbegrenzung der vorangegangenen Regelung über die Wohnungskuppelei rückgängig gemacht worden und ein Verzicht auf Strafe konnte bei minderjährigen Mietern nicht mehr eintreten. *Radbruch* war damit zur Fassung des E 1919 zurückgekehrt.

---

494 Ebenso der E 1909.

495 § 248 Abs. 2 lautete: „Diese Vorschrift findet auf die Gewährung von Wohnung keine Anwendung, sofern nicht der Täter mit Rücksicht auf die Duldung der Unzucht einen unverhältnismäßigen Gewinn zu erzielen sucht."

496 BA R 3001/5915, S. 1 der ÖGV zum 23. Abschnitt. Die österreichischen Gegenvorschläge verwendeten nicht die Begriffe „kuppeln" und „verkuppeln", weil sie in Österreich als vulgär galten, anders verhielt es sich mit den Begriffen „Kuppelei" und Kuppler". (Siehe S. 11 der Begründung zu den ÖGV).

497 *Türkel*, in: Der Deutsche Strafgesetz-Entwurf, S. 158 (170).

498 *Türkel*, in: Der Deutsche Strafgesetz-Entwurf, S. 158 (170).

499 *Schubert / Regge*, I 1, S. XVI; Akte BA R 43 I/1214, S. 282 (Rückseite), S. 4 des Anhangs.

In der Literatur wurde eine weitergehende Straferleichterung für den Tatbestand der Wohnungskuppelei gefordert: *Kitzinger* wollte denjenigen, der trotz Eigennutz oder Gewerbsmäßigkeit in sozial ungefährlicher Weise der Unzucht Vorschub leistete, nicht wegen Kuppelei bestrafen[500]. Auch *Mittermaier* forderte, daß der Gesetzgeber eine Beihilfe zur Prostitution zu dulden und den Prostituierten eine Wohnung für ihre Tätigkeit zu lassen habe, gleichzeitig müßten diejenigen verfolgt werden, die aus der Prostitution ein Gewerbe machten, wie Zuhälter und Frauenhändler[501]. *Kohler* wandte sich gegen den Tatbestand der Kuppelei und bezeichnete ihn als „rigoros und drakonisch"[502]. Auch *Kronecker* wollte nur die Gewerbskuppelei bestraft wissen, wobei vereinzelte Eigennutzfälle (wie der Kutscher, der den Fahrgast zum Freudenhaus fährt oder der Dienstmann oder Portier, der das Freudenhaus nennt) ausgenommen sein sollten[503].

*Liepmann* stellte die Überlegung an, den Tatbestand der einfachen Kuppelei zu streichen:

> „Tatsächlich schafft sie überall unwürdige Zustände, nämlich regelmäßig die Duldung solcher Dinge durch die Polizei und die ganz prinziplose, meist aus Zerwürfnissen mit dieser oder aus privaten Denunziationen hervorgehende Verfolgung im Einzelfall."[504]

Im E 1925 war die Wohnungskuppelei in § 273 Abs. 2 geregelt; bestraft werden sollte derjenige, der einer Person, die das achtzehnte Lebensjahr vollendet hatte, Wohnung gewährte, nur dann, „wenn damit ein Ausbeuten der Person, der die Wohnung gewährt" wurde, „oder ein Anwerben oder ein Anhalten dieser Person zur Unzucht verbunden" war.

### *(b) Kuppelei an Verlobten*

§ 268 Abs. 2 S. 2 E 1922 erklärte erstmals ausdrücklich die Duldung des Beischlafs von Verlobten für straflos[505]. Zwar wurde eine Strafbarkeit nach

---

500 *Kitzinger*, ZStW 31 (1911), S. 597 (613).

501 *Mittermaier*, in: Vergleichende Darstellung, BT Bd. IV, S. 1 (184).

502 *Kohler*, GA 56 (1909), S. 285 (309).

503 Siehe *Kronecker*, in: Aschrott / Kohlrausch, Reform des Strafrechts, S. 325 (331).

504 *Liepmann*, Die Reform des deutschen Strafrechts, S. 114.

505 Nach § 268 Abs. 1 E 1922 wurde mit strengem Gefängnis bis zu zehn Jahren bestraft, wer an seiner Ehefrau Kuppelei beging. Ebenso wurden nach § 268 Abs. 2 Eltern, Adoptiveltern, Stiefeltern, Großeltern und Pflegeeltern, Vormünder und Pfleger bestraft, die an ihrem Kind, Adoptivkind, Stiefkind, Enkel, Pflegekind, Mündel oder Pflegling Kuppelei begingen, sowie Geistliche, Lehrer und Erzieher, die an einem ihrer Erziehung oder ihrem Unterricht anvertrauten Schüler oder Zögling Kuppelei begingen.

§ 268 E 1922 ausdrücklich ausgenommen, eine Strafbarkeit nach den §§ 266 und 267 blieb freilich möglich[506]. Nach dem geltenden Recht und dem vorangegangenen E 1919 war eben diese Handlungsweise strafbar als Kuppelei (§ 333 E 1919, § 181 RStGB).

Bereits der von *v. Liszt* mitverfaßte Gegenentwurf sah vor, daß eine Kuppelei der Eltern an ihren Kindern nur dann strafbar war, wenn entsprechend der Begriffbestimmung des § 248 Abs. 1 GE aus Gewinnsucht der Unzucht Vorschub geleistet wurde. Entsprechend betonte auch die Begründung, daß Eltern straflos blieben, die „Verkehr ihrer Tochter mit dem Bräutigam" duldeten[507].

Die Idee, diese Klausel einzuführen, muß auf eine Initiative von deutscher Seite zurückgegangen sein; in den österreichischen Gegenvorschlägen ist keinerlei Hinweis zu finden.

Auch der Nachfolger des E 1922, der E 1925, behielt diese Regelung (§ 275 Abs. 2 S. 2 E 1925) bei.

### *b) Ausweitungen*

#### *aa) Allgemeines*

Im Vergleich zum Reichsstrafgesetzbuch und dem E 1919 war trotz der Zielsetzung des E 1922, die Kasuistik des geltenden Rechts einzudämmen[508], eine Reihe von Tatbeständen hinzugekommen.

Hier seien – in dem Bemühen um Vollständigkeit – erwähnt[509]: Landesverräterische Fälschung, § 93 E 1922 (E 1919, RStGB); Öffentliche Beschimpfung verfassungsmäßiger Körperschaften, § 100 E 1922 (E 1919)[510]; Verletzung des Wahlgeheimnisses, § 108 E 1922 (RStGB, E 1919); Neutralitätsverletzung, § 113 E 1922 (RStGB, E 1919); Auswanderungsbetrug, § 119 E 1922 (E 1919); Erweiterung des Anwendungsbereichs

506 Darauf verwies auch ausdrücklich auch die Begründung zur gleichlautenden Vorschrift des § 275 E 1925: „An der Anwendbarkeit der §§ 273, 274 wird durch die Vorschrift des § 275 Abs. 2 S. 2, wie ihre Stellung ergibt, nichts geändert". Begründung zum E 1925, S. 139.

507 Begründung zum GE, S. 242. Hierbei wurde auf die erläuternden Bemerkungen österreichischen Vorentwurf verwiesen (dort S. 243).

508 *Radbruch*, Bemerkungen, S. 61.

509 Die Darstellungsweise entspricht der unter II. 3. a) aa).

510 Im RStGB gab es Tatbestände, die die Majestätsbeleidigung unter Strafe stellten (§§ 94–97; §§ 98–101); diese waren durch das Gesetz betreffend die Majestätsbeleidigung vom 17. Februar 1908 modifiziert worden, wobei dieses als strafrechtliches Sondergesetz neben dem Reichsstrafgesetzbuch bestehen blieb. Siehe hierzu *A. Hartmann*, S. 88, 173 ff.

der Rechtsbeugung auf Verwaltungsbeamte, § 126 E 1922 (§ 171 E 1919[511], § 336 RStGB[512]); Erschleichung eines Amtes, § 139 (E 1919, RStGB), Erschleichung der Befähigung zu einem Amte, § 140 E 1922 (RStGB, E 1919); Beschimpfung der Reichsfarben, § 155 Abs. 1 E 1922 (E 1919, RStGB); Geheimbündelei, § 162 E 1922 (E 1919); Fälschung und Unterdrückung von Beweismitteln, §§ 176, 177 E 1922 (RStGB, E 1919); Fälschung öffentlicher Beglaubigungszeichen, § 187 E 1922 (E 1919); Vorbereitung der Fälschung öffentlicher Beglaubigungszeichen, § 187, 190 E 1922 (E 1919, RStGB); Verleitung zum Selbstmord, § 221 E 1922 (E 1919, RStGB); Aufforderung und Verabredung zum Mord, §§ 223, 224 E 1922 (E 1919, RStGB[513]); Lebensgefährdung § 228 E 1922 (E 1919, RStGB); Schändung, § 250 E 1922 (E 1919, RStGB); Frauen- und Kinderhandel, § 269 E 1922 (E 1919[514], RStGB); Kindesweglegung, § 275 E 1922[515] (E 1919, RStGB); Üble Nachrede ohne Wahrheitsbeweis, § 277 Abs. 4 E 1922[516] (E 1919, RStGB); Vorwurf einer strafbaren Handlung, § 281 E1922

511 In § 171 E 1919 war der Tatbestand der Rechtsbeugung auf Richter und Schiedsrichter begrenzt.

512 § 336 RStGB lautete: „Ein Beamter oder Schiedsrichter, welcher sich bei der Leitung oder Entscheidung einer Rechtssache vorsätzlich zu Gunsten oder zum Nachtheile einer Partei einer Beugung des Rechtes schuldig macht, wird mit Zuchthaus bis zu fünf Jahren bestraft."
Dementsprechend waren vom RStGB auch Beamte unter Strafe gestellt. Der E 1922 ging von der Person des *Amtsträgers* aus. Dieser stellte eine Erweiterung insofern dar, als er nicht mehr nur die „im Dienste des Reichs oder in unmittelbarem oder mittelbarem Dienste eines Bundesstaats" (§ 359 RStGB) umfaßte sondern jeden, der berufen war ein öffentliches Amt zu auszuüben (§ 11 Nr. 3 E 1922). Siehe hierzu auch *Aschrott*, in: Aschrott / Kohlrausch, Reform des Strafrechts, S. 213 (222).

513 Aufgrund der Republikschutzgesetzgebung (Gesetz zum Schutze der Republik vom 21. Juli 1922) war nach dem Reichsstrafgesetzbuch nunmehr in § 49b die Verabredung des Mordes strafbar. Zudem war in § 111 Abs. 2 S. 1 die Aufforderung zur Tötung unter Strafe gestellt.

514 Im E 1919 war nur der sog. Mädchenhandel unter Strafe gestellt gemäß § 334 E 1919, wonach mit Zuchthaus bestraft wurde, „wer ein Gewerbe daraus macht[e], Frauen der Unzucht zuzuführen oder die Zuführung zu fördern". Es wurde demnach nicht wie im E 1922 auch derjenige unter Strafe gestellt, der „eine Person, die noch nicht achtzehn Jahre alt [war], gewerbsmäßig der Unzucht zuführt[e] oder die Zuführung gewerbsmäßig erleichtert[e]".

515 Diese war nach Angaben *Radbruchs* nach österreichischem Vorbild hinzugefügt worden, das Wesen liege in der Abwälzung der Fürsorgepflicht, die mit einer Gefährdung aber nicht verbunden zu sein brauche. S. *Radbruch*, Bemerkungen, S. 64.

516 Gemäß § 277 Abs. 1 E 1922 wurde mit Gefängnis bis zu drei Jahren oder mit Geldstrafe bestraft, „wer über einen anderen eine ehrenrührige Tatsache behauptet[e] oder verbreitet[e]". Nach Abs. 4 galt jedoch eine Ausnahme: „Betrifft die Tatsache Angelegenheiten des Privat- oder Familienlebens, die das öffentliche Interesse nicht berühren, so ist es für die Strafbarkeit unerheblich, ob sie wahr oder unwahr ist, wenn sie aus Gewinnsucht oder bloß in der Absicht zu schmähen öffentlich behauptet oder verbreitet worden ist".

(E 1919, RStGB); Gewaltanwendung des Wilderers, § 324 E 1922[517] (E 1919; RStGB) und Mißbrauch von Rauschmitteln, §§ 327–334 E 1922 (E 1919, RStGB).

### *bb) Einzelfragen*

#### *(1) Kuppelei an Jugendlichen*

Im Gegensatz zur liberalen Fassung des Tatbestandes der Wohnungskuppelei und der Straflosstellung der Kuppelei an Verlobten wurde nach § 267 Abs. 1 E 1922 derjenige mit strengem Gefängnis bis zu fünf Jahren bestraft, der an einer Person, die noch nicht achtzehn Jahre alt war, Kuppelei beging[518]. Die Strafbarkeit wegen einer solch schweren Form der Kuppelei war damit unabhängig davon eröffnet, ob ein persönliches Verhältnis oder ein Abhängigkeitsverhältnis zwischen Opfer und Täter bestand. Der E 1919, das RStGB und auch der GE kannten einen solchen Tatbestand der „schweren" Kuppelei nicht. Auch die österreichischen Gegenvorschläge sahen eine solche Regelung nicht vor.

*Hartmann* äußert die Vermutung, daß diese Strafverschärfung des *Radbruch*schen Entwurfs auf einer „Überinterpretation" von § 331 E 1919[519] und § 13 Ziff. I GeschlKrG (EII)[520] beruhte, obwohl diese lediglich die Straffreiheit der Wohnungskuppelei hätten eindämmen wollen; es sollte nur bei der Vermietung an über 18 jährige Frauen die Möglichkeit der Straffreiheit geben. Die Verkuppelung unter 18 jähriger Personen war vom Tatbestand der einfachen Kuppelei erfaßt. Diese markante Änderung blieb in den weiteren Entwürfen erhalten (z.B. § 274 Abs. 1 E 1925).

---

517 Die Begründung zum E 1925 gibt an, daß der Tatbestand der *Gewaltanwendung des Wilderes* auf eine österreichische Anregung hin in den Entwurf aufgenommen wurde. S. Begründung zum E 1925, S. 172.

518 Nach § 267 Abs. 2 wurde ebenso bestraft, wer Kuppelei mit hinterlistigen Kunstgriffen beging.

519 § 331 E 1919 lautete:

„Wer gewohnheitsmäßig oder aus Eigennutz kuppelt, wird mit Gefängnis bestraft.

Das Gewähren von Wohnung an eine Frau, die das achtzehnte Lebensjahr vollendet hat, wird auf Grund dieser Vorschrift nur bestraft, wenn damit ein Ausbeuten der Frau oder ein Anwerben oder Anhalten der Frau zur Unzucht verbunden ist."

520 § 13 Ziff. I des GeschlKrG E II (Reichstagsvorlage) bestimmte: „§ 180 erhält folgenden zweiten Absatz: Das Gewähren von Wohnung an Personen, die das achtzehnte Lebensjahr vollendet haben, wird auf Grund des Abs. 1 nur dann bestraft, wenn damit ein Ausbeuten der Person, der die Wohnung gewährt ist oder ein Anwerben oder Anhalten dieser Person zur Unzucht verbunden ist."

Durch diese Strafschärfung wurde *Radbruch* zum „geistigen Vater“ des heutigen § 180 StGB, der die Förderung sexueller Handlungen Minderjähriger unter Strafe stellt[521].

*(2) Lebensgefährdung*

Im Gegensatz zu den vielen restriktiven Neuerungen des Besonderen Teils, stellte die Einführung des Tatbestandes der Lebensgefährdung eine bedenklich expansive Entwicklung da[522]: Nach § 228 E 1922 wurde mit strengem Gefängnis bestraft, „wer wissentlich und gewissenlos einen anderen in unmittelbare Lebensgefahr“ brachte.

Weder das geltende RStGB noch die vorangegangenen Entwürfe kannten einen allgemeinen Gefährdungstatbestand in dieser Form: Im Reichsstrafgesetzbuch war die Lebensgefahr nur als weiteres Merkmal, wie z.B. als besonders schwerer Fall, in die Tatbestände des Besonderen Teils integriert. Auch der GE sah keine Bestimmung vor, die einzig die Lebensgefährdung sanktionierte. Andeutungen eines Gefährdungsdeliktes waren lediglich im Rahmen der Übertretungen enthalten: § 360 Abs. 1 Nr. 10 RStGB besagte, daß mit Geldstrafe bis zu einhundertfünfzig Mark oder mit Haft bestraft wurde, „wer bei Unglücksfällen oder gemeiner Gefahr oder Noth von der Polizeibehörde oder deren Stellvertreter zur Hülfe aufgefordert, keine Folge leistet[e], obgleich er der Aufforderung ohne erhebliche eigene Gefahr genügen konnte“. Eine ähnliche Bestimmung enthielt auch das Buch der Übertretungen des E 1911, der in § 358 Ziffer 13 entsprechend vorsah, daß mit Geldstrafe bis zu fünfhundert Mark bestraft wurde, „wer bei Unglücksfällen oder gemeiner Gefahr oder Not die von der Polizeibehörde oder deren Vertreter von ihm geforderte Hilfe nicht leistet[e], obgleich er der Aufforderung ohne eigene Hilfe genügen konnte“.

Als Vorläufer des Handlungsdelikts der Lebensgefährdung enthielten die Entwürfe E 1913 und E 1919 (§ 415 Abs. 2 E 1913, § 291 Abs. 1 E 1919) lediglich das echte Unterlassungsdelikt der *unterlassenen Lebensrettung*. Nach § 291 Abs. 1 E 1919 wurde mit Gefängnis bis zu sechs Monaten bestraft, wer es unterließ, „einen anderen aus einer Lebensgefahr zur retten, obwohl er ihn ohne erhebliche eigene Gefahr für sein eigenes Leben oder seine eigene Gesundheit retten [konnte]. Die Tat war nach Abs. 2 nur strafbar, „wenn der Gefährdete in der Gefahr sein Leben verloren oder eine schwere Körperverletzung (§ 294) erlitten hat[te]“.

Nach den *Bemerkungen Radbruchs* regte Österreich die Ausgestaltung dieses neuen Tatbestandes an[523]. In den österreichischen Gegenvorschlägen war eine entsprechende Vorschrift als § 289a ÖGV mit dem Titel „Gefährdung des Lebens“ bereits enthalten, der Wortlaut entsprach bis auf die Satzstellung dem

521 *I. Hartmann*, S. 171.

522 Siehe zur kritischen Betrachtung des Tatbestandes: *Asholt*, S. 93 f.; *Gieseler*, S. 59 ff.

523 *Radbruch*, Bemerkungen, S. 64.

späteren § 228 E 1922[524]. Die Begründung dieses Gegenvorschlags berief sich darauf, daß neben dem Schweizer Entwurf (Schweizer Bundesratsentwurf von 1918, Art. 113) und dem Österreichischen Entwurf (§ 311) von 1912 auch *Radbruch* sich, lange vor den Beratungen zum Entwurf, für die gesetzliche Verankerung eines solchen allgemeinen Gefährdungsdeliktes ausgesprochen habe[525]; dieser sollte seiner Vorstellung nach als Ausweitung bzw. Umbildung des Aussetzungstatbestandes dienen. Als Beispiel mit Vorbildfunktion hatte *Radbruch* Art. 68 des schweizerischen Vorentwurfes von 1903 angeführt, der bestimmte:

> „Wer einen Menschen wissentlich und gewissenlos in unmittelbare Gefahr für das Leben oder in schwere Gefahr für die Gesundheit bringt, wird mit Zuchthaus bis zu 3 Jahren oder mit Gefängnis bestraft; wird der Tod des Menschen verursacht, so ist die Strafe Zuchthaus bis zu 5 Jahren oder Gefängnis nicht unter einem Jahr."

Von österreichischer Seite wurde auch betont, daß das Bedürfnis für eine solche Strafdrohung so groß sei, daß in der österreichischen Praxis bereits – was vom Großteil der österreichischen Rechtslehrer gebilligt werde – eine Vorschrift des Strafgesetzbuches (§ 87 ÖStGB), die nach der herrschenden Ansicht nur die Gemeingefährdung sanktioniere, auch auf die vorsätzliche Einzelgefährdung ausgeweitet werde[526].

Über die Vorschrift des § 289a ÖGV hinaus, sahen die österreichischen Gegenvorschläge in § 300a ÖGV die Bestrafung der „fahrlässigen Gefährdung der körperlichen Sicherheit" vor. Danach wurde, wenn nicht nach einer anderen Bestimmung eine strengere Strafe verwirkt war, mit Gefängnis bis zu sechs Monaten oder mit Geldstrafe bestraft, wer vorsätzlich oder fahrlässig eine Gefahr für das Leben, den Körper oder die Gesundheit eines anderen herbeiführte[527]. Legitimation für die Aufstellung von Gefährdungstatbeständen war nach österreichischer Auffassung das Ziel, der Zufallshaftung entgegenzuwirken, die dann entstehe, wenn zwar die fahrlässigen Verletzungen bestraft

---

524 BA R 3001/5915, S. 3 der österreichischen Gegenvorschläge zum 18. Abschnitt. § 280a lautete: „Wer einen anderen wissentlich und gewissenlos in unmittelbare Lebensgefahr bringt, wird mit strengem Gefängnis bestraft".

525 *Radbruch*, in: Vergleichende Darstellung, BT Bd. V, S. 185 (200 f.).

526 Akte BA R 3001/5915 (S. 18 der auf S. 15 beginnenden Begründung). *v. Liszt*, der sich in der Vergleichenden Darstellung zu einem Tatbestand der Lebensgefährdung geäußert hatte, war der Ansicht, daß Stellung und Inhalt des Paragraphen einen Hinweis darauf geben würden, daß nicht Einzelgefährdung sondern Gemeingefährdung in der Vorschrift gefordert werde.

527 Darüber hinaus konnten nach Abs. 2 die im § 61 ÖGV bezeichneten Sachen eingezogen werden; nach Abs. 3 konnte das Gericht, statt auf eine Strafe zu erkennen, eine Verwarnung erteilen.

würden, die ohne Folgen gebliebenen „gröbsten Nachlässigkeiten“ aber im Gegenzug nicht bestraft würden[528]. Entsprechend stelle es für die österreichische Wissenschaft und Praxis einen Rückschritt dar, wenn die Gefährdung von Leib oder Leben nicht unter Strafe gestellt werde[529].

Auch bei der Tagung der ÖKV, die sich der Beratung der Bestimmungen des E 1919 gewidmet hatte, forderte *Löffler* die Aufstellung „allgemein gefaßte[r] Gefährdungsdelikte“, eine Kasuistik hingegen wurde als schädlich bezeichnet[530]. Auch verwies er darauf, in „nicht verabredeter Übereinstimmung“ mit *v. Liszt*[531] und *Radbruch*[532] in der *Vergleichenden Darstellung*, eine Grundsatzregelung für die Fälle der vorsätzlichen und fahrlässigen Gefährdung gefordert zu haben[533].

Mit der Schaffung eines allgemeinen Gefährdungstatbestandes erfüllte *Radbruch* somit auch eine Forderung *Franz v. Liszts*. Jener hatte sich für die Aufstellung eines Tatbestandes der vorsätzlichen Leibes- und Lebensgefährdung ausgesprochen: Für den objektiven Tatbestand forderte er die Herbeiführung der Gefahr des Todes bzw. einer schweren Körperverletzung eines anderen, womit eine Einzelgefährdung in Abgrenzung zu einer Gemeingefahr Gegenstand des Tatbestandes war; in subjektiver Hinsicht sollte der Tatbestand auf die vorsätzliche Gefährdung beschränkt werden, eine Strafbarkeit wegen fahrlässiger Gefährdung lehnte *v. Liszt* ab[534]. Er mahnte an, dolus eventualis – den eventualen Verletzungsvorsatz, der unerläßlich die Voraussicht des Erfolges beinhalte – und den Gefährdungsvorsatz, der sich nur auf die Möglichkeit des Erfolgseintritts beziehen dürfe, streng zu trennen[535]. Auch er sah in Art. 68 des schweizerischen Entwurfs von 1903 ein Vorbild.

Neben *v. Liszt* sprach sich auch *Moritz Liepmann* für die Anerkennung des „Gattungsdeliktes der vorsätzlichen Lebensgefährdung“ aus[536] und befand sich damit in einer Linie mit *Radbruch*. Er sah den Wert der Strafbestimmung

528 Akte BA R 3001/5915 (S. 20 der auf S. 15 beginnenden Begründung).

529 Akte BA R 3001/5915 (S. 20 f. der auf S. 15 beginnenden Begründung).

530 *Löffler*, in: Der Deutsche Strafgesetz-Entwurf, S. 135 (149).

531 *v. Liszt*, in: Vergleichende Darstellung, BT Bd. V, S. 1 (7), 9 (24), 144 (151 ff.). Von den letztgenannten Ausführungen befand sich *Löffler* jedoch nur teilweise einverstanden. Siehe *Löffler*, in: Der Deutsche Strafgesetz-Entwurf, S. 135 (149, Fn. 15).

532 *Radbruch*, in: Vergleichende Darstellung, BT Bd. V, S. 185 (200 f.).

533 *Löffler*, in: Der Deutsche Strafgesetz-Entwurf, S. 135 (149).

534 *v. Liszt*, in: Vergleichende Darstellung, BT Bd. V, S. 144 (152).

535 *v. Liszt*, in: Vergleichende Darstellung, BT Bd. V, S. 144 (152).

536 *Liepmann*, Die Reform des deutschen Strafrechts, S. 85 f.

darin, daß sie die Strafwürdigkeit nur vom Vorsatz der Gefährdung abhängig machte und die „Künsteleien" des dolus eventualis erübrige. Auch könnten auf diese Weise gemeingefährliche Straftaten über die ausdrücklich als solche im Gesetz deklarierten Tatbestände hinaus erfaßt und pönalisiert werden[537]. *Liepmann* führte die Dringlichkeit einer solchen Gesetzesergänzung auf einen Gedanken *Vamberys* zurück[538]: Ein solch allgemeiner Tatbestand diene dem Schutz vor den „gegen Volksmengen gerichteten Handlungen", wie z.B. der Lebens-, Gesundheitsgefährdung und der „schwindelhaften Ausbeutung ganzer Volksmassen"[539].

Die Problematik des § 228 E 1922 (§ 231 E 1925) lag in seiner Unbestimmtheit – insbesondere hinsichtlich des Gefahrenbegriffs –, derer *Radbruch* sich bewußt war[540]:

> „Wie schwer sich der Gesetzgeber die Straftat des § 231 denkt, ergibt sich freilich mehr aus der Höhe der angedrohten Strafe als aus der Fassung des Tatbestandes. Durch die bestechende Formel 'wissentlich und gewissenlos' wird der erforderliche Grad der Gefahr mehr angedeutet als abgegrenzt. Sie besagt nur, daß 1. nicht jede, sondern nur eine mehr als verkehrsübliche Gefahr genügt und 2. diese als Verkehrsüblichkeit in besonders hohem Grade überschritten sein muß – so weit, daß man, wie Stooß einmal bemerkt, sagen kann: 'er hat Gott versucht'."

Er sah die Gefahr, daß alltägliche Fälle von der „schweren Bestimmung" erfaßt würden[541], den Nutzen der Regelung aber darin, die „singulären Fälle" der „frevelhaften Gefährdungen der Arbeiter und der Allgemeinheit durch Wirtschaft und Technik" zu ahnden, und schlug vor, den Tatbestand durch das Merkmal der Gewinnsucht einzuengen[542]. Als Bezugspunkt und Abgrenzungsmerkmal zu den gemeingefährlichen Delikten zog er die Unterscheidung zwischen der Gefährdung einzelner und vieler Menschen derjenigen zwischen bestimmten und unbestimmten Menschen vor[543].

Auch die Begründung des späteren E 1925 versuchte, durch eine enge Auslegung den Tatbestand der Lebensgefährdung einzudämmen: Es mußte eine

---

537 *Liepmann*, Die Reform des deutschen Strafrechts, S. 86.

538 *Vambery*, Z. der internat. Vereinigung für vergleichende Rechtswissenschaft und Volkswirtschaftslehre, 1911, S. 328 ff., bes. 341 ff. und 343, zitiert nach *Liepmann*, Die Reform des deutschen Strafrechts, S. 86.

539 *Liepmann*, Die Reform des deutschen Strafrechts, S. 86.

540 *Radbruch*, in: Aschrott / Kohlrausch, Reform des Strafrechts, S. 301 (314).

541 *Radbruch* nannte den Fall eines Kutschers, der, indem er eine Kurve zu scharf nahm, beinahe einen Menschen überfahren hätte. S. *Radbruch,* in: Aschrott / Kohlrausch, Reform des Strafrechts, S. 301 (314).

542 *Radbruch*, in: Aschrott / Kohlrausch, Reform des Strafrechts, S. 301 (314 f.).

543 *Radbruch*, in: Aschrott / Kohlrausch, Reform des Strafrechts, S. 301 (315).

unmittelbare Lebensgefahr herbeigeführt werden, die als Zustand, „der nach dem regelmäßigen Verlaufe der Dinge als in nächster Zukunft zu erwartende Folge die Vernichtung eines Menschenlebens besorgen läßt", definiert wurde[544]. Die vom Tatbestand geforderte Wissentlichkeit wurde dann angenommen, wenn der Täter die Bedeutung seines Tuns erkannte, hingegen abgelehnt bei bedingtem Vorsatz des Täters[545]. Zudem wurde das „gewissenlose" Handeln des Täters gefordert, das eine besondere sittliche Verwerflichkeit erfordere, indem es „auch das geringste Maß von Rücksicht auf das Leben anderer vermissen ließ"[546]. Die Ausführungen schlossen mit einer „Beschwörung" des so entschärften allgemeinen Gefährdungstatbestandes:

> „Bei dieser engen Fassung können Bedenken gegen eine zu große Tragweite eines allgemeinen Gefährdungstatbestandes nicht auftauchen. Er trifft nur die allerschwersten Fälle, die an der Grenze des Mordversuchs liegen und seine Voraussetzungen nur deshalb nicht erfüllen, weil sich bei dem Täter ein Tötungsvorsatz nicht nachweisen läßt oder seine Handlung noch nicht als Beginn der Ausführung angesehen werden kann."[547]

Ausgehend von der Definition des § 11 Nr. 11 E 1922/25 war unter der Gemeingefahr die Gefahr für Menschenleben oder in bedeutendem Umfange für fremdes Vermögen zu verstehen[548]. Die Begründung des E 1925 nahm eine solche Gefahr für Menschenleben dann an, wenn die Gefahr bestand, daß ein Mensch sein Leben verlor; nicht erforderlich war also die Gefährdung mehrerer Personen, die gefährdete Person durfte nur nicht individuell bestimmt sein[549], wobei die Begründung – ebenso wie auch die *Bemerkungen* des E 1922 – offenließ, wann eine Individualisierung vorlag[550]. Im Gegensatz dazu wurde für den Tatbestand der Lebensgefährdung die Individualisierung der gefährdeten Person oder der gefährdeten Personen als Voraussetzung angenommen[551].

---

544 Begründung zum E 1925, S. 120.

545 Dieser lag dann vor, wenn der Täter den Eintritt einer Lebensgefahr für möglich hielt und in Kauf nahm. S. Begründung zum E 1925, S. 120.

546 Begründung zum E 1925, S. 120.

547 Begründung zum E 1925, S. 120.

548 Diese Definition war trotz Beanstandung von österreichischer Seite beibehalten worden und entsprach damit § 9 Nr. 8 E 1919. S. Österreichisches Staatsarchiv, Allg. Verwaltungsarchiv, Justizministerium, Karton Nr. 985 (Fortl. Bl. 31, Nr. 4 der nicht angenommenen österreichischen Anträge).

549 Begründung zum E 1925, S. 106.

550 Siehe hierzu *Gottschalk*, Der Tatbestand der Lebensgefährdung in den deutschen Strafgesetzentwürfen, S. 45 ff.

551 Begründung zum E 1925, S. 106.

Vernichtend war die Kritik *Richard Schmidts* am vorgeschlagenen Tatbestand der Lebensgefährdung; er bezeichnete die Regelung als „schwammig und direkt sozialgefährlich“[552]. Er ordnete ihn in eine Reihe von Tatbeständen des Entwurfes ein, die nach der Entwurfskonzeption Ausdruck eines allgemeinen Rechtsgedankens und von einer solchen Dehnbarkeit seien, daß es für das auslegende und anwendende Gericht keinen Hinweis für die Differenzierung zwischen der kennzeichnenden Hauptformen der strafwürdigen Begehung gebe[553].

Der Tatbestand der Lebensgefährdung bedeutete eine Relativierung von *Radbruchs* Entkriminalisierungs-Anliegen[554].

### *(3) Mißbrauch von Rauschmitteln*

Im Gegensatz zu seinem Vorgänger widmete der E 1922 einen ganzen Abschnitt dem „Mißbrauch von Rauschmitteln“; er verfolgte das Ziel, den Alkoholmißbrauch zu bekämpfen[555]. Der E 1922 stellte eine Reihe von Verhaltensweisen unter Strafe: Darunter fielen die Volltrunkenheit (§ 327 E 1922), der Bruch des Wirtshausverbotes (§ 328 E 1922), die Abgabe geistiger Getränke an Insassen einer Trinkerheilanstalt[556] (§ 329[557]), die Verabreichung geistiger Getränke an Jugendliche oder Betrunkene (§ 330[558]), das

---

552 *Schmidt*, Grundriß des deutschen Strafrechts (1925), Anh. S. 17.

553 *Schmidt*, Grundriß des deutschen Strafrechts (1925), Anh. S. 17.

554 *Gieseler*, S. 60.

555 *Radbruch*, Bemerkungen, S. 58.

556 Die Unterbringung in der Trinkerheilanstalt war eine der Maßregeln zur Besserung und Sicherung. Nach § 44 E 1922 wurde „ein Trunksüchtiger wegen einer Tat, die er in der Trunkenheit begangen hat[te], oder wegen Volltrunkenheit (§ 327) zu einer Strafe verurteilt, so ordnet[e] das Gericht zugleich seine Unterbringung in einer Trinkerheilanstalt an, wenn diese Maßregel erforderlich [war], um ihn an ein gesetzmäßiges und geordnetes Leben zu gewöhnen“. Im Falle des Genügens von Schutzaufsicht (§ 51 E 1922) war diese anzuordnen. Die Vorgängerregelung (§ 92 E 1919) entsprach der des § 44 E 1922; in beiden Entwürfen war die Dauer der Unterbringung auf zwei Jahre limitiert (§ 46 Abs. 4 E 1922, § 94 Abs. 3). Nur die sich anschließenden Vorschriften, welche bestimmten, welche Stelle über die Unterbringung, die Entlassung aus der Unterbringung und den Widerruf der Entlassung entschieden (§§ 46, 49 E 1922; §§ 93, 94 E 1919) differierten; es fand eine stärkere Verlagerung der Entscheidungskompetenz von der Landespolizeibehörde auf das Gericht statt, auf die Zustimmung des Gerichts wurde mehr Wert gelegt.

557 § 329 lautete:

„Wer wissentlich einer Person, die auf Grund des § 44 in einer Trinkerheilanstalt untergebracht ist, geistige Getränke verschafft, wird mit Gefängnis bis zu zwei Monaten oder mit Geldstrafe bestraft.“

558 § 330 besagte:

Verabreichen von Tabakwaren an Jugendliche (§ 332[559]) und das Überlassen berauschender Gifte (§ 333[560]). Am Ende des Abschnitts eröffnete § 334 E 1922 dem Gericht die Möglichkeit, bei Vergehen des Täters gegen eine Vorschrift dieses Abschnitts in besonders leichten Fällen zu verwarnen statt zu strafen. Besonders zu erwähnen ist, daß nach § 17 Abs. 2 E 1922 eine Strafmilderung wegen verminderter Zurechnungsfähigkeit nicht bei Bewußtseinsstörungen, die auf selbstverschuldeter Trunkenheit beruhten, möglich war. Falls der Täter bei der Tat so berauscht war, daß er unfähig war, das Unerlaubte seiner Tat einzusehen oder dieser Einsicht gemäß zu handeln (§ 17 Abs. 1 E 1922[561]) war er nach § 16 E 1922 nicht zurechnungsfähig, konnte aber nach § 327 E 1922 bestraft werden.

Eine Gemeinsamkeit mit seinem Vorgänger bestand in der gesetzlichen Regelung der actio libera in causa. Nach § 327 E 1922 wurde mit bis zu zwei Jahren Gefängnis bestraft, „wer sich vorsätzlich oder fahrlässig durch den Genuß geistiger Getränke oder durch andere berauschende Mittel in einen die Zurechnungsfähigkeit ausschließenden Rauschzustand versetzt[e]“, „wenn er in diesem Zustand eine strafbare Handlung be[ging]“. Die zu verhängende Strafe durfte aber nach „Art und Maß nicht schwerer sein“, als die für die „vorsätzliche Begehung der Handlung angedrohte Strafe“ (Abs. 2)[562]. § 274 E 1919 stellte in ähnlicher Form die als „sinnlose Trunkenheit“ bezeichnete Verhal-

---

„Wer einer Person, die noch nicht sechzehn Jahre alt ist, Branntwein oder in einer Schankstätte in Abwesenheit des zu ihrer Erziehung Berechtigten oder seines Vertreters andere geistige Getränke zu eigenem Genusse verabreicht, wird mit Gefängnis bis zu zwei Monaten oder mit Geldstrafe bestraft.

Ebenso wird bestraft, wer einem Betrunkenen in einer Schankstätte geistige Getränke verabreicht.“

559 § 332 lautete:

„Wer einer Person, die noch nicht sechzehn Jahre alt ist, in Abwesenheit des zu ihrer Erziehung Berechtigten oder seines Vertreters nikotinhaltige Tabakwaren zu eigenem Verbrauche verabreicht, wird mit Gefängnis bis zu drei Monaten oder mit Geldstrafe bestraft.“

560 § 333 hieß:

„Wer unbefugt einem anderen Opium, Morphium, Kokain oder ähnliche berauschende oder betäubende Gifte überläßt, wird mit Gefängnis bis zu zwei Jahren oder mit Geldstrafe bestraft.“

561 Nach § 17 Abs. 1 E 1922 war nicht zurechnungsfähig, „wer zur Zeit der Tat wegen Bewußtseinsstörung, wegen krankhafter Störung der Geistestätigkeit oder wegen Geistesschwäche unfähig [war], das Unerlaubte seiner Tat einzusehen oder dieser Einsicht gemäß zu handeln“.

562 Darüber hinaus trat nach Abs. 3 die Verfolgung nur auf Verlangen oder mit Zustimmung des Verletzten ein, wenn die begangene Handlung nur auf Verlangen oder mit Zustimmung verfolgt wurde.

tensweise unter Strafe[563]; das Strafmaß für die „einfach“ begangene Trunkenheitstat war aber weitaus niedriger als im E 1922 angesetzt und enthielt die Alternative einer Geldstrafe, es betrug bis zu sechs Monaten Gefängnis oder eine Geldstrafe bis zu dreitausend Mark. Nur wenn „der Täter schon früher wegen sinnloser Trunkenheit oder wegen strafbarer Ausschreitungen im Trunke verurteilt worden“ war, betrug die Strafe Gefängnis bis zu zwei Jahren oder Geldstrafe (§ 274 Abs. 2 E 1919)[564].

Ebenso kannten die österreichischen Gegenvorschläge zum Besonderen Teil des Entwurfs von 1919 den Tatbestand der Volltrunkenheit (§ 274 ÖGV), wonach mit Gefängnis bis zu sechs Monaten oder mit Geldstrafe bestraft wurde, „wer sich schuldhaft in eine die Zurechnungsfähigkeit ausschließende Trunkenheit versetzt[e], wenn er in diesem Zustand eine mit Strafe bedrohte Handlung beg[i]ng“[565].

Auch der GE sah in § 190 GE einen Straftatbestand der selbstverschuldeten Trunkenheit vor: Danach wurde mit Gefängnis bis zu sechs Monaten bestraft, wer sich vorsätzlich oder fahrlässig in einen die Zurechnung nach § 13 Abs. 1 ausschließenden Zustand der Trunkenheit versetzte und in diesem Zustand eine Handlung beging, die ihm sonst als Verbrechen oder Vergehen zuzurechnen gewesen wäre[566]. Daneben sanktionierte § 191 auch die Übertretung des Wirtshausverbotes[567]; nach § 191 GE wurde mit

563 Es war nur das schuldhafte Versetzen in Trunkenheit von der Regelung erfaßt, andere berauschende Mittel wurden nicht erwähnt.

564 § 274 Abs. 3 bestimmte, daß in besonders leichten Fällen von Strafe abgesehen werden konnte.

565 Siehe Akte BA R 3001/5915.

566 Es wurden die §§ 14 und 69 GE für anwendbar erklärt, nach denen der Täter in eine öffentliche Heil- und Pflegeanstalt bzw. wegen Trunksucht und bei Nichtanwendung von § 14 GE konnte ein Wirthausverbot und die Unterbringung des Täters in eine Trinkerheilanstalt angeordnet werden.
Nach § 190 Abs. 2 GE trat die Verfolgung nur auf Antrag ein, wenn die begangene Tat nur auf Antrag zu verfolgen war.

567 Ein Wirtshausverbot und die Unterbringung in einer Trinkerheilanstalt waren in § 69 GE geregelt: War „eine strafbare Handlung auf Trunkenheit zurückzuführen, so [konnte] das Gericht bei Verurteilung, wie bei Freisprechung auf Grund des § 13 Abs. 1, dem Täter den Besuch der Wirtshäuser bis zu einem Jahr verbieten“. § 69 Abs. 1 S. 2 GE sah vor, daß im Falle der Feststellung von Trunksucht das Gericht die Unterbringung des Täters in einer Trinkerheilanstalt verfügte, soweit § 14 Abs. 1 keine Anwendung fand und falls diese Maßregel erforderlich und geeignet erschien, um den Täter wieder an ein gesetzmäßiges Leben zu gewöhnen. Nach § 69 Abs. 2 GE hatte „auf Grund dieser Verfügung die Landespolizeibehörde die Unterbringung zu bewirken“; „im Falle der Verurteilung zu einer Freiheitsstrafe erfolgt[e] die Unterbringung nach Verbüßung oder Erlaß der Freiheitsstrafe“. Das Gericht hatte „den Untergebrachten nach mindestens dreimonatigen Aufenthalt in der Trinkerheilanstalt widerruflich zu entlassen, falls er geheilt und bereit [war], sich unter die Aufsicht einer Enthaltsamkeitsvereinigung oder unter Schutzaufsicht (§ 60) zu stellen“. Die Dauer der Unterbrin-

Gefängnis bis zu sechs Monaten bestraft, wer ein gegen ihn erlassenes Wirtshausverbot (§ 69) übertrat. Dieselbe Strafe traf nach § 191 Abs. 2 den Wirt oder dessen Vertreter, „der einer Person, einem gegen sie erlassenen Wirtshausverbot zuwider, in seinen Räumen geistige Getränke“ gab.

Der E 1919 kannte zudem die strafrechtliche Verfolgung des Bruchs des Wirthausverbotes (§ 201 E 1919), die der des E 1922 ähnelte. Nach § 328 Abs. 1 E 1922 wurde mit Gefängnis bis zu drei Monaten oder mit Geldstrafe bestraft, wer einem Wirtshausverbot[568] zuwider ein Wirtshaus besuchte, in dem geistige Getränke verabreicht wurden. Im Rahmen des § 201 E 1919 war die Grenze der Strafbarkeit aber erst dann überschritten, wenn der Täter sich in dem Wirtshaus geistige Getränke verabreichen ließ. Zudem wurde nach Absatz 2 der jeweiligen Vorschriften ebenso wie in Absatz 1 bestraft, wer als Inhaber einer Schankwirtschaft oder als Vertreter des Inhabers wissentlich einer Person, die unter Wirtshausverbot stand, in den Räumen der Schankwirtschaft ein geistiges Getränk (im E 1919 Plural) verabreichte.

Zudem untersagte § 331 E 1922, daß derjenige, der einer Vorschrift zuwiderhandelte, „durch die für bestimmte Anlässe die Verabreichung geistiger Getränke verboten“ wurde, mit Gefängnis bis zu drei Jahren oder mit Geldstrafe bestraft wurde. Im Rahmen des E 1919 war – allerdings nur als Übertretung – dieses Verbot speziell auf das „Verabfolgen geistiger Getränke bei Versteigerungen“ (§ 435) gerichtet, wonach mit Geldstrafe bis zu fünfhundert Mark bestraft wurde, wer den Verordnungen gegen das Verabfolgen geistiger Getränke vor und bei öffentlichen Versteigerungen zuwiderhandelte.

Das geltende Recht hingegen kannte zur Zeit der Entstehung des E 1922 nur die Vorschrift des § 361 Nr. 5 RStGB im Abschnitt über die Übertretungen, wonach mit Haft bestraft wurde, „wer sich dem Spiel, Trunk oder Müßiggang dergestalt hin[gab],

---

gung war auf den Ablauf von zwei Jahren begrenzt, dann war der Untergebrachte in jedem Falle endgültig zu entlassen.

568 Das Wirthausverbot war im Abschnitt über die Maßregeln der Besserung und Sicherung geregelt; § 52 Abs. 1 E 1922 besagte, daß jemanden, „der in Trunkenheit zu Ausschreitungen neigt[e], wegen einer Tat, die er in selbstverschuldeter Trunkenheit begangen hat[te], oder wegen Volltrunkenheit (§ 327) verurteilt [war]“, vom Gericht für eine „bestimmte Frist verbieten“ konnte, „Wirtshäuser zu besuchen, in denen geistige Getränke verabreicht [wurden]“. Nach Abs. 2 E 1922 war die Frist „mindestens auf drei Monate und höchstens auf ein Jahr zu bemessen“ und wurde „von dem Tage berechnet, an dem das Urteil rechtskräftig“ wurde; in die Frist wurde „die Zeit nicht eingerechnet, in der der Verurteilte eine Freiheitsstrafe verbüßt[e] oder auf Grund behördlicher Anordnung in einer Anstalt verwahrt“ wurde. Nach *Kadečkas* Bericht zu den deutsch-österreichischen Beratungen wurde das Wirthausverbot entsprechend des österreichischen Gegenvorschlags ausgestaltet. S. Österreichisches Staatsarchiv, Allg. Verwaltungsarchiv, Justizministerium, Karton Nr. 985 (Fortl. Bl. 31, Nr. 21 der österreichischen angenommenen Anträge).
Die Vorgängerregelung (§ 91 E 1919) stimmte dem Wortlaut nach nahezu vollständig hiermit überein, bis auf die Tatsache, daß das Verbot nur zulässig war, wenn auf eine Freiheitsstrafe von höchstens sechs Monaten oder auf Geldstrafe oder auf Verweis erkannt wurde.

daß er in einen Zustand ge[riet], in welchem zu seinem Unterhalte oder zum Unterhalte derjenigen, zu deren Ernährung er verpflichtet [war], durch Vermittelung der Behörde fremde Hülfe in Anspruch genommen werden muß[te]". Eine gesetzliche Regelung der sogenannten actio libera in causa existierte nur in § 85 Nr. 2 des Militärstrafgesetzbuches, wonach derjenige bestraft wurde, der sich aus Feigheit durch absichtlich veranlaßte Trunkenheit einem Gefecht oder einer für ihn gefährlichen Dienstleistung vor dem Feinde zu entziehen suchte.

Keinerlei Entsprechung findet sich jedoch für die Tatbestände §§ 329 (Abgabe geistiger Getränke an Insassen einer Trinkerheilanstalt), § 330 (Verabreichung geistiger Getränke an Jugendliche oder Betrunkene), § 332 (Verabreichen von Tabakwaren an Jugendliche) und § 333 (Überlassen berauschender Gifte)[569].

Diese Straftatbestände erwecken einen gegenläufigen Eindruck zu den sonst von *Radbruch* betonten Prinzipien bei der Reform des Strafrechts: dem Abbau von Strafe und der Verbannung bloßer Moralverstöße. In der Begründung zum E 1925, der diesen Abschnitt (§§ 335 ff. E 1925[570]) bis auf die Möglichkeit der Verwarnung in § 334 E 1922 übernahm, wurde zwar festgestellt, daß die Mittel des Strafrechts auf diesem Gebiete nur eine begrenzte Wirkung erzielen könnten, aber ein

> „Strafgesetz, das es sich zur Aufgabe setzt, das Verbrechen in seinen Ursachen zu bekämpfen, [dürfe doch] nicht unterlassen, auch den Kampf gegen den Mißbrauch von Rauschgiften aufzunehmen."[571]

Gerade in Bezug auf die Pönalisierung des Verabreichens von Tabakwaren an Jugendliche unter sechzehn Jahren erwähnte auch die Begründung, daß Nikotin zwar von der Wissenschaft nicht als Rauschmittel angesehen werde, recht-

---

569 Auch in den österreichischen Gegenvorschlägen tauchten diese Vorschriften nicht auf.

570 Die Vorschriften über das Verabreichen geistiger Getränke und Tabakwaren an Jugendliche §§ 338, 340 E 1925 (§§ 330, 332 E 1922) sollten Artikel I § 5 des Notgesetzes vom 4. Februar 1923 ersetzen [RGBl. I S. 147; s. hierzu auch Begründung zum E 1925, S. 175; *Kohlrausch*, in: Aschrott / Kohlrausch, Reform des Strafrechts, S. 213 (221, Fn. 1)]; der Tatbestand des Überlassens berauschender Gifte § 341 E 1925 (§ 333 E 1922) diente der Durchführung des § 8 des Gesetzes zur Ausführung des Internationalen Opiumabkommens in der Fassung des Gesetzes vom 23. März 1924 (RGBl. S. 290).

571 Begründung zum E 1925, S. 174. Auch wurde darauf verwiesen, daß der Mißbrauch geistiger Getränke wieder zugenommen wurde, wobei auf eine statistische Erhebung verwiesen wurde, die den Einfluß des Alkoholmißbrauchs in Bayern auf die Kriminalität in den Jahren 1910 bis 1913 untersucht hatte (Siehe Fn. 1 auf S. 174). Positiv gegenüber der Sanktionierung von Trunkenheit bzw. des Verbreichens von Getränken an Jugendliche oder Betrunkene (§ 330 E 1922, § 338 E 1925) äußerte sich *Littauer*, Der Alkohol im deutschen Strafrecht, S. 77 f.

fertigte sich aber damit, daß der Tabakgenuß infolge seiner ungünstigen Einwirkung auf die Entwicklung Jugendlicher ähnlich sei[572].

*Kohlrausch*, der den Gedanken des Jugendschutzes grundsätzlich billigte, erschien die Erhebung dieser Verhaltensweise zum kriminellen Unrecht als Überspannung[573]. Er wies auch darauf hin, daß von der Wissenschaft Tabak nicht als Rauschmittel eingestuft werde[574]. Auch *Mamroth* bemerkte – für die spätere gleichlautende Vorschrift des E 1925 –, daß durch den Tatbestand „mit Kanonen auf Spatzen" geschossen werde: Der Tatbestand lehne sich an das Notgesetz vom 4. Februar 1923 an (*Radbruch* griff diesem also schon vor), enthalte „befremdlicherweise" aber nicht die dort vorgenommene Einschränkung, daß die Verabreichung der Tabakwaren „im Betriebe einer Gast- oder Schankwirtschaft oder im Kleinhandel" erfolgen müsse[575]. Es sei entsprechend möglich, daß sich jemand wegen eines Vergehens mit einer Gefängnisstrafe bis zu drei Monaten oder einer Geldstrafe strafbar mache, der einem „noch nicht voll sechzehnjährigen Sekundaner" eine Zigarette schenke[576]. Dieser Abschnitt des E 1922 blieb auch im E 1925 erhalten[577].

### *(4) Diebstahl*

Eine Besonderheit, die die Straftaten gegen die Vermögenswerte des E 1922 durchzog[578], war die auf das Bestreben Österreichs hin vorgenommene Aufnahme des Merkmals der Bereicherungsabsicht[579]. Im Rahmen der Diebstahlsvorschriften schloß der E 1922 diesbezüglich an den GE aus dem Jahre 1911 an[580]. Auch dieser hatte, in Anlehnung an Österreich, die Bereicherungsabsicht als Merkmal des Diebstahls verstanden[581].

---

572 Begründung zum E 1925, S. 174.

573 *Kohlrausch*, in: Aschrott / Kohlrausch, Reform des Strafrechts, S. 213 (221, Fn. 1).

574 *Kohlrausch*, in: Aschrott / Kohlrausch, Reform des Strafrechts, S. 213 (221, Fn. 1).

575 *Mamroth*, in: Aschrott / Kohlrausch, Reform des Strafrechts, S. 361 (378).

576 *Mamroth*, in: Aschrott / Kohlrausch, Reform des Strafrechts, S. 361 (378).

577 Nur das Mittel der Verwarnung sah der E 1925 nicht mehr vor.

578 Siehe zu den Tatbeständen der Untreue und Unterschlagung: *Rentrop*, S. 98 ff.

579 Siehe hierzu *Kadečkas* Aufzählung in: Österreichische Rechts- und Staatswissenschaften der Gegenwart in Selbstdarstellungen, S. 105 (109 f.). Dieser erwähnte zumindest für den Fall des Diebstahls ausdrücklich die Aufnahme der Bereicherungsabsicht auf österreichischen Wunsch.

580 § 288 E 1922 lautete entsprechend:
„Wer eine fremde bewegliche Sache einem anderen in der Absicht wegnimmt, sich oder einen Dritten damit unrechtmäßig zu bereichern, wird wegen Diebstahls mit Gefängnis bestraft.
Der Versuch ist strafbar."

Zwar wurde die Strafdrohung für den schweren Diebstahl von der Mindeststrafe von einem Jahr Gefängnis (§ 360 E 1919) auf einen Monat herabgesetzt (§ 289 E 1922), jedoch weitete der E 1922 den Katalog der schweren Fälle – auch im Verhältnis zum geltenden Recht – aus: Hinzu kamen der Diebstahl aus unmittelbarem körperlichen Gewahrsam (§ 289 Nr. 2 E 1922[582]) und unter Ausnutzung einer Feuers- / Wassersnot oder eines anderen Unfalls (§ 289 Nr. 4[583])[584]. Letztere Tatmodalität ist wohl auf den Einfluß Österreichs zurückzuführen. Nach § 360 Nr. 5 ÖGV sollte wegen schweren Diebstahl strafbar sein, „wer einen Gefallenen oder Verwundeten auf dem Schlachtfelde oder wer einen durch Feuersbrunst, Wassersnot oder ein ähnliches Ereignis Bedrängten bestiehlt".

Diese hinzugekommenen Vorschriften sanktionierten Verhaltensweisen als einen schweren Diebstahl, die insbesondere moralisch verwerflich erschienen – eine „moralisch-erzieherische" Wirkung auf den Täter haben sollten – und damit einer Ausrichtung des Strafrechts Vorschub leisteten, die *Radbruch* gerade hatte verhindern wollen[585]. Auch bringt die Regelung eine gegenläufige Tendenz zum angestrebten Abbau der Kasuistik des geltenden RStGB zum Ausdruck.

Die Kriminalisierungstendenz des E 1919 verstärkte der E 1922 auch beim Haus- und Familiendiebstahl, indem er neben dem Diebstahl gegen Verwandte

---

581 § 335 ÖGV; Begründung zum GE, S. 274.

582 § 289 Nr. 2 E 1922 lautete: „Wegen schweren Diebstahls wird bestraft [...]. 2. wer eine Sache aus unmittelbarem körperlichen Gewahrsam stiehlt; [...]".

583 § 289 Nr. 4 E 1922 besagte: „Wegen schweren Diebstahls wird bestraft [...]. 4. wer stiehlt, indem er sich die durch eine Feuers- oder Wassersnot oder einen anderen Unfall hervorgerufene Bedrängnis eines anderen zunutze macht".

584 Wie sein Vorgänger wurde der schwere Diebstahl nach dem E 1922 auch dann angenommen, wenn der Täter „eine Sache st[ahl], die durch ein verschlossenes Behältnis oder in anderer Weise gegen Wegnahme besonders gesichert [war]" (Nr. 1); „wer in oder aus Räumen oder Beförderungsmitteln eines dem öffentlichen Verkehr dienenden Unternehmens, insbesondere einer Eisenbahn oder der Post, eine Sache st[ahl], die dem Unternehmen zur Beförderung anvertraut [war] oder die ein Fahrgast mit sich führt[e] oder bei sich [trug]" (Nr. 3); „wer eine Sache von hohem Werte, insbesondere von hohem wissenschaftlichen oder künstlerischen, geschichtlichen oder gewerblichen Werte st[ahl], die sich in einer allgemein zugänglichen Sammlung, in einem öffentlichen Gebäude oder an einem anderen öffentlichen Orte be[fand]" (Nr. 5) und „wer aus einem religiösen Gebrauche dienenden Gebäude eine Sache st[ahl], die den Gegenstand religiöser Verehrung bildet[e] oder religiösem Gebrauch gewidmet [war]" (Nr. 6).

585 *Prinz*, S. 227.

absteigender Linie den unter Ehegatten nicht generell straflos stellte[586], sondern eine Verfolgung von der Zustimmung des Verletzten abhängig machte[587].

Die österreichischen Gegenvorschläge differenzierten innerhalb des Haus- und Familiendiebstahls § 365 ÖGV[588]: Straflos blieb aber im Gegensatz zum E 1922, „wer einen Diebstahl, eine Veruntreuung, eine Unterschlagung fremden Grundes gegen seinen Ehegatten oder eine eigenmächtige Aneignung gegen einen Angehörigen beg[ing]"(§ 365 Abs. 3 ÖGE).

Das geltende Recht (§ 247 Abs. 2 RStGB) und die vorangegangenen Entwürfe, so auch der GE (§ 303 Abs. 1 GE), erklärten noch die Straflosigkeit.

### c) *Abschaffung der Zweikampfbestimmungen*

Im Gegensatz zum Vorgängerentwurf und zum geltenden Recht[589] enthielt der *Radbruch*sche Entwurf keine Bestimmungen über den Zweikampf (Duell)[590]. Die Begründung zum Entwurf gab lediglich den Hinweis:

---

586 Der E 1919 hatte den Diebstahl unter Ehegatten noch für straffrei erklärt (§ 365 E 1919), für die anderen Fälle das Antragserfordernis vorgesehen (§ 365 Abs. 1).

587 Siehe hierzu auch: *Prinz*, S. 231.

588 Akte BA R 3001/5915. Nach Abs. 1 wurde auf Verlangen des Verletzten bestraft, „wer einen Diebstahl, eine Veruntreuung, eine Unterschlagung oder eine Zueignung fremden Grundes gegen einen Angehörigen oder gegen seinen Vormund, Pfleger oder Erzieher be[ging]". Das Gleiche sollte nach Abs. 2 gelten, „wenn der Täter die Handlung gegen eine Person, mit der er in häuslicher Gemeinschaft lebt[e], oder gegen sein Lehrherrn an Sachen geringen Wertes beg[ing]". Nach Abs. 3 konnte das Gericht in besonders leichten Fällen, statt auf eine Strafe zu erkennen, eine Verwarnung erteilen.

589 Strafbar war nach den §§ 201 ff. RStGB zum einen die Herausforderung zum Zweikampf mit tödlichen Waffen und die Annahme einer solchen Herausforderung (§ 201). Dabei betrug das Strafmaß Festungshaft bis zu sechs Monate. Nach § 202 trat Festungshaft von zwei Monaten bis zu zwei Jahren ein, wenn bei der Herausforderung die Absicht, daß einer von beiden Teilen das Leben verlieren sollte, entweder ausgesprochen war oder aus der gewählten Art des Zweikampfes hervorging.
Zum anderen waren die Anreizung zu einem Zweikampf mit einem Dritten (§ 210), sowie der Zweikampf selbst (§ 205) und der Zweikampf mit tödlichem Ausgang (§ 206) unter Strafe gestellt. Nach § 206 wurde mit Festungshaft nicht unter zwei Jahren bestraft, „wer seinen Gegner im Zweikampf tödtet[e]" und mit Festungshaft nicht unter drei Jahren bestraft, „wenn der Zweikampf ein solcher war, welcher den Tod des einen von Beiden herbeiführen sollte".
Die Strafe der Herausforderung und die Annahme derselben (Fall des § 201) fiel gemäß § 204 weg, wenn die Parteien den Zweikampf vor dessen Beginn freiwillig aufgegeben hatten. Wurde eine Tötung oder eine Körperverletzung durch eine vorsätzliche Übertretung der vereinbarten oder hergebrachten Regeln des Zweikampfes bewirkt, so wurde der Übertreter – sofern nicht die Zweikampfregelungen eine härtere Strafe verwirkten – nach den allgemeinen Vorschriften über Tötung und Körperverletzung bestraft (§ 207). Es war zudem in § 208 RStGB eine Straferhöhung derart vorgesehen,

„Die Vorschriften über den Zweikampf sind gestrichen.“[591]

Dies hatte nach Aussage *Radbruchs* zur Folge, daß der Zweikampf zwar als solcher nicht sanktioniert wurde, die einzelnen Kampfhandlungen aber nach den Vorschriften über die Tötung, die versuchte Tötung, die Lebensgefährdung, die Körperverletzung und Freiheitsberaubung strafbar waren[592]. Seiner Vorstellung nach trat gemäß § 71 E 1922 – „soweit nicht Rachsucht oder Konvention zum Zweikampf getrieben“ hätten, sondern sittliche Überzeugung –, Einschließung an die Stelle der sonst üblichen Freiheitsstrafe[593]. An dieser Stelle gab *Radbruch* auch eine Begründung für die Abschaffung der Zweikampfbestimmungen:

> „Der Entwurf 1922 ging dabei von dem Gedanken aus, daß unter einer Verfassung, nach der alle öffentlichrechtlichen Vorrechte des Standes aufzuheben sind (Art. 109 Abs. 3 RV.)[594] die strafrechtliche Privilegierung einer Standessitte unstatthaft sei.“[595]

Er verwies auf *Moritz Liepmann*, der dies bereits in seinem Buch „Die Reform des deutschen Strafrechts“ angemerkt habe:

> „Selbst wenn die alte Standessitte noch mit unverminderter Kraft nach dem Sturz der Monarchien und des Militarismus blühen würde, – müßte der Entwurf daher, um der „Gerechtigkeit“, zugleich aber um dem Lebensinhalt des neuen Staates zu

---

daß im Falle des Zweikampfes ohne Teilnahme von Sekundanten die verwirkte Strafe bis um die Hälfte, nicht jedoch über fünfzehn Jahre erhöht wurde.
Die Handlungen der Beteiligten wurden in ihrer Strafwürdigkeit in unterschiedliche Tatbestände unterteilt: Zum einen wurden gemäß § 203 RStGB diejenigen, welche den Antrag zu einer Herausforderung übernommen und ausgerichtet hatten, mit Festungshaft bis zu sechs Monaten bestraft. Straffreiheit wurde für den Fall der freiwilligen Aufgabe der Parteien des Zweikampfes vor dessen Beginn zugesprochen (§ 204). Zudem wurden Kartellträger, welche ernstlich bemüht gewesen waren, den Zweikampf zu verhindern, sowie zum Zweikampf hinzugezogene Zeugen, Ärzte und Wundärzte straflos gestellt (§ 209).

590 Ausführlich zu der reformgeschichtlichen Entwicklung der Zweikampfbestimmungen: *Baumgarten*, §§ 201–210 a.F. StGB, Reformdiskussion und Gesetzgebung von 1870 bis zur Aufhebung der Zweikampfbestimmungen, Baden-Baden 2002. Unter Zweikampf versteht man den verabredeten Kampf zweier Personen nach vereinbarten oder hergebrachten Regeln, der meist der Austragung eines Ehrenhandels dient (Duell). Siehe aber auch zu differenzierte Behandlung der Begriffe in der Literatur: *Baumgarten*, S. 1 Fn. 1. Dieser verwendet den Begriff Zweikampf und Duell synonym.

591 *Radbruch*, Bemerkungen, S. 64.

592 *Radbruch*, in: Aschrott / Kohlrausch, Reform des Strafrechts, S. 301 (319).

593 *Radbruch*, in: Aschrott / Kohlrausch, Reform des Strafrechts, S. 301 (319).

594 Art. 109 Abs. 3 WRV besagte: „Öffentlich-rechtliche Vorrechte oder Nachteile der Geburt oder des Standes sind aufzuheben.“

595 *Radbruch*, in: Aschrott / Kohlrausch, Reform des Strafrechts, S. 301 (319).

dienen, der keine Vorrechte des Staates duldet und von allen Bürgern die gleichen staatsbürgerlichen Pflichten fordert (Art. 109 der Reichsverfassung), – mit der alten strafrechtlichen Behandlung des Zweikampfes rücksichtslos brechen."[596]

Die Verfasser des E 1919 hatten zwar angemerkt, daß der Krieg und die anschließende staatliche Umwälzung die praktische Relevanz der Duellfrage speziell im Heerwesen verringert habe, jedoch sei es ein Verstoß gegen den Grundsatz der materiellen Gerechtigkeit, wonach Verschiedenes nicht gleich behandelt werden dürfe, den Zweikampf ohne spezielle gesetzliche Regelung den allgemeinen Vorschriften zur Körperverletzung und Tötung zu unterstellen[597]. Der Zweikampf war in den § 302 ff. E 1919 geregelt[598].

Ob neben dem Einfluß *Liepmanns* auch die Zusammenarbeit mit Österreich für die Abschaffung der Zweikampfbestimmungen ursächlich war, ist den Quellen

---

596 *Liepmann*, Die Reform des deutschen Strafrechts, S. 89.

597 Denkschrift zum E 1919, S. 246 f.

598 Dabei wurde der studentischen Schlägermensur, dem Zweikampf mit Schlägern und zum Schutz gegen Lebensgefahr geeigneten und bestimmten Vorkehrungen, keine Sonderstellung mehr eingeräumt (Denkschrift zum E 1919, S. 247 f.).
Strafbar waren nach § 302 der Zweikampf mit tödlichen Waffen, der mit Einschließung von drei Monaten bis zu fünf Jahren bedroht war (bei freventlichem Verschulden des Zweikampfes drohte eine Gefängnisstrafe von nicht unter drei Monaten gemäß § 302 Abs. 2) und der Zweikampf mit tödlicher Folge gemäß § 303 E 1919, der im Normalfall mit Einschießung nicht unter fünf Jahren bestraft und bei freventlicher Verschuldung des Duells mit Gefängnis von zwei bis zu fünfzehn Jahren geahndet wurde. Die tödliche Folge des Zweikampfes sollte nach den Vorstellungen der Verfasser des Entwurfs auch dann zurechenbar sein, wenn der Duellant den Tod wenigstens als möglich voraussehen konnte. Dies sei bei der ganz überwiegenden Zahl der Duelle zu bejahen. Begründet wurde die Straferhöhung damit, daß die Öffentlichkeit gerade Zweikämpfe mit tödlichem Ausgang besonders erregte. Die Verfasser des Entwurfs sahen das Strafmindestmaß des geltenden RStGB als „unverhältnismäßig gering" gegenüber der schweren Folge an. Siehe Denkschrift zum E 1919, S. 248; *Baumgarten*, S. 181 f.
Gemäß § 305 E 1919 wurde derjenige, der den Gegner bei einem Zweikampf durch die vorsätzliche Verletzung der vereinbarten Kampfregeln tötete, soweit nicht die §§ 302, 303 schwerere Strafe androhten, nach den Vorschriften über Tötung oder Körperverletzung bestraft.
Die Herausforderung zum Zweikampf sowie deren Annahme (§ 306 E 1919) wurden mit Einschließung bis zu einem Jahr bestraft. Hatte der Herausfordernde oder der Annehmende die Herausforderung freventlich verschuldet, so traf ihn Gefängnis bis zum einem Jahr (§ 306 Abs. 2). Die Herausforderung und deren Annahme wurden straflos, wenn einer der Gegner den Zweikampf vor Beginn freiwillig aufgegeben hatte (§ 306 Abs. 3). Auch die Anreizung zum Zweikampf mit einem Dritten (§ 307 E 1919) wurde mit Gefängnis oder Einschließung bis zu fünf Jahren bedroht.
Die Beteiligten am Zweikampf, namentlich die Kartellträger – sofern sie sich ernstlich um die Verhinderung des Duells bemühten –, Mitglieder eines Ehrengerichts und Sekundanten sowie die zugezogenen Zeugen und Ärzte waren straffrei (§ 304 E 1919).

nicht eindeutig zu entnehmen. In der Begründung des Gegenvorschlages zum E 1919 hieß es nur:

> „Den bei der mündlichen Besprechung des allgemeinen Teils geäusserten Wünschen entsprechend ist der 20. Abschnitt in den G.E. nicht mehr aufgenommen worden.“[599]

Dieser Formulierung könnte entnommen werden, daß die Streichung des 20. Abschnitts des E 1919 auf deutschen Wunsch hin geschah. Die österreichischen Gegenvorschläge zu den Abschnitten 12, 13 und 15 bis 26 des Besonderen Teils des Ersten Buches gingen beim deutschen Reichsjustizministerium am 1. August 1922 ein[600]. Dabei bezog sich der Verweis wohl auf die zwischen *Kadečka* und *Radbruch* stattgefundenen Beratungen im Juni 1922; der Besondere Teil war erst im August besprochen worden[601].

Fraglich bleibt, ob die Abschaffung der Zweikampfregelungen auch durch *Franz v. Liszt* beeinflußt worden ist. Der von *v. Liszt* mitverfaßte Gegenentwurf enthielt allerdings Regelungen über den Zweikampf[602]. In den verschiedenen Auflagen seines Lehrbuches sind unterschiedliche Äußerungen über die Strafbarkeit des Zweikampfes zu finden: In einer sehr frühen Auflage führte *v. Liszt* aus:

> „Auf die Bestrafung des Zweikampfes aber kann nicht verzichtet werden. Nicht sowohl darum, weil er als Krieg zweier Menschen (duellum) eine Störung des öffentlichen Friedens enthielte:[...] denn der Zweikampf geht heutzutage meist in stiller Abgeschiedenheit vor sich; auch nicht darum, weil er als ungerechte Selbsthilfe den Gang der Rechtspflege durch eigenmächtigen Eingriff störte: [...] denn

599 BA R 3001/5915 (S. 21 der Erläuterung der österreichischen Gegenvorschläge).

600 *Baumgarten* (S. 184 Fn. 23) bemerkt, daß die Gegenvorschläge zu den Abschnitten 18–22 mit dem zweiten Teil der österreichischen Gegenvorschläge zum Besonderen Teil am 7. Juli 1922 vom österreichischen Bundesjustizministerium an das Deutsche übersandt worden waren.

601 *Schubert / Regge*, I Bd. 1, S. XI.

602 Im 17. Abschnitt des Entwurfs wurde der Zweikampf mit tödlichen Waffen (§ 260 GE), sowie die Herausforderung (§ 261 GE) und die Aufreizung (§ 264 GE) zum Zweikampf unter Strafe gestellt. Die angedrohte Freiheitsstrafe war Gefängnis, wobei nach § 82 Abs. 2 GE bei Vergehen auf Gefängnis statt auf Gefängnis stets auf Haft von gleicher Dauer erkannt werden konnte, „wenn die Tat nicht aus ehrloser Gesinnung hervorgegangen ist“. Nach Meinung der Verfasser war hierdurch in den überwiegenden Fällen der Zweikämpfe die Anwendung der Haftstrafe gesichert (Begründung zum GE, S. 252).
Der Zweikampf unter Vorkehrungen, die gegen Lebensgefahr zu schützen geeignet und bestimmt waren (studentische Schlägermensur) sowie die Herausforderung und Aufreizung hierzu waren straflos (§ 262 GE). Ebenso wurden die Gehilfen, die ernstlich bemüht waren, den Zweikampf zu verhindern, Sekundanten sowie die hinzugezogene Zeugen oder Ärzte straflos gestellt (§ 262).

diese wird einfach beiseite gelassen und niemand Gewalt angethan; sondern darum, weil er ein frevelhaftes Spiel um Leib und Leben, eine Gefährdung eigener und fremder Existenz ist, wie sie der moderne Staat nicht ruhig mit ansehen kann."[603]

In einer späteren Auflage wird der letzte Halbsatz entscheidend modifiziert:

„[...] wie sie der Staat nicht mit ansehen zu können glaubt."[604]

Zudem wird die mildere Bestrafung des Zweikampfes indirekt in Frage gestellt:

„Der Begriff des Zweikampfes wird im StGB nicht bestimmt, sondern als durch die Sitte vorgezeichnet vorausgesetzt. Auf diese ist daher bei allen Auslegungsfragen zurückzugehen; denn nur im Druck der Standessitte liegt die Rechtfertigung für die mildere Bestrafung des Zweikampfes [...], die im demokratischen Staat völlig entfällt."[605]

Die Abschaffung der Zweikampfbestimmungen scheint somit auf *Radbruchs* Bestreben zurückzuführen sein; ebenso wie *Moritz Liepmann* verwies er auf die Verfassung.

Hingegen enthielt der E 1924/25 wieder spezielle Regelungen über den Zweikampf[606]; auch hier wurde, wie im E 1919, keine spezielle Bestimmung über die studentische Schlägermensur getroffen[607].

---

603 *v. Liszt*, Lehrbuch des deutschen Strafrechts, 2. Auflage, S. 318.

604 *v. Liszt / Schmidt*; Lehrbuch des deutschen Strafrechts, 23. Auflage, S. 337.

605 *v. Liszt / Schmidt*; Lehrbuch des deutschen Strafrechts, 23. Auflage, S. 337.

606 Die Verfasser des Entwurfs sahen die Notwendigkeit der Zweikampfregelungen trotz des festgestellten zurückgehenden praktischen Bedeutung (der Duellfrage insbesondere in der Armee) und schlossen sich in ihrer Begründung der des E 1919 an: „Für den Gesetzgeber kann es sich, wie er auch zum Zweikampf grundsätzlich stehen mag, nicht darum handeln, durch Strafen den Zweikampf ausrotten zu wollen. Versuche dieser Art haben sich überall, wo sie unternommen worden sind, als erfolglos erwiesen. Sie scheiterten daran, daß da, wo jemand seine Geltung in den Augen derer, auf deren Achtung es ihm ankommt, auf dem Spiele glaubt, auch schwere Strafdrohungen nicht abzuschrecken vermögen. Eine Regelung, die darauf ausgeht, den Zweikampf durch besonders schwere Strafen zu bekämpfen, verspricht daher keinen Erfolg. Auch der Weg ist nicht gangbar, den Zweikampf im Gesetz überhaupt nicht zu erwähnen und ihn so den Regeln über Tötung und Körperverletzung zu unterstellen. Der Zweikampf ist seinem Wesen nach offensichtlich von der Körperverletzung und der Tötung verschieden; ein Gesetz, das sich über diese Verschiedenheit hinwegsetzt, verstößt gegen den Grundsatz der materiellen Gerechtigkeit, die bedingt, daß Verschiedenes nicht gleich behandelt werden darf." S. Begründung zum E 1925, S. 126.

607 Der Entwurf verschmälerte im Gegensatz zum geltenden Recht die Tatbestände des Abschnittes über den Zweikampf auf vier Tatbestände: Zum einen war der Zweikampf mit tödlichen Waffen in § 245 unter Strafe gestellt, wobei die Strafe Gefängnis nicht unter drei Monaten war. Hatte der Zweikampf den Tod des Gegners zu Folge iSv. § 15,

## *B) Zweites Buch: Übertretungen*

Eine Sonderbehandlung der Übertretungen war keine Neuerung des E 1922; bereits das Reichsstrafgesetzbuch unterschied in Anlehnung an den französischen Code pénal zwischen Verbrechen, Vergehen und Übertretungen. Die Übertretungen galten als die Straftaten mit dem geringsten Unwertgehalt, was dadurch zum Ausdruck kam, daß nur bei ihnen als Freiheitsentziehung die Haftstrafe angedroht wurde. Diese Besonderheit war eine Forderung des Reichstags des Norddeutschen Bundes gewesen, der den Leumund des wegen einer Übertretung Verurteilten geschützt wissen wollte[608].

Das zweite Buch des E 1922 regelte die Übertretungen. Nach § 335 E 1922 waren für Übertretungen nur Geldstrafen angedroht. *Radbruch* betonte, daß der Entwurf diese völlig gesondert von den Verbrechen und Vergehen behandele, indem die beiden „Gruppen von Straftaten" nicht mehr durch einen Allgemeinen Teil verbunden seien, sondern jeweils ihre eigenständigen allgemeinen Bestimmungen besäßen[609]. Ziel der weiteren Strafrechtsreformarbeit sollte es sein, die Übertretungen aus dem Strafgesetzbuch gänzlich auszusondern und zum „Kernstück eines selbständigen Reichspolizeistrafgesetzbuchs" zu machen[610]. Dadurch würde der Entwurf sich auch an die in Österreich schon durch einen Gesetzentwurf zum Verwaltungsstrafrecht begonnene Entwicklung einreihen. *Radbruch* gab an, daß die Aussonderung der Übertretungen bzw. des Polizeiunrechts schon stattgefunden hätten, wenn die „Eilbedürftigkeit der Strafrechtsreform" die Aufstellung eines Polizeistrafgesetzbuchentwurfs vor dem Abschluß eines Strafgesetzentwurfes nicht verhindert hätte[611]. Im weiteren Verlauf der Strafrechtsreform solle der Entwurf vorangebracht werden. *Radbruch* hob die Sonderstellung der Übertretungen hervor:

> „In der Sonderstellung der Übertretungen im Rahmen des Strafgesetzbuchs und in ihrem geplanten völligen Ausscheiden aus diesem soll die Einsicht Ausdruck fin-

---

so war die Strafe Gefängnis von nicht unter einem Jahr. Bei Übertretung der vereinbarten oder hergebrachten Kampfregeln und einer dadurch verursachten Tötung oder Körperverletzung waren, soweit nicht § 245 eine schwerere Strafe androhte, die Vorschriften über die Körperverletzung und Tötung einschlägig (§ 246). Strafbar war die Herausforderung zum Zweikampf (§ 247), es sei denn einer der Gegner gab den Zweikampf vor Beginn freiwillig auf. Zudem war die Anreizung zum Zweikampf strafbar (§ 248). In allen Tatbeständen wurde Gefängnis als Freiheitsstrafe angedroht, durch die besondere Systematik des Entwurfs aufgrund von § 71 war es aber möglich, daß anstelle von Gefängnis Einschließung von gleicher Dauer trat.

608 Verhandlungen des Reichstages des Norddeutschen Bundes, I. Leg. Periode, Sess. 1870, Bd. 3, 1870, Anlage Nr. 5, S. 86 f.

609 *Radbruch*, Bemerkungen, S. 50.

610 *Radbruch*, Bemerkungen, S. 50.

611 *Radbruch*, Bemerkungen, S. 50.

den, daß das Polizeiunrecht vom Krimimalunrecht nicht etwa durch geringere Schwere, sondern seiner Wesensart nach verschieden ist.“[612]

Die Begriffsabgrenzung des Kriminalunrechts zum Polizeiunrecht war nach *Radbruchs* Angaben Gegenstand vieler Theorien, jedoch habe sich in der Diskussion kein einheitliches Abgrenzungsmodell etabliert.

*Wassermann* stellt es als Versäumnis *Radbruchs* dar, nicht zu erwähnen[613], daß die Trennung des Kriminalstrafrechts vom Verwaltungsstrafrecht, d.h. des antisozialen Verhaltens vom unsozialen bzw. ordnungswidrigen Verhalten, aufgrund seiner Wesensart auf der Theorie *Goldschmidts*[614] aufbaute, dessen Werk „Das Verwaltungsstrafrecht“ 1902 veröffentlicht wurde und „richtungsweisend“ für die Trennung der beiden Rechtsformen war[615]. Dies verwundere, weil *Goldschmidt* nach der Novemberrevolution an den Gesetzgebungsarbeiten intensiv mitgewirkt habe[616]. Solche Literaturangaben waren aber in amtlichen Entwürfen nicht üblich; anders verhielt es sich z.B. bei dem zur Diskussion gestellten Gegenentwurf von 1911.

*Radbruch* ging davon aus, daß der Großteil des Polizeiunrechts – der Ordnungswidrigkeiten – auch ohne „einen schulmäßigen Begriff“ von den anderen Verhaltensweisen abzugrenzen sei. Die vom Entwurf vorgenommene Trennung der Übertretungen von den Verbrechen und Vergehen sollte die „tiefgreifende Verschiedenheit“ bei der Behandlung in strafrechtlicher und strafprozessualer Hinsicht unterstreichen[617]. Dies sollte sich auch in einem eigenen Sanktionssystem wiederspiegeln, das der Entwurf für die Übertretungen vorsah: Wie bereits erwähnt, war die Regelstrafe die Geldstrafe von begrenzter Höhe; im Falle ihrer Uneinbringlichkeit und in besonders schweren Fällen war Haft vorgesehen, welche als Strafart nur für die Übertretungen

612 *Radbruch*, Bemerkungen, S. 51.

613 *Wassermann* in der Einleitung zu GRGA Bd. 9 (Strafrechtsreform), S. 26, dar.

614 *James Goldschmidt* (12. Dezember 1874 geb. in Berlin, verstorben am 28. Juni 1940 in Montevideo) wurde als Straf- und Prozeßrechtler für die Mitarbeit an der Reform des Strafprozeßrechtes vom Reichsjustizministerium hinzugezogen. So war er der maßgebliche Autor des „Entwurfs eines Gesetzes über den Rechtsgang von Strafsachen“ aus dem Jahre 1920. Zudem lehrte er in den Jahren 1919–1933 als ordentlicher Professor an der Universität Berlin, wobei er endgültig am 30. September 1934 aus dem Dienst ausscheiden mußte. 1933–1936 nahm er eine Vortragstätigkeit in Spanien (Madrid, Valencia, Saragossa) wahr bis zum Ausbruch des spanischen Bürgerkrieges. Er emigrierte nach Südamerika, wo er 1940 schließlich verstarb. Siehe hierzu: *Wassermann*, Einleitung, in: GRGA Bd. 9 (Strafrechtsreform), S. 1 (8, Fn. 37) sowie *Göppinger*, Juristen jüdischer Abstammung im „Dritten Reich“, S. 283.

615 *James Goldschmidt*, Das Verwaltungsstrafrecht, Eine Untersuchung der Grenzgebiete zwischen Strafrecht und Verwaltungsrecht auf rechtsgeschichtlicher und rechtsvergleichender Grundlage, Berlin 1902.

616 *Wassermann*, Einleitung, in: GRGA Bd. 9 (Strafrechtsreform), S. 1 (26).

617 *Radbruch*, Bemerkungen, S. 51.

galt[618]. Beispielhaft für den qualitativen Unterschied zwischen Verbrechen / Vergehen und Übertretungen war aber auch, daß der Versuch und Beihilfe bezogen auf eine Übertretung straflos gestellt waren[619].

## *I. Allgemeiner Teil*

Zwar betonte *Radbruch* es als Errungenschaft des E 1922, die Übertretungen separat von den Verbrechen und den Vergehen in einem weiteren Buch mit einem eigenen Allgemeinen Teil aufzulisten, doch war dies nur eine Fortführung der Struktur, die der E 1919 – und vor ihm bereits der GE von 1911 – besaß. Das geltende Recht hingegen regelte die Übertretungen im 29. Abschnitt des Besonderen Teils (§§ 360–370 RStGB) und erwähnte Besonderheiten, die für die Übertretungen galten, in dem auch für die Verbrechen und Vergehen geltenden „Ersten Theil" – „Von der Bestrafung der Verbrechen, Vergehen und Uebertretungen im Allgemeinen". Die Strafdrohungen, die für die Übertretungen in den einzelnen Vorschriften des Abschnitts genannt wurden, waren aber auch im geltenden RStGB auf Geldstrafe und Haft beschränkt ( § 1 III RStGB[620]).

Die Trennung der Übertretungen vom kriminellen Unrecht hatte – wie erwähnt – erstmals der Gegenentwurf aus dem Jahre 1911 vorgenommen. Dessen Mitverfasser, *Radbruchs* Lehrmeister, *v. Liszt*, forderte darüber hinaus, wie es auch sein Schüler später tun sollte, die „Aussonderung der Polizeiübertretungen aus dem Bereich des Strafgesetzbuches"[621].

Im Gegensatz zum Reichsstrafgesetzbuch und dem Vorentwurf behandelte der Gegenentwurf die Übertretungen nicht nur einem besonderem Abschnitt, sondern in einem separaten Buch und begründete dies mit der polizeirechtlichen Natur der Übertretungen. Er zog aus der Unterscheidung zwischen kriminellem und polizeilichem Unrecht auch die Konsequenz einer rechtlichen Differenzierung:

---

618 Näheres zur Haftstrafe folgt im 6. Kapitel über die Rechtsfolgen: Siehe hierzu unter A) I. 4.

619 Siehe hierzu § 340 E 1922. E 1919 traf auch bereits hierzu eine gleichlautende Bestimmung in § 408 E 1919.

620 Danach war „eine mit Haft oder mit Geldstrafe bis zu funfzig Mark bedrohte Handlung" eine Uebertretung.

621 *v. Liszt*, Nach welchen Grundsätzen ist die Revision des Strafgesetzbuchs in Aussicht zu nehmen; in: Strafrechtliche Aufsätze und Vorträge, Bd. 2, S. 356 (395).

„Mit dem qualitativen Unterschied zwischen polizeilichem und kriminellen Unrecht ist der quantitative schwererer Strafbarkeit des kriminellen, geringerer Strafbarkeit des polizeilichen eng verbunden."[622]

Der qualitative Unterschied zwischen den Übertretungen und den Verbrechen und Vergehen lag nach Auffassung des GE „in der Auswahl der Übertretungstatbestände und in der Aufstellung einer Reihe besonderer Vorschriften für die Übertretungen"[623].

Der Allgemeine Teil des Buchs über die Übertretungen des GE ähnelte stark dem des späteren Entwurfs *Radbruchs*, wobei letzterer aufgrund des strafrechtsreformerischen Verlaufs noch enger an den E 1919 anknüpfte: Die die Übertretungen betreffenden Bücher der Entwürfe von 1919 und 1922 waren sich sehr ähnlich.

Die Änderungen im Allgemeinen Teil betrafen hauptsächlich die Rechtsfolgen: Geringe Abweichungen bestanden innerhalb der Strafandrohungen bezüglich der Geldstrafe[624] und der Verhängung der Haft, insbesondere in Bezug auf die höhere Strafandrohung in einem besonders schweren Fall[625]. Der E 1922 stellte zudem in § 342 Abs. 1 E 1922 fest, daß auf die Einziehung von Sachen nur erkannt werden konnte, wo es das Gesetz ausdrücklich vorsah; auf andere Maßregeln der Besserung und Sicherung durfte nicht erkannt werden[626]. Der E 1919 hatte die Einziehung von Sachen nicht als Maßregel der Besserung und Sicherung eingeordnet und traf diesbezüglich keine Aussage (§ 413 E 1919). In den Bestimmungen zum Besonderen Teil des zweiten Buches wurde die Einziehung aber bis auf eine Abweichung in der gleichen Weise eingesetzt; im Rahmen der Vorschrift über das „Anfertigen von Schlüsseln"[627] war in § 434 E 1919 noch nicht der im § 368 E 1922 enthaltene Zusatz erwähnt, wonach die Schlüssel und Dietriche eingezogen werden konnten, „und zwar auch dann, wenn sie nicht dem Täter gehör[ten]".

Zudem enthielt der E 1922 eine modifizierte Bestimmung zu der Verjährung der Übertretungen. Sah der E 1919 noch in § 415 vor, daß die Verjährungsfrist, auch wenn sie mehrfach verlängert wurde, insgesamt auf höchstens sechs Monate verlängert werden durfte (§ 415 E 1919), so traf der E 1922 hier keine Bestimmung. Die Verjäh-

---

622 Begründung zum GE, S. 311.

623 Begründung zum GE, S. 314.

624 Siehe hierzu 6. Kapitel A) III.

625 Siehe hierzu 6. Kapitel A) II. 4.

626 Siehe zur Funktion der Maßregeln der Besserung und Sicherung im Entwurf wiederum das 6. Kapitel unter C).

627 Die Vorschriften des E 1919 (§ 434) und E 1922 (§ 368) forderten die Verhängung einer Geldstrafe für denjenigen, der „ohne Erlaubnis des Hausbesitzers oder seines Vertreters oder der Polizeibehörde Hausschlüssel anfertigt[e]" (Nr. 1), der „ohne Erlaubnis des Wohnungsinhabers oder seines Vertreters oder der Polizeibehörde Schlüssel zu Zimmern oder Behältnissen anfertigte oder Schlösser öffnet[e]" (Nr. 2) und der ohne Erlaubnis der Polizeibehörde einem anderen Nachschlüssel oder Dietriche überließ (Nr. 3).

rungsfrist, durch deren Ablauf die Vollstreckbarkeit erlosch, betrug im E 1919 noch drei Jahre (§ 415 Abs. 2 E 1919), hingegen ließ der E 1922 zwei Jahre genügen (§ 348 Abs. 2 E 1922).

## *II. Besonderer Teil*

Auch im Besonderen Teil wichen die beiden aufeinanderfolgenden Entwürfe bis auf die Reihenfolge der aufgeführten Vorschriften nicht wesentlich voneinander ab; im Gegensatz zum geltenden Recht, welches im Abschnitt über die Übertretungen den „Stoff" in „zahlreiche, inhaltlich kaum zusammenhängende Tatbestände aneinanderreih[te]"[628], faßte der E 1919, wie auch der dahingehend übereinstimmende E 1922, „mehrere Vorschriften nur dann zu einer Vorschrift zusammen, wenn sie inhaltlich zusammen gehör[t]en"[629].

Der E 1922 enthielt auf der einen Seite viele der noch im RStGB als Übertretung strafbar eingestufte Verhaltensweisen nicht mehr[630], auf der anderen Seite

628 Denkschrift zum E 1919, S. 355.

629 Denkschrift zum E 1919, S. 355.

630 Dies waren z.B. **§ 360 Nr. 3** (Hiernach wurde bestraft „wer als beurlaubter Reservist oder Wehrmann der Land- oder Seewehr ohne Erlaubniß auswandert[e], ebenso wer als Ersatzreservist erster Klasse auswandert[e], ohne von seiner bevorstehenden Auswanderung der Militärbehörde Anzeige erstattet zu haben".), **Nr. 9** (Danach war strafbar, „wer gesetzlichen Bestimmungen zuwider ohne Genehmigung der Staatsbehörde Aussteuer-, Sterbe- oder Wittwenkassen, Versicherungsanstalten oder andere dergleichen Gesellschaften oder Anstalten errichtet[e], welche bestimmt [waren], gegen Zahlung eines Einkaufsgeldes oder gegen Leistung von Geldbeiträgen beim Eintritte gewisser Bedingungen oder Fristen, Zahlungen an Kapital oder Rente zu leisten".) **und Nr. 12** (Hiernach war strafbar, „wer als Pfandleiher oder Rückkaufshändler bei Ausübung seines Gewerbes den darüber erlassenen Anordnungen zuwiderhandelt[e]".); **§ 361 Nr. 1** (Danach beging derjenige eine Übertretung, der, „nachdem er unter Polizei-Aufsicht gestellt worden [war], den in Folge derselben ihm auferlegten Beschränkungen zuwiderhandelt[e]".); **Nr. 8** (Nach § 361 Nr. 8 RStGB wurde sanktioniert, „wer nach Verlust seines bisherigen Unterkommens binnen der ihm von der zuständigen Behörde bestimmten Frist sich kein anderweitiges Unterkommen verschafft hat[te] und auch nicht nachweisen [konnte], daß er solches der von ihm angewandten Bemühungen ungeachtet nicht vermocht habe".) **und Nr. 9 RStGB** (§ 361 Nr. 9 RStGB bestrafte denjenigen, der „Kinder oder andere unter seiner Gewalt stehende Personen, welche seiner Aufsicht untergeben [waren] und zu seiner Hausgenossenschaft gehör[t]en, von der Begehung von Diebstählen, sowie von der Begehung strafbarer Verletzungen der Zoll- oder Steuergesetze oder der Gesetze zum Schutze der Forsten, der Feldfrüchte, der Jagd oder der Fischerei abzuhalten unterl[ieß]".); **§ 363 RStGB** (Dieser bestrafte nach Absatz 1, denjenigen, der „um Behörden oder Privatpersonen zum Zwecke seines besseren Fortkommens oder des besseren Fortkommens eines Anderen zu täuschen, Pässe, Militärabschiede, Wanderbücher oder sonstige Legitimationspapiere, Dienst- oder Arbeitsbücher oder sonstige auf Grund besonderer Vorschriften auszustellende Zeugnisse, sowie Führungs- oder Fähigkeitszeugnisse falsch anfertigt[e] oder verfälscht[e], oder wissentlich von einer solchen falschen oder verfälschten Urkunde Gebrauch macht[e]" mit Haft oder mit Geldstrafe bis zu einhundertfünfzig Mark. Nach

stufte er – wie bereits der E 1919[631] – andere Verhaltensweisen, die das RStGB im Abschnitt über die Übertretungen behandelte, als Verbrechen und Vergehen

---

Absatz 2 traf die gleich Strafe denjenigen, „welcher zu demselben Zwecke von solchen für einen Anderen ausgestellten echten Urkunden, als ob sie für ihn ausgestellt seien, Gebrauch macht[e], oder welcher solche für ihn ausgestellte Urkunden einem Anderen zu dem gedachten Zwecke überl[ieß]." Einen solchen Übertretungstatbestand gab es im E 1922 nicht, jedoch ist nicht auszuschließen, daß diese Verhaltensweisen nicht über die allgemeinen Vorschriften bezüglich der Urkundendelikte strafbar war.); **§ 366 Nr. 2** (Hiernach war strafbar, „wer in Städten oder Dörfern übermäßig schnell [fuhr] oder [ritt], oder auf öffentlichen Straßen oder Plätzen der Städte oder Dörfer mit gemeiner Gefahr Pferde ein[fuhr] oder zur[itt]".); **Nr. 8** (Nach § 366 Nr. 8 RStGB machte sich strafbar „wer nach einer öffentlichen Straße oder Wasserstraße, oder nach Orten hinaus, wo Menschen zu verkehren pflegen, Sachen, durch deren Umstürzen oder Herabfallen Jemand beschädigt werden [konnte], ohne gehörige Befestigung aufstellt[e] oder aufh[ing], oder Sachen auf eine Weise ausg[oß] oder ausw[arf], daß dadurch Jemand beschädigt oder verunreinigt werden [konnte]".) **und Nr. 9 RStGB** (Danach war strafbar, „wer auf öffentlichen Wegen, Straßen, Plätzen oder Wasserstraßen Gegenstände, durch welche der freie Verkehr gehindert [wurde], aufstellt[e], hinlegt[e] oder liegen [ließ]".); **§ 367 Nr. 1, 2, 7, 9 und 13 RStGB** (Dies waren: die Beerdigung eines Leichnams ohne Wissen der Behörde oder dessen Beiseiteschaffen (Nr. 1); das Zuwiderhandeln gegen polizeiliche Anordnungen gegen vorzeitige Beerdigungen (Nr. 2); das Anbieten oder Verkaufen von verdorbenen Lebensmitteln (Nr. 7); das Beisichführen verborgener Waffen (Nr. 9) und das Nichtausbessern von einsturzgefährdeten Gebäuden (Nr. 13); **§ 368 Nr. 1, 2, 9 und 11 RStGB** (Verstoß gegen polizeiliche Anordnungen zur Schließung der Weinberge (Nr. 1); das Unterlassen des „Raupens" (Nr. 2); das unerlaubte Gehen, Fahren, Reiten auf Privatwegen und Äckern (Nr. 9) und Ausnehmen von Eiern oder Jungen von jadgbarem Federwild oder Singvögeln (Nr. 11); **§ 369 Nr. 2** RStGB (§ 369 Nr. 2 RStGB stellte „Gewerbtreibende, bei denen zum Gebrauche in ihrem Gewerbe geeignete, mit dem gesetzlichen Eichungsstempel nicht versehene oder unrichtige Maße, Gewichte oder Waagen vorgefunden [wurden], oder welche sich einer anderen Verletzung der Vorschriften über die Maß- und Gewichtspolizei schuldig mach[t]en".); **§ 370 Nr. 3** (Nach Nr. 3 war strafbar, „wer von einem zum Dienststande gehörenden Unteroffizier oder Gemeinen des Heeres oder der Marine ohne die schriftliche Erlaubniß des vorgesetzten Kommandeurs Montirungs- oder Armaturstücke kauft[e] oder zum Pfande n[ahm]".) **und Nr. 6 RStGB** (Gemäß § 370 Nr. 6 RStGB war strafbar, „wer Getreide oder andere zur Fütterung des Viehes bestimmte oder geeignete Gegenstände wider Willen des Eigenthümers wegn[ahm], um dessen Vieh damit zu füttern".).

631 Der E 1919 stufte folgende Verhaltensweisen, die das geltende Recht im Abschnitt über die Übertretungen aufführte, als Verbrechen und Vergehen auf: das Ansammeln von Waffen (§ 360 Nr. 2 RStGB, § 212 E 1919); die unterlassene Hilfeleistung (§ 360 Nr. 10 RStGB, § 199 E 1919); Tierquälerei (§ 360 Nr. 13 RStGB, § 400 E 1919); Veranstaltung öffentlicher Glücksspiele (§ 360 Nr. 14 RStGB, § 390 E 1919); Zuwiderhandeln gegen Aufenthaltsverbote (§ 361 Nr. 1, 2; § 200 E 1919); Landstreichen, Betteln, Gewerbsunzucht, Arbeitsverweigerung, Nichthindern von Straftaten von Kindern und Jugendlichen und Verletzung der Unterhaltspflicht (§ 361 Nr. 3, 4, 6, 7, 9, 10 RStGB, §§ 275 bis 280 des E 1919); Fälschung und Mißbrauch von Ausweispapieren (§ 363 RStGB, §§ 237, 240 E 1919); Veräußerung bereits verwendeter Wertzeichen (§ 364 RStGB, § 251 E 1919); Waffengebrauch bei Schlägereien (§ 367 Nr. 10 RStGB, § 299 E 1919); Betreten fremden Jagdgebietes (§ 368 Nr. 10 RStGB, § 398 E 1919);

ein[632]. Im Vergleich zum E 1919 waren – wie bereits erwähnt – eher marginale Änderungen zu verzeichnen:

Beim Tatbestand der Belästigung des Publikums wurde im E 1919 (§ 425) noch mit Geldstrafe bis zu eintausend Mark bestraft, „wer wissentlich falsche Nachrichten oder Gerüchte verbreitet[e], die geeignet [waren], in der Bevölkerung Beunruhigung herbeizuführen" (Nr. 3); diese Verhaltensweise wurde vom E 1922 (§ 354) nicht mehr sanktioniert.

Der E 1922 behandelte – wie das RStGB – das „Betreten fremden Jagdgebietes", das der E 1919 noch als Vergehen eingestuft hatte (§ 398 Abs. 1 E 1919[633]), mit dem identischen Wortlaut seines Vorgängers als Übertretung in § 369 E 1922[634].

Auch wurden Ergänzungen vorgenommen; so wurde in die nahezu wortlautidentische Vorschrift zu § 417 E 1919[635] („Straßenpolizei. Eisenbahnpolizei.

---

unberechtigtes Fischen (§ 370 Nr. 4 RStGB, § 395 Abs. 1 E 1919); sogenannter Mundraub (§ 370 Nr. 5 RStGB, § 366 Abs. 2 E 1919), sowie die Vorschriften bezüglich der Überweisung von Bettlern, Landstreichern, Dirnen usw. an die Landespolizeibehörde (§ 362 RStGB, § 281 E 1919). Siehe hierzu auch Denkschrift zum E 1919, S. 355 f. Das Veranstalten öffentlicher Glücksspiele wurde im Reichsstrafgesetzbuch durch das Gesetz gegen das Glücksspiel vom 23. Dezember 1919 (RGBl. 1919, S. 21459) nicht mehr als Übertretung behandelt, sondern die §§ 284, 284a, 284b, 285, 285a RStGB eingestellt und § 360 Abs. 1 Nr. 14 RStGB gestrichen.

632 Hierunter fielen: das Ansammeln von Waffen (§ 360 Nr. 2 RStGB, § 164 E 1922); die unterlassene Hilfeleistung (§ 360 Nr. 10 RStGB, § 217 E 1922); die Tierquälerei (§ 360 Nr. 13 RStGB, § 325 E 1922); der Bruch einer (Reichs-)Verweisung (§ 361 Nr. 2 RStGB, § 156 E 1922); die Verletzung der Unterhaltspflicht (§ 361 Nr. 5 RStGB, § 274 E 1922); die mißbräuchliche Verwendung von Ausweispapieren (§ 363 Abs. 2 RStGB, § 189 E 1922); das Veräußern oder Feilhalten von Wertzeichen (§ 364 RStGB, § 197 E 1922); der Waffengebrauch bei Schlägereien (§ 367 Nr. 10 RStGB, § 239 E 1922); das unberechtigte Fischen (§ 370 Nr. 4 RStGB, § 321 E 1922) und der sogenannte Mundraub (§ 370 Nr. 5 RStGB, § 295 E 1922).

633 Nach § 398 Abs. 1 E 1919 wurde mit Gefängnis bis zu drei Monaten oder mit Geldstrafe bestraft bis zu eintausend Mark bestraft, „wer unbefugt ein fremdes Jagdgebiet außerhalb der zum allgemeinen Gebrauch bestimmten Wege zur Jagd ausgerüstet betr[at]". Nach § 398 Abs. 2 E 1919 wurde die Tat nur auf Antrag verfolgt, wenn der Täter ein Angehöriger der Jagdberechtigten oder Jagdausübungsberechtigten war; der Antrag konnte zurückgenommen werden.

634 Da der E 1922 keine prozessualen Bestimmungen über das Antragsrecht mehr beinhaltete, um sie einem Einführungsgesetz zu überlassen, das sie in die Strafprozeßordnung eingliedern sollte, traf der Entwurf nur Aussagen darüber, welche Straftaten nur auf Verlangen oder mit Zustimmung des Verletzten verfolgbar waren. Wie noch bei § 398 Abs. 2 E 1919 war auch in § 369 Abs. 2 E 1922 die Tat nur auf Verlangen des Verletzten verfolgbar.

635 Nach § 417 E 1919 wurde mit Geldstrafe bis zu dreitausend Mark bestraft, „1. wer die Verordnungen übert[rat], die zur Erhaltung der Sicherheit, Ordnung, Bequemlichkeit,

Sicherung der Schiffahrt"), § 361 E 1922[636] in Nr. 4 der Verstoß gegen eine Vorschrift, die zur Sicherung des Luftverkehrs erlassen war, mit Geldstrafe bedroht.

Bereits der Gegenentwurf hatte Handlungsweisen, die im Reichsstrafgesetzbuch im Abschnitt der Übertretungen aufgeführt wurden, zu Vergehen – wie der spätere E 1922 – hochgestuft: das gewerbsmäßige Glücksspiel bzw. die Veranstaltung öffentlicher Glücksspiele (§§ 334, 335 GE); den Ausweisungsbruch (§ 149 GE); die Verletzung einer Unterhaltspflicht (§ 233 GE); das mißbräuchliche Verwenden von Ausweispapieren (§ 210 Abs. 2 GE); den Mißbrauch von Wertzeichen (§ 206 GE); das unberechtigte Fischen (§ 311 GE) und den sogenannten Mundraub (§ 300 GE). Auch knüpfte der E 1922 insofern an den GE an, als dieser das „Betreten fremden Jagdgebietes" als Übertretung behandelte (§ 361 GE).

Abweichend wurden aber andere Tatbestände, in Anlehnung an das Reichsstrafgesetzbuch, im GE noch als Übertretungen behandelt, die der E 1922 später als Vergehen einordnen sollte: Ansammeln von Waffen (§ 358 Nr. 1 GE), Unterlassene Hilfeleistung (§ 358 Nr. 13 GE) und Tierquälerei (§ 359 Nr. 4 GE)[637].

Die Kritik, die an der Sonderbehandlung der Übertretungen geäußert wurde, bezog sich auf die Abgrenzungsproblematik zwischen Polizei- und Kriminalunrecht: Der Begriff des Polizeistrafrechts lasse sich nicht so klar bestimmen, daß die einzelnen Verhaltensweisen eindeutig dem einen oder dem anderen zuzuordnen seien, die Grenze zwischen den beiden Unrechtsgebieten sei flüssig[638]:

> „Eine Handlung, die man gewohnt war, als Ordnungswidrigkeit zu betrachten, kann einer neuen Epoche im Lichte der Verbindung mit bisher mehr unter der Schwelle des Bewußtseins lebenden Gedankenreihen zum Delikt im eigentlichen Sinne werden, und umgekehrt kann ein früher überwiegend als Rechtsgüterverlet-

---

Reinlichkeit oder Ruhe auf öffentlichen Straßen, Wegen oder Plätzen oder auf Wasserstraßen erlassen [waren]; 2. wer die Verordnungen übert[rat], die für das Publikum zur Erhaltung der Sicherheit oder Ordnung des Eisenbahnbetriebes erlassen [waren]; 3. wer der Seestraßenordnung oder anderen Verordnungen des Reichs zur Sicherung der Seeschiffahrt oder wer den Verordnungen zum Schutze der Binnenschiffahrt zuwiderhandelt[e]".

636 Eine Abweichung bestand nur darin, daß der E 1922 die Formulierung wählte „wer eine Vorschrift übertritt [...]".

637 Außerdem gab es im GE nicht den Tatbestand des Waffengebrauchs bei Schlägereien.

638 *Klee*, in: Aschrott / Kohlrausch, Reform des Strafrechts, S. 379 (383).

zung betrachteter Eingriff auf das Niveau einer bloßen Verwaltungswidrigkeit herabsinken."[639]

Insbesondere wurde die Problematik der Sonderbehandlung der Übertretungen bei ihrer Unterscheidung von den „Bagatell-Vergehen" aufgezeigt: Es entspreche dem „inneren Wesen der Sache" mehr, für beide Gruppen die jeweiligen Regelungen gleichermaßen gelten zu lassen; es sei schematisch, die Geldstrafe als ausschließliche Strafart für die Übertretungen festzusetzen und andererseits die Haftstrafe nicht für die kleineren Vergehen gelten zu lassen[640]. In diesem Zusammenhang wurde dies als „Rückschritt nur der schematischen Gleichförmigkeit zuliebe" bezeichnet; angemerkt wurde aber auch, daß Verhaltensweisen im geltenden Recht noch als mit Geld- und Haftstrafe bedrohte Übertretungen galten, die der Entwurf als Vergehen einstufe wie z.B. die fahrlässige Verletzung von Schutzmaßregeln gegen Tierseuchen (§ 215 E 1922, § 218 E 1925), die eine Gefängnisstrafe nach sich ziehen konnte[641].

Auch hinsichtlich der Regelung des Versuchs beständen Unzulänglichkeiten, wobei hier der Verzicht einer Versuchsstrafbarkeit im Wege der Vereinheitlichung als möglich angesehen wurde[642]. Jedoch solle die geforderte Gleichstellung auf materielle Unterschiede begrenzt und damit die Schaffung eines separaten Polizeistrafgesetzbuches nicht verhindert werden: die Differenzierung des Strafrechts vom Verwaltungsstrafrecht sei auf dem Gebiete des Prozeßrechts zu vollziehen[643].

Von anderer Seite hingegen wurde der Schritt, eine saubere Scheidung von Justiz- und Ordnungsstrafrecht durchzuführen zu wollen, honoriert[644].

---

639 *Klee*, in: Aschrott / Kohlrausch, Reform des Strafrechts, S. 379 (383).

640 *Klee*, in: Aschrott / Kohlrausch, Reform des Strafrechts, S. 381 (387).

641 *Klee*, in: Aschrott / Kohlrausch, Reform des Strafrechts, S. 381 (388). Diese war nach dem RStGB nicht strafbar (§ 328 RStGB) und konnte bei Anwendung des Viehseuchengesetz vom 26. Juni 1909 nach § 76 Ziff. 1 nur mit Geldstrafe und Haft bestraft werden.

642 *Klee*, in: Aschrott / Kohlrausch, Reform des Strafrechts, S. 381 (389).

643 *Klee*, in: Aschrott / Kohlrausch, Reform des Strafrechts, S. 381 (396).

644 *Wassermann*, Einleitung, in: GRGA Bd. 9 (Strafrechtsreform), S. 26; *Kaufmann*, Das Unrechtsbewußtsein in der Schuldlehre des Strafrechts, S. 200. *Kaufmann* lobte die Aussonderung in Bezug auf den GE, der diese als erster vorgenommen hatte und bezeichnete dies als „eine äußerst begrüßenswerte Leistung", die *v. Liszt* hauptsächlich zuzuschreiben sei.

## C) Drittes Buch: Gemeinschädliches Verhalten

Eine Besonderheit des E 1922 stellte das Dritte Buch mit dem Titel „Gemeinschädliches Verhalten“ dar. *Radbruch* warf dem bisherigen Strafrecht vor, daß es keine Grenze zwischen dem antisozialen und dem bloß unsozialen Verhalten ziehe:

> „Es wendet sich mit den gleichen Waffen gegen die Unredlichkeit, die Schwäche, ja es trifft die schlecht sogenannte „kleine Kriminalität“, den Landstreicher, den Bettler, die Dirne, infolge der Verbindung der Strafe mit der Unterbringung im Arbeitshaus vielfach sogar härter als den Dieb, den Betrüger, den Roheitsverbrecher.“[645]

Gemeinschädliche Verhaltensweisen waren Betteln (§ 370 E 1922), Ausschikken zum Betteln (§ 371 E 1922), Umherziehen in Banden (§ 372 E 1922) und Arbeitsverweigerung (§ 373 E 1922).

Das gemeinschädliche Verhalten sollte – wie die Übertretungen – im weiteren Verlauf der Strafrechtsreform aus dem Entwurf ausgegliedert werden; auch hier wurde auf Österreich als Vorbild verwiesen[646]:

> „In Österreich ist dieser Gegenstand schon jetzt außerhalb des Strafgesetzbuchs geregelt.“[647]

Ursprünglich hatte das österreichische Strafgesetzbuch von 1852 in den §§ 517 bis 521 – unter den Vergehen und Übertretungen gegen die öffentliche Sittlichkeit – Strafbestimmungen über Bettel u.a. aufgeführt; ergänzt wurden die Vorschriften in dem Gesetz vom 10. Mai 1873, „womit polizeistrafrechtliche Bestimmungen wider Arbeitsscheu und Landstreicher erlassen w[u]rden“[648]. Durch das sog. Vagabundengesetz[649] vom 24. Mai 1885 wurden diese Regelungen aus dem österreichischen Strafgesetzbuch beseitigt und auch das Gesetz von 1873 in seinem Umfang erheblich eingeschränkt. Am selben Tage wurde zudem das Gesetz „betr. die Zwangsarbeitsanstalten und Besse-

---

645 *Radbruch*, Bemerkungen, S. 51.

646 *Radbruch*, Bemerkungen, S. 52.

647 Die österreichischen Gegenvorschläge enthielten zwar Gegenvorschläge zu dem 17. Abschnitt des E 1919 „Liederlichkeit und Arbeitsscheu“ und wollten diese Tatbestände in den 24. Abschnitt stellen (siehe Akte BA R 3001/5915). Jedoch bestand nach der Aussage *Radbruchs* das beiderseitige Bestreben, entsprechend der österreischen Rechtslage, die Tatbestände aus dem Strafgesetzbuch auszusondern. Sie sollten demnach nicht mehr Teil des Kernstrafrechts sein. Aufgrund des Umfangs der voliegenden Untersuchung wird deshalb auf eine Darstellung im Einzelnen abgesehen.

648 Zitiert nach *v. Hipp*el, in: Vergleichende Darstellung, BT Bd. II, S. 107 (147).

649 Das sog. Vagabundengesetz wurde erst 1974 aufgehoben und stellte Landstreicherei, Prostitution und Bettelei unter Strafe.

rungsanstalten" erlassen, zu welchem im weiteren eine Ausführungsverordnung des Minsterium des Innern vom 26. Juli 1885 erging[650].

Die Begründung zum Entwurf von 1925 verwies konkreter auf die deutschen Bestrebungen einer gesetzlichen Regelung der Materie außerhalb des Strafgesetzbuches im Rahmen eines sog. Verwahrungsgesetzes[651]:

> „In der Sitzung vom 15. Januar 1925 hat der Reichstag beschlossen, die Reichsregierung um möglichst baldige Vorlage eines Verwahrungsgesetzes zu ersuchen. Die Vorarbeiten zu einem solchen Gesetz sind im Gange."

Für einen Verstoß gegen einen Tatbestand sah das dritte Buch die „Verwaltungsmaßregel" des Arbeitshauses (§ 374 E 1922) bzw. für einen Ausländer an Stelle oder neben dem Arbeitshaus die Möglichkeit der Reichsverweisung (§ 375 E 1922) vor, die Freiheitsstrafe wurde aufgrund ihrer mangelnden Wirksamkeit für diesen Fall abgelehnt[652]. Die Verhängung der Maßregel des Arbeitshauses war fakultativ, nur im Falle des gewerbsmäßigen Bettelns obligatorisch.

Das Landstreichen (Umherziehen in Banden, § 372 E 1922), das Betteln sowie das Ausschicken zum Betteln (§§ 370, 371 E 1922) und die Arbeitsverweigerung wurden im RStGB[653] noch als Übertretung bestraft. Im E 1919 hingegen waren diese Verhaltensweisen (bis auf das Ausschicken zum Betteln) im 17. Abschnitt des Ersten Buches über die Verbrechen und Vergehen mit dem Titel „Gemeinschädliches Verhalten" aufgeführt, wobei für diese Verhaltensweisen neben Gefängnis von mindestens zwei Wochen auf Arbeitshaus erkannt werden konnte[654]. Die Denkschrift zum Entwurf hatte zwar festgestellt, daß auf diese „Krankheitserscheinungen" des Volkes, die ihre Wurzel in sozialen Mißständen hätten, das Strafrecht nur in beschränkten Maße Einfluß habe; trotzdem solle an der Strafbarkeit festgehalten werden, die Zukunft solle

---

650 *v. Hipp*el, in: Vergleichende Darstellung, BT Bd. II, S. 107 (147).

651 Begründung zum E 1925, S. 187.

652 Zur Ausgestaltung des Arbeitshauses siehe 6. Kapitel C) IV.

653 Die Landstreicherei wurde in § 361 Nr. 3 RStGB, das Betteln und das Ausschicken zum Betteln in § 361 Nr. 4 RStGB und die Arbeitsverweigerung in § 361 Nr. 7 RStGB aufgeführt.

654 Der 17. Abschnitt umfaßte neben den Tatbeständen des Bettelns (§ 279 E 1919), der Landstreicherei (§ 277 E 1919, in Abs. 2 des Tatbestandes war die Verhaltensweise des „Umherziehens in Banden" sanktioniert), der Arbeitsverweigerung (§ 278 E 1919) die Tatbestände der sinnlosen Trunkenheit (§ 274 E 1919), der Verletzung der Unterhaltspflicht (§ 275 E 1919), des Nichtverhinderns von Straftaten (§ 276 E 1919) und der Gewerbsunzucht (§ 280 E 1919).

darüber entscheiden, ob auf die Bestrafung dieser Verhaltensweisen verzichtet werden könne[655].

Ebenso wie der E 1919 stufte auch der Gegenentwurf aus dem Jahre 1911 die Verhaltensweisen – Landstreicherei, Bettel und Arbeitsscheu – noch als Vergehen ein (§ 192 GE)[656]. Sein Mitverfasser *v. Liszt* sprach sich jedoch persönlich für eine Sonderbehandlung bzw. Sonderstellung dieser Handlungen aus:

> „Betteln und Landstreichen, sowie die verwandten Delikte erheischen, auch wenn sie der Entwurf im Gegensatz zum geltenden Recht nicht mehr als Uebertretungen, sondern als kriminelles Unrecht auffassen sollte, eine besondere Behandlung. Es würde sich diesen „sozialen Neurasthenikern" gegenüber die Ausbildung des Arbeitshauses, etwa im Sinne des schweizerischen Entwurfes, empfehlen. Diese Frage aber kann späteren Erörterungen vorbehalten bleiben. Findet die von mir vorgeschlagene Behandlung des professionellen Verbrechertums den Beifall des deutschen Juristentages, so wird die Einigung über die Behandlung der Bettler und Landstreicher unschwer zu erzielen sein."[657]

Diesbezüglich erfüllte *Radbruch* die Vorstellungen zweier Seiten: die seiner theoretischen Heimat in Person von *Franz v. Liszt* und in der praktischen Reformarbeit der Vorgabe durch die österreichische Gesetzgebung.

Bedenklich erscheint hier – diese Problematik wird noch Gegenstand des folgenden Kapitels über die Rechtsfolgen sein –, daß die Einweisung in das Arbeitshaus keiner zeitlichen Limitierung unterlag.

---

655 Denkschrift zum E 1919, S. 218.

656 § 192 GE besagte:

**„§ 192**

**Landstreicherei. Bettel. Arbeitsscheu**

Mit Gefängnis bis zu sechs Monaten wird bestraft:

1. wer, ohne Arbeit zu suchen, oder, wenn er arbeitsunfähig ist, aus Hang zu ungeordnetem Leben mittellos im Lande umherzieht oder fortgesetzt sich an einem Orte ohne festes Unterkommen umhertreibt;

2. wer bettelt, ohne sich in einer Notlage zu befinden, die weder auf Arbeitsscheu noch auf Liederlichkeit zurückzuführen ist;

3. wer, wenn er aus öffentlichen Mitteln eine Unterstützung empfängt, aus Arbeitsscheu sich weigert, die ihm von der Behörde angewiesene, seinen Kräften angemessene Arbeit zu verrichten.

In besonders leichten Fällen (§ 88) kann von Strafe abgesehen werden."

657 *v. Liszt*, Nach welchen Grundsätzen ist die Revision des Strafgesetzbuches in Aussicht zu nehmen?; in: Strafrechtliche Aufsätze und Vorträge, Bd. 2, S. 356 (404).

# Sechstes Kapitel: Insbesondere: Rechtsfolgen

> „Das Strafrecht der Zukunft kann nur dann fruchten, wenn dem Strafrichter der Zukunft das Wort ins Herz geschrieben ist, das Goethe von 'Mahadöh, dem Herrn der Erde' spricht: 'Soll er strafen soll er schonen, / Muß er Menschen menschlich sehen'."[1]

Gebrauchte *Radbruch* dieses *Goethe*-Zitat erst in seiner *Einführung in die Rechtswissenschaft* im Jahre 1929[2], so gab er damit doch einen grundlegenden Hinweis auf seine Vorstellung von Strafzumessung, die nicht nur in den konkreten Vorschriften eines Strafgesetzbuches zu Tage tritt, sondern sich auch im Sanktionssystem, den Regelungen über die Maßregeln der Sicherung und Besserung und der besonderen Behandlung einzelner Tätergruppen offenbart.

Die Bewertung der Leistung eines strafrechtlichen Gesetzgebers steht und fällt mit seinem Sanktionssystem und den Instrumenten, die er den rechtsprechenden Organen an die Hand gibt:

> „Innerhalb der damit gekennzeichneten Grenzen des Entwurfs ist das weitaus wichtigste Sachgebiet sein Strafensystem."[3]

Eine sorgfältige Analyse dessen, was *Gustav Radbruch* in den diesbezüglichen Vorschriften des Entwurfes geleistet hat, soll im folgenden Gegenstand der Untersuchung sein.

Beachtenswert wird der Widerspruch sein, der sich zwischen dem Gelehrten *Gustav Radbruch*, dessen strafrechtspolitische Heimat die IKV und die Schule seines Lehrers *Franz v. Liszt* war, und dem Reichsjustizminister, Parteipolitiker und Taktiker *Radbruch* ergab. Insbesondere bezogen auf seine Kriminalpolitik stellt sich die Frage nach der Orientierung an den Reformüberlegungen *Franz v. Liszts*[4].

---

1 *Radbruch*, Einführung in die Rechtswissenschaft, 7./8. Auflage, 1929, S. 118 abgedruckt in GRGA Bd. 1, S. 317.

2 *Radbruch* stellte dieses Zitat 1932 dem § 22 seiner „Rechtsphilosophie" als Motto voran. Siehe *Gustav Radbruch*, Rechtsphilosophie, 3. ganz neu bearbeitete und stark vermehrte Auflage, Leipzig 1932.

3 *Radbruch*, Bemerkungen, S. 52.

4 Dabei spielte sicherlich der Strafvollzug, der freilich nicht im Entwurf selbst geregelt war, sondern in einem separaten Strafvollzugsgesetz geregelt werden sollte, eine gewichtige Rolle. *Müller-Dietz* stellt zwar fest, daß *Radbruch* sich an dem kriminalpoliti-

Auf der anderen Seite war es die Zusammenarbeit mit Österreich mit dem Ziel, ein für beide Länder einheitliches Gesetzeswerk zu schaffen, die Einfluß auf den Entwicklungsprozeß des Entwurfs genommen hat. Vorliegend spielen insbesondere die Berichte und Gegenvorschläge der Österreichischen Kriminalistischen Vereinigung eine besondere Rolle, da das Reichsjustizministerium auf sie bezüglich der hier maßgeblichen Abschnitte 9 (Strafen), 10 (Bedingte Strafaussetzung, vorläufige Entlassung), 11 (Nebenstrafen, Nebenfolgen[5]) und 13 (Strafbemessung) verwies[6]. Darüber hinaus machte sich das österreichische Reichsjustizministerium die von *Kadečka* verfaßten Aufsätze und Vorträge zu eigen[7]. Die relevanten Aufsätze bzw. Vorträge zu den „Strafen des deutschen Strafgesetzentwurfs“ und der „Strafzumessung“ sind auch in den von der ÖKV veröffentlichten Berichten und Abänderungsvorschlägen enthalten[8].

## *A) Das Strafensystem*

Als einer der markantesten Punkte des E 1922 gilt sein Strafensystem:

> „Die kühne Fortschrittlichkeit des Entwurfs *Radbruch*, verglichen mit allen andern Entwürfen vor und nach ihm, offenbart sich in der *Neugestaltung des Strafensystems.*“[9]

Gelang *Radbruch* auf diesem Gebiet tatsächlich eine kleine Revolution und damit der Durchbruch in der Strafrechtsreform? Der erste oberflächliche Blick des Lesers mag dem Entwurf eine bisher nicht dagewesene Fortschrittlichkeit attestieren.

---

schen Programm *Franz von Liszts* orientiert hat, der Stellenwert der strafvollzugstheoretischen Arbeiten jedoch in *Radbruchs* Lebenswerk anteilig einen höheren Stellenwert als in dem von *Franz v. Liszt* habe; *Müller-Dietz* in: GRGA Bd. 10 (Strafvollzug), S. 5.

5 Hierunter fielen insbesondere die Ehrenstrafen.

6 Dies geht aus einem Schreiben des österreichischen Reichsjustizministeriums hervor. Als Anlage dieses Schreibens wurden die im Verlage der Österreichischen Kriminalistischen Vereinigung erschienen Leitsätze und Gegenvorschläge beigefügt. S. Akte BA 3001/5915. Leider ist in dieser Akte keine Seitennumerierung vorgenommen worden, auf die verwiesen werden kann.

7 Akte BA R 3001/5915.

8 Siehe hierzu: Der Deutsche Strafgesetz-Entwurf, Berichte und Abänderungsvorschläge bei der I. Tagung der Ö. K. V. vom 13. bis 15. Oktober 1921, S. S. 81 ff., 115 ff.

9 *E. Schmidt*, in: Einleitung zu Gustav Radbruchs Entwurf eines Allgemeinen Deutschen Strafgesetzbuches (1922).

## *I. Todesstrafe*

### *1. E 1922*

> „Auch ist sonnenklar, dass der Staat, der Menschenmord anbefiehlt, und denen, die ihn ausführen, die menschliche Verantwortung dafür abzunehmen sich anmasst, ja, ihnen Belohnung in Aussicht stellt, dass dieser Staat als ein Entsittlichter grössten Stiles wirkt, und er dabei die Axt des an seine eigene Wurzel legt: denn er untergräbt in der Seele seiner Bürger die Ehrfurcht vor dem Menschen als solchem, auf der er sich allein gründen kann, und die er in der Rechtsgleichheit aller feierlich anerkennt."[10]

Im E 1922 war die Todesstrafe als Strafart nicht mehr vorgesehen. In den Beratungen *Radbruchs* mit seinen Mitarbeitern über den Entwurf von 1919 und zur Fassung des neuen Entwurfs wurde als Ergebnis des Vortrags vom 8. April 1922 schlicht festgehalten, daß die Todesstrafe fortfallen sollte[11]. Im Entwurf wurde aber bewußt offengelassen, ob sie in Fällen von Maßnahmen nach Art. 48 WRV weiterhin als Sanktion angedroht werden könne[12]. Laut *Radbruch* sollte diese Frage nach einer zu einem späteren Zeitpunkt stattfindenden Prüfung beantwortet werden[13]. Es bestand damit der Kompromiß, daß die Todesstrafe in anderen Gesetzeswerken – wie dies bei der von *Radbruch* mitinitiierten Republikschutzgesetzgebung der Fall war – als Strafe zulässig blieb. Durch § 2 Abs. 2 S. 2 E 1922 iVm. Art. 48 WRV gab es für diesen Fall der *Gelegenheitsgesetzgebung*[14] eine Hintertür in Form einer Wiedereintrittsklausel für Vorschriften, die wegen besonderer tatsächlicher Verhältnisse erlassen worden waren, – also solche aus dem Gebiet des Notverordnungsrechts im Rahmen des Art. 48 WRV – und die auf die während ihrer Geltung begangenen Taten auch noch anzuwenden waren, nachdem sie wegen Wegfalls dieser Verhältnisse außer Kraft getreten waren.

Angesichts dieser widersprüchlichen Lösung stellen sich die Fragen, wie *Radbruch* selbst zu der Frage der Todesstrafe stand und ob er die treibende Kraft bei deren Abschaffung war. In seinen Äußerungen läßt sich eine Abneigung gegen die Todesstrafe erkennen. In der von *Radbruch* verfaßten Begründung zum Entwurf heißt es:

---

10 *Nötzel*, Das Verbrechen als soziale Erscheinung, S. 59.

11 BA R 3001/5811, S. 108. Die Beratungen über den Entwurf fanden im Zeitraum von 8. April – 15. Juni 1922 statt. An diesen Zusammenkünften waren *Radbruch* und seine Mitarbeiter, Staatssekretär *Joël*, Ministerialdirektor *Bumke*, die Geheimräte *Kiesow* und *Schäfer*, sowie der Erste Staatsanwalt *Koffka*, der als Sachbearbeiter tätig war, beteiligt.

12 *Radbruch*, Bemerkungen, S. 53.

13 *Radbruch*, Bemerkungen, S. 53.

14 *Durth*, Der Kampf gegen das Unrecht, S. 106.

> „Beseitigt ist die Todesstrafe. Sie ist schon im bisheriges Strafensystem ein Fremdkörper. Sie war das natürliche Endglied einer Strafenreihe gewesen, die sich von peinlicher Gefangenschaft, körperlicher Züchtigung, verstümmelnder Leibesstrafe bis zu der in sich noch vielfältig abgestuften Todesstrafe steigerte. Sie ist als einziger Rest stehengeblieben und steht jetzt, durch eine unüberbrückbare Kluft von den anderen Strafarten getrennt, völlig verbindungslos und unvergleichbar in einem auf Geldstrafe und Freiheitsentziehung aufgebauten Strafensystem. Zu ihrer Rechtfertigung kann man sich auf den Gedanken der Vergeltung nur dann berufen, wenn man sich diese nur in der urzeitlichen Form der Talion zu denken vermag [...].“[15]

Auch an anderen Punkten wird deutlich, daß *Radbruch* der Todesstrafe ablehnend gegenüberstand, wobei er ein überzeugendes Plädoyer gegen die Todesstrafe nicht in der Rechtsphilosophie zu finden meinte:

> „Die entscheidenden Argumente gegen die Todesstrafe sind auf höherer und auf tieferer Ebene als in der Rechtsphilosophie zu suchen, einerseits in ethischen[16] und religiösen Argumenten gegen ihre Zulässigkeit, andererseits in statistischen und psychologischen Erfahrungsbeweisen gegen ihre Notwendigkeit.“[17]

Abgesehen von der im Entwurf eingerichteten „Hintertür“ befürwortete *Radbruch* jedoch zweimal in seinem Leben die Todesstrafe: zum einen bei der Republikschutzgesetzgebung und zum anderen bei den Nürnberger Kriegsverbrecherprozessen.

### *2. Entwicklungslinien*

#### *a) Der Entwurf von 1919 und die aktuelle Gesetzeslage*

Abweichend vom *Radbruch*schen Entwurf sahen der Entwurf von 1919 (§ 42[18]) und das RStGB (§ 13) die Todesstrafe als Strafart vor, wobei diese nach beiden Gesetzeswerken durch Enthaupten vollstreckt wurde.

#### *b) Österreichs Position zur Todesstrafe*

Im Gegensatz zu der Situation in Deutschland, wo die Todesstrafe im E 1922 erstmalig im Strafgesetzbuch abgeschafft werden sollte[19], war in der österrei-

---

15 *Radbruch*, Bemerkungen, S. 52 f.

16 Hier sei angemerkt, daß auch die Ethik noch zur Philosophie gerechnet werden kann.

17 *Radbruch*, Rechtsphilosophie, S. 275.

18 § 42 lautet: die Strafen sind Todesstrafe, Freiheitsstrafen, Geldstrafe und Verweis.

19 Die Todesstrafe wurde 1870 nur mit knapper Mehrheit in der dritten und entscheidenden Lesung und Abstimmung beibehalten; von den anwesenden 246 Abgeordneten bejahten 127 (51,6 %), wohingegen 119 Abgeordnete die Wiedereinführung der Worte „mit dem Tode“ in § 1 des Strafgesetzbuches ablehnten. (Sten. Ber. Norddt. Reichstag. Bd. II S. 1140, zitiert nach *Düsing*, S. 99). In einigen Partikularrechten war die Todes-

chischen Verfassung nach Art. 85 des Bundesverfassungsgesetzes die Todesstrafe für den Bereich des ordentlichen Verfahrens abgeschafft.

Bezogen auf den Entwurf von 1919 äußerte sich *Ferdinand Kadečka* in seinem Aufsatz über die Strafen im deutschen Strafgesetzentwurf (von 1919)[20] dahingehend, daß Österreich auf seiner verfassungsrechtlichen Grundlage keine Bestimmungen zur Todesstrafe in einem Entwurf zum Strafgesetzbuch tragen könne. Zudem vertrat er die Auffassung, daß auch in Deutschland die Todesstrafe als Strafmittel im ordentlichen Verfahren nicht erforderlich sei und es solle sich nicht vor dem Schritt scheuen, die Todesstrafe aufzuheben, denn

> „was in einem großen Teil der übrigen Welt ohne Gefährdung der Rechtssicherheit geschehen konnte, muss auch in Deutschland möglich sein."[21]

Nach Ansicht *Kadečkas* führte die Abschaffung der Todesstrafe auch zu einer Vereinfachung des Strafrechts hinsichtlich einiger Fragestellungen. Er nannte dabei die Bestimmung des Entwurfs, in dem festgesetzt wurde, daß der Versuch in jedem Fall milder zu bestrafen sei als das vollendete Delikt[22]. Auch in den sich an die Ausführungen *Kadečkas* anschließenden Gegenvorschlägen (zu E 1919) sind in § 42 ÖGV[23] (§ 37 ÖGE) als Hauptstrafen nur die Freiheitsstrafen und die Geldstrafe aufgeführt[24].

Aus den skizzierten Anmerkungen *Kadečkas* zu den Beratungen des Entwurfs zwischen deutscher und österreichischer Seite geht zudem hervor, daß die Abschaffung der Todesstrafe unter die „Rubrik" österreichischer angenommener Anträge fiel[25]. Es bestand demnach diesbezüglich Einigkeit und es kann nicht ganz rekonstruiert werden, ob der Antrag reine „Formsache" und die Abolition ohnehin auch von deutscher Seite beabsichtigt war.

### *c) Der Einfluß Franz von Liszts*

Beim Doktorvater *Radbruchs*, *Franz v. Liszt*, dessen kriminalpolitische Ansichten ihn deutlich beeinflußt haben, fällt die Charakterisierung der Position

---

strafe bereits abgeschafft gewesen, wie seit 1849 in Oldenburg und in Sachsen (nach ihrer 1850 erfolgten Wiedereinführung) seit dem Jahre 1868.

20 BA R 3001/5915; siehe auch in: Der Deutsche Strafgesetz-Entwurf, S. 81 ff.

21 BA R 3001/5915, S. 2 (des Aufsatzes); auch in: Der Deutsche Strafgesetz-Entwurf, S. 81 (82).

22 BA R 3001/5915, S. 2 (des Aufsatzes); auch in: Der Deutsche Strafgesetz-Entwurf, S. 81 (82).

23 Siehe Erklärung im 5. Kapitel, Fn. 132.

24 Der Deutsche Strafgesetz-Entwurf, S. 92.

25 *Schubert / Regge*, I Bd. 1, S. XXII.

nicht so eindeutig aus. Es wird aber von seiner Grundposition in der Verbrechensbekämpfung ausgehend, die sich auf drei Hauptziele stützte – 1. die Besserung der besserungsfähigen und besserungsbedürftigen Verbrecher; 2. Abschreckung der nicht besserungsbedürftigen Verbrecher; und 3. die Unschädlichmachung der nicht besserungsfähigen Verbrecher[26] – angenommen, daß gerade im Hinblick auf die letzte Gruppe die Anwendung der Todesstrafe, wenn auch nur in vereinzelten Fällen durchaus vorstellbar sei[27]. Auch in dem von ihm mitverfaßten Entwurf von 1911 war die Todesstrafe in § 40 E 1911 festgesetzt, was als Indiz gewertet werden kann, daß *v. Liszt* sich nicht gegen die Anwendung dieser Strafe als solche gewehrt hat. Abweichend davon äußerte er sich in „Der Zweckgedanke im Strafrecht“:

> „*Gegen die Unverbesserlichen* muß die *Gesellschaft* sich schützen; und da wir köpfen und hängen nicht wollen und deportieren nicht können, so bleibt nur die *Einsperrung auf Lebenszeit* (bzw. auf unbestimmte Zeit [...]).“[28]

*Radbruch* selbst hat *v. Liszt* eine aus humanitären oder prinzipiellen Erwägungen geleitete generelle Ablehnung der Todesstrafe abgesprochen[29], welches er auf verschiedene Äußerungen stützte: *v. Liszt* sah aufgrund der geringen Zahl der Anwendungsfälle die Frage der Todesstrafe nicht als so bedeutend an[30]. Er war zwar der Auffassung, daß sich die Todesstrafe bei Durchführung eines zweckentsprechenden Strafensystems erledigen werde – insbesondere sobald die Unverbesserlichen unschädlich gemacht sind[31] –, jedoch sprach er sich selbst den Mut ab, die Abschaffung derselben für Deutschland zu fordern[32].

---

26 *v. Liszt*, Der Zweckgedanke im Strafrecht, S. 42.

27 *Krämer*, Strafe und Strafrecht im Denken des Kriminalpolitikers Gustav Radbruch, S. 36.

28 *v. Liszt*; Der Zweckgedanke im Strafrecht, S. 45.

29 *Radbruch*, Elegantiae Juris criminalis, S. 208 (227 f.).

30 *v. Liszt*, Strafrechtliche Aufsätze und Vorträge, Bd. 1, S. 290 (390); Bd. 2, S. 356 (395).

31 *v. Liszt*, Strafrechtliche Aufsätze und Vorträge, Bd. 1, S. 126 (173).

32 *v. Liszt*, Strafrechtliche Aufsätze und Vorträge, Bd. 1, S. 290 (390 f.); er sagt hierzu: „In Auseinandersetzungen über Berechtigung und Zweckmäßigkeit der Todesstrafe möchte ich mich nicht einlassen. Eine allgemeine Uebereinstimmung ist hier nicht zu erzielen, und es kann sich für uns nicht darum handeln, Fragen aufzuwerfen, an deren Lösung von vornherein verzweifelt werden muß. Wir brauchen Zeit und Kraft für andere Aufgaben. Angesichts der geringen Zahl der in den modernen Gesetzbüchern mit dem Tode bedrohten Delikte, angesichts der noch viel geringeren Zahl der vollzogenen Hinrichtungen kann die Frage der Todesstrafe, vom kühlen kriminalpolitischen Standpunkte aus, nicht als eine der brennendsten bezeichnet werden. Wo man die Todesstrafe abgeschafft hat, wird man sie nicht wieder einführen wollen. Die Länder, in welchen die Abschaffung angestrebt wird, mögen das für sich abmachen. Für das Deutsche Reich habe ich nicht den Mut, die Abschaffung zu beantragen, wenn ich auch der Meinung bin, daß die Todesstrafe in einem zweckentsprechenden Strafensystem, bei ver-

Schließlich zählte er sich selbst zu der Gruppe derjenigen, die die Beibehaltung zumindest billigten, wenn er auch zumindest nicht für ihre Ausdehnung plädierte:

> „Die Abschaffung der Todesstrafe würde begeisterten Beifall bei den zahlreichen Abolitionisten in aller Herren Länder finden; ihre Beibehaltung wird gebilligt werden bei all denjenigen, für welche politische Erwägungen mehr Wert haben als vom Hauche des Ideals berührte aber auch angekränkelte humanitäre Ideen. Die jüngere Generation Deutschlands, auch in den fachwissenschaftlichen Kreisen, dürfte in der Mehrzahl ihrer Vertreter zu der letzteren Gruppe gehören; der Einsender bekennt gern, daß er zu ihr sich rechnet.“[33]

Er sah in den Fällen der lebenslangen sichernden Freiheitsstrafe zudem wohl eine härtere Strafe als den Tod[34]. Die hier zitierten Äußerungen *v. Liszts* stammen teilweise aus den Anfängen[35] seiner strafrechtlichen Karriere und werden aufgrund dessen von *Radbruch* selbst als Ausdruck einer ursprünglich

---

nünftig geregelten Strafvollzug, sehr bald als überflüssig und unzweckmäßig sich erweisen wird. Ich gehe davon aus, daß die Todesstrafe in demjenigen Umfange beibehalten wird, in welchem das deutsche R.St.G.B. sie verwendet.“

33 *v. Liszt*, Strafrechtliche Aufsätze und Vorträge, Bd. 1, S. 180 (182 f.).

34 *v. Liszt*, Strafrechtliche Aufsätze und Vorträge, Bd. 2, S. 170 (211): „Aber ich bekenne gern, daß ich für meine Person die Todesstrafe gegenüber der lebenslangen Einsperrung immer noch für einen wertvollen Kulturfortschritt halte“.

35 Es wird in der Literatur von „Wandlung“ *v. Liszts* gesprochen, in deren Verlauf *v. Liszt* seine Schärfe verloren habe. *Naucke* hat sich mit der Frage, ob eine solche erfolgt sei (in: ZStW 94 (1982) S. 525 (548 ff.) auseinandergesetzt und die Dimension dieser Frage erörtert (S. 550): „In der Wandlung *v. Liszts*, die nicht zufällig zwischen Bismarcks Sturz und dem Ende des 1. Weltkrieges gesehen wird, kann man die Konturen eines Modells für kriminalpolitische Wandlungen zumindest im 20. Jahrhundert sehen. Diese Konturen zeigen sich so: Der wissenschaftliche Kriminalpolitiker bietet, gestützt auf Werturteile und Empirie, der politischen Macht seine Einsichten zur Bekämpfung der Kriminalität an; die Überlegenheit der Wissenschaft über die Politik gilt ihm als sicher. Die Politik nimmt den Wissenschaftler beim Wort. Aber was nun ausgesprochen wird, hat der Wissenschaftler nicht sagen wollen; so wie die Politik es tut, hat er auch nicht handeln wollen. Die persönliche Wandlung beginnt; parallel dazu erfolgt eine soziale und liberale Uminterpretation der wissenschaftlichen Kriminalpolitik. Es bleibt bei Relativismus und Empirie; doch nur unter der Voraussetzung sozialer und liberaler Ergebnisse. Deutlich ist das Modell *Radbruch* zu entdecken, das um so schwieriger auszulegen sein wird, je genauer *v. Liszts* Wandlung erforscht sein wird. Aber es ist noch mehr zu sehen. Die bisher undiskutierte Kompliziertheit des Verhältnisses von Strafrechtswissenschaft und praktischer Strafpolitik im 20. Jahrhundert ist deutlich zu erkennen. Vielleicht läßt sich von *v. Liszt* noch mehr und anderes lernen als in der aktuellen Literatur angenommen wird. Bis hinein in die Ethik des Strafrechtswissenschaftlers reicht dieses Problem der ‘Wandlung *v. Liszt*’. Ist kriminalpolitische Wandlung ein ‘Entschuldigungsgrund’ für frühere Meinungen? Wie werden solche Wandlungen publiziert und diskutiert? Macht eine Wandlung den Hinweis auf die früheren Meinungen unzulässig?“

radikaleren Entwicklungsphase eingestuft[36]. Festzuhalten bleibt jedoch, daß *Franz v. Liszt* kein absoluter Gegner der Todesstrafe war und in dieser Hinsicht *Radbruch* nicht als Vorbild gedient haben kann.

### *3. Bewertung in der Öffentlichkeit*

Daß die Todesstrafe im Entwurf von 1922 nicht mehr als Strafart existierte, ist in der Literatur, die sich mit dem Entwurf *Radbruchs* beschäftigt hat, durchweg gerühmt worden und wird gerade als eine der Hauptsäulen für die Fortschrittlichkeit des Entwurfs angesehen[37].

Der Umfang von Reaktionen in der Öffentlichkeit auf den Entwurf blieb aufgrund der mangelnden Veröffentlichung des Entwurfs zu Lebzeiten *Radbruchs* relativ begrenzt. In einer Rede wies *Kahl* auf den Entwurf hin und gab einen Eindruck von den Reaktionen, die auf den Entwurf von konservativer Seite zu erwarten gewesen wären:

> „Die ganze Frage der Todesstrafe ist überhaupt, richtig betrachtet, keine Prinzipienfrage. Soweit sie als solche behandelt ist, religiös oder philosophisch, verwerfe ich diese Begründungen ohne weiteres. Die Frage der Todesstrafe ist eine einfache Machtfrage zwischen dem Staate und dem Verbrechertum. Schelten Sie mich einen Reaktionär, soviel sie wollen: Ich würde heute vertreten, daß die Todesstrafe gegen gewisse schwere Verbrecher, gegen die größten Wucherer, die sich an der Gesamtheit versündigen, ohne weiteres zur Anwendung kommt, (sehr richtig! bei den Deutschen Demokraten) auch noch in einer Reihe von anderen Fällen.“[38]

Darüber hinaus ist *Radbruchs* Haltung in seiner Amtszeit als Minister von *Moritz Liepmann* analysiert worden: In seinen Augen stellte die Frage der Todesstrafe die „Schicksalsfrage“ des deutschen Entwurfs dar[39]. Er kritisierte die Verankerung der Todesstrafe in der Republikschutzgesetzgebung als eine „Kurzsichtigkeit des Kabinetts Radbruch`s“[40]. Diese Kritik relativierte er

---

36 Siehe dazu auch *Radbruch*, Elegantiae Iuris Criminalis, S. 208 (229), der auch von einer „Wandlung“ *v. Liszts* im oben unter Fn. 30 genannten Sinne ausgeht.

37 *Arthur Kaufmann*, in: Gustav Radbruch, Rechtsdenker, Philosoph, Sozialdemokrat, S. 77: „Das Auffälligste in diesem Entwurf ist die Abschaffung der Todesstrafe, der Zuchthausstrafe und der Ehrenstrafen.[…]“; *Erik Wolf* in der Einleitung zu Gustav Radbruchs Rechtsphilosophie, S. 49: „Er [der Entwurf] sah grundlegende Neuerungen vor, wie die Beseitigung der Todesstrafe, die Ersetzung der Zuchthaus- und Ehrenstrafen durch andere Strafmittel, die Sonderbehandlung des Überzeugungsverbrechers.[…]“; *Eberhard Schmidt*, Einleitung zu Gustav Radbruchs Entwurf eines Allgemeinen Deutschen Strafgesetzbuches, S. XI f.; *Neumann*, KJ 2004, S. 432 (432); *Baumann*, in: Gedächtnisschrift für Gustav Radbruch, S. 337 (341).

38 *Kahl*, 279. Sitzung des Reichstags am 13. Februar 1923, Akte BA 3001/5811, S. 350.

39 *Liepmann*, in: Aschrott / Kohlrausch, S. 120 (121).

40 *Liepmann*, in: Aschrott / Kohlrausch, S. 120 (128).

sogleich wieder: Es handele sich dabei aber nicht um ein generelles Argument für die Todesstrafe, denn im geltenden Reichsstrafgesetzbuch sei die Todesstrafe auch noch existent und aus diesem Grunde sei es nachvollziehbar, den Mord an leitenden Staatsmännern mit der Todesstrafe und nicht nur mit der milderen Form der Freiheitsstrafe zu ahnden[41].

Dieser Widerspruch in der Kritik verwundert, da es *Liepmann* war, der als entschiedener Gegner der Todesstrafe auftrat und an vielen Stellen wie z.B. in der eigens der Todesstrafe gewidmeten Schrift im Jahre 1912[42] für deren absolute Abschaffung argumentierte. Und er war es, der *Radbruch* mit seiner Kritik an dem Entwurf von 1919 stark bei der Abfassung des Entwurfs von 1922 beeinflußte, wie *Radbruch* selber angab (s.o.)[43]. In seinen Äußerungen zum E 1919 forderte *Liepmann* die Abschaffung der Todesstrafe[44]; dieser Forderung entsprach *Radbruch* zumindest in seinem Entwurf.

### *4. Zusammenfassung*

Die Tatsache, daß der Entwurf die Todesstrafe als Strafart nicht mehr vorsah, ist als positiv zu verzeichnen. Gerade zur Zeit der Entstehung des Entwurfs war die Todesstrafe in den Köpfen vieler Gesetzgeber ein unabdingbares und legitimes Mittel zur Verbrechensbekämpfung. Was man aber bedauern muß, ist, daß *Radbruch* nicht den Mut besaß, den Entwurf als Gesetzeswerk ohne die kleine „Hintertür", die er für Verordnungen im Rahmen des Art. 48 WRV offenließ, zu schaffen. Vielleicht war dies wiederum Teil der *Radbruch*schen realpolitischen Taktik, um Majoritäten für die Durchsetzung des Gesetzeswerkes zu erlangen.

Es fällt ins Auge, daß gerade im Hinblick auf die Zusammenarbeit mit Österreich und die erstrebte Rechtseinheit die Abschaffung der Todesstrafe im Entwurf erforderlich war, um ihn in beiden Ländern verabschieden zu können. Es könnte sich der Gedanke aufdrängen, daß das entscheidende antreibende Moment nicht von *Radbruch* selber ausging, daß vielmehr die verfassungsmäßige Verankerung der Abschaffung der Todesstrafe in einem ordentlichen Verfahren das Hauptargument darstellte[45]. Als Indiz könnte man die Aufzeichnungen *Kadečkas* sehen, der den Aspekt der Abschaffung der Todesstrafe als

41 Ebenda.

42 Die Todesstrafe, Berlin 1912.

43 *Radbruch*, Elegantiae Iuris Criminalis, S. 230 (Fn. 44).

44 *Liepmann*, Die Reform des deutschen Strafrechts, S. 141.

45 So auch *Durth*, Der Kampf gegen das Unrecht, S. 104 (Fn. 173).

österreichischen Erfolg bei den Beratungen darstellte[46]. Auch eine Aussage *Radbruchs* zu einem späteren Zeitpunkt läßt diese Deutung zu:

> „Sie wissen, daß der Entwurf in der Gestalt, in der er 1922 dem Reichstag[47] vorgelegt wurde, die Todesstrafe beseitigt hatte, sie beseitigen mußte, schon, weil dieser Entwurf ein deutsch-österreichisches Strafgesetzbuch werden sollte und die österreichische Verfassung die Todesstrafe ausschließt. Ich bin überzeugt, daß dieselbe Notwendigkeit im weiteren Verlauf der Reformbewegung dazu führen wird, für das gemeinsame Strafgesetzbuch die inzwischen wieder in den Entwurf hineingenommene Todesstrafe erneut auszuschalten."[48]

Zugunsten *Radbruchs*, der bis auf die wenigen Ausnahmen die Todesstrafe ablehnte, ließe sich aber auch die These vertreten, daß dieser gerade deshalb, weil er mit Österreich derartige Neuerungen durchsetzen konnte und mußte, die Zusammenarbeit so sehr schätzte. Über die Androhung der Todesstrafe in Rahmen der Republikschutzgesetzgebung äußerte er sich in einem Brief gegenüber seiner Frau kritisch:

> „Ich habe mich sehr schwer zur Androhung der Todesstrafe entschlossen – eben aus dem Gefühl heraus, die allgemeine Abschaffung der Todesstrafe zu gefährden. Ich habe meine Stellungnahme dahin erklärt, daß solange die Todesstrafe noch in unserem Strafsystem figuriere, durch ihre Androhung gegen Mörderklubs zum Ausdruck gebracht werden müsse, daß diese Tat dem mit der Todesstrafe bedrohten schwersten Delikt, dem Morde, an Verwerflichkeit gleichstehe; ich sei aber jederzeit zur völligen Beseitigung der Todesstrafe, einschließlich des neuen Falles, bereit."[49]

Der weitere Schritt in der Strafrechtsreform, der E 1924/25 widersetzte sich zu seinem Bedauern dieser fortschrittlichen Tendenz und führte die Todesstrafe als Strafart in § 29 E 1925 wieder ein.

## *II. Freiheitsstrafen*

Die Freiheitsstrafen des Entwurfs waren gemäß § 30 E 1922 strenges Gefängnis, Gefängnis und Einschließung.

---

46 *Schubert / Regge*, I Bd. 1, S. XXII.

47 *Radbruch* muß an dieser Stelle ein Fehler unterlaufen sein, denn der Entwurf wurde dem Reichstag nicht zugänglich gemacht. Wahrscheinlich muß „Reichstag" an dieser Stelle durch „Reichsregierung" ersetzt werden.

48 *Radbruch*, GRGA Bd. 8 (Strafrecht II), S. 134 (150).

49 *Radbruch* in einem Brief an seine Frau *Lydia* vom 12. Juni 1922, Brief Nr. 59 in: GRGA Bd. 18 (Briefe II), S. 61 (62).

### *1. Strenges Gefängnis*

#### *a) E 1922*

Im E 1922 existierte im Gegensatz zu seinem Vorgänger die Zuchthausstrafe nicht mehr. Sie wurde durch das „strenge Gefängnis“ in § 30 E 1922 ersetzt, wobei in § 31 eine Mindeststrafe von einem Jahr und eine Höchststrafe von fünfzehn Jahren festgesetzt war. In den Protokollen des Verlaufs und der Ergebnisse der Entwurfsberatungen vom 8. April 1922 wurde lediglich festgehalten:

> „Für Zuchthaus soll eine andere Bezeichnung gefunden werden, die nicht mehr den mit dem Namen Zuchthaus verbundenen ehrenmindernden Charakter hat (etwa strenges Gefängnis).“[50]

In den folgenden Beratungen scheint zunächst Uneinigkeit zwischen *Radbruch* und seinen Mitarbeitern darüber geherrscht zu haben, ob die Strafe des strengen Gefängnisses eine Aberkennung von Rechten kraft Gesetzes nach sich ziehen sollte. In der Zusammenfassung der Beratungen vom 12. April 1922 über den 11. Abschnitt des Entwurfs von 1919 (Nebenstrafen und Nebenfolgen), der als Grundlage der Beratungen diente, wurde festgehalten, daß der Verlust der Amtsfähigkeit und Wahlfähigkeit in einer neuen Abgrenzung bei Verurteilung zur strengsten Freiheitsstrafe – die bisher das Zuchthaus war – kraft Gesetzes und dauernd eintreten sollte[51]. Dem widerspricht jedoch das Protokoll der Ergebnisse des Vortrages vom 26. April 1922:

> „In Abweichung von dem Ergebnis des Vortrags vom 12. April d. J. soll der Verlust der Amtsfähigkeit und der staatsbürgerlichen Rechte bei Verurteilung zu strengem Gefängnis nicht kraft Gesetzes eintreten, sondern nach dem Ermessen des Gerichts verhängt werden.“[52]

Die Frage, die sich trotz alledem stellt, ist, was genau sich nun unter der Bezeichnung „strenges Gefängnis“ verbarg. Es drängt sich die Vermutung einer bloßen „Umetikettierung“ für das Zuchthaus auf.

*Radbruch* führte dazu in seiner Entwurfsbegründung an:

> „Vor allem aber vermeidet es der Entwurf, weiterhin eine Freiheitsstrafe anzudrohen, die, mit dem Verlust der von Ehrenrechten kraft Gesetzes verbunden, den Makel einer ehrenrührigen Strafe so unauslöschlich trägt, daß er von ihrem Namen sich nicht mehr trennen läßt: die Zuchthausstrafe. Der Entwurf ersetzt das Zuchthaus durch das ‘strenge Gefängnis’ (§ 30). Er hat mit gutem Grunde für die Bezeichnung der leichteren und der schwereren Freiheitsstrafe dasselbe Hauptwort

---

50 BA R 3001/5811, S. 108.

51 BA R 3001/5811, S. 108.

52 BA R 3001/5811, S. 135.

gewählt. Die Bezeichnungen 'Gefängnis' und 'Zuchthaus' täuschen eine Artverschiedenheit der beiden Strafen vor, die, abgesehen von der Ehrenrührigkeit der Zuchthausstrafe, in Wahrheit nicht besteht. Alle Bemühungen, durchgreifende Unterschiede des Vollzugs herauszuarbeiten, sind vergeblich geblieben. Die Zuchthausstrafe war schon bisher nichts als eine längere Gefängnisstrafe und soll es auch in ihrer Bezeichnung bleiben."[53]

Die Strafe des strengen Gefängnisses brachte nach dem Entwurf und den Äußerungen *Radbruchs* folglich nicht mehr automatisch den Verlust der Fähigkeit mit sich, öffentliche Ämter zu bekleiden oder den Dienst an der Waffe in Heer oder Marine zu verrichten, wie es noch im E 1919 in § 74 angeordnet worden war.

Es bestand aber nach den §§ 54 ff. E 1922 im Abschnitt der Maßregeln der Besserung und Sicherung die Möglichkeit, daß das Gericht, den Verlust der Amtsfähigkeit anordnete[54]. Darüber hinaus konnte das Gericht gemäß § 57 E 1922 neben der Amtsfähigkeit dem Verurteilten für die gleiche Dauer auch das Recht aberkennen, in öffentlichen Angelegenheiten zu wählen und zu stimmen, wenn dem Täter die Ausübung dieses Rechts nicht mehr anvertraut werden konnte. Dementsprechend war der Verlust der Amtsfähigkeit und dieser gleichbedeutenden Rechte nach § 54 Abs. 3 E 1922 sowie des Wahl- und Stimmrechts in das Ermessen des Gerichts gestellt und keine zwingende Rechtsfolge bei der Verurteilung des Täters zu strengem Gefängnis bzw.

---

53 *Radbruch*, Bemerkungen, S. 53 f.

54 Die Vorschriften über den Verlust der Amtsfähigkeit lauteten:

**„Verlust der Amtsfähigkeit**

**§ 54**

Hat der Täter durch die Tat das besondere Vertrauen verwirkt, das die Ausübung öffentlicher Ämter erfordert, so erklärt ihn das Gericht für unfähig, während einer bestimmten Frist öffentliche Ämter zu bekleiden.

Wer für unfähig erklärt wird, öffentliche Ämter zu bekleiden, verliert zugleich dauernd die öffentlichen Ämter, die er inne hat.

Den öffentlichen Ämtern stehen gleich die Zugehörigkeit zur Reichswehr, die aus öffentlichen Wahlen hervorgegangenen Rechte, die Rechtsanwaltschaft sowie öffentliche Würden.

**§ 55**

Die Amtsfähigkeit kann, soweit das Gesetz nichts anderes bestimmt, nur neben einer Freiheitsstrafe von mindestens einem Jahr aberkannt werden.

**§ 56**

Die Dauer der Amtsunfähigkeit ist neben strengem Gefängnis auf mindestens zwei und höchstens zehn Jahre, neben Gefängnis auf mindestens ein Jahr und höchstens fünf Jahre festzusetzen.

Die Frist wird von dem Tage ab berechnet, an dem die Freiheitsstrafe verbüßt, verjährt oder erlassen ist; ist dem Verurteilten die Strafe oder ein Strafrest nach einer Probezeit endgültig erlassen worden, so wird die Probezeit auf die Frist angerechnet."

Gefängnis. Es hing davon ab, wie die Beurteilung darüber ausfiel, ob der Täter durch die Tat das besondere Vertrauen verwirkt hatte.

Fragen nach der Ausgestaltung des Strafvollzugs ließ der Entwurf im Gegensatz zu seinen Vorgängern unbeantwortet; *Radbruch* wollte diesen im Strafvollzugsgesetz regeln, das gleichzeitig mit dem neuen Strafgesetzbuch in Kraft treten sollte[55]. Dies sollte nach seiner Vorstellung den Besserungsgedanken insbesondere durch die Einführung eines progressiven Strafvollzuges realisieren[56]. *Radbruch* hatte sich Zeit seines Lebens intensiv mit dem Strafvollzug auseinandergesetzt; er betrieb Studien im Bruchsaler Zuchthaus und verfaßte zahlreiche Beiträge über den Strafvollzug, dessen Auswirkungen auf die Gefangenen und dessen Reformierung[57]. Dabei war seine Vorstellung vom Strafvollzug vom Erziehungs- oder (Re-)Sozialisierungs-gedanken geprägt – wobei nicht Alternativen zum Strafvollzug, sondern die Reform des Strafvollzuges Gegenstand der Überlegung waren – und mit dem Strafensystem im Strafgesetzbuch eng verbunden[58]. Er wirkte zudem bei den Reichsratsgrundsätzen über den Vollzug von Freiheitsstrafen vom 7. Juni 1923 mit, die unter anderem die im Entwurf enthaltene und später noch zu erörternde Privilegierung des Überzeugungstäters (teilweise) vorwegnahm[59]. Aufgrund der mangelnden Strafvollzugsregelungen bleibt die Frage nach der Vollzugsgestaltung der einzelnen Freiheitsstrafen somit offen. Anhand der Bemerkung *Radbruchs* zum Entwurf, worin er die Unterschiede im Vollzug von bisherigem Zuchthaus und Gefängnis als ohnehin schon nicht mehr erkennbar bezeichnete[60], kann nur unterstellt werden, daß bezogen auf den Vollzug keine Differenzierung im Rahmen der Gefängnisstrafe erfolgen sollte.

*Radbruch* hatte die Forderung nach der Abschaffung der Zuchthausstrafe bereits in einer Analyse des Systems der Freiheitsstrafen im Vorentwurf geäußert[61]. Die entehrende Wirkung sollte als nicht mehr automatisch durch die Verhängung einer Freiheitsstrafe eintreten, sondern vielmehr nur noch als Nebenstrafe möglich sein. Um die vollständige Aufgabe der Zuchthausstrafe zu gewährleisten, sollte auch die Bezeich-

---

55 *Radbruch*, Bemerkungen, S. 55.

56 *Radbruch*, Bemerkungen, S. 55.

57 *Radbruch*, Die Psychologie der Gefangenschaft, in: GRGA, Bd. 10, Strafvollzug, S. 31 ff.; *ders.*, Der Erziehungsgedanke im Strafwesen, in: GRGA, Bd. 10, Strafvollzug, S. 71 ff.; *ders.*, Die ersten Zuchthäuser und ihr geistesgeschichtlicher Hintergrund, in: GRGA, Bd. 10, Strafvollzug, S. 97 ff.

58 *Müller-Dietz*, Einleitung, GRGA, Bd. 10, Strafvollzug, S. 6.

59 *Müller-Dietz*, Einleitung, GRGA, Bd. 10, Strafvollzug, S. 7.

60 *Radbruch*, Bemerkungen, S. 54.

61 *Radbruch*, MschrKrim 7 (1910/11), S. 207 (209 f.).

nung Zuchthaus gänzlich verbannt werden[62]. *Radbruch* verwies auf *Seuffert* als Vorkämpfer für die Beseitigung der Zuchthausstrafe.

Durch die Einführung des strengen Gefängnisses wurde – wenn man von der Gleichwertigkeit mit dem einfachen Gefängnis auch im Vollzug ausgeht und damit nicht die Art, sondern nur die Dauer des Vollzuges das Unterscheidungskriterium ansieht – die einheitliche Freiheitsstrafe propagiert[63].

Auch diese Neuerung wurde durch den folgenden E 1924/25 aufgegeben und die Zuchthausstrafe wieder eingeführt. Der dauernde Verlust der Amtsfähigkeit war nach § 54 E 1924/25 – noch im Abschnitt der Maßregeln der Besserung und Sicherung belassen – zwingende Folge zu deren Verhängung, wohingegen die Aberkennung des Wahl- und Stimmrechts (§ 57) weiterhin in das Ermessen des Gerichts gestellt war.

### *b) Entwicklungslinien*

#### *aa) Stand im E 1919 und im RStGB*

Der E 1919 enthielt im Gegensatz zu seinem Nachfolger noch die Strafe des Zuchthauses, die in § 45 E 1919 geregelt war und in gesonderten Anstalten vollstreckt wurde. Die Zuchthausstrafe brachte die bereits genannte, in § 74 E 1919 niedergelegte Folge mit sich, daß der zu Zuchthaus Verurteilte die Amtsfähigkeit und die Fähigkeit zum Dienst beim Militär dauerhaft verlor. Zudem wurden nach § 75 Abs. 1 E 1919 dem Täter, wenn er wegen einer Tat, die auf ehrloser Gesinnung beruhte, zum Tode oder zu Zuchthaus verurteilt worden war, die bürgerlichen Ehrenrechte aberkannt, und zwar neben Todesstrafe und lebenslangem Zuchthaus für immer, neben zeitigem Zuchthaus für zwei bis zehn Jahre.

Auch im RStGB war die Zuchthausstrafe als Strafart vorhanden (§ 14 RStGB) und hatte nach § 31 RStGB die dauernde Unfähigkeit zum Dienste in dem Deutschen Heere und der kaiserlichen Marine, sowie die dauernde Unfähigkeit zur Bekleidung öffentlicher Ämter von Rechtswegen zur Folge[64]. Zudem war es nach § 31 RStGB möglich, daß das Gericht auf den Verlust der bürgerlichen Ehrenrechte erkannte[65]. Diese Regelungen standen somit im Widerspruch zu

---

62 *Radbruch*, MschrKrim 7 (1910/11), S. 207 (209).

63 *Kubink*, Strafen und ihre Alternativen im zeitlichen Wandel, S. 174.

64 In § 31 RStGB wurde festgelegt, daß unter öffentlichen Ämtern im Sinne dieses Strafgesetzbuches die Advokatur, die Anwaltschaft und das Notariat, sowie der Geschworenen- und der Schöffendienst mitinbegriffen sind.

65 Die Dauer dieses Verlustes betrug bei zeitiger Zuchthausstrafe nach § 32 Abs. 2 RStGB mindestens zwei und höchstens zehn Jahre. Nach § 33 bewirkte die Aberkennung der

denen des E 1922, der auf eine Anordnung zwingender Rechtsfolgen (ipso jure) durch die Verurteilung zu „strengem Gefängnis" verzichtete[66].

### *bb) Die Position Österreichs*

Bezogen auf den Aspekt der Ablösung des Zuchthauses durch das „strenge Gefängnis" wird die Position Österreichs durch die Aufzeichnungen, die von den Beratungen des Entwurfs gemacht worden sind, nicht direkt deutlich. Die Einführung des „strengen Gefängnis" ist aber zumindest in den Aufzeichnungen *Kadečkas* bei der Auflistung der angenommenen deutschen Anträge erwähnt[67].

Die persönliche Überzeugung *Kadečkas*, auf die von offizieller österreichischer Seite verwiesen worden war, stand zu diesen Bestrebungen jedoch im Widerspruch. In dem Aufsatz „Die Strafen des deutschen Strafgesetzentwurf"[68] als Beitrag der ÖKV zum deutschen Entwurf von 1919 schrieb er zu § 74 E 1919:

---

bürgerlichen Ehrenrechte den dauernden Verlust der aus öffentlichen Wahlen für den Verurteilten hervorgegangenen Rechte, ingleichen den dauernden Verlust der öffentlichen Ämter, Würden, Titel, Orden und Ehrenzeichen. Zudem hatte die Aberkennung der bürgerlichen Ehrenrechte nach § 34 RStGB die Unfähigkeit des Verurteilten während des im Urteil bestimmten Zeitraumes, die Landeskokarde zu tragen, in das deutsche Heer oder in die kaiserliche Marine einzutreten; öffentliche Ämter, Würden, Titel, Orden und Ehrenzeichen zu erlangen; in öffentlichen Angelegenheiten zu stimmen, zu wählen oder gewählt zu werden oder andere politische Rechte auszuüben; Zeuge bei Aufnahmen von Urkunden zu sein; Vormund, Nebenvormund, Kurator, gerichtlicher Beistand oder Mitglied eines Familienrats zu sein, es sei denn, daß es sich um Verwandte absteigender Linie handele und die obervormundschaftliche Behörde oder der Familienrat die Genehmigung erteilt hat.

66 Interessant an dieser Stelle ist, daß bereits der Entwurf *Friedbergs* eines Strafgesetzbuches für den Norddeutschen Bund von 1868 es dem Richter überließ zu entscheiden, ob er neben der Verhängung der Strafe die bürgerlichen Ehrenrechte des Verurteilten aberkennen wollte. Dies wird in § 25 Abs. 1 des E *Friedberg* deutlich: „Mit jeder Verurtheilung zur Todesstrafe oder Zuchthausstrafe und in den Fällen, in denen wegen Annahme mildernder Umstände statt auf Zuchthaus auf Gefängniß erkannt wird, ingleichen bei einer Gefängnißstrafe in den durch das Gesetz besonders vorgesehenen Fällen, kann zugleich auf den Verlust der bürgerlichen Ehrenrechte erkannt werden." Zu beachten ist dabei jedoch auch der § 30 Abs. 1 E Friedberg. Danach zog „jede Verurtheilung zur Zuchthausstrafe […], auch wenn mit ihr nicht der Verlust der bürgerlichen Ehrenrecht verbunden worden – § 25 –, die Unfähigkeit zur Bekleidung öffentlicher Aemter auf die Dauer von fünf Jahren von Rechtswegen nach sich".

67 *Schubert / Regge*, I Bd. 1, S. XXIII.

68 BA R 3001/5915, S. 15 (des Aufsatzes); siehe auch in: Der deutsche Strafgesetzentwurf, S. 81 (83).

> „Ich bin jedoch mit Aschrott und vielen anderen der Meinung, dass mit der Verurteilung zu einer Zuchthausstrafe und, wenn die Todesstrafe beibehalten wird, auch mit der Verurteilung zum Tode von Gesetzes wegen nicht bloss die Unfähigkeit zu öffentlichen Aemtern und zum Waffendienste, sondern der Verlust aller bürgerlichen Ehrenrechte verbunden werden sollte. Das Gesetz darf sich nicht auf den Standpunkt stellen, dass es zweierlei Ehre gebe und dass Personen, die unwürdig sind, Beamte oder Soldaten zu sein, zum Abgeordneten immer noch gut genug sind. Wer einen so schweren Rechtsbruch begangen hat, dass er dafür mit Zuchthaus bestraft werden muss, der soll das Recht verwirkt haben, in öffentliche Angelegenheiten mitzureden und das Schicksal seines Landes mitzubestimmen, – ganz unabhängig davon ob seine Tat überdies noch ehrloser Gesinnung entspringt oder nicht. Das ist auch der Standpunkt des Österreichischen und des Schweizer Entwurfes."

Auch in den sich diesen Ausführungen anschließenden Gegenvorschlägen Österreichs war die Zuchthausstrafe in § 45 ÖGV (§ 39 ÖGE) als Strafart vorgesehen, wobei ihr Mindestmaß ein Jahr und ihr Höchstmaß, soweit der Entwurf nicht lebenslanges Zuchthaus androhte, fünfzehn Jahre betrug[69].

Diesen Aussagen zufolge muß sich die deutsche Seite bei den Beratungen gegen die Auffassung *Kadečkas* als maßgeblichen Faktor der österreichischen Delegation durchgesetzt haben. *Kadečka* relativierte die Position des Entwurfs in seinem Bericht über die deutsch-österreichischen Beratungen allerdings auch wieder, denn hier betonte er, daß damit „natürlich nicht" gesagt sei, „daß strafgerichtliche Verurteilungen auch nach anderen gesetzlichen Vorschriften, z.B. der DP oder Wahlordnung keine von selbst eintretenden Rechtsfolgen mehr haben" sollten[70].

Einem von Österreich gestellten und angenommenen Antrag entsprach es aber zumindest, den Verlust der Amtsfähigkeit als sichernde Maßnahme zu behandeln[71]. Jedoch sollte dies nicht bedeuten, daß die Anordnung dieser Maßnahme restriktiv gehandhabt werden sollte; vielmehr wurde Österreichs weitergehender Antrag, nach dem die Aufhebung der Beschränkung für die Möglichkeit der Aberkennung der Amtsfähigkeit (die in einer Mindestdauer der Freiheitsstrafe von mindestens einem Jahr bestand) gefordert wurde, abgelehnt.

---

69 Der Deutsche Strafgesetz-Entwurf, S. 93.

70 *Schubert / Regge*, I Bd. 1, S. XXIII.

71 *Schubert / Regge*, I Bd. 1, S. XXII. Neben dem Verlust der Amtsfähigkeit waren auch die Urteilsbekanntmachung und die Einziehung Gegenstand des österreichischen Antrags.

### *cc) Der Einfluß Franz v. Liszts*

Die von *v. Liszt* vertretene Position über die Zuchthausstrafe und dessen Verhältnis zum Gefängnis wich von der seines Schülers *Radbruch* durchaus ab: In dem von ihm mitverfaßten Entwurf vom Jahre 1911 war die Zuchthausstrafe in § 41 des Entwurfes niedergelegt und hatte auch gemäß § 70 E 1911 die dauernde Unfähigkeit zum Dienst im deutschen Heer oder in der Kaiserlichen Marine, sowie die dauernde Unfähigkeit zur Ausübung öffentlicher Ämter oder der Rechtsanwaltschaft von Rechts wegen zur Folge. Zudem war es bei der Feststellung des Gerichts, daß die Tat aus einer ehrlosen Gesinnung hervorgegangen möglich, die bürgerlichen Ehrenrechte des Täters[72] und nach § 76 E 1911 die Fähigkeit zur Ausübung eines Amtes, Berufes oder Gewerbes abzuerkennen[73].

Auch den übrigen Quellen von *v. Liszt* läßt sich keine ablehnende Haltung gegenüber der Zuchthausstrafe und ihrer entehrenden Wirkung entnehmen; im Gegenteil stellte sich *v. Liszt*, bezogen auf die 'Unschädlichmachung' der „Unverbesserlichen", folgendes Vorgehen vor:

---

72 Zudem gab es die Vorschrift des § 72, wonach die Aberkennung der Fähigkeit zur Ausübung der bürgerlichen Ehrenrechte den dauernden Verlust des Rechts der Mitgliedschaft der Ersten Kammer eines zum Reiche gehörigen Staates, der aus öffentlichen Wahlen für den Verurteilten hervorgegangenen Rechte, der öffentlichen Ämter, Würden, Titel, Orden und Ehrenzeichen, sowie der Zulassung zur Rechtsanwaltschaft bewirkte. Die Aberkennung der Fähigkeit zur Ausübung der bürgerlichen Ehrenrechte bewirkte ferner die Unfähigkeit, während der im Urteile bestimmten Zeit 1. die Reichs- oder Landeskokarde zu tragen; 2. in das deutsche Heer oder die Kaiserliche Marine einzutreten; 3. öffentliche Ämter, Würden, Titel, Orden oder Ehrenzeichen zu erlangen oder zur Ausübung der Rechtsanwaltschaft zugelassen zu werden; 4. das Recht der Mitgliedschaft der Ersten Kammer eines zum Reiche gehörigen Staates zu erlangen, in öffentlichen Angelegenheiten zu stimmen oder gewählt zu werden.

73 § 76 E 1911 besagte:

„Begeht jemand ein Verbrechen oder Vergehen unter grober Verletzung der Pflichten, die ihm sein öffentliches Amt oder sein von einem Befähigungsnachweis oder einer obrigkeitlichen Erlaubnis abhängiger Beruf oder Gewerbe auferlegen, so kann neben einer mindestens drei Monate betragenden Freiheitsstrafe auf Unfähigkeit zur Ausübung des betreffenden Amtes, Berufes oder Gewerbes auf die Dauer von einem bis zu fünf Jahren erkannt werden. Die Aberkennung der Fähigkeit zur Ausübung des Amtes, Berufes oder Gewerbes bewirkt den dauernden Verlust des bekleideten Amtes und die Zurücknahme der erteilten gewerblichen Genehmigung oder Bestallung. Die Vorschrift des § 74 findet Anwendung. Für die Dauer der Unfähigkeit kann der Verurteilte den Beruf oder das Gewerbe auch nicht durch andere zu seinem Vorteil ausüben lassen oder als Stellvertreter eines anderen ausüben.

Hat in einem Falle, in dem nach Abs. 1 auf Unfähigkeit zur Ausübung eines Berufes oder Gewerbes erkannt werden konnte, das Gericht nicht darauf erkannt, so ist ein Verfahren vor den Verwaltungsbehörden oder Verwaltungsgerichten zwecks Zurücknahme der erteilten gewerblichen Genehmigung oder Bestallung unzulässig."

> „Die Strafe wird in besonderen Anstalten (Zucht- oder Arbeitshäusern) in Gemeinschaft verbüßt. Sie besteht in ‘Strafknechtschaft’ [...] mit strengstem Arbeitszwang; als Disziplinarstrafe wäre die Prügelstrafe kaum zu entbehren [...]; obligatorischer und dauernder Verlust der bürgerlichen Ehrenrechte müßte den unbedingt entehrenden Charakter der Strafe scharf kennzeichnen. Einzelhaft hätte nur als Disziplinarstrafe, verbunden mit Dunkelarrest und strengstem Fasten, einzutreten [...].“[74]

Diese Aussage stammt zwar noch aus einem relativ frühen Zeitpunkt der wissenschaftlichen Karriere *v. Liszts*, sie wurde aber von ihm später bestätigt. In seinem Aufsatz über „Kriminalpolitische Aufgaben“[75] betonte er, daß der grundsätzliche Unterschied zwischen Gefängnis- und Zuchthausstrafe sich in dem entehrenden Charakter der letzteren niederschlage[76]. Es sollte aber dem Richter eine Möglichkeit eingeräumt werden, in Ausnahmefällen von der Aberkennung der Ehrenrechte abzusehen. Zudem wollte er die Folge der Unfähigkeit des Eintritts in das deutsche Heer oder die Kaiserliche Marine bei einer Verurteilung zu einer Zuchthausstrafe abschaffen[77].

*v. Liszt* wandte sich auch entschieden gegen die Angleichung der beiden Freiheitsstrafen bzw. den dadurch bewirkten Trend zur Einheitsfreiheitsstrafe[78].

### c) Bewertung in der Öffentlichkeit

Zu den wenigen direkten Äußerungen über den E 1922 zählt die Darstellung des Strafensystems des Entwurfs von 1924/25 von *Moritz Liepmann*. In dessen

---

74 *v. Liszt*, Der Zweckgedanke im Strafrecht (1882/83), S. 46 f.

75 *v. Liszt*, Strafrechtliche Aufsätze und Vorträge, Bd. 2, S. 290 ff.

76 *v. Liszt*, Strafrechtliche Aufsätze und Vorträge, Bd. 2, S. 290 (402).

77 *v. Liszt*, Strafrechtliche Aufsätze und Vorträge, Bd. 2, S. 290 (403).

78 „Ich halte den Gedanken der einheitlichen Freiheitsstrafe für gänzlich verkehrt. Er steht und fällt mit seinen Voraussetzungen: der Besserungstheorie und dem Glauben an die Allmacht der 30 Kubikmeter Rauminhalt unserer Musterzellen. Sobald wir anerkennen, daß es Unverbesserliche gibt, kann die Besserungstheorie nicht mehr die alleinige Grundlage unseres Strafensystems abgeben. Sobald wir uns überzeugen, daß die Dauer und die Wirkung der Zellenhaft eine beschränkte ist, werden wir zumindest zwei Arten der Freiheitsstrafe unterscheiden müssen: die eine, welche in der Zelle verbüßt wird, und die andere, bei welcher dies nicht oder doch nur zum kleineren Teil der Fall ist. Und unter allen Umständen kann die Notwendigkeit der tatsächlichen Unterscheidung auf so lange nicht bestritten werden, als nicht die für vollständige Durchführung der Einzelhaft erforderliche Zahl von Zellen vorhanden ist. Ich hoffe freilich, daß dieser von den wenigen heute noch vorhandenen Fanatikern der Zellenhaft herbeigesehnte Augenblick niemals eintreten wird. Der gründliche Mißerfolg des vielgepriesenen Systems in Belgien spricht eindringlicher als die eingehendste Auseinandersetzung“. *v. Liszt*, Strafrechtliche Aufsätze und Vorträge, Bd. 2, S. 290 (398).

Augen stellte dieser im Vergleich zum vorangegangenen Entwurf *Radbruchs* eine Verschlechterung in der Entwicklung der Strafrechtsreform dar:

> „Angesichts dieser Entwicklung [der Abschaffung der Zuchthausstrafe mit der Wirkung des Verlustes der Amtsfähigkeit] erscheint der Standpunkt des jetzigen Entwurfs als ein Rückschritt, der schon deshalb ungerechtfertigt erscheint, weil inzwischen die 'Gründsätze' für den Strafvollzug ein völliges Abrücken von den Vergeltungstendenzen fordern. Denn der Glaube, daß der verschiedenen Schwere der Straftat ein qualitativ zu verschärfendes Leid des Gefangenen zu entsprechen habe, verdankt ja nur seiner Existenz solchen Vergeltungstendenzen. Hat man aber erkannt, daß dieser Weg doppelt in die Irre führt: einmal, weil er in der Praxis nicht zu verwirklichen ist und weil er zweitens den erzieherischen Bestrebungen im Strafvollzug dauernd entgegenarbeitet, so muß man auch den Mut haben, sich von ihm konsequent freizumachen. Es geht nicht an, für die Vollstreckung der Freiheitsstrafe den 'Besserungszweck' zu fordern – und in der gesetzlichen Androhung und Bezeichnung zum Ausdruck zu bringen, daß es eine Strafe geben soll, die eben nicht auf Erziehung, sondern auf das Gegenteil: Erniedrigung und Ehrlosigkeit des von ihr Betroffenen gerichtet ist."[79]

Bereits in der „Reform des deutschen Strafrechts" hatte sich *Liepmann* ablehnend gegenüber der Zuchthausstrafe geäußert, die als Strafe für ehrlose Gesinnung charakterisiert werde[80]. Ehrlose Taten entsprängen nicht dem „bösen Willen" eines Menschen, sondern seien vielmehr „das Produkt einer gesetzmäßigen Entwicklung", in der die Persönlichkeit des einzelnen Menschen nur ein Faktor neben vielen mitbestimmenden Tendenzen sei, die nicht ihm anzulasten seien, sondern vielmehr anderen[81]. Durch die Anerkennung einer Strafe mit ehrenminderndem Charakter wirke diese im Vergleich zur normalen Strafe „besonders drückend und verhängnisvoll"[82]. Auch bezogen auf Mindest- und Höchstmaß der Gefängnisstrafe (bzw. strenges Gefängnis) stimmte *Liepmann* mit *Radbruch* überein[83].

Im Gegensatz dazu steht die Reaktion von *Kahl*, welche Zweifel an der Bedeutung des Begriffs des „strengen Gefängnis" aufkommen läßt:

> „Meine Freunde würden aber ferner nicht verstehen, wenn man, um die Empfindlichkeit der Verbrecherwelt zu schonen, den Namen 'Zuchthaus' preisgeben würde, die Sache aber dadurch beibehält und verschleiert, daß man das Gefängnis in einfaches und strenges Gefängnis unterscheidet. Meine Freunde würden endlich

---

79 *Liepmann*, in: Aschrott / Kohlrausch, S. 120 (131).

80 *Liepmann*, Die Reform des deutschen Strafrechts, S. 123.

81 *Liepmann*, Die Reform des deutschen Strafrechts, S. 124.

82 *Liepmann*, Die Reform des deutschen Strafrechts, S. 124.

83 *Liepmann* forderte auch ein Mindestmaß von einem Jahr und ein Höchtsmaß von fünfzehn Jahren. Dies entsprach allerdings auch dem Strafmaß des E 1919 für Zuchthaus. S. *Liepmann*, Die Reform des deutschen Strafrechts, S. 132.

nicht verstehen, daß man die Nebenstrafe der Aberkennung der bürgerlichen Ehrenrechte als Gesamtstrafe abschaffen wollte in einem Zeitpunkt, in dem gerade die Begangenschaft aus gemeiner ehrloser Gesinnung einen charakteristischen Zug der Kriminalitätsbewegung bildet."[84]

*v. Lilienthal* stimmte insofern zu, als er die Bezeichnung „schweres Gefängnis" ebenso wie Zuchthaus als Kennzeichnung des Bestraften „als einen besonders schweren Verbrecher" ansah[85].

In der nachträglich erfolgten Bewertung des Entwurfes ist sich die Literatur darin einig, daß die Aufgabe der Zuchthausstrafe in dem Sinne, wie sie aus der Begründung *Radbruchs* zum Entwurf entnommen worden ist, durchweg als fortschrittliche Errungenschaft zu loben sei[86]. Es werden auch keine ernsthaften Zweifel dahingehend geäußert, daß der Begriff des „strengen Gefängnis" sich vielleicht nur als neue Bezeichnung für das alte Zuchthaus entpuppen könnte.

Dabei wird von verschiedenen Seiten bekräftigt, daß die Differenzierung bei den beiden Gefängnisarten keine qualitative, sondern einer rein quantitative gewesen sei[87]. Diese Annahme wird auf die Entwurfsbegründung *Radbruchs* gestützt. Zudem betont man angesichts der negativ wirkenden Bezeichnung „strenges" Gefängnis, daß *Radbruch* das angestrebte Ziel – die Aufhebung der entsozialisierenden Wirkung der Zuchthausstrafe – erkannt habe[88]. Dadurch habe er den Weg für die einheitliche Freiheitsstrafe geebnet[89].

### *d) Zusammenfassung*

Die von *Radbruch* in seinem Entwurf gewählte Bezeichnung „strenges Gefängnis" läßt zunächst die Frage aufkommen, was sich hinter diesem Begriff verbirgt. Berücksichtigt man dann die Vorschriften des Entwurfs und die Begründung, so lassen sich zumindest folgende Schlüsse ziehen: Die Strafe

---

84 *Kahl*, 279. Sitzung des Reichstags am 13. Februar 1923, Akte BA 3001/5811, S. 350.

85 *v. Lilienthal*, MschrKrim 16 (1925), S. 113 (122).

86 *Eberhard Schmidt*, Einleitung, S. XIII; *Kubink*, Strafen und ihre Alternativen im zeitlichen Wandel, S. 174; *Wassermann*, Einleitung, GRGA, S. 29; *Baumann*, in: Gedächtnisschrift für Gustav Radbruch, S. 337 (341).

87 *Schmidt*, Einleitung, S. XIII; *Kubink*, Strafen und ihre Alternativen im zeitlichen Wandel, S. 174; *Wassermann*, Einleitung, GRGA, S. 29; *Baumann*, in: Gedächtnisschrift für Gustav Radbruch, S. 337 (341); so auch *Gödan*, Die Rechtsfigur des Überzeugungstäters, S. 38 f., der betont, daß dies kein „Etikettenschwindel" gewesen sei.

88 *Baumann*, in: Gedächtnisschrift für Gustav Radbruch, S. 337 (341).

89 *Kubink*, Strafen und ihre Alternativen im zeitlichen Wandel, S. 174; *Schmidt*, Einleitung für Gustav Radbruchs Entwurf eines Allgemeinen Deutschen Strafgesetzbuches, S. XX.

des „strengen Gefängnis“ als Ablösung der Zuchthausstrafe brachte keine zwingende Aberkennung von sogenannten bürgerlichen Ehrenrechten mit sich; es existierte im Entwurf keine Vorschrift, die diese Rechtsfolge ohne eine weitere – vom Gericht zu beurteilende – Voraussetzung anordnete. Darin liegt ein Unterschied zu den vorangegangenen Entwürfen und dem geltenden RStGB. Aufgrund der mangelnden Regelung des Strafvollzuges im Entwurf *Radbruchs* kann über die Frage, ob das „strenge“ Gefängnis im Vollzug dem einfachen Gefängnis gleichgestellt worden wäre, nur spekuliert werden. Unterstellt, die Gleichartigkeit des Vollzuges wäre durchgesetzt worden, so wäre insgesamt eine zum RStGB und zum Vorgängerentwurf progressive Position zu verzeichnen.

Jedoch ist, wie *Liepmann* schon im Jahre 1926 schrieb, die Bezeichnung des „strengen Gefängnis“ insofern nicht bedenkenfrei, als sie den Eindruck erweckt, daß es sich dabei um eine Freiheitsstrafe handele, die eine besonders strenge Behandlung des Gefangenen mit sich bringe und nicht lediglich eine längere Dauer[90]. Dieses Bedenken wird auch später noch berechtigterweise geäußert:

> „Zu offensichtlich ist der Kompromißcharakter des Begriffs ‘strenges Gefängnis’, der die Freunde der Zuchthausstrafe versöhnen sollte. Dies ergibt sich auch aus der Begründung Radbruchs, die immerhin ausdrücklich davon sprach, daß die Zuchthausstrafe durch das strenge Gefängnis ‘ersetzt’ werden solle.“[91]

Bedenklich erscheint zuletzt auch, daß einer Verurteilung zu strengem Gefängnis zwar keine kraft Gesetzes eintretenden Rechtsfolgen anhingen, die Aberkennung der Amtsfähigkeit und des Wahl- und Stimmrechts aber als Maßregeln der Besserung und Sicherung neben einer Verurteilung ausgesprochen werden konnten – abhängig von dem Begriff des „besonderen Vertrauens“, der dem Gericht eine Interpretationsspannbreite bot. Auch läßt die Äußerung *Kadečkas* befürchten, daß automatisch eintretende Rechtsfolgen (zumindest in Österreich) bei einer Verurteilung von anderen gesetzlichen Regelungen angeordnet worden wären.

---

90 *Liepmann*, in: Aschrott / Kohlrausch, Reform des Strafrechts; S. 120 (131). Auch *v. Lilienthal* stellte in der Analyse des E 1925 fest, daß die Bezeichnung „strenges Gefängnis“ (er bezeichnete es fälschlicherweise als schweres Gefängnis) „den Bestraften ganz ebenso als einen besonders gefährlichen Verbrecher gekennzeichnet haben“; deshalb hielt er die Beibehaltung der Bezeichnung „Zuchthaus“ auch für keinen Fehler. S. *v. Lilienthal*, MschrKrimPsych, 16 (1925), S. 113 (122).

91 *Martiny*, Integration oder Konfrontation?, S. 179 (Fn. 135).

### 2. *Gefängnis*

#### *a) E 1922*

Das Gefängnis war in § 30 E 1922 ebenso wie das strenge Gefängnis als Strafart erwähnt. Dabei betrug die in § 31 E 1922 festgesetzte Mindeststrafe eine Woche und die Höchststrafe fünf Jahre. *Radbruch* selbst sah diese Regelung durchaus kritisch, er glaubte sie aber durch die Instrumente des bedingten Straferlasses (§§ 35 ff. E 1922) und der mildernden Umstände (§ 72 Abs. 2 E 1922) optimieren zu können:

> „Schon vom Standpunkt eines geordneten Strafvollzugs sind Freiheitsstrafen von einem oder wenigen Tagen als unverhältnismäßig belastend und störend zu verwerfen. Wie nutzlos und schädlich sie kriminalpolitisch sind, unfähig zu bessern oder auch nur abzuschrecken, geeignet nur, die heilsame Scheu vor der Strafe zu nehmen, ist oft genug dargetan worden. Der 'Kampf gegen die kurzzeitige Freiheitsstrafe' stand von Anfang an im Vordergrunde der strafrechtlichen Reformbewegung. Der Entwurf führt für Gefängnis und Einschließung ein Mindestmaß von einer Woche an (§ 31), ohne zu glauben, daß durch diesen Ausschluß ganz kurzer Freiheitsstrafen dem Schlagwort des Kampfes gegen die kurzzeitige Freiheitsstrafe schon Genüge geschehen sei."[92]

Zudem war es nach den §§ 54 ff. E 1922 möglich, daß dem Täter die Amtsfähigkeit bzw. die gleichstehenden Fähigkeiten sowie das Wahl- und Stimmrecht aberkannt wurden. Voraussetzung war hierfür nach § 55 E 1922 nämlich nur, soweit das Gesetz nichts anderes bestimmte, eine Verurteilung zu einer Freiheitsstrafe von mindestens einem Jahr[93].

Im Rahmen der Beratungen zum Entwurf ist bezüglich der „einfachen" Gefängnisstrafe nicht viel festgehalten worden; laut Ergebnisbericht des Vortrages vom 8. April 1922 wurde jedoch beschlossen, daß die Regelungen zum Vollzug der Gefängnisstrafe (der bisherige § 46 Abs. 2 und 3 E 1919) eingearbeitet werden sollten und die Mindestdauer der Gefängnisstrafe sich auf eine Woche bemessen sollte[94].

---

92 *Radbruch*, Bemerkungen, S. 55.

93 Im auf den E 1922 folgenden E 1925 konnte neben dem Gefängnis, das jetzt wieder in der Abgrenzung zum Zuchthaus stand, im Rahmen der Maßregeln der Besserung und Sicherung auf die Aberkennung der Amtsfähigkeit nach § 54 E 1925 bei Verlust des Vertrauens und daneben nach § 57 Abs. 2 E 1925 auf die Aberkennung des Wahl- und Stimmrechts erkannt werden.

94 BA R 3001/5811, S. 106.

### *b) Entwicklungslinien*

Im Vorgängerentwurf, dem E 1919, war in § 43 das Gefängnis als Freiheitsstrafe festgesetzt. Nach § 46 war die Mindeststrafe ein Tag und die Höchststrafe fünf Jahre, soweit das Gesetz nicht etwas anderes bestimmte. Der Vollzug war in § 46 E 1919 geregelt[95]. Zudem war es nach § 75 Abs. 2 E 1919 entgegen dem E 1922 möglich, daß dem Täter, wenn er ein Verbrechen oder ein vorsätzliches Vergehen begangenen hatte, das auf ehrloser Gesinnung beruhte, und er deshalb zu Gefängnis von mindestens sechs Monaten verurteilt worden war, soweit das Gesetz nichts anderes bestimmte, die bürgerlichen Ehrenrechte für ein bis fünf Jahre aberkannt wurden. Diese Möglichkeit unterlag aber den Beschränkungen des § 77 E 1919[96]. Der E 1919 hatte sich bezüglich der Gefängnisstrafe am geltenden RStGB orientiert bzw. war diesem in seinen Regelungen über die Gefängnisstrafe sehr ähnlich. In § 16 RStGB wurde die Mindestdauer des Gefängnisaufenthaltes auf einen Tag und die Höchstdauer auf fünf Jahre festgesetzt[97].

Demnach bestand neben der Abschaffung der Möglichkeit, die bürgerlichen Ehrenrechte neben der Gefängnisstrafe abzuerkennen, der Unterschied zum E 1922 darin, daß dieser zum einen eine etwas höhere Mindeststrafe von einer Woche und eine entschieden längere Höchststrafe von fünfzehn Jahren festsetzte und zum anderen keine Regelungen über den Vollzug enthielt.

---

95 Die Gefangenen sollten zur Arbeit angehalten werden, wobei die Betätigung möglichst ihren Fähigkeiten und beruflichen Verhältnissen entsprechen sollten. Außerhalb der Anstaltsmauern war eine Beschäftigung von der Zustimmung der Gefangenen abhängig und diese wurden von freien Arbeitern und Gefangenen anderer Art getrennt gehalten. Zudem sollten die Gefangenen Anstaltskleidung tragen und Anstaltskost erhalten; es war ihnen jedoch erlaubt, eigene Kleidung zu tragen und im Falle, daß ihr Gesundheitszustand dies erforderte, sich selbst zu verköstigen.

96 § 77 lautete:

„**§ 77**

Können neben Gefängnis die bürgerlichen Ehrenrechte aberkannt werden, ist aber nach der Art der Straftat nur der Mißbrauch einzelner der im § 76 Abs. 2 bezeichneten Fähigkeiten zu befürchten, so dürfen nur diese Fähigkeiten aberkannt werden.

Soweit einem Verurteilten die Fähigkeit aberkannt wird, die im § 76 Abs. 2 bezeichneten Rechte zu erlangen, verliert er damit zugleich die Rechte dieser Art, die er zur Zeit der Verurteilung innehat."

97 Zudem hieß es in Abs. 2 des § 16, daß die zur Gefängnisstrafe Verurteilten in einer Gefangenenanstalt auf eine ihren Fähigkeiten und Verhältnissen angemessene Weise beschäftigt werden könnten und daß sie auf ihr Verlangen in dieser Weise zu beschäftigen sein sollten. Auch war eine Beschäftigung außerhalb der Anstalt nur mit Zustimmung der Gefangenen zulässig. Näheres hierzu war in § 15 RStGB geregelt.

Den Berichten über die deutsch-österreichischen Beratungen wiederum läßt sich entnehmen, daß beide Seiten sich aufgrund eines von österreichischer Seite gestellten Antrages auf das Mindestmaß der Gefängnisstrafe von eine Woche geeinigt haben[98]. Daß diese Position auch von *Kadečka* persönlich vertreten wurde, wird in seiner Kritik zum E 1919 deutlich[99]. Dort bemängelte er ein Mindestmaß der Gefängnisstrafe von einem Tag; seiner Vorstellung nach wäre ein solches von acht Tagen ideal[100] und gerade noch eines von drei Tagen, wie in dem österreichischen Strafgesetzentwurf von 1912, akzeptabel. Dies war aber in seinen Augen nur solange zulässig, wie es noch keine bedingte Verurteilung gab und der Richter keine Milderung der gesetzlich vorgeschriebenen Strafart aussprechen konnte. Bezogen auf den Verlust der bürgerlichen Ehrenrechte als Folge der Verurteilung zu einer Gefängnisstrafe war der Österreichische Gegenvorschlag darauf ausgerichtet, daß auch bei einer Gefängnisstrafe auf denselben erkannt werden konnte[101]. Die Vollzugsvorstellungen deckten sich weitestgehend mit denen des E 1919.

Abgesehen von dem Einfluß von österreichischer Seite lassen sich aber auch Parallelen zu den Vorstellungen *v. Liszts* bei der Ausgestaltung der Gefängnisstrafe erkennen: In dem von *v. Liszt* mitverfaßten Entwurf wurde für die Gefängnisstrafe in § 42 E 1911, soweit das Gesetz nicht etwas anderes bestimmte (§§ 16 Abs. 2, 83, 87 Ziff. 4, 5, §§ 89, 90, 96, 97, 100, 101, 103), der Mindestbetrag von einer Woche und der Höchstbetrag von zwei Jahren festgelegt.

Nach dem Entwurf konnte das Gericht zwar gemäß § 71 E 1911 bei einer aus ehrlosen Gesinnung begangenen vorsätzlichen Tat neben einer mindestens ein

98 *Schubert / Regge*, I Bd. 1, S. XXII.

99 BA R 3001/5915, S. 4 (des Aufsatzes); siehe auch in: Der Deutsche Strafgesetz-Entwurf, S. 81 (82 f.).

100 Dem entsprach § 46 der österreichischen Gegenvorschläge (§ 40 ÖGE):

„Die Dauer der Gefängnisstrafe ist mindestens acht Tage und, soweit das Gesetz nichts anderes bestimmt, höchstens fünf Jahre.

Die Gefangenen sind zur Arbeit anzuhalten. [...] Außerhalb der Anstalt dürfen sie nur mit ihrer Zustimmung beschäftigt werden; dabei werden sie von freien Arbeitern und von Gefangenen anderer Art getrennt gehalten.

Die Gefangenen tragen Anstaltskleidung und erhalten Anstaltskost, wenn im Urteil nicht anderes bestimmt ist. Sie dürfen sich außerdem selbst beköstigen, wenn es ihr Gesundheitszustand verlangt."

101 § 75 ÖGV, siehe Der deutsche Strafgesetz-Entwurf, S. 81 (99), (§ 69 ÖGE) besagte:

„Wird jemand wegen eines Verbrechens oder vorsätzlichen Vergehens, das ehrlose Gesinnung bekundet, zu Gefängnis [...] verurteilt, so können ihm, soweit das Gesetz nichts anderes bestimmt, die bürgerlichen Ehrenrechte für ein bis fünf Jahre aberkannt werden."

Jahr betragenen Gefängnisstrafe auf zeitige Unfähigkeit zur Ausübung der bürgerlichen Ehrenrechte erkennen[102] oder einzelne Ehrenrechte iSv. § 73 E 1911 aberkennen, was den dauernden Verlust derjenigen Rechte bewirkte, zu deren Ausübung der Verurteilte für unfähig erklärt worden war, aber er selbst befürwortete bei der Gefängnisstrafe einen gänzlichen Verzicht auf eine Aberkennung der bürgerlichen Ehrenrechte[103].

### *c) Zusammenfassung*

Die Gestaltung der Freiheitsstrafe des einfachen Gefängnisses steht bei der Bewertung des Entwurfs durch die Literatur nicht im Zentrum des Interesses; es wird vielmehr auf die Errungenschaft *Radbruchs* abgestellt, daß er die Zuchthausstrafe abgeschafft und die einheitliche Freiheitsstrafe eingeführt habe[104]. Festgestellt wird aber zumindest, daß *Radbruch* den Kampf gegen die kurzen Freiheitsstrafen durch die Festsetzung der Mindeststrafe auf eine Woche in § 31 E 192 nur „ein kleines Stück" weitergebracht und mehr auf die „Wirkung der Alternativen" gesetzt habe[105].

Stehen bleibt also, daß auch *Radbruch* es mit seinem Entwurf nicht geschafft hat, die kurzzeitigen Freiheitsstrafen einzudämmen, sondern durch das Strafmaß von einer Woche nur ein „Etappenziel" erreicht hat. Er verfehlte damit eine direkte Herangehensweise und hoffte, – wie von *Kubink* festgestellt – daß die Alternativen zur Freiheitsstrafe restriktiv wirken würden.

Zudem war es immerhin noch möglich, neben der Gefängnisstrafe durch die Anordnung einer Maßregel die Amtsfähigkeit etc. und das Wahl- und Stimmrecht abzuerkennen[106]. Es existierte damit zumindest keine automatische Anordnung des Verlustes von Rechten – dies hatte es bei der Gefängnisstrafe aber auch schon vorher nicht gegeben.

---

102 Dabei war der Zeitrahmen der Unfähigkeit der Ausübung der bürgerlichen Ehrenrechte auf einen Zeitraum von einem bis fünf Jahren begrenzt.

103 *v. Liszt*, Strafrechtliche Aufsätze und Vorträge, Bd. 2, S. 290 (403).

104 So *Schmidt*, Einleitung zu Gustav Radbruchs Entwurf eines Allgemeinen Deutschen Strafgesetzbuches, S. XVIII.

105 *Kubink*, Strafen und ihre Alternativen im zeitlichen Wandel, S. 174; auch *Neumann*, KJ 2004, S. 432 (436) stellt fest, daß eine Einschränkung der kurzen Freiheitsstrafe stattgefunden hat, stellt aber dann die Frage, ob er damit weit genug gegangen ist angesichts des geltenden Rechts, das eine Mindeststrafe von einem Monat vorsieht.

106 Der E 1919 erlaubte die Möglichkeit der zeitweisen Aberkennung der bürgerlichen Ehrenrechte, wenn die Tat auf einer ehrlosen Gesinnung beruhte.

### *3. Einschließung*

#### *a) E 1922*

Im E 1922 war als weitere Strafart gemäß § 30 E 1922 die Einschließung vorgesehen, die mindestens eine Woche und höchstens fünfzehn Jahre dauern sollte (§ 31 E 1922)[107]. In § 71 E 1922[108] war geregelt, wann die Strafe der Einschließung zu verhängen war: Danach trat an Stelle von strengem Gefängnis und Gefängnis Einschließung von gleicher Dauer, wenn der ausschlaggebende Beweggrund des Täters darin bestand, daß er sich zu der Tat auf Grund seiner sittlichen, religiösen oder politischen Überzeugung für verpflichtet hielt. Die Einschließung erhielt damit ihren Charakter als Strafe für den sogenannten „Überzeugungsverbrecher", der sich in grundsätzlicher Weise vom gemeinen Täter unterscheiden und nach der Vorstellung *Radbruchs* gegenüber diesem privilegiert werden sollte. Bezogen auf die Ausgestaltung und den Anwendungsbereich der Einschließung äußerte sich *Radbruch* in der Entwurfsbegründung:

> „Von den beiden Graden der Gefängnisstrafe unterscheidet sich die Einschließung etwa so wie bisher die Festungshaft von Gefängnis und Zuchthaus. Der neue Name soll im Gegensatze zu der militärischen Färbung der alten Bezeichnung klarstellen, daß die Einschließung in bürgerlichen Strafanstalten durch bürgerliche Strafvollzugsbehörden vollstreckt wird. Zum Unterschiede von der Festungshaft wird die Einschließung nicht für einzelne bestimmte Tatbestände im Besonderen Teil angedroht, sondern ganz allgemein an Stelle von Gefängnis oder strengem Gefängnis für die Fälle vorgeschrieben, in denen der ausschlaggebende Beweggrund des Täters darin bestand, daß er sich zu seiner Tat auf Grund seiner sittlichen, religiösen oder politischen Überzeugung für verpflichtet hielt (§ 71). Die Anwendung der Einschließung wird also nicht, wie im geltenden Recht die Anwendung der Festungshaft, von der notwendig subjektiven Bewertung der Ehre des Täters abhängig gemacht, vielmehr von einem objektiv feststellbaren psychologischen Befund."[109]

---

107 In den Protokollen über die Beratungen des Entwurf ist in dem vom 8. April 1922 (BA R 3001/5811, S. 106) verzeichnet, daß als Ersatzfreiheitsstrafe, wenn nicht wegen derselben Tat zugleich auf eine Freiheitsstrafe erkannt ist, Gefängnis oder Einschließung zugelassen werden sollen. An dieser Protokollstelle befindet sich ein handschriftlicher Vermerk, der aber leider nicht zu entziffern war. Zudem wurde festgelegt, daß die Mindestdauer der Einschließung eine Woche betragen sollte.

108 In der Akte R 3001/5811 ist in der Zusammenfassung der Ergebnisse der Besprechung vom 28. April 1922 S. 134 bezüglich der Schaffung einer solchen Vorschrift festgehalten worden: „§ 107 Abs. 2 E 1919 soll zu einer allgemeinen Regel dahin ausgebaut werden, daß an Stelle jeder sonst verwirkten Freiheitsstrafe auf Einschließung zu erkennen ist, wenn die Tat ausschließlich aus Überzeugung von einer sittlichen, politischen oder sonstigen Pflicht politisch begangen ist".

109 *Radbruch*, Bemerkungen, S. 54.

*Radbruch* führte an dieser Stelle auch eine Charakterisierung „seines" Überzeugungstäters sowie dessen Abgrenzung zum „gemeinen Verbrecher" an:

> „Der Überzeugungsverbrecher hebt sich als scharf umrissener Typus von den gemeinen Verbrechern ab. Der gemeine Verbrecher ist seines Unrechts überführbar, oft durch die Logik seiner eigenen Tat. [...] Der gemeine Verbrecher steht im Widerspruch zu sich selbst, als Vertreter seines eigenen besseren und klügeren Selbst tritt ihm der strafende Staat entgegen. Der Überzeugungsverbrecher aber ist nicht aus sich selbst widerlegbar, er stellt der in der Staatsgewalt verkörperten eine andere geschlossene Überzeugung gegenüber, der Staat mag ihn mit aller Schärfe als seinen Gegner bekämpfen, er kann ihn nicht wie einen sittlich Haltlosen bessern wollen. Daß die Einschließungsstrafe nicht die Besserungsstrafe ist, hebt sie gegen die Gefängnisstrafe deutlich ab."[110]

Nach den Regelungen des 7. Abschnitts des Entwurfs über die Maßregeln der Besserung und Sicherung (§§ 54 ff. E 1922) war es zudem möglich, dem Täter – auch dem Überzeugungstäter – die Amtsfähigkeit sowie das Wahl- und Stimmrecht abzuerkennen. Diese Möglichkeit war auch in den einzelnen Abschnitten des Besonderen Teils geregelt wie z.B. in § 88, der dann greifen sollte, wenn z.B. für einen Hochverräter statt auf strenges Gefängnis auf Einschließung erkannt wurde.

Für *Radbruch* existierte in der Entwurfssystematik auch ein Bezug von § 71 E 1922 zu § 13 E 1922. Letzterer forderte nach den *Bemerkungen* das Unrechtsbewußtsein als Element des Vorsatzes[111], d.h. wer nicht wußte, daß er etwas Unerlaubtes tat, wurde nicht wegen vorsätzlichen Handelns schuldig. Wer aber wie der Überzeugungstäter wußte, daß er gegen eine Rechtsnorm verstieß und damit Vorsatz besaß, sich aber aufgrund einer höheren Norm dazu berechtigt fühlte, unterfiel den besonderen Grundsätzen des Überzeugungsverbrechers in § 71 E 1922[112].

Wurde die Sonderstrafe für den sogenannten Überzeugungstäter durch den E 1922 mangels dessen Verabschiedung nicht durchgesetzt, so war ihre Idee zumindest im Rahmen der Reichsratsgrundsätze über den Vollzug von Freiheitsstrafen vom 7. Juni 1923, an denen *Radbruch* nach eigenen Angaben maßgeblich mitgewirkt hatte[113], in § 52 Abs. 1[114] niedergelegt, der besondere

---

110 *Radbruch*, Bemerkungen, S. 54.

111 So nach den Bemerkungen *Radbruchs*, S. 61.

112 *Radbruch*, GRGA Bd. 8 (Strafrecht II), S. 134 (139).

113 *Radbruch*, Der innere Weg, S. 114.

114 § 52 Abs. 1 bestimmte: „Bestand bei einem Gefangenen nach der ausdrücklichen Feststellung des Urteils der ausschlaggebende Beweggrund der Tat darin, daß er sich zu der Tat auf Grund seiner sittlichen, religiösen oder politischen Überzeugung für verpflichtet hielt, so sind ihm die für die Strafart zulässigen Vergünstigungen ohne weite-

Vergünstigungen der Gefangenen angepaßt an die Strafart vorsah. Sie bildete zudem den Ausgangspunkt für äquivalente Vorschriften in den Dienst- und Vollzugsbestimmungen der deutschen Länder[115]. Da die „Reichsratsgrundsätze" aber auf die Verabschiedung des E 1922 ausgerichtet waren, diese nie erfolgte und auch eine entsprechende Änderung der StPO ausblieb, behielten sie den Status eines „Fremdkörpers"[116]. § 52 Abs. 1 wurde nach der „Machtergreifung" der Nationalsozialisten aufgehoben.

Im E 1925 war § 71 E 1922 aufgrund der Änderungen der Strafarten durch § 30 E 1925, der als Freiheitsstrafen Zuchthaus, Gefängnis und Einschließung vorsah, dahingehend geändert, daß an „Stelle von Zuchthaus und Gefängnis" Einschließung von gleicher Dauer treten konnte; ansonsten blieb der Wortlaut derselbe, stand aber in einem anderen Kontext[117]. Der Inhalt der Vorschrift wurde in der Begründung dahingehend modifiziert, daß die Einschließung an die Stelle der bisherigen Festungshaft trete[118]. Bezogen auf die Überzeugung des Täters sprach sie von „achtenswerten Motiven" und „idealen Beweggründen", was die Bildung eines richterlichen Werturteils implizierte, gegen das *Radbruch* sich ausgesprochen hatte.

### *b) Exkurs: Die Figur des Überzeugungstäters*

> „Die Frage des Überzeugungstäters ist eine Gewissensfrage, die nicht zur Ruhe kommen wird, die keinem, dem sie einmal begegnet ist, Ruhe lässt."[119]

Die Figur des Überzeugungsverbrechers war ein Motiv in *Radbruchs* Strafrechtslehre[120], an dem er zeit seines Lebens festhielt[121], auch wenn er damit auf

---

res zu gewähren. Von der Einhaltung von Fristen, die für die Gewährung von Vergünstigungen vorgesehen sind, kann bei einem solchen Gefangenen abgesehen werden."

115 *Gödan*, Die Rechtsfigur des Überzeugungstäters, S. 19.

116 *Gödan*, Die Rechtsfigur des Überzeugungstäters, S. 19 f.

117 *Gödan*, Die Rechtsfigur des Überzeugungstäters, S. 20.

118 Begründung zum E 1925, S. 50.

119 *Radbruch*, Verh. 34. DJT Bd. 2, S. 354 (373).

120 Erläutert in GRGA Bd. 8 (Strafrecht II), S. 134 ff.; Ausführlich zu dieser rechtlichen Konstruktion: *Gödan*, Die Rechtsfigur des Überzeugungstäters; zu den rechtsphilosophischen Grundlagen siehe *Joachim Stoltzenburg*, Das Problem des Überzeugungsverbrechers bei Gustav Radbruch, S. 20 ff. Einen guten Überblick gibt auch *Thiel*, Gustav Radbruch und die Rechtsfigur des Überzeugungsverbrechers, in: Jahrbuch Bd. 3, S. 259 (262 ff.).

121 Im Falle der Nürnberger Kriegsprozesse sah er in den dort angeklagten Nationalsozialisten jedoch keine Überzeugungstäter: „Ein Überzeugungstäter bekennt sich stolz zu seiner Überzeugung, hier aber sahen wir fast nur erbarmungswürdige Figuren, die sich mit dem Befehl des nicht mehr lebenden Diktators, mit völliger Unkenntnis der Ver-

Widerstände und Kritik stieß. Die Beschäftigung mit diesem Phänomen begann in seiner Zeit als Heidelberger Privatdozent. Im Jahre 1911 veröffentlichte *Radbruch* eine Schrift, in der er sich mit der Studie eines religiös motivierten Überzeugungstäters – „Peter Günther, der Gotteslästerer“[122] – befaßte, welcher als Ketzer durch die lutherische Orthodoxie in Lübeck hingerichtet worden war, weil er die Gottheit Christi und die Trinität geleugnet hatte.

Die Problematik des Überzeugungsverbrechers war auch ein Thema beim 34. Deutschen Juristentag in Köln, wo in der 2. Sitzung der II. Abteilung am 14. September 1926 die Frage – „Empfiehlt sich die Aufnahme der im § 71 des neuen Strafgesetzentwurfs enthaltenen Bestimmung, wonach an Stelle von Zuchthaus oder Gefängnis ‘Einschließung’ treten soll, wenn sich der Täter aufgrund seiner sittlichen, religiösen oder politischen Ueberzeugung dafür verpflichtet hielt, die Tat zu begehen?“ – gestellt wurde und *Radbruch* einen seine Position erläuternden Bericht erstattete: Seiner Vorstellung nach bestand zwischen dem „gemeinen“ Täter und dem Überzeugungsverbrecher ein Unterschied, der die Sonderbehandlung des letzteren rechtfertige. Der Gemeinverbrecher verstoße bewußt gegen die von ihm anerkannte Rechtsnorm, wohingegen der Überzeugungstäter zwar auch bewußt gegen eine Rechtsnorm verstoße, aber in dem Glauben an eine höhere Norm handele, durch die er sich von der Befolgung der einfachen Norm befreit fühle. Sein Ziel sei es, eine Verfassung zu stürzen, die er überhaupt nicht anerkenne[123].

In den Bemerkungen zum Entwurf war *Radbruch* noch davon ausgegangen, daß der Überzeugungstäter, im Gegensatz und im Unterschied zum „gemeinen Täter“, mit sich nicht im Widerspruch stehe und auch aus sich selbst nicht widerlegbar sei, weil er der Staatsgewalt eine eigene geschlossene Überzeugung gegenüber stelle[124]. Diese Argumentation veränderte *Radbruch* jedoch in

---

hältnisse entschuldigten, oder gar die Teilnahme bestritten bis zu dem Augenblick, wo sie ihnen dokumentarisch erwiesen wurde.“ (SJZ 1947, S. 135).

122 *Radbruch*: Peter Günther, der Gotteslästerer. Ein Lübecker Kulturbild aus dem Jahrhundert der Orthodoxie. Lübeck 1911; siehe auch *Radbruch*: Elegantiae Iuris Criminalis, S. 130–140.

123 *Radbruch*, GRGA Bd. 8 (Strafrecht II), S. 134 (139); *Radbruch* erläuterte dies dort mit folgendem Beispiel: „Er [der Überzeugungsverbrecher] begeht ein Attentat auf einen Menschen, zwar ohne dem Tötungsverbot im allgemeinen die Geltung abzusprechen, aber in dem Glauben, von dieser Norm durch eine höhere Norm in diesem Einzelfalle entbunden zu sein.“ Bei seinen Erklärungen führte er auch an, daß die Figur des Überzeugungstäters im Gesetz schon bekannt sei. Er verwies auf § 48 des Militärstrafgesetzbuches. Dort existiere der Überzeugungsverbrecher, allerdings mit „negativem Vorzeichen“. Dort stand nämlich, daß es keinen Einfluß habe, wenn der einzelne die Tat nach seinem Gewissen oder den Vorschriften seiner Religion für geboten hielt.

124 *Radbruch*, Bemerkungen, S. 54.

seinem Referat auf dem Juristentag, wo er zwar davon ausging, daß der gemeine Täter im Widerspruch zu sich selbst stehe, den Überzeugungsverbrecher aber nicht zwangsläufig schon deshalb keine Strafe erwarte, weil er sich nicht selbst widerspreche, sondern weil er sich aufgrund einer von ihm anerkannten höherrangigen Rechtsnorm für verpflichtet hielte[125]. Damit knüpfte *Radbruch* an zwei verschiedene Merkmale für die Differenzierung zwischen dem gemeinen und dem Überzeugungstäter an[126].

Als Grundcharakteristikum sah *Radbruch* beim Überzeugungsverbrecher die Überlegung:

> „Der Überzeugungsverbrecher besinnt sich auf die höhere Norm, nach der er handelt; er überlegt also, und es mag Wunder nehmen, daß die Überlegung, die wir beim Mord als strafschärfend kennen, für den Überzeugungsverbrecher eine mildere oder doch ein andere Behandlung herbeiführt. Um das zu erklären, möchte ich auf ein schönes Jesus-Wort Bezug nehmen, einen apokryphen Zusatz zum Lukas-Evangelium. Jesus sieht jemand am Sabbath arbeiten und spricht zu ihm: ‘Mensch, wenn Du weißt, was Du tust, bist Du selig; wenn Du es aber nicht weißt, bist Du verdammt und ein Übertreter des Gesetzes’. Auch hier wird der gedankenlosen Übertretung des Gesetzes die überlegte, in der Besinnung auf eine höhere Norm erfolgte Übertretung des Gesetzes gegenübergestellt.“[127]

Kriminalpolitisch gesehen war es für *Radbruch* notwendig, den Überzeugungsverbrecher anders zu behandeln als den gemeinen Verbrecher. Die andersartige Behandlung resultierte seiner Vorstellung nach daraus, daß die Hauptstrafzwecke, die die Strafe beim gemeinen Verbrecher begründeten, beim Überzeugungsverbrecher nicht eingriffen. Dies gelte zunächst für den Vergeltungsgedanken, falls man an diesem überhaupt noch festhalten wollte. Vergeltung bedeute, daß der Staat dem Verbrecher sittlich überlegen gegenüberstehe und auf der Seite des Verbrechers Sühne hervorrufe, er müsse sich also schuldig und minderwertig fühlen. Der Überzeugungsverbrecher bringe diese Gefühle nicht auf:

> „Dieser fühlt sich nicht als Minderwertiger und ist auch nicht ein Minderwertiger; er ist lediglich ein Andersdenkender. In seiner Gestalt tritt dem Recht nicht das Unrecht gegenüber, sondern die unwiderlegbare Ansicht von einem höheren Recht. Ihm kann der Staat nicht vergeltend wie einem Schuldigen gegenübertreten, sondern nur kämpfend wie einem Gegner.“[128]

---

125 *Radbruch*, Verh. 34. DJT Bd. 2, S. 354 (357). Siehe hierzu *Gödan*, Die Rechtsfigur des Überzeugungsverbrechers, S. 43.

126 *Gödan*, Die Rechtsfigur des Überzeugungsverbrechers, S. 44.

127 *Radbruch*, GRGA Bd. 8 (Strafrecht II), S. 134 (140).

128 *Radbruch*, GRGA Bd. 8 (Strafrecht II), S. 134 (141).

Aus diesem Grund schied nach *Radbruchs* Auffassung auch der Besserungsgedanke aus, denn dieser setze ebenfalls das Gefühl der eigenen Minderwertigkeit voraus, woran es dem Überzeugungstäter gerade mangele. Der Überzeugungstäter könne durch sein Andersdenken nur eines Besseren belehrt werden, aber nicht gebessert werden im eigentlichen Sinne; dies sei der Grund, warum der Überzeugungstäter zu achten sei, er verlasse „mit ungebeugtem Nacken“ die Strafanstalt. Es sei dementsprechend keine Besserung, wenn ein solcher Täter durch die Strafe gebrochen werde, diese trete nur dann ein, wenn der Überzeugungstäter aus eigenem Antrieb zu einer besseren Einsicht komme. An dieser Stelle zitierte *Radbruch Ellger*:

> „Ein so feinsinniger Gefängnispraktiker wie *Ellger* hat in seiner Gefängniskunde das sehr schön ausgedrückt, wo er von den Überzeugungsverbrechern sagt: ‚Die erziehlichen Aufgaben des Strafvollzugs werden sich bei ihnen darauf beschränken müssen, daß er ihnen durch seine Gerechtigkeit und Menschlichkeit den Beweis liefert, daß der Staat und seine Einrichtungen sittliche Faktoren sind, die nicht nur Achtung beanspruchen, sondern auch verdienen.' Nicht also durch bewußte Besserungseinwirkung, sondern nur durch die Ritterlichkeit des Strafvollzugs kann allenfalls ein Gesinnungswechsel des Überzeugungsverbrechers herbeigeführt werden, nur dann ist er sittlich gerechtfertigt.“[129]

Zuletzt schloß *Radbruch* auch den Abschreckungsgedanken aus. Die geschichtlichen Geschehnisse wie der Kulturkampf, das Sozialistengesetz und die Demagogenverfolgung hätten eher ein Märtyrertum produziert als von der Tat abgeschreckt. Aus all diesen Gründen kam *Radbruch* zu dem Schluß, daß der Staat sich bei der Bestrafung der Überzeugungstäter auf das Nötigste beschränken müsse. Die Strafe gegen ihn sei mit der Kriegsgefangenschaft vergleichbar; es sei daher kein Zufall, daß die bisherige Strafe gegen den Überzeugungstäter die Festungshaft sei; der Überzeugungstäter solle wie bei der Kriegsgefangenschaft eine Weile dem politischen Kampf entzogen werden. Dieser Entzug ende wie die Kriegsgefangenschaft wenn der Gefangene – der Überzeugungsverbrecher – durch eine Veränderung der Lage ungefährlich geworden sei[130].

> „Die Strafe gegenüber dem Überzeugungsverbrecher ist unter dem Namen einer Strafe nichts anderes als eine sichernde Maßnahme, eine Notwehr, eine Kampfmaßnahme des Staates gegen Gegner der bestehenden Verhältnisse.“[131]

Bei alledem zu beachten ist, daß *Radbruch* keine „custodia honesta“ im herkömmlichen Sinne wollte; die Einschließung sei „keine Strafe, die in sich eine

---

129 *Radbruch*, GRGA Bd. 8 (Strafrecht II), S. 134 (141 f.).

130 *Radbruch*, GRGA Bd. 8 (Strafrecht II), S. 134 (143).

131 *Radbruch*, GRGA Bd. 8 (Strafrecht II), S. 134 (143).

Ehrenerklärung“ enthalte und „darin ihr Wesen“ habe, sondern sie sei „ganz einfach eine Freiheitsstrafe, die zum Unterschied von anderen Freiheitsstrafen nicht den Abschreckungszweck, nicht den Besserungszweck, nicht den Vergeltungszweck“ habe, „sondern lediglich dem Sicherungszweck“ diene und damit einer sichernden Maßnahme weitaus ähnlicher sei als einer Strafe[132].

Das Problem, das *Radbruch* neben der theoretischen Grundlage seiner Lehre vom Überzeugungstäter zu lösen hatte, bestand darin, daß die Eigenschaft als Überzeugungstäter auch im Prozeß feststellbar sein mußte. Er sprach sich diesbezüglich gegen ein richterliches Werturteil aus, wie dies in § 20 des RStGB, der den Begriff der „ehrlosen Gesinnung“ verwandte, der Fall sei und damit dem Richter abverlange, die eigene Auffassung über Ehrlosigkeit einzubringen[133]. Das Merkmal der Überzeugung sah *Radbruch* hingegen als ein Tatbestandsmerkmal an, bei dem der Richter nicht die eigene Auffassung einbringen mußte, sondern eine „kriminalpsychologische Tatsachenfeststellung“[134], denn der Überzeugungsverbrecher stelle einen „psychologischen Typus“ dar[135], der „von seiner Überzeugung übermächtig beherrscht gewesen sein müsse“[136]. *Radbruch* sah die Wurzeln seiner Lehre vielmehr im französischen Recht und dem italienischen Entwurf *Ferris.*

Neben den Beispielen für politisch motivierte Überzeugungsverbrecher, die die damalige Zeit in vielen Facetten lieferte – wie die Mörder des spanischen Ministerpräsidenten *Dato*, die von Sondergerichten verurteilten Kommunisten im Lichtenburger Hungerstreik, die Mörder von *Walter Rathenau*, die Mitwirkenden des *Kapp*-Putsches, die Kriegsverbrecher und die Küstriner Putschisten – kannte *Radbruch* auch andere, außerpolitische Motivationen: er führte den katholischen Pfarrer, der aufgrund seines Gewissens bei polnischen Wanderarbeitern, die ein Kind erwarteten, wegen mangelnder Papiere für das Standesamt eine kirchliche Trauung vor der standesamtlichen vornahm[137], den religiös motivierten Kriegsdienstverweigerer[138], den Impfgegner, jemanden, der aus einer künstlerischen Überzeugung einen Theaterskandal verursachte[139], und

132 *Radbruch*, in: Verh. 34. DJT Bd. 2, S. 354 (364).
133 *Radbruch*, in: Verh. 34. DJT Bd. 2, S. 354 (363).
134 *Radbruch*, ZStW 44 (1924), S. 34 (36).
135 *Radbruch*, in: Verh. 34. DJT Bd. 2, S. 354 (363).
136 *Radbruch*, in: Verh. 34. DJT Bd. 2, S. 354 (366).
137 *Radbruch*, in: Verh. 34. DJT Bd. 2, S. 354 (355).
138 *Radbruch*, in: Verh. 34. DJT Bd. 2, S. 354 (355).
139 *Radbruch*, in: Verh. 34. DJT Bd. 2, S. 354 (365).

den Sohn, der seinen alkoholbedingt zu Gewalttätigkeiten gegenüber der Mutter neigenden Vater totschlug[140], an.

Die Rede *Radbruchs* auf dem 34. Deutschen Juristentag in seiner Eigenschaft als Berichterstatter stellte somit Ausbau und Verteidigung seiner Lehre vom Überzeugungsverbrecher dar[141].

In der Diskussion um die Figur des Überzeugungstäters tat sich die Frage nach der terminologischen Differenzierung zwischen Überzeugung und Gewissen und damit zwischen Gewissens- und Überzeugungstätern auf. *Radbruch* selbst sprach von einer „Pflichtüberzeugung", wobei jede „Pflichtüberzeugung sittlicher Art" war und sich als ausschlaggebendes Motiv herauskristallisieren sollte:

> „Eine Überzeugung gegen den Andrang überkommender Werturteile und Rechtsvorschriften zu erwerben und festzuhalten, ist nicht Sache flüchtiger Willkür, sondern nur Sache ernster Arbeit und zähen Charakters, eine von irgendwo angeflogene, nie selbst geprüfte Meinung, eine Meinung, die bei der ersten ernstlichen Entgegensetzung einer anderen an sich irre wird, sich selbst verleugnet, ihre Ergebnisse ableugnet und vor deren Folgen flieht, ist keine Überzeugung."[142]

Der Begriff des Gewissens spielte erstmals[143] auf dem 7. Deutschen Juristentag in der Tschechoslowakei eine Rolle. Von *Rittler*[144] wurde angeführt, daß jemand dann als Überzeugungsverbrecher gelte, „der sich zu seiner Tat in seinem Gewissen für verpflichtet hielt". In der weiteren Diskussion bildete sich die Meinung heraus, daß eine Trennung der beiden Formen erfolgen müsse[145], in deren Ermangelung *Radbruchs* Lehre dem „Grundgebrechen" ausgeliefert sei[146]. Gewissen setze im Gegensatz zur Überzeugung neben dem Ziel, Inhalte durchzusetzen, das Gefühl der unbedingten Verpflichtung vor-

---

140 *Radbruch*, Verh. 34. DJT Bd. 2, S. 354 (355).

141 Dieser entgegnete *Kohlrausch* als zweiter Berichterstatter, indem er sich für eine Limitierung der Anwendung der Einschließungsstrafe aussprach insofern, als nur bestimmte politische Straftaten umfaßt werden sollten, nämlich nur solche, die zum Ziel hatten, dem Wohl des Staates oder Gesellschaft zu dienen. *Kohlrauschs* Redebeitrag ist nicht wiedergegeben worden, da kein brauchbares Stenogramm angefertigt worden ist; Verh. des 34. Deutschen Juristentages, Bd. 2, S. 374 Anm. 1; es geht aber auch *Kohlrauschs* Schlußwort S. 413 f. und dem Schlußbericht S. 868 f. hervor.

142 *Radbruch*, ZStW 44 (1924), 34 (37 f.).

143 so *Roxin*, in: Rechtsstaat und Menschenwürde FS für Werner Maihofer, S. 392.

144 *Rittler*, Der 7. DJT i.d. Tsch., Gutachten, S. 75.

145 *Peters*, Überzeugungstäter und Gewissenstäter, Festschrift für Hellmuth Mayer 1966, S. 257 (273, 280); *Welzel*, in: Niederschriften über die Sitzungen der Großen Strafrechtskommission , 1958, Bd. 3, S. 61.

146 *Welzel*, in: Niederschriften über die Sitzungen der Großen Strafrechtskommission, 1958, Bd. 3, S. 61.

aus[147]. Durch diese Überlegung und durch die verfassungsrechtlichen Schranken des Art. 4 I GG, der die Gewissensfreiheit schützt, spielt die Überzeugungstat nunmehr im Rahmen der Strafzumessung und dies auch nicht notwendigerweise zugunsten des Täters eine Rolle, wohingegen allein die Gewissenstat als straflos erklärt werden kann.

### *c) Entwicklungslinien*

#### *aa) Stand im E 1919 und im RStGB*

Auch im E 1919 existierte die Einschließung (§ 43) schon als Freiheitsstrafe. Sie war in § 47 näher ausgestaltet; vorgesehen war eine Mindeststrafe von einem Tag und eine Höchststrafe von fünfzehn Jahren. Bei der Ausgestaltung des Vollzuges wurden die Besonderheiten dieser Strafform deutlich: Die Gefangenen sollten in besonderen Anstalten oder besonderen Abteilungen untergebracht werden, so daß sie von den anderen Gefangenen getrennt waren. Sie waren dazu verpflichtet, sich mit angemessenen Arbeiten selbst zu beschäftigen; falls dies nicht geschah, waren sie dazu anzuhalten. Zudem war es den Gefangenen erlaubt, ihre eigene Kleidung zu tragen und sich selbst zu beköstigen.

Die Figur des Überzeugungsverbrechers existierte im E 1919 nicht in einer direkten gesetzlichen Regelung. Die Sonderstellung der zur Einschließung verurteilten Täter kam neben der Ausgestaltung des Vollzuges vielmehr darin zum Ausdruck, daß die Einschließung „als custodia honesta an die Stelle der Festungshaft“ trat und „in erster Linie Strafmittel für politische Verfehlungen und Zweikampf“[148] war und neben anderen Strafen nur für Delikte angedroht wurde, „bei denen erfahrungsgemäß der Täter häufiger aus politischen oder aus anderen besonders achtenswerten Beweggründen handelt[e]“[149]. Es bestand die Möglichkeit, daß neben der Einschließung vom Gericht die Unfähigkeit zur Ausübung von öffentlichen Ämtern sowie die Aberkennung der aus öffentlichen Wahlen hervorgegangenen Rechte ausgesprochen wurde[150]. Als besonderes Abgrenzungsmerkmal diente die „ehrlose Gesinnung“ des Täters, das in § 107 Abs. 2 S. 1 E 1919 niedergelegt war:

---

147 *Roxin*, in: Rechtsstaat und Menschenwürde FS für Werner Maihofer, S. 392.

148 *Ebermayer*, ZStW 42 (1921), S. 315 (318).

149 *Ebermayer*, ZStW 42 (1921), S. 315 (318).

150 Siehe z.B. § 140 E 1919: Hiernach dem, der wegen Hochverrats (§§ 138, 139) zu Gefängnis oder Einschließung verurteilt wird, können die aus öffentlichen Wahlen erlangten Rechte sowie die öffentlichen Ämter aberkannt werden.

„Wo das Gesetz Einschließung und eine andere Freiheitsstrafe zur Wahl stellt, darf das Gericht auf Einschließung nur erkennen, wenn die Tat nicht auf ehrloser Gesinnung beruht."

Im Reichsstrafgesetzbuch existierte als Strafe die Festungshaft (§ 17 RStGB). Sie konnte als lebenslange oder zeitige Freiheitsstrafe verhängt werden. Auch bei ihr betrug die Mindestdauer einen Tag und das Höchstmaß fünfzehn Jahre. Sie bestand in der Freiheitsentziehung mit Beaufsichtigung der Beschäftigung und Lebensweise der Gefangenen und wurde, wie der Name besagt, in Festungen oder in anderen dazu bestimmten Räumen vollzogen. Die Festungshaft war für den Zweikampf und bestimmte politische Delikte vorgesehen. Auch das Reichsstrafgesetzbuch erwähnte den Typus des Überzeugungstäters nicht in der von *Radbruch* angeführten Weise. Die Festungshaft stellte aber den Vorläufer der Einschließung dar, was sich in der Ausgestaltung des Vollzuges andeutete und in der Tatsache offenkundig zu Tage trat, daß die Festungshaft keine zwangsläufige Aberkennung der bürgerlichen Ehrenrechte mit sich brachte. Die Privilegierung einer bestimmten Gesinnung des Täters – wie auch im E 1919 – ergab sich aus (einem Umkehrschluß von) § 20 RStGB, der festlegte:

„Wo das Gesetz die Wahl zwischen Zuchthaus und Festungshaft gestattet, darf auf Zuchthaus nur erkannt werden, wenn festgestellt wird, daß die strafbar befundene Handlung aus einer ehrlosen Gesinnung entsprungen ist."

Es konnte damit nur die auf „ehrloser Gesinnung" beruhende Tat mit Zuchthaus bestraft werden. Die Besonderheit bestand demzufolge darin, daß nicht positiv für die Festungshaft eine bestimmte Gesinnung gefordert wurde, „sondern umgekehrt die Zuchthausstrafe nur möglich (nicht obligatorisch)" im Falle „ehrloser Gesinnung" sein sollte[151].

Das Kriterium der „ehrlosen Gesinnung" offenbarte jedoch trotz Definitionsversuchen[152] die Schwäche, daß

„dem Richter bei der Qualifizierung der einer Tat zugrundeliegenden Gesinnung ein recht weiter Einschätzungsspielraum verblieb und der Strafjustiz ein probates

151 *Budzinski*, S. 5, *Thiel*, in: Jahrbuch Bd. 3, S. 259 (260).

152 *Guckenheimer*, Der Begriff der ehrlosen Gesinnung im Strafrecht, 1921, S. 57. *Guckenheimer* definierte ihn wie folgt: „Ehrlos handelt, wer um ethisch niedrig stehender, insbesondere auch egoistischer, kleinlicher Interessen willen höhere Werte im Bewußtsein dieser Interessendivergenz aufs Spiel setzt, wobei als Maßstab für die Wertung die allgemeinen ethischen Anschauungen einer Kulturepoche oder eines Kulturkreises zu setzen sind. Von ehrloser Gesinnung ist dann zu sprechen, wenn dieses Verhalten durch die physische Eigenart des Täters erklärt wird, die dem konstanten Grundstock seines psychischen Verhaltens entstammt und auf sein Bewußtsein im konkreten Fall eingewirkt hat […]."

> Mittel zu einer in hohem Maße der Gefahr willkürlicher Entscheidung unterliegenden Kontrolle und Bekämpfung politischer Straftäter an die Hand gegeben wurde."[153]

Die Besonderheit in *Radbruchs* Entwurf lag demnach in der Ausgestaltung der Figur des Überzeugungstäters, der als besondere Täterpersönlichkeit definiert wurde.

#### *bb) Die Position Österreichs*

Die Privilegierung des Überzeugungsverbrechers war nach dem Bericht *Kadečkas* Gegenstand eines Antrages, der von deutscher Seite gestellt wurde und sich auch durchzusetzen vermochte[154]. Nach seiner Darstellung wurde dieser Gesichtspunkt auch in Österreich für die „custodia honesta" gefordert[155]. Auch das in der letzten österreichischen Strafgesetznovelle verfaßte Strafensystem enthielt mit dem Staatsgefängnis eine Strafe, die der Einschließung weitestgehend entsprach[156]. Auch die Österreichischen Gegenvorschläge zum E 1919 sahen die Einschließungsstrafe in § 47 ÖGV (§ 41 ÖGE) als Strafart vor[157].

---

153 *Thiel*, in Jahrbuch Bd. 3, S. 259 (261).

154 *Schubert / Regge*, I Bd. 1, S. XXIII.

155 In Österreich wurde seit Mitte des 19. Jahrhunderts die Art des Strafvollzuges der Gesinnung des Täters entsprechend gestaltet. § 90 des Entwurfs zu einem Strafgesetzbuch von 1867 lautete: „Das Gericht kann die im Gesetz angedrohte Strafe des Zuchthauses in Gefängnis und jene des Arrestes in Einschließung von gleicher Dauer verwandeln, wenn es findet, daß im einzelnen Falle die strafbare Handlung nicht aus verächtlicher Gesinnung hervorgegangen ist." Zudem wurde auch durch die Eröffnung bestimmter Anstalten eine gesonderte Behandlung der Täter manifestiert. In Suben wurde eine Anstalt eröffnet, in der hauptsächlich politische Verbrecher, Geistliche, gebildete Personen, die zu mehr als sechs Monaten Kerker verurteilt worden waren, inhaftiert wurden. Diese erhielten Vergünstigungen wie eigene Kleidung und Bettwäsche, Selbstbeköstigung, Schnupf- und Rauchtabak, Bücher und Zeitungen und Arbeitsfreiheit. Auch in den Gerichtsgefängnissen wurde den politischen Gefangenen aufgrund der „Allerhöchsten Entschließung vom 28. X. 1849" entsprechende Vergünstigungen gewährt. Siehe hierzu *v. Holtzendorf*, „Handbuch des Gefängniswesens", Bd. 1, S. 249 und 255.

156 So zumindest für den E 1919, bei dem die Einschließung aber auch bis auf die Regelung des Überzeugungstäters schon in ähnlicher Form vorhanden war; *Kadečka* in: Der deutsche Strafgesetz-Entwurf, S. 81 (82).

157 § 47 ÖGV sah vor:

> „Die Dauer der Einschließung ist mindestens einen Tag und höchstens fünfzehn Jahre.
>
> Die Einschließung wird in besonderen Anstalten oder derart in besonderen Abteilungen vollstreckt, daß die Gefangenen von Gefangenen anderer Art getrennt bleiben.

*Kadečka* selbst hat sich in Bezug auf den E 1925 über die Einschließung geäußert[158]; er wollte jedoch nicht den Begriff der ehrlosen Gesinnung oder Überzeugung verwenden, sondern von achtenswerten Beweggründen sprechen und zugleich eine Art Verwerflichkeitsklausel einführen:

> „Auf Einschließung ist zu erkennen, wenn der Täter aus triftigen und achtenswerten Beweggründen gehandelt hat und die Anwendung der von ihm gewählten Mittel nicht trotz des damit angestrebten Zieles besonders verwerflich ist."[159]

Zudem äußerte er die Kritik, daß die Vorstellung *Radbruchs*, der Richter habe aufgrund der Fassung der Vorschrift im Entwurf einen „objektiv feststellbaren psychologischen Befund" vor sich, bei der tatsächlichen Feststellung Beweisschwierigkeiten unterliege, denn es sei für den Richter nicht einsehbar, inwiefern wirkliche Überzeugungen oder bloß vorgeschobene vorlägen[160]. Weiterhin warf *Kadečka Radbruch* eine zu formalistische Auffassung insofern vor, als er den Wert eines Menschen ausschließlich danach beurteile, ob dieser „überhaupt Pflichtvorstellungen zugänglich" sei, und nicht die weitergehende Frage stelle, welchen Inhalt seine Pflicht habe[161]. Es sei nicht die „Uebereinstimmung der Handlungsweise des Täters mit seinen eigenen verkehrten moralischen Anschauungen" entscheidend, sondern „die Uebereinstimmung oder doch die Verwandtschaft seines sittlichen Empfindens mit dem der Allgemeinheit, mit den sittlichen Grundsätzen, die sie anerkennt, auch wenn sie nicht danach lebt"[162].

*Gödan* attestiert dieser Position, daß diese „ihr eigenes Unvermögen zur Schau stellt"[163], denn damit lehne *Kadečka* eine autonome Position des Täters ab und stelle den Maßstab auf, daß nicht das eigene Tun, sondern mehr das, was man sage, von Bedeutung sei. *Stoltzenburg* hingegen bezeichnet diese Fragestellung als die entscheidende und verweist auf die Kritik *Eberhard Schmidts*[164], die beim Begriff des Überzeugungsverbrechers „das unvermeidliche Inanspruchnehmen individualethischer Gesichtspunkte" und „die damit zu befürchtende

---

Die Gefangenen sind verpflichtet, sich mit angemessenen Arbeiten selbst zu beschäftigen. Soweit das nicht geschieht, sind sie zur [...] Arbeit anzuhalten.

Die Gefangenen dürfen eigene Kleidung tragen und sich selbst beköstigen."

158 *Kadečka*, DJZ 1926, Sp. 1276 ff.

159 *Kadečka*, DJZ 1926, Sp. 1276 (1280).

160 *Kadečka*, DJZ 1926, Sp. 1276 (1278 f.).

161 *Kadečka*, DJZ 1926, Sp. 1276 (1279).

162 *Kadečka*, DJZ 1926, Sp. 1276 (1279).

163 *Gödan*, Die Rechtsfigur des Überzeugungstäters, S. 85.

164 *Stoltzenburg*, Das Problem des Überzeugungsverbrechers bei Gustav Radbruch, S. 126 f.

Verwirrung der im Strafrecht allein maßgeblichen sozialethischen Gesichtspunkte“[165] rügte.

### *cc) Der Einfluß Franz v. Liszts*

Von der Warte *v. Liszts* aus sind keine Einflüsse auf die Ausgestaltung der *Radbruch*schen Idee der Einschließungsstrafe für den Überzeugungsverbrecher zu erkennen.

Bei der Ausgestaltung des Strafensystems in der Vorstellung *Franz v. Liszts* stellte sich die Festungshaft als entbehrlich dar, wenn die Gefängnisstrafe in entsprechender Weise gestaltet würde[166]. In dem von ihm miterstellten Entwurf von 1911 existierte die Festungshaft bzw. die Einschließung nicht; die „custodia honesta“ war allein die Haftstrafe, welche sich von der im geltenden Recht geregelten Festungshaft lediglich durch einen erheblich weiteren Anwendungsbereich und die Neuregelung des Vollzugs durch Lösung aus dem Kontext der Militärgewalt sowie die Gestaltung in „einer dem erweiterten Anwendungsgebiet angemessenen Weise“ unterschied[167].

Das Mindestmaß der Haftstrafe betrug drei Tage und das Höchstmaß zehn Tage (§ 43 E 1911); zudem konnte der Verlust der bürgerlichen Ehrenrechte nicht mit der Haftstrafe verbunden werden. Es war aber nach § 73 Abs. 2 möglich, daß „in Fällen, wo das Gesetz die Wahl zwischen Zuchthaus und Haft gestattet, [...] neben einer mindestens ein Jahr betragenen Haftstrafe auf den Verlust der bekleideten öffentlichen Ämter, sowie der aus den öffentlichen Wahlen hervorgegangenen Rechte erkannt [wird], wenn sich der Täter ihrer als unwürdig erwiesen hat“. Auch bestand unter den Voraussetzungen des § 76 die Möglichkeit der Aberkennung der Fähigkeit zur Ausübung gewisser Ämter, Berufe und Gewerbe. Der Vollzug war eher privilegierend ausgestaltet; es war den Gefangenen nach § 49 E 1911 möglich, sich Bücher, Schriften, private Einrichtungs- und gewohnte Gebrauchsgegenstände und Genußmittel zu verschaffen, soweit dies mit dem Strafzweck und der Ordnung der Anstalt verträglich war.

In einem Aufsatz[168] ging *v. Liszt* in seinen Forderungen weiter, dort erachtete er die beiden Freiheitsstrafen Gefängnis und Zuchthaus als ausreichend, denn

---

165 *v. Liszt / Schmidt*, Lehrbuch des deutschen Strafrechts, 25. Auflage, S. 255 Fn. 10.

166 *v. Liszt*, Strafrechtliche Aufsätze und Vorträge, Bd. 2, S. 356 (395); siehe oben unter A) II 1 b) cc) wie sich *v. Liszt* die Unterscheidung zwischen den beiden Freiheitsstrafen Zuchthaus und Gefängnis vorstellte.

167 Begründung zum Gegenentwurf, S. 65.

168 *v. Liszt*, Strafrechtliche Aufsätze und Vorträge, Bd. 2 S. 356 (395).

die Haft habe nach der von ihm geforderten Ausscheidung der Polizeiübertretungen keine Daseinsberechtigung mehr[169]. Sie sei dem Gefängnis in der Praxis so ähnlich, daß dieses als Strafe in den „leichteren Fällen des kriminellen Unrechts" ausreiche[170]. Zudem sei auch die Festungshaft bei entsprechender Ausgestaltung der Gefängnisstrafe entbehrlich. Da *v. Liszt* den Entwurf in Zusammenarbeit erstellte, ist anzunehmen, daß er bezogen auf die Haftstrafe hierbei einen Kompromiß eingegangen war.

Gleichwohl bestritt *v. Liszt* nicht die Existenz des Überzeugungstäters bei der Differenzierung der einzelnen „Verbrechertypen" im Hinblick auf ihre psychische Eigenart; die Verbrechen aus „Überzeugungstreue" waren Teil der Klassifizierung. Es gab nach *v. Liszt* dabei verschiedene Arten von Überzeugung: zum einen die rechtliche (*Michael Kohlhaas*), die sittliche (Zweikampf, Verweigerung des Eides), wissenschaftliche (Impfgegner), künstlerische Überzeugung (ästhetische Fehden), zum anderen die religiöse Überzeugung und drittens die politische, nationale, soziale und antisoziale (anarchistische) Überzeugung[171]. Die Privilegierung der Tätergruppe der Überzeugungstäter lehnte *Franz v. Liszt* aber ab; er wollte das Handeln aus einer ehrenhaften Gesinnung heraus nicht unter besonderen Schutz stellen[172].

> „Wer aus tiefster religiöser oder nationaler, politischer oder sozialer Ueberzeugung heraus zum erbittersten Feind der bestehenden Rechtsordnung geworden ist, handelt durchaus nicht unehrenhaft, wenn er diese Handlungen betätigt. Die Rechtsordnung aber würde sich selbst preisgeben, wenn sie diesen 'Ehrenmann' als etwas anderes ansehen und behandeln wollte, als ihren Todfeind. Kann man etwa wirklich, ohne allen Begriffen Gewalt anzutun, behaupten, daß die von einem überzeugungstreuen Anarchisten, der sein Leben in den Dienst seiner 'Ideen' gestellt hat, betriebene 'Propaganda der Tat' ehrlos sei? Oder glaubt man andererseits wirklich einer solchen blutigen Gewalttat gegenüber von der Strenge des Gesetzes absehen zu können, ohne daß das Rechtsbewußtsein des Volkes, ohne daß die Sicherheit des gesellschaftlichen Zusammenlebens auf das Tiefste erschüttert werden?"[173]

---

169 Dem widersprechend äußerte sich *v. Liszt* wiederum in seinem Aufsatz „Der Zweckgedanke im Strafrecht", als er feststellte, daß für die *Unverbesserlichen* nur die Einsperrung auf Lebenszeit bzw. unbestimmte Zeit bliebe (*v. Liszt*, Der Zweckgedanke im Strafrecht, S. 45), die er im folgenden auch als *Einschließung* bezeichnete und mit dem „obligatorischen und dauernden Verlust der bürgerlichen Ehrenrechte" (*v. Liszt*, Der Zweckgedanke im Strafrecht, S. 46) verband. Es läßt sich aber an dieser Stelle eher vermuten, daß *v. Liszt* den Terminus der Einschließung untechnisch gebrauchte.

170 *v. Liszt*, Strafrechtliche Aufsätze und Vorträge, Bd. 2, S. 356 (395).

171 *v. Liszt*, Strafrechtliche Aufsätze und Vorträge, Bd. 2, S. 170 (188).

172 So auch *Radbruch*, in: Elegantiae Juris Criminalis, S. 228.

173 *v. Liszt*, Strafrechtliche Aufsätze und Vorträge, Bd. 2, S. 356 (386).

Die Quintessenz aus den *v. Liszt*schen Überlegungen und Überzeugungen bestand darin, daß das Recht nicht eine differenzierende Bewertung zwischen unehrenhaftem und ehrenhaftem Handeln, sondern nur zwischen sozialem und antisozialem Verhalten vornehmen sollte[174]. Der sogenannte Überzeugungsverbrecher handele zwar nicht unehrenhaft; er handele aber antisozial, und dieses habe das Gesetz zu bestrafen, ohne eine Privilegierung auszusprechen.

### *d) Bewertung in der Öffentlichkeit*

Die Literatur, die sich mit dem Werk *Radbruchs* befaßte und sich zur Einschließungsstrafe und zur damit verbundenen Privilegierung von Überzeugungstätern äußerte, sah diesen Aspekt durchweg eher kritisch[175]. Die Kritik, die *Radbruch* entgegenschlug, griff verschiedene Aspekte der Konstruktion des Überzeugungstäters an; sie bezog sich auf die rechtsphilosophischen Grundlagen, die kriminalpolitische Begründung und die Praktikabilität der Vorschrift[176].

Die erstgenannte Kritik richtete sich gegen den rechtsphilosophischen Ausgangspunkt *Radbruchs*, die relativistische Position[177], welche für *Radbruch* die Grundlage einer Demokratie bildete:

> „Der demokratische Staat ist nicht aufgebaut auf der Annahme einer beweisbaren und eindeutigen politischen Wahrheit; er kennt nur Mehrheitsansichten und Min-

---

174 Dies konkretisiert *v. Liszt* auch in dem oben zitierten Aufsatz (siehe Fn. 90) S. 387: „Das deutsche Strafgesetzbuch der Zukunft muß sich auf den sozial-ethischen Standpunkt stellen, wenn es unser heutiges Rechtsbewußtsein befriedigen soll. Nach seinem Unwert für die Gesellschaftsordnung, d.h. für die Rechtsordnung, ist das Verbrechen zu beurteilen. Nicht die Ehrlosigkeit, sondern die antisoziale Gesinnung kennzeichnet subjektiv den Verbrecher."

175 U.a.: *Liepmann*, in: Aschrott / Kohlrausch, S. 120 (131 ff); *Neumann*, KJ 2004, S. 432 (440 f.); *Wassermann*, Einleitung Bd. 9 (Strafrechtsreform), S. 30 f.

176 Eine Zusammenfassung hierzu bieten *Stoltzenburg*, Das Problem des Überzeugungsverbrechers bei Gustav Radbruch, S. 122 ff. und *Thiel*, in Jahrbuch Bd. 3, S. 259 (268 ff.).Zudem wurde bei der späteren Diskussion der Einschließungsstrafe im Rahmen der weiteren Strafrechtsreform, in Bezug auf den E 1927, über die Figur des Überzeugungsverbrechers von *Landsberg* (SPD) in der 41. Sitzung des Reichstages (III. Wahlperiode 1924/27) am 15. Dezember 1927 ein Überblick gegeben, s. *Schubert / Regge*, I 3.1, S. 386 ff.

177 *Kohlrausch*, in: Verh. 34. DJT Bd. 2, S. 353; *Nagler*, Der Gerichtssaal 94 (1927), S. 48 (63); *Erik Wolf*, ZStW 46, S. 203 (214). Auch die neuere Literatur sieht die Gründe für *Radbruchs* Ideal einer besonderen Behandlung des Überzeugungstäters in seiner wertrelativistischen Grundposition begründet, greift diese aber nicht an (*Krämer*, Strafe und Strafrecht im Denken des Kriminalpolitikers Gustav Radbruch, S. 38; so auch *Neumann*, KJ 2004, S. 432 [440]; *Wassermann*, Einleitung, in: GRGA Bd. 9 [Strafrechtsreform], S. 30).

derheitsansichten über die niemals eindeutig beweisbare politische Wahrheit. Gegen Minderheitsansichten, die sich gewaltsam gegen ihn auflehnen, muß er seine Macht anwenden; er muß solche gegnerischen Anschauungen sich unterwerfen, ihm steht es aber nicht an, solche Anschauungen zu demütigen, als seien sie Frevel."[178]

*Radbruch* ging darüber hinaus von einer Trennung von Recht und Moral aus, die einzelnen Sollenssätze, auf denen die Rechtsnormen aufbauten, seien nicht beweisbar und damit nicht der Erkenntnis, sondern nur des Bekenntnisses fähig. Die einzelne Person werde nur durch die von ihr ethisch und vom eigenen Gewissen anerkannte Norm verpflichtet, nicht hingegen von der rechtlichen Norm[179].

Diese Grundlage des § 71 E 1922/25 berücksichtigend wurde dieser als „Selbstverneinung des Rechtsgedankens"[180] und als „Akt der Selbsterniedrigung und der Selbstpreisgabe des Staates"[181] bezeichnet. Auch wurde angemerkt, daß der Staat durch § 71 resigniert seine „nurmehr partikulare Bedeutung auf dem Gebiet der Lebensordnung" erkläre, weil er nicht mehr „die sittliche Macht" darstelle und aufgrund dessen „nurmehr eine äußere soziale Zwangsorganisation" sei[182]. *Krämer* hingegen sah darin „das vor allem im weltanschaulichen Liberalismus begründete Prinzip der Toleranz, welches in der Sonderstrafe der Einschließung seinen strafrechtlichen Ausdruck fand"[183].

Darüber hinaus wurde von *Liepmann* angemerkt, daß die Figur des Überzeugungstäters im Widerspruch zu der rein positivistischen Strafrechtslehre *Ferris* – mit der auch *Radbruch* sympathisierte – stehe, der in seinem Entwurf versucht habe, ohne Berücksichtigung der Schuld und ohne eine sittliche Beurteilung nur die soziale Gefährlichkeit des einzelnen Verbrechers zu bewerten[184]. Gehe man von dieser Prämisse aus, so sei die Figur des Überzeugungsverbre-

178 *Radbruch*, in: Verh. 34. DJT Bd. 2, S. 354 (362).

179 Siehe dazu: *Noll*, ZStW 78 (1966), S. 638 (644).

180 *Kohlrausch*, in: Verh. 34. DJT Bd. 2, S. 353.

181 *Nagler*, Der Gerichtssaal 94 (1927), S. 48 (63).

182 *Erik Wolf*, ZStW 46, S. 203 (214).

183 *Krämer*, Strafe und Strafrecht im Denken des Kriminalpolitikers Gustav Radbruch, S. 38.

184 Dagegen stellt *Heinitz* (ZStW 78, S. 615 (616) fest, daß *Ferri* aber in seinem Entwurf aus dem Jahre 1921 in den Art. 21 und 22 die unedlen Beweggründen als Symptomen für größere Gefährlichkeit und die guten Beweggründe als gefahrmindernd ansah.

chers nur noch „als Fossil der sonst abgelehnten 'metaphysisch-moralischen' Strafrechtsbeurteilung übrig geblieben“[185].

Die Stellungnahmen, die sich mit der Beantwortung der Frage auseinandersetzten, ob und wann ein Täter als Überzeugungsverbrecher zu gelten habe, der sich in kriminalpsychologischer Hinsicht von den anderen als eigenständiger Verbrechertypus unterscheide, sind zahlreich[186]. Diese Stellungnahmen fördern zutage, daß es wohl (so die Mehrzahl der Stimmen) einen in kriminologischer Hinsicht nachweisbaren Typus des Überzeugungstäters gebe[187], dieser aber äußerst selten sei; hingegen wurde die von *Radbruch* vorgenommene kriminalpsychologische Typisierung dieses Täters überwiegend abgelehnt, da das Merkmal der Pflichtüberzeugung als alleiniges Mittel kein ausreichendes Differenzierungskriterium darstelle. Beispielhaft hierfür bemängelte *Wolf*, daß sich unter den denkbaren und geschehenen Fällen von Überzeugungsverbrechen nur eine geringe Anzahl von solchen befinde, „deren Begehungsmotiv typisch das der Pflichtüberzeugung“ sei[188]. Darunter fielen die politischen Verbrechen, in den anderen Fälle sei „keine typische, sondern eine einmalige Konfliktlage geschaffen, wie sie für den Notstand“ bezeichnend sei[189].

*Wachenfeld* differenzierte zwischen den einzelnen Arten von Überzeugungen in § 71 E 1922[190]: Seiner Ansicht nach waren politisch motivierte Täter bei politischen Delikten und religiös motivierte Täter bei religiösen Delikten zu privilegieren, eine Privilegierung aufgrund einer sittlichen Überzeugung lehnte

---

185 *Liepmann*, in: Aschrott / Kohlrausch, Reform des Strafrechts, S. 120 (132). Ähnlich mutet auch die Kritik *Naglers* (Der Gerichtssaal 94 [1927], S. 48 [58 f.]) an, der feststellt, daß die Vergeltungswirkung der Strafe ein rechtlicher und kein sittlicher Ausgleich sei und daß „nur wer dem Staat als einem Organ der sittlichen Weltordnung die Strafkompetenz zugesteht, kann seine sittliche Überlegenheit gegenüber dem Überzeugungsverbrecher fordern“ und daß der Staat kein „Gewissenrichter“ sei.

186 *Nagler*, Der Gerichtssaal 94 (1927), S. 48 (54 f.); *Gaupp*, MschKrim 17 (1926), S. 394 ff.; *Aschaffenburg*, in: Verh. 34. DJT II, S. 395 f.; *Rittler*, in: Der 7. DJT i.d. Tsch., Gutachten, S. 75; *Foltin*, in: Der 7. DJT i.d. Tsch., Vehandlungen, S. 113–115; *Höpler*, in: Verh. 34. DJT Bd. 1, S. 58 (69 ff.); *Wolf*, ZStW 46 (1925), S. 203 ff.; *ders.*, ZStW 47 (1927), S. 396 ff.; *ders.*, Verbrechen aus Überzeugung; *Winterstein*, in: Der 7. DJT i.d. Tsch., Verhandlungen, S. 106 f; *Liepmann*, in: Aschrott / Kohlrausch, S. 120 (132 f.).

187 So: *Nagler*, Der Gerichtssaal 94 (1927), S. 48 (55). Für ihn stand es außer Zweifel, daß der Überzeugungstäter „zu den Erscheinungen des praktischen Rechtslebens“ gehörte. So auch *Gaupp*, MschKrim 17 (1926), S. 394 ff.; *Aschaffenburg*; in: Verh. 34. DJT Bd. 2, S. 395 (396).

188 *Wolf*, Verbrechen aus Überzeugung, S. 19.

189 *Wolf*, Verbrechen aus Überzeugung, S. 20.

190 *Wachenfeld*, GA 69 (1925), S. 353 (361).

er aber ab, denn ein jeder habe die Pflicht, „seine Ethik einzustellen auf das, was der Allgemeinheit als Sitte und Recht gilt“[191].

Das Problem, das sich gleichzeitig stellte, war die Frage nach der Praktikabilität der Abgrenzung des Überzeugungstäters vom „gemeinen“ Verbrecher. Dabei stieß vor allen Dingen die von *Radbruch* als Tatbestandsmerkmal für eine „kriminalpsychologische Tatsachenfeststellung“ wiederum ins Feld geführte „Pflichtüberzeugung“, neben dem Vorwurf der mangelnden Praktikabilität, auf die Kritik, daß gerade für die Feststellung einer Pflicht ein „Werturteil“ des Richters erforderlich sei[192].

Ob *Radbruchs* Konzeption einer Sonderstrafe für den Überzeugungstäter, die auf der Annahme beruhte, daß die Vergeltungs- und Besserungsstrafe und auch eine Sicherungsverwahrung ausscheide, überzeugte, hing vom jeweiligen Ausgangspunkt ab. Überwiegend wurde das *Radbruch*sche Modell aber abgelehnt, teilweise sprach man sich gegen eine Sonderbehandlung für den Überzeugungsverbrecher aus[193], teilweise wurde eine Sicherungsverwahrung vorgezogen[194]. *Liepmann*, der für den Gedanken einer Einheitsstrafe eintrat,

---

191 Ebenda.

192 *Wolf*, ZStW 46 (1925), S. 203 (211 f.); so auch *Höpler*, in: Verh. 34. DJT Bd. 1 (Gutachten), S. 58 (76), der feststellt: „Was hier von dem Gericht verlangt wird, ist geradezu ein ethisches Werturteil, also gerade das, was Radbruch durch die Bestimmung des § 71 vermieden wissen sollte“.

193 *Höpler*, in: Verh. 34. DJT Bd. 1, S. 58 (88 f.); *Nagler*, Der Gerichtssaal 94 (1927), S. 48 (60). Auch *Kohlrausch* (in: Verh. 34. DJT Bd. 2, S. 400) war gegen eine Sonderstrafe gegenüber dem Überzeugungsverbrecher, er argumentierte, man müsse aus bei Anerkennung des kriminalpsychologischen Sondertypus diesen unschädlich machen, was aber keine legitime Folge sein könne.
*Liepmann*, in: Aschrott / Kohlrausch, S. 120 (136 ff.) sah aber im Gegensatz zu *Radbruch* zwischen der Regelung des § 71 und dem Vergeltungsgedanken einen logischen Zusammenhang (S. 132): „Wenn die Strafe ein Übel sein soll, das sich in Quantität und Qualität des Strafleidens nach der Schwere des Verbrechens abzustufen hat, so liegt in der Tat die Schlußfolgerung nahe, daß dann Delikte aus niedrigen, egoistischen, unehrenhaften, gemeinen Motiven eine Strafe fordern, die die Mißachtung von Tat und Täter zum Ausdruck bringt, und daß andererseits Delikte aus anständigen und ehrenwerten Motiven so zu bestrafen sind, daß der Gefangene auch im Vollzug empfinden kann, daß man seiner Persönlichkeit – mag sie auch noch so staatsgefährlich sein – Respekt entgegenbringt“.

194 *Levy*, in: Verh. 34. DJT Bd. 2, S 374 (379), 402: *Levy* ging davon aus, daß nur gegenüber Fanatikern der Strafzweck versorgen könnten, die meisten politisch motivierten Überzeugungstäter wären Mitläufer, die durch die Strafe durchaus in ihren Ansichten bekehrt werden könnten. Im negativen Falle wäre sonst die Sicherungsverwahrung das Mittel der Wahl und nicht erst beim Rückfall. Für die Maßnahme der Sicherungsverwahrung sprach sich auch *Aschaffenburg* in: Verh. 34. DJT Bd. 2, S. 395 (396) aus; so auch *Gaupp*, MschKrim 17 (1926), S. 394 (400).

sah in der Strafe der Einschließung als „positive Ehrenstrafe“ zudem auch den Gegenpol zu den anderen Strafarten, denn sie solle ja bestimmte Tätergruppen um ihrer Gesinnung willen anders behandeln[195].

### *e) Zusammenfassung*

War die Anerkennung des Prinzips der Privilegierung politisch motivierter Täter schon durch die Existenz der Festungshaft seit längerer Zeit etabliert, so war die Gestaltung der Einschließungsstrafe und die Figur des Überzeugungsverbrechers in der Ausformung des § 71 E 1922 das ureigene Werk *Radbruchs*.

Doch war von diesem Typus, den *Radbruch* sich als Überzeugungstäter vorstellte, wirklich ein so genaues Bild zu malen, wie er dachte? *Radbruch* selbst sah im Überzeugungstäter wohl mehr einen altruistisch motivierten Täter, den man in seiner scharf umrissenen Gestalt stets von anderen Tätern unterscheiden könne. Es mag sein, daß es Gruppen von Tätern gibt, auf die diese Einschätzung zutrifft – wo einzelne in einer festen Gruppe leben, die ihre eigenen Werte definiert hat und die daraus resultierenden Forderungen über die des Staates setzt, wie z.B. streng religiöse und politische Gruppen – aber es gibt auch Individualisten, die wie ein *Michael Kolhaas* nicht in eine Schublade zu stecken sind[196]. Auch stellt sich die Frage, wer nur Mitläufer ist und wer sich die Überzeugung aus eigenem Antrieb angeeignet hat. Ob ein Täter ein Überzeugungstäter ist, sollte nach *Radbruchs* Vorstellung im Rahmen eines objektiv feststellbaren Befundes ermittelt werden. Das Problem liegt jedoch in der Komplexität menschlicher Persönlichkeiten; hinter einer Tat steckt oft ein ganzes Bündel an Motiven. Ob diese Motive immer zweifelsfrei ausgemacht werden können, bleibt fraglich; auch liegt es nahe, einige Motive anderen vorzuschieben. Darüber hinaus wird bei der Figur des Überzeugungsverbrechers[197] aber auch primär auf eine Gesinnung abgestellt, die Konsequenz

---

195 *Liepmann*, in: Aschrott / Kohlrausch, S. 120 (136, 138). Dabei ging *Liepmann* aber von den Regelungen des E 1924/25 aus, dieser enthielt wiederum die Todes- und Zuchthausstrafe, die mit der Arberkennung von Rechten verbunden waren. Diese waren negative Ehrenstrafen. Bereits in Bezug auf den E 1919 hatte Liepmann die Beseitigung jeder Ehrenstrafe, auch der Einschließungsstrafe gefordert, diese attestiere dem Gefangenen ausdrücklich seine ehrenhafte Gesinnung. *Liepmann*, Die Reform des deutschen Strafrechts, S. 123.

196 *Heinitz*, ZStW 78 (1966), S. 615 (624).

197 Die Figur des Überzeugungstäters wird heutzutage noch im Rahmen der Strafzumessung berücksichtigt, wobei diese Eigenschaft nicht unbedingt zu einer ungünstigen Sozialprognose führen muß; siehe BGHSt, StV 2001, 505.

hieraus ist ein Gesinnungsstrafrecht im umgekehrten Sinne, indem sich die Gesinnung für den Täter durch die Einschließungsstrafe positiv auswirkt.

Auch ist es verwunderlich, daß *Radbruch* in seinem Entwurf, der noch nicht rechtspolitische Realität geworden war, eine Tätergruppe privilegieren wollte, die er auf der anderen Seite in der außerhalb des Strafgesetzbuches liegenden Republikschutzgesetzgebung gerade mit der äußersten Strafe – der Todesstrafe – bedrohte[198]. Denn in vielen Fällen wird es sich bei den „Feinden der Republik" wohl um Überzeugungstäter im *Radbruch*schen Sinne gehandelt haben. Vielleicht zeigt sich an dieser Stelle einmal mehr der Unterschied zwischen dem Theoretiker *Radbruch* und dem Parteipolitiker *Radbruch*[199].

### *4. Haft*

#### *a) E 1922*

Die Haftstrafe war im E 1922 im zweiten Buch – den Übertretungen – als Strafart vorgesehen; sie sollte zum einen in besonders schweren Fällen nach § 344 E 1922[200] verhängt werden können und zum anderen an die Stelle einer uneinbringlichen Geldstrafe treten (§ 346 E 1922)[201].

---

198 Daß das Republikschutzgesetz keine Festungshaft kannte, obwohl es ja gerade viele Verbrechen behandelte, die auf einer politischen Motivation beruhten, wurde von *Schüftan*, der mit der Idee des Überzeugungsverbrechers von *Radbruch* sympathisierte, so begründet, daß durch das Republikschutzgesetz gerade die Handlungen aus dem Gros der politisch motivierten Verbrechen herausgenommen werden sollten, die der Vorbereitung oder Ausführung eines politischen Attentats dienten. Dieses sollte gerade besonders streng sanktioniert werden, „ein an sich politisches Verbrechen soll[te] dadurch zur allgemeinen Tat abgestempelt werden" und nicht dem Schutz der republikanischen Verfassung im engeren Sinne zu dienen; siehe *Schüftan*, Die Sonderbehandlung des politischen Verbrechens, S. 51.

199 Jedoch stellte *Radbruch* in seinen Bemerkungen zum Entwurf (S. 50) fest: „Der Entwurf hat es sich insbesondere versagt, das Strafrecht des Gesetzes zum Schutze der Republik in sich aufzunehmen. Es ist nicht möglich, schon jetzt zu entscheiden, welche Bestimmungen dieses Gesetzes durch eine zeitweiligen Notstand bedingt sind, welche einem dauernden strafrechtlichen Bedürfnis entsprechen, und es empfiehlt sich nicht, das nach erbitterten parlamentarischen Kämpfen geordnete Sachgebiet nach so kurzer Zeit von neuem zur gesetzgeberischen Erörterung zu stellen."

200 Dieser besagt, daß in besonders schweren Fällen, insbesondere bei hartnäckigem Verharren im Ungehorsam gegen die bestehenden Vorschriften auf Haft oder auf Geldstrafe bis zu einhunderttausend Mark erkannt werden kann.

201 Die Haftstrafe war Gegenstand der Beratungen vom 8. April 1922, wo festgelegt wurde, daß sie für das erste Buch fortfallen sollte. Weiterhin wurde beschlossen, daß als Ersatzfreiheitsstrafe, wenn nicht wegen derselben Tat zugleich auf eine Freiheitsstrafe erkannt wurde, Gefängnis oder Einschließung (unleserlicher Zusatz darüber) zugelassen werden sollte. Wenn wegen derselben Tat bereits auf eine Freiheitsstrafe

Hier wird eine strukturelle Besonderheit des E 1922 deutlich[202]: Die Haftstrafe war als Strafart in einem eigenen Allgemeinen Teil des zweiten Buches aufgeführt. Durch diese Separierung sollte die Abgrenzung der Übertretungen als Polizeiunrecht unterstrichen werden, denn im ersten Buch war von der Haftstrafe keine Rede. Die Mindestdauer der Haft wurde in § 347 E 1922 auf einen Tag und die Höchststrafe auf drei Monate festgesetzt. In der Entwurfsbegründung äußerte sich *Radbruch* zur Haftstrafe nur sehr kurz, indem er im Vergleich mit der Einschließung feststellte, daß die Haftstrafe, die ausschließlich gegen das Polizeiunrecht verhängt werde, sich nicht weniger deutlich kennzeichnen lasse[203].

### *b) Entwicklungslinien*

Die Haftstrafe war im Rahmen der „Übertretungen" bereits im Vorgänger des E 1922 als Strafart vorgesehen. Ihr Anwendungsbereich erstreckte sich auf die Strafschärfung nach § 404 E 1919, der die Voraussetzungen im Gegensatz zum E 1922 dahingehend konkretisierte, daß der Täter innerhalb der letzten drei Jahre vor der Tat wegen der gleichen Übertretung bereits zweimal rechtskräftig zu Strafe verurteilt worden war[204]. Auch im Fall der uneinbringlichen Geldstrafe gemäß § 410 E 1919 konnte die Haftstrafe verhängt werden[205]. Darüber hinaus war sie aber – im Gegensatz zum E 1922 – auch im Ersten Buch (§ 43) als Ersatzstrafe für eine uneinbringliche Geldstrafe festgesetzt. Sie wurde in § 48 E 1919 näher ausgestaltet: Ihre Mindestdauer betrug einen Tag und ihre Höchstdauer ein Jahr, soweit das Gesetz nichts anderes bestimmte. Die Haftgefangenen sollten, soweit möglich, von den anderen Gefangenen getrennt gehalten werden. Zudem sollten die Gefangenen sich mit angemessenen Arbeiten selbst beschäftigen dürfen und, falls dieses nicht geschah, zu

---

erkannt wurde, sollte die Geldstrafe in dieselbe Strafart umgewandelt werden, auf die erkannt worden war. S. BA R 3001/5811, S. 106.

202 Die Vorschriften über die Haft und die Systematik wurden auch im E 1925 beibehalten, die Vorschrift des § 352 E 1925 entsprach § 344 E 1922, § 354 E 1925 der des § 346 E 1922 und schließlich § 355 E 1925 der des § 347 E 1922.

203 *Radbruch*, Bemerkungen, S. 54.

204 Daraufhin konnte auf eine Geldstrafe bis zu zehntausend Mark oder auf Haft bis zu drei Monaten erkannt werden. Trafen mehrere Haftstrafen zusammen, so war auf jede gesondert zu erkennen. Ihre Gesamtdauer durfte ein Jahr nicht übersteigen.

205 Der E 1919 enthielt im Gegensatz zu seinem Nachfolger noch einen Umrechungsschlüssel für die Berechnung von Geldstrafe in Haft in § 410 E 1919:

„Eine uneinbringliche Geldstrafe wird in Haft umgewandelt. Dabei ist der Betrag von einer bis zu dreißig Mark einem Tage Haft gleichzuachten.

Der Höchstbetrag der Ersatzstrafe ist drei Monate. Treffen mehrere Ersatzstrafen zusammen, so darf ihre Gesamtdauer sechs Monate nicht übersteigen."

Arbeiten angewiesen werden, welche möglichst ihren Fähigkeiten und Berufsverhältnissen entsprachen. Die Arbeit der Haftgefangenen war aber im Umfang geringer als die der Gefängnisgefangenen; darüber hinaus war es ihnen gestattet, eigene Kleidung zu tragen und – mit gesonderter Erlaubnis – sich selbst zu verköstigen.

Auch im RStGB existierte die Haftstrafe; nach § 1 Abs. 3 RStGB war eine mit Haft oder mit Geldstrafe bis zu fünfzig Mark bedrohte Handlung eine Übertretung. In § 18 RStGB wurde die Haftstrafe näher konkretisiert: Der Höchstbetrag war auf sechs Wochen, der Mindestbetrag auf einen Tag festgesetzt; die Haftstrafe bedeutete die einfache Freiheitsentziehung.

Bei den Regelungen der Haftstrafe des E 1922 läßt sich eine Übereinstimmung zwischen *Radbruch* und seinem Doktorvater *v. Liszt* insofern erkennen, als beide die Aussonderung der Übertretungen als Polizeiunrecht aus dem Strafgesetzbuch forderten, die Daseinsberechtigung der Haftstrafe im geltenden Reichsstrafgesetzbuch fiel nach *v. Liszt* mit der Trennung des Polizei- vom Kriminalunrecht[206]. Im GE kam der Haftstrafe aber eine andere Bedeutung zu[207].

Der GE führte die Übertretungen erstmals in einem eigenen Buch auf, wobei er als Übertretung eine nur mit Geldstrafe bedrohte Handlung verstand (§ 343 GE). Die Geldstrafe mußte gemäß § 349 GE erst dann nach § 65 Abs.1 GE durch Arbeit in einer Anstalt bzw. nach § 65 Abs. 3 GE durch eine Ersatzfreiheitsstrafe abgeleistet werden, wenn die Geldstrafe auch von gemäß § 348 GE[208] für haftbar Erklärten nicht beigetrieben werden konnte.

Eine besondere Bedeutung der österreichischen Mitarbeit ist bei der Ausgestaltung der Haftstrafe nicht erkennbar[209].

---

206 *v. Liszt*, Strafrechtliche Aufsätze und Vorträge, Bd. 2 S. 356 (395).

207 Siehe hierzu oben unter A) II. 3. c) cc).

208 Nach § 348 Abs. 1 GE haftete für die nicht beizutreibende Geldstrafe, welche diese Personen durch eine Übertretung verwirkten, wer schuldhaft Personen, die unter seiner Gewalt oder seiner Aufsicht standen, von der Begehung von Übertretungen abzuhalten unterließ. Nach § 328 Abs. 2 GE hafteten juristische Personen des bürgerlichen Rechts für die nicht beizutreibende Geldstrafe, die ein verfassungsmäßig berufener Vertreter durch eine in Ausführung der ihm zustehenden Verrichtungen begangene Übertretung verwirkte.

209 In den Protokollen der deutsch-österreichischen Beratungen ist kein Hinweis auf die Haftstrafe zu finden und aus den Äußerungen *Kadečkas* zum Strafensystem des E 1919 ist nur zu entnehmen, daß sich die Haftstrafe mit dem in der österreichischen Strafgesetznovelle geregelten Arrest soweit deckte. Auch die Gegenvorschläge Österreichs zum E 1919 sahen die Haftstrafe noch als Strafart im Allgemeinen Teil des ersten Buches in § 48 (§ 42 ÖGE) vor. Die Mindestdauer sollte einen Tag und die Höchstdauer, soweit das Gesetz nichts anderes bestimmte, ein Jahr dauern. Die Gefangenen sollten,

### *c) Zusammenfassung und Bewertung*

Ein Gegner der Haftstrafe, der die Regelungen des Entwurfs[210] kritisierte, war *Moritz Liepmann*[211]. Zwar habe eine Reduktion der Haftstrafe stattgefunden, indem man sie nur als subsidiäre Strafe für die uneinbringliche Geldstrafe und die besonders schweren Übertretungen einsetzen wolle, jedoch sei die Frage, ob die Haftstrafe überhaupt einen kriminalpolitischen Wert und damit letztendlich eine Existenzberechtigung habe, entschieden zu verneinen[212]. Zum einen sei ihr Vollzug dem des Gefängnisses bis auf wenige Modifikationen sehr ähnlich, und zum anderen sei „diese Haftstrafe als Wegbereiter für die wirklich kriminelle Karriere von größter Schädlichkeit“[213]. Für den Fall der uneinbringlichen Geldstrafe bevorzugte *Liepmann* die Alternative der Tilgung durch freie Arbeit[214], denn

---

soweit möglich von Gefangenen anderer Art getrennt gehalten werden und sich mit angemessenen Arbeiten selbst beschäftigen dürfen. Sie sollten zudem verpflichtet sein, die Arbeit zu leisten doch in geringerem Umfange als die Gefängnisgefangenen. Siehe: Der Deutsche Strafgesetz-Entwurf, S. 93 f.

210 Diese Kritik war zwar bezogen auf die Fassung des E 1924/25; diese stimmte aber mit den behandelten Vorschriften überein. In seiner Kritik zum E 1919 hatte *Liepmann* ein Zweistrafensystem gefordert, bei dem zwischen einer Haft- und einer Gefängnisstrafe unterschieden werden sollte. Die Dauer der Haftstrafe sollte eine Mindestdauer von einem Monat und eine Höchstdauer von einem Jahr haben und „der Beruhigung der öffentlichen Meinung und des Verletzten über eine Straftat dienen“. Die Haftstrafe sollte nach *Liepmanns* Vorstellung für Delikte wie Tötungen, Brandstiftungen, schwere Körperverletzungen aus Fahrlässigkeit, Rückfallsdiebstähle infolge wirtschaftlicher Not – nicht bei Gewerbsmäßigkeit – und politische Delikte leichteren und mittleren Grades angedroht werden. Jedoch sollte diese Strafe „aber nur dann verhängt werden, wenn das Gericht nach Straftat und namentlich nach der Persönlichkeit des Täters“ angenommen habe, „daß die Verhängung der Freiheitsstrafe allein einen günstigen Einfluß auf die Allgemeinheit wie den Verurteilten“ habe und daß „kein Grund zu einer besonders erheblichen Erziehungsarbeit durch den Entwurf“ bestehe. *Liepmann* sah die Aufgabe der Haftstrafe hier aber auch in einem anderen Zusammenhang, sie sollte vom Wesen her die Aufgaben der Festungs- oder Einschließungsstrafe erfüllen.

211 Siehe hierzu: *Liepmann*, in: Aschrott / Kohlrausch, Reform des Strafrechts, S. 120 (139 ff.).

212 *Liepmann*, in: Aschrott / Kohlrausch, Reform des Strafrechts, S. 120 (140).

213 *Liepmann*, in: Aschrott / Kohlrausch, Reform des Strafrechts, S. 120 (140).

214 Diese Möglichkeit war im ersten Geldstrafengesetz geregelt worden, das dahingehend bestimmte, daß die Vollstreckungsbehörde dem Verurteilten gestatten könnte, eine uneinbringliche Geldstrafe durch freie Arbeit zu tilgen, wobei das Nähere durch die Reichsregierung mit Zustimmung des Reichsrates regeln sollte und im Falle deren Untätigbleibens die obersten Landesbehörden zu einer Regelung ermächtigt worden waren.

„die Ausmerzung von tausendfach vollstreckten sinnlosen und daher schädlichen Strafen und ihr Ersatz durch Arbeit ohne den Makel der Internierung ist von größter Bedeutung für eine vernünftige Kriminalpolitik.“[215]

Diese Kritik offenbart gerade die Überflüssigkeit der Haftstrafe des E 1922 in einem Strafensystem, das zum einen eine Aussonderung der Übertretungen als Polizeiunrecht anstrebte, und zum anderen die Trennung der Freiheitsstrafen des ersten Buches von den Strafen für Übertretungen verstärken und die Geldstrafe in das Zentrum des Strafensystems rücken wollte. War es noch in der Geldstrafengesetzgebung, die *Radbruch* zumindest begleitet (sein Vorgänger *Schiffer* hatte das Gesetz auf den Weg gebracht) und unterstützt hatte, das Ziel, die Geldstrafe durch freie Arbeit zu tilgen, so widersprachen *Radbruchs* Regelungen im Entwurf dieser Zielsetzung deutlich.

## *III. Geldstrafe*

### *1. E 1922*

Im E 1922 sollte die Geldstrafe eine zentrale Stellung einnehmen und aufgrund der Zurückdrängung der Freiheitsstrafen eine Erweiterung ihres Anwendungsbereiches erfahren[216]. Auch sollten die Regelungen über die Geldstrafe im E 1922 die Bestimmungen des Geldstrafengesetzes von 1921 im wesentlichen übernehmen und im künftigen Strafgesetzbuch etablieren[217].

Die Mindesthöhe wurde in § 33 E 1922 auf fünfzig Mark festgesetzt, während die Höchststrafe, soweit das Gesetz nichts anderes bestimmte, eine Million Mark betrug. Im Falle der uneinbringlichen Geldstrafe trat gemäß § 34 E 1922 Gefängnis oder, wenn neben der Geldstrafe auf strenges Gefängnis erkannt wurde, dann dieses[218]. Teil der Bemessungsgrundlage sollten nach § 68 E 1922

215 *Liepmann*, in: Aschrott / Kohlrausch, Reform des Strafrechts, S. 120 (141).

216 Die Vorschriften über die Geldstrafe erfuhren durch den E 1925 nur leichte Modifizierungen wie in § 33, der die Höhe der Geldstrafe anders bestimmt und ausdrücklich die Fälle benennt, in denen das von § 33 vorgeschrieben Höchst- und Mindestmaß nicht gilt („[...] soweit nicht höhere Beträge oder Geldstrafe in unbeschränkter Höhe angedroht sind oder werden.“).

217 Dies wird auch im Protokoll des Vortrags vom 8. April 1922 deutlich, indem unter Punkt 7 aufgeführt wird, daß die Bestimmungen des Geldstrafengesetzes vom 21.12.21 (Reichsgesetzbl. S. 16041) nach Möglichkeit unverändert eingearbeitet werden sollen. Siehe Akte BA 3001/5811, S. 106.

218 Dabei betrug nach § 34 E 1922 die Dauer der Ersatzstrafe mindestens einen Tag und höchstens ein Jahr. War neben der Geldstrafe wahlweise Freiheitsstrafe angedroht, so durfte die Ersatzstrafe deren Höchstmaß nicht übersteigen und durfte nur nach vollen Tagen bemessen werden. Im übrigen richtete sich das Maß der Ersatzfreiheitsstrafe nach den allgemeinen Regeln der Strafzumessung. Konnte die Ersatzfreiheitsstrafe oh-

die wirtschaftlichen Verhältnisse des Täters sein; die Geldstrafe sollte hiernach das Entgelt, das der Täter für die Tat empfangen, und den Gewinn, den er daraus gezogen hatte, übersteigen. Im Falle des Nichtausreichens des gesetzlichen Höchstmaßes durfte dieses überschritten werden. Zudem war es nach § 72 Abs. 2 E 1922 dem Gericht möglich, bei Vergehen statt der Freiheitsstrafe auf Geldstrafe zu erkennen, wenn der Strafzweck hierdurch erreicht werden konnte; Voraussetzung von § 72 E 1922 war es, daß eine der Vorschriften zur Anwendung kam, nach der die ordentliche Strafe gemildert werden konnte oder mußte.

Die Möglichkeit der Tilgung der Geldstrafe durch freie Arbeit war im E 1922 nicht direkt geregelt, sondern nur indirekt im Rahmen der Verjährungsvorschriften erwähnt[219]. *Radbruch* hatte diesen Aspekt wahrscheinlich zum einen durch das Geldstrafengesetz geregelt gesehen, zum anderen war es seine Absicht, ein neues Strafvollzugsgesetz zusammen mit dem neuen Strafgesetzbuch zu erlassen, welches auch die Modalitäten der Verhängung der Geldstrafe regeln sollte.

Weiterhin im Zentrum stand die Geldstrafe als Strafart im zweiten Buch, den Übertretungen, denn diese wurden nach § 335 E 1922 als Handlungen definiert, die nur mit Geldstrafe bedroht waren. Dabei war die Geldstrafe in § 336 E 1922 auf mindestens zwanzig Mark und, soweit das Gesetz nichts anderes bestimmte, auf höchstens zehntausend Mark festgesetzt. Als Ersatzstrafe trat nur bei Uneinbringlichkeit der Geldstrafe und in besonders schweren Fällen die Haftstrafe ein.

### *2. Entwicklungslinien*

#### *a) Stand im E 1919 und im geltenden RStGB*

Auch nach dem Vorgängerentwurf – dem E 1919 – sollten die wirtschaftlichen Verhältnisse in die Bemessungsgrundlage einfließen (§ 109 E 1919). Es war bereits eine Ausweitung der Geldstrafe als Strafart vorgesehen, die über den E 1922 hinaus in § 108 E 1919 dadurch zu Tage trat, daß bei wahlweise möglicher Verhängung von Geld- und Freiheitsstrafe die Subsidiarität der Freiheitsstrafe ausdrücklich betont wurde[220] und nach § 115 Abs. 2 – ähnlich

---

ne Verschulden des Verurteilten nicht eingebracht werden, so konnte das Gericht nachträglich anordnen, daß die Vollstreckung der Ersatzstrafe unterblieb.

219 In § 83 Nr. 2 E 1922 war festgelegt, daß die Verjährung ruhte, wenn bei einer Geldstrafe eine Zahlungsfrist oder die Abtragung in Teilzahlungen oder die Tilgung durch freie Arbeit bewilligt worden war.

220 § 108 E 1919 besagte:

dem § 72 Abs. 2 E 1922 – bei Vorliegen von mildernden Umständen für den Fall, daß nicht mehr als ein Monat Freiheitsstrafe verwirkt war, das Gericht statt auf Freiheitsstrafe auch auf Geldstrafe erkennen konnte, wenn der Strafzweck auch durch diese erreicht werden konnte. Damit war die Möglichkeit zur Verhängung einer Geldstrafe anstelle der Freiheitsstrafe im E 1919 restriktiver als in seinem Nachfolger geregelt, denn dieser eröffnete in § 10 Abs. 1 S. 2 iVm. §§ 31 und 72 Abs. 1 S. 2 die Möglichkeit der Verhängung einer Geldstrafe bei Fallkonstellationen, bei denen eine Freiheitsstrafe von bis zu zweieinhalb Jahren Gefängnis drohte. Angesichts der in der Praxis überwiegenden Urteile, die auf eine Strafe unter diesem Strafmaß erkannten, hätte die Regelung im E 1922 eine starke Expansion der Geldstrafe bedeutet[221].

Die Tilgung der Geldstrafe durch freie Arbeit war im E 1919 in § 58 geregelt; dieser sah vor, daß die Vollstreckungsbehörde bei Uneinbringlichkeit der Geldstrafe dem Verurteilten gestatten konnte, diese durch freie Arbeit zu tilgen. Zudem hatte das Gericht nach § 59 Abs. 1 E 1919 eine Geldstrafe, die infolge schuldhaften Verhaltens des Verurteilten nicht beigetrieben werden konnte, in Haft oder, wenn wegen derselben Tat zugleich auf Freiheitsstrafe anderer Art erkannt war, in Freiheitsstrafe dieser Art umzuwandeln. Dies sollte auch dann gelten, wenn der Verurteilte eine Tilgung durch freie Arbeit verweigerte. In § 59 Abs. 2 E 1919 war ein Umrechungsschlüssel für die Geldstrafe in die Ersatzstrafe vorgegeben[222].

Auch im E 1919 war die Geldstrafe primäre Strafart der Übertretungen (§ 402 E 1919), wobei die Mindesthöhe der Geldstrafe bei einer Mark und die Höchststrafe, soweit das Gesetz nichts anderes bestimmte, bei tausend Mark lag (§ 403 E 1919). Abweichend davon konnte nach § 404 E 1919 auf Geldstrafe wegen einer Übertretung bis zu zehntausend Mark oder auf Haft bis zu drei Monaten erkannt werden, wenn der Täter innerhalb der letzten drei Jahre vor der Tat wegen der gleichen Übertretung bereits zweimal rechtskräftig zu Strafe verurteilt worden war[223]. Zudem wurde eine uneinbringliche Geldstrafe

„Wo das Gesetz Geldstrafe und Freiheitsstrafe zur Wahl stellt, darf das Gericht auf Freiheitsstrafe nur erkennen, wenn der Strafzweck durch eine Geldstrafe nicht erreicht werden kann."

221 *Kubink*, Strafen und ihre Alternativen im zeitlichen Wandel, S. 174 f.

222 Bei Festsetzung der Ersatzstrafe ist der Betrag von fünf bis zu dreißig Mark einem Tage Freiheitsstrafe gleich zu achten.

223 Trafen mehrere Haftstrafen zusammen, so war auf jede gesondert zu erkennen. Ihre Gesamtdauer durfte ein Jahr nicht übersteigen.

nach § 410 E 1919 in Haft umgewandelt, wobei der Betrag von einer bis zu dreißig Mark einem Tage Freiheitsstrafe gleich zu achten war[224].

Nach § 3 des im Jahre 1921 verabschiedeten Geldstrafengesetzes war für Vergehen, bei denen eine Freiheitsstrafe von maximal drei Monaten verwirkt war, vom Gericht auf eine Geldstrafe zu erkennen, sofern damit der Strafzweck erfüllt werden konnte[225]. *Radbruch* hatte entgegen dieser Regelung zwar in seinem Entwurf auf eine solche Umwandlungspflicht verzichtet, war aber in seiner Regelung insofern noch weiter gegangen, als keine ausdrückliche Höchstgrenze für die Möglichkeit der Umwandlung einer Freiheitsstrafe in eine Geldstrafe genannt wurde[226]. Damit waren die Vorschriften des RStGB im Bereich der Geldstrafen abgelöst worden.

### *b) Die Position Österreichs*

Auch auf der österreichischen Seite war die Entwicklung der Geldstrafe zum Zentrum des Strafensystems erwünscht; die Anhebung des Mindestwertes auf 50 Mark lag ebenfalls im österreichischen Interesse[227] und gehörte zudem zu einem angenommenen österreichischen Antrag[228]. Des weiteren waren auch die Kritikpunkte[229], die noch der Regelung der Ersatzstrafe im Vorgängerentwurf, dem E 1919, entgegengehalten worden waren, im E 1922 beseitigt. Die Forderungen der Österreicher hatten sich in im mehreren Punkten durchsetzen können: Es kam zum einen zur Abschaffung des bisherigen festen Umrechnungsschlüssels der Geldstrafe in eine Ersatzfreiheitsstrafe. Dies war ein Kritikpunkt *Kadečkas* am E 1919 gewesen, bei dessen Besprechung er gefordert hatte, den Umrechnungsschlüssel durch eine Bestimmung zu ersetzen, bei der das Gericht entweder die Dauer der Ersatzstrafe nach dem Verschulden (wie nach dem geltenden österreichischen Recht) oder nach den allgemeinen Grundsätzen der Strafzumessung (wie nach dem österreichischen Entwurf von

224 Der Höchstbetrag der Ersatzstrafe war drei Monate. Trafen mehrere Ersatzstrafen zusammen, so durfte ihre Gesamtdauer sechs Monate nicht übersteigen.

225 Siehe unter Kap. 3, Unterpunkt III. 1.

226 *Kubink*, Strafen und ihre Alternativen im zeitlichen Wandel, S. 185.

227 So *Kadečka* in dem Aufsatz „Strafen“ in: Der Deutsche Strafgesetz-Entwurf, S. 81 (83), siehe auch: „Die Strafen des deutschen Strafgesetzentwurfs“, in BA 3001/5915. Auch der daran anschließende Gegenvorschlag zum E 1919 sah in § 54 ÖGV (§ 49 ÖGE ging von der Währung in Kronen aus, wobei die Mindesthöhe bei tausend Kronen und das Höchstmaß bei fünfhunderttausend Kronen lag, soweit das Gesetz nicht ein anderes bestimmte) vor, daß die Geldstrafe mindestens fünfzig Mark und, soweit das Gesetz nicht anderes bestimmte, höchstens zwanzigtausend Mark betragen sollte.

228 *Kadečka*, in: Schubert / Regge, Bd.1 I, S. XXII.

229 Siehe dazu *Kadečka*, in: Der Deutsche Strafgesetz-Entwurf, S. 81 (83–85).

1912) bestimmte[230]. Weiterhin wurde die Möglichkeit des bedingten Erlasses einer Geldstrafe wie im österreichischen Recht vereinbart (siehe § 35 E 1922).

In seinem Bericht über die deutsch-österreichischen Beratungen war *Kadečka,* entgegen der späteren Regelung in § 34 E 1922 über die Ersatzfreiheitsstrafe im Entwurf, noch davon ausgegangen, daß auf Wunsch Österreichs ein Zusatz aufgenommen werde, der dem Gericht die Festlegung der Ersatzfreiheitsstrafe im Urteil auferlegte[231].

Die besondere Neuerung des § 72 Abs. 2 E 1922, die eine Wahlmöglichkeit des Gerichts im Falle der Strafmilderung zwischen Freiheits- und Geldstrafe bei Vergehen eröffnete, tauchte auch in den Gegenvorschlägen der ÖKV im Anschluß an die Ausführungen *Kadečkas* auf:

> „Bei allen Vergehen darf das Gericht wegen mildernder Umstände auch statt auf Freiheitsstrafe auf Geldstrafe erkennen, wenn der Strafzweck durch eine Geldstrafe erreicht werden kann."[232]

Die Entwicklung der kurzen Freiheitsstrafen im Verhältnis zur Geldstrafe verlief in Österreich in einem anderen Maße als in Deutschland. Die kurzen Freiheitsstrafen verzeichneten in den Jahren 1882 bis 1928 ein stetiges Wachstum. 1927/28 lauteten 60% aller Verurteilungen zu Freiheitsstrafen auf Strafen bis zu drei Monaten, wobei auch leichte Delikte hauptsächlich mit sehr kurzzeitigen Freiheitsstrafen geahndet wurden. 78% aller wegen Übertretungen zu Arrest Verurteilten im Jahre 1928 wurden zu Strafen von nicht mehr als einer Woche Dauer verurteilt, und nur 38% wurden zu einer Geldstrafe verurteilt. Zwei Jahre zuvor – 1926 – wurden 31% aller Verbrechen nur mit Arreststrafen belegt, wovon 88% bedingt aufgeschoben wurden und es gab insgesamt nur 0,05% Geldstrafen (Kerker 60%, Arrest 39,5%)[233].

### *c) Der Einfluß Franz v. Liszts*

*Franz v. Liszt* war – wie auch *Radbruch* bekundete – Anhänger einer Ausweitung des Anwendungsbereiches der Geldstrafe. Im Rahmen der Verabschiedung des Geldstrafengesetzes betonte *Radbruch,* daß dieses „ein erster wichtiger Schritt zur Neuordnung unseres Strafrechts im Sinne der Gedanken meines Lehrers *Franz v. Liszt*"[234] sei. Ein zentraler Punkt der *Liszt*schen

230 Siehe oben unter Fn. 115.

231 § 54 Abs. 2 S. 1 ÖGE lautete entsprechend: „Die Ersatzstrafe wird im Urteil festgelegt."

232 § 115 der Gegenvorschläge, s. Der Deutsche Strafgesetz-Entwurf, S. 129.

233 Siehe hierzu: *Lösener*, Beitrag zum Problem der kurzen Freiheitsstrafen, S. 16 f. Dieser faßt die erhobenen Statistiken zusammen.

234 *Radbruch*, Der innere Weg, S. 113.

Reformforderungen bestand in der Beseitigung der kurzzeitigen Freiheitsstrafen und der Stärkung der Geldstrafe[235].

Die Vorschriften über die Geldstrafe in dem von *v. Liszt* mitverfaßten Entwurf lassen insoweit eine liberale Tendenz erkennen. Nach § 61 GE war die Geldstrafe unter Berücksichtigung der wirtschaftlichen Verhältnisse des Verurteilten zu bemessen. Außerdem hatte das Gericht nach § 63 GE dem Verurteilten die Tilgung der Geldstrafe durch freie Arbeit zu gestatten, soweit sich dazu Gelegenheit bot. War die Beitreibung der Geldstrafe erfolglos und aussichtslos, so mußte der Verurteilte nach § 65 GE die Geldstrafe durch Arbeit in einer Anstalt ableisten. Fortschrittlich wirkte § 84 GE, wonach in den Fällen, in denen das Gesetz zwischen Freiheitsstrafe und Geldstrafe die Wahl gestattete, gegen denjenigen, der noch nicht wegen eines Verbrechens oder Vergehens verurteilt worden war, auf Geldstrafe zu erkennen war. Diese Regelung galt nur dann nicht, wenn die Geldstrafe außer allem Verhältnis zu der besonderen Schwere des Falles (§ 89 GE) oder der Ehrlosigkeit der bekundeten Gesinnung gestanden hätte.

### *d) Zusammenfassung und Bewertung*

Die stärkere Betonung der Geldstrafe in dem Entwurf von 1922 fand und findet in der Auseinandersetzung Zustimmung[236]. Es heißt, *Radbruch* habe die „Fesseln der Freiheitsstrafe gesprengt“[237].

Wenn festgestellt wird, daß *Radbruch* – wie er auch selbst in seinen *Bemerkungen* zum Entwurf angibt – bei den Regelungen zur Geldstrafe lediglich die Geldstrafengesetzgebung aufgegriffen habe[238], so ist diese Aussage nur bedingt richtig[239]. Durch das Geldstrafengesetz war bereits eine stärkere Betonung der Geldstrafe gegenüber der Freiheitsstrafe gesetzlich verankert worden, wenn dieses auch insofern unzureichend geschehen war, als die Tilgung der

---

235 *v. Liszt*, Strafrechtliche Aufsätze und Vorträge, S. 511 (513, 521).

236 *Wassermann*, Einleitung, in: GRGA Bd. 9 (Strafrechtsreform), S. 29; *Kubink*, Strafen und ihre Alternativen im zeitlichen Wandel, S. 177; *Baumann*, in: Gedächtnisschrift für Gustav Radbruch, S. 337 (343); *Schmidt*, Einleitung zu Gustav Radbruchs Entwurf für ein Allgemeines Deutsches Strafgesetzbuch, S. XIII; *Krämer*, Strafe und Strafrecht im Denken des Kriminalpolitikers Gustav Radbruch, S. 39 f.

237 *Baumann*, in: Gedächtnisschrift für Gustav Radbruch, S. 337 (343).

238 *Martiny*, Integration oder Konfrontation?, S. 178. So auch *Liepmann*, der feststellte, daß der Entwurf (wenn auch bezogen auf den E 1925, der aber bezogen auf die Regelungen zur Geldstrafe größtenteils gleich geblieben ist) im wesentlichen die Neuerungen des Geldstrafengesetzes übernommen habe.

239 *Peters*, Die Entwicklung von Sanktionspraxis und Strafrechtsreform, S. 79.

Geldstrafe durch freie Arbeit bei Gestattung der Vollstreckungsbehörde noch durch die Reichsregierung mit Zustimmung des Reichsrates bzw. bei Unterlassung derselben durch die Vollstreckungsbehörden hätte geregelt werden müssen – was nicht geschah. Gerade diesem Regelungsbedürfnis zur Abwehr der Ersatzfreiheitsstrafe trug der Entwurf keine Rechnung: er erwähnte nur indirekt die Möglichkeit des Abverdienens durch freie Arbeit in seinen Verjährungsvorschriften (§ 83 Abs. 2 E 1922), eine ausdrückliche Regelung hierzu sah er jedoch nicht vor[240].

Zwar existierte mit § 72 Abs. 2 E 1922 ein gewichtiges Werkzeug, das dem Richter die Möglichkeit gab, eine Freiheitsstrafe abzuwenden[241], allerdings, und hier ist die Regelung des Entwurfs nicht ganz glücklich[242], nur im Falle der Strafmilderung.

Die Bemerkungen *Radbruchs* enthalten keine nähere Charakterisierung der mildernden Umstände. Die Begründung des späteren E 1925, dessen Vorschriften über die Geldstrafe weitestgehend mit denen des E 1922 übereinstimmten (und auch die wortgleiche Vorschrift § 72 Abs. 2 enthielten), traf Aussagen über die Begrifflichkeit der mildernden Umstände, wobei diese Begriffsbestimmung äußerst restriktiv war und darauf abstellte, daß die Tat „'hauptsächlich' auf Ursachen zurückzuführen" sein müsse, „die dem Täter nicht zum Vorwurf gereich[t]en"[243].

---

240 *Peters*, Die Entwicklung von Sanktionspraxis und Strafrechtsreform, S. 79.

241 *Kubink*, Strafen und ihre Alternativen im zeitlichen Wandel, S. 177; *Baumann*, in: Gedächtnisschrift für Gustav Radbruch, S. 337 (343).

242 Bei der damaligen Bewertung des Entwurfs wurde das „nicht ganz glücklich" anders interpretiert: die Regelung des § 72 Abs. 2 wurde insofern bemängelt, als der falsche Eindruck entstehen könnte, daß es sich dabei um eine „von den Voraussetzung der Strafmilderung unabhängige Befugnis" handeln könnte. So: *Gleispach*, in: Aschrott / Kohlrausch, Reform des Strafrechts, S. 186 (192); auch *Gerland* kritisierte dies. Er meinte, daß der Wortlaut dazu zwinge, der Norm einen allgemeinen Charakter auszusprechen und wandte sich dagegen dem Gericht eine generelle Befugnis zur Umwandlung bei Vergehen zu eröffnen, s. *Gerland*, Der Entwurf 1925 AT, S. 91.

243 „Nur wenn solche äußere, nicht aus der Gesinnung und Willensneigung des Täters selbst fließende Antriebe, wie etwa unverschuldete drückende Notlage, Verführung durch andere, schwere Kränkung des Täters oder einer ihm nahestehenden Person, Trübung des Bewußtseins durch starkes Fieber usw. den Anteil des Charakters so beträchtlich überwiegen, daß man sagen kann, die Tat sei 'hauptsächlich' auf Ursachen zurückzuführen, die dem Täter nicht zum Vorwurf gereichen, daß man annehmen kann, die Tat wäre nicht etwa bloß bei diesem Anlaß, sondern überhaupt unterblieben, wenn der Anreiz nicht so übermächtig oder die normale sittliche Widerstandskraft des Täters nicht durch eine krankhafte Störung geschwächt gewesen wäre, nur dann darf der Richter mildernde Umstände annehmen". Siehe Begründung zum E 1925, S. 52.

Auch faktisch entsprach die Betonung der Geldstrafe schon lange der Praxis, denn schon im Jahre 1910 lag der Anteil der verhängten Geldstrafen bei 50%[244].

## *IV. Ehrenstrafen*

Der E 1922 beseitigte die herkömmlichen Ehrenstrafen[245]; *Radbruch* führte dazu in seinen Bemerkungen zum Entwurf aus:

> „Der Entwurf beseitigt weiter alle Ehrenstrafen. Er will die moralische Lynchjustiz, welche leider die Gesellschaft vielfach gegen Vorbestrafte übt, die das schwerste Hindernis ihrer Wiedereingliederung in die Gesellschaftsordnung bildet, nicht gerechtfertigt wissen durch Richtersprüche, die den Verurteilten für verlustig der Ehre erklären. Nicht als Entehrter, sondern als ein Entsühnter soll der Bestrafte wieder in die Gesellschaft zurückkehren. Deshalb ist auch in dem Entwurfe die Bestimmung des österreichischen Rechtes übernommen, die es bei Strafe verbietet, einem anderen in Schmähungsabsicht eine durch Verbüßung oder Erlaß der Strafe gesühnte Tat zum Vorwurf zu machen (§ 281). Der Verlust der Amtsfähigkeit und der Verlust des Wahl- und Stimmrechts, die an die Stelle des Ehrverlustes treten (§§ 54 bis 57), sind nicht Strafen, sondern sichernde Maßnahmen, verhängt nicht wegen der Ehrlosigkeit des Verurteilten, sondern wegen des Fehlens des zu der Amts- oder Rechtsausübung nötigen Vertrauens, und treten niemals kraft Gesetzes als notwendige Rechtsfolge einer Strafart, vielmehr immer nur nach Prüfung des Einzelfalls durch Richterspruch ein.“[246]

Damit stand der Entwurf im Widerspruch zu seinem Vorgängerentwurf E 1919 und zum RStGB, die beide Vorschriften enthielten, die den Verlust der sog. bürgerlichen Ehrenrechte zeitweise oder dauerhaft bei einer auf „einer ehrlosen Gesinnung“ beruhenden Tat anordneten (siehe oben unter II 1. aa). Die Ehrenrechte umfaßten die Fähigkeit, die Reichs- oder Landeskokarde zu tragen, in öffentlichen Angelegenheiten zu stimmen, zu wählen oder gewählt zu werden und andere politische Rechte auszuüben, öffentliche Ämter, Würden, Titel, Orden oder Ehrenzeichen zu erlangen sowie mit der Waffe im Heer oder in der Marine zu dienen. Aufgrund einer wenn auch u.U. nur zeitweisen Aberkennung der Ehrenrechte verlor der Verurteilte die aus öffentlichen Wahlen hervorgegangenen Rechte und die öffentlichen Ämter, Würden, Titel, Orden und Ehrenzeichen für immer.

---

244 *Kubink*, Strafen und ihre Alternativen im zeitlichen Wandel, S. 208.

245 Dies war Thema der Vortrages vom 12. April 1922, indem festgelegt wurde, daß die Bezeichnung Ehrenstrafe und der Begriff der ehrlosen Gesinnung wegfallen sollte, S. Akte BA R 3001/5811 S. 108.

246 *Radbruch*, Bemerkungen, S. 53.

Jedoch bestand gegenüber den vorangegangenen Entwürfen – wie bereits erwähnt – eine der Besonderheiten darin, daß der Verlust der Amtsfähigkeit (§ 42 Nr. 7 E 1922) nicht eine gesetzlich eintretende Folge einer Verurteilung zu einer Freiheitsstrafe, wie im Vorgängerentwurf[247] bei Verurteilung zu Todes- und Zuchthausstrafe war, sondern eine Maßregel der Besserung und Sicherung darstellte, die im Falle des Vertrauensverlustes neben der Strafe angeordnet wurde. Auch der Verlust des Wahl- und Stimmrechts (§ 42 Nr. 8 E 1922), der vorher den sog. bürgerlichen Ehrenrechten unterfiel, war nunmehr Bestandteil des Maßregelkataloges.

Nach § 58 E 1922 war die Wiederverleihung dieser Rechte möglich, die das Gericht dann vornehmen konnte, wenn der Verurteilte durch längere gute Führung nach der Verbüßung, der Verjährung oder dem Erlaß der Strafe das Vertrauen, das die Ausübung öffentlicher Ämter oder des Wahl- und Stimmrechts erforderte, wieder erworben hatte. War dem Verurteilten die Strafe oder ein Strafrest nach einer Probezeit endgültig erlassen worden, so war auch die gute Führung während der Probezeit zu berücksichtigen.

Die Abschaffung der Ehrenstrafen ging auf die Initiative *Radbruchs* bzw. deutscher Seite zurück (s.o.); die Österreicher nahmen den Antrag immerhin an, behielten sich aber vor, bei Verurteilungen durch Strafgerichte nach anderen gesetzlichen Regelungen wie z.B. der Wahlordnung selbsteintretende Rechtsfolgen festzusetzen.

Mit dieser Neuerung erfüllte *Radbruch* eine Forderung *Moritz Liepmanns*, der in seiner Kritik zum E 1919 die Abschaffung aller Ehrenstrafen gefordert hatte[248]. *Liepmann* sah negativen Auswirkungen, die in der Aberkennung der bürgerlichen Ehrenrechte lagen:

> „[...] der so Gezeichnete wird als Gefangener minderer Qualität von vornherein als sozusagen hoffnungsloser qualifiziert, – die Möglichkeit, ihm nach der Entlassung im Wege der Fürsorge ein Unterkommen zu schaffen, begegnet unüberwindlichen Hindernissen infolge jener Stigmatisierung und noch nach Jahren eines manchmal heroischen Kampfes zur Wiedereinordnung in die soziale Gemeinschaft bleibt das erbarmungslos (und zugleich kurzsichtige) gesetzliche Vorurteil mit seinem Bleigewicht in voller Kraft bestehen.“[249]

Trotz der Fortschrittlichkeit gegenüber der vorangegangenen bzw. zeitgleichen Gesetzgebung stellt sich die Frage, ob die Aberkennung dieser Rechte, wenn

---

247 Dort war in § 74 E 1919 festgelegt, daß derjenige, welcher zum Tode oder zu Zuchthaus verurteilt wurde, dauerhaft unfähig wurde, öffentliche Ämter zu bekleiden und mit der Waffe im Heere oder in der Marine zu dienen.

248 *Liepmann*, Die Reform des deutschen Strafrechts, S. 127.

249 *Liepmann*, Die Reform des deutschen Strafrechts, S. 127.

auch nur als Maßnahmen der Besserung und Sicherung, präventive Wirkung erfüllten. Insbesondere die Maßnahme der Aberkennung des Wahl- und Stimmrechts stellt mehr eine Diskreditierung denn eine sinnvolle Maßnahme im Strafvollzug dar[250].

Diese Neuerung des *Radbruch*schen Entwurfes wurde durch den E 1925, der zwar nicht den Verlust der bürgerlichen Ehrenrechte kannte, aber nach § 54 E 1925 bei einer Verurteilung zum Tode oder zu Zuchthaus kraft Gesetzes die dauernde Unfähigkeit zur Bekleidung öffentlicher Ämter anordnete, teilweise revidiert.

## *B) Bedingter Straferlaß*

Der Kampf gegen die kurzen Freiheitsstrafen, den *Radbruch* sich auf die Fahnen geschrieben hatte, sollte sich – angesichts des nur geringfügig heraufgesetzten Mindestmaßes der Gefängnisstrafe auf eine Woche – im Instrument des bedingten Straferlasses[251] manifestieren[252]. Zudem sollte der bedingte

---

250 Auch *Eberhard Schmidt* sieht die Behandlung des Verlusts der Amtsfähigkeit und des Wahl- und Stimmrechts als „Maßregeln der Besserung und Sicherung" als zweifelhaft an. Seiner Auffassung nach ist das Mittel der Aberkennung des Wahl- und Stimmrechts entbehrlich, bezogen auf den Verlust der Amtsfähigkeit zieht er aber in Betracht, diesen im Rahmen eines Berufsverbots eingebettet in einen Bedingungskatalog als Hauptstrafe und damit dem Abbau der Freiheitsstrafe dienend einzusetzen; *E. Schmidt*, Einleitung zu Gustav Radbruchs Entwurf für ein Allgemeines Deutsches Strafgesetzbuch, S. XXI.

251 Siehe zum bedingten Straferlaß auch *Meyer-Reil*, Strafaussetzung zur Bewährung, S. 115 ff. Der bedingte Straferlaß war Thema des Vortrags am 11. April 1922, bei dem die entsprechenden Vorschriften des E 1919 und dessen Änderungen besprochen wurden. Es wurden diesbezüglich unter anderem folgende Ergebnisse festgehalten: Die bedingte Strafaussetzung sollte die Bezeichnung „bedingter Straferlaß" erhalten und die vorläufige Entlassung sollte fortfallen und durch entsprechenden Ausbau des bedingten Straferlasses ersetzt werden. Der bedingte Straferlaß sollte auf Gefängnis, Einschließung und Geldstrafe anwendbar sein (dies widerspricht dem tatsächlichen Ergebnis dahingehend, als die Einschließung nicht von den Vorschriften des bedingten Straferlasses umfaßt war). Die Voraussetzungen des bedingten Straferlasses sollten anders umschrieben werden als bisher: Das Hauptgewicht sollte darauf gelegt werden, daß zu erwarten ist, der Verurteilte werde sich durch diese Maßnahmen von weiteren strafbaren Handlungen abhalten lassen. Auch sollte der bedingte Straferlaß regelmäßig im Urteil ausgesprochen werden, sollte aber auch nachträglich durch Gerichtsbeschluß angeordnet werden können. Der bedingte Straferlaß im Laufe der Strafvollstreckung sollte auch bei Zuchthaus (zeitig oder lebenslang) zugelassen werden. Als weitere Voraussetzung sollte hier gute Führung während der Strafverbüßung erfordert werden. § 69 Abs. 4 E 1919 sollte durch eine Vorschrift im Strafvollzugsgesetz ersetzt werden, die dem Vorsteher der Strafanstalt die Verpflichtung auferlegte, für das Fortkommen des bedingt Entlassenen zu sorgen.

252 *Radbruch*, Bemerkungen, S. 55.

Straferlaß den Grundgedanken des *v. Liszt*schen „unbestimmten Strafurteils"[253] übernehmen.

> „Die Vorschriften über den bedingten Erlaß des Strafrestes, der im Entwurfe wie schon jetzt in der Praxis an die Stelle der vorläufigen Entlassung getreten ist (§ 36), ermöglichen es, den Gebesserten vor dem urteilsmäßigen Strafende zu entlassen, eröffnen ihm für den Fall seiner Besserung sogar die sichere Aussicht darauf und bilden so den Anknüpfungspunkt für den progressiven Strafvollzug, den zu regeln dem Strafvollzugsgesetze vorbehalten bleibt. Der Gebesserte kann also vor dem Strafende entlassen, aber freilich der ungebesserte nicht über das Strafende hinaus im Strafvollzug festgehalten werden. Aber auch die Anhänger der unbestimmten Verurteilung fordern nicht etwa ein völlig unbestimmtes, vielmehr ein durch ein Mindest- und ein Höchstmaß begrenztes Strafurteil, schließen also auch ihrerseits die Entlassung eines Ungebesserten wegen Ablaufs seiner Strafzeit nicht grundsätzlich aus."[254]

Nach § 35 E 1922 war der bedingte Erlaß der ganzen Strafe möglich; das Gericht konnte danach Gefängnisstrafen und Geldstrafen im Urteil bedingt erlassen, die Entscheidung konnte einem besonderen Beschluß vorbehalten werden. Zudem konnte das Gericht nach § 36 E 1922 bei Freiheitsstrafen von

---

253 Der Grundgedanke der hinter der unbestimmten Verurteilung lag, bestand darin, das Maß der Strafe an die Wirkungen des Vollzuges auf den Verurteilten zu knüpfen und dementsprechend die Freiheitsstrafe früher oder später enden zu lassen. Begründet wurde diese Idee damit, daß der Richter den einzelnen Täter nicht hinreichend einschätzen und demzufolge eine Entscheidung über die letztendliche Strafzumessung erst im Vollzug getroffen werden könne. Die Aufgabe des Richters beschränke sich folglich nur auf die Festsetzung des Strafrahmens. *v. Liszt* schlug eine Staffelung der Strafrahmen vor, d.h. seine Konzeption war mehr eine relative Freiheitsstrafe: „Ich halte ferner daran fest, daß an die Stelle der richterlichen Strafzumessung die Verurteilung zu einer nur durch Höchst- und Mindestmaß der Dauer bestimmten Freiheitsstrafe zu treten hätte. Die Höchst- und Mindestmaße wären im Gesetz für die einzelnen strafbaren Handlungen zu bestimmen. Diese gesetzlichen Strafrahmen würden sich von denjenigen des geltenden Rechts nur dadurch unterscheiden, daß sie keine so große Spannbreite hätten. Daneben könnte dem Richter gestattet werden, bei Vorliegen besonderer, in den Urteilsgründen genau anzugebender Milderungsumstände an Stelle des im Gesetze angedrohten, den nächst niederen Strafrahmen zur Anwendung zu bringen. Wir würden auf diese Weise mit einigen wenigen Abstufungen das Ausreichen finden. Ich schlage vor:
1) Freiheitsstrafe von 6 Wochen bis zu 2 Jahren
2) Freiheitsstrafe von 2 Jahren bis zu 5 Jahren
3) Freiheitsstrafe von 5 Jahren bis zu 10 Jahren
4) Freiheitsstrafe von 10 Jahren bis zu 15 Jahren
5) lebenslange Freiheitsstrafe."
Siehe hierzu *v. Liszt*, Strafrechtliche Aufsätze und Vorträge, Bd. 1, S. 290 (340, 392 f.; Zitat 392). (Der Begriff ist bereits im 4. Kapitel kurz erklärt worden, soll aber hier nochmals Erwähnung finden).

254 *Radbruch*, Bemerkungen, S. 57.

mindestens einem Jahre den Rest der Strafe bedingt erlassen, nachdem der Verurteilte zwei Drittel seiner Strafe verbüßt hatte[255].

Für den bedingten Straferlaß der ganzen Strafe mußte der Verurteilte die nach § 37 Abs. 1 E 1922 genannten persönlichen Voraussetzungen erfüllen: es mußte die begründete Erwartung bestehen, daß die Hoffnung auf den Erlaß der Strafe ihn von weiteren strafbaren Handlungen abhalten werde. Der bedingte Erlaß des Strafrestes setzte nach § 37 Abs. 2 E 1922 ferner voraus, daß sich der Verurteilte in der Strafanstalt gut geführt hatte.

Der bedingte Straferlaß wurde nach § 38 E 1922 unter der Bedingung erteilt, daß sich der Verurteilte während einer Probezeit gut führte, welche mindestens auf zwei und höchstens auf fünf Jahre zu bemessen war. Hatte das Gericht die Probezeit auf weniger als fünf Jahre bemessen, so konnte es sie nachträglich bis auf fünf Jahre verlängern. Die Probezeit im Rahmen der bedingten Strafaussetzung bei Übertretungen betrug nach § 341 E 1922 mindestens ein und höchstens zwei Jahre. Ferner war es möglich, daß nach § 40 Abs. 2 E 1922 das Gericht den bedingten Straferlaß widerrief, wenn der Verurteilte den nach § 39 E 1922[256] getroffenen Anordnungen gröblich zuwiderhandelte[257]. Hier wurde im Vergleich zum E 1919 die Entscheidungskompetenz von der obersten Justizbehörde auf das Gericht verlagert.

Die Ausdehnung der Anwendbarkeit des bedingten Straferlasses auf Geldstrafen bedeutete eine Anpassung an das österreichische Recht und war eine Änderung, die von österreichischer Seite beantragt worden war[258]. In den

---

255 Weiterhin hatte das Gericht nach § 36 Abs. 2 E 1922 einem Verurteilten, der von einer Freiheitsstrafe von mindestens einem Jahre drei Viertel der Strafe verbüßt hatte, falls die Voraussetzungen des § 37 vorlagen, den Rest bedingt zu erlassen.

256 § 36 E 1922 regelte die Schutzaufsicht und besondere Pflichten. Danach konnte das Gericht dem Verurteilten, dem es den bedingten Straferlaß gewährte, unter Schutzaufsicht (§ 51) stellen oder ihm auch besondere Pflichten auferlegen. Soweit es die wirtschaftliche Lage des Verurteilten zuließ, sollte das Gericht ihn verpflichten, den durch die Tat verursachten Schaden wieder gutzumachen.

257 Nach § 40 E 1922 war der Widerruf des bedingten Straferlasses ferner möglich, wenn der Verurteilte vor Ablauf der Probezeit wegen einer Tat verurteilt wurde, die er nach Bewilligung des bedingten Straferlasses begangen hatte oder wenn er wegen einer Tat verurteilt wurde, die er vor der Bewilligung des bedingten Straferlasses begangen hatte.

258 *Schubert / Regge*, I Bd. 1, S. XXII. Dazu schrieb *Kadečka* in seinem Bericht in: Der Deutsche Strafgesetz-Entwurf, S. 81 (86 f.): „Die bedingte Strafaussetzung sollte zunächst nicht nur bei Freiheitsstrafen, sondern – nach dem Muster der meisten außerdeutschen Gesetze und insbesondere des österreichischen Gesetzes vom Jahre 1920 und gemäß der in der Literatur weitaus überwiegenden Meinung – auch bei Geldstrafen zugelassen werden. Wenn ihr Zweck, wie so ziemlich allgemein anerkannt wird, darin besteht, den Verurteilten durch die Drohung mit der Vollstreckung einer empfindlichen Geldstrafe diesen Zweck auch nicht sollte erreichen können. Ganz geringe Geldstrafen

Gegenvorschlägen zum E 1919 war darüber hinaus die Einschließungsstrafe vom bedingten Straferlaß umfaßt[259]. Die Entscheidungskompetenz bezüglich der vorläufigen Entlassung war von der Justizverwaltungsbehörde auf das Gericht verlagert, so wie es in Österreich schon zu diesem Zeitpunkt in der zweiten Instanz der Fall war und es ein Änderungsantrag Österreichs gefordert hatte[260]. Auch in § 37 E 1922 schlug eine Grundvorstellung des bedingten Straferlasses durch, die *Kadečka* in seinen Anmerkungen zu E 1919 erwähnte, wo es hieß:

> „Strafaufschub wird nicht gewährt, damit sich der Verurteilte durch gute Führung Strafnachlaß verdiene, sondern damit er sich in der Hoffnung, Straferlaß zu verdienen, gut führe."[261]

Der E 1919 kannte die vergleichbaren Institute der bedingten Strafaussetzung (§ 63 E 1919) und der vorläufigen Entlassung (§ 69 E 1919). Auf die gewichtigste Änderung wies die von E 1922 gewählte Bezeichnung „bedingter Straferlaß" hin, wonach der Richter die Strafe unter der Bedingung der guten Führung in einer Probezeit bereits nach Ausspruch des Urteils erließ und es keiner besonderen Prüfung der guten Führung bedurfte, wie sie § 68 E 1919 nach Ablauf der Probezeit durch das Gericht forderte[262]. Zudem war der bedingte Straferlaß (= bedingte Strafaussetzung) des E 1919 nicht auf Geldstrafen anwendbar. Auch ließ § 64 E 1919 die Bewilligung der Strafaussetzung nur bei Verurteilten zu, die nach ihren persönlichen Verhältnissen und nach den Umständen der Tat besondere Berücksichtigung verdienten und die Erwartung rechtfertigten, daß sie sich auch ohne den Vollzug der Strafe künftig

---

würden sich allerdings nicht zur Aussetzung eignen. Um hier Fehlgriffe hintanzuhalten, weist das österreichische Gesetz den Richter an, in jedem Falle zu prüfen, ob die bedingte Strafaussetzung zweckmäßig ist oder nicht. Der Richter soll die Vollstreckung nur aufschieben, wenn aus besonderen Gründen die bloße Androhung der Vollziehung für sich allein oder in Verbindung mit anderen Maßregeln zweckmäßiger erscheint als die Vollstreckung. Damit wird dem Gerichte zugleich die Rücksicht auf die Generalprävention zur Pflicht gemacht."

259 § 63 ÖGV (§ 57 ÖGE) besagte:

> „Das Gericht kann die Vollstreckung einer Gefängnis-, Einschließungs- oder Geldstrafe im Urteil aussetzen und dem Verurteilten für den Fall guter Führung während einer Probezeit Strafnachlaß zusichern, wenn das aus besonderen Gründen zweckmäßiger scheint als die Vollstreckung der Strafe. Die Probezeit hat das Gericht mindestens mit zwei und höchstens mit fünf Jahren zu bemessen."

260 In den Gegenvorschlägen zum E 1919 war noch in § 70 ÖGV festgelegt, daß über die vorläufige Entlassung die Strafvollzugsbehörde entscheiden sollte; vorher war die Anstaltsleitung zu hören. Siehe: Der Deutsche Strafgesetz-Entwurf, S. 98.

261 *Kadečka*, in: Der Deutsche Strafgesetz-Entwurf, S. 81 (87).

262 Siehe hierzu: *Meyer-Reil*, S. 116 f.

wohlverhalten würden. In diesem Punkt entsprach der E 1919 nicht dem E 1922, der in § 37 mehr auf die Persönlichkeit des Täters abstellte und darauf, daß die Hoffnung auf den Erlaß der Strafe den Verurteilten von weiteren strafbaren Handlungen abhalten werde. Der E 1922 enthielt auch in Abweichung zum E 1919 keine Soll-Vorschrift mehr iSv. § 64 Abs. 2 E 1919 dahingehend, wonach die Anwendung des bedingten Straferlasses auf Täter, die schon eine Freiheitsstrafe von mehr als sechs Monaten verbüßt, sich als Ausnahmefall darstellte.

Das geltende Recht hingegen sah nur die Möglichkeit der vorläufigen Entlassung nach § 23 RStGB vor, wonach die zu einer längeren Zuchthaus- und Gefängnisstrafe Verurteilten, wenn sie drei Viertel, mindestens aber ein Jahr der ihnen auferlegten Strafe verbüßt und sich während dieser Zeit gut geführt hatten, mit ihrer Zustimmung vorläufig entlassen werden konnten.

Das Prinzip der unbestimmten Verurteilung, das nach der Vorstellung *v. Liszts* die

> „[...] logisch unabweisliche Konsequenz aus dem von den Theoretikern und Praktikern des 18. Jahrhunderts niemals verleugneten Grundsatze, daß dem Gemeinwesen gegen gemeingefährliche Verbrecher ausgiebiger Schutz gewährleistet werden müsse [...],“[263]

hatte er auf der realpolitischen Bühne nicht durchsetzen können.

In dem von ihm mitverfaßten Gegenentwurf von 1911 gab es demnach nur die entsprechenden Instrumente der bedingten Strafvollstreckung (§ 92 ff. GE) und der vorläufigen Entlassung (§ 55 ff. GE). Die bedingte Strafvollstreckung war nach § 94 GE nicht davon abhängig, ob der Verurteilte sich gut geführt hatte und der Verurteilte wurde auch nicht kraft Gesetzes umgehend bei der Begehung einer Straftat in der Probezeit inhaftiert. Dagegen weitete der GE die Schutzaufsicht im Gegensatz zu seinem Vorgänger aus (siehe § 92 Abs. 2 S. 2).

Die zeitgenössische Kritik, die an den Regelungen des *Radbruch*schen Entwurfs über den bedingten Straferlaß bzw. an den mit diesen übereinstimmenden Vorschriften des Nachfolgeentwurfs E 1924/25 geübt wurde, richtete sich vor allen Dingen gegen zwei Punkte[264]: zum einen, daß der bedingte Straferlaß

---

263 *v. Liszt*, Strafrechtliche Aufsätze und Vorträge, Bd. 2, S. 133 (150).

264 Des weiteren wurde auch die Regelung des Widerrufs in § 40 E 1922 in Frage gestellt. Dabei war zum einerseits Stein des Anstoßes, daß § 40 Abs. 1 S. 2 E 1922 eine Kann-Vorschrift war. Dies sollte vielmehr eine Muß-Vorschrift sein; das Gericht sollte verpflichtet sein, von dem Widerruf des bedingten Straferlasses abzusehen, wenn auch für die neue Strafe bedingter Straferlaß gewährt wurde, oder wenn wegen der neuen Tat

sich nicht auf den Strafbefehl erstreckte[265] und zum anderen, daß er nur auf Gefängnis- und Geldstrafen[266] und nicht auf die Einschließung anwendbar war[267]. Letzteres wurde damit erklärt, daß im Falle des Überzeugungsverbrechers eine Erziehungsmöglichkeit und ein Erziehungsbedürfnis nach *Radbruchs* Vorstellung nicht bestehe und aufgrund dessen auf „die motivierende Kraft drohender Strafvollstreckung von vornherein verzichtet" werde[268].

Die dem Entwurf seiner Veröffentlichung im Jahre 1952 mitgegebene Einleitung von *Eberhard Schmidt* kommt zu einem gemischten Fazit:

> „Mit der Verwendung des bedingten Straferlasses ist der Entwurf Radbruch gewiß nicht originell. Radbruch fußt hier auf den Ergebnissen der großen kriminalpolitischen Diskussion, die vornehmlich durch Franz v. Liszt bezüglich dieser Frage in Gang gebracht war. Aber was gerade auch hier den Entwurf Radbruch vor den anderen Entwürfen auszeichnet, das ist die Großzügigkeit, mit der Radbruch dem Richter den bedingten Straferlaß anvertraut. Ohne Rücksicht auf die Dauer einer verwirkten Gefängnisstrafe und ohne Rücksicht auf die Höhe einer verwirkten Geldstrafe kann, wenn die bezüglich der Täterpersönlichkeit geforderten Voraussetzungen vorliegen, der bedingte Straferlaß eintreten."[269]

Daß *Radbruch* sich nicht zu dem „unbestimmten Strafurteil", einer der Hauptforderung der Reformbewegung um *Franz v. Liszt*, bekannt hatte, wurde mit *Radbruchs* realpolitischer Verpflichtung begründet, die Entscheidung des Dogmatikers *Radbruch* wäre sicherlich anders ausgefallen[270].

Hierin kann man aber auch einen „Ausdruck Radbruchs rechtsstaatlicher Grundposition" vermuten, die eine Bestimmtheit des Strafmaßes im Urteil

---

nur auf Geldstrafe erkannt worden war. Andererseits wurde die Regelung des § 40 dahingehend als zu weit angesehen, als die Möglichkeiten, vom Widerspruch abzusehen, zu vielfältig seien. Gleichzeitig wird Abs. 2 des § 40 als zu weitgehend angesehen, denn danach widerrief das Gericht ferner wenn nach der Führung des Verurteilten nicht mehr zu erwarten war, daß ihn die Hoffnung auf Erlaß der Strafe von weiteren strafbaren Handlungen abhalten würde. Siehe hierzu: *Küfner*, S. 111–117.

265 *Grünhut*, in: Aschrott / Kohlrausch, S. 142 (144); *Gerland*, Der Entwurf 1925, S. 66.

266 Nach § 35 E 1925 war der bedingte Erlaß der ganzen Strafe nur bei Gefängnis- und Geldstrafen möglich, wohingegen § 36 den bedingten Erlaß des Strafrestes allgemein für Freiheitsstrafen von mindestens einem Jahr vorsah.

267 *Küfner*, S. 95; *Gerland*, 1925, S. 65; ein Erklärungsversuch siehe auch: *Grünhut*, in: Aschrott / Kohlrausch, S. 142 (142 f.).

268 *Grünhut*, in: Aschrott / Kohlrausch, S. 142 (143).

269 *E. Schmidt*, Einleitung zu Gustav Radbruchs Entwurf eines Allgemeinen Deutsches Strafgesetzbuches, S. XVII.

270 *E. Schmidt*, Einleitung zu Gustav Radbruchs Entwurf eines Allgemeinen Deutsches Strafgesetzbuches, S. XXII.

vorschrieb[271]. War das Instrument des bedingten Straferlasses in der stärkeren Ausrichtung auf die Täterpersönlichkeit und die Ausweitung auf die Geldstrafe sicherlich für die Zeit progressiv und wurde damit dem Richter ein größerer Ermessungsspielraum für eine individuellere Entscheidung bezogen auf die Behandlung des einzelnen Verurteilten mit auf den Weg gegeben, so besaß diese richterliche Freiheit auch eine Kehrseite zuungunsten des Täters, denn der Richter konnte nach den Regelungen des Entwurfs über die Behandlung von rückfälligen Gewohnheitstätern auch einschneidende Entscheidungen treffen[272].

## *C) Maßregeln der Besserung und Sicherung*

Im siebenten Abschnitt des E 1922 waren die Maßregeln der Besserung und Sicherung geregelt – diese umfaßten nach § 42 E 1922 die Unterbringung in einer öffentlichen Heil- und Pflegeanstalt, die Unterbringung in einer Trinkerheilanstalt, die Sicherungsverwahrung, die Schutzaufsicht, das Wirtshausverbot, die Reichsverweisung, den Verlust der Amtsfähigkeit, den Verlust des Wahl- und Stimmrechts, die Urteilsbekanntmachung und die Einziehung. Bedeutend sind dabei sicherlich nur diejenigen Maßregeln, welche sich im Verhältnis zum Vorgängerentwurf nennenswert verändert haben und eine sichernde Funktion auf den Täter ausüben sollten[273].

---

271 *Wassermann*, Einleitung, in: GRGA Bd. 9 (Strafrechtsreform), S. 32.

272 *Kubink*, Strafen und ihre Alternativen im zeitlichen Wandel, S. 177. Siehe dazu die Ausführungen im Folgenden.

273 Eine kurze Erwähnung finden sollen hier – trotz dieser Eingrenzung – die Urteilsbekanntmachung und die Einziehung von Sachen: Der E 1919 hatte die Urteilsbekanntmachung (§ 82 E 1919) und die Einziehung von Sachen noch unter dem Abschnitt „Nebenstrafen und Nebenfolgen“ behandelt und damit nicht als Maßregeln eingestuft. Der E 1922 betonte mehr als sein Vorgänger die Zielsetzung der Urteilsbekanntmachung: Nach § 59 Abs. 1 E 1922 konnte das Gericht „die öffentliche Bekanntmachung des Urteils auf Kosten des Verurteilten anordnen, um ihn an weiteren strafbaren Handlungen zu hindern oder andere von gleichen oder ähnlichen strafbaren Handlungen abzuhalten“. Bezüglich der Einziehung von Sachen ist nur erwähnenswert, daß die diesbezüglichen Vorschriften des E 1919 noch eine Bestimmung – § 85 E 1919 – enthielten, wonach das Entgelt, was der Täter für ein Verbrechen oder ein vorsätzliches Vergehen Entgelt empfangen hatte, oder ein Betrag, der seinem Wert entsprach, im Urteil eingezogen werden konnte.

## *I. Verhältnis der Maßregeln der Besserung und Sicherung zur Strafe*

Grundlegend und entscheidend ist die Ausgestaltung des Verhältnisses der Maßregeln der Besserung und Sicherung zur Strafe. Zur Analyse dessen, wie die Ausgestaltung dieses Verhältnisses im Rahmen des E 1922 zu bewerten ist, bedarf es einer kurzen Darstellung der vorangegangenen Entwicklung.

### *1. Entwicklungslinien*

Der Vorentwurf aus dem Jahre 1909 suchte die Strömungen der Zeit zu einen, indem er zwar an dem Vergeltungsgedanken der Strafe und damit auch im wesentlichen an dem Strafensystem des Reichsstrafgesetzbuchs festhielt, aber gleichzeitig durch die Einführung von Maßregeln der Besserung und Sicherung den Forderungen der modernen Schule Tribut zollte[274], was auch als Sieg der „dritten, mittleren Position" im Schulenstreit bezeichnet wurde[275]: Bezogen auf die spezifischen Eigenarten des Täters wurden Instrumente eingeführt, die eine erzieherische Wirkung auf den Täter haben oder aber der Sicherung der Gesellschaft vor dem Täter dienen sollten.

Für „geisteskranke, blödsinnige oder bewußtlose" Täter, bei denen mangels freier Willensbildung die Strafbarkeit ausgeschlossen wurde (§ 63 Abs. 1 E 1909) oder zumindest eine verminderte Zurechnung vorlag und die Strafe gemildert wurde, war die Anordnung der Unterbringung in einer öffentlichen Heilanstalt vorgesehen (§ 65 Abs. 1 E 1909), wenn es die öffentliche Sicherheit erforderte. Des weiteren konnte das Gericht, „wenn die strafbare Handlung auf Trunkenheit zurückzuführen war, neben der Strafe den Besuch von Wirtshäusern auf die Dauer bis zu einem Jahr verbieten"[276] oder im Falle von Trunksucht die Unterbringung in einer Trinkerheilanstalt anordnen, wenn es dies für die Rückgewöhnung des Täters an ein gesetzmäßiges und geordnetes Leben als erforderlich ansah[277]. Zudem gab es die Einrichtung des Arbeitshauses, das bei Tätern, deren strafbare Handlung auf Liederlichkeit und Arbeits-

274 *E. Schmidt*, Geschichte der Strafrechtspflege, S. 395.

275 *v. Hippel*, ZStW 30 (1910), S. 871 (879).

276 § 43 Abs. 1 E 1909.

277 § 43 Abs. 1 E 1909 hatte folgende Voraussetzungen: „Ist Trunksucht festgestellt, so kann das Gericht neben einer mindesten zweiwöchigen Gefängnis- oder Haftstrafe die Unterbringung des Verurteilten in eine Trinkerheilanstalt bis zu seiner Heilung, jedoch höchstens auf die Dauer von zwei Jahren anordnen, falls diese Maßregel erforderlich erscheint, um den Verurteilten wieder an eine gesetzmäßiges und geordnetes Leben zu gewöhnen."

scheu zurückzuführen war[278], überraschenderweise aber auch bei Sittlichkeits- und Vermögenstätern als Maßregel zur Verfügung stand[279]. Die Überlegung, das Arbeitshaus gänzlich als Alternative zur Strafe verhängen zu können, verwarf der Entwurf im Allgemeinen aufgrund des angenommenen Charakters des Arbeitshauses als Präventivmaßregel[280]; im Besonderen schuf er nur die Ausnahme des § 42 Abs. 1 E 1909, der dem Gericht die Möglichkeit eröffnete, die Unterbringung in einem Arbeitshaus an Stelle der Strafe zu verhängen, wenn diese die Dauer von drei Monaten nicht überstieg.

Darüber hinaus gab es neben einer allgemeinen Rückfallschärfung gemäß §§ 87, 88 E 1909 auch für Täter, die nach § 89 E 1909[281] als gewerbs- und gewohnheitsmäßige Täter eingestuft wurden einen „qualifizierten Rückfalltatbestand"[282]. Sollten die präventiven Maßregeln des Entwurfs die Herausbil-

278 Die Voraussetzungen für die Anordnung der Verbringung im Arbeitshaus legte § 42 Abs. 1 E 1909 fest: „Ist eine strafbare Handlung auf Liederlichkeit oder Arbeitsscheu zurückzuführen, und ist für sie eine mindestens vierwöchige Gefängnis- oder Haftstrafe verwirkt, so kann in den im Gesetz besonders bestimmten Fällen das Gericht neben der Strafe oder, wenn die Strafe drei Monate nicht übersteigt, an ihrer Stelle auf Unterbringung das arbeitsfähigen Verurteilten in ein Arbeitshaus auf die Dauer von sechs Monaten bis zu drei Jahren erkennen, falls diese Maßregel erforderlich erscheint, um den Verurteilten wieder an eine gesetzmäßiges und arbeitsames Leben zu gewöhnen."

279 Im 20. Abschnitt, in dem die Verbrechen und Vergehen gegen die Sittlichkeit behandelt wurden, war in § 255 E 1909 festgelegt, daß in den Fällen des § 250 Abs. 3 (Widernatürliche Unzucht, die gewerbsmäßig ausgeübt wird), sowie der §§ 251 bis 254 (Einfache Kuppelei, Schwere Kuppelei, Frauenhandel und Kuppelei mit hinterlistigen Kunstgriffen, Zuhälterei) die Vorschrift des § 42 Anwendung. Auch im 22. Abschnitt über die Verbrechen und Vergehen gegen das Vermögen wird in den Fällen des Diebstahl (§ 269), der Erpressung (§ 275), des Betruges (§ 263), der Hehlerei (§ 281) und des gewerbsmäßigen Glückspiels usw. (§ 284).

280 Begründung zum Vorentwurf, S. 154. Dort heißt es zu den Überlegungen, entweder das Arbeitshaus als Hauptstrafe zu verhängen oder direkt ganz auf jede Freiheitsstrafe an Stelle der sichernden Maßnahme des Arbeitshauses zu verzichten: „Beide Vorschläge sind mit dem vom Entwurf eingenommenen Standpunkt nicht vereinbar; da er in dem Arbeitshaus eine besondere, Präventivzwecke verfolgende Maßregel sieht, kann er sie nicht als Hauptstrafe zur Abgeltung der begangenen Tat verwenden. Als sichernde Maßnahme kann aber andererseits das Arbeitshaus nicht die eigentliche Strafe ersetzen, wenigstens nicht grundsätzlich und allgemein."

281 § 89 Abs. 1 E 1909 besagte. „Begeht jemand, der schon vielfach, mindestens aber fünfmal, wegen Verbrechen oder vorsätzlicher Vergehen mit erheblichen Freiheitsstrafen, darunter mindestens einmal mit Zuchthaus, bestraft ist und die letzte Strafe vor nicht länger als drei Jahren verbüßt hat, aufs neue ein Verbrechen oder ein vorsätzliches Vergehen, das ihn in Verbindung mit seinen Vorstrafen als gewerbs- und gewohnheitsmäßigen Verbrecher erscheinen läßt, so ist, wenn die neue Tat ein Verbrechen ist, auf Zuchthaus nicht unter fünf Jahren und, wenn sie ein Vergehen ist, auf Zuchthaus von zwei bis zu zehn Jahren zu erkennen."

282 *Kubink*, Strafen und ihre Alternativen im zeitlichen Wandel, S. 161.

dung eines gewohnheitsmäßigen Verbrechertums eindämmen, so gab er für den Fall des bereits in Erscheinung getretenen Täters nur mehr das Mittel der Strafe im Rahmen der Rückfallstrafschärfung und damit eine Absage an das Instrument der Sicherungsverwahrung[283]. Für Jugendliche existierte nach § 69 E 1909 die Möglichkeit, sie einer durch den Staat überwachten Erziehung zuzuführen[284].

Der Gegenentwurf von *v. Liszt* stand u.a. zum Vorentwurf insofern im Gegensatz, als er, anknüpfend an die Tätertypologie *v. Liszts*, auf die Besserungsfähigkeit und Unverbesserlichkeit des einzelnen Täters abstellte. Das Arbeitshaus sollte der Ort der Besserung für die Besserungsfähigen sein (§ 68 GE); die Unverbesserlichen sollten in einer Sicherungsanstalt untergebracht werden (§ 98 GE). Dementsprechend eröffnete der Gegenentwurf eine „Kumulierung von Strafe und sichernden Maßnahmen“[285], indem § 98 GE die Anordnung von (Sicherungs-)Verwahrung von unbestimmter Dauer neben der Strafe ermöglichte und damit auch der *Liszt*schen Idee der relativ unbestimmten Sicherungsstrafe Rechnung trug. Aufgrund der strikten Orientierung an den Tätertypen der Unverbesserlichen und Besserungsfähigen fand aber keine Differenzierung bezüglich der Tatschwere der begangenen Delikte statt, wie sie noch der E 1909 vorgenommen hatte[286]. Aber der GE war es auch, der die Sicherungsverwahrung von unbestimmter Dauer einführte und damit die Frage

---

283 *Kubink*, Strafen und ihre Alternativen um zeitlichen Wandel, S. 161 f.

284 § 69 E 1909 lautete:

„Hatte der Täter zur Zeit der Tat das achtzehnte Lebensjahr nicht vollendet, so sind hinsichtlich der Bestrafung die Vorschriften über den Versuch (§ 76) anzuwenden, doch darf auf lebenslängliches Zuchthaus nicht erkannt werden. Ist die danach bestimmte Strafe Zuchthaus, so tritt Gefängnisstrafe von gleicher Dauer an ihre Stelle. Auf Verschärfung des Strafvollzuges (§ 18), Arbeitshaus (§ 42), Verlust der bürgerlichen Ehrenrechte (§§ 46 bis 49) und Aufenthaltsbeschränkung (§ 53) ist nicht zu erkennen.

Erscheint die Tat hauptsächlich als Folge mangelhafter Erziehung oder ist sonst anzunehmen, daß Erziehungsmaßregeln erforderlich sind, um den Täter an ein gesetzmäßiges Leben zu gewöhnen, so kann das Gericht neben oder an Stelle einer Freiheitsstrafe seine Überweisung zur staatlich überwachten Erziehung anordnen. Die Art und Dauer der Erziehungsmaßregeln bestimmen sich nach den hierfür bestehenden Gesetzen, doch kann das Gericht die Unterbringung in eine Erziehungs- oder Besserungsanstalt vorschreiben.“

285 Das „zweispurige“ oder „dualistische“ System von der der Vergeltung dienenden Strafe und der Sicherungsverwahrung auf unbestimmte Dauer war dem des Schweizer *Karl Stooß* ähnlich. Im Ergebnis wurde mit dem GE durch die Ausgestaltung dieses Verhältnisses in doktrinärer Hinsicht ein Weg zur relativ unbestimmten Sicherungsstrafe geebnet; siehe *E. Schmidt*, Einführung in die Geschichte der Strafrechtspflege, S. 397.

286 *Kubink*, Strafen und ihre Alternativen im zeitlichen Wandel, S. 164.

nach der Legitimation des Staates für den massiven Eingriff in die Rechte des Einzelnen aufwarf.

Der Entwurf 1919, der in großen Teilen eine Wiederholung des E 1913 darstellte, schaffte bei der Ausgestaltung des Verhältnisses von Strafen und sichernden Maßnahmen zwei Systeme, mit denen die Zweispurigkeit der Sanktionen betont wurde: dem Strafensystem stand ein eigener Abschnitt über Maßregeln der Sicherung und Besserung gegenüber. Die Schnittmenge stellte die Möglichkeit des „Vikariierens“ der beiden Instrumente dar; insofern fand eine Anlehnung an die *v. Liszt*sche Schule statt.

Mit dieser Ausgestaltung sollten eher spezialpräventive Mittel zur Besserung des Täters und zum Schutze der Gesellschaft geschaffen werden, weniger die Existenz von Maßnahmen an sich neben der Strafe legitimiert werden[287]. Die Sicherung der Gesellschaft hatte nach der damaligen Auffassung vor allem vor einem Täter zu erfolgen, der wiederholt rückfällig geworden war. Ihm gegenüber sah der Entwurf die Anordnung der Sicherungsverwahrung vor (§ 100 E 1919), die zunächst unbefristet nach Ableistung der Strafe in einer Verwahrungsanstalt abzuleisten war. Das Gericht mußte spätestens nach drei Jahren über den weiteren Aufenthalt des Verwahrten entscheiden, wobei auch die Möglichkeit bestand, daß dem Täter durch gute Führung die Vorteile der bedingten Strafaussetzung und der vorläufigen Entlassung zugute kommen zu lassen.

## *2. E 1922*

Über das Verhältnis der Maßregeln zur Strafe gab *Radbruch* in seinen Bemerkungen zum Entwurf Auskunft:

> „Aber das Strafgesetzbuch muß sich auch deshalb mit diesen Maßnahmen befassen, weil sie auf die neben ihnen erkannten Strafen nicht ohne Einfluß bleiben können. Die sichernden Maßnahmen, nicht notwendig mit einer Straftat verknüpft, nicht auf Vergeltung und Abschreckung, sondern ausschließlich auf Besserung, Heilung, Sicherung gerichtet, sind zum Unterschiede von der Strafe nach Wesen und Absicht für den Betroffenen keine Übel und können deshalb grundsätzlich die Strafen nicht überflüssig machen. Aber tatsächlich sind sie schon als Freiheitsbeschränkungen des Übelscharakters nicht ganz zu entkleiden, tatsächlich bleiben sie Übel, empfindlicher und gefürchteter oft als die Strafe selbst, und können deshalb unter Umständen die Aufgabe der Strafe gleich miterfüllen. Deshalb kann die Sicherungsverwahrung an die Stelle der Strafe treten (§ 48). Deshalb kann die vollzogene Unterbringung die Strafe, aber es kann auch die vollstreckte Strafe die Unterbringung überflüssig gemacht haben (§ 47). Der Entwurf hält zwar grund-

287 *Kubink*, Strafen und ihre Alternativen im zeitlichen Wandel, S. 171.

sätzlich an dem Nebeneinander von Strafe und sichernder Maßnahme fest, trägt aber den Beziehungen zwischen ihnen Rechnung."[288]

Demzufolge bestand der Dualismus von Strafe und Maßregel auch im *Radbruch*schen Entwurf fort[289]. Bezogen auf die Maßregeln, die auf eine Unterbringung in einer öffentlichen Heil- oder Pflegeanstalt (§ 43 E 1922), in einer Trinkerheilanstalt (§ 44 E 1922) oder in der Sicherungsverwahrung (§ 45 E 1922) erkannten und neben einer Freiheitsstrafe angeordnet worden waren[290], war nach § 47 E 1922 zunächst die Strafe zu vollstrecken. Das Gericht konnte jedoch nach § 47 Abs. 1 S. 2 E 1922 die Vollstreckung der Strafe einstweilig aussetzen und anordnen, daß zunächst die Unterbringung vollzogen wurde. Darüber hinaus konnte das Gericht für den Fall, daß die Unterbringung durch den Strafvollzug (§ 47 Abs. 2 E 1922) oder der Vollzug der Strafe durch die Unterbringung (§ 47 Abs. 3 E 1922) überflüssig geworden war, anordnen, daß die jeweilige weitere Maßnahme unterblieb.

Die Unterbringung dauerte gemäß § 46 Abs. 2 E 1922 so lange, wie es der Zweck der Anordnung erforderte. Eine Begrenzung bestand nach § 46 Abs. 3 E 1922 für die Unterbringung in einer Heil- und Pflegeanstalt sowie in der Sicherungsverwahrung: hier durfte die Dauer der Unterbringung drei Jahre nur übersteigen, wenn das Gericht sie vor Ablauf dieser Frist von neuem anordnete. Für die Unterbringung in einer Trinkerheilanstalt galt gemäß § 47 Abs. 5 E 1922, daß sie nicht länger als zwei Jahre dauern durfte.

Die Entscheidungskompetenz bezüglich der Entlassung aus der jeweiligen Unterbringung wurde im Vergleich zum E 1919 von der Verwaltungsbehörde (bzw. Landespolizeibehörde[291]) stärker auf das Gericht verlagert. So bedurfte es nach § 49 diesbezüglich der Zustimmung des Gerichts, solange nicht dessen

---

288 *Radbruch*, Bemerkungen, S. 59.

289 Auch heute existiert ein System der Zweispurigkeit staatlicher Rechtsfolgen. Dabei knüpft die Strafe an die Schuld des Täters an (§ 46 StGB), die festgestellt werden muß. Maßregeln sind dagegen schuldunabhängig und sollen darauf abzielen, den einzelnen Täter zu bessern oder die Allgemeinheit vor ihm zu schützen. Dementsprechend können Maßregeln gegenüber schuldunfähigen Tätern (§§ 63, 63, 69 StGB) verhängt werden, oder sie treten neben bei Schuldfähigen neben die Strafe. *Tröndle / Fischer*, Vor § 61, Rn. 1.

290 Die Ausnahme dazu, daß die Maßregel allein angeordnet werden konnte, war nur im Fall der Unterbringung in eine öffentliche Heil- und Pflegeanstalt für die Fälle vorgesehen, daß jemand als zurechnungsunfähig freigesprochen oder außer Verfolgung gesetzt war.

291 Im E 1919 war die Terminologie anders; es wurde von der Landespolizeibehörde gesprochen.

Anordnung nach § 46 Abs. 3 und 4 außer Kraft getreten war[292]. Im E 1919 entschied noch die Landespolizeibehörde über eine Entlassung aus der Unterbringung[293]. Mit dieser Verlagerung kam der Entwurf einer Forderung *Liepmanns* entgegen, der den „weltfremden Doktrinarismus“ bei der Trennung der Entscheidungskompetenzen zwischen Gericht und Behörde bemängelt hatte und aufgrund des besseren Kenntnisstandes des einzelnen Richters über den Verurteilten die „Bewirkung“ der Verwahrung sowie die Entscheidung über eine (vorläufige) Entlassung dem Gericht zusprechen wollte[294].

## *II. Sicherungsverwahrung, Grundsatz des Vikariierens und die Figur des Gewohnheitsverbrechers*

### *1. E 1922*

Eine Besonderheit des E 1922 lag darin, daß er in § 48 dem Gericht die Möglichkeit eröffnete, die Verwahrung an die Stelle der Strafe treten zu lassen, wenn neben einer Freiheitsstrafe auf Sicherungsverwahrung erkannt worden war. In einem solchen Falle war der Verurteilte mindestens so lange in der Anstalt unterzubringen, wie die Strafe dauern sollte. Damit eröffnete der Entwurf die Möglichkeit des „Vikariierens“ von Strafe und Sicherungsverwahrung.

Im Ergebnis hielt *Radbruch* im E 1922 aber an dem Dualismus von Strafe und Sicherungsverwahrung fest. War er noch auf der Göttinger Tagung der deutschen Landesgruppe der IKV[295] im Jahre 1921, der er bereits als Reichsjustizminister beiwohnte, davon überzeugt (worden)[296], daß zumindest das relativ

---

292 § 46 Abs. 3 und 4 bestimmten:
„Die Unterbringung in einer Heil- und Pflegeanstalt oder in der Sicherungsverwahrung darf drei Jahre nur übersteigen, wenn sie das Gericht vor Ablauf dieser Frist von neuem anordnet. Ordnet das Gericht die Fortdauer an, so bestimmt es zugleich, wann seine Entscheidung von neuem einzuholen ist.
Die Unterbringung in einer Trinkerheilanstalt darf nicht länger als zwei Jahre dauern.“

293 § 90 Abs. 1 bezüglich der Entlassung aus einer Heil- und Pflegeanstalt; § 94 Abs. 1 bezüglich der Trinkerheilanstalt; § 98 Abs. 1 bezüglich des Arbeitshauses; § 102 Abs. 1 im Falle der Sicherungsverwahrung.

294 *Liepmann*, Die Reform des deutschen Strafrechts, S. 29.

295 Zum Thema der Internationalen Kriminalistischen Vereinigung siehe: *Bellmann*, Die Internationale Kriminalistische Vereinigung (1889–1933).

296 Die Beschlüsse der Tagung waren gemessen an den bisherigen Reformergebnissen in den Entwürfen von 1913 und 1919 fortschrittlich. Die Tagung war bezogen auf den „gemeingefährlichen Gewohnheitsverbrecher“ bei einer Anstimmung mit dem Ergebnis 40 zu 26 Stimmen zu der Befürwortung des unbestimmten Strafurteils gelangt und hatte

unbestimmte Strafurteil über die gefährlichen Gewohnheitsverbrecher ein Teil der Reformbestrebungen sein müsse, so suchte er in seinem Entwurf einen Kompromiß.

Auch bei der 18. Tagung der deutschen Landesgruppe der IKV Pfingsten 1922 in Göttingen, der neben *Radbruch* als Reichsjustizminister auch Gesandte der niederländischen und österreichischen Landesgruppe, u.a. auch *Kadečka,* beiwohnten, wurde die „unbestimmte Verurteilung" behandelt und nach langer Diskussion gegen eine starke Minderheit die These *Dürrs* angenommen[297]:

> „Gemeingefährliche Verbrecher, die schon viele Vorstrafen erlitten haben, sind zu einer Freiheitsstrafe von zunächst unbestimmter Dauer zu verurteilen. Aufgrund des Verhaltens des Verurteilten in der Strafanstalt entscheidet das Gericht, ob und wann die Entlassung zu erfolgen hat."[298]

Aus diesem Kompromiß ergibt sich auch, daß *Radbruch* seine weit über diese Forderungen hinausgehende Idee, das gesamte Strafrecht durch ein Maßregelrecht zu ersetzen, in der Praxis nicht verfolgte.

Diese Idee äußerte er in einem Diskussionsbeitrag auf der 22. Tagung der Internationalen Kriminalistischen Vereinigung (IKV) in Karlsruhe im Jahre 1927 zu dem Thema „Fortschritte und Rückschritte in den kriminalpolitischen Bestimmungen des neuesten Strafgesetzentwurfs":

> „Im Ernst gesprochen: ich halte das Wort 'Strafe' für ein Hindernis unseres Strafrechtsfortschritts. Aus dem Worte 'Strafe' leitet man fortwährend Hemmnisse ab für die Strafrechtsreform, wie auch aus dem Worte 'Schuld'; und man sollte sich ganz ernstlich überlegen, ob man diese Worte nicht einmal aus dem *sogenannten* 'Strafrecht' *ausscheiden* könnte. Wir haben einen großen Vorgänger darin: ich bekenne mich zu dem Entwurfe von *Enrico Ferri*, der bekanntlich nicht mehr 'Strafen' kennt, sondern nur noch 'Sanktionen': sichernde Maßnahmen; der nicht mehr von 'Schuld' redet, sondern nur noch von 'Gefährlichkeit'. Ich bekenne mich zu diesem Entwurfe nicht als gegenwärtiger Forderung, sondern als Zukunftsbild; und ich gebe ganz ernstlich der Überzeugung Ausdruck, daß der Fortschritt des Straf-

---

den Beschluß gefaßt: „Der Sicherungszweck ist gegenüber solchen Verbrechern nicht durch eine besondere Sicherungsverwahrung, sondern innerhalb des Strafvollzuges zu verfolgen." Das absolut unbestimmte Strafurteil wurde nur mit einer knappen Mehrheit von 34 zu 32 Stimmen angenommen: „Gemeingefährliche Verbrecher, die schon viele Straftaten begangen haben, sind zu einer Freiheitsstrafe von zunächst unbestimmter Dauer zu verurteilen. Auf Grund des Verhaltens des Verurteilten in der Strafhaft entscheidet das Gericht, ob und wann der Verurteilte zu entlassen ist". Ein Ziel der Strafrechtsreform sollte dementsprechend die Abschaffung des Dualismus von Strafe und Sicherungsverwahrung und die Durchsetzung der relativ unbestimmten Sicherungsstrafe sein. Siehe hierzu: Mitteilungen der IKV Bd. 3, 22. Tagung der Deutschen Landesgruppe zu Karlsruhe vom 11.–13. September 1927, I. Thema: Fortschritte und Rückschritte und den kriminalpolitischen Bestimmungen des neuesten Strafgesetzentwurfes, Referat v. Prof. Dr. Eduard Kohlrausch, S. 10 f.

297 *Bellmann*, Die internationale Kriminalistische Vereinigung (1889–1933), S. 156.

298 *Dürr*, Mitteilungen der deutschen Landesgruppe der IKV, 18. Versammlung, S. 143 f.

> rechts die *Überwindung* des Strafrechts durch Besseres sei. Die *Überwindung* des Strafrechts muß sein *Ziel* sein.“[299]

Auch in seinem Aufsatz „Abbau des Strafrechts“, der Bemerkungen zum E 1925 sowie Anmerkungen zum E 1927 enthielt, betonte *Radbruch*, daß der Entwurf *Ferris* nur scheinbar radikaler als der E 1925 bzw. E 1927 sei[300]. Die Zweispurigkeit im deutschen Entwurf sei im Ergebnis nur eine scheinbare, da sie zwar eine Zweispurigkeit hinsichtlich der Verurteilung sei, aber wohl in den meisten Fällen keine des Vollzuges[301]. Dies ergebe sich aus der vom Entwurf eröffneten Möglichkeit, die Sicherungsverwahrung, die Unterbringung in einer Heil- und Pflege-, sowie Trinkerheilanstalt vor der Strafe zu vollziehen (im E 1922 § 47 Abs. 1 S. 2) und von einem nachträglichen Vollzug der Strafe abzusehen (im E 1922 § 47 Abs. 2 S. 1), wenn er sich als überflüssig darstelle[302]. *Radbruch* ging davon aus, daß die Richter von dieser Möglichkeit hinreichend Gebrauch machen würden:

> „Kein Richter wird so töricht sein, die erreichte Heilung oder Besserung durch die Verbitterung und Erschütterung eines nachträglichen Strafvollzuges wieder in Frage zu stellen.“[303]

Bei einem „gefährlichen Gewohnheitsverbrecher“ konnte § 45 E 1922 das Gericht neben der Verurteilung zu einer Strafe aufgrund von § 77 E 1922 auf Sicherungsverwahrung erkennen[304]. Nach § 77 E 1922 konnte wegen Rückfalls die Strafe erhöht werden, wenn jemand, der schon zweimal wegen eines Verbrechens oder eines vorsätzlichen Vergehens zu erheblichen Freiheitsstrafen verurteilt worden war, durch ein neues Verbrechen oder vorsätzliches Vergehen eine Freiheitsstrafe verwirkt hatte, und wenn aus der neuen Tat in Verbindung mit den früheren Taten hervorging, daß der Täter ein für die öffentliche Sicherheit gefährlicher Gewohnheitsverbrecher war. Der sogenannte Rückfällige konnte, soweit die Tat nicht mit schwererer Strafe bedroht war, mit strengem Gefängnis bis zu fünf Jahren, und, wenn die neue Tat ein Verbrechen war, mit strengem Gefängnis bis zu fünfzehn Jahren bestraft werden[305].

---

299 Siehe *Radbruch*, in: GRGA Bd. 9 (Strafrechtsreform), S. 293 (294 f.).

300 GRGA Bd. 9 (Strafrechtsreform), S. 246 (251).

301 *Radbruch*, Abbau des Strafrechts, in: GRGA Bd. 9 (Strafrechtsreform), S. 246 (251).

302 *Radbruch*, Abbau des Strafrechts, in: GRGA Bd. 9 (Strafrechtsreform), S. 246 (251).

303 *Radbruch*, Abbau des Strafrechts, in: GRGA Bd. 9 (Strafrechtsreform), S. 246 (251).

304 Die Regelungen über die Verwahrung gefährlicher Gewohnheitsverbrecher war in der Besprechung vom 20. April 1922 unter anderem Thema der Erörterungen.

305 Zudem regelte § 77 E 1922, daß eine Verurteilung für den Rückfall nicht in Betracht kam, wenn zwischen ihr und der folgenden Verurteilung mehr als fünf Jahre vergangen

Durch das Zusammenspiel dieser beiden Regelungen bekam § 45 E 1922 die Wirkung, daß das Gericht für einen Täter, der das strenge Gefängnis ohne Besserung verlassen hatte, formell neben der Strafe – aber de facto danach[306] – Sicherungsverwahrung anordnen konnte; das Ende des Freiheitsentzuges wurde damit von seiner Wirkung auf die Persönlichkeit des Inhaftierten abhängig gemacht. Ergänzt durch § 48 E 1922[307] und § 47 E 1922, stellten diese Regelungen eine Annäherung an die von *v. Liszt* befürwortete „unbestimmte Freiheitsstrafe“ dar.

### *2. Entwicklungslinien*

#### *a) Stand im E 1919 und im geltenden RStGB*

Die weitergehende Etablierung der Maßregeln der Besserung und Sicherung neben der Strafe war eine Entwicklung, die sich schon im VE abzeichnete und auch im E 1919 wiederfand.

§ 100 E 1919 legte fest, daß im Falle der Verurteilung eines „gewerbs- oder gewohnheitsmäßigen“ und „für die Rechtssicherheit gefährlichen Verbrechers“ nach § 120 das Gericht daneben auf Sicherungsverwahrung zu erkennen hatte. § 120 regelte Voraussetzungen für die Einstufung als gewerbs- und gewohnheitsmäßiger Verbrecher: der Täter mußte rückfällig (§ 118) geworden sein, nachdem er im Inland oder Ausland schon fünfmal wegen Verbrechen oder vorsätzlicher Vergehen zu erheblichen Freiheitsstrafen, darunter mindestens einmal zu Zuchthaus, verurteilt worden war und die Strafen ganz oder teilweise verbüßt hatte, zudem mußte aus der neuen Tat in Verbindung mit den früheren Taten hervorgehen, daß er ein gewerbs- oder gewohnheitsmäßiger, für die Rechtssicherheit gefährlicher Verbrecher war. Dieser wurde nach § 120 E 1919, soweit die Tat nicht mit schwererer Strafe bedroht war, mit Zuchthaus bis zu fünf Jahren und, wenn die neue Tat ein Verbrechen war, mit Zuchthaus nicht unter zwei Jahren bestraft.

---

waren. In diese Frist wurde nicht die Zeit eingerechnet, in der der Verurteilte eine Freiheitsstrafe verbüßte oder auf Grund behördlicher Anordnung in einer Anstalt verwahrt wurde. Eine ausländische Verurteilung stand einer inländischen gleich, wenn sie wegen einer Tat verhängt worden war, die nach dem deutschen Recht ein Verbrechen oder ein vorsätzliches Vergehen dargestellt hätte.

306 *Kubink*, Strafen und ihre Alternativen im zeitlichen Wandel, S. 176.

307 § 48 lautete:

**„§ 48**

Wird auf Sicherungsverwahrung neben einer Freiheitsstrafe erkannt, so kann das Gericht anordnen, daß die Verwahrung an die Stelle der Strafe tritt.

E 1919 forderte damit im Gegensatz zu seinem Nachfolger noch eine höhere Anzahl vorangegangener Verurteilungen; die Einstufung als „Gewohnheitsverbrecher“ erfolgte im E 1922 zu einem weitaus früheren Zeitpunkt der „kriminellen Karriere“, und auch die Folgen des Rückfalls trafen den Rückfälligen dort mit einer größeren Härte als noch im E 1919[308].

Das geltende Recht kannte keine Maßregeln der Besserung und Sicherung und gebrauchte auch nicht die Bezeichnung „Gewohnheitsverbrecher“. Es existierten aber die Vorschriften der §§ 244, 245 RStGB, die eine Rückfallschärfung für bestimmte Tätergruppen vorsahen: Nach § 244 wurde, wer im Inlande als Dieb, Räuber oder gleich einem Räuber oder als Hehler bestraft worden war und darauf abermals eine dieser Handlungen begangen hatte und wegen derselben bestraft worden war, wenn er einen einfachen Diebstahl beging (§ 242), mit Zuchthaus bis zu zehn Jahren, wenn er einen schweren Diebstahl (§ 243) beging, mit Zuchthaus nicht unter zwei Jahren bestraft[309]. Nach § 245 RStGB fanden diese Bestimmungen § 244 Anwendung, wenn die früheren Strafen nur teilweise verbüßt oder ganz oder teilweise erlassen worden waren. Die Anwendung des § 244 RStGB war erst ausgeschlossen, wenn seit der Verbüßung oder dem Erlaß der letzten Strafe bis zur Begehung des neuen Diebstahls zehn Jahre vergangen waren.

Das „Gesetz gegen gefährliche Gewohnheitsverbrecher und über Maßregeln der Sicherung und Besserung“ vom 24. November 1933 enthielt eine Strafschärfung für „gefährliche Gewohnheitsverbrecher“[310], ergänzte die §§ 244,

---

Der Verurteilte ist in einem solchen Falle mindestens so lange in der Anstalt unterzubringen, als die Strafe dauern würde.“

308 Sah der E 1919 noch Zuchthaus bis zu fünf Jahre für eine Tat, die nicht mit schwerer Strafe bedroht war und wenn die Tat ein Verbrechen war, Zuchthaus nicht unter zwei Jahren vor, so sah der E 1922 in § 77 (s.o.) für den ersten Fall bis zu fünf Jahre strenges Gefängnis und für den zweiten Fall strenges Gefängnis bis zu fünfzehn Jahren vor.

309 § 244 Abs. 2 sah beim Vorliegen von mildernden Umständen vor, daß dann beim einfachen Diebstahl Gefängnisstrafe nicht unter drei Monaten und beim schweren Diebstahl Gefängnisstrafe nicht unter einem Jahr eintrat.

310 Es wurde die Vorschrift des § 20a eingefügt, wobei Abs. 1 bestimmte:
„(1) Hat jemand, der schon zweimal rechtskräftig verurteilt worden ist, durch eine neue vorsätzliche Tat eine Freiheitsstrafe verwirkt und ergibt die Gesamtwürdigung der Taten, daß er ein gefährlicher Gewohnheitsverbrecher ist, so ist, soweit die Tat nicht mit schwerer Strafe bedroht ist, auf Zuchthaus bis zu fünf Jahren und, wenn die neue Tat auch ohne diese Strafschärfung ein Verbrechen wäre, auf Zuchthaus bis zu fünfzehn Jahren zu erkennen. Die Strafschärfung setzt voraus, daß die beiden früheren Verurteilungen wegen eines Verbrechens oder vorsätzlichen Vergehens ergangen sind und in jeder von ihnen auf Todesstrafe, Zuchthaus oder Gefängnis von mindestens sechs Monaten erkannt worden ist.“

245[311] und erweiterte das RStGB um den Abschnitt über Maßregeln der Sicherung und Besserung[312].

### *b) Die Position Österreichs*

Ob Österreich auf die Regelungen des Entwurfs über Sicherungsverwahrung und Gewohnheitsverbrecher des Entwurfs Einfluß genommen hatte, ist den Äußerungen über die Zusammenarbeit beim Entwurf nicht zu entnehmen.

Äußerungen *Kadečkas*[313] auf der Tagung der ÖKV[314] kann man entnehmen, daß die Wünsche Österreichs teilweise umgesetzt worden sind. Zum einen kritisierte *Kadečka*, daß in § 120 E 1919 eine Gleichstellung des gewerbsmäßigen mit dem Gewohnheitsverbrecher erfolge[315]. § 77 E 1922 sah eine solche Gleichstellung nicht mehr vor, es wurde lediglich vom Gewohnheitsverbrecher gesprochen. Das von *Kadečka* kritisierte Merkmal „für die Rechtssicherheit gefährlich“[316] war in „für die öffentliche Sicherheit gefährlich“ umgeändert worden. Die Anforderung des E 1919 hatte er mit fünf „erheblichen“ Strafen zu hoch angesetzt gefunden. Angelehnt an den § 62 des österreichischen Entwurfs von 1912 müßten auch für die Feststellung der Eigenschaft des Gewohnheitsverbrechers mehr als zwei beträchtliche Vorstrafen genügen[317] wie in den österreichischen Gegenvorschlägen gemäß § 120[318] (§ 112 ÖGE).

---

311 Zum einen wurde § 245a RStGB eingefügt, der den Besitz und Gewahrsam von Diebeswerkzeug für denjenigen unter Strafe stellte, der bereist wegen Diebstahls, Diebstahls im Rückfall, Raubes, gewerbs- und gewohnheitsmäßiger Hehlerei oder Hehlerei im Rückfall rechtskräftig verurteilt worden war.

312 Nach dem eingefügten § 42a waren die Maßregeln der Sicherung und Besserung die Unterbringung in einer Heil- oder Pflegeanstalt, in einer Trinkerheilsanstalt oder einer Erziehungsanstalt, in einem Arbeitshaus, die Sicherungsverwahrung, die Entmannung gefährlicher Sittlichkeitsverbrecher, die Untersagung der Berufsausübung und die Reichsverweisung.

313 *Kadečka*, in: Der Deutsche Strafgesetz-Entwurf, S. 115 ff.

314 Aus dem Bericht und Abänderungsvorschlag *Rittlers* (in: Der Deutsche Strafgesetz-Entwurf, S. 102 [110]) bei der Tagung der ÖKV geht hervor, daß in seinen Augen der E 1919 gegen die Gewohnheitsverbrecher zu scharf vorginge; die Verwahrung bei einem Rückfall im Rahmen des § 120 E 1919 sollte nicht zwingend mit der Strafschärfung verbunden werden müssen, sondern vielmehr dem Ermessen des Gerichts obliegen und auch die Dauer der Verjährung sollte auf zehn Jahre begrenzt werden. Er wandte sich aber gegen ein Vikariieren von Strafe und Sicherungsverwahrung, die sichernde Maßnahme sei im Gegensatz zur Strafe „ethisch farblos und will auch nicht als Übel angesehen werden“(S. 104).

315 *Kadečka*, in: Der Deutsche Strafgesetz-Entwurf, S. 115 (125).

316 *Kadečka*, in: Der Deutsche Strafgesetz-Entwurf, S. 115 (125).

317 *Kadečka*, in: Der Deutsche Strafgesetz-Entwurf, S. 115 (126).

318 Der Deutsche Strafgesetz-Entwurf, S. 130.

Dies entsprach der von § 77 Abs. 1 E 1922 vorausgesetzten Anzahl von Verurteilungen.

Nach § 101 ÖGV (§ 89 ÖGE) sollte der Verurteilte solange in der Sicherungsverwahrung verbleiben, wie seine Gemeingefährlichkeit andauerte, wobei die Fortdauer der Verwahrung über drei Jahre hinaus vom Gericht angeordnet werden mußte[319]. Eine Höchstgrenze für die Dauer der Sicherungsverwahrung sollte es nicht geben[320]. Ein Zusammenspiel der Regelungen derart, daß die Sicherungsverwahrung anstelle der Strafe treten konnte, war jedoch nicht vorgesehen. Ein solche Regelung gab es im österreichischen Gegenvorschlag nur für die Verwahrung in einer öffentlichen Heil- und Pflegeanstalt, die Unterbringung in einer Trinkerheilanstalt sowie in einem Arbeitshaus: Nach § 89 Abs. 3 ÖGV (§ 77 Abs. 3 ÖGE) konnte das Gericht bei einer Freiheitsstrafe von nicht mehr als sechs Monaten anordnen, daß die Verwahrung an die Stelle der Strafe trat[321]. Allgemein ersetzten die österreichischen Gegenvorschläge den Begriff der „Landespolizeibehörde“ durch den der „Sicherheitsbehörde“ aufgrund der mangelnden Vereinbarkeit mit der österreichischen Verfassung[322]; im E 1922 war es schließlich die „Verwaltungsbehörde“.

### *c) Der Einfluß Franz v. Liszts*

Die Vorschriften über das Verhältnis von Strafe und Sicherungsverwahrung im *Radbruch*schen Entwurf kamen den Forderungen der soziologischen Schule und ihres Begründers *v. Liszt* entgegen.

Als Befürworter des unbestimmten Strafurteils bzw. der unbestimmten Freiheitsstrafe sah er gerade gegenüber Gewohnheitsverbrechern[323] die Notwen-

319 BA R 3001/5915 (S. 6. des österreichischen Gegenvorschläge über den Abschnitt der Maßregeln der Besserung und Sicherung).

320 BA R 3001/5915 (S. 5 der Begründung des Gegenvorschlags zum 12. Abschnitt).

321 BA R 3001/5915 (S. 1 der Gegenvorschläge zum 12. Abschnitt). Für die Unterbringung in einer Trinkerheilanstalt verwies § 93 Abs. 2 GV (§ 82 Abs. 2 ÖGE) und für die Unterbringung in einem Arbeitshaus § 96 Abs. 2 GV (§ 85 Abs. 2 ÖGE) auf die Vorschrift des § 89 Abs. 3 GV (§ 77 Abs. 3 ÖGE).

322 BA R 3001/5915 (S. 2 der Begründung des Gegenvorschlags zum 12. Abschnitt).

323 Die Gewohnheitsverbrecher waren die von *v. Liszt* bezeichneten *Unverbesserlichen*: „Energische Bekämpfung des Gewohnheitsverbrechertums ist eine der dringendsten Aufgaben der Gegenwart. Wie ein krankes Glied den ganzen Organismus vergiftet, so frißt der Krebsschaden des rapid zunehmenden Gewohnheitsverbrechertums sich immer tiefer in unser soziales Leben. Der auf dem Gebiet des Strafrechtswissenschaft herrschende Doktrinarismus hat eine schwere Schuld auf sich geladen, indem er, in rein begriffliche Konstruktionen vertieft, dieser Tatsache gegenüber bis auf den heutigen Tag – von wenigen Ausnahmen abgesehen – teilnahmslos geblieben ist.“ Aus: *v. Liszt*, Der Zweckgedanke im Strafrecht, S. 43.

digkeit, die Dauer des Vollzuges von deren Wirkungen auf den Verurteilten abhängig zu machen und eine „freilich bedeutende Erweiterung und Schärfung der Rückfallstrafe“[324] im Strafgesetzbuch zu verankern[325]. Die Lösung des *Radbruch*schen Entwurfs setzte das Ideal *v. Liszts* nicht gänzlich um, es wurde aber versucht, der hinter dem unbestimmten Strafurteil stehenden Idee zu entsprechen.

Der von *v. Liszt* mitverfaßte Gegenentwurf von 1911 enthielt Regelungen über den einfachen Rückfall (§§ 95, 96 GE) und traf auch speziell für den sogenannten „gewerbs- und gewohnheitsmäßigen Verbrecher“ in den §§ 97, 98 GE Regelungen. Nach § 98 GE war es möglich, daß das Gericht neben der Strafe auf Unterbringung des Verurteilten in einer Verwahrungsanstalt erkannte, wenn derjenige, der schon vielfach, mindestens aber fünfmal, wegen Verbrechen oder vorsätzlicher Vergehen zu einer Freiheitsstrafe, darunter mindestens einmal zu einer Zuchthausstrafe, verurteilt worden war und die letzte Strafe vor nicht länger als drei Jahren verbüßt hatte, neuerlich ein Verbrechen oder vorsätzliches Vergehen begangen hatte, das ihn in Verbindung mit seinen Vorstrafen als gewerbs- oder gewohnheitsmäßigen und für die Rechtssicherheit gefährlichen Verbrecher erscheinen ließ.

Es existierte dementsprechend bereits hier die Verzahnung von Strafe und Sicherungsverwahrung, auch wenn die Sicherungsverwahrung noch nicht an die Stelle der Strafe treten konnte. Die Qualifikation als Gewohnheitsverbrecher erfolgte aber im Gegensatz zum E 1922 erst zu einem späteren Zeitpunkt, erforderlich war eine mindestens fünffache Verurteilung des Täters.

---

324 *v. Liszt*, Der Zweckgedanke im Strafrecht, S. 47.

325 *v. Liszt* äußerte seine Vorstellung über die Ausgestaltung der Gewohnheitsverbrecher sehr deutlich: „Die ‘Unschädlichmachung’ der Unverbesserlichen denke ich mir in folgender Weise. Das Strafgesetzbuch bestimmt – in ähnlicher Fassung wie die §§ 244, 245 des geltenden Gesetzbuches –, daß bei dritter Verurteilung wegen eines der oben genannten Verbrechen auf *Einschließung auf unbestimmte Zeit* zu erkennen sei. Die Strafe wird in besonderen Anstalten (Zucht- oder Arbeitshäusern) in Gemeinschaft verbüßt. Sie besteht in ‘Strafknechtschaft’ mit strengstem Arbeitszwang; als Disziplinarstrafe wäre die Prügelstrafe kaum zu entbehren; obligatorischer und dauernder Verlust der bürgerlichen Ehrenrechte müßte den unbedingt entehrenden Charakter der Strafe scharf kennzeichnen. Einzelhaft hätte nur als Disziplinarstrafe, verbunden mit Dunkelarrest und strengstem Fasten, einzutreten.“ Aus: *v. Liszt*, Der Zweckgedanke im Strafrecht, S. 47.

### 3. Zusammenfassung und Bewertung

In zeitgenössischen Stellungnahmen[326] wird betont, daß die Idee der unbestimmten Strafe das eigentliche Ziel der Reformbestrebungen gewesen sei und insofern „die Regelung des Entwurfs einen Kompromiß zwischen Gegenwartsströmungen“ darstelle[327]; die unbestimmte sichernde Maßnahme solle und werde irgendwann in der Zukunft von der unbestimmten Strafe ersetzt werden[328]. Das Prinzip des Vikariierens von Strafe und sichernder Maßnahme erfuhr aber an dieser Stelle Zustimmung[329].

Die Rückfallregelungen einschließlich der Möglichkeit der Anordnung der Sicherungsverwahrung neben der Strafe für den „Gewohnheitsverbrecher“ wurde von anderer Seite[330] mit deutlicher Begeisterung[331] begrüßt; sie brächten einen großen Fortschritt im Vergleich zum Vorgängerentwurf, insbesondere, weil sie einen zweimaligen Rückfall genügen ließen und nicht erst fünf Male abwarteten[332].

In der neueren Literatur fällt die Bewertung der Entwurfsregelungen unterschiedlich aus: Auf der einen Seite wird *Radbruch* bei der Ausgestaltung der Regelungen ein „unschädlicher Kompromiß“ bescheinigt, den er angesichts des „Zentralproblems moderner Kriminalpolitik“ in seiner Eigenschaft als

---

326 Diese Aufsätze nehmen zwar Bezug auf den E 1924/25, jedoch sind die hier behandelten Vorschriften aus dem E 1922 unverändert überführt worden.

327 *Freudenthal*, in: Aschrott / Kohlrausch, Reform des Strafrechts, S. 153 (169).

328 *Freudenthal*, in: Aschrott / Kohlrausch, Reform des Strafrechts, S. 153 (160).

329 *Freudenthal*, in: Aschrott / Kohlrausch, Reform des Strafrechts, S. 153 (160).

330 *Graf W. Gleispach*, in: Aschrott / Kohlrausch, Reform des Strafrechts, S. 153 (200).

331 *Graf W. Gleispach* äußerte sich hierzu in Aschrott / Kohlrausch, S. 153 (200): „Hier hat der *E.* meinen vollen Beifall. Es bedeutet einen großen Fortschritt gegenüber dem E. 19, daß man sich endlich zu einem festerem Zugreifen entschlossen hat und nicht den fünften Rückfall abwartet, sondern den wiederholten genügen läßt. Die Vorschläge beruhen auf den Ergebnissen und Lehren der Kriminalstatistik, wenn sich auch die *Begr.* nicht auf sie beruft. Die Ergänzung zu der Rückfallschärfung bildet die Sicherungsverwahrung nach § 45, die ich nicht zu besprechen habe. Selbstverständlich werden auch diese Vorschläge wieder der bekannten Gegnerschaft begegnen: ernsthaften Bedenken und dem üblichen Geschrei wegen der Aufhebung der individuellen Freiheit usw. Daß die Vorschläge auch Schattenseiten haben, daß Mißgriffe möglich sind, wer wollte das auch leugnen? Es kann sich nur darum handeln, die Vorteile und Nachteile hier und dort gegen einander abzuwägen. Wer immer die äußersten, objektiven, notwendigen formalen und darum eben so hemmenden Garantien im Namen der Freiheit, der großen Errungenschaften der Vergangenheit, des Liberalismus usw. fordert, dem möchte ich zu bedenken geben, ob es nicht auch ein Freiheitsinteresse und noch höhere Interessen für die Individuen gibt, die die nächsten Opfer des unzureichend bestraften oder verwahrten Verbrechers werden?“

332 *Graf W. Gleispach*, in: Aschrott / Kohlrausch, Reform des Strafrechts, S. 153 (200).

Reichsjustizminister treffen mußte und eben nicht als Gelehrter frei entscheiden durfte, um die Mehrheit für die Annahme des Entwurfs zu gewinnen[333]. Im Ergebnis habe *Radbruch* aber die Idee bzw. den Grundgedanken des unbestimmten Strafurteils seines Lehrers *Franz v. Liszts* in seinen Entwurf übertragen und damit der Forderung der modernen Schule hinreichend Rechung getragen. Auch wenn er damit seine eigene Idee eines reinen Maßregelrechts noch nicht zum Zuge habe kommen lassen, was er allerdings ohnehin erst dann als möglich angesehen habe, wenn die Gesellschaft die Entbehrung repressiver Sanktionen würde akzeptieren können[334].

Angesichts dieser „Vision“ *Radbruchs* verwundert es, daß er im Fall des Gewohnheitsverbrechers zu äußerst drastischen Maßnahmen griff. Erfolgte doch die Qualifikation als Gewohnheitsverbrecher im Gegensatz zu den vorhergehenden Entwürfen bereits bei der wiederholten Begehung des entsprechenden Delikts. Der Richter besaß einerseits Instrumente, die *Radbruch* zugunsten des Verurteilten weit ausgestaltet hatte wie den bedingten Straferlaß; andererseits konnte er intensiv den Rückfall eines Täters ahnden und ihn damit dauerhaft seiner Freiheit berauben. Dieser Aspekt der *Radbruch*schen Entwurfskonzeption ist von *Kubink* noch verständnisvoll bewertet worden:

> „In diesem Kontext ist auch Radbruch ein Kind seiner Zeit, das der Gesellschaft ihre aktuellen Ängste nehmen will.“[335]

## *III. Schutzaufsicht*

*Radbruch* betonte in seinen *Bemerkungen* zum Entwurf, daß der Entwurf die Polizeiaufsicht des geltenden Rechts abschaffe:

> „Auch der Abschaffung der vielfach gleich einer Ehrenstrafe wirkenden Polizeiaufsicht mag in diesem Zusammenhange gedacht werden; die Schutzaufsicht des Entwurfs (§ 51) ist gänzlich anderen Charakters und gänzlich anderem Gebrauchs (§§ 39, 43 Abs. 2, 44 Abs. 2).“[336]

Die Idee der Schutzaufsicht war bereits von § 65 E 1919[337] aufgenommen worden, wonach das Gericht den Verurteilten bei Strafaussetzung unter

---

333 *E. Schmidt*, Einleitung zu Gustav Radbruchs Entwurf für ein Allgemeines Deutsches Strafgesetzbuch, S. XXII.

334 *Radbruch*, Fortschritte und Rückschritte in den kriminalpolitischen Bestimmungen des neuesten Strafgesetzentwurfs (1928), GRGA Bd. 9, S. 293 (295), siehe hierzu *Neumann*, KJ 2004, S. 432 (436), der darauf verweist.

335 *Kubink*, Strafen und ihre Alternativen im zeitlichen Wandel, S. 177.

336 *Radbruch*, Bemerkungen, S. 53.

337 § 65 lautete:

Schutzaufsicht stellen konnte. Dies entsprach der Regelung des § 39 E 1922. Zudem konnte nach dem E 1919 die Einweisung in die Heil- und Pflegeanstalt (§ 88 E 1919), die Einweisung in die Trinkerheilanstalt (§ 92 E 1919) und die Bestrafung von Jugendlichen nach § 133 E 1919 durch die Anordnung der Schutzaufsicht ersetzt werden, falls diese genügte. Diese Regelungen wiederum gleichen denen des E 1922 weitestgehend – wobei dieser die Schutzaufsicht ausdrücklich im Katalog der Maßregeln der Besserung und Sicherung aufführte –, denn dieser eröffnete die Möglichkeit der Anordnung der Schutzaufsicht bei der Unterbringung in einer öffentlichen Heil- und Pflegeanstalt (§ 43 Abs. 2 E 1922) und der Unterbringung in einer Trinkerheilanstalt (§ 44 Abs. 2 E 1922)[338]. Neu war lediglich die im dritten Buch im Rahmen des § 374 E 1922 genannte Möglichkeit, statt Arbeitshaus auf Schutzaufsicht zu erkennen.

## *IV. Arbeitshaus*

### *1. E 1922*

Mit Arbeitshaus wurde das „gemeinschädliche Verhalten“[339] im dritten Buch des E 1922 geahndet[340], welches nach *Radbruchs* Vorstellung die sog. „kleine Kriminalität“ – die „unsozialen Lebensformen“ – umfaßte[341]. Es stellte nach § 374 E 1922 eine Maßregel der Besserung und Sicherung dar, bei der die dort Verwahrten zur Arbeit anzuhalten und an ein geordnetes Leben zu gewöhnen

---

**„§ 65**

**Schutzaufsicht usw.**

Das Gericht kann einen Verurteilten, dessen Strafe es aussetzt, unter Schutzaufsicht stellen; auch kann es ihm besondere Pflichten auferlegen.“

338 Die Regelungen über die strafrechtlichen Behandlung von Jugendlichen war spezialgesetzlich geregelt und demnach nicht mehr Gegenstand des Entwurfs.

339 Dieses umfaßte die Verhaltensweisen Betteln, Ausschicken zum Betteln, Umherziehen in Banden und Arbeitsverweigerung.

340 Das Ergebnis der Besprechung vom 20. April 1922 kam noch zu einem etwas anderen Ergebnis. Das Arbeitshaus sollte nur noch bei den im 17. Abschnitt (noch bezogen auf den E 1919) des Besonderen Teils mit dem Titel „Gemeinschädliches Verhalten“ behandelten Straftaten zulässig sein. Die Vorschriften über das Arbeitshaus sollten in diesen 17. Abschnitt eingestellt werden. Zudem war es aber das Ziel, daß der Abschnitt, wenn möglich, „als Fremdkörper aus dem Strafgesetzbuch entfernt und sein Inhalt entweder in einem allgemeinen Sicherungsgesetz oder in einem Sondergesetz (Reichsminister des Innern) geregelt werden“. Auf die Neuregelung sollte durch Verhandlung mit dem Reichsminister des Innern hingewirkt werden. Die Voraussetzungen für die Anordnung des Arbeitshauses sollten entsprechend der anderweitigen Abgrenzung seines Anwendungsgebietes geändert werden. Siehe: Akte BA 3001/5811, S. 112.

341 *Radbruch*, Bemerkungen, S. 51 f.

waren, im Falle der Arbeitsunfähigkeit erfolgte alternativ die Überweisung in ein Asyl. Die Besonderheit lag darin, daß das Arbeitshaus nur im Rahmen des dritten Buches als Maßregel Anwendung fand, im Maßregelkatalog des ersten Buches tauchte es nicht auf.

Nach § 374 Abs. 2 E 1922 war die Überweisung in das Arbeitshaus durch das Gericht anzuordnen, dieses konnte statt dessen im Falle ihres Genügens Schutzaufsicht anordnen. Für die Unterbringung galten nach § 374 Abs. 4 E 1922 die Vorschriften des § 46 Abs. 1 bis 3 und der §§ 47, 49 und 51 entsprechend. Das hieß gem. § 46 Abs. 2 E 1922, daß die Dauer der Unterbringung grundsätzlich unbegrenzt war, es galt lediglich nach § 46 Abs. 3 E 1922 der Grundsatz, daß das Gericht jeweils vor Ablauf von drei Jahren anordnete, daß die Unterbringung über diese Zeit hinaus verlängert und wann seine Entscheidung von neuem eingeholt werden sollte.

Das eigentliche Ziel *Radbruchs* über den Entwurf hinaus war es, im Wege der weiteren Reformarbeit eine völlige Aussonderung der vom dritten Buch umfaßten Verhaltenweisen aus dem Strafrecht und ihren Übergang in das Verwaltungsrecht zu erreichen[342]. Sein Entwurf stellte seinen Plänen nach nur einen ersten Schritt in diese Richtung dar[343].

### 2. Entwicklungslinien

Im Vorgängerentwurf 1919 war das Arbeitshaus noch im Abschnitt der Maßregeln der Besserung und Sicherung (§§ 95–99) des ersten Buches geregelt[344]. Nach § 95 E 1919 konnte das Gericht auf Unterbringung in einem Arbeitshaus erkennen, wenn eine Straftat auf Liederlichkeit oder Arbeitsscheu zurückzuführen war und dies erforderlich war, um den Verurteilten an ein gesetzmäßiges und arbeitsames Leben zu gewöhnen. Die Maßregel war nur gegen Arbeitsfähige und nur bei solchen strafbaren Handlungen zulässig, bei denen

342 *Radbruch*, Bemerkungen, S. 52. Es bestand auch schon auf Seite der anderen Ministerien wohl Einigkeit darüber, daß solche Verhaltensweisen aus dem Strafgesetzbuch zu entfernen seien. So ergibt sich aus einem Schreiben des Reichsministers des Innern vom 8. Juni 1922 folgendes: „Beispielsweise hat sich zwischen den nächstbeteiligten Ministerien unter anderem Einigkeit darüber ergeben, dass Betteln und Landstreichen, die nach dem Entwurf des Strafgesetzbuches als Vergehen behandelt werden sollen, zweckmäßig aus dem kriminellen Strafrecht herausgenommen und im Verwaltungswege verfolgt werden.“ Aus: Akte BA R 43 I 1214, S. 112.

343 Die Regelungen des Gemeinschädlichen Verhaltens und ihre Sanktionen wurden auch in E 1925 beibehalten.

344 Im E 1919 gab es im Gegensatz zum E 1922 nur zwei Bücher, die Verbrechen und Vergehen des ersten Buches und die Übertretungen des zweiten Buches. Das gemeinschädliche Verhalten war im 17. Abschnitt des ersten Buches geregelt.

das Gesetz sie ausdrücklich vorsah. Zulässig war die Unterbringung in einem Arbeitshaus nur neben einer Gefängnisstrafe von mindestens einem Monat und höchstens einem Jahr; das Gericht setzte auch die Dauer der Unterbringung im Arbeitshaus fest; sie durfte mindestens sechs Monate und höchstens drei Jahre betragen. Wurde auf eine Strafe von nicht mehr als drei Monaten erkannt, so konnte das Gericht anordnen, daß die Unterbringung an die Stelle der Strafe trat. Unberührt davon blieb § 281 E 1919, der für das im 17. Abschnitt geregelte „gemeinschädliche Verhalten" festlegte, daß in den Fällen der §§ 274 bis 280 neben Gefängnis von mindestens zwei Wochen auf Arbeitshaus erkannt werden konnte[345].

Im Reichsstrafgesetzbuch, das noch keine Maßregeln der Besserung und Sicherung kannte, war das Arbeitshaus nur in § 362 Abs. 3 direkt erwähnt. Absatz 1 besagte, daß die nach § 361 Nr. 3 bis 8 Verurteilten[346] zu Arbeiten, welche ihren Fähigkeiten und Verhältnissen angemessen waren, innerhalb und, sofern sie von anderen Arbeitern getrennt gehalten wurden, auch außerhalb der Strafanstalt angehalten werden konnten. Ferner vorgesehen war das Arbeitshaus in den Fällen des § 181a (Zuhälterei), der in seinem 3. Absatz einen Verweis auf § 362 Abs. 3 und 4 enthielt, sowie die §§ 284, 284a, 285, 285a (Glücksspiel), wobei § 285a Abs. 1 ebenfalls auf § 362 Abs. 3 und 4 verwies.

Es fragt sich, ob die vom E 1919 abweichende Regelung des E 1922 bezüglich des Arbeitshauses sowie der Absonderung des „gemeinschädlichen Verhal-

345 Bei § 276 war dies nur möglich, wenn die von dem Kind oder Jugendlichen begangene Handlung mit Arbeitshaus bedroht ist. In den Fällen des § 280 E 1919 konnte die Landespolizeibehörde die Verurteilte (wegen Gewerbsunzucht) statt in einem Arbeitshaus in einem Asyl unterbringen.

346 Die Nr. 3–8 von § 361 RStGB umfaßten: Umherziehen als Landstreicher (Nr. 3); Betteln oder das Anleiten oder Ausschicken zum Betteln von Kindern, oder Personen, welcher der Gewalt und Aufsicht des Täters untergeben sind und zu seiner Hausgenossenschaft gehören, vom Betteln abzuhalten unterläßt (Nr. 4); Hingeben zu Spiel, Trunk und Müßiggang dergestalt, daß der Täter in einen Zustand gerät, in welchem zu seinem Unterhalt oder zum Unterhalt derjenigen, zu deren Ernährung er verpflichtet ist, durch Vermittlung der Behörde fremde Hilfe in Anspruch genommen werden muß (Nr. 5); das Zuwiderhandeln einer Frau, welche wegen gewerbsmäßiger Unzucht einer polizeilichen Aufsicht unterstellt ist, gegen die in dieser Hinsicht zur Sicherung der Gesundheit, der öffentlichen Ordnung und des öffentlichen Anstandes erlassenen polizeilichen Vorschriften oder das gewerbsmäßige Treiben von Unzucht einer Frau, die nicht einer solchen Aufsicht untersteht (Nr. 6); die Weigerung aus Arbeitsscheu von demjenigen, der aus öffentlichen Armenmitteln eine Unterstützung empfängt, eine von der Behörde ihm angewiesene und seinen Kräften angemessene Arbeit zu verrichten (Nr. 7); den Zustand, daß jemand nach dem Verlust seines bisherigen Unterkommens binnen der ihm von der zuständigen Behörde bestimmten Frist sich kein anderweitiges Unterkommen verschafft hat und auch nicht nachweisen kann, daß er solches der von ihm angewandten Bemühungen ungeachtet nicht vermocht habe (Nr. 8).

tens“ in ein eigenes Buch auf *Radbruchs* eigenes Bestreben oder äußeren Einfluß hin geschah.

Von deutscher Seite war nur ein Antrag gestellt worden, wonach Unterbringung im Arbeitshaus nur noch bei bestimmten Delikten zugelassen werden sollte und diese deshalb nur im Besonderen Teil geregelt werden sollten[347]. Das in den *Bemerkungen* geäußerte Vorhaben *Radbruchs*, diese Verhaltensweisen in einem weiteren Schritt aus dem Strafgesetzbuch auszusondern, stellte auf österreichischer Seite jedoch keine Neuerung dar, denn dort waren sie bereits außerhalb des StGB geregelt[348]. Die österreichischen Gegenvorschläge zum E 1919 hingegen sahen das Arbeitshaus noch als Maßregel für den gesamten Entwurf vor. Auf die Unterbringung im Arbeitshaus durfte gemäß § 95 Abs. 2 ÖGV (§ 84 Abs. 2 ÖGE) nur neben Gefängnis von mindestens zwei Wochen und höchstens einem Jahre erkannt werden. Das Mindestmaß war dementsprechend im Verhältnis zum E 1919, wo dies einen Monat betrug, herabgesetzt worden. Auch eröffnete der Verweis von § 96 Abs. 2 ÖGV (§ 85 Abs. 2 ÖGE) – wie bereits erwähnt – die Möglichkeit, daß die Unterbringung in einem Arbeitshaus an die Stelle der Strafe treten konnte. Im Gegensatz zum E 1919 und E 1922 sah der Österreichische Gegenvorschlag in § 96a (§ 86 Abs. 1 ÖGE) vor, daß der Verurteilte über die anderen Anforderungen hinaus[349] mindestens ein Jahr darin zugebracht haben mußte.

Bei der Besprechung der ÖKV kommt die Stellungnahme[350] *Theodor Rittlers* zu den Maßnahmen der Besserung und Sicherung des E 1919 zu dem Ergebnis, daß das Arbeitshaus zwar richtigerweise als Stätte dienen solle, wo der Eingewiesene an Arbeit und damit an ein tätiges Leben gewöhnt werde und daß sie damit eine bessernde Maßnahme darstelle[351]. *Rittler* stimmte auch darin überein, das Arbeitshaus neben kurzen Freiheitsstrafen zu verhängen, wobei er die Grenzen noch enger stecken wollte als dies im E 1919 der Fall war; es sollte nur neben einer Gefängnisstrafe von zwei Wochen bis sechs Monaten verhängt werden, die Ausnahme des § 281 E 1919 also zum Regelfall werden. Die Position *Rittlers* entsprach also insoweit dem E 1919 und dem diesbezüglichen österreichischen Gegenvorschlag und wich vom späteren

---

347 Österreichisches Staatsarchiv, Allg. Verwaltungsarchiv, Justizministerium, Karton Nr. 985 (Fortl. Bl. 31).

348 *Radbruch*, Bemerkungen, S. 52.

349 Er mußte sich gut geführt und fleißig gearbeitet haben und nach seiner Vergangenheit und seinen persönlichen Verhältnissen die Verwartung gerechtfertigt sein, daß er sich künftig wohlverhalten würde.

350 *Rittler*, in: Der Deutsche Strafgesetz-Entwurf, S. 102 ff.

351 *Rittler*, in: Der Deutsche Strafgesetz-Entwurf, S. 102 (110).

E 1922 ab, als Arbeitshaus nicht nur für die Gruppe des „gemeinschädlichen Verhaltens“ verhängt werden sollte.

Im Rahmen des Verlaufs der Besprechungen ist aber ein Zugeständnis Österreichs insofern erkennbar, als in den österreichischen Gegenvorschlägen zum Besonderen Teil die Aufforderung erfolgte[352]:

> „Die im allgemeinen Teil gestrichenen Bestimmungen über das Arbeitshaus müssen hier nachgetragen werden. Die vorgeschlagene Regelung lehnt sich an die Bestimmungen über die anderen sichernden Maßnahmen an.“

Daneben sind aber auch ansatzweise Parallelen der *Radbruch*schen Vorstellung vom Arbeithaus zu denen *Franz v. Liszts* erkennbar. Aus den Äußerungen *v. Liszts* geht hervor, daß er das Arbeitshaus für die Bestrafung von Bettlern und Landstreichern als sinnvoll erachtete[353] – was auch dem „Gemeinschädlichen Verhalten“ des E 1922 entsprach.

Die Regelung des Arbeitshauses in dem von *v. Liszt* mitverfaßten Gegenentwurf beruhte auf der in seinem Marburger Programm entwickelten Tätertypologie und wollte das Arbeitshaus als Besserungsanstalt für die Besserungsfähigen nach § 68 GE ausgestalten. Im Gegensatz dazu sollte für die Unverbesserlichen eine spezielle Sicherungsanstalt nach § 98 GE eingerichtet werden[354]. Das Arbeitshaus war zwar auch als sichernde Maßregel vorgesehen, die Voraussetzungen waren aber andere als im E 1922. Für die Unterbringung im Arbeitshaus bedurfte es nach § 69 GE eines Rückfalls des Täters iSv. § 95, und die strafbare Handlung mußte auf Liederlichkeit und Arbeitsscheu zurückzuführen sein. In solchen Fällen konnte das Gericht neben oder, wenn die Strafe nicht drei Monate überstieg, an Stelle der Gefängnisstrafe die Unterbringung des arbeitsfähigen Verurteilten in ein Arbeitshaus auf die Dauer von drei Monaten bis zu drei Jahren anordnen, falls diese Maßregel erforderlich und geeignet erschien, um den Verurteilten wieder an ein gesetzmäßiges und arbeitsames Leben zu gewöhnen. Die Landespolizeibehörde hatte für die Unterbringung des Verurteilten zu sorgen. Ziel des Arbeitshauses war es nach

---

352 Akte BA R 3001/5915. Diese Aufforderung erfolgte im Rahmen der – hier noch im 17. Abschnitt des Besonderen Teils aufgeführten Vorschriften zu „Liederlichkeit und Arbeitsscheu“.

353 *v. Liszt*, Strafrechtliche Aufsätze und Vorträge, Bd. 2, S. 356 (404). Er wollte es zudem für Jugendliche faktisch einsetzen, dort sollte es aber den Namen Gefängnis tragen. S. *v. Liszt*, Strafrechtliche Aufsätze und Vorträge, Bd. 2, S. 356 (398).

354 Nach Ansicht *Kubinks* ging dadurch „die Differenzierung nach der Tatschwere, die der VE mit der Einweisung in das Arbeitshaus einerseits und der Zuchthausstrafe für Gewohnheitstäter andererseits verbunden hat, verloren“. Siehe *Kubink*, Strafen und ihre Alternativen im zeitlichen Wandel, S. 160.

§ 68 GE, dessen Insassen zu einer Arbeit zu erziehen, die ihren Fähigkeiten entsprach und sie in den Stand setzte, in der Freiheit ihren Unterhalt zu erwerben. Zudem sollte die geistige und körperliche Ausbildung, insbesondere die gewerbliche Ausbildung, durch Unterricht gefördert werden. Die näheren Vorschriften über die Einrichtung der Arbeitshäuser und die Behandlung ihrer Insassen sollten vom Bundesrat und den Verwaltungen der einzelnen Bundesstaaten erlassen werden. Nach der Hälfte der festgesetzten Zeit bestand die Möglichkeit, daß die Landespolizeibehörde den Verurteilten vorläufig entließ[355].

### *3. Zusammenfassung*

Nahm die damalige Literatur mangels der Veröffentlichung des E 1922 nur auf die Vorschriften des nachfolgenden E 1924/25 Bezug, so war dies insofern berechtigt, als jene – bezogen auf das Arbeitshaus – mit denen des *Radbruch*schen Entwurfs bis auf die Aufnahme der Vorschrift des „Gemeinschädlichen Verhaltens bei Ausübung der Unzucht" gemäß § 382 E 1925 übereinstimmten.

Es wurde lobend erwähnt, daß das Arbeitshaus sich wieder auf die Tatbestände beschränke, für die es ursprünglich geschaffen worden sei und die es auch einzig wirksam bekämpfen könne[356]. Dem widersprechend wurde aber beanstandet, daß die Tatbestände in ihrer Ausgestaltung zu sehr den Vorschriften des geltenden Rechts ähnelten bzw. sogar noch hinter diesen zurückblieben[357].

---

355 Zudem fanden die Vorschriften in § 55 Abs. 2, §§ 56, 57, 58 Abs. 1 Satz 1, Abs. 2, 59 GE Anwendung; war im Falle des § 57 Abs. 1 GE die neue Strafe Zuchthaus, so trat, wenn die vorläufige Entlassung widerrufen wurde, an Stelle des noch im Arbeitshaus zu verbringenden Zeitraums Zuchthaus von gleicher Dauer.

356 *Schiefelbein*, Das Arbeitshaus in der Strafrechtsreform, S. 42.

357 So *Schiefelbein* in: Das Arbeitshaus in der Strafrechtsreform, S. 42. Diese waren nach *Schiefelbeins* Ansicht Bettelei, Landstreicherei, Arbeitsscheu und Prostitution. Die Prostitution war im E 1922 aber nicht im Dritten Buch aufgeführt und die Landstreicherei war nur noch auf das „Umherziehen in Banden" beschränkt.
Hierbei verweist er auch auf die Kritik *v. Hippels*, der in seinem Aufsatz in der ZStW 47 (1927), S. 18 (61 f.) bemängelte: „[…] 2. Die jetzigen Tatbestände sind lükkenhaft und mangelhaft. Die kriminalpolitische Aufgabe bei Bestimmung und Behandlung von Bettel und Landstreicherei besteht darin, den Notleidenden Bedürftigen straffrei zu lassen, gegenüber dem arbeitsscheuen Müßiggänger aber einzuschreiten. […] Der Entw. (§ 378) definiert den Bettel dahin: 'Wer aus Arbeitsscheu oder Liederlichkeit bettelt, statt zu arbeiten'. Zulässig wäre danach, wenn jemand z.B. 8 Stunden arbeitet und außerdem aus Liederlichkeit betteln geht. Die Worte 'statt zu arbeiten' sind daher zu streichen. Das Delikt der Landstreicherei, das die früheren Entwürfe (KE 13 § 340; E 19 § 277) gut definierten, fehlt. Statt dessen heißt es jetzt: Umherziehen in Banden § 380: 'Personen, die ohne ein redliches Gewerbe zu treiben, bandenmäßig im Lande umherziehen'. Will man nun das nicht-bandenmäßige Landstreichen

Von *Schiefelbein* wurde zudem ein interessanter Aspekt bedacht: Durch die Anwendbarkeit des § 46 Abs. 1 bis 3 E 1925 – wie auch im E 1922 – auf die Unterbringung in das Arbeitshaus könne das *v. Liszt*sche Prinzip der unbestimmten Verurteilung (auch hier) zur Anwendung gelangen. Die einzige Einschränkung im Rahmen des § 46 E 1922/25, bestehe darin, daß die Unterbringung drei Jahre nicht überdauern dürfe, wenn sie das Gericht nicht vor Ablauf dieser Frist von neuem anordne. Es handele sich beim Arbeitshaus zwar nicht um eine Strafart im Sinne des Entwurfes, da aber die Unterbringung in einem Arbeitshaus von den Eingewiesenen als ein eben so großer Eingriff in ihre Freiheit wahrgenommen werde, könne man daraus zumindest für die praktische Wirkung den Schluß ziehen, daß es auf die formale Bezeichnung als Strafe nicht ankomme[358].

Mutete die Absonderung des gemeinschädlichen Verhaltens auf den ersten Blick als liberale Entwicklung an, die darauf hinwies, daß langfristig eine Ausgliederung solcher Tatbestände aus dem Strafgesetzbuch erfolgen sollte, so bekommt dieses liberal anmutende Bild angesichts der Ausgestaltung und Anwendung der „Maßregel“ des Arbeitshauses Risse.

## *D) Strafzumessung*

„In diesem neuen Abschnitt haben die beherrschenden Gedanken der Strafrechtsreform ihren Sitz erhalten. Man kann den Sinn der gegenwärtigen Strafrechtsreform dahin kennzeichnen, daß sie neben der überkommenden Abstufung der Strafen nach der Art des Verbrechens eine Differenzierung der Strafen nach der kriminellen Persönlichkeit des Verbrechers, gleichsam neben der Querteilung des Straf-

gestatten? Das wäre ein unmöglicher Zustand; die Vorschrift über die Landstreicherei muß wiederhergestellt werden. 3. Ganz unzureichend sind die Rechtsfolgen unserer Delikte. Alle Freiheitsstrafen sind als angeblich unwirksam [...] gestrichen; übrig geblieben ist lediglich die Zulässigkeit der Überweisung ins Arbeitshaus [...].Es ist aber völlig ausgeschlossen, gegen Bettel und Landstreicherei ohne Freiheitsstrafen auszukommen. Denn zur Überweisung ins Arbeitshaus eignen sich nur die schweren Fälle, die eine Einsperrung von ganz erheblicher Dauer rechtfertigen. Gedenkt man in geringeren Fällen den Täter einfach laufen zu lassen [...]? Dann würden wir eine Bettel- und Landstreicherplage erleben, die eines geordneten Staates unwürdig ist. Oder sollen auch die leichten Fälle ins Arbeitshaus führen? Dann arbeiten wir mit ungerecht schweren Rechtsfolgen oder machen, falls kurzzeitige Unterbringung gestattet wird, einen geordneten Vollzug der Detention im Arbeitshause unmöglich. Dieser ganz Abschnitt bedarf der Reform an Haupt und Gliedern.“

358 *Schiefelbein*, Das Arbeitshaus in der Strafrechtsreform, S. 43. Es wurde aus dieser Überlegung heraus auch befürwortet, das Arbeitshaus als Strafart und dann als einzige Strafe für Straftaten anzuwenden, „die ihre Wurzel in Arbeitsscheu oder Liederlichkeit haben.“ *Klee*, in: Aschrott / Kohlrausch, Reform des Strafrechts, S. 381 (401).

rechts nach Verbrechensarten eine Längsteilung nach Verbrechergruppen zur Geltung bringen will."[359]

Als eine bedeutende Neuerung des E 1922 werden stets die Grundsätze der Strafzumessung erwähnt[360].

## *I. Grundsätze der Strafzumessung*

Die Grundkonzeption, die *Radbruch* als Ausgangpunkt für die einzelnen Regelungen der Strafzumessung gewählt hatte, war an die von *v. Liszt* vorgenommene Dreiteilung der Verbrecherpersönlichkeiten angelehnt[361]. Diese Dreiteilung sollte sich im Entwurf insofern widerspiegeln, als die Strafandrohungen des Besonderen Teils auf den „Durchschnittsverbrecher" zugeschnitten waren, wohingegen für den Gelegenheitsverbrecher die Instrumente der Milderung und für den Unverbesserlichen (darunter fiel auch der vom Entwurf besonders berücksichtigte Gewohnheitsverbrecher) der Schärfung der angedrohten Strafe zur Verfügung stehen sollten[362].

Die einleitende Norm über die Strafzumessung § 67 E 1922[363] umfaßte die Aspekte, die der Richter bei seiner Entscheidung zu berücksichtigen hatte, und enthielt im Gegensatz zu 106 E 1919[364] den Zusatz, daß das Gericht abwägen

---

359 *Radbruch*, Bemerkungen, S. 56.

360 Diese wurden auch im Rahmen des E 1925 beibehalten.

361 Die *v. Liszt*sche Einteilung der Verbrecher umfaßte die besserungsfähigen und die besserungsbedürftigen Verbrecher, die nicht besserungsbedürftigen Verbrecher und die nicht besserungsfähigen Verbrecher, siehe hierzu: *v. Liszt*, Der Zweckgedanke im Strafrecht, S. 42.

362 *Radbruch*, Bemerkungen, S. 56.

363 § 67 E 1922 lautete:

**„Strafzumessung**

**§ 67**

Bei Zumessung der Strafe soll das Gericht abwägen, inwieweit die Tat auf einer verwerflichen Gesinnung oder Willensneigung des Täters und inwieweit sie auf Ursachen beruht, die dem Täter nicht zum Vorwurf gereichen. Es soll namentlich berücksichtigen:

die Beweggründe und den Anreiz zur Tat, den Zweck, den der Täter verfolgt hat, und die Mittel, die er angewendet hat;

das Maß der Einsicht des Täters und den Einfluß krankhafter oder ähnlicher Störungen auf seinen Willen;

das Vorleben des Täters, seine persönlichen Verhältnisse und seine wirtschaftliche Lage zur Zeit der Tat;

das Verhalten des Täters nach der Tat, insbesondere ob er sich bemüht hat, den Schaden wieder gutzumachen, der durch die Tat entstanden ist."

364 § 106 E 1919 lautete:

solle, „inwieweit die Tat auf einer verwerflichen Gesinnung oder Willensneigung des Täters und inwieweit sie auf Ursachen beruht[e], die dem Täter nicht zum Vorwurf gereich[t]en". Der neue Zusatz hatte eine besondere Bewandtnis: Wie schon im vorangegangenen Kapitel gezeigt, war die konsequente Durchführung des Schuldprinzips eines der erklärten Ziele des Entwurfs. In den *Bemerkungen* hatte *Radbruch* betont, daß bei der Strafzumessung den Folgen der Tat innerhalb der gesetzlichen Strafrahmen als straferhöhende Faktoren keine Bedeutung mehr zukommen sollte, in den Fokus des Richters sollte vielmehr die von § 67 S. 1 E 1922 neu geforderte Abwägungsklausel rücken. Daß das Schuldprinzip zur Grundlage der Strafbemessung werden und damit die unverschuldeten Folgen keinen Strafzumessungsgrund mehr bilden sollte, entsprach einem Antrag Österreichs bei den Entwurfsberatungen[365]. Auf diesen Zusatz war in ähnlicher Form bereits im österreichischen Gegenvorschlag zum E 1919 Wert gelegt worden, wo § 106 ÖGV (§ 99 ÖGE[366]) den einleitenden Zusatz erhalten hatte:

> „Bei Zumessung der Strafe soll das Gericht alle Umstände beachten, die die Schuld des Täters erhöhen oder vermindern; es soll abwägen, inwieweit die Tat auf eine verwerfliche Gesinnung und inwieweit auf äußere Einflüsse zurückzuführen ist, [...]."[367]

Auch *Kadečka* hatte in seinen diesbezüglichen Ausführungen betont, daß ein „deutliches Bekenntnis zum Schuldprinzip" erfolgen und dieses im Entwurf verankert werden müsse.

> „Wegen der Vieldeutigkeit des Wortes Schuld scheint es aber zweckmäßig, anzudeuten, was der Entwurf in diesem Zusammenhang unter Schuld versteht. Im Einklang mit der herrschenden Lehre könnte etwa gesagt werden, daß die Schuld um

---

**„§ 106**
**Strafzumessung**

Bei Zumessung der Strafe innerhalb der gesetzlichen Grenzen soll das Gericht alle Umstände berücksichtigen, die für eine höhere oder niedrigere Strafe sprechen, namentlich:

Die Beweggründe des Täters, den Anreiz zur Tat, den Zweck, den er verfolgt hat, und die Mittel, die er angewendet hat,
den Grad der Einsicht des Täters,
das Vorleben des Täters sowie seine persönlichen und wirtschaftlichen Verhältnisse,
die Folgen der Tat,
das Verhalten des Täters nach der Tat, insbesondere, ob er Reue bewiesen oder sich bemüht hat, den Schaden wieder gutzumachen, der durch die Tat entstanden ist."

365 Österreichisches Staatsarchiv, Allg. Verwaltungsarchiv, Justizministerium, Karton Nr. 985 (Fortl. Bl. 31).

366 Dieser gebrauchte statt „Zumessung" den Ausdruck „Bemessung".

367 Der deutsche Strafgesetz-Entwurf, S. 128.

so größer ist, je mehr die strafbare Handlung in dem schlechten Charakter, in einer verwerflichen Gesinnung des Täters wurzelt und je weniger sie auf zufällige äußere Einflüsse zurückzuführen ist. Es wäre das im Grunde nichts anderes als die Auferstehung eines schon im Vorentwurf und im Kommissionsentwurf enthaltenen, in der letzten Fassung aber unterdrückten Gedankens: der Berücksichtigung der 'in der Tat hervortretenden verbrecherischen Gesinnung'. Dieser Gedanke könnte dann, wie das später noch gezeigt werden soll, zugleich zur näheren Begriffs der mildernden Umstände und zur Charakterisierung der besonders leichten Fälle verwendet werden."[368]

Indem der E 1922 ausdrücklich auf die verwerfliche Gesinnung des Täters abstellte, erfüllte er auch eine Forderung *v. Liszts*, der in seiner Äußerung zur Strafbemessung des VE betonte:

„Viel wichtiger ist der Hinweis auf die 'Gesinnung des Täters'. In diesem Hinweis ist die Hauptforderung der modernen Richtung innerhalb des Strafrechts zur klaren Anerkennung gelangt."[369]

Ebenso in dem von ihm mitverfaßten Gegenentwurf tauchte „die in der Tat hervortretende verbrecherische Gesinnung" in § 81 GE auf.

In der Literatur erfuhr die Regelung des E 1922 bzw. E 1925 ein gemischtes Echo: *Seelig*[370] übte an der Ausgestaltung des § 67 E 1922/25 Kritik. Seiner Meinung nach mußte neben der Schuld auch die Gefährlichkeit des Täters als Leitmotiv der Strafzumessung erwähnt werden. Bezugnehmend auf die Begründung der gleichlautenden Vorschrift des E 1925, die besagte, daß „je mehr die Tat durch den Charakter des Handelnden bestimmt" sei, desto größer sei „die Wahrscheinlichkeit, daß er sie wiederholen" werde[371], warf er dem Entwurf vor, diesen Aspekt nicht ausdrücklich zu nennen. Als Ursache vermutetet er hierfür, daß der Entwurf diese „Verschleierung" wähle, um den Entwurf für die „Klassiker" annehmbarer zu machen[372]. Für *Seelig* stellte es keinen Widerspruch da, daß der „Gefährlichkeit des Täters" bereits durch die Maßregeln entgegengewirkt werden sollte, denn die Möglichkeiten der Maßregeln seien begrenzt (auf vermindert Zurechungsfähige, Trunksüchtige und rückfällig gewordenen Gewohnheitsverbrecher) und die übrigen Fälle der Kumulation von Schuld und erhöhter Gefährlichkeit seien im Rahmen der Strafzumessung zu berücksichtigen[373].

*Gleispach* hingegen bezeichnete die Regelung des § 67 als eine „der Perlen" des Entwurfs:

368 *Kadečka*, in: Der Deutsche Strafgesetz-Entwurf, S. 115 (116).

369 *v. Liszt*, Strafbemessung, S. 13.

370 *Seelig*, MschKrim 18 (1927), S. 237 (242 f.).

371 Begründung zum E 1925, S. 50.

372 *Seelig*, MschKrim 18 (1927), S. 237 (242 f.).

373 *Seelig*, MschKrim 18 (1927), S. 237 (242 f.).

> „Er ist der glückliche Niederschlag der kriminalpolitischen Arbeiten der letzten Jahrzehnte in der Sprache des Gesetzgebers und jedem denkenden und kriminologisch gebildeten Richter ein sicherer Führer."[374]

Abgesehen von den allgemeinen Strafzumessungserwägungen ist ein Augenmerk auf die für die unterschiedlichen „Verbrecherpersönlichkeiten" im *Liszt*schen Sinne ausgerichteten Instrumente der Milderung und Schärfung der Strafe zu richten.

### *1. Milderungsgründe*

Die Regelungen über die Milderung der Strafe waren im Gegensatz zum Vorgängerentwurf sehr allgemein gehalten. Nach § 73 E 1922 konnte das Gericht die Strafe auch dann nach § 72[375] mildern, wenn es annahm, daß die Tat hauptsächlich auf Tatsachen zurückzuführen war, die dem Täter nicht zum Vorwurf gereichten, sog. mildernde Umstände.

> „Der Entwurf läßt im Unterschiede vom geltenden Rechte die Strafmilderung wegen mildernder Umstände ganz allgemein zu und sieht mildernde Umstände dann als gegeben an, wenn die Tat hauptsächlich auf Ursachen zurückzuführen ist, die dem Täter nicht zum Vorwurf gereichen (§ 73). Er gibt mit diesen Worten eine Begriffsbestimmung der entschuldbaren Fälle des Gelegenheitsverbrechens."[376]

Neu war auch[377], daß das Gesetz nun zumindest eine Andeutung darüber enthielt, wann mildernde Umstände anzunehmen seien.

Im Falle der Berücksichtigung mildernder Umstände sah der E 1922 im Gegensatz zu seinem Vorgänger keine besonderen Bestimmungen für die Herab-

---

374 *Graf W. Gleispach*, in: Aschrott / Kohlrausch, Reform des Strafrechts, S. 186 (202).

375 § 72 sah die besonderen Milderungsgründe vor:

**„§ 72**

Kommt eine der Vorschriften zur Anwendung, nach denen die ordentliche Strafe gemildert werden kann oder muß, so tritt an die Stelle von lebenslangem strengen Gefängnis strenges Gefängnis nicht unter drei Jahren. Ist eine zeitige Freiheitsstrafe angedroht, so darf höchstens auf die Hälfte des angedrohten Höchstmaßes erkannt werden. Ist ein erhöhtes Mindestmaß angedroht, so kann auf das gesetzliche Mindestmaß herabgegangen werden. An Stelle von zeitigem strengen Gefängnis kann auf Gefängnis nicht unter drei Monaten erkannt werden.

Bei Vergehen kann das Gericht statt der Freiheitsstrafe auf Geldstrafe erkennen, wenn der Strafzweck durch eine Geldstrafe erreicht werden kann."

376 *Radbruch*, Bemerkungen, S. 56.

377 Besonders zu betonen ist auch die Regelung des § 72 Abs. 2 E 1922, die unter A) III. 1) und 2 d), e) Berücksichtigung gefunden hat. Die Vorschrift könnte insofern unterschiedlich aufgefaßt werden, als man annehmen könnte, daß sie sich auf nicht auf Abs. 1 beziehe und es sich hierbei um eine generelle Regelung, losgelöst von der Voraussetzung des Vorliegens eines Milderungsgrundes, handele.

setzung des Strafmaßes bei den einzelnen Milderungsgründen vor; es fand somit eine Vereinfachung der Milderungsregelungen statt und die Kasuistik des Vorgängerentwurfs wurde aufgegeben. Gesetzlich bestimmte Milderungsgründe waren die Fälle verminderter Zurechungsfähigkeit (§ 17 Abs. 2 E 1922 und § 18 Abs. 2 E 1922), für die eine zwingende Strafmilderung galt, die Überschreitung der Notwehr (§ 21 Abs. 3 E 1922), der Versuch (§ 23 Abs. 2 E 1922), die Beihilfe (§ 26 E 1922) und Anstiftung bei Nichtvorliegen der besonderen die Strafbarkeit des Täters begründenden Eigenschaften und Verhältnisse (§ 28 Abs. 1 E 1922). Auch die Regelung über das Zusammentreffen von Milderungsgründen war in § 74 E 1922 vereinfacht worden, denn beim Zusammentreffen mehrerer Milderungsgründe nach § 72 oder eines oder mehrerer dieser Gründe mit mildernden Umständen, waren die Vorschriften des § 72 nur einmal anzuwenden[378].

Zudem war in § 75 E 1922 festgelegt, daß das Gericht in besonders leichten Fällen[379] die Strafe nach freiem Ermessen mildern und den Täter im vom Gesetz erlaubten Falle statt zu bestrafen verwarnen konnte.

Im E 1919 waren dagegen die Milderungsgründe im einzelnen aufgelistet, es existierte eine Unterscheidung zwischen einer Strafmilderung im Falle eines Irrtums[380] und derjenigen im Falle verminderter Zurechungsfähigkeit sowie anderer Gründe[381]. Die Regelung der besonders leichten Fälle in § 116 E 1919 war der des E 1922 sehr ähnlich.

---

378 Aufgrund der Kasuistik der Milderungsgründe im E 1919 war auch deren Zusammentreffen in ausführlicherer Weise geregelt gemäß § 112 E 1919, der je nachdem, in welcher Kombination eine Strafmilderung nach § 110 oder nach § 111 zusammentraf, differenzierte, ob diesbezüglich § 110 oder § 111 E 1919 (siehe Fn. 304) anwendbar war.

379 Ein besonders leichter Fall lag nach § 75 Abs. 2 E 1922 vor, „wenn trotz Zubilligung mildernder Umstände die mildeste zulässige Strafe noch unbillig hart sein würde".

380 § 110 besagte:

**„§ 110**

**Strafbemessung bei Irrtum**

Ist die Strafe wegen Irrtums (§ 12 Abs. 1) zu mildern, so gilt folgendes:

An die Stelle von Todesstrafe und lebenslangem Zuchthaus tritt Gefängnis von drei bis zu fünfzehn Jahren. An die Stelle von zeitigem Zuchthaus tritt Gefängnis von einem Tage bis zur höchsten Dauer der angedrohten Zuchthausstrafe.

Sind andere Strafen angedroht, so darf auf das angedrohte Höchstmaß der Strafe nicht erkannt werden. Auf das gesetzliche Mindestmaß der Strafart kann auch dann herabgegangen werden, wenn ein erhöhtes Mindestmaß angedroht ist. In besonders leichten Fällen kann von Strafe abgesehen werden.

Auf Ehrenstrafen, Arbeitshaus und Aufenthaltsverbot darf nicht erkannt werden."

381 § 111 lautete:

Das geltende Recht führte im 4. Abschnitt des RStGB die Vorschriften auf, nach denen die Strafe ausgeschlossen oder gemildert wurde. Auch diese Regelungen waren sehr kasuistisch, denn die einzelnen Gründe für den Ausschluß der Strafbarkeit waren jeweils in einer eigens dafür gefaßten Vorschrift aufgeführt[382]. Milderungsgründe wie im E 1922 existierten hingegen nur in sehr begrenztem Umfange: es gab zum einen die Regelung des § 57 RStGB, der für einen Angeschuldigten, welcher zur Tatzeit das 12., aber noch nicht das 18. Lebensjahr vollendet hatte und bei der Tatbegehung die zur Erkenntnis der Strafbarkeit erforderliche Einsicht besaß, Bestimmungen vorsah, nach denen die jeweiligen Strafmaße herabzusetzen waren. Zum anderen wurden nach § 59 RStGB Umstände, welche zum gesetzlichen Tatbestand gehörten oder die Strafbarkeit erhöhten, nicht zugerechnet, wenn jemand bei Begehung der strafbaren Handlung diese Umstände nicht kannte[383].

Die Ursachen für die Vereinfachung der Vorschriften über die Strafmilderung E 1922 sind zum einen auf die Zusammenarbeit mit Österreich zurückzuführen, denn dies war ein von Österreich befürwortetes Vorgehen[384]. Dies wird

---

**„§ 111**
**Strafbemessung bei verminderter Zurechnungsfähigkeit usw.**

Wird die Strafe nach den Vorschriften über verminderte Zurechnungsfähigkeit (§ 18 Abs. 2, § 19 Abs. 2), Überschreitung von Notwehr (§ 21 Abs. 3) oder Notstand oder Nothilfe (§ 22 Abs. 4, 5), Versuch (§ 24 Abs. 1), Beihilfe (§ 29 Abs. 2), mittelbare Täterschaft oder Anstiftung (§ 30 Abs. 1) gemildert, so gilt folgendes:

An die Stelle von Todesstrafe tritt lebenslanges Zuchthaus oder Zuchthaus nicht unter drei Jahren. An die Stelle von lebenslangem Zuchthaus tritt Zuchthaus nicht unter drei Jahren. An Stelle von zeitigem Zuchthaus kann auf Gefängnis von einem Tage bis zur Höchstdauer der angedrohten Zuchthausstrafe erkannt werden.

Sind andere Strafen angedroht, so gelten die Vorschriften des § 110 Abs. 3.

Auf Nebenstrafen und Nebenfolgen sowie auf Maßregeln der Besserung und Sicherung kann auch neben der gemilderten Strafe erkannt werden."

382 So war in § 51 RStGB der Ausschluß einer strafbaren Handlung durch den Zustand der Bewußtlosigkeit oder der krankhaften Störung der Geistestätigkeit, in § 52 bei der Nötigung zur Handlung, in § 53 im Falle einer Notwehr, in § 54 im Falle eines Notstandes, in § 55 die Tatbegehung bei Nichtvollendung des 12. Lebensjahres, in § 56 die Tatbegehung eines Angeschuldigten, der zur Zeit der Tatbegehung das 12. nicht aber das 18. Lebensjahr vollendet hatte und nicht die zur Erkenntnis der Strafbarkeit erforderlichen Einsicht besaß und in § 58 der Fall des Taubstummen geregelt, der zum Tatzeitpunkt nicht die erforderliche Einsicht besaß.

383 Nach § 59 Abs. 2 RStGB galt „bei der Bestrafung fahrlässig begangener Handlungen" diese Bestimmung nur insoweit, „als die Unkenntniß selbst nicht durch Fahrlässigkeit verschuldet ist".

384 Dies wird auch dem Bericht *Kadečkas* im Rahmen der ÖKV deutlich, wo er die vielfältigen Differenzierungen bezogen auf die Strafmilderung bemängelt. S. *Kadečka*, in: Der Deutsche Strafgesetz-Entwurf, S. 115 (117).

vor allen Dingen in *Kadečkas* Auflistung der von österreichischer Seite gestellten und angenommenen Anträge deutlich: „Die Vorschriften über die Strafmilderung wurden unseren Vorschriften entsprechend wesentlich vereinfacht"[385]. Auch die Andeutung darüber, wann mildernde Umstände anzunehmen sind[386], wurde auf Wunsch Österreichs in den Entwurf übernommen[387]. Dieser Standpunkt zeichnete sich bereits in den österreichischen Gegenvorschlägen zum E 1919 deutlich ab. Die Kasuistik der §§ 110–112 E 1919 wurde wie im späteren E 1922 aufgegeben und mildernde Umstände konnten neben den gesetzlichen Milderungsgründen allgemein zugebilligt werden (nach § 113 ÖGV, § 103 ÖGE), wenn das Gericht annahm, daß die Tat zum weitaus überwiegenden Teil auf ungewöhnlich starke äußere Einflüsse zurückzuführen sei. Die Regelung der besonders leichten Fälle (§ 116 ÖGV, § 107 ÖGE) betonte noch stärker den Aspekt des Schuldprinzips als der spätere E 1922 insofern, als ein besonders leichter Fall danach vorlag, wenn die Folgen der Tat unbedeutend waren und der Täter so sehr unter dem übermächtigen Einfluß äußerer Umstände gehandelt hat, daß ihm aus der Tat nahezu kein Vorwurf gemacht werden konnte.

Auch bei *v. Liszt*, dessen Ideen nach *Radbruchs* Aussagen in den Bemerkungen insbesondere bei der Strafzumessung als einflußreiche Faktoren fungierten, ist der Wunsch nach einer Vereinfachung der Milderungsgründe ersichtlich: Er betonte in seinen Anmerkungen zum E 1909:

> „[...] Bei überwiegenden mildernden Umständen soll eine durch das Gesetz beschränkte Herabsetzung des ordentlichen Strafrahmens eintreten; wenn aber den mildernden Umständen erschwerende Umstände überhaupt nicht gegenüberstehen, wenn also die Folgen der Tat unbedeutend sind und die Intensität der verbrecherischen Gesinnung des Täters gering ist, wird dem Richter das freie Milderungsrecht eingeräumt."[388]

Dieses Prinzip ist auch in dem von ihm mitverfaßten Gegenentwurf erkennbar, der in § 87 GE davon spricht, daß mildernde Umstände vorliegen, „wenn die für Milderung der Strafe sprechenden Gründe überwiegen".

Ebenso ist bei *Liepmann* eine Kritik an der Kasuistik des E 1919 und damit die Forderung nach einer Vereinfachung der diesbezüglichen Regelungen zu

385 *Schubert / Regge*, I Bd. 1, S. XXIII.

386 Nach § 73 E 1922 kann das Gericht die Strafe auch dann nach § 72 mildern, wenn es annimmt, daß die Tat hauptsächlich auf Ursachen zurückzuführen ist, die dem Täter nicht zum Vorwurf gereichen (mildernde Umstände).

387 *Schubert / Regge*, I Bd. 1, S. XXIII.

388 *v. Liszt*, Strafbemessung, S. 15.

finden – auch diese könnte *Radbruch* bei der Fassung des E 1922 beeinflußt haben[389].

Die von verschiedenen Seiten befürwortete Vereinfachung erfuhr aber auch Kritik: Darin, daß der Entwurf (hier bezogen auf die gleichlautende Vorschrift des E 1924/25) keine besonderen Strafmilderungsgründe in Form von Hilfstatbeständen kannte, wurde die Gefahr gesehen, daß trotzdem bei der

> „Tatbestandsbildung typische milder zu behandelnde Gruppen innerhalb der durch Gleichheit des Gegenstandes, der Mittel- und der Schuldform des Angriffes umgrenzten Hauptgruppe unberücksichtigt"[390]

blieben. An § 73 wurde zum einen bemängelt, daß dieser die Strafmilderung als fakultativ festlegte, die Vorschrift sollte zwingender Natur sein[391]. Zum anderen wurde die Definition der mildernden Umstände als „inhaltslose Tautologie" bezeichnet[392]; wenn § 73 tatsächlich auf die Ermessensfreiheit des Richters abstelle, sollte man auf solche Scheindefinitionen verzichten. Aus demselben Grunde sei die Definition des besonders leichten Falles in § 75 entbehrlich[393].

### 2. *Verwarnung*

Eine Besonderheit innerhalb der Strafmilderungsregelungen des E 1922 sah § 75 Abs. 1 S. 2 vor, wonach das Gericht dort, wo es zugelassen war, in besonders leichten Fällen den Täter verwarnen konnte, statt ihn zu bestrafen. Diese Möglichkeit war bei den verschiedenen Tatbeständen des BT[394] des ersten Buches, insbesondere bei Vergehen gegen eine Vorschrift des

389 *Liepmann*, Die Reform des deutschen Strafrechts, S. 17.

390 *Graf W. Gleispach*, in: Aschrott / Kohlrausch, Reform des Strafrechts, S. 186 (191).

391 *Graf W. Gleispach*, in: Aschrott / Kohlrausch, Reform des Strafrechts, S. 186 (191).

392 *Gerland*, Der Entwurf 1925 AT, S. 91.

393 *Gerland*, Der Entwurf 1925 AT, S. 92.

394 § 174 (Falsche uneidliche Aussage), § 197 (Wiederverwenden von Wertzeichen), § 212 (Freiwillige Schadensverhütung in den Fällen der §§ 201 bis 208, 211), § 215 (Verletzung von Schutzmaßregeln gegen Seuchen), § 230 (Körperverletzung), § 234 (Mißhandlung), § 240 (fahrlässige Körperverletzung), § 277 (üble Nachrede), § 280 (Beleidigung), § 284 (Verletzung des Briefgeheimnisses), § 286 (Sachbeschädigung), § 294 (Haus- und Familiendiebstahl), § 295 (Entwendung), § 296 (Dauernde Entziehung von Sachen), § 304 (Notbetrug), § 305 (Erschleichung freien Zutritts), § 307 (Betrug und Untreue gegen Angehörige).

34. Abschnitts[395] und nach § 343 in besonders leichten Fällen der Übertretungen gegeben.

Die noch im E 1919 aufgeführte Strafe des Verweises gab es mithin im E 1922 nicht mehr[396], die von *Radbruch* als „Verhütungsmaßregel" bezeichnete Verwarnung, sollte die Ehrenstrafe des Verweises nunmehr ersetzen[397]. Ähnlich der Verwarnung im E 1922 war gemäß § 61 E 1919[398] der Anwendungsbereich des Verweises als „Ersatzstrafe" dort eröffnet, wo das Gericht die Strafe nach freiem Ermessen mildern durfte.

Im Ergebnis bestand der Hauptunterschied der beiden Entwürfe in dem qualitativ anderen Wert von Strafe und „Verhütungsmaßregel". Fraglich ist aber – und dies ließ Radbruch offen –, was unter einer „Verhütungsmaßregel" zu verstehen war und ob diese als Maßregel im üblichen Sinne des Entwurfs galt, obwohl sie dort nicht explizit erwähnt wurde.

Diese – dem Abbau von Strafe dienende – Lösung im Rahmen der Strafzumessung des E 1922 ist aber wohl nicht auf den Einfluß *v. Liszts* zurückzuführen. Der von ihm mitgestaltete Gegenentwurf enthielt noch den Verweis, der als Disziplinarmittel für die Inhaftierten (§ 51 GE) und als Strafe (§ 67 GE) in besonders leichten Fällen gemäß § 88 GE sowie anstelle einer Geldstrafe bei Jugendlichen gemäß § 350 GE verhängt werden konnte. Sie beruhte vielmehr auf österreichischer Initiative, die Abschaffung der Strafe des Verweises war Bestandteil der von *Kadečka* aufgeführten österreichischen angenommenen Anträge[399]. Zudem äußerte sich *Kadečka* auch in seinem Bericht zur Tagung der ÖKV über die Strafe des Verweises äußerst ablehnend und befürwortete eine der des Entwurfs ähnliche Lösung:

---

395 Der 34. Abschnitt, der den Mißbrauch von Rauschmitteln regelte, umfaßte die Tatbestände Volltrunkenheit (§ 327), Bruch des Wirtshausverbotes (§ 328), Abgabe geistiger Betränke an Insassen einer Trinkerheilanstalt (§ 329), Verabreichung geistiger Getränke an Jugendliche oder Betrunkene (§ 330), Übertretung von Vorschriften gegen die Verabreichung geistiger Getränke (§ 331), Verabreichung von Tabakwaren an Jugendliche (§ 332) und Überlassen berauschender Gifte (§ 334).

396 In der Besprechung *Radbruchs* und seinen Mitarbeitern vom 8. April 1922 wurde festgelegt, daß die Bezeichnung „Verweis" durch „Verwarnung" ersetzt werden sollte.

397 *Radbruch*, Bemerkungen, S. 53.

398 § 61 lautete:

**„§ 61**

**Verweis**

Auf Verweis kann das Gericht da erkennen, wo es die Strafe nach freiem Ermessen mildern darf.

Die Strafe des Verweises besteht darin, daß der Richter dem Verurteilten eine Rüge erteilt. Dies soll in der Regel mündlich geschehen."

„Wenn man wirklich befürchtet, daß jemand, der ein Verbrechen oder Vergehen begangen hat, auch noch durch eine Geldstrafe von 5 Mark allzu hart getroffen werden könnte oder durch die bedingte Verurteilung zu einem Tage Einschließung, dann setze man an die Stelle der Strafmilderung nach freiem Ermessen das Absehen von Strafe und gebe etwa dem Richter ausdrücklich das Recht, dem Täter bei Urteilsverkündung (nicht eine zwecklose, verletzende Rüge, sondern) eine möglicherweise heilsame väterliche Ermahnung zu erteilen. Aber man nenne nicht etwas Strafe, was von dem größten Teil der Verurteilten nicht als solche empfunden wird und was überdies keinen praktischen Nutzen haben kann.“[400]

Auch die sich den Ausführungen *Kadečkas* anschließenden österreichischen Gegenvorschläge enthielten die Strafe des Verweises nicht mehr.

*Moritz Liepmann*, dessen Äußerungen nach *Radbruchs* Bekunden Einfluß auf den Entwurf genommen hatte, befürwortete ebenso die Aufgabe des Verweises als Strafe im Strafgesetzbuch, er wollte ihn lediglich im Rahmen der 'Erziehungsmaßregeln' für Jugendliche einsetzen[401].

In der weiteren Reformarbeit wurde im E 1924/25 von der Möglichkeit der Verwarnung Abstand genommen.

### *3. Strafschärfung*

Strafschärfungen kamen – neben den im Entwurf ausdrücklich vorgesehenen Schärfungstatbeständen zu einzelnen Delikten[402] – in besonders schweren Fällen und bei Rückfall in Betracht. Die Regelung der besonders schweren Fälle (§ 76 E 1922) unterschied sich inhaltlich nicht von derjenigen des E 1919[403]. Ob und wie sich Art oder Maß der ordentlichen Strafe in besonders schweren Fällen änderte, bestimmte der Entwurf besonders (§ 76 Abs. 1 E 1922).

---

399 *Schubert / Regge*, I Bd. 1, S. XXII.

400 *Kadečka*, in: Der Deutsche Strafgesetz-Entwurf, S. 81 (86).

401 *Liepmann*, Die Reform des deutschen Strafrechts, S. 122. *Liepmann* äußerte sich sehr kritisch über den Verweis: „Er hat bisweilen – übrigens auch nur selten – im Gebiete des Erziehungswesens nützliche Folgen und somit positiven Wert. Die Strafe soll aber das ultimum refugium der Rechtsordnung sein, daher darf sie nicht zu einer Maßnahme entwertet werden, die schon ein Jugendlicher und ganz gewiß ein Erwachsener nur als Unannehmlichkeit, niemals aber als Strafe empfindet. Wenn ein Strafverfahren so wenig Schäden und Gefahren für die Allgemeinheit aufdeckt, daß selbst eine Geldstrafe als eine zu harte Ahndung empfunden wird, – so ist das ein deutliches Indiz dafür, daß dann überhaupt von Strafe abgesehen werden soll.“

402 Z.B.: Neben der einfachen Körperverletzung (§ 230 E 1922) gab es den Tatbestand der schweren Körperverletzung (§ 231 E 1922).

403 In § 117 E 1919 wurden die beiden Absätze nur in umgekehrter Reihenfolge aufgezählt.

Indem § 76 Abs. 2 E 1922 darauf abstellte, daß ein besonders schwerer Fall dann vorliegen konnte[404], wenn neben dem ungewöhnlich starken und verwerflichen verbrecherischen Willen des Täters die Tat wegen ihrer verschuldeten Folgen besonders strafwürdig war und damit das Verschulden entscheidend wurde, sollte die Vorschrift innerhalb der Regelungen über die Strafzumessung neben § 67 S. 1 E 1922 der Durchführung des Schuldprinzips im Entwurf dienen[405]. Dies entsprach auch einer Forderung Österreichs (s.o.); in den österreichischen Gegenvorschlägen wurde die Bestimmung des E 1919 beibehalten[406].

Darüber hinaus enthielt der E 1922 – wie bereits erwähnt[407] – in seinem zweiten Buch, das die Übertretungen behandelte, in § 344 E 1922 eine Regelung zu den besonders schweren Fällen[408].

Die Fälle des Rückfalls sind im E 1922 gegenüber dem E 1919 erheblich reduziert worden; der Rückfall, der auch die oben unter B II. 1) besprochene Figur des Gewohnheitsverbrechers enthielt, wurde auf die Fälle des § 77 E 1922 begrenzt und die Anforderungen dort modifiziert. Im E 1919 wurde noch zwischen verschiedenen Rückfallmodalitäten differenziert: Im Falle des ersten und zweiten Rückfalls wurde die Freiheitsstrafe innerhalb der Grenzen der für die Tat angedrohten Strafe angemessen erhöht (§ 119 Abs. 1 E 1919), beim dritten und einem weiteren Rückfall wurde die Strafe verhängt, die das

---

404 § 76 S. 2 E 1922 lautete vollständig: „Ein besonders schwerer Fall liegt vor, wenn der verbrecherische Wille des Täters ungewöhnlich stark und verwerflich und die Tat wegen der besonderen Umstände ihrer Begehung oder wegen ihrer verschuldeten Folgen besonders strafwürdig ist.

405 *Radbruch*, Bemerkungen, S. 60. *Seelig* hat dies als Widerspruch gewertet: Wenn in der allgemeinen Regel zur Strafbemessung von § 67 die „Folgen der Tat" als Kriterium gestrichen würden, wäre dies zu § 76 unstimmig, der wiederum auf die verschuldeten Folgen abstellte. Es dürfe vom Gesetz nicht ein Umstand, der in den allgemeinen Strafbemessung keine Berücksichtigung finde, dann wiederum für die Strafschärfung – die sogar über das ordentliche Maß hinausgehe – als Voraussetzung genannt werden. S. *Seelig*, MschKrim 18 (1927), S. 237 (260). Auch *Gleispach* äußerte Kritik an der Ausgestaltung der Bestimmung über die Strafschärfung in besonders schweren Fällen. Er wandte sich gegen die „Vermengung von objektiven und subjektiven Merkmalen im Tatbestand des besonders schweren Falles". Der Tatbestand des besonders schweren Falles sei von den Merkmalen objektiver Natur zu befreien und ihn zu einem „allgemeinen Strafänderungsgrund" machen. Siehe hierzu die Erläuterungen *Graf W. Gleispachs* in: Aschrott / Kohlrausch, Reform des Strafrechts, S. 186 (196 ff.).

406 *Kadečka*, in: Der Deutsche Strafgesetz-Entwurf, S. 115 (130).

407 Siehe oben unter A) II. 4.

408 Nach § 344 E 1922 konnte „in besonders schweren Fällen, insbesondere bei hartnäckigem Verharren im Ungehorsam gegen die bestehenden Vorschriften", auf Haft oder auf Geldstrafe bis zu einhunderttausend Mark erkannt werden.

für die Straftat angedrohte Mindestmaß erheblich überstieg[409]. Die Einstufung als Gewohnheitsverbrecher setzte eine Tatbegehung nach fünfmaliger Verurteilung voraus (s.o.).

## *II. Richterliche Ermessensfreiheit im Rahmen der Strafzumessung*

> „Ohne Vertrauen in den Richterstand ist eine Neuordnung des Strafrechts, wie die hier entworfene, unmöglich."[410]

Durch die Strafzumessungsregelungen sollte nach *Radbruchs* Vorstellung die richterliche Ermessensfreiheit gestärkt werden: Es sei ein Trugschluß, daß man „durch die Häufung strafschärfender und strafmildernder Merkmale, die zumindest ebenso viele Streitfragen" mit sich brächten, der Rechtsprechung eine klarere und damit effektivere Anleitung an die Hand geben könne, „als durch den einfachen Appell an die Rechtsvernunft des Richters"[411]. Neben der sehr engen Fassung der Tatbestände, die dem Richter die Entscheidung darüber, ob eine strafbare Handlung vorliege, in großem Maße vorgebe, müsse ihm bei der Behandlung der festgestellten strafbaren Handlung in seinem Ermessen die größtmögliche Freiheit eingeräumt werden. *Radbruch* wollte somit das „Ob" determinieren und das „Wie" weitgehend dem Ermessen des Richters anheimgeben, um die „erstrebte Anpassung der strafrechtlichen Behandlung an die Persönlichkeit des Täters" zu ermöglichen[412]. Um dies zu erreichen, appellierte er an das Vertrauen in den Richterstand und wollte dieses durch den Entwurf in Verbindung mit dem Entwurf zur Neuordnung der Strafgerichte wiedererwecken. Es war zudem das Ziel, durch ein neues Strafvollzugsgesetz[413] dem Richter im Rahmen der Strafvollstreckung „weitere, eingreifende Maßnahmen" zu gewähren und so den „Beurteiler der einzelnen Taten" zum „scharfblickenden Kenner und wegsicheren Führer von Menschenseelen zu machen"[414].

---

409 Die Strafe konnte bis auf das Doppelte des für die Tat angedrohten Höchstmaßes erhöht werden; sie durfte jedoch bei Zuchthaus und Einschließung nicht das gesetzliche Höchstmaß der Strafart und, soweit für die Tat Gefängnis von mehr als fünf Jahren angedroht war, nicht diese und besonders angedrohte Höchstgrenze überschreiten (§ 119 Abs. 2 S. 2 E 1919).

410 *Radbruch*, Bemerkungen, S. 62.

411 *Radbruch*, Bemerkungen, S. 62.

412 *Radbruch*, Bemerkungen, S. 62.

413 Siehe hierzu: *Müller-Dietz*, Einleitung, in: GRGA Bd. 10 (Strafvollzug), S. 16 f.

414 *Radbruch*, Bemerkungen, S. 60.

*Radbruch* sprach in seinen Bemerkungen zum Entwurf ausdrücklich von der „Behandlung“ der festgestellten strafbaren Handlung, die der Richter vorzunehmen habe[415]. Dies sollte die Kennzeichnung eines Bildes sein, das *Radbruch* vorschwebte: Der Richter war in seinen Augen mehr ein Mediziner als ein Jurist:

> „Der Strafrichter war bisher wesentlich Rechtsvollstrecker, dem das Gesetz die Entscheidung in engen Grenzen vorschrieb. Künftig wird er innerhalb weitgezogener Rechtsschranken mehr Aufgaben der Fürsorge und Sicherung als der bloßen Rechtsanwendung erfüllen, eine Art Sozialbeamter, sozialer Diagnostiker und sozialer Therapeut, dem Verwaltungsmann verwandter als dem Zivilrichter.“[416]

Dies bringe notwendigerweise mit sich, daß das strafrichterliche Interesse sich von der „Schuldfrage zur Straffrage“ verlagere. Für die angemessene Beantwortung dieser Frage sei aber erforderlich, daß beim Richterstand „auf ein Lot Jurisprudenz ein Zentner Menschen- und Lebenskenntnis“[417] komme. Aufgrund dieser an den Richter gestellten Anforderungen befürwortete *Radbruch* eine Reform der Ausbildung: Der neue „Richtertypus“ sollte gelehrt sein im Bereich der Kriminologie, insbesondere der Kriminalbiologie, Kriminalsoziologie sowie Kriminaltechnik, Kriminalpsychologie und der Gefängniskunde, die auch durch praktische Erfahrungen vertieft werden sollte[418]. Auch war der Richter für ihn „eine Art sozialen Arztes“, der genauso so wenig wie in der ärztlichen Kunstlehre nicht einem bindenden Kodex, starren Gesetzesbestimmungen unterworfen werden könne[419].

Hintergrund für *Radbruchs* Bekenntnis zur Ausweitung der richterlichen Ermessensfreiheit war seine Anhängerschaft zur sog. Freirechtsbewegung[420]. Es war sein Freund *Hermann Kantorowitz*, der die in seiner Schrift „Der Kampf um die Rechtswissenschaft“ unter diesen Begriff die früheren und bestehenden Gedanken, die eine „freie Richterpersönlichkeit“ forderten, bündelte und der öffentlichen Diskussion zuführte[421]. Die Aufgabe des Richters sollte sich danach nicht darin erschöpfen, in logisch-konstruktiver Weise das Gesetz anzuwenden, sondern bei seiner Urteilsfindung auch

---

415 *Radbruch*, Bemerkungen, S. 62.

416 *Radbruch*, Einführung in die Rechtswissenschaft, S. 154.

417 *Radbruch*, Einführung in die Rechtswissenschaft, S. 156.

418 *Radbruch*, Einführung in die Rechtswissenschaft, S. 156.

419 *Radbruch*, Sozialistische Monatshefte, S. 524.

420 Siehe hierzu: *Krämer*, Strafe und Strafrecht im Denken des Kriminalpolitikers Gustav Radbruch, S. 42 ff. mit weiteren Nachweisen. Zu seinem generellen Verhältnis zur Freirechtsschule: *Albert S. Foulkes*, Gustav Radbruch in den ersten Jahrzehnten der Freirechtsbewegung, in: Arthur Kaufmann (Hrsg.), Gedächtnisschrift für Gustav Radbruch, 1968, S. 231 ff.

421 *Krämer*, Strafe und Strafrecht im Denken des Kriminalpolitikers Gustav Radbruch, S. 42. *Kantorowicz* veröffentlichte die Schrift unter einem Pseudonym (Gnaeus Flavius).

die allgemeinen Lebensumstände berücksichtigen, aus der Natur der Sache urteilen[422]. *Radbruch* sprach von einer „Befreiung der Rechtswissenschaft“ durch die „Freirechtlichen Bewegung“:

> „Die freirechtliche Bewegung befreit also die Rechtswissenschaft aus ihrer trotzigen Vereinsamung, reißt alle Fenster ihrer engen Wohnung auf und zeigt ihr die Fülle des Lebens dort draußen und darüber den weiten Himmel der Idee.“[423]

Die noch von der Aufklärung im 18. Jahrhundert geforderte enge Bindung des Richters an das Gesetz wurde durch die Forderung nach der erheblichen Ausweitung der Ermessensspielraums bedenklich konterkariert; seine Forderungen sollte *Radbruch* auch nach 1945 relativieren[424].

Die Betonung der richterlichen Ermessensfreiheit wird an drei Stellen des Entwurfs besonders deutlich: Zunächst in der Wahlmöglichkeit des Gerichts gemäß § 72 Abs. 2 E 1922 zwischen Freiheits- und Geldstrafe bei Vorliegen mildernder Umstände, sodann in der Einschließungsstrafe nach § 71 E 1922 für den Überzeugungsverbrecher und schließlich in der Rückfallschärfung zulasten des Gewohnheitsverbrechers nach § 71 E 1922, verbunden mit der Sicherungsverwahrung auf unbestimmte Dauer (§ 45 E 1922). Die beiden letztgenannten Vorschriften gaben dem Richter Mittel an die Hand, die eine Mißbrauchsgefahr in sich bargen.

Bemerkenswert ist, daß nach Angaben *Radbruchs* auch Österreich zwar ein wesentlicher Anteil an der Ausdehnung der richterlichen Ermessensfreiheit bei Fassung des Entwurfs zukam, nicht aber der entscheidende Anteil, dieser kam „aus der Sache selbst“[425]. *Kadečka* hatte bezüglich der Strafzumessung allerdings richtungsweisende Ausführungen über die „neben den materiellrechtlichen Bestimmungen zu schaffende Bürgschaften für eine richtige Strafbemessung“ getätigt[426]. Er sah – wie *Radbruch* – „Menschenkenntnis und Erfahrung“ als eine der wichtigsten Voraussetzungen an. Obwohl diese sich nicht lehren lasse, so erachtete er es als sinnvoll, die Richter künftig in den kriminalistischen Nebenfächern zu schulen, insbesondere der Kriminalanthropologie und Kriminalstatistik, und diese Fächer Gegenstand der Richterprüfung werden zu lassen. Auch sah er es als gewinnbringend an, die

---

422 *Krämer*, Strafe und Strafrecht im Denken des Kriminalpolitikers Gustav Radbruch, S. 43.

423 *Radbruch*, Einführung in die Rechtswissenschaft, 3. Auflage, 1919, S. 109.

424 In seiner „Vorschule zur Rechtsphilosophie“ aus dem Jahre 1947 führte er aus: Grundsätzlich wird man heute nicht so sehr die feststehenden Ergebnisse der Freirechtsbewegung zu betonen haben als die Schranken, die ihren Bestrebungen durch das Bedürfnis der Rechtssicherheit gesetzt sind.“(S. 79).

425 *Radbruch*, DJZ 1925, Sp. 1286 (1288 f.)

426 *Kadečka*, in: Der Deutsche Strafgesetz-Entwurf, S. 115 (127).

Richteramtsanwärter eine Zeit lang ihren Dienst in einer Strafanstalt zu verrichten,

> „damit sie dort durch eigene Anschauung und längere Beobachtung die Strafübel kennen lernen, die sie später zu verhängen haben werden, und die Eigenschaften und Menschen, die durch diese Übel zu rechtlichem Verhalten determiniert werden sollen."[427]

Zudem forderte *Kadečka* eine Änderung der Verfahrensbestimmungen, speziell über die Rechtsmittel, dahingehend, daß alle für die Strafbemessung bedeutenden Umstände mit derselben Sorgfalt wie bei der Tat- und Rechtsfrage erhoben werden müßten. Hierzu müsse eine Entlastung der Richter auf anderen Gebieten stattfinden, die schriftliche Abfassung des Urteils könne durch selbständige, hochbesoldete und hochqualifizierte Schriftführer ähnlich der englischen Clerks erfolgen.

Die von *Radbruch* propagierte Ausdehnung der richterlichen Ermessenfreiheit löste eine Diskussion aus, die in der Weimarer Republik noch lange Gegenstand hitziger Auseinandersetzungen sein sollte[428]. Das Spannungsfeld bestand zwischen der Sicherungstheorie, die den Schutz der Gesellschaft gegen gemeingefährliche Verbrecher im Auge hatte, und der Rechtssicherheit zum Schutz des Täters gegen staatliche Willkür[429]. Den „Schutz der Gesellschaft gegen Gemeingefährliche und den Schutz des Verbrechers gegen Willkür" hatte eine Tagung der IKV zusammen mit der ÖKV vom 10. bis zum 12. September 1925 in Innsbruck zum Thema. An die Veröffentlichung des Programms dieser Tagung schloß sich die Gründung der „Deutschen Strafrechtlichen Gesellschaft"[430] in Würzburg an, deren geistigen Führer *Radbruch* in *Richard Schmidt* vermutete[431] und die die folgende Erklärung abgab:

> „Die Veröffentlichung des Entwurfes eines allgemeinen deutschen Strafgesetzbuches gibt Anlaß zu der ernsten Besorgnis, daß die Reichsgesetzgebung die bisherige Tradition unserer nationalen Strafrechtsbewegung zu verlassen beabsichtigt. Die Idee der Gerechtigkeit, wie sie in einer bindend geregelten, gleichmäßig gegenüber allen Bürgern wirksamen Rechtsstrafe zum Ausdruck kommt, wird beein-

---

427 *Kadečka*, in: Der Deutsche Strafgesetz-Entwurf, S. 115 (127).

428 *Krämer*, Strafe und Strafrecht im Denken des Kriminalpolitikers Gustav Radbruch, S. 42.

429 *Radbruch*, DJZ 1925, Sp. 1286 ff.

430 Die Satzung und ihre Gründungsmitglieder sind in DJZ 1925 Sp. 1300 ff. aufgelistet. Unter anderem gehörten ihr an: *Allfeld*, *Beling*, *Gerland*, *Heilbron*, *Kleinfeller*, *Mezger*, *Nagler*, *Sauer*, *Richard Schmidt*, *Schoetensack*, *Träger*, *Wach* und *Wachenfeld*.

431 *Radbruch*, DJZ 1925, Sp. 1286. *Schmidt* stellte in einem anschließend in der Zeitung erschienen Aufsatz klar, daß *Friedrich Oetker* der Initiator sei. S. *Schmidt*, DJZ 1925, Sp. 1291 (1291).

> trächtigt, wenn Maßnahmen vorgeschlagen werden, die in mancher Beziehung eine Rückfall in polizeistaatliche Verhältnisse bringen müssen, und durch ein fast schrankenloses richterliches Ermessen die Gleichförmigkeit der Rechtsübung in Frage gestellt wird. Die Besorgnis wird durch die Tatsache verstärkt, daß die überstürzte Verordnung v. 4. Jan. 1924 die Gerichtsverfassung und die Strafrechtspflege in wesentlichen Teilen verschlechtert hat, und insbes. durch ihren Instanzenzug einer Partikularisierung des Strafrechts und des Strafprozeßrechts Vorschub leistet. Die DStrGes. erblickt in der Bekämpfung dieser Mißstände eine ihrer nächsten Aufgaben."[432]

*Radbruch* wandte sich gegen diese Bezichtigungen: er argumentierte gegen den Vorwurf des Rückfalls in polizeistaatliche Verhältnisse, daß man „das Wesen des Polizeistaates immer nur in der rechtlichen Schrankenlosigkeit der Verwaltung gesehen“ habe, „in der Zuständigkeit des unabhängigen Richters aber gerade eine rechtsstaatliche Sicherung“[433].

Dabei präsentierte er sich ganz als der Schüler *Franz v. Liszts* und schloß mit den vielsagenden Worten:

> „Ich zweifle nicht, daß der vom Entwurf versuchte Ausgleich zwischen Sicherungszweck und Rechtssicherheit Franz v. Liszts Zustimmung gefunden hätte. Möge sein Geist in Innsbruck unter uns sein!“[434]

---

432 DJZ 1925, Sp. 1302.

433 *Radbruch*, DJZ 1925, Sp. 1286 (1288).

434 *Radbruch*, DJZ 1925, Sp. 1286 (1291).

# DRITTER TEIL:
# ZUSAMMENFASSUNG UND WÜRDIGUNG

# Siebentes Kapitel: Zusammenfassung

Mit den Besonderheiten in der Struktur des Entwurfs, der „Durchführung des Schuldprinzips“, dem Strafensystem und der Strafzumessung sowie des neu entworfenen Richterporträts und dem Spannungsfeld zwischen Entkriminalisierung insbesondere im Rahmen der sog. Sittlichkeitsdelikte und Ausweitung der Gefährdungshaftung im Besonderen Teil sind Bereiche des E 1922 vorgeführt worden, in denen der Entwurf nennenswerte Neuerungen in Bezug auf die vorherige strafrechtsreformerische Entwicklung vollzogen hat.

## *A) Struktur und Systematik*

So führte der Entwurf eine Dreiteilung ein: er trennte zwischen den Verbrechen und Vergehen (Erstes Buch), den Übertretungen (Zweites Buch) und dem gemeinschädlichen Verhalten (Drittes Buch)[1]. Diese Struktur sollte Ausdruck der „Einschränkung“ des Entwurfs sein; die gesonderte Behandlung der Übertretungen[2] – hier führte der E 1922 die bereits von seinem Vorgänger gewählte Struktur eines eigenen Allgemeinen und Besonderen Teils fort – und die Aussonderung des „gemeinschädlichen Verhaltens“[3] erfolgte nach den Angaben *Radbruchs* mit dem Ziel, diese Verhaltensweisen in der weiteren Reformbewegung aus dem Strafgesetzbuch auszugliedern. Dieses Bestreben stand auch im Zusammenhang mit den Entwicklungen in der österreichischen Gesetzgebung; hier lag sowohl ein Entwurf über das Verwaltungsstrafrecht, der die Übertretungen in einem Gesetzbuch behandelte, als auch ein gesondertes Regelungswerk der sogenannten gemeinschädlichen Verhaltensweisen vor.

Weitere Besonderheiten des E 1922 lagen darin, daß er keine Regelungen über die strafrechtliche Behandlung Jugendlicher traf; die Ursache lag in einem eigenen Jugendgerichtsgesetz, das zur Amtszeit *Radbruchs* dem Reichsrat vorlag und am 16. Februar 1923 vom Reichstag verabschiedet wurde. Auch

---

1 Siehe hierzu 5. Kapitel unter A) 1.

2 Übertretungen waren nach § 355 E 1922 Handlungen, die nur mit Geldstrafe bedroht waren. Sie wurden in den *Bemerkungen Radbruchs* als Polizeiunrecht charakterisiert (S. 50).

3 Dies wurde von *Radbruch* als bloß unsoziales Verhalten bezeichnet. S. *Radbruch*, Bemerkungen, S. 51.

waren keine Regelungen über das Strafantragsverfahren mehr im Entwurf enthalten, sie sollten über ein Einführungsgesetz in die Strafprozeßordnung transferiert werden.

## *B) Durchführung des Schuldprinzips*

Unter dem Stichwort der „konsequenten Durchführung des Schuldprinzips“ wurden der Irrtum, der Versuch, Täterschaft und Teilnahme und die Konkurrenzen neu geregelt[4]:

Die Regelung des § 13 E 1922[5] sollte der Vereinfachung der Differenzierung innerhalb der Irrtümer dienen, sowohl der Tat- als auch der Rechtsirrtum – wobei wohl auch keine Unterscheidung mehr zwischen dem Irrtum über einen außerstrafrechtlichen und einen strafrechtlichen Rechtssatz beabsichtigt war – sollte von der Vorschrift umfaßt sein. Nach ihr war die Bestrafung wegen vorsätzlicher Begehung dann ausgeschlossen, wenn der Irrtum den Täter das Unerlaubte seiner Tat nicht erkennen ließ. Enthielt der Entwurf sonst keinerlei Definitionen zu Vorsatz und Fahrlässigkeit, so bestimmte er hierdurch, daß das Bewußtsein der Rechtswidrigkeit zum Bestandteil des Vorsatzes wurde.

Im Rahmen der Versuchsregelungen wurden zwei nennenswerte Änderungen vorgenommen: zum einen wurde der grob untaugliche Versuch ausdrücklich straflos gestellt (§ 23 Abs. 4 E 1922), zum anderen war die Strafmilderung des Versuchs gegenüber der Vollendung – im Gegensatz zum E 1919 und dem geltenden RStGB – nur noch fakultativ. Die Begründung hierfür wurde in der Beseitigung der Reste der Erfolgshaftung durch den Entwurf gesehen: In § 15 E 1922 wurde bestimmt, daß schwere Folgen einer Tat dem Täter nur zugerechnet werden konnten, wenn sie wenigstens fahrlässig verursacht wurden. Durch diese Regelung sollte es nicht mehr – wie noch nach dem geltenden RStGB – möglich sein, dem Täter auch rein zufällige Folgen seiner Tat zuzurechnen. Die Aufnahme einer solchen Regelung war von Österreich bei den Entwurfsbesprechungen beantragt worden.

Zudem bezog der Entwurf die Folgen der Tat nicht mehr in die allgemeinen Grundsätze über die Strafzumessung, die von § 67 E 1922 getroffen wurden, mit ein. Im Rahmen der Strafschärfung für besonders schwere Fälle (§ 76

4 Siehe hierzu 5. Kapitel unter A) 3.

5 Nach § 13 E 1922 schloß ein Irrtum, der den Täter das Unerlaubte seiner Tat nicht erkennen ließ, die Bestrafung wegen vorsätzlicher Begehung aus (Abs. 1). Beruhte der Irrtum auf Fahrlässigkeit, so finden die Vorschriften über fahrlässige Handlungen Anwendung (Abs. 2).

E 1922) wurde der in § 15 E 1922 aufgestellte Grundsatz insofern wiederholt, als schwere Folgen einer Tat sich nur dann strafschärfend auswirken konnten, wenn sie verschuldet waren.

Erwähnenswert ist, daß bereits der E 1919, wie auch schon sein Vorgänger – der GE 1911 – in der Strafrechtsreform, eine Regelung über die Beseitigung der Erfolgshaftung traf (§ 17 E 1919), wobei eine höhere Strafandrohung für im Gesetz bezeichnete Tatfolgen den Täter nur traf, wenn er die Folge „wenigstens als möglich voraussehen konnte". Unabhängig davon sah der E 1919 aber für den Versuch eine obligatorische Strafmilderung vor.

Auch nahm der Entwurf auf dem Gebiet der Täterschaft und Teilnahme wesentliche Änderungen vor, wobei dies schon aus der Überschrift des Abschnitts hervorging, die nur „Teilnahme" lautete. So wurde die Abgrenzungsproblematik zwischen Beihilfe und Täterschaft dadurch beseitigt, daß beide in der Strafbarkeit gleich gestellt wurden, es gab lediglich ein fakultatives Milderungsrecht im Rahmen der Beihilfe. Die Anstiftung sollte nunmehr auch die mittelbare Täterschaft umfassen und der Täterschaft in der Strafe gleich gestellt werden. Definitionen der einzelnen Begriffe waren, wenn überhaupt vorhanden, sehr knapp und allgemein gehalten[6]. Das Verhältnis der Teilnahme zur Haupttat bzw. vom Teilnehmer zum Haupttäter war von einer gewissen Unklarheit gekennzeichnet. So bestimmte § 27 E 1922, daß die Strafbarkeit des Anstifters und des Gehilfen unabhängig von der Strafbarkeit dessen war, der die Tat ausführte. Aus dem Zusammenspiel der Regelungen des E 1922 läßt sich aber der Schluß ziehen, daß eine limitierte Akzessorietät der Teilnahme zur Haupttat bestand; die Haupttat mußte nur tatbestandsmäßig und rechtswidrig begangen worden sein, schuldhaftes Handeln war nicht erforderlich. Dies lag in der vom Entwurf vorgenommenen Differenzierung zwischen der Strafbarkeit der Tat und der des Täters, die Schuld des Täters war täterbezogen und für dessen Strafbarkeit erforderlich, die Strafbarkeit der Tat setzte nur eine tatbestandsmäßige und objektiv rechtswidrige Verhaltensweise voraus.

Entsprechend dem österreichischen Vorentwurf und österreichischem Antrag bei den Entwurfsberatungen unterschied der E 1922 nicht mehr zwischen Ideal- und Realkonkurrenz, er stellte beide in der rechtlichen Bewertung gleich. Dies bedeutete die Aufgabe der obligatorischen Strafschärfung im Fall

---

6 Anstifter war nach dem Entwurf, wer vorsätzlich veranlaßte, daß ein anderer eine strafbare Handlung ausführte (§ 25 E 1922). Täter war demzufolge derjenige, der eine strafbare Handlung ausführte. Gehilfe war, wer vorsätzlich einem anderem die Ausführung einer strafbaren Handlung erleichterte (§ 26 E 1922).

der Realkonkurrenz (Tatmehrheit), eröffnete aber im Gegenzug die Möglichkeit einer strengeren Strafandrohung für den Fall der Idealkonkurrenz (Tateinheit). Der Grund lag nach den *Bemerkungen Radbruchs* darin, die Kompetenz des Richters derart zu stärken, nach Maßgabe des Schuldgehalts für beide Konstellationen des Zusammentreffens eine einheitliche Strafe innerhalb des nach oben erweiterten Strafrahmens festzusetzen[7].

## C) Strafen und Maßregeln der Besserung und Sicherung

Nennenswerte Änderungen traf der Entwurf bezüglich seiner Rechtsfolgen: diese umfaßten das Strafensystem, die Maßregeln der Besserung und Sicherung sowie die Strafzumessung[8].

### I. Strafarten

Die Strafarten waren im Gegensatz zum geltenden RStGB und den Vorgängerentwürfen auf Freiheitsstrafen und Geldstrafe begrenzt, nicht mehr vorgesehen war die Todesstrafe. *Radbruch* äußerte sich aber in seinen *Bemerkungen* dahingehend, daß der Entwurf keine Vorwegnahme der Entscheidung darüber, ob die Todesstrafe im Wege der nach Art. 48 WRV erlassenen Maßnahmen weiter angedroht werden könnte, treffen wolle. In § 2 Abs. 2 S. 2 E 1922 war zudem eine Wiedereintrittsklausel niedergelegt, wonach Vorschriften, die wegen besonderer tatsächlicher Verhältnisse erlassen worden waren, auf die während ihrer Geltung begangenen Taten auch noch anzuwenden waren, nachdem sie wegen Wegfalls dieser Verhältnisse außer Kraft getreten waren. Ursächlich für die Aufgabe der Todesstrafe als Strafart war in jedem Falle die Tatsache, daß die österreichische Verfassung die Todesstrafe verbot.

#### 1. Freiheitsstrafen

Als Freiheitsstrafen sah der Entwurf strenges Gefängnis, Gefängnis, Einschließung und Haft vor. Durch das strenge Gefängnis wurde die Zuchthausstrafe mit ihrer entehrenden Wirkung, d.h. der zwingenden Aberkennung der sogenannten bürgerlichen Ehrenrechte, abgeschafft[9]. Möglich war es, neben einer Verurteilung zu strengem Gefängnis die Aberkennung der Amtsfähigkeit und des Wahl- und Stimmrechts als Maßregeln der Besserung und Sicherung neben einer Verurteilung auszusprechen. Offengelassen wurde die Frage des Vollzu-

---

7 *Radbruch*, Bemerkungen, S. 61.

8 Siehe hierzu das 6. Kapitel.

9 Siehe hierzu 6. Kapitel unter A) II. 1.

ges; ob also nur die unterschiedliche Dauer der beiden Gefängnisstrafen terminologisch durch den Zusatz „streng" gekennzeichnet werden sollte, läßt sich nicht weiter nachvollziehen. Österreich behielt sich einen Sonderweg in der Frage der strengen Gefängnisstrafe vor, *Kadečka* schloß nicht aus, automatisch eintretende Rechtsfolgen bei einer Verurteilung durch andere gesetzliche Regelungen anordnen zu lassen[10].

Die einfache Gefängnisstrafe erfuhr keine wesentlichen Änderungen[11]. Das Mindeststrafmaß wurde zumindest auf eine Woche heraufgesetzt, E 1919 und das geltende RStGB sahen einen Tag als Mindeststrafmaß ausreichend an, die Höchststrafe betrug übereinstimmend fünf Jahre. Ergänzend sollten die Instrumente des bedingten Straferlasses (§§ 35 ff. E 1922) sowie der mildernden Umstände (§ 72 Abs. 2 E 1922) den Kampf gegen die kurzen Freiheitsstrafen aufnehmen. Die Anhebung des Mindeststrafmaßes stimmte zudem mit den Wünschen und Forderungen Österreichs bei den Beratungen über die Entwurfsfassung überein. Neben der Verurteilung zu einer Gefängnisstrafe von mindestens einem Jahr bestand die Möglichkeit, dem Täter §§ 54 ff. E 1922 die Amtsfähigkeit bzw. die dieser gleichstehenden Fähigkeiten sowie das Wahl- und Stimmrecht abzuerkennen. Eine automatisch eintretende Aberkennung von Rechten erfolgte nicht, darin stimmte der E 1922 mit dem geltenden Recht und den Entwürfen der Strafrechtsreform überein.

Zwar kannte sowohl der E 1919 bereits die Einschließungsstrafe als auch das RStGB bereits ihren Vorläufer – die Festungshaft – und sahen eine Privilegierung der hierzu verurteilten Tätergruppe durch eine besondere Ausgestaltung des Vollzuges vor; noch lag die Besonderheit im E 1922 darin, daß er eine Legaldefinition des von *Radbruch* zeit seines Lebens besonders bedachten sog. Überzeugungsverbrechers aufnahm[12]. Nach § 71 E 1922 trat an Stelle von strengem Gefängnis und Gefängnis Einschließung von gleicher Dauer, wenn der ausschlaggebende Beweggrund des Täters darin bestand, daß er sich zur Tat auf Grund seiner sittlichen, religiösen oder politischen Überzeugung für verpflichtet hielt[13]. Diese besondere Ausgestaltung der Einschließungsstrafe unter Einbeziehung einer Charakterisierung des sog. Überzeugungstäters war dem Wunsch deutscher Seite entsprungen, Österreichs führender Kopf in den damaligen Gesprächen um eine deutsch-österreichische Strafrechtsreform, *Kadečka*, wollte sich von dem Begriff der ehrlosen Gesinnung oder Überzeu-

10 Siehe hierzu 6. Kapitel unter A) II. 1. b) bb).

11 Siehe hierzu 6. Kapitel unter A) II. 2.

12 Siehe hierzu 6. Kapitel unter A) II. 3. b).

13 Insgesamt zur Einschließungsstrafe siehe 6. Kapitel unter A) II. 3.

gung lösen und über den Begriff der achtenswerten Beweggründe die Tätergruppe näher definieren, wobei er eine Limitierung in Form einer Verwerflichkeitsklausel etablieren wollte. Danach sollte die Einschließungsstrafe dann nicht verhängt werden, wenn der Täter Mittel gewählt hatte, die trotz des damit angestrebten Ziels besonders verwerflich erschienen. Die Abgrenzung des Überzeugungsverbrechers als eigenständige Täterpersönlichkeit sollte wiederum dem von *Radbruch* in seiner Kompetenz gestärkten Richter obliegen. Neben der Einschließungsstrafe war nach dem E 1922 auch die Aberkennung der Amtsfähigkeit sowie des Wahl- und Stimmrechts möglich. Im Gegensatz zur Gefängnisstrafe wurde die Einschließung aber nicht als Besserungsstrafe aufgefaßt, aufgrund der Eigenschaften des sog. Überzeugungstäters, sich dem Staat mit einer eigenen Überzeugung entgegenzustellen, sei bei ihm nicht wie im Fall des gemeinen Verbrechers von einer Besserung durch den Strafvollzug auszugehen[14].

Auf den Bereich des zweiten Buchs des Entwurfs, die Übertretungen, begrenzt, konnte statt der sonst für die Übertretungen vorgesehenen Geldstrafe in zwei Fällen die Strafe der Haft an deren Stelle treten[15]. Zum einen in einem besonders schweren Fall (§ 344 E 1922), wenn nämlich der Täter besonders „hartnäckig im Ungehorsam gegen die bestehenden Vorschriften verharrte" oder wenn die verhängte Geldstrafe uneinbringlich war (§ 346 E 1922). Die Ausgliederung der Übertretungen in ein eigenes Buch, die auch von *Radbruch* fortgeführt wurde, war erstmals in dem von seinem Doktorvater *v. Liszt* mitverfaßten Gegenentwurf aus dem Jahre 1911 vollzogen worden. Die Dauer der Haftstrafe belief sich im E 1922 auf mindestens einen Tag und höchstens drei Monate. Damit war der Anwendungsbereich der Haftstrafe im Vergleich zum E 1919 begrenzt worden, dort war sie auch im ersten Buch als Ersatzstrafe für die uneinbringliche Geldstrafe vorgesehen. Auch das Strafmaß war dort noch ein anderes: von der gleichen Mindestdauer ausgehend konnte sich ihre Höchstdauer bis zu einem Jahr belaufen. Auch das geltende RStGB kannte die Haftstrafe, dort war sie ebenso als Strafart für die sog. Übertretungen vorgesehen und ihre Mindestdauer von einem Tag jedoch auf ein Höchstmaß von sechs Wochen begrenzt. Im Gegensatz zum E 1922, der keine Bestimmungen zur Ausgestaltung des Vollzuges traf, sahen beide eine Privilegierung im Vollzug vor, im geltenden RStGB stellte die Haftstrafe einfachen Freiheitsentzug dar (§ 18 RStGB).

---

14 *Radbruch*, Bemerkungen, S. 54.

15 Siehe hierzu 6. Kapitel unter A) II. 4.

## *2. Geldstrafe*

Entsprechend den Bestrebungen *v. Liszts* sollte auch im E 1922 die Geldstrafe ins Zentrum des Strafensystems rücken und insbesondere die kurzzeitigen Freiheitsstrafen zurückdrängen[16]. Ihre Mindesthöhe betrug nach § 33 E 1922 fünfzig Mark – entsprechend einem österreichischen Antrag bei den Entwurfsberatungen – und ihr Höchstmaß, falls keine anderen Bestimmungen durch das Gesetz getroffen waren, eine Millionen Mark.

In die Bemessungsgrundlage sollten wie schon 1919 die wirtschaftlichen Verhältnisse des Täters einfließen. Ziel des Entwurfs sollte es sein, sich an dem am 21. Dezember 1921 erlassenen Geldstrafengesetz[17] zu messen. Eine Besonderheit des Entwurfes bestand darin, daß er im Verhältnis zum E 1919 die Möglichkeit erweiterte, anstelle einer Freiheitsstrafe eine Geldstrafe zu verhängen. War es im Rahmen des E 1919 bei Vorliegen mildernder Umstände im Fall einer verwirkten Freiheitsstrafe von bis zu einem Monat möglich, statt einer Freiheitsstrafe auf eine Geldstrafe zu erkennen, so erweiterte der E 1922 diese Möglichkeit nach § 10 Abs. 1 S. 2 iVm §§ 31 und 72 Abs. 1 S. 2 (in Verbindung mit Abs. 2) E 1922 auf Fallkonstellationen, bei denen eine Freiheitsstrafe von bis zu zweieinhalb Jahren Gefängnis drohte[18]. Abweichend vom E 1922 traf der E 1919 noch eine Bestimmung (§ 108) darüber, daß im Falle der Wahlfreiheit zwischen Freiheits- und Geldstrafe, das Gericht nur für den Fall, daß der Strafzweck nicht erreicht werden könne, auf Freiheitsstrafe erkennen dürfe. Nicht mehr ausdrücklich – wie im E 1919 – geregelt war die Möglichkeit, eine Geldstrafe durch freie Arbeit zu tilgen und so im Falle der Uneinbringlichkeit einer Freiheitsstrafe zu entgehen. Der E 1922 deutete nur mehr in seinen Verjährungsfristen an, daß es die Möglichkeit hierzu wohl geben sollte. Erwähnenswert ist diesbezüglich, daß der Gegenentwurf aus dem Jahre 1911 bereits beide Aspekte in seinen Regelungen zur Geldstrafe bedachte: zum einen war in § 84 des Entwurfes geregelt, daß in Fällen, in denen das Gesetz die Wahlfreiheit zwischen Geld- und Freiheitsstrafe eröffnete, gegenüber dem Ersttäter auf eine Geldstrafe zu erkennen[19], zum anderen sah § 63 GE die Möglichkeit vor, dem Verurteilten die Tilgung der Geldstrafe durch freie Arbeit zu gestatten.

16 Siehe zur Geldstrafe 6. Kapitel unter A) III.

17 Gesetz zur Erweiterung des Anwendungsbereichs der Geldstrafe und zur Einschränkung der kurzen Freiheitsstrafen (RGBl. S. 1604).

18 Siehe hierzu 6. Kapitel unter A) III. 2. a).

19 Diese Regelung fand nur dann keine Anwendung, wenn die Geldstrafe außer allem Verhältnis zu der besonderen Schwere des Falles (§ 89 GE) oder der Ehrlosigkeit der bekundeten Gesinnung gestanden hätte.

Den Forderungen Österreichs und seiner Kritik am Vorgängerentwurf entsprechend bediente sich der E 1922 keines festen Umrechungsschlüssels der Geldstrafe in eine Ersatzfreiheitsstrafe mehr und eröffnete in § 35 E 1922 nunmehr auch – angelehnt an das österreichische Recht – die Möglichkeit, neben Freiheitsstrafen auch Geldstrafen bedingt zu erlassen.

Zudem hatte die Geldstrafe, wie sich bereits aus der Begriffsbestimmung der Übertretungen ergibt, im zweiten Buch zentrale Bedeutung, wobei ihr Mindestmaß gemäß § 336 E 1922 zwanzig Mark und, soweit das Gesetz nichts anderes bestimmte, ihr Höchstmaß zehntausend Mark betrug.

### *3. Ehrenstrafen*

Entgegen dem E 1919 und dem geltenden Reichsstrafgesetzbuch kannte der E 1922 keine Ehrenstrafen mehr, d.h. es konnte keine Aberkennung der bürgerlichen Ehrenrechte[20] als Folge einer Verurteilung wegen einer „auf ehrloser Gesinnung“ beruhenden Tat angeordnet werden. Aufgrund der Neuerungen innerhalb des Strafensystems des E 1922, der weder die Todesstrafe noch die Zuchthausstrafe als Strafart vorsah, trat auch nicht per Gesetz die dauernde Aberkennung der Fähigkeit, öffentliche Ämter zu bekleiden sowie mit der Waffe im Heere oder in der Marine zu dienen, ein. Der Verlust der Amtsfähigkeit und der des Wahl- und Stimmrechts (ehemaliger Bestandteil der bürgerlichen Ehrenrechte) befanden sich nunmehr im Katalog der Maßregeln der Besserung und Sicherung und konnten im Falle des Vertrauensverlustes neben einer Freiheitsstrafe angeordnet werden. Diese Neuerungen entsprangen einer deutschen Initiative, Österreich behielt sich trotz seiner erklärten Zustimmung vor, bei Verurteilungen durch Strafgerichte nach anderen gesetzlichen Regelungen (z.B. der Wahlordnung) selbsteintretende Rechtsfolgen verhängen zu dürfen.

## *II. Maßregeln der Besserung und Sicherung*

Der Entwurf führte, trotz der Vision *Radbruchs*, im Sinne eines reinen Maßregelrechts die Strafen abzuschaffen, die Zweispurigkeit von Strafen und Maßregeln der Besserung und Sicherung fort[21]. Entsprechend dem E 1919 wies bereits die Struktur auf die Trennung der beiden Rechtsfolgen hin, die Maßre-

---

20 Die Ehrenrechte umfaßten die Fähigkeit, die Reichs- oder Landeskokarde zu tragen, in öffentlichen Angelegenheiten zu stimmen, zu wählen oder gewählt zu werden und andere politische Rechte auszuüben, öffentliche Ämter, Würden, Titel, Orden oder Ehrenzeichen zu erlangen sowie mit der Waffe im Heer oder in der Marine zu dienen.

21 Siehe zu den Maßregeln der Besserung und Sicherung 6. Kapitel unter C).

geln der Besserung und Sicherung waren wie die Strafen in einem eigenen Abschnitt geregelt. Eine Schnittstelle zwischen den Maßregeln und Strafen stellte das sog. Vikariieren von Strafe und Sicherungsverwahrung dar[22]: Das Gericht konnte für den Fall, daß neben einer Freiheitsstrafe auf Sicherungsverwahrung erkannt wurde, anordnen, daß die Verwahrung an die Stelle der Strafe trat (§ 48 E 1922).

Eine Sonderstellung nahm diesbezüglich der „für die öffentliche Sicherheit gefährliche Gewohnheitsverbrecher" ein, wurde dieser aufgrund eines Rückfalls (§ 77 E 1922) zu einer Strafe verurteilt, so konnte das Gericht daneben auf Sicherungsaufsicht erkennen. Der E 1922 ermöglichte nunmehr bereits die erhöhte Bestrafung wegen Rückfalls, wenn der Täter zweimal wegen eines Verbrechens oder eines vorsätzlichen Vergehens zu erheblichen Freiheitsstrafen verurteilt worden war und durch ein weiteres eine Freiheitsstrafe verwirkte, und wenn aus der neuen Tat in Verbindung mit den früheren Taten hervorging, daß der Täter ein für die öffentliche Sicherheit gefährlicher Gewohnheitsverbrecher war. Bei Begehung eines Verbrechens konnte auf ein Höchstmaß von fünfzehn Jahren strengem Gefängnis erkannt werden.

Im E 1919 war die Einstufung als gewerbs- und gewohnheitsmäßiger Verbrecher, der wegen seines Rückfalls erhöht bestraft werden konnte, erst nach bereits fünfmaliger Verurteilung möglich. Das geltende Recht, das noch keine Maßregeln der Besserung und Sicherung vorsah, kannte nur eine Rückfallschärfung für bestimmte Tätergruppen. Die Herabsetzung der Anforderungen für die Einstufung als Gewohnheitsverbrecher entsprang dem Wunsch Österreichs, das in Anlehnung an § 62 des österreichischen Entwurfs von 1912 mehr als zwei beträchtliche Vorstrafen genügen lassen wollte.

Damit war *Radbruch* von den ursprünglichen Reformbestrebungen abgewichen, wonach für den Gewohnheitsverbrecher das unbestimmte Strafurteil eingeführt werden sollte. Aufgrund des Zusammenspiels der Regelungen – insbesondere zwischen §§ 45, 48 und 77 E 1922 – war aber zumindest eine Annäherung an dieses Prinzip zu verzeichnen: das Gericht ordnete die Sicherungsverwahrung zwar neben der Strafe an, es konnte aber in der Praxis davon ausgegangen werden, daß die Maßregel erst im Anschluß an die Strafe vollstreckt wurde, wenn der Täter das (strenge) Gefängnis ohne Besserungswirkung verließ[23]. Dem Gericht wurde in § 47 des Entwurfs die Kompetenz eingeräumt, für den Fall, daß die Unterbringung in der Sicherungsverwahrung (sowie in einer öffentlichen Heil- oder Pflegeanstalt oder einer Trinkerheilan-

22 Siehe hierzu 6. Kapitel unter C) II.

23 *Kubink*, Strafen und ihre Alternativen im zeitlichen Wandel, S. 176.

stalt) den Vollzug der Strafe oder der Strafvollzug die Unterbringung überflüssig gemacht habe, das Unterbleiben der weiteren Maßnahme anzuordnen. Praktisch war das Gericht dadurch in der Lage, einen weiteren Freiheitsentzug abzuwenden. All dies machte die Dauer des Freiheitsentzuges von den Wirkungen des Vollzuges abhängig, was die *v. Lisztsche* Idee des unbestimmten Strafurteils zumindest aufgriff.

Neben den im Katalog des ersten Buches aufgeführten Maßregeln gab es für das Dritte Buch des Entwurfs, das sog. „Gemeinschädliche Verhalten“, die Maßregel des Arbeitshauses. Über einen Verweis fanden auch hier die allgemeinen Regeln über die Unterbringung (§§ 46 Abs. 1 bis 3 und der §§ 47, 49 bis 51 E 1922) entsprechende Anwendung. Im Gegensatz zum E 1919, der das Arbeitshaus noch im Abschnitt der Maßregeln der Besserung und Sicherung seines ersten Buches aufführte und seine Anwendbarkeit auf Straftaten, die auf Liederlichkeit und Arbeitsscheu zurückzuführen waren, erlaubte, wenn das Gesetz es ausdrücklich anordnete, nahm der E 1922 eine Begrenzung vor. Die Aussonderung des sog. gemeinschädlichen Verhaltens, das der E 1919 noch in einem Abschnitt des Besonderen Teils aufführte und für das auch er die Möglichkeit der Verhängung von Arbeitshaus vorsah, hatte zur Folge, daß die Maßregel des Arbeitshauses nur im Rahmen des dritten Buches Anwendung finden konnte. Die Schaffung eines dritten Buches geschah in der Absicht, die Tatbestände in der Zukunft gänzlich aus dem Strafgesetzbuch auszusondern, wie es bereits in Österreich der Fall war. Eine Besonderheit in Bezug auf die Maßregel des Arbeitshauses lag darin, daß es nicht neben einer Freiheitsstrafe sondern ausschließlich verhängt wurde. Über allgemeinen Regelungen im Ersten Buch des Entwurfs war die Dauer des Arbeitshauses über einen Zeitraum von drei Jahren durch Anordnung des Gerichts beliebig zu verlängern. War das Arbeitshaus zwar keine Strafe, aber eine freiheitsentziehende Maßregel, so kam hier das Prinzip der unbestimmten Verurteilung zur Anwendung.

## *D) Bedingter Straferlaß und Strafzumessung*

Nennenswerte Änderungen vollzog der Entwurf auf dem Gebiet des bedingten Straferlasses und den Regelungen über die Strafzumessung.

### *I. Bedingter Straferlaß*

Realisierte der Entwurf zwar nicht das *v. Lisztsche* Prinzip der unbestimmten Verurteilung nicht in seiner Gänze, so sollte zumindest dessen Grundgedanke auf die Bestimmungen zum bedingten Straferlaß übertragen werden und darüber hinaus auch der Eindämmung der kurzen Freiheitsstrafen dienen[24]. Nach § 35 E 1922 war der bedingte Erlaß der ganzen Strafe möglich, wobei der Anwendungsbereich von der Gefängnisstrafe – einem Antrag Österreichs und dem geltenden österreichischen Recht folgend – auf die Geldstrafe ausgedehnt wurde, jedoch nicht mehr, wie noch im E 1919, die Einschließungsstrafe umfaßte. Die persönlichen Anforderungen an den Täter, die für Bewilligung eines bedingten Straferlasses gestellt wurden, waren im Verhältnis zum E 1919 geringer: Erforderlich war, daß nach der Persönlichkeit des Täters die begründete Erwartung bestand, daß die Hoffnung auf den Erlaß der Strafe ihn von weiteren strafbaren Handlungen abhalten werde. Im E 1919 wurde dieser nur Verurteilten zugebilligt, „die nach ihren persönlichen Verhältnissen und nach den Umständen der Tat besondere Berücksichtigung verdien[t]en und die Erwartung rechtfertig[t]en, daß sie sich auch ohne den Vollzug der Strafe künftig wohlverhalten werden" (§ 64 Abs. 1 E 1919).

Neben dem bedingten Erlaß der ganzen Strafe war auch der des Strafrestes möglich, welcher bei Freiheitsstrafen von mindestens einem Jahr, nachdem der Verurteilte zwei Drittel seiner Strafe verbüßt hatte, Anwendung finden konnte. Der Straferlaß wurde zudem unter der Bedingung erteilt, daß der Verurteilte sich innerhalb einer Probezeit, die einen Zeitraum von mindestens zwei bis maximal fünf Jahren einnehmen konnte, gut führte (§ 38 E 1922). Im Rahmen der Übertretungen war die Probezeit auf die Zeitspanne von einem bis zu zwei Jahren begrenzt (§ 341 E 1922). Ferner wurde die Möglichkeit eröffnet, daß nach § 40 Abs. 2 E 1922 das Gericht den bedingten Straferlaß widerrief, wenn der Verurteilte den nach § 39 E 1922[25] getroffenen Anordnungen gröblich zuwiderhandelte[26]. Kritik wurde dahingehend geäußert, daß der bedingte Straferlaß nicht auf den Fall des Strafbefehls anwendbar war.

---

24 Siehe zum bedingten Straferlaß im 6. Kapitel unter B).

25 § 36 E 1922 regelte die Schutzaufsicht und besondere Pflichten. Danach konnte das Gericht dem Verurteilten, dem es den bedingten Straferlaß gewährte, unter Schutzaufsicht (§ 51) stellen oder ihm auch besondere Pflichten auferlegen. Soweit es die wirtschaftliche Lage des Verurteilten zuließ, sollte das Gericht ihn verpflichten, den durch die Tat verursachten Schaden wieder gutzumachen.

26 Nach § 40 E 1922 war der Widerruf des bedingten Straferlasses ferner möglich, wenn der Verurteilte vor Ablauf der Probezeit wegen einer Tat verurteilt wurde, die er nach Bewilligung des bedingten Straferlasses begangen hatte oder wenn er wegen einer Tat verurteilt wurde, die er vor der Bewilligung des bedingten Straferlasses begangen hatte.

## *II. Strafzumessung*

Für den Entwurf kennzeichnend ist die Orientierung an der *v. Liszt*schen Täterkategorisierung, d.h. der Differenzierung zwischen dem Gelegenheits- (bzw. Augenblicks-) Verbrecher, dem angehenden Gewohnheits- (oder Zustands-) Verbrecher und dem unverbesserlichen Gewohnheits- (Zustands-) Verbrecher[27]. Die Strafdrohungen des Besonderen Teils sollten für den „Durchschnittsverbrecher", d.h. den angehenden Gewohnheits- bzw. Zustandsverbrecher, bestimmt sein, die Instrumente der Strafmilderung und Strafschärfung dienten der differenzierten Behandlung der beiden übrigen Tätergruppen[28].

Neu hinzugekommen im Rahmen der allgemeinen Grundsatznorm über die Strafzumessung war auf Wunsch Österreichs ein Zusatz, der auch im Rahmen der Strafzumessung der Durchführung des Schuldprinzips Rechnung trug[29]. Es wurde zu einem Abwägungsaspekt des Gerichts erklärt, inwieweit die Tat auf einer verwerflichen Gesinnung oder Willensneigung des Täters und inwieweit sie auf Ursachen beruhte, die dem Täter nicht zum Vorwurf gereichten. Den unverschuldeten Folgen der Tat innerhalb der gesetzlichen Strafrahmen sollte keine Bedeutung als straferhöhende Faktoren zukommen. Weiterhin wurde eine Vereinfachung der Regelungen vorgenommen, so wurde die noch vom E 1919 aufgeführte Kasuistik innerhalb der Strafmilderungsgründe und ihrer individuellen Behandlung im Zuge einer allgemeinen Bestimmung aufgegeben. Neben den gesetzlich bestimmten Milderungsgründen gab es auf den Wunsch Österreichs hin einen allgemeinen Zusatz, der bestimmte, wann mildernde Umstände vorlagen. Auch hier fand sich ein Niederschlag des Schuldprinzips wieder; das Gericht konnte die Strafe nach § 72 E 1922 mildern, wenn es annahm, daß die Tat hauptsächlich auf Ursachen zurückzuführen ist, die dem Täter nicht zum Vorwurf gereichten.

Neu war zudem, daß der E 1922 nicht mehr wie sein Vorgänger die Strafe des Verweises kannte, sondern nur die „allgemeine Verhütungsmaßregel" der Verwarnung[30]. In besonders leichten Fällen, wo es das Gesetz ausdrücklich zuließ, konnte das Gericht den Täter statt zu bestrafen, verwarnen, wobei der Anwendungsbereich des Verweises dem der Verwarnung ähnlich war. Die Umstellung erfolgte auf den Wunsch Österreichs hin, wobei der Unterschied

---

27 Auf diese Unterteilung beruft sich auch *Radbruch* in seinen *Bemerkungen* zum Entwurf, S. 56.

28 Siehe zur Strafzumessung im 6. Kapitel unter D).

29 Siehe hierzu im 6. Kapitel unter D) I.

30 Siehe hierzu im 6. Kapitel unter D) I. 2.

zwischen beiden Instrumenten hauptsächlich in ihrem sanktionsrechtlichen Charakter bestand.

Im Rahmen der Strafschärfung fällt insbesondere die oben beschriebene verschärfte Bestimmung über den Rückfall und die damit verbundene Einstufung als Gewohnheitsverbrecher ins Auge[31]. Im E 1919 war noch zwischen verschiedenen Rückfallstufen differenziert worden, d.h. entsprechend der Anzahl der Vorverurteilungen wurde das Strafmaß erhöht. Der E 1922 gab diese Unterscheidung auf, setzte aber die Grenze für die Einstufung des rückfällig gewordenen Täters als Gewohnheitsverbrecher erheblich herab, von fünf auf zwei Vorverurteilungen.

## E) *Einzelstraftatbestände*

Erwähnung finden muß an dieser Stelle auch, welche gravierenden Veränderungen der Entwurf *Radbruch* hinsichtlich einzelner Straftatbestände bzw. Deliktsgruppen traf[32].

Eine Begrenzung der Strafbarkeit fand innerhalb der sog. Sittlichkeitsdelikte statt[33], nach dem E 1922 wurden die einfache männliche Homosexualität, die Beischlafserschleichung und die Sodomie nicht mehr unter Strafe gestellt. Auch der Ehebruch fand keine strafrechtliche Ahndung mehr. Im Rahmen der Kuppeleitatbestände wurde das sog. Vermieterprivileg gestärkt, das heißt der Vermieter von Wohnraum wurde – im Anschluß an den E 1913 und den Gegenentwurf von 1911 unabhängig vom Alter der mietenden Partei – nur bestraft, wenn er den „unzüchtigen Verkehr“ des Mieters ausbeutete oder förderte. Darüber hinaus wurde die Kuppelei von Verlobten vom Entwurf ausdrücklich für straflos erklärt.

Im Gegenzug dazu wurde die Kuppelei an Minderjährigen unabhängig davon als schwere Kuppelei unter Strafe (Freiheitsstrafe bis zu fünf Jahren strenges Gefängnis) gestellt, ob ein persönliches Verhältnis oder ein Abhängigkeitsverhältnis zwischen Opfer und Täter bestand[34]. Einen solchen Tatbestand kannten weder der E 1919 noch das geltende RStGB.

---

31 Siehe hierzu im 6. Kapitel unter D) I. 3.

32 Hierzu sei insgesamt auf die konzentrierten Darstellungen im 5. Kapitel unter A) II. 3. a) aa) und A) II. 3. b) aa) verwiesen.

33 Siehe hierzu im 5. Kapitel unter A) II. 3. a) bb) (1).

34 Siehe hierzu im 5. Kapitel unter A) II. 3. b) bb) (1).

Auf Anregung Österreichs fand im Gegenzug zur Begrenzung der sog. Erfolgshaftung eine Ausweitung der Gefährdungshaftung statt[35]: Es wurde in § 228 E 1922 die allgemeine Lebensgefährdung unter Strafe gestellt, d.h. mit strengem Gefängnis sanktioniert wurde, wer wissentlich und gewissenlos einen anderen in die unmittelbare Lebensgefahr brachte.

Im Rahmen der Regelung des schweren Diebstahls, dessen Mindeststrafmaß im Verhältnis zum E 1919 von einem Jahr auf einen Monat Gefängnis herabgesetzt wurde, wurden zwei Tatmodalitäten hinzugefügt: Danach war nunmehr auch der Diebstahl aus unmittelbarem körperlichen Gewahrsam (§ 289 Nr. 2 E 1922) und unter Ausnutzung einer Feuers- / Wassersnot oder eines anderen Unfalls (§ 289 Nr. 4) strafbar[36]. Zudem wurde der Haus- und Familiendiebstahl nicht mehr generell straflos gestellt, sondern vielmehr von der Zustimmung des Verletzten abhängig gemacht.

Zudem wurde am Ende des Besonderen Teils ein Abschnitt über den „Mißbrauch von Rauschmitteln“ (§§ 327–334 E 1922) neu eingeführt[37], wobei im Verhältnis zum vorangegangenen E 1919 und dem geltenden RStGB die Verhaltensweisen der Abgabe geistiger Getränke an Insassen einer Trinkerheilanstalt (§ 329), der Verabreichung geistiger Getränke an Jugendliche oder Betrunkene (§ 330), des Verabreichens von Tabakwaren an Jugendliche (§ 332) und des Überlassens berauschender Gifte (§ 333) strafbar gestellt wurden.

Eine weitere Besonderheit des Entwurfs besteht darin, daß die Bestimmungen über den Zweikampf (Duell) abgeschafft worden waren, d.h. es sollte keine besondere Behandlung der an ihm Beteiligten, sondern eine Bestrafung nach den allgemeinen Vorschriften über Körperverletzung und Tötung erfolgen[38].

---

35 Siehe hierzu im 5. Kapitel unter A) II. 3. b) bb) (2).

36 Siehe hierzu im 5. Kapitel unter A) II. 3. b) bb) (4).

37 Siehe hierzu im 5. Kapitel unter A) II. 3. b) bb) (3).

38 Siehe hierzu im 5. Kapitel A) II. 3. c).

# Achtes Kapitel: Würdigung

Über den ersten Zugriff auf den Entwurf eines Allgemeinen Deutschen Strafgesetzbuches aus den Jahre 1922, entsteht ein Eindruck der *Vollkommenheit*:

> „Was den 'Entwurf Radbruch' vor allen anderen Entwürfen vorher und nachher auszeichnet, das ist die Tatsache, daß er nicht das Ergebnis einer begreiflicherweise oft auf Kompromißlösungen angewiesenen Kommissionsarbeit, sondern das Werk eines mutigen Reformators gewesen ist, der uns sein tiefstes Wissen um das letztlich Fragwürdige allen staatlichen Strafens erschließt und zugleich ein rückhaltloses Bekenntnis zu einem im besten Sinne humanen Strafrecht eines Staates ablegt, den sich der Verfasser dieses Werkes als sozialen Volksstaat und als Rechtsstaat in einem wünscht."[1]

Anhand der vorangegangenen Entwurfsanalyse soll hier der Versuch einer kritischen Auseinandersetzung erfolgen: War der Entwurf das Werk eines „mutigen Reformators" oder stand der Entwurf in der Tradition / Kontinuität der Entwürfe der aus Kompromißlösungen und Kommissionsarbeiten bestehenden Strafrechtsreform? War er das alleinige Werk *Radbruchs* oder nicht vielmehr ein deutsch-österreichischer Mittelweg? War der Entwurf das Bekenntnis zu einem „humanen Strafrecht" oder bestanden auch Kriminalisierungs- und Moralisierungstendenzen? Bemühte sich der Entwurf um Objektivierung der Strafbarkeit? Also zusammengefaßt: Gilt der Entwurf zu Recht als liberal? Nun gilt es, den Entwurf in diese Parameter einzuordnen.

## *A) (Dis-)Kontinuität*

Der E 1922 läßt sich nicht ohne weiteres in eine Kontinuitätslinie der strafrechtsreformerischen Entwicklung einordnen. Dies resultiert in erster Linie aus zwei Besonderheiten: Zum einen war der E 1922 das Ergebnis eines rechtsangleichenden Prozesses zwischen Deutschland und Österreich, was eine Berücksichtigung der österreichischen Bedürfnisse erforderlich machte, zum anderen vollzog der Entwurf mehr als seine Vorgänger den Spagat zwischen strafrechtstheoretischer Dogmatik und rechtspolitischer Praxis.

Eine Diskontinuität zu den vorangegangenen Entwürfen, insbesondere zum E 1919, läßt sich bereits an seinem äußeren Aufbau sowie seinem Regelungs-

---

1 *E. Schmidt*, Einleitung zu Gustav Radbruchs Entwurf für ein Allgemeines Deutsches Strafgesetzbuch, S. VII.

umfang erkennen. Der E 1922 nahm erstmals die Einteilung in drei Bücher vor, was die Aussonderung der im zweiten Buch geregelten Übertretungen und des vom dritten Buch erfaßten gemeinschädlichen Verhaltens vorbereiten sollte. Zwar führte bereits der E 1919 die Übertretungen in einem separaten Buch mit einem eigenen Allgemeinen Teil auf, jedoch forcierte sein Nachfolger noch stärker die Separierung der beiden Bücher, indem er die Haftstrafe, die im E 1919 noch Strafart beider Bücher war, auf das zweite Buch begrenzte. Auch durch die Aussonderung der Regelungen über die strafrechtliche Behandlung Jugendlicher und der allgemeinen Bestimmungen über das Strafantragsverfahren[2] entledigte sich der Entwurf bisheriger Regelungsinhalte.

Die weiteren Änderungsströme, die wider eine Kontinuitätslinie verliefen, waren in erster Linie Regelungsinhalte des Allgemeinen Teils des Ersten Buches über die Verbrechen und Vergehen. Auffällige Besonderheiten waren bei den allgemeinen Regelungen[3] über die Bedingungen der Strafbarkeit sowie im Strafensystem erkennbar. Hierbei war es vor allen Dingen die neue „Sprache", die den Entwurf kennzeichnete: Der E 1922 reduzierte die Legaldefinitionen um ein vielfaches, insbesondere – und das ist an mancher Stelle nicht ganz unproblematisch – auch bei den Grundlagen der Strafbarkeit. Auf die Sprache des Entwurfs als „politisches" Phänomen wird noch zurückzukommen sein.

Der Entwurf unterließ es, wie es noch der E 1919 und die Entwürfe vor ihm getan hatten, die Begriffe Schuld, Vorsatz, Fahrlässigkeit und ihr Verhältnis zueinander sowie die einzelnen Beteiligungsformen voneinander abzugrenzen. Der Umfang des Vorsatzes fand sich nur in der Irrtumsregelung des Entwurfs (§ 13 E 1922) angedeutet, der ein einheitliche und damit neue Handhabung von Rechts- und Tatirrtum bedeutete.

Neben den markanten Änderungen des Entwurfs im Sanktionensystem – hier sei nur die Abschaffung der Todes- und Zuchthausstrafe sowie der Ehrenstrafen erwähnt – war es ein mit Vehemenz vorgetragenes Anliegen *Radbruchs*, im Rahmen des Entwurfs ein neues Selbstverständnis des Richterstandes zu etablieren, dem durch die Expansion von Kompetenzen ein größeres Vertrauen entgegengebracht werden sollte.

Die so gesteigerte Entscheidungsgewalt des Richterstandes wird auch in den Regelungen zum Versuch sowie zu Täterschaft und Teilnahme offenbar: Der Entwurf schaffte die obligatorische Strafmilderung für den Versuch ab und

---

2 Dies war im E 1919 in §§ 38–41 E 1919 geregelt.

3 Siehe hierzu B) der Zusammenfassung im 7. Kapitel.

ersetzte sie durch eine fakultative. Zudem zeichnete sich dies durch die Verkürzung der Regelungen über die Formen der Beteiligung an einer Straftat: die Täterschaft selbst wurde nicht mehr zum Gegenstand der gesetzlichen Definition gemacht; die Beihilfe wurde in der Strafbarkeit (wie die Anstiftung) der Täterschaft gleichgestellt, wobei die Möglichkeit einer fakultativen Strafmilderung bestand. Auch die mittelbare Täterschaft verschwand aus den gesetzlichen Bestimmungen, sie sollte nunmehr der Regelung zur Anstiftung unterfallen. Hingegen baute der Entwurf auf die Idee einer limitierten Akzessorietät der Teilnahme auf, die der E 1919 bereits verfolgt hatte. Dies erweiterte die Kompetenz des Richters, eine Einstufung der Handelnden in die Beteiligungsformen vorzunehmen und sie nach den allgemeinen Regelungen über die Strafzumessung zu behandeln.

Die Hauptursache dieser Veränderungen lag nach den *Bemerkungen* in der konsequenten Durchführung des Schuldprinzips, die sich der Entwurf auf die Fahnen geschrieben hatte, das Verbrechen sollte auch – vielleicht sogar in erster Linie – als „ein Ereignis im Seelenleben seines Täters" erfaßt werden.

Die Begrenzung der Erfolgshaftung war auch ein Thema, das schon die vorangegangenen Entwürfe beschäftigt hatte. Einige Elemente dieses zentralen Anliegens, wie die Begrenzung der Verantwortlichkeit des Täters für besonders schwere Folgen der Tat auf zumindest fahrlässig Verschuldete, waren aus den früheren Entwürfen – dem GE 1911 und dem E 1919 – bekannt.

Insbesondere der Besondere Teil des E 1922 war dem seines Vorgängers sehr ähnlich und knüpfte in Struktur und Inhalt an die vorangegangene strafrechtsreformerische Entwicklung an. Wesentliche Neuerungen nahm der Entwurf von 1922 insofern vor, als er einige Bestimmungen abschaffte: so die strafrechtliche Sanktionierung des Ehebruchs, der einfachen männlichen Homosexualität, der Sodomie, der Beischlafserschleichung und eine Begrenzung der Vorschrift über die Blutschande. Auf der anderen Seite fanden sich die Neuformung strafrechtlich relevanter Verhaltensweisen wie der Tatbestand der allgemeinen Lebensgefährdung und der Abschnitt über den Mißbrauch von Rauschmitteln. In Konsequenz der Abschaffung der Ehrenstrafen wurde das Duell nicht mehr – wie noch zuvor in den Entwürfen – strafrechtlich privilegiert sondern nach den allgemeinen Vorschriften über Körperverletzung und Tötung sanktioniert.

Die vom E 1922 vorgenommenen Änderungen, die eine Durchbrechung der Kontinuitätslinie begründeten – wie die Neugestaltung des Sanktionensystems (strenges Gefängnis statt Zuchthaus, Abschaffung der Todesstrafe) und die Abschaffung von Tatbeständen insbesondere im Rahmen der sog. Sittlichkeitsdelikte (Unzucht zwischen Männern, Sodomie) – wurden jedoch in der weiteren Reformbewegung zum größten Teil wieder rückgängig gemacht[4]. Fortgeführt wurden hingegen größtenteils die grundsätzlichen Bedingungen der Strafbarkeit, insbesondere die Änderungen, die im Zusammenhang mit der Durchführung des Schuldprinzips einhergingen.

Damit reiht sich der zu besprechende Entwurf in der Breite, insbesondere hinsichtlich des Besonderen Teils, in die Arbeiten an der Strafrechtsreform ein. Seine Alleinstellungsmerkmale, die ihm wohl auch die besondere Aufmerksamkeit zuteil werden lassen, liegen, von einigen besonderen Projekten abgesehen, im Allgemeinen Teil. In diesem ragt der Entwurf aus (dennoch durchaus vorhandenen) Bestrebungen seiner Zeit heraus. Er stellt ein klares Bekenntnis zu der Tradition *v. Liszts* dar.

## *B) Subjektivierung*

### *I.*

Eine Subjektivierung ist an verschiedenen Stellen des Entwurfs erkennbar: Waren die Strafrahmen im Besonderen Teil relativ weit gefaßt[5] und sollten sie nach *Radbruchs* Vorstellung auf den Durchschnittsverbrecher ausgerichtet sein[6], so sollte eine Individualisierung in der Ausrichtung auf den einzelnen Täter durch die Instrumente der Strafschärfung und Strafmilderung im Rahmen der Strafzumessung erfolgen. Hierbei wurden bestimmte „(Sozial-)Typen"[7] von Tätern geschaffen, denen eine besondere Behandlung zuteil wurde. Diese baute auf die *v. Lisztsche* Dreiteilung der Verbecherpersönlichkeiten auf und sollte die Strafe – neben der „überkommenen Abstufung der Strafen nach der Art des Verbrechens" an die jeweilige „kriminelle Persönlichkeit" des Täters anknüpfen lassen[8].

So ließen sich neben dem Durchschnittsverbrecher die durch Strafmilderung und Strafschärfung abzugrenzenden Gelegenheits- und Gewohnheitsverbrecher erfassen. Besonders gewichtig war dabei die Sanktionsgewalt, die gegenüber

4 *Radbruch* selbst hat eine Liste der Änderungen aufgestellt. Siehe hierzu: *Radbruch*, Regierungsvorlage 1922 und Reichsratsvorlage 1924, S. 211 ff, in: GRGA Band 9 (Strafrechtsreform).

5 *Neumann*, KJ 2004, S. 432 (437).

6 *Radbruch*, Bemerkungen, S. 56.

7 *Hardwig*, MSchKrim (42) 1959, S. 1 (3).

8 *Radbruch*, Bemerkungen, S. 56.

dem „für die öffentliche Sicherheit gefährlichen Gewohnheitsverbrecher" ausgeübt werden sollte.

Die (praktische) Subjektivierung des Strafrechts fand ihre Entsprechung in der theoretischen Betrachtung *Radbruchs* über den Schulenstreit: Wurde, nach *Radbruchs* eigenem Bekunden in den *Bemerkungen* zum Entwurf, der Schulenstreit zwischen Vergeltung und Zweck, müde geworden unter dem Druck der Zeit, im Wege der Verständigung ad acta gelegt[9], so stellte er selbst resümierend im Nachhinein fest, daß das Hauptaugenmerk des Entwurfs auf der verbrecherischen Gesinnung lag[10]. Diese Aussage und die grundlegende Umsetzung im Entwurf waren ein Bekenntnis zu einer nahezu ausschließlich subjektiv determinierten Bestimmung der Grundlagen von Strafe. *Radbruch* löste insofern die Dialektik von Tat- und Täterstrafrecht auf; in der Abkoppelung der Sanktionen von der Tat fand vielmehr eine Wandlung vom Tat- zum Täterstrafrecht statt[11].

Dieser Befund findet seine Stütze in dem schon angedeuteten Vorgehen des Entwurfs in Bezug auf den sog. Gewohnheitsverbrecher. Gegen ihn konnte neben der Strafe Sicherungsverwahrung von unbestimmter Dauer verhängt werden. Dazu genügte bereits eine zweimalige – also weniger als die Hälfte der im E 1919 noch erforderlichen fünf Vorverurteilungen – Vorbelastung des Täters zum Zeitpunkt der (dritten) Deliktsbegehung und der Zusammenhang zwischen den Taten, aus dem sich eine Einstufung als Gewohnheitstäter ergab. Der Schritt zur Einstufung als speziell behandelter Gewohnheitsverbrecher war damit schon in Bereichen der mittleren Kriminalität erreicht und rechtfertigte so ein von der Schuld weitgehend losgelöstes Sanktionsverhalten für diese Bereiche[12].

Das Kriterium des Rückfalls täuscht eine Objektivierung vor, die sich bei näherer Betrachtung als Trugschluß erweist, wie aus den Bemerkungen *Radbruchs* selbst hervorgeht:

> „Hier wird also ein besonderer Strafrahmen gegen eine bestimmte Art verbrecherischer Persönlichkeiten, ohne Rücksicht auf die Art des Verbrechens vorgesehen;

9 *Radbruch*, Bemerkungen, S. 47.

10 *Radbruch*, Der neue Kurs in der Strafrechtsreform, in: GRGA Band 9 (Strafrechtsreform), S. 241 (241).

11 So auch *Kubink*, Strafen und ihre Alternativen im zeitlichen Wandel, S. 207.

12 „Die Macht des strafenden Staates wird also hier so schrankenlos, daß die angebliche (zeitlich begrenzte) Strafe fast belanglos wird und § 48 zieht daraus die Konsequenz, dem Gericht auch die Befugnis zu der Anordnung einzuräumen, daß die Verwahrung an die Stelle der Strafe tritt." *R. Schmidt*, Grundriß des deutschen Strafrechts, Anhang, S. 14.

bei der Bemessung der Strafe tritt hier die Tat hinter den Täter völlig in den Hintergrund."[13]

Im Bereich der mittleren Kriminalität (teilweise auch in dem der kleinen[14]), in dem zwei Vorbelastungen keine Seltenheit sein dürften, war daher nahezu alleiniges Kriterium die Feststellung, daß sich „aus der neuen Tat in Verbindung mit den früheren Taten" ergebe, daß „der Täter ein für die öffentliche Sicherheit gefährlicher Gewohnheitsverbrecher ist" (§ 77 Abs. 1 2. Hs.).

In diesem rigorosen Vorgehen gegen den Wiederholungstäter schloß sich der Entwurf *v. Liszt* an, der gegen das sog. Gewohnheitsverbrechertum mit äußerster Härte vorgehen wollte:

> „Der Gewohnheitsverbrecher (...ich meine den prinzipiellen Gegner der Rechtsordnung) muß unschädlich gemacht werden, und zwar auf seine Kosten."[15]

Die gegen den Gewohnheitsverbrecher zu verhängende Sicherungsverwahrung als Maßregel gewann im E 1922 insbesondere aufgrund dessen eine neue und gewichtigere Bedeutung, als die Sicherungsverwahrung an die Stelle der Strafe treten konnte (§ 48 Abs. 1 E 1922), das Vikariieren der beider Sanktionen Maßregel und Strafe zugelassen wurde und ihm Ergebnis ein einspuriges Sanktionsmodell etabliert wurde[16].

Als besonderen Tätertypus etablierte der E 1922 erstmals in dieser Ausdrücklichkeit den sog. Überzeugungsverbrecher, an dessen Existenz und darausfolgender notwendiger Privilegierung *Radbruch* zeit seines Lebens festhielt. Danach sollten bestimmte Motive des Täters – sittliche, religiöse und politische – durch die besondere Strafe der Einschließung privilegiert sanktioniert werden. Im Fall des Überzeugungstäters wurde nicht von einer Besserung des Täters durch den Strafvollzug ausgegangen, die Strafe übernahm hier in erster Linie die Sicherungsfunktion gegenüber der Gesellschaft vor dem Täter[17]. Im

---

13 *Radbruch*, Bemerkungen, S. 57.

14 Von ähnlicher Intensität war auch die tatsächliche Ausgestaltung der im Rahmen der sog. „kleinen" Kriminalität, dem gemeinschädlichen Verhalten, vorgesehenen Maßregel des Arbeitshauses. Bestand auch hier die Möglichkeit der Verhängung von unbestimmter Dauer, entfaltete dies seine besondere Wirkung darin, daß das Arbeitshaus auf seine Insassen als „harte Züchtigung wie jede Strafe" wirkte und „als solche gefürchtet" wurde (*R. Schmidt*, Grundriss des deutschen Strafrechts, Anhang, S. 14 f.). Im Ergebnis kam dies dem Prinzip der unbestimmten Verurteilung sehr nah.

15 *v. Liszt*, Der Zweckgedanke im Strafrecht, in: Strafrechtliche Aufsätze und Vorträge Bd. I, S. 126 (170). Eine kritische Auseinandersetzung findet statt bei *Naucke*, Journal der Juristischen Zeitgeschichte 1/2008, S. 1 (2, 2. Spalte).

16 *Kubink*, Strafen und ihre Alternativen im zeitlichen Wandel, S. 207.

17 *Radbruch*, Bemerkungen, S. 54.

Gegensatz zum E 1919, der die Einschließungsstrafe nur für besonders benannte Delikte anordnete[18], vollzog der E 1922 auch hier eine weitergehende Subjektivierung, indem er den Überzeugungsverbrecher als allgemeingültigen Tätertypus etablierte. Die Annahme *Radbruchs*, daß durch die Entwurfsfassung eine subjektive Bewertung der Ehre wegfalle und nunmehr ein objektiv feststellbarer psychologischer Befund Gegenstand der richterlichen Strafzumessung sei, geht fehl. Es bleibt immer noch die unwägbare Aufgabe des Richters, aus dem Motivbündel des einzelnen Täters eine Gesinnung, die der eines sog. Überzeugungstäters „gebührt", herauszufiltern. Diese Aufgabe ist aufgrund ihrer bewertenden Faktoren notwendig mit seiner subjektiven Einschätzung verbunden. Die Privilegierung des Überzeugungsverbrechers läßt sich darüber hinaus auch als Ausdruck eines Gesinnungsstrafrechts qualifizieren[19], wenn auch eines positiven, weil hier die Gesinnung privilegierende Wirkung entfaltet.

Neben der Herausbildung solcher Tätertypen wurde die zunehmende Dominanz der Täterpersönlichkeit auch in den grundlegenden Prinzipien der Strafzumessung offenbar[20]: So sah § 67 E 1922 vor, daß das Gericht bei der Zumessung der Strafe abwägen sollte, „inwieweit die Tat auf einer verwerflichen Gesinnung oder Willensneigung des Täters und inwieweit sie auf Ursachen beruht[e], die dem Täter nicht zum Vorwurf gereich[t]en". Im Verhältnis zu den vorangegangenen Entwürfen ließ der E 1922 den Charakter des Täters in den Vordergrund treten, was sich insbesondere darin zeigte, daß die Folgen der Tat nicht mehr als Grundkriterium für die Strafzumessung herangezogen wurden[21]. Geschah dies nach den *Bemerkungen* zum Entwurf aus der Motivation, die Reste der sog. Erfolgshaftung zu beseitigen, d.h. „zufällige, unvoraussehbare, unverschuldete" Folgen dem Täter nicht mehr zuzurechnen, so steht dies im Widerspruch zu der Regelung über die besonders schweren Fälle, wo (nur) eine Strafschärfung in Bezug auf verschuldete Folgen (§ 76 Abs. 2 E 1922) möglich war.

Auch die Begründung zur gleichlautenden Vorschrift des E 1925 läßt die Ausrichtung auf den Täter erkennen:

> „Je geringer der Anteil solcher äußerer Einflüsse ist und je mehr die Tat durch den Charakter des Handelnden bestimmt ist, desto besser kennzeichnet sie ihn, desto

---

18 Siehe hierzu im 6. Kapitel unter A) II. 3. c) aa).

19 So auch *Liepmann*, Die Reform des deutschen Strafrechts, S. 123.

20 Siehe hierzu auch *Hörnle*, Tatproportionale Strafzumessung, S. 44 f.

21 *Hörnle*, Tatproportionale Strafzumessung, S. 44.

> mehr entspricht sie seinem innersten Wesen, desto größer ist die Wahrscheinlichkeit, daß er sie wiederholen wird."[22]

*Kaufmann* hat (in Bezug auf den E 1962) die Hinzuziehung von Strafzumessungskriterien, die nicht in der Tatschuld begründet seien wie das „Vorleben des Täters", „seine persönlichen und wirtschaftlichen Verhältnisse" und „sein Verhalten nach der Tat" – die auch der E 1922 berücksichtigte – sogar als „ein höchst bedenkliches Gesinnungsstrafrecht" bezeichnet[23].

## *II.*

Auch die in dem Entwurf verfolgte konsequente Durchführung des Schuldprinzips wies neben ihrer regulativen Funktion hinsichtlich der Erfolgshaftung[24] subjektivistische Tendenzen auf. So wurde im Rahmen der Versuchsregelungen die Anwendbarkeit der subjektiven Versuchslehre postuliert, nach der sich die Strafwürdigkeit des Versuchs in dem durch ihn „geoffenbarten bösen Willen" manifestierte[25]. Diese war neben der Limitierung der Erfolgshaftung die Ursache, die vormals obligatorische durch eine nunmehr bloß fakultative Strafmilderung zu ersetzen, wobei diese „noch" zugelassen wurde, weil das Ausbleiben des Erfolges als Mangel an „entschiedenem Erfolgswillen" gesehen wurde[26]. Eine Parallele findet sich in der Beschränkung der Versuchsstrafbarkeit allein für den grob untauglichen Versuch.

Auch die weitgehende Aufgabe einer gesetzlichen Differenzierung zwischen den verschiedenen Beteiligungsformen in ihrer Strafbarkeit, insbesondere bezüglich der Beihilfe, die nur noch einer fakultativen und nicht mehr einer obligatorischen Strafmilderung unterlag, führte in ihrer Zielsetzung zu einer stärkeren Subjektivität: Die Differenzierung zwischen den Beteiligten sollte im Einzelfall unter Abwägung ihrer Schuld anhand der allgemeinen Strafzumessungsgründe durch den Richter erfolgen[27]. Dies Bestreben wurde auch im

---

22 Begründung zum E 1925, S. 49 f.

23 Siehe *Kaufmann*, Der Alternativ-Entwurf eines Strafgesetzbuchs und das Erbe Radbruchs, in: GS für Gustav Radbruch, S. 324 (331). Dabei hat er in seiner Kritik außer Acht gelassen, daß auch der von ihm gelobte Entwurf von 1922 diese Tendenz hatte.

24 Nach dem Entwurf waren besonders schwere Folgen der Tat, die eine strengere Strafdrohung begründeten, nur dann dem Täter zuzurechnen, wenn er sie zum mindesten voraussehen konnte (§ 15 E 1922).

25 *Radbruch*, Bemerkungen, S. 60.

26 *Radbruch*, Bemerkungen, S. 60. Kritisch zu subjektivistischen Tendenzen, insbesondere hinsichtlich des Versuchs, siehe *Hirsch*, in: Festschrift für Günter Spendel, S. 43 (50 f.).

27 *Radbruch*, Bemerkungen, S. 61.

Rahmen der Konkurrenzregelungen verfolgt, auch hier sollte der Schuldgehalt für die Bestimmung der Strafe maßgeblich sein.

### *III.*

Eine Subjektivierung des Strafrechts fand sich auch in der neuen Betonung einer bloßen Gefährdungshaftung, die der Entwurf vornahm. Er führte mit § 228 E 1922 – der Lebensgefährdung – einen allgemeinen Gefährdungstatbestand ein, nach dem bereits die Schwelle der Strafbarkeit überschritt, „wer wissentlich und gewissenlos einen anderen in unmittelbare Lebensgefahr" brachte. Der Grad der Gefahr wurde durch die subjektive Formel „wissentlich und gewissenlos", was *Radbruch* selbst bemängelte[28], nur unzureichend konkretisiert. Zudem wurde eine Gesinnung – „gewissenlos" – an die reine Gefahr einer Rechtsgutverletzung gekoppelt. Die Einführung dieses Tatbestandes legte trotz der Bemühungen um dessen Entschärfung, die insbesondere auch durch die spätere Begründung des E 1925 zur gleichlautenden Vorschrift versucht wurde[29], ein Bekenntnis zum Gefährlichkeitsstrafrecht[30] ab: Der Mensch erscheint hier als „Gefahrenquelle"[31] durch seine rechtsfeindliche Gesinnung; er wird bereits bei Verursachung einer bloßen Gefahr bestraft.

### *IV.*

Wurde zuvor eine Diskontinuität bestimmter Alleinstellungsmerkmale angenommen, so lassen sich die Subjektivierung und insbesondere die für den Täter negativen (sichernden) Folgen in diese Kategorie einordnen.

## *C) (Ent-)Moralisierung*

> „Aus unserer bisherigen Betrachtung ergiebt sich von selbst, daß die bürgerliche Strafe keine moralische Strafe seyn könne, und mithin von dem Staate, (so wie überhaupt von Niemanden, ausser der Gottheit), keine pflichtwidrige Handlung, blos weil sie pflichtwidrige Handlung ist, also um das Uebel mit dem Laster in Harmonie zu setzen, bestraft werden könne."[32]

Die Forderung *Feuerbachs*, eine Trennung von Recht und Moral zu vollziehen, der sich auch *Radbruch* anschloß, hat, wie die jüngste Diskussion inner-

---

28 *Radbruch*, in: Aschrott / Kohlrausch, Reform des Strafrechts, S. 301 (314 f.).

29 Siehe 5. Kapitel unter A) II. 3. b) bb) (2).

30 Siehe hierzu *Dencker*, StV 1988, S. 262 (263).

31 *Dencker*, StV 1988, S. 262 (263).

32 *Feuerbach*, Revision, Teil I, S. 29.

halb des zweiten Senats des Bundesverfassungsgerichts[33] über den Geschwisterinzest zeigt, nicht an Aktualität eingebüßt. Stellt *Hassemer* fest, daß „der Aufbau oder der Erhalt eines gesellschaftlichen Konsenses über Wertsetzungen [...] nicht unmittelbares Ziel einer Strafnorm sein kann“[34], so zeigte der Entwurf von 1922 einen für seine Zeit erstaunlichen Prozeß der Rationalisierung von Strafe in diesem Sinne.

Im Rahmen der sogenannten Sittlichkeitsdelikte fand eine deutliche Reduzierung der staatlichen Strafgewalt statt; „bloße Moralverstöße“[35] wurden nicht mehr sanktioniert: hier sind die einfache männliche Homosexualität, die Sodomie, die Beischlafserschleichung und der Ehebruch[36] zu nennen. Darüber hinaus erfuhren die Tatbestände der Kuppelei, der Prostitution sowie der Blutschande eine Begrenzung. Dies hieß im einzelnen, daß die Kuppelei zwischen Verlobten ausdrücklich für straflos erklärt wurde, die allgemeine Strafbarkeit der gewerbsmäßigen Unzucht (Prostitution) bei Verstoß gegen die Reglementierungsvorschriften aufgehoben und die Beischlaf zwischen Verschwägerten auf- und absteigender Linie nicht mehr unter Strafe gestellt war.

Der in Gesetzeskraft erstarkende „Wandel von einem am Schutz moralischer Standards orientierten Strafrecht zum Rechtsgüterschutz“ der sich in der „Entkriminalisierung des Sexualstrafrechts“ offenbarte[37], sollte sich erst sehr viel später vollziehen: Durch das erste Gesetz zur Reform des Strafrechts vom 25. Juni 1969 wurden die Tatbestände des Ehebruchs, der Homosexualität unter Erwachsenen, der Unzucht mit Tieren und des Erschleichens des außerehelichen Beischlafs abgeschafft; das Vierte Gesetz zur Reform des Strafrechts vom 23. November 1973 benannte den Abschnitt „Straftaten gegen die Sittlichkeit“ in „Straftaten gegen die sexuelle Selbstbestimmung“ um und durch das Neunundzwanzigste Strafrechtsänderungsgesetz vom 31. Mai 1994 wurde § 175 StGB, die Strafbarkeit homosexueller Handlungen mit Jugendlichen, gestrichen.

Auch suchte *Radbruch* die Sanktionsformen des Entwurfs einer Moralisierung zu entkleiden, in dem Sinne, daß der Staat nicht mehr über die Ehre eines Täters urteilen sollte:

> „Nicht als ein Entehrter, sondern als ein Entsühnter soll der Bestrafte in die Gesellschaft zurückkehren.“[38]

33 BVerfGE, 2 BvR 392/07 vom 26.2.2008, http://www.bverfg.de/entscheidungen/rs20080226 2bvr039207.html.

34 *Hassemer*, in: BVerfGE, 2 BvR 392/07 vom 26.2.2008, http://www.bverfg.de/entscheidungen/rs20080226 2bvr039207.html., Absatz Nr. 100.

35 *Neumann*, KJ 2004, S. 432 (437).

36 Dieser war im E 1919 im 24. Abschnitt über die „Verbrechen und Vergehen gegen Ehe und Elternrechte“ geregelt.

37 Münchener Kommentar-*Renzikowski*, Vor §§ 174 ff. Rn. 2, 61.

38 *Radbruch*, Bemerkungen, S. 53.

Dies wird in der Abschaffung der herkömmlichen Ehrenstrafen wie den Verlust der bürgerlichen Ehrenrechte innerhalb des Entwurfs deutlich, mit dem Ziel, „die moralische Lynchjustiz" zu verbannen[39]. Erhalten blieb der Verlust der Amtsfähigkeit sowie des Wahl- und Stimmrechts, die dem Maßregelkatalog unterfielen, wobei insbesondere letzterer in seinem Nutzen zweifelhaft bleibt[40]. Eine Durchbrechung der Abschaffung der Ehrenstrafe läßt sich jedoch in der von *Radbruch* besonders betonten Einschließungsstrafe erblicken. Denn diese enthielt, egal wie sehr sich *Radbruch* dagegen verwende mochte, immer auch ein sittliches Werturteil über die Gesinnung des Täters.

Ein Ausdruck von Rationalisierung läßt sich auch in der Abschaffung der Duellbestimmungen wiederfinden. War das Duell zuvor als „standesrechtliches" Relikt zur Bereinigung der Ehre bisher in seinen Rechtsfolgen einer besonderen Regelung unterworfen worden, so sollte es nunmehr im E 1922 den allgemeinen Vorschriften über Tötung und Körperverletzung unterfallen[41].

Die Forderungen *Feuerbachs* vermochten den Entwurf aber nicht wie ein roter Faden zu durchziehen: So fand sich im Rahmen der Kuppeleitatbestände eine Verschärfung dergestalt, daß nach dem Tatbestand der schweren Kuppelei bereits mit strengem Gefängnis bis zu fünf Jahren bestraft werden konnte, wer Kuppelei an einer Person unter achtzehn Jahren beging. Dieser Tatbestand des Entwurfs kann als „Vorläufer" des heutigen § 180 StGB gesehen werden, der die Förderung sexueller Handlungen Minderjähriger unter Strafe stellt[42].

Zudem wurde im Rahmen des schweren Diebstahls der Katalog der Qualifikationstatbestände um den Diebstahl aus unmittelbarem körperlichen Gewahrsam (§ 289 Nr. 2 E 1922) und unter Ausnutzung einer Feuers- / Wassersnot oder eines anderen Unfalls (§ 289 Nr. 4) erweitert. Dies bedeutete eine Sanktionie-

---

39 Die Ehrenrechte umfaßten die Fähigkeit, die Reichs- oder Landeskokarde zu tragen, in öffentlichen Angelegenheiten zu stimmen, zu wählen oder gewählt zu werden und andere politische Rechte auszuüben, öffentliche Ämter, Würden, Titel, Orden oder Ehrenzeichen zu erlangen sowie mit der Waffe im Heer oder in der Marine zu dienen. Aufgrund einer wenn auch u.U. nur zeitweisen Aberkennung der Ehrenrechte verlor der Verurteilte die aus öffentlichen Wahlen hervorgegangenen Rechte und die öffentlichen Ämter, Würden, Titel, Orden und Ehrenzeichen für immer.

40 Siehe hierzu: *E. Schmidt*, Einleitung zu Gustav Radbruchs Entwurf für ein Allgemeines Deutsches Strafgesetzbuch, S. XXI.

41 *Naucke* (GA 1984, S. 199 (203) hat die Abschaffung der Zweikampfbestimmungen als „deklaratorische Entkriminalisierung" bezeichnet: „Die deklaratorische Entkriminalisierung zeigt nicht Vermehrung von Freiheit, sondern zeigt gelungene Neuverteilung von Freiheit, nämlich Aufhebung der Freiheit, einem ständischen Ehrbegriff zu folgen, zugunsten der Freiheit, mit einem weit weniger stilisierten Ehrbegriff, dem Ehrbegriff unprofilierter Gleicher in der Gesellschaft, zu leben."

42 *I. Hartmann*, S. 171.

rung von Verhaltensweisen, die sich insbesondere durch eine „moralische Verwerflichkeit“ auszeichnen, indem der Dieb hier entweder die Körpersphäre eines anderen beeinträchtigte oder dessen Not, dessen Unglück ausnutzte.

Auch der neu eingefügte Abschnitt über den „Mißbrauch von Rauschmitteln“ bedeutete eine Neusanktionierung von Verhaltensweisen, denen ein moralischer „Anstrich“ nicht abzusprechen ist. So stellen insbesondere das Verabreichen von Tabakwaren an Jugendliche (§ 332 E 1922) und das Überlassen berauschender Gifte (§ 333 E 1922) Handlungen dar, die eher Ausdruck einer gesellschaftlichen Mißbilligung sind, als daß sie ein strafwürdiges Verhalten begründen sollten.

Zuletzt nennenswert ist erneut die Sanktionierung der Lebensgefährdung, die allein auf das Unbilligkeitsgefühl breiter Kreise gestützt werden könnte.

Die eingangs zitierte Forderung *Feuerbachs* konnte von dem Entwurf in weiten Teilen umgesetzt werden, dies gilt um so mehr, wenn die damals herrschende politische Auffassung von der Strafwürdigkeit derartiger Verhaltensweisen berücksichtigt wird. Nicht ohne Grund dürfte diese Art von Reformbestrebungen – jedenfalls nach Ansicht *Radbruchs* – als eine der Hauptursachen des Scheiterns des Entwurfes anzuführen sein. *Radbruch* selbst hatte vorsichtig „konfessionelle Bedenken“ erwähnt[43]. Die Entmoralisierung konzentriert sich – da sie an konkrete Verhaltensweisen anknüpft – auf die Tatbestände des Besonderen Teils. Auch hier fällt auf, daß es einige bevorzugte „Projekte“ gibt, die die Reformarbeit besonders verfolgte. Es soll jedoch nicht verschwiegen werden, daß es gerade diese (Pilot-) „Projekte“ sind, die einer restriktiveren Vorgehensweise des Nachfolgeentwurfes zum Opfer gefallen sind.

## *D) (Ent-)Kriminalisierung und Neugestaltung des Sanktionensystems*

Aus der Zielrichtung des Entwurfs, bloße Moralverstöße aus dem Strafgesetzbuch zu verbannen, ergibt sich auch der Kernbereich der Entkriminalisierung, die den Entwurf kennzeichnete (s.o.). Nicht unerwähnt bleiben soll auch die Strafloserklärung des untauglichen Abtreibungsversuchs[44] sowie die Aufgabe

---

43 *Radbruch*, Der innere Weg, S. 116.

44 Darunter fielen nach § 225 Abs. 3 E 1922 die Fälle, in denen die Frau, welche die Abtreibung versuchte oder an der sie versucht wurde, nicht schwanger war oder wenn die Abtreibung mit dem angewendeten Mittel, Werkzeug oder Verfahren überhaupt nicht ausgeführt werden konnte.

des Tatbestandes der Tötung der Frucht zur Rettung der Mutter[45]. *Radbruch* hatte wohl „weiter gehen wollen“, sei aber hiervon aus Rücksicht auf die Zusammensetzung des Kabinetts abgerückt[46].

Abgesehen von diesen einschneidenden Änderungen nahm der Entwurf noch eine Reihe weiterer Einschränkungen der staatlichen Sanktionsgewalt auf Ebene der Straftatbestände vor, die an dieser Stelle nicht im Einzelnen aufgelistet werden sollen[47].

Im Rahmen des Allgemeinen Teils bestand die restriktiv wirkende Tendenz zu einem Teil in der Fortsetzung der Eindämmung der sog. Erfolgshaftung, wie sie schon durch die Vorgängerentwürfe vollzogen wurde.

Für den Täter günstig stellte sich auch die neue Irrtumsregelung (§ 13 E 1922) dar, wonach die Bestrafung wegen vorsätzlicher Begehung ausgeschlossen war, wenn ein Irrtum ihn das Unerlaubte seiner Tat nicht erkennen ließ. Umfaßt waren hiervon sowohl Tat- als auch jeglicher Rechtsirrtum, d.h. die von der geltenden Rechtsprechung vollzogene unterschiedliche Bewertung innerhalb der Rechtsirrtümer, wonach der Irrtum über strafrechtliche Rechtssätze keinen Vorsatzausschluß bewirken konnte, wurde aufgegeben. Die neue Regelung, die nach den *Bemerkungen* zum Entwurf die Aufnahme des Bewußtseins der Rechtswidrigkeit in den Vorsatzbegriff bedeutete, offenbarte möglicherweise eine Kehrseite: Beging jemand, der nur glaubte, rechtswidrig zu handeln, einen Versuch? Dies hätte zu einer erhöhten Strafbarkeit bisher strafloser Wahndelikte geführt. Ergab sich zudem daraus, daß ein in Notwehr Handelnder nach dem Entwurf die Notwehrlage, aus der Rechtfertigung ergab, nunmehr kennen mußte[48]? Eine Beurteilung dieser Frage wäre infolge der geringen Vorgaben für die Begriffe Vorsatz und Fahrlässigkeit, wie vom Entwurf geplant, der Forschung und Praxis überlassen gewesen. Die strafbegünstigende Irrtumsrechtsprechung des Reichsgerichtes läßt eine straferwei-

45 Nach § 288 E 1919 wurde mit Gefängnis bis zu drei Jahren oder mit Geldstrafe bestraft, wer gegen den Willen einer Schwangeren ihre Frucht oder ihr in der Geburt begriffenes Kind tötet, um von ihr eine nicht anders abwendbare schwere Gefahr für Leben oder Gesundheit zu verfolgen (Abs. 1). In Abs. 2 wurde bestimmt, daß die Tat nur auf Antrag verfolgt wurde. Der Antrag konnte zurückgenommen werden.

46 *Putzke*, S. 247.

47 Siehe hierzu im 5. Kapitel, A) II. 3. bb).

48 § 21 E 1922 bestimmte, daß eine Tat nicht rechtwidrig war, wenn sie in Notwehr begangen wurde (Abs. 1). Nach § 21 Abs. 2 E 1922 handelte in Notwehr, wer sich oder einen anderen gegen einen gegenwärtigen rechtswidrigen Angriff in einer den Umständen angemessen Weise verteidigt (Abs. 2).

ternde Umkehrung des Irrtumstatbestandes in den Versuchsbereich jedoch möglich erscheinen.

Über die Bedingungen der Strafbarkeit und die Ausgestaltung einzelner Tatbestände hinaus läßt sich ebenso auf der Rechtsfolgenseite eine Begrenzung der Sanktionsintensität zumindest an der oberen Grenze möglicher Rechtsfolgen feststellen: die Abschaffung von Todes- und Zuchthausstrafe, letztere wurde durch die Strafe des strengen Gefängnisses – ohne entehrende Wirkung – ersetzt, sowie der sog. Ehrenstrafen. Zudem wurde die „Strafe“ des Verweises durch die „Verhütungsmaßregel“ der Verwarnung ersetzt[49]. Bezogen auf die Todesstrafe darf jedoch der nicht unerhebliche Vorbehalt unerwähnt bleiben, wonach der Entwurf eine Entscheidung darüber, „ob im Rahmen von Maßnahmen nach Art. 48 der Weimarer Reichsverfassung auch in Zukunft die Todesstrafe soll angedroht werden können“ bewußt offenließ[50].

Des weiteren gab es den *Bemerkungen* zum Entwurf zufolge das Anliegen, die Aussonderung der Übertretungen sowie des sog. gemeinschädlichen Verhaltens vorzubereiten, d.h. den Kernbereich des Strafrechts zu begrenzen. Dieses Aussonderungsbestreben sollte im Fall der Übertretungen durch die Aufstellung eines eigenen Allgemeinen Teils im Zweiten Buch dokumentiert werden. Letzteres war jedoch keine Errungenschaft des E 1922, sondern bereits in den Reformentwürfen seit dem Gegenentwurf von 1911 gängige Praxis. Ebenso erfolgte die Strafloserklärung von Versuch und Beihilfe im Rahmen der Übertretungen nicht erst im E 1922, sondern bereits in seinem Vorgänger von 1919.

Doch handelte es sich bei der Aussonderung der Übertretungstatbestände tatsächlich um eine Entkriminalisierung oder handelt es sich um eine „scheinbare Entkriminalisierung“[51]? Für eine echte Entkriminalisierung spricht – neben dem durch die Auslagerung aus dem Kernstrafrecht gesetzten Zeichen – die Bezeichnung derartiger Zuwiderhandlungen in der Begründung als reine Ordnungswidrigkeiten[52]. Doch schon terminologisch fällt auf, daß die Übertretungen von der Begründung weiterhin mit den übrigen Zuwiderhandlungen unter dem Oberbegriff „Straftaten“ gefaßt werden. Auch die Legaldefinition des § 336 E 1922 trägt die Überschrift „Strafe“. Hinzu kommt, neben diesen sprachlichen Nuancen, daß die Aussonderung der Übertretungen mit der einer

49 Siehe hierzu im 6. Kapitel, D) I. 2.

50 *Radbruch*, Bemerkungen, S. 53.

51 Vgl. *Naucke*, Deklaratorische, scheinbare und wirkliche Kriminalisierung; in: GA 1984 S. 199 (210).

52 *Radbruch*, Bemerkungen, S. 51.

Verdoppelung der Obergrenze der hierfür angedrohten Freiheitsstrafe einhergeht. Während das Reichsstrafgesetzbuch maximal sechs Wochen Haft vorsah, waren es im E 1922 schon drei Monate. Hierbei muß allerdings berücksichtigt werden, daß der E 1922 die Haftstrafe nur für besonders schwere Fälle und anstelle der uneinbringlichen Geldstrafe vorsah, im RStGB war die Haftstrafe nicht nur Ausnahmefunktion.

Auch die angestrebte Ausgliederung des sog. gemeinschädlichen Verhaltens – gekennzeichnet durch seine Regelung in einem neu angefügten dritten Buch – aufgrund seiner Qualität als bloß „unsoziales" in Abstufung zum „antisozialen" Verhalten aus dem „Verbande des Strafrechts"[53] sollte in konsequenter Weiterführung den Umfang des Strafgesetzbuches verringern.

Zeigt sich hier die „milde Kehrseite" des Zweckdenkens, so entkommt der Entwurf dennoch nicht dem Sog der „Entformalisierung, Flexibilisierung und Ausweitung des Strafrechts", der sich in den vergangenen 100 Jahren in der Gesetzgebung vollzogen hat[54]. Zeugnisse dieses Prozesses[55], können auch in dem vorliegenden Entwurf ausfindig gemacht werden:

Strebte der Entwurf auf der einen Seite danach, die sog. Erfolgshaftung einzudämmen, so wirkte die Befreiung von diesem Kriterium in der Umkehrung erheblich strafbarkeitsausweitend. Die strafbarkeitsbegrenzende Funktion der Erfolgshaftung, die der Entwurf theoretisch stringent mit aufgab, zeigt sich in der Regelung von Versuch, Teilnahme, Konkurrenzen und einigen Tatbeständen des Besonderen Teils.

Insbesondere beim Versuch zeigt die nur noch fakultative Strafmilderung und die Ausklammerung allein des grob untauglichen Versuches eine Tendenz, die die Schwelle der Strafbarkeit niedrig anzusetzen sucht[56]. Diese kommt auch in der Regelung der Teilnahme zum Ausdruck; die Öffnung zwischen den einzelnen Formen ohne erkennbare Vorgaben, und insbesondere die nur noch fakultative Milderung bei der Beihilfe eröffneten die Möglichkeit nicht nur angemessener und milder, sondern vor allem entgegen eines eventuell gerin-

---

53 *Radbruch*, Bemerkungen, S. 51.

54 *Vormbaum*, ZStW 107 (1995), S. 734 (737).

55 *Vormbaum* zeigt eine Reihe vom „Erscheinungen und Tendenzen" auf, anhand derer dieser Prozeß offenkundig wird; diese Kriterien werden auch bei hiesigen Betrachtung herangezogen. Siehe hierzu: *Vormbaum*, ZStW 107 (1995), S. 734 (738 ff.).

56 In den *Bemerkungen* zum Entwurf stellte sich dies als Schlußfolgerung aus der Durchführung des Schuldprinzips dar. Wenn bei den durch den Erfolg verschärften Straftaten nicht mehr der dem Täter nicht zur Schuld zurechenbare Erfolg strafschärfend wirke, so könne auch das das dem Täter nicht zum Verdienst zurechenbare Ausbleiben des Erfolges strafmildernd wirken. *Radbruch*, Bemerkungen, S. 60.

gen Tatbeitrages erheblich strenger zu bestrafen. Eine ähnliche Wirkung trat bei der Regelung der Konkurrenzen auf, auch hier wurden durch die Vereinigung der bisherigen Formen neue Spielräume eröffnet, die zum Nachteil des idealkonkurrierend handelnden Täters gereichen konnten. Ihre problematischste Form erreichte die Eindämmung der Erfolgshaftung in dem Tatbestand der Lebensgefährdung. Hier wurde die schwerste vorgesehene Strafart für die bloße Verursachung einer Gefahr vorgesehen, einzige Einschränkung dieses wohl auch *Radbruch*[57] erheblich zu weit geratenen Tatbestandes stellten die subjektiven Merkmale „wissentlich und gewissenlos" dar, die zudem eine, einem solch weiten Tatbestand entsprechende, Bestimmtheit vermissen lassen.

Diese Unbestimmtheit, die mit dem verstärkten Gebrauch subjektiver Merkmale einherging, ist vielleicht der Preis, den der Entwurf als „Volksbuch" zahlen mußte; exemplarisch demonstrierte *Richard Schmidt* dies am Beispiel des Tatbestandes der Brandstiftung[58]: Nach § 201 E 1922 war strafbar, „wer an einer fremden Sache eine Feuersbrunst verursacht[e]" (Abs. 1) und „wer eine eigene Sache oder eine Sache eines anderen mit dessen Einwilligung in Brand setzt[e] und dadurch eine Gemeingefahr herbeiführt[e]". Die Begriffe „Sache" und „Feuersbrunst" stellten nach *Schmidts* zutreffender Analyse „schwankende, überaus vieldeutige Begriffe", dar, da es ihnen an einer weiteren Konkretisierung – wie hinsichtlich der Sache, ob es sich dabei um eine bewegliche oder unbewegliche Sache wie Wohn- oder Aufenthaltsräume von Menschen handeln sollte – fehle[59]. Die Schlußfolgerung aus der Unbestimmtheit bestand in der erhöhten Gefahr, daß die Auslegung des Tatbestandes abhängig vom einzelnen Richter differieren und es dadurch zu einer stärkeren Betonung der subjektiven Seite, der Gesinnung und „der Gewissenlosigkeit des Täters beim Umgehen mit dem Feuer" kommen könnte[60].

Während die entkriminalisierenden Bestrebungen des Entwurfes an prominenter Stelle zu finden sind, erschließen sich viele, zum Teil erheblich kriminalisierende Tendenzen erst auf den zweiten Blick; vor allem weil der Entwurf sich bei Legaldefinitionen bewußt zurückhielt, ist bei einer Gesamtwürdigung erhebliche Vorsicht geboten. Auf die Bewertung der Tendenzen wird noch zurückzukommen sein.

57 *Radbruch*, in: Aschrott / Kohlrausch, Reform des Strafrechts, S. 301 (314 f.).

58 Hier wird die gleichlautende Vorschrift des § 202 E 1925 herangezogen. *R. Schmidt*, Grundriss des deutschen Strafrechts, Anhang, S. 6 f.

59 *R. Schmidt*, Grundriss des deutschen Strafrechts, Anhang, S. 6 f.

60 *R. Schmidt*, Grundriss des deutschen Strafrechts, Anhang, S. 7.

## *E) Straftheorie des Entwurfs*

Wurden die im Entwurf vorgesehenen Sanktionen weitestgehend von der zu strafenden Tat und dem „verletzten Rechtsgut als Gegenstand der Strafrationalität" losgelöst, so wandte sich die Strafe der Täterpersönlichkeit, dem Mensch als „sozialem Gegenstand" zu[61]. Ursache für die bereits erwähnte Entwicklung vom Tat- zum Täterstrafrecht war das Zugeständnis des Entwurfs an die Ideen der modernen Schule und ihres Begründers *Franz v. Liszt*, denen sich sein Schüler *Radbruch* auch in seiner praktischen Arbeit nicht verschloß.

Bekundete *Radbruch* in den *Bemerkungen*, daß der Schulenstreit durch Verständigung beendet sei, und zeigte er die Verknüpfung von Vergeltungs- und Zweckstrafe auf:

> „Gesellschaftsschutz und Vergeltung, Besserung und Sicherung durch den Strafvollzug und Abschreckung durch die Strafdrohung verlangen im wohlausgewogenen Gleichgewicht gleichermaßen Einfluß auf das Strafgesetzbuch, das nicht ein blutleeres Gedankengebilde sein will, sondern lebendiger Ausdruck des Volksgeistes,"[62]

so scheinen Auswahl und Gestaltung der Sanktionsmittel im Entwurf auf den ersten Blick zu einem nicht unerheblichen Teil den Forderungen der soziologischen Schule zu entsprechen. Wird auf die *v. Liszt*sche Tätertypologie im Rahmen der Strafzumessung ausdrücklich hingewiesen, so zeigt sich auch das Bemühen, im Rahmen der praktischen Reformarbeit, den Forderungen nach der (relativ) unbestimmten Freiheitsstrafe bzw. dem unbestimmten Strafurteil[63] zusammenhängend mit der besonderen Behandlung des Rückfalls und des unverbesserlichen Gewohnheitsverbrechers, der Eindämmung der kurzen Freiheitsstrafe durch die Schaffung von Sanktionsalternativen wie der neuen Betonung der Geldstrafe und der bedingten Verurteilung, zu entsprechen. Auch erfuhren die Maßregeln als „vorausschauende" Sanktionen zum Ausdruck eines „polizeilichen Gefahrendenkens" eine neue Betonung, insbesondere im Hinblick auf das unbestimmte Strafurteil[64]; hier war es insbesondere die Ausgestaltung der Sicherungsverwahrung, die zum Ausdruck eines neuen (Spezial-)präventionsbedürfnisses wurde.

---

61 *Kubink*, Strafen und ihre Alternativen im zeitlichen Wandel, S. 207.

62 *Radbruch*, Bemerkungen, S. 47.

63 *v. Liszt* schlägt jedoch de facto nur eine relativ unbestimmte Freiheitsstrafe vor, so staffelt er die Freiheitsstrafe in Abstufungen auf Zeiträume von 6 Wochen bis zu zwei Jahren; 2 bis 5 Jahren; 5 bis 10 Jahren und schließlich bis hin zu lebenslangem Vollzug. v. Liszt, Strafrechtlich Aufsätze und Vorträge, Bd. 1, S. 290 (392). Siehe hierzu auch im 6. Kapitel unter B).

64 *Kubink*, Strafen und ihre Alternaiven im zeitlichen Wandel, S. 107.

Über die Umsetzung dieser Ideen der modernen Schule läßt sich ein gemischtes Fazit ziehen: Im Kampf gegen die kurzen Freiheitsstrafen fährt der Entwurf nur einen Teilsieg ein; so wurde das Mindestmaß der Freiheitsstrafe auf eine Woche festgesetzt (§ 31 E 1922). Zu ihrer weiteren Eindämmung wird auf alternative Mittel verwiesen: So eröffnete der Entwurf die Möglichkeit, im Fall der Strafmilderung bei einem Vergehen statt einer Freiheitsstrafe eine Geldstrafe zu verhängen, wenn der Strafzweck durch eine Geldstrafe erreicht werden kann (§ 72 Abs. 2 E 1922). Dies dehnte die Anwendungsmöglichkeit auf Fälle aus, in denen eine Strafdrohung von bis zu zweieinhalb Jahren Gefängnis zur Rede stand (§ 10 Abs. 1 S. 2 iVm §§ 31, 72 Abs. 1 S. 2 E 1922). Auch im Hinblick auf den bedingten Straferlaß, der den Gedanken des unbestimmten Strafurteils übernehmen sollte, fand eine Extension statt[65]: So war der bedingte Erlaß der ganzen Strafe nicht mehr nur bei allen Gefängnisstrafen bis zu fünf Jahren, sondern auch bei Geldstrafen möglich (§ 35 E 1922). Vermochte der Entwurf damit, sicherlich aufgrund realpolitischer Praxis, das unbestimmte Strafurteil nicht mit all seinen Konsequenzen einzuführen, so schuf er im Verhältnis zu seinem Vorgänger mehr Raum für das von der modernen Schule befürwortete, aber auch viel diskutierte Instrument der bedingten Verurteilung. Durch die Ausdehnung der Anwendungsmöglichkeiten des bedingten Erlasses der ganzen Strafe (§ 35 E 1922) fand eine Annäherung zur „Freiheitsstrafe zur Bewährung"[66], die *v. Liszt* als Alternative insbesondere zur kurzen Freiheitsstrafe etablieren wollte, statt.

Der Entwurf hielt im Grundsatz am Dualismus von Strafe und Maßregel fest. Nicht erreicht hat *Radbruch* sein visionäres Vorhaben, angelehnt an den Entwurf *Ferris*, ein reines Maßregelrecht einzuführen[67]. *Radbruch* selbst sah auch durch die Möglichkeit, die Sicherungsverwahrung, die Unterbringung in einer Heil- und Pflege- sowie Trinkerheilanstalt vor der Strafe zu vollziehen und von ihrem nachträglichen Vollzug abzusehen, die Frage der Zweispurigkeit aber mehr als eine Frage des Vollzuges[68]. Er war der Überzeugung, daß der Richter von einer Vollziehung der Strafe absehen würde, wenn sie sich als überflüssig darstelle[69].

Der Entwurf eröffnete bezüglich der Sicherungsverwahrung die Möglichkeit des Vikariierens von Strafe und Maßregel, indem die Sicherungsverwahrung

65 Siehe hierzu auch *Meyer-Reil*, S. 116 f., 358 f.

66 *Kubink*, Strafen und ihre Alternativen im zeitlichen Wandel, S. 111.

67 Siehe *Radbruch*, in: GRGA Bd. 9 (Strafrechtsreform), S. 293 (294 f.).

68 *Radbruch*, Abbau des Strafrechts, in: GRGA Bd. 9 (Strafrechtsreform), S. 246 (251).

69 *Radbruch*, Abbau des Strafrechts, in: GRGA Bd. 9 (Strafrechtsreform), S. 246 (251).

an die Stelle der Strafe treten konnte und deren Dauer entsprechend dem Grundgedanken des unbestimmten Strafurteils von den Wirkungen des Vollzuges auf den Inhaftierten abhängig gemacht wurde[70]:

> „Das dualistische System bei Radbruch ist in diesem seinem Kernbereich bei Radbruch nur ein formales, die Verbindung von Strafe und Sicherungsverwahrung bleibt erhalten.“[71]

Die Zentralfigur, gegen die sich diese Maßnahme richtete, war der sogenannte unverbesserliche Gewohnheitsverbrecher. Bezeichnete *v. Liszt* die Bekämpfung des Gewohnheitsverbrechertums als „eine der dringendsten Aufgaben der Gegenwart“, so widmete sich der Entwurf diesem Kampf, indem er die Regelung über den Rückfall und die damit verbundene Einstufung als „für die öffentliche Sicherheit gefährlicher Gewohnheitsverbrecher“ drastisch verschärfte[72].

Auch im dritten Buch des Entwurfs, dem *gemeinschädlichen Verhalten*, läßt sich eine Abhängigkeit von den Wirkungen der Unterbringung im Arbeitshaus auf ihre Dauer ausmachen: So wurde zwar auf die allgemeinen Regelungen über die Maßregeln der Besserung und Sicherung des ersten Buches verwiesen mit der Folge, daß die Unterbringung drei Jahre nicht übersteigen durfte, jedoch konnte das Gericht sie von neuem anordnen und damit abhängig vom Betragen des Insassen machen. Zu berücksichtigen ist jedoch, daß es bei dem in Rede stehenden Instrument um eine Maßregel und gerade nicht um eine Strafe handelt.

In Bezug auf seine übrigen Sanktionsformen bekannte sich der Entwurf zur Besserungstheorie, indem er in seinem ersten Buch (Verbrechen und Vergehen) über die Abschaffung der Todes- und Zuchthausstrafe mit ihrer entehrenden Wirkung– letztere wurde durch das strenge Gefängnis ersetzt – nur noch Gefängnisstrafen kannte. Ob der Verzicht auf die Zuchthausstrafe die Einführung der Einheitsfreiheitsstrafe[73] bedeutete, wie *Eberhard Schmidt* dies an-

70 Siehe hierzu im 6. Kapitel unter C) II. 1.

71 *Seidl*, Der Streit um den Strafzweck zur Zeit der Weimarer Republik, S. 115.

72 Ausreichend für einen Rückfall war nun mehr die zweimalige vorangegangene Tatbegehung, d.h. bei der dritten Tatbegehung war eine Einstufung als Gewohnheitsverbrecher möglich.

73 *v. Liszt* hatte sich eindeutig ablehnend zu der Einheitsfreiheitsstrafe geäußert: „Ich halte den Gedanken der einheitlichen Freiheitsstrafe für gänzlich verkehrt. Er steht und fällt mit seinen Voraussetzungen: der Besserungstheorie und dem Glauben an die Allmacht der 30 Kubikmeter Rauminhalt unserer Musterzellen. Sobald wir anerkennen, daß es Unverbesserliche gibt, kann die Besserungstheorie nicht mehr die alleinige Grundlage unseres Strafensystems abgeben.“, aus Kriminalpolitische Aufgaben, in: Strafrechtliche Aufsätze und Vorträge, Bd. 1, 1905, S. 290 ff. (397 f.).

nahm[74], oder dies vorwiegend „Etikettierungscharakter“ besaß, um die verpönte Ehrenstrafe zu beseitigen,[75], läßt sich mangels Bestimmungen zur Ausgestaltung des Vollzuges nicht eindeutig klären.

Haftete der Entwurf trotz der geäußerten Aussonderungsbestrebungen in Zusammenhang mit den Übertretungen als Vorgänger des Ordnungswidrigkeitenrechts an den Begriffen „Straftaten“ und „Strafen“[76] an, so offenbarte sich eine weitere Inkonsequenz in Bezug auf die Behandlung des sog. Überzeugungsverbrechers. Hatte *Radbruch* selbst in seiner Analyse dieses besonderen Tätertypus festgestellt, daß auf den Überzeugungsverbrecher eine Sanktion weder als Abschreckung und Besserung noch als Vergeltung wirken könne und die Einschließung einer sichernden Maßnahme (Maßregel) ähnlicher sei als einer Strafe, so widerspricht dies der erneuten Einordnung der Einschließung in den Katalog der Strafen[77].

Festzuhalten bleibt schließlich, daß die hier erwähnten Besonderheiten des Entwurfs auch Ausdruck eines neu verstandenen Kompetenzspielraumes des Richterstandes waren. Sie führten entsprechend den Vorstellungen der soziologischen Schule zu einer erheblichen Ausweitung der Entscheidungsgewalt richterlicher Strafzumessung, wobei zwar nicht ausdrücklich an die Gefährlichkeit des einzelnen Täters angeknüpft wurde, aber die an die Hand gegebenen Instrumente eine individuelle, auf den Täter konzentrierte Strafzumessung wiedergaben, so wie einerseits progressiv die Möglichkeit bei Vergehen (bei Strafmilderung) statt Freiheits- auf eine Geldstrafe zu erkennen (§ 72 Abs. 2 E 1922), den bedingten Straferlaß auch bei Geldstrafen (§ 35 E 1922) und andererseits repressiv die scharfe Vorgehensweise gegen den sog. Gewohnheitsverbrecher[78].

Resümierend läßt sich feststellen, daß die praktische Reformarbeit *Radbruch* einen Kompromiß abverlangte; ob ihn dies zu einem Vertreter einer „praktischen Vereinigungstheorie“ machte, bleibt fraglich, zumindest war es aber die „Politik der kleinen Schritte“, die er praktizierte[79].

---

74 *E. Schmidt*, Einleitung zu Gustav Radbruchs Entwurf eines Allgemeinen Deutschen Strafgesetzbuches, S. XIX.

75 *Seidl*, Der Streit um den Strafzweck zur Zeit der Weimarer Republik, S. 117.

76 *Radbruch*, Bemerkungen, S. 50.

77 *Seidl*, Der Streit um den Strafzweck zur Zeit der Weimarer Republik, S. 117 f.

78 Siehe hierzu auch *Kubink*, Strafen und ihre Alternativen im zeitlichen Wandel, S. 177.

79 Siehe hierzu *Seidl*, Der Streit um den Strafzweck zur Zeit der Weimarer Republik, S: 118.

## *F) Einflußfaktoren*

Versuchen die vorangegangenen Ausführungen, die wesentlichen Tendenzen des Entwurfs aufzuzeigen und diesen näher zu charakterisieren, so stellt sich die Frage, welchem Einfluß diese Besonderheiten jeweils unterlagen[80]. Als mögliche Einflußfaktoren, die in der Analyse berücksichtig worden sind, sind der Vorgängerentwurf von 1919, die Zusammenarbeit mit Österreich, die wissenschaftliche Prägung *Radbruchs* durch *Franz v. Liszt* und dessen Mitwirken am GE von 1911 als praktischer Bezugsgröße sowie die Schrift *Moritz Liepmanns* „Die Reform des Strafrechts"[81] zu nennen.

Hatte *Radbruch* vor Beginn der Entwurfsarbeiten die Absicht bekundet, den neuen Entwurf stark an dessen Vorgänger, dem E 1919, zu orientieren, so mußte er dieses Bestreben insbesondere bei der Gestaltung des Allgemeinen Teils aufgeben. Die *Bemerkungen* offenbaren die hierfür maßgebliche Ursache:

> „Die gemeinsame Arbeit mit Österreich, die naturgemäß nur bei gegenseitiger Opferbereitschaft zum Ziele führen kann, hat zu zahlreichen und tiefgreifenden Änderungen des letzten Vorentwurfs geführt."[82]

Die gegenseitige Opferbereitschaft zeigte sich zunächst bezogen auf die Grundstruktur des Entwurfs und dessen Regelungsumfang: So fand das Bestreben des Entwurfs, die *Übertretungen* sowie das *gemeinschädliche Verhalten* aus dem Gebiet des Strafgesetzbuchs auszusondern, eine Unterstützung in der österreichischen Rechtspraxis wieder. Dort existierte zum einen bereits ein Gesetzesentwurf zum Verwaltungsstrafrecht, der die Ausgliederungsbemühungen konkretisierte, zudem war das gemeinschädliche Verhalten bereits in Österreich außerhalb des StGB geregelt[83]. Die Verschiebung der Regelungen zum Strafantrag in das Prozeßrecht war – zumindest auch – durch einen österreichischen Antrag angeregt worden[84]. Für den Verzicht auf die Einarbeitung der strafrechtlichen Nebengesetze stellte die deutsch-österreichische

80 Es werden auch hier wiederum nur die Besonderheiten des Entwurfs Erwähnung finden können.

81 Die Reform des deutschen Strafrechts. Kritische Bemerkungen zu dem „Strafgesetzentwurf". Hamburg 1921.

82 *Radbruch*, Bemerkungen, S. 49.

83 *Radbruch*, Bemerkungen, S. 51 f.

84 Österreichisches Staatsarchiv, Allg. Verwaltungsarchiv, Justizministerium, Karton Nr. 985, Fortl. Bl. 31.

Zusammenarbeit sicherlich eine Ursache dar, eine weitere lag in ihrer Eigenschaft als „Rechtssätze zweiter Ordnung"[85].

Aber neben der die Grundstruktur des Entwurfs kennzeichnenden Einflußnahme Österreichs war es der Allgemeine Teil des Ersten Buches über die Verbrechen und Vergehen, der in einigen wesentlichen Punkten von österreichischer Seite beeinflußt worden war bzw. zumindest auf von deutscher Seite angenommenen österreichischen Anträgen bei den Entwurfsberatungen beruhte. Im Rahmen des Sanktionensystems sind die Abschaffung von Todesstrafe[86] und Verweis zu nennen sowie das Heraufsetzen des Mindestmaßes der Gefängnisstrafe auf eine Woche und des der Geldstrafe auf fünfzig Mark[87]. In Bezug auf die Geldstrafe vermochte auch der österreichische Antrag auf deutsche Zustimmung zu stoßen, der die Anwendung des bedingten Straferlasses (§ 35 E 1922) auf Geldstrafen ausdehnte[88].

In Bezug auf die Regelung des Rückfalls (§ 77 E 1922) ist eine Einflußnahme Österreichs insofern erkennbar, als *Kadečka* auf der Tagung der ÖKV die vom E 1919 noch geforderten fünf durch zwei Vorverurteilungen ersetzen wollte[89] und sich diese Forderung auch im österreichischen Gegenentwurf wiederfand. Auch sahen die österreichischen Gegenvorschläge keine Höchstgrenze für die Dauer der Sicherungsverwahrung vor.

Österreich gab einen Impuls im Hinblick auf die Gestaltung der Strafzumessung; so forderte ein Antrag Österreichs, das Schuldprinzip auch hier konsequent durchzuführen[90]. Die (unverschuldeten) Folgen der Tat sollten im Rahmen der Strafzumessung keine Berücksichtigung mehr finden[91]. Zudem

---

85 Siehe näher hierzu: *Radbruch*, Bemerkungen, S. 49 f.

86 Die Todesstrafe war durch die österreichische Verfassung nach Art. 85 des Bundesverfassungsgesetzes für den Bereich des ordentlichen Verfahrens abgeschafft. *Radbruch* selbst bekundete zwar eine deutliche Ablehnung gegenüber der Todesstrafe, der Entwurf ließ aber die Möglichkeit offen, ob „im Rahmen von Maßnahmen nach Art. 48 der Reichsverfassung auch in Zukunft die Todesstrafe" angedroht können werden sollte. Diese Einschränkung zielte im wesentlichen auf die bestehende und von *Radbruch* mitinitiierte Republikschutzgesetzgebung ab, die für *Feinde* der Republik in bestimmten Fällen die Todesstrafe vorsah.

87 Österreichisches Staatsarchiv, Allg. Verwaltungsarchiv, Justizministerium, Karton Nr. 985, Fortl. Bl. 31.

88 Ebenda. § 35 E 1922 sah die Möglichkeit des bedingten Erlasses der ganzen Strafe vor.

89 *Kadečka*, in: Der Deutsche Strafgesetz-Entwurf, S. 115 (126).

90 Österreichisches Staatsarchiv, Allg. Verwaltungsarchiv, Justizministerium, Karton Nr. 985, Fortl. Bl. 31.

91 Anstatt dessen sollte vielmehr die Abwägung „inwieweit die Tat auf einer verwerflichen Gesinnung oder Willensneigung des Täters und inwieweit sie auf Ursachen be-

fand der bezüglich der Gestaltung der Strafmilderung geäußerte Wunsch Österreichs zur Vereinfachung und Aufnahme einer gesetzlichen Andeutung über die mildernden Umstände die Billigung Deutschlands[92].

In den Bestimmungen über die Voraussetzungen der Strafbarkeit waren es die Regelungen zu Irrtum (§ 13 E 1922) und Versuch (§ 23 E 1922), die durch Österreich beeinflußt worden waren. So wurde von deutscher Seite einem österreichischen Antrag Rechnung getragen, wonach das Bewußtsein der Rechtswidrigkeit Bestandteil des Vorsatzes sein sollte[93]. Hingegen war der Verzicht auf nähere Bestimmungen zu Vorsatz und Fahrlässigkeit ein von deutscher Seite geäußertes Anliegen[94].

Trafen die Österreichischen Gegenvorschläge zum E 1919 zwar keine Bestimmung zum Irrtum, so enthielten sie doch eine Regelung über den „bösen" Vorsatz, der das Bewußtsein, Unrecht zu tun, voraussetzte und eine spezielle Regelung zum Irrtum entbehrlich machen sollte. Unter dem Bewußtsein Unrecht zu tun, verstand *Kadečka* jedoch nicht das Bewußtsein der formellen Rechtswidrigkeit, sondern das der Pflichtwidrigkeit[95].

Im Hinblick auf die Ausgestaltung der Versuchsstrafbarkeit entsprach die Aufgabe der obligatorischen für die fakultative Strafmilderung einem Antrag Österreichs, welcher sich zudem für die begrenzte Anerkennung der Straflosigkeit des untauglichen Versuchs einsetzte[96].

Die weitergehende Forderung dahingehend, daß der Versuch eines jeden Vergehens strafbar sein sollte, vermochte sich aber nicht durchzusetzen. Grund für die Versuchsstrafbarkeit war wiederum der „böse Vorsatz"[97]; dieses Bekenntnis zur subjektiven Versuchslehre, das der E 1922 übernahm, geschah jedoch vielmehr aus praktischen Erwägungen denn aus wirklicher Überzeugung[98].

Im Rahmen der Ausgestaltung von Täterschaft und Teilnahme entsprach die vorgenommene Vereinfachung den Vorstellungen Österreichs, dessen Antrag, die mittelbare Täterschaft und die Anstiftung zusammenzuziehen, auf deutscher Seite auf Zustimmung stieß und sich in der Regelung im Entwurf (§ 25

---

ruht[e], die dem Täter nicht zum Vorwurf gereich[t]en", zentraler Punkt der richterlichen Bewertung werden.

92 Ebenda.

93 Ebenda.

94 Ebenda.

95 BA 3001/5915, S. 10 des Aufsatzes „Schuld und Rechtsirrtum nach dem deutschen Strafgesetzentwurf".

96 Österreichisches Staatsarchiv, Allg. Verwaltungsarchiv, Justizministerium, Karton Nr. 985, Fortl. Bl. 31.

97 § 23 ÖGV (§ 24 ÖGE).

98 Siehe hierzu im 5. Kapitel unter A) I. 3. d) bb) (2).

E 1922) widerspiegelte. Auch wiesen die Gegenvorschläge den Weg zu dem weitestgehenden Verzicht auf gesetzliche Definitionen hin[99]. Stellte der E 1922 die beiden ehemals getrennt behandelten Konkurrenzarten – Ideal- und Realkonkurrenz – nunmehr gleich, so beruhte dies der Angleichung an das bestehende österreichische Recht.

In Bezug auf den Besonderen Teil war es insbesondere der hier vielfach erwähnte Tatbestand der Lebensgefährdung (§ 228 E 1922), für dessen Aufnahme Österreich plädiert hatte[100].

Zusammenfassend kann für das Zusammenspiel der Bezugsgrößen E 1919 und Österreich für den Entwurf *Richard Schmidts* Fazit herangezogen werden, mit dem deutlichen Vorbehalt, daß es sich auf den in wesentlichen Teilen veränderten E 1925 bezog: Danach hatte sich der Allgemeine Teil von „der Gesetzestechnik der österreichischen Vorarbeiten zu dem gemeinsamen Gesetzeswerk [...] ins Schlepptau nehmen lassen“, wohingegen sich der Besondere Teil „in der Gliederung der Gesamtanlage wie in der Fassung der Einzelbestimmungen eng an den deutschen Entwurf von 1919 angeschlossen“ hatte.

Losgelöst von diesem recht konkret benannten Änderungskatalog lagen nach dem Bekunden des österreichischen Bundesvizekanzlers die grundsätzlichen Reformziele beider Parteien nah beieinander:

> „Abbau der Vergeltungsstrafe, Ausbau der Zweckstrafe, Einführung von sichernden Maßnahmen, die die Strafe ergänzen und bis zu einem gewissen Grad ersetzen sollen und deren Art und Dauer sich nicht nach dem Maße der Schuld, sondern nach der Gefährlichkeit des Täters bestimmt, Sonderbehandlung des jugendlichen und des Zustandsverbrechers; Erweiterung der Schranken des richterlichen Ermessens, folgerichtige Durchführung des Schuldprinzips, Beseitigung oder doch mög-

---

99 Siehe hierzu im 5. Kapitel unter A) I. 3. e) bb) (2).

100 Auf die anderen, unter dem Einfluß Österreichs stehenden Änderungen im Besonderen Teil soll an dieser Stelle nicht näher eingegangen werden. Bezogen auf die den Entwurf besonders kennzeichnende Reform der sog. Sittlichkeitsdelikte ist eine besondere Einflußnahme Österreichs nicht erkennbar. Zwar enthielten die österreichischen Gegenvorschläge zum großen Teil die abgeschafften Tatbestände wie die Sodomie und die einfache mannmännliche Homosexualität nicht mehr, dies geschah aber, zumindest hinsichtlich der Regelung zur Homosexualität, unter Berücksichtigung der bereits durch die vorangegangen Beratungen bekannten Wünsche Deutschlands (Siehe hierzu im 5. Kapitel unter A) II. 3. a) bb) (1) (c). Ähnlich verhielt es sich mit der Abschaffung der Bestimmungen über den Zweikampf, auch dort wurde der höchstwahrscheinlich von deutscher Seite „bei der Besprechung mündlichen Besprechung des allgemeinen Teils geäusserten Wünschen entsprechend [...] der 20. Abschnitt in den G.E. nicht mehr aufgenommen“ (BA R 3001/5915 [S. 21 der Erläuterung der österreichischen Gegenvorschläge]).

lichste Einschränkung der Erfolgshaftung, Verbesserung des Strafvollzuges: das sind in den beiden Staaten etwa die Hauptpunkte des Reformprogramms."[101]

Lag zwar keine persönliche Einflußnahme *Franz v. Liszts* auf den Entwurf von E 1922 vor, so waren seine Ideen durch *Radbruchs* „Aufwachsen" in der soziologischen Schule in den Entwurf eingeflossen; dies läßt sich teils an der grundsätzlichen Ausrichtung des Entwurfs, teils an der konkreten Ausgestaltung bestimmter Tatbestände / Abschnitte erkennen. Aufgrund seiner Eigenschaft als dem Entwurf vorangegangenes Gesetzeswerk und wichtigem Impuls in der Strafrechtsreform ist auch der von *v. Liszt* mitverfaßte Gegenentwurf von 1911 als Vergleichgröße herangezogen, natürlich unter dem Vorbehalt, daß dieser nicht als direkte Einflußquelle benannt wurde.

Mit Sicherheit feststellen läßt sich dieser Einfluß in Bezug auf die Ausgestaltung der Regelungen zu Strafbemessung und sichernden Maßregeln: Wie bereits erwähnt, lag der Strafbemessung des Entwurfs die *v. Liszt*sche Tätertypologie, was in den *Bemerkungen* ausdrücklich hervorgehoben wurde[102], zugrunde. Eine neue Betonung bei der Strafzumessung erhielt, entsprechend den österreichischen Gegenvorschlägen, neben der Berücksichtigung des Schuldprinzips, auch die Gesinnung des Täters – diese war bereits im GE, wie von *v. Liszt* zuvor in seiner Kritik am VE gefordert, Gegenstand der einleitenden Norm zur Strafzumessung.

Zwar erteilte der Entwurf der vollständigen Umsetzung des „unbestimmten Strafurteils" eine Absage, jedoch sollte dessen Grundgedanke in der Ausgestaltung des bedingten Straferlasses Berücksichtigung finden. Außer der auf österreichischen Antrag hin vorgenommenen Erweiterung der Regelung des bedingten Erlasses der ganzen Strafe auch auf Geldstrafen und der Verlagerung der Entscheidungskompetenz von der Verwaltungsbehörde auf das Gericht, war der Gedanke des unbestimmten Strafurteils jedoch durch die Ausgestaltung der sichernden Maßnahmen, insbesondere der Sicherungsverwahrung, umgesetzt worden. Führte der GE die Möglichkeit, Sicherungsverwahrung von unbestimmter Dauer zu verhängen, ein, so war es der E 1922, der die Ausgestaltung der Sicherungsverwahrung in Anlehnung an das „unbestimmte Strafurteil" bzw. die „unbestimmte Sicherungsstrafe" darüber hinaus so erweiterte, daß die Sicherungsverwahrung an die Stelle der Strafe treten konnte (§ 48 E 1922) und den von *v. Liszt* geforderten Kampf gegen das sog. Gewohnheitsverbrechertum bestritt.

---

101 *Frank*, DJZ 1924, S. 485.

102 *Radbruch*, Bemerkungen, S. 56.

Im Allgemeinen Teil sind zwar weitere Übereinstimmungen mit dem GE bzw. der persönlichen Auffassung *v. Liszts* erkennbar, jedoch handelte es sich hierbei um die Schnittmenge mit der österreichischen Rechtsauffassung und der bereits durch den E 1919 bestehenden Vorgaben[103].

In Bezug auf den Besonderen Teil des Ersten Buches ist es bemerkenswert, daß sich die vielfach besonders gelobte Eindämmung der Strafbarkeit im Bereich der Sittlichkeitsdelikte nicht erstmalig im E 1922 vollzog, sondern bereits im GE von 1911 Gestalt annahm: So waren die Sodomie und die einfache männliche Homosexualität nicht unter Strafe gestellt. Auch im Rahmen der Vorschriften über die Kuppelei war bereits eine Begrenzung vorgenommen worden: so war die Kuppelei von Verlobten nur eingeschränkt strafbar und im Rahmen der Wohnungskuppelei eine Privilegierung des Vermieters unanhängig vom Alter der mietenden Partei möglich. Auch wurde die Prostitution nur bei Verstoß gegen die Regularien sanktioniert.

Hatte nach *Radbruchs* eigenem Bekunden[104], das Buch *Moritz Liepmanns* „Die Reform des deutschen Strafrechts“ auf den E 1922, den er an dieser Stelle selbst „Entwurf Radbruch“ nannte, einen starken Einfluß gehabt, so könnte sich dieser – vorbehaltlich der anderen Einflußquellen sowie *Radbruchs* eigener Überzeugung – hinsichtlich folgender Aspekte geäußert haben:

---

103 So äußerte auch *v. Liszt* sich ablehnend gegenüber der sog. Erfolgshaftung und trat für deren Abschaffung ein; im GE gab es bereits eine Regelung, wonach eine Straferhöhung aufgrund eines bestimmten, unvorsätzlich herbeigeführten Erfolges nur dann zurechenbar war, wenn dem Täter in Bezug auf den Eintritt des Erfolges Fahrlässigkeit zur Last fiel (§ 24 GE). (Siehe hierzu im 5. Kapitel unter A) I. 3. c).
Auch teilte *v. Liszt* die Auffassung, daß eine Unterscheidung zwischen Tat- und Rechtsirrtum und auch eine innerhalb des Rechtsirrtums getroffene Unterscheidung zwischen strafrechtlichen und außerstrafrechtlichen Rechtssätzen aufgegeben werden müsse. Im GE von 1911 wurden Tat- und Rechtsirrtum bereits von einer Vorschrift erfaßt (§ 23 GE). Die Strafbarkeit des Versuchs begründete *v. Liszt*, wie es auch der E 1922 – wohl in Anlehnung an die österreichischen Gegenvorschläge – tat, mit der subjektiven Versuchslehre, indem er in der „Gefährlichkeit der Willensbetätigung“ das Wesen des Versuchs erblickte (Siehe hierzu im 5. Kapitel unter A) I. 3. d) bb) (3).
Zudem lehnte er, wie der E 1922 – was auch dem Grunde nach dem Wunsch Österreichs entsprach –, es ab, eine begriffliche Differenzierung zwischen den einzelnen Beteiligungsformen zu treffen, diese sollte vielmehr nur innerhalb desselben Strafrahmens erfolgen. Auch wandte er sich gegen die obligatorische Strafmilderung bei der Beihilfe (Siehe hierzu im 5. Kapitel unter A) I. 3. e) bb) (3).
Auch mit der besonderen Betonung der Geldstrafe – als „Mittelpunkt des Strafensystems“ (*Radbruch*, Bemerkungen, S. 55.) – wurde eine Forderung *v. Liszts* beherzigt, die konkrete Ausgestaltung in Bezug auf das Mindestmaß und die Möglichkeit des bedingten Erlasses (im Falle von Strafmilderung) geschah jedoch auf österreichischen Antrag hin.

104 *Radbruch*, in: Elegantia Iuris Criminalis, S. 230 (Fn. 44).

Gerade die Neugestaltung des Strafensystems war es, die *Liepmann* am Herzen lag: Seinen Forderungen nach Abschaffung der Todes- und Zuchthausstrafe, des Verweises sowie der herkömmlichen Ehrenstrafen war im E 1922 Rechnung getragen worden. Im Gegensatz zur Entwurfsgestaltung und insbesondere zur Überzeugung *Radbruchs* hätte nach *Liepmanns* Reformplänen aber auch die Einschließung, die dem Gefangenen ausdrücklich seine ehrenhafte Gesinnung attestiere, aufgegeben werden müssen[105]. Bezüglich des *strengen* Gefängnisses äußerte er Zweifel: Dieser Terminus erwecke den Eindruck, daß hiermit nicht nur die Dauer sondern auch die Ausgestaltung des Vollzuges charakterisiert werde[106].

Auch im Hinblick auf die Reformierung des Besonderen Teils erfüllte der Entwurf Forderungen *Liepmanns*: die Abschaffung der Straftatbestände der Sodomie[107], des Ehebruchs[108], der einfachen Homosexualität[109] und die Streichung der Zweikampfbestimmungen[110]. Vermochte sich sein Wunsch nach Entkriminalisierung der einfachen Kuppelei nicht zu erfüllen[111], so entsprach der Entwurf dem Wunsch nach der Einführung eines allgemeinen Gefährdungstatbestandes[112].

Nach dem Gesagten fällt es schwer, eine eindeutige Feststellung darüber zu treffen, welche Rolle die einzelnen Einflußfaktoren wirklich gespielt haben. Festzuhalten bleibt aber, daß der Entwurf wohl mehr eine „auf Kompromißlösungen angewiesenen Kommissionsarbeit" war als *Eberhard Schmidt* annahm. Einige „Flaggschiffe" des Entwurfs sind nach der Quellenlage der Zusammenarbeit mit Österreich geschuldet, im restriktiven (positiven) – z.B. die Abschaffung der Todesstrafe, die Erweiterung des bedingten Straferlasses auf Geldstrafen und das Aussonderungsbestreben von Übertretungen und gemeinschädlichem Verhalten – wie im expansiven (negativen) Sinne – z.B. die Ausdehnung der Versuchsstrafbarkeit, die Einführung der fakultativen Strafmilderung bei der Beihilfe und den Tatbestand der Lebensgefährdung.

---

105 *Liepmann*, Die Reform des deutschen Strafrechts, S. 123.

106 *Liepmann* in: Aschrott / Kohlrausch, Reform des Strafrechts; S. 120 (131).

107 *Liepmann*, Die Reform des deutschen Strafrechts, S. 91.

108 *Liepmann*, Reform des Deutschen Strafrechts, S. 111.

109 Dies hieß, daß die Homosexualität ohne Verwirklichung der Merkmale des Mißbrauchs, der Verführung oder der Gewerbsmäßigkeit straflos zu stellen sei. *Liepmann*, Die Reform des deutschen Strafrechts, S. 92 f.

110 *Liepmann*, Die Reform des deutschen Strafrechts, S. 89.

111 *Liepmann*, Die Reform des deutschen Strafrechts, S. 114.

112 *Liepmann*, Die Reform des deutschen Strafrechts, S. 85 f.

## G) Resümee: Liberalität des Entwurfs?

Das Schicksal des Entwurfs von 1922 sollte es sein, erst 30 Jahre nach seiner Fertigstellung veröffentlicht zu werden. Während der Weimarer Republik war er bekanntermaßen nur in deutlich veränderter Fassung als E 1925 in die Strafrechtsreformbewegung eingegangen und vermochte es nicht, in seiner ursprünglichen Form Einfluß auf seine Zeit zu nehmen. Er wurde erst sehr viel später, exemplarisch in der Diskussion um die Entwürfe der 1960er Jahre, in die wissenschaftliche Diskussion einbezogen[113]. Abgesehen von wenigen zeitnahen Kennern des Entwurfs, wurde ihm im Nachhinein überwiegend attestiert, selbst aus heutiger Sicht moderne kriminalpolitische Forderungen im Sinne eines sozial-liberalen Strafrechts realisiert zu haben[114].

### *I.*

Nach alledem bleibt nur eine relativierende Sicht möglich: Es stehen sich eine erhebliche Entkriminalisierung speziell in Bezug auf sog. Moralverstöße, die Reform des Strafensystems unter Abschaffung der Todesstrafe (mit dem Vorbehalt der Androhung im Rahmen von Maßnahmen von Art. 48 WRV), der Zuchthausstrafe und der sog. Ehrenstrafen, der stärkeren Betonung der Geldstrafe sowie das deutlich geäußerte Aussonderungsbestreben von Übertretungen und gemeinschädlichem Verhalten, der Intensivierung der sichernden Maßregeln und einer verstärkten Subjektivierung gegenüber, die als Vehikel eine erhebliche Ausweitung der richterlichen Ermessensfreiheit nutzte und sich in der Hinwendung zum Täterstrafrecht, der Aufgabe der obligatorischen Milderung der Strafe von Versuch und Beihilfe, der Ausweitung der Gefährdungshaftung äußerte.

Schon in dieser kompakten Zusammenfassung fällt auf, daß es meist prominente Tatbestände sind, an denen die Ziele des Entwurfes umgesetzt werden. Als Beispiel herausgegriffen seien hierbei die scheinbar wenig zusammenhängenden Regelungen zu „strengem" Gefängnis, unbestimmter Verurteilung und der Todesstrafe. Alle drei haben gemeinsam, hohen Anteil in der öffentlichen Diskussion zu besitzen und zur Polarisierung zu verführen. Der Entwurf scheint sich in allen Projekten klar zu positionieren. Das Werk eines „mutigen Reformers"? Unter dieser klaren Oberfläche zeigen sich jedoch Verwerfungen, die die Eignung gerade der im Entwurf gefundenen Ausgestaltung der einzelnen Bereiche zur Schlichtung der divergierenden Position aufzeigen. Das

---

113 Siehe hierzu *Kaufmann*, GS für Gustav Radbruch, S. 324 ff.

114 *Neumann*, KJ 2004, S. 432 (432).

strenge Gefängnis schafft den als entehrend wahrgenommenen Zuchthausvollzug ab[115]. Fragt man allerdings nach den konkreten Unterschieden der beiden Strafformen, so wird der Befürworter eines modernen Vollzuges auf die nichtentehrende Wirkung verweisen, während der Traditionalist feststellen kann, daß inhaltlich, außer den getrennt geregelten Ehrenfolgen, eigentlich gar keine Änderung vollzogen wurde. Gleiches gilt für die abgeschaffte Todesstrafe. Zuzugeben ist, daß sie nach dem Entwurf nicht mehr die regelmäßig vorgesehene Höchststrafe darstellt. Die an ihr festhaltenden Kreise werden jedoch für Ausnahmesituationen und schärfste Straftaten gegen die Republik auf die Anordnung über Art. 48 WRV verwiesen; die Feststellung, die Todesstrafe sei durch den Entwurf beseitigt, trifft so nicht zu. Auch das von *Radbruch* favorisierte Projekt der (relativ) unbestimmten Verurteilung findet sich nur auf den ersten Blick nicht im Entwurf. Der Entwurf geht den Weg zu diesem Ziel in der entgegengesetzten Richtung. Über die Regelung des bedingten Straferlasses und die Einführung des Vikariierens zwischen Strafe und Sicherungsverwahrung von unbestimmter Dauer wäre die Praxis mittelfristig daran gewöhnt worden, daß zum Zeitpunkt der Verurteilung der Endpunkt des Strafvollzuges nicht ersichtlich sei. Diese Reformprojekte sind nicht nur die eines „mutigen Reformers", sondern auch Ausweis eines Gespürs für die Regeln der Realpolitik[116].

## *II.*

Mutet die Gestaltung des Strafensystems – mit wenigen Einschränkungen – als liberal an, so verkehrt sich dies im Zusammenspiel mit den sichernden Maßregeln, insbesondere in Bezug auf die Verhängung der Sicherungsverwahrung gegen den sog. Gewohnheitsverbrecher: Hatte *Radbruch* selbst ein ausgewogenes Verhältnis der drei Elemente – Gerechtigkeit, Rechtssicherheit und

---

115 Hierbei wird alleine auf die Anordnung der Strafe „Zuchthaus" als solche abgestellt, die darüber hinaus gehende getrennte Regelung über die sog. bürgerlichen Ehrenrechte ist für sich zu beurteilen. Sie hat auf die Abschaffung/Beibehaltung der Vollzugsform Zuchthaus keinen Einfluß.

116 Auch bei *v. Liszt* als Lehrer *Radbruchs* waren nicht die Bezeichnungen von Bedeutung, sondern vielmehr das dahinter stehenden Ziel:
„Dabei soll es uns auf den Namen nicht ankommen, den man dem Kinde geben will. Das ist ja die liebenswürdigste Seite in dem Verhalten unserer Gegner, daß sie zufrieden sind, wenn die altehrwürdigen Etiketten geschont werden. [...] Aber wir verlangen eine Umgestaltung der Gesetzgebung, und die ist ohne Kompromisse nicht zu erzielen. Kein Kompromiß aber wird mir leichter fallen, als der Verzicht auf einen bestimmten Namen. Wem der Schlauch mehr wert ist als der Wein, der mag getrost den neuen Wein in den alten Schlauch gießen." *v. Liszt*, Die deterministischen Gegner der Zweckstrafe; in: Strafrechtliche Aufsätze und Vorträge, Bd. 2, S. 25 (72).

Zweckmäßigkeit – gefordert[117], so drängt der letzte Aspekt an dieser Stelle die beiden anderen zurück. Angelehnt an ein *v. Liszt*sches Verständnis der Zweckstrafe, wonach „nur aus Zweckgründen [...] der Staat [...] dem Verbrecher das Recht, bestraft zu werden [...]" gewährte, gewinnt eine *effektive* Kriminalpolitik die Oberhand, die sich in der „Unschädlichmachung" des Gewohnheitsverbrechers und dem Ziel der Sicherung der Gesellschaft vor dem Straftäter äußerte.

Ob *Radbruch* selbst eine solche Betonung des Sicherungsgedankens anstrebte oder sich nur den politischen Forderungen seiner Zeit ergab, bleibt offen.

Die vorangegangene Darstellung zeigt, daß sowohl restriktive als auch liberale Elemente jeweils an prominenten Stellen des Entwurfs zu finden waren. Eine abschließende Beurteilung als Ausdruck einer der beiden Richtungen ist daher, wie schon festgestellt, zum Scheitern verurteilt. Dieser Satz hat jedoch auch zur Folge, daß euphorische Preisungen auf einem nur vordergründig sicheren Fundament stehen. Sie beziehen sich allein oder überwiegend auf die „herausragenden" Elemente der Reformarbeit, die schon in den Ausführungen zur Kontinuität besprochene Summe von Vorschriften; im Gegenzug werden aber einige erheblich illiberale Subjektivierungen und Kriminalisierungen übersehen. Der Entwurf scheint sich damit ein Stück weit mehr in die Stärken und Schwächen der übrigen Reformarbeiten einzufügen, als zunächst vermutet. Für einen „Verriß" des Entwurfes besteht nach den obigen Ausführungen sicherlich kein Anlaß, für eine Relativierung ist es jedoch an der Zeit.

117 *Radbruch*, Rechtsphilosophie, 7. Auflage, S. 124 ff., 146 ff., 168 ff.

# ANHANG

# Quellenverzeichnis

## *I. Veröffentlichte Quellen*

### 1. Quellensammlungen

1.1 Quellen zur Reform des Straf- und Strafprozeßrechts, hrsg. von Werner Schubert, Jürgen Regge, Peter Rieß und Werner Schmid. Berlin, New York.

1.2 I. Abteilung. Weimarer Republik (1918–1932)

– Bd. 1: Entwürfe zu einem Strafgesetzbuch (1919, 1922, 1924/25, 1927), hrsg. von Jürgen Regge und Werner Schubert. 1995.

– Bd. 2: Beratungen des Entwurfs zu einem Allgemeinen Deutschen Strafgesetzbuch im Reichsrat 1924/25, mit einer Einleitung von Werner Schubert. 1998.

– Bd. 3: Protokolle der Strafrechtsausschüsse des Reichstags

1. Teil: Sitzungen von Juli 1927 bis März 1928, Sitzungen der deutschen und österreichischen parlamentarischen Strafrechtskonferenzen (1927–1930), hrsg. von Werner Schubert, 1995.

2. Teil: Sitzungen von Juli 1928 bis September 1929, hrsg. von Werner Schubert, 1996.

3. Teil: Sitzungen von Oktober 1929 bis Juni 1930, hrsg. von Werner Schubert, 1997.

4. Teil: Sitzungen von Dezember 1930 bis Mai 1932, Zusammenstellung der Beschlüsse, hrsg. von Werner Schubert, 1994.

1.3 Verzeichnis wichtigerer Aufsätze zur Reform des Strafrechts aus den Jahren 1914–1925. Zusammengstellt von Paul Hübel, in: ZStW 1925, 329.

1.4 Das Strafgesetzbuch. Sammlung der Änderungsgesetze und Neubekanntmachungen. Hrsg. von Thomas Vormbaum und Jürgen Welp. Baden-Baden

– Bd. 1: 1870–1953. (2000).

1.5 Akten der Reichskanzlei. Weimarer Republik. Herausgegeben für die Historische Kommission bei der Bayerischen Akademie der Wissenschaften; für das Bundesarchiv Hans Booms (unter Mitwirkung von Walter Vogel). Herausgegeben von Dietrich Erdmann:

1.5.1 – Die Kabinette Wirth I und II. 10. Mai 1921 bis 26. Oktober 1921. 26. Oktober 1921 bis 22. November 1922.

Band 2: April 1922 bis November 1922. Dokumente Nr. 237 bis 409, bearbeitet von Ingrid Schulze-Bidlingmaier; Boppard am Rhein 1973.

1.5.2 – Die Kabinette Marx I und II: 30. November 1923 bis 3. Juni 1924. 3. Juni 1924 bis 15. Januar 1925;

Band 2; Juni 1924; Dokumente Nr. 214 bis 388. Anhang Nr. 1 bis 11, bearbeitet von Günter Abramowski. Boppard am Rhein 1973.

**2. Einzelne Quellen (in chronologischer Ordnung)**

2.1 Verhandlungen des Reichstages des Norddeutschen Bundes, I. Leg. Periode, Sess. 1870, Bd. 3, 1870, Anlage Nr. 5 S. 86 f.

2.2 Vergleichende Darstellung des deutschen und ausländischen Strafrechts. Vorarbeiten zur deutschen Strafrechtsreform. Hrsg. auf Anregung des Reichs-Justizamtes von den Professoren Dr. Karl Birkmeyer, Dr. Fritz v. Calker, Dr. Reinhard Frank, Dr. Robert v. Hippel, D. Dr. Wilhelm Kahl, Dr. Karl v. Lilienthal, Dr. Franz v. Liszt, Dr. Adolf Wach. 6 Bände zum AT, 8 Bände zum BT. Registerband. Berlin 1905–1909.

2.3 Vorentwurf zu einem Deutschen Strafgesetzbuch. Bearbeitet von der hierzu bestellten Sachverständigen-Kommission. Veröffentlicht auf Anordnung des Reichs-Justizamts. Berlin 1909.

2.4 Vorentwurf zu einem Deutschen Strafgesetzbuch. Begründung. Bearbeitet von der hierzu bestellten Sachverständigen-Komission. Veröffentlicht auf Anordnung des Reichs-Justizamts. 2 Bände. Berlin 1909.

2.5 Gegenentwurf zum Vorentwurf eines deutschen Strafgesetzbuches. Aufgestellt von W. Kahl, K. v. Lilienthal, F. v. Liszt, J. Goldschmidt. Text mit Vorwort. Berlin 1911. Begründung (mit einer Denkschrift, betr. die Einarbeitung der Nebengesetze, von N. H. Kriegsmann). Berlin 1911.

2.6 Verordnung über die Verfolgung von Zuwiderhandlungen gegen Vorschriften über wirtschaftliche Maßnahmen. Vom 18. Januar 1917; in: RGBl. 1917, S. 58.

2.7 Entwürfe zu einem Deutschen Strafgesetzbuch. Veröffentlicht auf Anregung des Reichsjustizministeriums. Berlin 1920. (Darin jeweils mit eigener Paginierung).

2.7.1 Entwurf von 1919.

2.7.2 Denkschrift zu dem Entwurf zu einem Entwurf von 1919.

2.8 Gesetz über die vereinfachte Form der Gesetzgebung für die Zwecke der Übergangswirtschaft vom 17. April 1919; in: RGBl. I 1919, S. 394.

2.9 Verordnung über Ausdehnung einzelner Verordnungen für die Kriegswirtschaft auf die Übergangswirtschaft vom 12. Februar 1920; in: RGBl. 1920, S. 230.

2.10 Gesetz zur Bekämpfung der Geschlechtskrankheiten; Reichsratsvorlage vom 10. März 1920; in: RR-Drucksachen, Tagung 1920, Nr. 71.

2.11 Gesetz über den Erlaß von Verordnungen für die Zwecke der Übergangswirtschaft vom 6. Februar 1921; in: RGBl. 1921, S. 139.

2.12 Österreichischer Gegenentwurf zu dem Allgemeinen Teil des Ersten Buches des Deutschen Strafgesetzentwurfes vom Jahre 1919. Wien 1922.*

2.13 Gesetz zur Erweiterung des Anwendungsgebiets der Geldstrafe und zur Einschränkung der kurzen Freiheitsstrafen vom 21. Dezember 1921, in: RGBl. 1921, S. 1604.

2.14 Mitteilungen der Deutschen Landesgruppe der Internationalen Kriminalistischen Vereinigung. 18. Versammlung zu Göttingen. Herausgegeben von Richard Honig. Berlin und Leipzig 1922.

2.15 Verordnung zum Schutze der Republik vom 26. Juni 1922, in: RGBl. I 1922, S. 521 ff.

2.16 Zweite Verordnung zum Schutze der Republik vom 29. Juni 1922; in: RGBl. I 1922, S. 532.

2.17 Republikschutzgesetz vom 21. Juli 1922; in: RGBl. I 1922, S. 585–590.

2.18 Gesetz über die Pflichten der Beamten zum Schutze der Republik vom 21. Juli 1922; in: RGBl. I 1922, S. 590.

2.19 Reichskriminalpolizeigesetz vom 21. Juli 1922; in RGBl. I 1922, S. 593.

2.20 Gesetz über die Straffreiheit für politische Straftaten vom 21. Juli 1922; in: RGBl. I 1922, S. 595.

---

* Siehe zu den Abkürzungen ÖGE und ÖGV die Erklärungen in Fn. 132, 5. Kap. (S. 147).

2.21 Gesetz über die Bereitstellung von Mitteln zum Schutze der Republik vom 21. Juli 1922; in: RGBl. I 1922, S. 596.

2.22 Gustav Radbruchs Entwurf eines Allgemeinen Deutschen Strafgesetzbuches (1922). Mit einem Geleitwort von Thomas Dehler und einer Einleitung von Eberhard Schmidt. Tübingen 1952.

2.23 Jugendgerichtsgesetz vom 16.Februar 1923; in: RGBl. I 1923, S. 135.

2.24 Verordnung zur Ausführung des Artikels VI Abs. 3 des Notgesetzes vom 13. Juli 1923; in: RGBl. I 1923, S. 699.

2.25 Mitteilungen der Deutschen Landesgruppe der Internationalen Kriminalistischen Vereinigung. 19. Versammlung zu Hamburg; vom 11. bis 13. Juni 1924. Herausgegeben von Richard Honig. Berlin und Leipzig 1924.

2.26 Verordnung über Vermögensstrafen und Bußen vom 6. Februar 1924. RGBl. I 1924, S. 44.

2.27 Amtlicher Entwurf eines Allgemeinen Deutschen Strafgesetzbuches nebst Begründung. Veröffentlicht auf Anordnung des Reichsjustizministeriums. Erster Teil: Entwurf. Zweiter Teil: Begründung. Berlin 1925.

2.28 Mitteilungen der Internationalen Kriminalistischen Vereinigung, Neue Folge 1. Band. 20. Tagung der Deutschen Landesgruppe gemeinsam mit der Österreichischen Kriminalistischen Vereinigung zu Innsbruck vom 10. bis 12. September. Im Auftrage des Vorstandes herausgegeben von Edgar M. Foltin; Berlin und Leipzig 1926.

2.29 Mitteilungen der Internationalen Kriminalistischen Vereinigung, Neue Folge, 3. Band, 22. Tagung der Deutschen Landesgruppe zu Karlsruhe 11.–13. September 1927. Berlin und Leipzig 1928.

2.30 Siebenter Deutscher Juristentag in der Tschechoslowakei. Verhandlungen. Prag 1935.

2.31 Siebenter Deutscher Juristentag in der Tschechoslowakei. Gutachten. Prag 1935.

2.32 Niederschriften über die Sitzungen der Großen Strafrechtskommission. 3. Band. Allgemeiner Teil. 26. bis 37. Sitzung. Bonn 1958.

2.33 Erstes Strafrechtsreformgesetz vom 25. Juni 1969; in: BGBl. I 1969 I, S. 645 ff.

2.34 Verhandlungen des Deutschen Reichstages. Stenographische Berichte.

## *II. Unveröffentlichte Quellen*


| | | |
|---|---|---|
| **1.** | | **Bundesarchiv Berlin-Lichterfelde:** |
| 1.1 | R 43 I 1214 | Akte der Reichskanzlei. Akten betreffend der Reichsstrafgesetzgebung. Band 1 vom 13. März 1919 bis 31. Dezember 1924. |
| 1.2 | R 3001/5761 | Reichsjustizministerium. Das deutsche Strafgesetzbuch nach der Revision von 1876, Band 13, Dezember 1921 bis Februar 1923. |
| 1.3 | R 3001/5811 | Reichsjustizministerium. Die Reform des Strafrechts vom 16. September 1921 bis 5. November 1923. |
| 1.4 | R 3001/5812 | Reichsjustizministerium. Die Reform des Strafrechts. Vom 6. September 1923 bis 30. April 1925. Strafrecht 1/24. |
| 1.5 | R 3001/5915 | Reichsjustizministerium. Reform des Strafrechts – Österreichische Vorschläge – vom Dezember 1921 bis 21. Juli 1922. Band 1. Film Nr. 21822. |
| 1.6 | BA R 3001/71440 | Personalakte des Reichsjustizministeriums Gustav Radbruch. |
| **2.** | | **Österreichisches Staatsarchiv** |
| 2.1 | Karton Nr. 985 | Allgemeines Verwaltungsarchiv, Justizministerium. |
| 2.2 | Karton Nr. 986 | Allgemeines Verwaltungsarchiv, Justizministerium. |
| 2.3 | Personalakte | K.k. Oberstaatsanwaltschaft in Wien. Kadecka, Dr. Ferdinand. Zahl: 6030/12 z.Z. Präs. 559/12. Justiz Präs. K 153. |
| **3.** | | **Nachlaß Gustav Radbruchs in der Universitätsbibliothek Heidelberg (Handschriftenlesesaal).** |
| 3.1 | Heid. Hs. 3716 – II. D. 12.: | Dokumente zum Entwurf eines Allgemeinen Deutschen Strafgesetzbuchs. |
| 3.2 | Heid HS 3716 – III. F. 158: | Brief Bumkes an Radbruch vom 25. Mai 1927. |
| 3.3 | Heid. Hs. III. F. 585: | Brief Kadečkas an Radbruch vom 30. November 1927. |
| 3.4 | Heid.Hs. 3716 III. C. 9.: | Gustav Radbruch an Lydia Radbruch 17. Februar bis 13. Dezember 1922 (814–859), Briefe Nr. 841 und 847. |

# Literaturverzeichnis

Von der Aufnahme der einzelnen Briefe in Band 17 und 18 sowie der Reichstagsreden in Band 19 der Gustav-Radbruch-Gesamtausgabe (GRGA) in das Literaturverzeichnis wurde abgesehen.

**Achenbach**, Hans: Historische und dogmatische Grundlagen der strafrechtssystematischen Schuldlehre; (Reihe: Münchener Universitätsschriften, Juristische Fakultät, Abhandlungen zur rechtswissenschaftlichen Grundlagenforschung; Herausgegeben im Auftrag der Juristischen Fakultät von Sten Gagnér, Arthur Kaufmann und Dieter Nörr) Berlin 1974 (zitiert: *Achenbach*, Schuldlehre, S.).

**Adomeit**, Klaus: Gustav Radbruch – zum 50. Todestag; in: Neue Juristische Wochenschrift 1999, S. 3465–3469 (zitiert: *Adomeit*, NJW 1999, S.).

**Adomeit**, Klaus: Rechts- und Staatsphilosophie II; Rechtsdenker der Neuzeit; 2. Auflage; Heidelberg 2002 (zitiert: *Adomeit*, Rechts- und Staatsphilosophie II, S.).

**Alexander**, Ludwig: Komplott und Bande. Mit besonderer Berücksichtigung des Vorentwurfs zu einem deutschen Strafgesetzbuch; Inaugural-Dissertation zur Erlangung der juristischen Doktorwürde der Rechts- und Staatswissenschaftlichen Fakultät der Schlesischen Friedrich – Wilhelms – Wilhelms Universität zu Breslau. Berlin 1920 (zitiert: *Alexander*, Komplott und Bande, S.).

**Allfeld**, Philipp / Meyer, Hugo (Begr.): Deutsches Strafrecht, 8., vielfach veränderte Auflage des v. Hugo Meyer begründeten Lehrbuchs, Leipzig 1922 (zitiert: *Meyer / Allfeld*, Deutsches Strafrecht, 8. Auflage, S.).

**Alsberg**, Max / Peschke, Kurt: Preistreibereistrafrecht (früher Kriegswucherstrafrecht). 7. neubearbeitete und verm. Auflage. Leipzig 1922 (zitiert: *Alsberg*, Preistreibereistrafrecht, S.).

**Aschrott**, Paul Felix / Kohlrausch, Eduard (Hrsg.): Reform des Strafrechts. Kritische Besprechung des Amtlichen Entwurfs eines Allgemeinen Deutschen Strafgesetzbuchs. Auf Veranlassung der Deutschen Landesgruppe der Internationales Kriminalistischen Vereinigung. Berlin / Leipzig 1926 (zitiert: *Bearbeiter*, in: Aschrott / Kohlrausch, Reform des Strafrechts, S.).

**Asholt**, Martin: Straßenverkehrstatbestände. Reformdiskussion und Gesetzgebung seit dem Ausgang des 19. Jahrhunderts. Berlin 2007 (zitiert: *Asholt*, S.).

**Baumann**, Jürgen: Konsequenzen aus einer Reformarbeit – nicht aufgenommene Vorschläge für die Strafrechtsreform; in Gedächtnisschrift für Gustav Radbruch 21.11.1878–23.11.1949; Herausgegeben von Arthur Kaufmann, Mit einem Geleitwort von Gustav Heinemann. Göttingen 1968, S. 337–343 (zitiert: *Baumann*, in: Gedächtnisschrift für Gustav Radbruch, S.).

**Baumgarten**, Ralf: Zweikampf §§ 201–210 a.F. StGB. Reformdiskussion und Gesetzgebung von 1870 bis zur Aufhebung der Zweikampfbestimmungen. Baden-Baden 2002 (zitiert: *Baumgarten*, S.).

**Beck**, Alexander: Das Unrechtsbewußtsein in den deutschen Strafgesetzentwürfen, Inaugural-Dissertation zur Erlangung der Doktorwürde einer Hohen Juristischen Fakultät der Bad. Ruprecht Karls-Universität Heidelberg. Breslau 1927 (zitiert: *Beck*, Das Unrechtsbewußtsein in den deutschen Strafgesetzentwürfen, S.).

**Beling**, Ernst: Die Lehre vom Verbrechen. Neudruck der Ausgabe Tübingen 1906. Aalen 1964 (zitiert: *Beling*, Lehre vom Verbrechen, S.).

**Beling**, Ernst: Grundzüge des Strafrechts. Mit einer Anleitung zur Bearbeitung von Strafrechtsfällen. 8. und 9. überarbeitete Auflag. Tübingen 1925. (zitiert: *Beling*, Grundzüge des Strafrechts (8. und 9. Auflage), S.).

**Bellmann**, Elisabeth: Die Internationale Kriminalistische Vereinigung (1889–1933). Frankfurt a.M. [u.a.] 1994 (zitiert: *Bellmann*, Die Internationale Kriminalistische Vereinigung (1889–1933), S.).

**Benz**, Wolfgang / **Graml**, Hermann (Hrsg.): Biographisches Lexikon zur Weimarer Republik. München 1988 (zitiert: *Bearbeiter*, in: Biographisches Lexikon zur Weimarer Republik, S.).

**Berner**, Albert Friedrich: Grundlinien der criminalistischen Imputationslehre. Berlin 1843 (zitiert: *Berner*, Grundlinien der criminalistischen Imputationslehre, S.).

**Binding**, Karl: Die Normen und ihre Übertretung. Eine Untersuchung über die rechtmäßige Handlung und die Arten des Delikts. In 4 Bänden (Band 2 in 2 Hälften). Band 3. Der Irrtum. Neudruck der Ausgabe Leipzig 1918. Aalen 1991 (zitiert: *Binding*, Normen und ihre Übertretung, Bd. 3, S.).

**Bleckmann**, Maja: Barrieren gegen den Unrechtsstaat?; Kontinuitäten und Brüche in den rechtsphilosophischen Lehren Alfred Manigks, Gustav Radbruchs und Felix Holldacks angesichts des Nationalsozialismus. (Reihe: Fundamenta Juridica; Beiträge zur rechtswissenschaftlichen Grundlagenforschung, Band 47) Baden-Baden 2004. Zugl.: Hannover, Univ., Diss. 2003 (zitiert: *Bleckmann*, Barrieren gegen den Unrechtsstaat?, S.).

**Broda**, Christian: Aktuelle Probleme unserer Zeit. Die österreichische Strafrechtsreform; Wien 1965 (zitiert: *Broda*, Die österreichische Strafrechtsreform, S.).

**Budzinski**, Wilhelm: Der Überzeugungsverbrecher; Leipzig 1931 (zitiert: *Budzinski*, S.).

**Bumke**, Erwin: Die neuen Strafgesetzentwürfe; in: Deutsche Juristenzeitung 1921, Sp. 11–16 (zitiert: *Bumke*, DJZ 1921, Sp.).

**Craig**, Gordon A.: Deutsche Geschichte; 1866–1945. Vom Norddeutschen Bund bis zum Ende des Dritten Reichs. München 1985 (zitiert: *Craig*, Deutsche Geschichte 1866–1945, S.).

DAHM, Georg: Täterschaft und Teilnahme im Amtlichen Entwurf eines Allgemeinen Deutschen Strafgesetzbuchs. Ein kritischer Beitrag zur Lehre von der Teilnahme als einem Problem der Gesetzgebung. Inaugural-Dissertation zur Erlangung der Doktorwürde der Juristischen Fakultät der Universität Heidelberg, Breslau 1927 (zitiert: *Dahm*, Täterschaft und Teilnahme, S.).

DENCKER, Friedrich: Gefährlichkeitsvermutung statt Tatschuld? – Tendenzen der neueren Strafrechtsentwicklung –; in: Strafverteidiger 1988, S. 262–266 (zitiert: *Dencker*, StV 1988, S.).

DOHNA, Alexander Graf zu: Die Elemente des Schuldbegriffs. Antrittsvorlesung, gehalten in der Aula der Universität Halle a.S. am 24. Oktober 1904; in: Der Gerichtssaal 65 (1905); S. 304–324 (zitiert: *Dohna*, GS 65 (1905), S.).

DREIER, Ralf / PAULSON, Stanley L.: Zum 50. Jahrestag von Gustav Radbruch; in: Archiv für Rechts- und Sozialphilosophie 1999 (85), S. 462–468 (zitiert: *Dreier / Paulson*, ARSP 1999 (85), S.).

DURTH, Hanno: Der Kampf gegen das Unrecht, Gustav Radbruchs Theorie eines Kulturverfassungsrechts, 1. Auflage, Baden-Baden 2001 (zitiert: *Durth*, Der Kampf gegen das Unrecht, S.).

DÜSING, Bernhard: Die Geschichte der Abschaffung der Todesstrafe in der Bundesrepublik Deutschland. Mit einem Vorwort des Bundesministers der Justiz Dr. Thomas Dehler. Offenbach/Main 1952 (zitiert: *Düsing*, S.).

EBERMAYER, Ludwig: Der neue Strafgesetzentwurf; in: Leipziger Zeitschrift für Deutsches Recht 1925, Sp. 169–178 (zitiert: *Ebermayer*, LZ 1925, Sp.).

EBERMAYER, Ludwig: Die Entwürfe zu einem Deutschen Strafgesetzbuch; in: Zeitschrift für die gesamte Strafrechtswissenschaft. 42 (1921), S. 315–347 (zitiert: *Ebermayer*, ZStW 42 (1921), S.).

EBERMAYER, Ludwig: Strafrechtseinheit in Österreich-Ungarn und im Deutschen Reiche; in: Leipziger Zeitschrift für Deutsches Recht 1916 (Nr. 22, 15. November 1916, X. Jahrgang), Sp. 1393 (zitiert: *Ebermayer*, LZ 1916, Sp.).

ESCHENBURG, Theodor: Die Republik von Weimar. Beiträge zur Geschichte einer improvisierten Demokratie. München 1984 (zitiert: *Eschenburg*, Die Republik von Weimar, S.).

EYCK, Erich: Geschichte der Weimarer Republik. Erster Band. Vom Zusammenbruch des Kaisertums bis zur Wahl Hindenburgs. 5., unveränderte Auflage. Erlenbach-Zürich 1973 (zitiert: *Eyck*, Geschichte der Weimarer Republik, Bd. 1, S.).

FELSKE, Karsten: Kriminelle und terroristische Vereinigungen – §§ 129, 129a StGB. Reformdiskussion und Gesetzgebung seit dem 19. Jahrhundert, Baden-Baden 2002 (zitiert: *Felske*, S.).

FEUERBACH, Paul Johann Anselm von: Revision der Grundsätze und der Grundbegriffe des positiven peinlichen Rechts, in 2 Teilen. Teil 1. Neudruck der Ausgabe Erfurt 1799. Aalen 1966 (zitiert: *Feuerbach*, Revision, Teil 1, S.).

FRANK, Felix: Strafrechtsangleichung; in: Deutsche Juristenzeitung 1924, S. 485–489 (zitiert: *Frank*, DJZ 1924, S.).

FRANK, Reinhard: Über den Aufbau des Schuldbegriffs. Sonderdruck aus der Festschrift der Juristischen Fakultät der Universität Gießen zur dritten Jahrhundertfeier der Alma Mater Ludoviciana. Giessen 1907 (zitiert: *Frank*, Über den Aufbau des Schuldbegriffs, S.).

FREUDENTHAL, Berthold: Entlassenfürsorge, eine Pflicht der Allgemeinheit; in: Zeitschrift für die gesamte Strafrechtswissenschaft. 46 (1925), S. 403–416 (zitiert: *Freudenthal*, ZStW 46 (1925), S.).

FREUDENTHAL, Berthold: Schuld und Vorwurf im geltenden Strafrecht. Zugleich ein Beitrag zur Kritik des Entwurfes zu einem Deutschen Strafgesetzbuch von 1919. Tübingen 1922 (zitiert: *Freudenthal*, Schuld und Vorwurf, S.).

FROMMEL, Monika: Präventionsmodelle in der deutsche Strafzweck-Diskussion. Beziehungen zwischen Rechtsphilosophie, Dogmatik, Rechtspolitik und Erfahrungswissenschaften. (Reihe: Schriften zum Strafrecht, Band 71) Berlin 1987 (zitiert: *Frommel*, Präventionsmodelle in der deutschen Strafzweck-Diskussion, S.).

GAUPP, R.: Der Überzeugungsverbrecher S. 394–401; in: Monatsschrift für Kriminalpsychologie und Strafrechtsreform, 17. Jahrgang 1926 (zitiert: *Gaupp*, MschrKrim 17 (1926), S.).

GERLAND, Heinrich B.: Der Entwurf von 1925. Allgemeiner Teil. Kritische Bemerkungen von Prof. Heinrich B. Gerland. Berlin und Leipzig 1925 (zitiert: *Gerland*, Der Entwurf 1925, S.).

GIESELER, Kirsten, Unterlassene Hilfeleistung. § 323 c StGB; Reformdiskussion und Gesetzgebung seit 1870. Baden-Baden 1999 (zitiert: *Gieseler*, S.).

GLEISPACH, Graf Wenzeslaus: Der Deutsche Strafgesetz-Entwurf. Berichte und Abänderungsvorschläge bei der I. Tagung der Ö.K.V. vom 13. bis 15. Oktober 1921 erstattet von W. Gleispach. Leipzig 1921 (zitiert: *Bearbeiter*, Der Deutsche Strafgesetz-Entwurf, S.).

GLEISPACH, Graf Wenzeslaus: Strafrechtsvereinheitlichung in Deutschland und Österreich-Ungarn; in: Deutsche Strafrechtszeitung 1916 Heft 3/4 Sp. 107–117 (zitiert: *Gleispach*, DStrZ 1916, Sp.).

GÖDAN, Jürgen Christoph: Die Rechtsfigur des Überzeugungstäters. Vorarbeiten zu einer rechtsstaatlichen Lehre vom Überzeugungstäter. (Reihe: Strafrechtliche Abhandlungen – Neue Folge. Band 25). Berlin 1975 (zitiert: *Gödan*, Die Rechtsfigur des Überzeugungstäters, S.).

GODAU-SCHÜTTKE, Klaus-Detlev: Rechtsverwalter des Reiches Staatssekretär Dr. Curt Joël. (Rechtshistorische Reihe, Band 12). Frankfurt a.M. [u.a.] 1981 (zitiert: *Godau-Schüttke*, Rechtsverwalter des Reiches Staatssekretär Dr. Curt Joël, S.).

GOLDSCHMIDT, James: Normativer Schuldbegriff; in: Festgabe für Reinhard von Frank zum 70. Geburtstag, 16. August 1930. Band 1. Neudruck der Ausgabe Tübingen 1930. Aalen 1969 (Reihe: Beiträge zur Strafrechtswissenschaft Band 1) S. 428–468 (zitiert: *Goldschmidt*, Frank-Festgabe I, S.).

GÖPPINGER, Horst: Juristen jüdischer Abstammung im „Dritten Reich". Entrechtung und Verfolgung. 2., völlig neubearbeitete Auflage. München 1990 (zitiert: *Göppinger*, Juristen jüdischer Abstammung im „Dritten Reich", S.).

GOTTSCHALK, Alfred: Der Tatbestand der Lebensgefährdung in den deutschen Strafgesetzentwürfen – insbesondere im Entwurf 1927 – erläutert vom Standpunkt der rechtstheoretischen und rechtspolitischen Grundlagen der Gefährdungsdelikte. Inaugural-Dissertation zur Erlangung der juristischen Doktorwürde vorgelegt der hohen rechts- und staatswissenschaftlichen Fakultät der Albert-Ludwigs-Universität zu Freiburg i.Br. 1928 (zitiert: *Gottschalk*, Der Tatbestand der Lebensgefährdung in den deutschen Strafgesetzentwürfen, S.).

GRÜNHUT, Max: Die Abschaffung der Ehrenstrafen; in: Zeitschrift für die gesamte Strafrechtswissenschaft. 46 (1925), S. 260–278 (zitiert: *Grünhut*, ZStW 46 (1925), S.).

GUSY, Christoph: Weimar – die wehrlose Republik. Verfassungsschutzrecht und Verfassungsschutz in der Weimarer Republik. (Reihe: Beiträge zur Rechtsgeschichte des 20. Jahrhunderts, Band 6). Tübingen 1991 (zitiert: *Gusy*, Weimar – die wehrlose Republik, S.).

HARDWIG, Werner: Tat- und Täterstrafrecht im Licht der Strafrechtsreform; in: Monatsschrift für Kriminologie und Strafrechtsreform 42 (1959), S. 1–25 (zitiert: *Hardwig*, MSchrKrim 42 (1959), S.).

HARTMANN, Ilya: Prostitution, Kuppelei und Zuhälterei. Reformdiskussion und Gesetzgebung seit 1870. (Reihe: Juristische Zeitgeschichte. Beiträge zur modernen deutschen Strafgesetzgebung – Materialien zu einem historischen Kommentar, Band 22). Berlin 2006 (zitiert: *I. Hartmann*, S.).

HARTUNG. F.: Der „Berufsverbrecher"; in: Juristische Rundschau 1927, Sp. 601–604 (zitiert: *Hartung*, JR 1927, Sp.).

HATTENHAUER, Hans: Georg Dahm und Gustav Radbruch; in: Jahrbuch der Juristischen Zeitgeschichte. Herausgegeben von Thomas Vormbaum. Bd. 6 (2004/2005), Berlin 2005, S. 311–336 (zitiert: *Hattenhauer*, Georg Dahm und Gustav Radbruch, in: Jahrbuch der Juristischen Zeitgeschichte Bd. 6 (2004/2005), S.).

HEGLER, U.: Die Merkmale des Verbrechens (Schluß); in: Zeitschrift für die gesamte Strafrechtswissenschaft. 36 (1915), S. 184–232 (zitiert: *Hegler*, ZStW 36 (1915), S.).

**Heiber**, Helmut: Die Republik von Weimar. 2. Auflage. München 1966 (zitiert: *Heiber*, Die Republik von Weimar, S.).

**Heinitz**, E.: Der Überzeugungstäter im Strafrecht; in: Zeitschrift für die gesamte Strafrechtswissenschaft. 78 (1966), S. 615–637 (zitiert: *Heinitz*, ZStW 78 (1966), S.).

**Heinz**, Wolfgang: Entwicklung, Stand und Struktur der Strafzumessungspraxis. Eine Übersicht über die nach allgemeinem Strafrecht verhängten Hauptstrafen von 1882 bis 1979; in: Monatsschrift für Kriminologie und Strafrechtsreform. 64. Jahrgang 1981, S. 148–173 (zitiert: *Heinz*, MSchrKrim 64. Jg. (1981), S.).

**Hellwig**, Albert: Das Geldstrafengesetz vom 27. April 1923 mit der Begründung und den Ausführungsbestimmungen, erläutert von Dr. Albert Hellwig. 2. Auflage. München und Berlin 1923 (zitiert: *Hellwig*, Das Geldstrafengesetz vom 27. April 1923).

**Hippel**, Reinhard von: Die allgemeinen Lehren vom Verbrechen in den Entwürfen; in: Zeitschrift für die gesamte Strafrechtswissenschaft. 42 (1921), S. 525–550 (zitiert: *v. Hippel*, ZStW 42 (1921), S.).

**Hippel**, R. von: Die allgemeinen Lehren vom Verbrechen im Strafgesetzentwurf von 1925; in: Zeitschrift für die gesamte Strafrechtswissenschaft. 47 (1927), S. 18–64 (zitiert: v. *Hippel*, ZStW 47 (1927), S.).

**Hippel**, Robert von: Vorentwurf, Schulenstreit und Strafzweck; in: Zeitschrift für die gesamte Strafrechtswissenschaft. 30 (1910), S. 871–918 (zitiert: *v. Hippel*, ZStW 30 (1910), S.).

**Hirsch**, Hans Joachim: Gibt es eine national unabhängige Strafrechtswissenschaft?; in: Festschrift für Günter Spendel zum 70. Geburtstag am 11. Juli 1992. hrsg. von Manfred Seebode. Berlin, New York 1992 (zitiert: *Hirsch*, in: Festschrift für Günter Spendel, S.).

**Höpler**, Erwin: Gutachten über die Frage: Empfiehlt sich die Aufnahme der im § 71 des neuen Strafgesetzbuches enthaltenen Bestimmung, nach welcher an Stelle von Zuchthaus oder Gefängnis „Einschließung" treten soll, wenn der Täter sich zu der Tat aufgrund seiner sittlichen, religiösen, oder politischen Überzeugung für verpflichtet hielt?; in: Verhandlungen des 34. Deutschen Juristentages (Köln). Erster Band (Gutachten). Berlin und Leipzig 1926. S. 58–97 (zitiert: *Höpler*, in: Verh. 34. DJT Bd. 1, S.).

**Hörnle**, Tatjana: Tatproportionale Strafzumessung. (Reihe: Strafrechtliche Abhandlungen, Neue Folge, Band 123) Berlin 1999. Zugl. München, Univ. Diss. 1998 (zitiert: *Hörnle*, Tatproportionale Strafzumessung, S).

**Hüser-Goldberg**, Ruth: Das Kriminalpolitische Programm von Moritz Liepmann (1869–1928). Dissertation zur Erlangung des Grades eines Doktors der Rechte des Fachbereichs Rechtswissenschaft der Universität Hamburg. Hamburg 1974 (zitiert: *Hüser-Goldberg*, Das Kriminalpolitische Programm von Moritz Liepmann (1869–1928), S.).

JASPER, Gotthard: Der Schutz der Republik. Studien zur staatlichen Sicherung der Demokratie in der Weimarer Republik 1922–1930. (Reihe: Tübinger Studien zur Geschichte und Politik, Nr. 16). Tübingen 1963 (zitiert: *Jasper*, Der Schutz der Republik, Kapitel, S.).

JESCHECK, Hans-Heinrich: Deutsche und österreichische Strafrechtsreform; in: Festschrift für Richard Lange zum 70. Geburtstag. Hrsg. von: Günter Warda, Heribert Waider, Reinhard von Hippel und Dieter Meurer. Berlin, New York 1976. S. 365–387 (zitiert: *Jeschek*, Lange FS, S.).

KADEČKA, Ferdinand: Die „Ausführungshandlung"; in: Rittler, Theodor / Nowakowski, Friedrich: Ferdinand Kadecka. Gesammelte Aufsätze. Zu seinem 85. Geburtstag ausgewählt und herausgegeben. Innsbruck, 1959. S. 86–97 (zitiert: *Kadečka*, Gesammelte Aufsätze, S.).

KADEČKA, Ferdinand: Empfiehlt sich die Aufnahme der im § 71 des neuen Strafgesetzentwurfes enthaltenen Bestimmung, wonach an die Stelle von Zuchthaus oder Gefängnis „Einschließung" treten soll, wenn sich der Täter auf Grund seiner sittlichen, religiösen oder politischen Ueberzeugung für verpflichtet hielt, die Tat zu begehen?; in: Deutsche Juristenzeitung 1926, Sp. 1276–1280 (zitiert: *Kadečka*, DJZ 1926, Sp.).

KADEČKA, Ferdinand: Ferdinand Kadečka; in: Österreichische Rechts- und Staatswissenschaften der Gegenwart in Selbstdarstellungen; Geleitet von Nikolaus Grass; Innsbruck 1952; S. 105–116 (zitiert: *Kadečka*, in: Österreichische Rechts- und Staatswissenschaften der Gegenwart in Selbstdarstellungen, S.).

KADEČKA, Ferdinand: Von der Schädlichkeit zur Schuld und von der Schuld zur Schädlichkeit; in: Rittler, Theodor / Nowakowski, Friedrich: Ferdinand Kadecka. Gesammelte Aufsätze. Zu seinem 85. Geburtstag ausgewählt und herausgegeben. Innsbruck, 1959. S. 48–65 (zitiert: *Kadečka*, Gesammelte Aufsätze, S.).

KADEČKA, Ferdinand: Willensstrafrecht und Verbrechensbegriff; [Auch in Zeitschrift für die gesamte Strafrechtswissenschaft. 59 (1940), S. 1–22]; in: Rittler, Theodor / Nowakowski, Friedrich: Ferdinand Kadečka. Gesammelte Aufsätze. Zu seinem 85. Geburtstag ausgewählt und herausgegeben. Innsbruck, 1959. S. 9–27 (zitiert: *Kadečka*, Gesammelte Aufsätze, S.).

KAENEL, Peter: Die kriminalpolitische Konzeption von Carl Stooss im Rahmen der geschichtlichen Entwicklung von Kriminalpolitik und Straftheorien. (Reihe: Abhandlungen zum schweizerischen Recht, Neue Folge); Zugleich Bern Univ. Diss. Bern 1981 (zitiert: *Kaenel*, Die kriminalpolitische Konzeption von Carl Stooss im Rahmen der geschichtlichen Entwicklung von Kriminalpolitik und Straftheorien, S.).

KAHL, Wilhelm: Einheitliches Recht für Deutschland und Österreich 1929; in: Max Alsberg. Wilhelm Kahl. Berlin 1929. S. 145–148 (zitiert: *Kahl*, Einheitliches Recht für Deutschland und Österreich, in: *Max Alsberg*, Wilhelm Kahl, 1929, S.).

KAHL, Wilhelm: Strafrechtseinheit in Österreich-Ungarn und im Deutschen Reich; in: Deutsche Strafrechts-Zeitung 1916 Heft 7/8, Sp. 275–285 (zitiert: *Kahl*, DStrZ 1916, Sp.).

KAUFMANN, Arthur (Hrsg.): Gustav Radbruch Gesamtausgabe. Band 1, Rechtsphilosophie I. Bearbeitet von Arthur Kaufmann. Heidelberg 1987 (zitiert: GRGA, Bd. 1 (Rechtsphilosophie I), S.).

KAUFMANN, Arthur: Gustav Radbruch – Leben und Werk; in: Gustav Radbruch Gesamtausgabe. Band 1, Rechtsphilosophie I. Herausgegeben und bearbeitet von Arthur Kaufmann. Heidelberg 1987. S. 7–88 (zitiert: *Kaufmann*, Gustav Radbruch – Leben und Werk, in: GRGA Bd. 1 (Rechtsphilosophie I), S.).

KAUFMANN, Arthur: Einleitung, in: Gustav Radbruch Gesamtausgabe. Band 2, Rechtsphilosophie II. Herausgegeben und bearbeitet von Arthur Kaufmann. Heidelberg 1993 S. 1–8 (zitiert: *Kaufmann*, Einleitung, in: GRGA, Bd. 2 (Rechtsphilosophie II), S.).

KAUFMANN, Arthur (Hrsg.): Gustav Radbruch Gesamtausgabe. Band 10, Strafvollzug. Bearbeitet von Heinz Müller-Dietz. Heidelberg 1994 (zitiert: GRGA, Bd. 10 (Strafvollzug), S.).

KAUFMANN, Arthur (Hrsg.): Gustav Radbruch Gesamtausgabe. Band 16. Biographische Schriften. Bearbeitet von Günter Spendel. Heidelberg 1988 (zitiert: GRGA Bd. 16 (Biographische Schriften), S.).

KAUFMANN, Arthur (Hrsg.): Gustav Radbruch Gesamtausgabe. Band 17. Briefe I (1898–1918). Bearbeitet von Günter Spendel. Heidelberg 1991 (zitiert: GRGA, Bd. 17 (Briefe I), S.).

KAUFMANN, Arthur (Hrsg.): Gustav Radbruch Gesamtausgabe. Band 18. Briefe II (1919–1949). Bearbeitet von Günter Spendel. Heidelberg 1995 (zitiert: GRGA, Bd. 18 (Briefe II), S.).

KAUFMANN, Arthur (Hrsg.): Gustav Radbruch Gesamtausgabe. Band 19. Reichstagsreden Bearbeitet von Volkmar Schöneburg. Heidelberg 1998 (zitiert: GRGA, Bd. 19 (Reichstagsreden), S.).

KAUFMANN, Arthur: Das Unrechtsbewußtsein in der Schuldlehre des Strafrechts. Zugleich ein Leitfaden durch die moderne Schuldlehre von Arthur Kaufmann. Mit einem Vorwort von Dr. iur. Dr. phil. h. c. Gustav Radbruch weiland Professor der Rechte in Heidelberg. Mainz 1950 (zitiert: *Kaufmann*, Unrechtsbewußtsein, S.).

KAUFMANN, Arthur: Gustav Radbruch. Rechtsdenker, Philosoph, Sozialdemokrat. München, Zürich 1987 (zitiert: *Kaufmann*, Gustav Radbruch, S.).

KITZINGER, Friedrich: Randbemerkungen zum Vorentwurf eines Reichsstrafgesetzbuches (Schluß.); in: Zeitschrift für die gesamte Strafrechtswissenschaft. 31 (1911), S. 597–615 (zitiert: *Kitzinger*, ZStW 31 (1911), S.).

KLEIN, Martin D.: Demokratisches Denken bei Gustav Radbruch, Berlin 2007 (*Klein*, Demokratisches Denken bei Gustav Radbruch, S.).

KOHLER, J.: Ueber den Begriff der Unzucht mit öffentlichem Äergerniß. Mit Rücksicht auf einen Schweizer Kriminalfall; in: Goldtammer`s Archiv für Strafrecht. 45 (1897), S. 175–213 (zitiert: *Kohler*, GA 45 (1897), S.).

KOHLER, Josef: Der deutsche und der österreichische Vorentwurf eines Strafgesetzbuchs; in: Goldtammer`s Archiv für Strafrecht. 56 (1909), S. 285–312 (zitiert: *Kohler*, GA 56 (1909), S.).

KÖSTLIN, Reinhold: System des deutschen Strafrechts. Erste Abtheilung. Allgemeiner Theil. Tübingen 1855 (zitiert: *Köstlin*, System des deutschen Strafrechts, S.).

KUBINK, Michael: Strafen und ihre Alternativen im zeitlichen Wandel. (Reihe: Kölner Kriminalwissenschaftliche Schriften Band 37) Berlin. 2002 (zitiert: *Kubink*, Strafen und ihre Alternativen im zeitlichen Wandel, S.).

KUHN, Robert: Deutsche Justizminister 1877–1977. Eine Dokumentation von Robert Kuhn. Mit einem einleitenden Aufsatz von Dr. Hans Hattenhauer. Köln 1977 (zitiert: *Kuhn*, Deutsche Justizminister 1877–1977, S.).

LAMMASCH, Heinrich: Grundriß des österreichischen Strafrechts. 5. Auflage. Neu bearbeitet von Theodor Rittler. Wien 1926 (zitiert: *Rittler*, Grundriß des österreichischen Strafrechts, S.).

LIEPMANN, Moritz: Die neuen „Grundsätze über den Vollzug von Freiheitsstrafen“ in Deutschland. Sonderdruck des Referats auf der 19. Versammlung der deutschen Landesgruppe der Internationalen Kriminalistischen Vereinigung in Hamburg, Pfingsten 1924. (Reihe: Mitteilungen der deutschen Landesgruppe der I.K.V.) Berlin und Leipzig 1924 (zitiert: *Liepmann*, Die neuen „Grundsätze über den Vollzug von Freiheitsstrafen“ in Deutschland, S.).

LIEPMANN, Moritz: Die Reform des deutschen Strafrechts. Kritische Bemerkungen zu dem „Strafgesetzentwurf“ (Reihe: Hamburgerische Schriften zur gesamten Strafrechtswissenschaft. Abhandlungen aus dem Seminar für Strafrecht und Kriminalpolitik an der Hamburgischen Universität. Heft 2). Hamburg 1921 (zitiert: *Liepmann*, Die Reform des deutschen Strafrechts, S.).

LILIENTHAL, Karl von: Der neue Entwurf eines StGB; in: Monatschrift für Kriminalpsychologie und Strafrechtsreform 16 (1925), S. 113–145 (zitiert: *v. Lilienthal*, MschrKrim 16 (1925), S.).

LILLICH, Karl: Der Irrtum über die Rechtswidrigkeit nach den Strafgesetzentwürfen. Inaugural-Dissertation zur Erlangung der Doktorwürde einer hohen Rechts- und Wirtschaftswissenschaftlichen Fakultät (Rechtswissenschaftliche Abteilung) der Eberhard Karls-Universität zu Tübingen. Reutlingen 1932 (zitiert: *Lillich*, Irrtum über die Rechtswidrigkeit, S.).

LISZT, Franz v. / SCHMIDT, Eberhard: Lehrbuch des Deutschen Strafrechts; 25., vollkommen durchgearbeitete und zum Teil umgestaltete Auflage. Berlin, Leipzig 1927 (zitiert: *v. Liszt / Schmidt*, Lehrbuch des Deutschen Strafrechts (Auflage), S.).

LISZT, Franz v. /SCHMIDT, Eberhard: Lehrbuch des Deutschen Strafrechts. 23. Auflage, nach dem Tode des Verfassers besorgt von Eberhard Schmidt. Berlin, Leipzig 1921 (zitiert: *v. Liszt / Schmidt*, Lehrbuch des Deutschen Strafrechts (Auflage), S.).

LISZT, Franz v.: Der Zweckgedanke im Strafrecht 1882/83. Mit einer Einführung von Michael Köhler. (Reihe: Juristische Zeitgeschichte. Kleine Reihe, Band 6) Baden-Baden 2002 (zitiert: *v. Liszt*, Der Zweckgedanke im Strafrecht, S.).

LISZT, Franz v.: Der Zweckgedanke im Strafrecht; in: Franz von Liszt. Aufsätze und kleinere Monographien. Band 1. Strafrechtliche Aufsätze und Vorträge I. Mit einer Einleitung herausgegeben von Hinrich Rüping. Hildesheim, Zürich, New York 1999. S. 126–179 (zitiert: *v. Liszt*, Der Zweckgedanke im Strafrecht, in: Strafrechtliche Aufsätze und Vorträge, Bd. I, S.).

LISZT, Franz v.: Die deterministischen Gegner der Zweckstrafe; in: Strafrechtliche Aufsätze und Vorträge. Zweiter Band, 1892 bis 1904. Berlin 1905. Neudruck: Franz von Liszt, Aufsätze und kleinere Monographien, Herausgegeben von Hinrich Rüping, Hildesheim u.a. 1999, S. 170–213 (zitiert: *v. Liszt*, Die deterministischen Gegner der Zweckstrafe; in: Strafrechtliche Aufsätze und Vorträge, 2. Bd., S.).

LISZT, Franz v.: E. F. Klein und die unbestimmte Verurteilung. Ein Betrag zur preußischen Kriminalpolitik des 19. Jahrhunderts. (Rektoratsrede 1894); in: Strafrechtliche Aufsätze und Vorträge. Zweiter Band, 1892 bis 1904. Berlin 1905. S. 133–159 (zitiert: *v. Liszt*, Strafrechtliche Aufsätze und Vorträge, Bd. 2, S.).

LISZT, Franz v.: Kriminalpolitische Aufgaben; in: Franz von Liszt. Aufsätze und kleinere Monographien. Band 1, Strafrechtliche Aufsätze und Vorträge I. Mit einer Einleitung herausgegeben von Hinrich Rüping. Hildesheim, Zürich, New York 1999. S. 290–467 (zitiert: *v. Liszt*, Kriminalpolitische Aufgaben; in: Strafrechtliche Aufsätze und Vorträge, Bd. I, S.).

LISZT, Franz v.: Lehrbuch des Deutschen Strafrechts. (Reihe: Bibliothek des deutschen Strafrechts; Meister der Moderne, Bd. 112). 2. durchaus umgearbeitete Auflage. Berlin und Leipzig 1884. Nachdruck. Goldbach (bei Aschaffenburg) 2001 (zitiert: *v. Liszt*, Lehrbuch des Deutsches Strafrechts (Auflage), S.).

LISZT, Franz v.: Lehrbuch des Deutschen Strafrechts. 14. und 15., völlig durchgearbeitete Auflage. Berlin 1905 (zitiert: *v. Liszt*, Lehrbuch des Deutsches Strafrechts (Auflage), S.).

LISZT, Franz v.: Nach welchen Grundsätzen ist die Revision des Strafgesetzbuches in Aussicht zu nehmen?; in: Strafrechtliche Aufsätze und Vorträge. Zweiter Band, 1892 bis 1904. Berlin 1905. S. 356–410 (zitiert: *v. Liszt*, Nach welchen Grundsätzen ist die Revision des Strafgesetzbuchs in Aussicht zu nehmen; in: Strafrechtliche Aufsätze und Vorträge, Bd. 2, S.).

LISZT, Franz v.: Strafbemessung im Vorentwurf zu einem Deutschen Strafgesetzbuch. Sonderdruck aus: Die Reform des Reichsstrafgesetzbuchs herausgegeben von Dr. P. F. Aschrott und Dr. Franz v. Liszt. Berlin 1910 (*v. Liszt*, Strafbemessung, S.).

LISZT, Franz v.: Ueber den Einfluss der soziologischen und anthropologischen Forschungen auf die Grundbegriffe des Strafrechts; in: Franz von Liszt. Aufsätze und kleinere Monographien. Band 2, Strafrechtliche Aufsätze und Vorträge. Herausgegeben von Heinrich Rüping. Hildesheim, Zürich, New York 2000 (zitiert: *v. Liszt*, Ueber den Einfluss der soziologischen und anthropologischen Forschungen auf die Grundbegriffe des Strafrechts, Strafrechtliche Aufsätze und Vorträge, Bd. 2, S.).

LISZT, Franz v.: Zum Vorentwurf eines Reichsstrafgesetzbuches; in: Zeitschrift für die gesamte Strafrechtswissenschaft. 30 (1910), S. 250–278 (zitiert: *v. Liszt*, ZStW 30 (1910), S.).

LITTAUER, Hans-Alfred: Der Alkohol im deutschen Strafrecht der Gegenwart und Zukunft unter besonderer Berücksichtigung der dem Reichsrat und Reichstag vorgelegten Entwürfe eines Allgemeinen Deutschen Strafgesetzbuchs. Inaugural-Dissertation zur Erlangung der Würde eines Doktors der Rechte der Hohen Rechts- und Staatswissenschaftlichen Fakultät der Christian-Albrechts-Universität zu Kiel. Radebeul bei Dresden 1927 (zitiert: *Littauer*, Der Alkohol im deutschen Strafrecht, S.).

LOBE, Adolf: Einführung in den Allgemeinen Teil des Strafgesetzbuches. Berlin, Leipzig 1933 (zitiert: *Lobe*, Einführung in den Allgemeinen Teil des Strafgesetzbuches, S.).

LOBE, Adolf: Erläuterungen zu den beiden Verordnungen v. 26. und 29. Juni 1922; in: Deutsche Juristenzeitung 1922, S. 458–472 (zitiert: *Lobe*, DJZ 1922, S.).

LOBE, Adolf: Lücken im amtlichen Entwurf eines Strafgesetzbuches; in: Der Gerichtssaal 92 (1926), S. 53–73 (zitiert: *Lobe*, Der Gerichtssaal 92 (1926), S.).

LÖSENER, Marie Luise: Beitrag zum Problem der kurzen Freiheitsstrafen. Inaugural-Dissertation zur Erlangung der Doktorwürde an einer Hohen Rechtswissenschaftlichen Universität Köln. Köln 1958 (zitiert: *Lösener*, Beitrag zum Problem der kurzen Freiheitsstrafen, S.).

LÖWENSTEIN, Siegfried: Internationale kriminalistische Vereinigung (IKV). Stellungnahme zum Entwurf eines deutschen Strafgesetzbuchs; in: Juristische Wochenschrift (2. Band) 1921, S. 796–800 (zitiert: *Löwenstein*, JW 1921, S.).

MARTINY, Martin: Integration oder Konfrontation? Studien zur Geschichte der sozialdemokratischen Rechts- und Verfassungspolitik. Bonn – Bad Godesberg 1976 (zitiert: *Martiny*, Integration oder Konfrontation?, S.).

MAYER, Max Ernst: Der Allgemeine Teil des Deutschen Strafrechts. Lehrbuch. Heidelberg 1915 (zitiert: *Mayer*, Strafrecht AT, S.).

**MEYER** ImHagen, Ralph: Die deutsche Wuchergesetzgebung 1880–1976. Diss. Kiel 1991 (zitiert: *Meyer ImHagen*, Die deutsche Wuchergesetzgebung 1880–1976, S.).

**MEYER-REIL**, Arndt: Strafaussetzung zur Bewährung. Reformdiskussion und Gesetzgebung seit dem Ausgang des 19. Jahrhunderts. Reihe: Beiträge zur Strafrechtswissenschaft. Herausgegeben von Prof. Dr. Dr. Thomas Vormbaum, Band 1. Zugleich Dissertation. Fernuniversität Hagen 2005, Berlin 2006 (zitiert: *Meyer-Reil*, S.)

**MEZGER**, Edmund: Strafrecht. Ein Lehrbuch. 2. Auflage. München, Leipzig 1933 (zitiert: *Mezger*, Lehrbuch, S.).

**MITTERMAIER**, Wolfgang.: Die strafbaren Handlungen gegen die Sittlichkeit im Vorentwurf zu einem österreichischen Strafgesetzbuche von 1909. Nach einem Vortrage in der Österreichischen Kriminalistischen Vereinigung. Separatabdruck aus der Österreichischen Zeitschrift für Strafrecht. II. Jahrgang, 4. und 5. Heft. Wien 1911 (zitiert: *Mittermaier*, Die strafbaren Handlungen gegen die Sittlichkeit, S.).

**MITTERMAIER**, Wolfgang: Kritische Beiträge zur Lehre von der Strafrechtsschuld. Giessen 1909 (zitiert: *Mittermaier*, Kritische Beiträge zur Lehre von der Strafrechtsschuld, S.).

**MITTERMAIER**, Wolfgang: Über Wesen und Maß der Schuld nach den Strafgesetzbuch-Entwurf 1925; in: Zeitschrift für die gesamte Strafrechtswissenschaft. 17 (1926), S. 339–351 (zitiert: *Mittermaier*, MschrKrim 17 (1926), S.).

**MÖLLER**, Horst: Weimar. Die unvollendete Demokratie. München 1985 (*Möller*, Weimar, S.).

**MÜLLER-DIETZ**, Heinz: Einleitung; in: Gustav Radbruch Gesamtausgabe. Band 10, Strafvollzug. Herausgegeben von Arthur Kaufmann, bearbeitet von Heinz Müller-Dietz. Heidelberg 1994. S. 1–24 (zitiert: *Müller-Dietz*, Einleitung; in GRGA Bd. 10 (Strafvollzug), S.).

**MÜNCHENER KOMMENTAR ZUM STRAFGESETZBUCH**. Herausgegeben von Wolfgang Joecks, Klaus Miebach. Bandredakteur Bernd von Hentschel-Heinegg. Bearbeitet von Nikolaus Bosch, Claus Dieter Classen, Volker Erb, Karl-Heinz Groß, Sigrid Hegmann, Bernd von Hentschel-Heinegg, Olaf Hohmann, Tatjana Hörnle, Claus Kreß, Joachim Lampe, Klaus Miebach, Henning Ernst Müller, Joachim Renzikowski, Christian Ritscher, Jürgen Schäfer, Jan Steinmetz, Jan Zopfs. Band 2/2 §§ 80–184f. StGB. München 2005 (zitiert: Münchener Kommentar-*Bearbeiter*, § Rn.).

**NAGLER**, Johannes: Der Überzeugungsverbrecher; in: Der Gerichtssaal. 94 (1927); S. 48–71 (zitiert: *Nagler*, Der Gerichtssaal 94 (1927), S.).

**NAUCKE**, Wolfgang: Buchbesprechung von José Luis Gonzáles Cussac: „Feindstrafrecht. Die Wiedergeburt des autoritären Denkens im Schoße des Rechtsstaats; in: Journal der Juristischen Zeitgeschichte 1/2008, S. 32–34 (zitiert: *Naucke*, Journal der Juristischen Zeitgeschichte 1/2008, S.).

NAUCKE, Wolfgang: Die Kriminalpolitik des Marburger Programms 1882; in: Zeitschrift für die gesamte Strafrechtswissenschaft. 94 (1982), S. 525–564 (zitiert: *Naucke*, ZStW 94 (1982) S.).

NAUCKE, Wolfgang: Über deklaratorische, scheinbare und wirkliche Entkriminalisierung; in Goldtammer`s Archiv für Strafrecht 1984, S. 199–217 (zitiert: *Naucke*, GA 1984, S.).

NEUMANN, Ulfrid: Gustav Radbruchs Beitrag zur Strafrechtsreform; in: Kritische Justiz 2004, S. 432–441; auch in: Friedrich-Ebert-Stiftung (Hrsg.): Gustav Radbruch als Reichsjustizminister (1921–1923) ; Konferenz der Friedrich-Ebert-Stiftung, Forum Berlin, 24. Mai 2004 in Berlin ; Redaktion und Bearbeitung: Irina Mohr. Hrsg. von der Friedrich-Ebert-Stiftung, Forum Berlin. Jahr 2004. S. 49–62 (zitiert: *Neumann*, KJ 2004, S. bzw. *Neumann*, Gustav Radbruchs Beitrag zur Strafrechtsreform, S.).

NOLL, Peter: Der Überzeugungstäter im Strafrecht. Zugleich eine Auseinandersetzung mit Gustav Radbruchs rechtsphilosophischen Relativismus; in: Zeitschrift für die gesamte Strafrechtswissenschaft. 78 (1966), S. 638–662 (zitiert: *Noll*, ZStW 78 (1966), S.).

NÖTZEL, Karl: Das Verbrechen als soziale Erscheinung. Eine Einführung in die Aufgaben der unaufschiebbaren Strafreform. München 1919 (zitiert: *Nötzel*, Das Verbrechen als soziale Erscheinung, S.).

NOWAKOWSKI, Friedrich: Ferdinand Kadečka zum 85. Geburtstag; in: Juristische Blätter 1959 (Jg. 81, Heft 14) 11. Juli 1959, S. 368 (zitiert: *Nowakowski*, Juristische Blätter 1959, S.).

NOWAKOWSKI, Friedrich: Probleme der österreichischen Strafrechtsreform. Rheinisch-Westfälische Akademie der Wissenschaften – Vorträge – G 179. 171. Sitzung am 24. November 1971 in Düsseldorf. Opladen 1972 (zitiert: *Nowakowski*, Probleme der österreichischen Strafrechtsreform, S.).

OLSHAUSEN, Justus von: Kommentar zum Strafgesetzbuch für das Deutsche Reich. Nebst einem Anhand, enthaltend die Strafbestimmungen der Konkursordnung. Zwei Bände. 10 Auflage. Berlin 1916 (zitiert: *v. Olshausen*, Kommentar zum Reichsstrafgesetzbuch, 10. Auflage, Bd.).

OLSHAUSEN, Justus von: Kommentar zum Strafgesetzbuch. 11. Auflage, neu bearbeitet von Karl Lorenz, Hans Freiesleben, Emil Niethammer, Carl Kirchner und Georg Gutjahr. Erster Band. Berlin 1927 (zitiert: *Olshausen*, Kommentar zum Strafgesetzbuch, 1927, §).

OTTE, Holger: Gustav Radbruchs Kieler Jahre 1919–1926. (Reihe: Rechtshistorische Reihe. 17). Frankfurt am Main, Bern 1982 (zitiert: *Otte*, Gustav Radbruchs Kieler Jahre 1919–1926, S.).

PETERS, Jan: Die Entwicklung von Sanktionspraxis und Strafrechtsreform 1871 bis 1933. Eine rechtshistorische Untersuchung unter besonderer Berücksichtigung der Reformmodelle zur Freiheitsstrafensubstitution. Inaugural-Dissertation zur Erlangung eines Doktors der Rechte der Rechtswissenschaftlichen Fakultät der Christian-Albrechts-Universität zu Kiel. Aachen 2000 (zitiert: *Peters*, Die Entwicklung von Sanktionspraxis und Strafrechtsreform 1871 bis 1933, S.).

**PETERS**, Karl: Überzeugungstäter und Gewissenstäter; in: Beiträge zur gesamten Strafrechtswissenschaft. Festschrift für Hellmuth Mayer zum 70. Geburtstag am 1. Mai 1965. Hrsg. von Friedrich Geerds und Wolfgang Naucke. Berlin; 1966. S. 257–280 (zitiert: *Peters*, Überzeugungstäter und Gewissenstäter, Festschrift für Hellmuth Mayer 1966, S.).

**PRINZ**, Felix: Diebstahl – §§ 242 ff. StGB. Reformdiskussion und Gesetzgebung seit 1870. Baden-Baden 2002. (zitiert: *Prinz*, S.).

**PUTZKE**, Sabine: Die Strafbarkeit der Abtreibung in der Kaiserzeit und in der Weimarer Zeit. Eine Analyse der Reformdiskussion und der Straftatbestände in den Reformentwürfen (1908–1931). Berlin 2003 (zitiert: *Putzke*, S.).

**RADBRUCH**, Gustav / TILLICH, Paul: Religionsphilosophie der Kultur. Zwei Entwürfe. Berlin 1920 (zitiert: *Radbruch / Tillich*, Religionsphilosophie der Kultur, S.).

**RADBRUCH**, Gustav: Abbau des Strafrechts. Bemerkungen über den Entwurf 1925 mit Anmerkungen über den Entwurf 1927 (1927); in: Gustav Radbruch Gesamtausgabe, Band 9, Strafrechtsreform. Hrsg. von Arthur Kaufmann, bearbeitet von Rudolf Wassermann. Heidelberg 1992. S. 246–252 (zitiert: *Radbruch*, in Aschrott / Kohlrausch, S.).

**RADBRUCH**, Gustav: Autoritäres oder soziales Strafrecht?; in: Gustav Radbruch Gesamtausgabe. Band 8, Strafrecht II. Herausgegeben und bearbeitet von Arthur Kaufmann. Heidelberg 1998. S 226–237 (zitiert: *Radbruch*, Autoritäres oder soziales Strafrecht, in: GRGA Bd. 8 (Strafrecht II), S.).

**RADBRUCH**, Gustav: Das System der Freiheitsstrafen im Vorentwurf; in: Monatsschrift für Kriminalpsychologie und Strafrechtsreform 7 (1910/11), S. 207–212 (zitiert: *Radbruch*, MschrKrim 7 (1910/11), S.).

**RADBRUCH**, Gustav: Der Erziehungsgedanke im Strafwesen; in: Juristische Wochenschrift 1932 (III. Band), S. 3037–3040 (zitiert: *Radbruch*, JW 1932, S.).

**RADBRUCH**, Gustav: Der innere Weg. Aufriß meines Lebens. 2. Auflage. Göttingen 1961 (zitiert: *Radbruch*, Der innere Weg, S.).

**RADBRUCH**, Gustav: Der Mensch im Recht, Heidelberger Antrittsvorlesung; in: Gustav Radbruch Gesamtausgabe. Band 2, Rechtsphilosophie II. Hrsg. von Arthur Kaufmann. Heidelberg 1993. S. 467–495 (zitiert: *Radbruch*, Der Mensch im Recht, GRGA Bd. 2 (Rechtsphilosophie), S.).

**RADBRUCH**, Gustav: Der neue Kurs in der Strafrechtsreform, in: Gustav Radbruch Gesamtausgabe. Band 9, Strafrechtsreform. Hrsg. von Arthur Kaufmann, bearbeitet von Rudolf Wassermann. Heidelberg 1992. S. 241–245 (zitiert: *Radbruch*, Der neue Kurs in der Strafrechtsreform, in: GRGA Band 9 (Strafrechtsreform), S.).

**Radbruch**, Gustav: Der Überzeugungsverbrecher; in: Zeitschrift für die gesamte Strafrechtswissenschaft. 44 (1924), S. 34–38 (zitiert: *Radbruch*, ZStW 44 (1924), S.).

**Radbruch**, Gustav: Die politische Prognose der Strafrechtsreform; in: Gustav Radbruch Gesamtausgabe. Band 9, Strafrechtsreform. Hrsg. von Arthur Kaufmann, bearbeitet von Rudolf Wassermann. Heidelberg 1992. S. 161–167 (zitiert: *Radbruch*, Die politische Prognose der Strafrechtsreform; in: Gustav Radbruch Gesamtausgabe. Band 9 (Strafrechtsreform), S.).

**Radbruch**, Gustav: Einführung in die Rechtswissenschaft. 3., durchgearbeitete Auflage. Leipzig 1919 (zitiert: *Radbruch*, Einführung in die Rechtswissenschaft, 3. Auflage, S.).

**Radbruch**, Gustav: Einführung in die Rechtswissenschaft; 7./8. Auflage, in Gustav Radbruch Gesamtausgabe. Band 2 Rechtsphilosophie II. Heidelberg 1993 (zitiert: *Radbruch*, Einführung in die Rechtswissenschaft, 7./8. Auflage, S.).

**Radbruch**, Gustav: Elegantiae Iuris Criminalis. Vierzehn Studien zur Geschichte des Strafrechts. 2., neubearbeitete und erweiterte Auflage. Basel 1950 (zitiert: *Radbruch*, Elegantiae Juris Criminalis, S.).

**Radbruch**, Gustav: Erfolghaftung; in: Vergleichende Darstellung des Deutschen und Ausländischen Strafrechts. Vorarbeiten zur Deutschen Strafrechtsreform. Hrsg. von Karl v. Birkmeyer, Fritz van Calker, Reinhard Frank, Robert v. Hippel, Wilhelm Kahl, Karl v. Lilienthal, Franz v. Liszt und Adolf Wach. Allgemeiner Teil. II. Band. S. 227–253. Berlin 1908 (zitiert: Radbruch, in: Vergleichende Darstellung, S.).

**Radbruch**, Gustav: Feuerbach-Gedenkrede, in: Gustav Radbruch Gesamtausgabe Band 6. Feuerbach. Herausgegeben von Arthur Kaufmann. Heidelberg 1997 (*Radbruch*, Feuerbach Gedenkrede, in: GRGA Bd. 6 (Feuerbach), S.).

**Radbruch**, Gustav: Rechtsphilosophie. 6. Auflage. Nach dem Tode des Verfassers besorgt und biographisch eingeleitet von Erik Wolf. Stuttgart 1963 (zitiert: *Radbruch*, Rechtsphilosophie, S.).

**Radbruch**, Gustav: Regierungsvorlage 1922 und Reichratsvorlage 1924; in: Gustav Radbruch Gesamtausgabe, Band 9, Strafrechtsreform. Hrsg. von Arthur Kaufmann, bearbeitet von Rudolf Wassermann. Heidelberg 1992. S. 211–214 (zitiert: *Radbruch*, Regierungsvorlage 1922 und Reichratsvorlage 1924; in: GRGA Bd. 9 (Strafrechtsreform), S.).

**Radbruch**, Gustav: Sicherungstheorie und Rechtssicherheit. Ein Beitrag zur Kriminalistenzeitung in Innsbruck; in: Deutsche Juristenzeitung 1925, Sp. 1286–1291 (zitiert: *Radbruch*, DJZ 1925, Sp.).

**Radbruch**, Gustav: Sozialismus und Strafrechtsreform; in: Gustav Radbruch Gesamtausgabe. Band 9, Strafrechtsreform. Herausgegeben. von Arthur Kaufmann, bearbeitet von Rudolf Wassermann. Heidelberg 1992. S. 270–275 (zitiert: *Radbruch*, Sozialismus und Strafrechtsreform, in: GRGA Bd. 9 (Strafrechtsreform), S.).

**Radbruch**, Gustav: Über den Schuldbegriff, in: Gustav Radbruch Gesamtausgabe. Band 7, Strafrecht I. Herausgegeben von Arthur Kaufmann, bearbeitet von Monika Frommel. Heidelberg 1995. S. 207–220. Siehe zugleich: Zeitschrift für die gesamte Strafrechtswissenschaft. 24 (1904), S. 333–348 (zitiert: *Radbruch*, Über den Schuldbegriff", in: GRGA Bd. 7 (Strafrecht I), S.).

**Radbruch**, Gustav: Über die Frage vom Überzeugungstäter, in: Verhandlungen des Vierunddreißigsten Deutschen Juristentags zu Köln vom 12. bis 15. September 1926. Zweiter Band (Stenographischer Bericht). Berlin, Leipzig 1927. S. 354–373., auch abgedruckt in: Gustav Radbruch Gesamtausgabe. Band 8, Strafrecht II. Herausgegeben und bearbeitet von Arthur Kaufmann, Heidelberg 1998 (zitiert: *Radbruch*, Verh. 34. DJT Bd. 2, S.).

**Radbruch**, Gustav: Vorschule zur Rechtsphilosophie. Nachschrift einer Vorlesung. Hrsg. von Harald Schubert und Joachim Stoltzenburg, Studenten der Rechte. Heidelberg 1948 (zitiert, *Radbruch*, Vorschule zur Rechtsphilosophie, S.).

**Radbruch**, Gustav: Zur Systematik der Verbrechenslehre; in: Festgabe für Reinhard von Frank zum 70. Geburtstag, 16. August 1930. Band I. Beiträge zur Strafrechtswissenschaft. Hrsg. von August Hegler [ua.]. Tübingen 1930. Neudruck. Aalen 1969. S. 158–173 (zitiert: *Radbruch*, Frank Festgabe I, S.).

**Rentrop**, Kathrin: Untreue und Unterschlagung (§§ 266 und 246 StGB). Reformdiskussion und Gesetzgebung seit dem 19. Jahrhundert. Berlin 2007 (zitiert: *Rentrop*, S.).

**Rittler**, Theodor: Lehrbuch des Österreichischen Strafrechts. 2., neubearbeitete Auflage. 1. Band. Allgemeiner Teil. Wien 1954 (zitiert: *Rittler*, Lehrbuch des österreichischen Strafrechts 1. Bd., §, S.).

**Roeder**, Hermann: Schuld und Irrtum im Justiz- und Verwaltungsstrafrecht. Ein Beitrag zur allgemeinen Strafrechtslehre de lege ferenda. Breslau-Neukirch 1938 (zitiert: *Roeder*, Schuld und Irrtum, S.).

**Rosenberg**, Arthur: Entstehung der Weimarer Republik. Hrsg. und eingeleitet von Kurt Kersten. Frankfurt am Main 1983 (zitiert: *Rosenberg*, Entstehung und Geschichte der Weimarer Republik, S.).

**Roxin**, Claus: Die Gewissenstat als Strafbefreiungsgrund; in: Rechtsstaat und Menschenwürde, Festschrift für Werner Maihofer zum 70. Geburtstag. Hrsg. von Arthur Kaufmann, Ernst-Joachim Mestmäcker und Hans F. Zacher. Franfurt am Main 1988. S. 389–411 (zitiert: *Roxin*, in: Rechtsstaat und Menschenwürde FS für Werner Maihofer, S.).

**Roxin**, Claus: Strafrecht Allgemeiner Teil. Band I. Grundlagen – Der Aufbau der Verbrechenslehre. 4., vollständig neu bearbeitete Auflage. München 2006. (zitiert: *Roxin*, Strafrecht AT I, S.).

**Schäfer**, Christian: „Widernatürliche Unzucht" (§§ 175, 175a, 182a a.F. StGB). Reformdiskussion und Gesetzgebung seit 1945. Berlin 2006 (zitiert: *Schäfer*, S.).

**Schiefelbein**, Herbert: Das Arbeithaus in der Strafrechtsreform. Inaugural-Dissertation zur Erlangung der juristischen Doktorwürde der Hohen Rechts- und Staatswissenschaftlichen Fakultät der Georg-August-Universität zu Göttingen. Harburg-Wilhelmsburg. 1930 (*Schiefelbein*, Das Arbeitshaus in der Strafrechtsreform, S.).

**Schmidt**, Eberhard: Einführung in die Geschichte der deutschen Strafrechtspflege. Dritte, völlig durchgearbeitete und veränderte Auflage. Göttingen 1965 (zitiert: *Schmidt*, Einführung in die Geschichte der deutschen Strafrechtspflege, S.).

**Schmidt**, Eberhard: Gustav Radbruch als Kriminalist; in: Heidelberger Strafrechtslehrer im 19. und 20. Jahrhundert. Hrsg. von Wilfried Küper. Heidelberg 1986. S. 195–211 (zitiert: *Schmidt*, Gustav Radbruch als Kriminalist, in: Heidelberger Strafrechtslehrer im 19. und 20. Jahrhundert, S.).

**Schmidt**, Richard: Grundriß des deutsches Strafrechts, zugleich als Einführung in das Studium der beiden Entwürfe eines neuen deutschen Strafgesetzbuches von 1919 und 1925 (mit einem Anhang: Der Entwurf eines „allgemeinen" deutschen Strafgesetzbuches von 1925). Leipzig 1925 (zitiert: *Schmidt*, Grundriß des deutschen Strafrechts, S.).

**Schmidt**, Richard: Gesetzmäßige und regelfreie Strafrechtspflege; in: Deutsche Strafrechtszeitung 1925, Sp. 1291–1300 (zitiert: *Schmidt*, DJZ 1925, Sp.).

**Schneider**, Hans-Peter: Gustav Radbruch (1878–1949). Rechtsphilosoph zwischen Wissenschaft und Politik; in: Streitbare Juristen. Eine andere Tradition. Jürgen Seifert, Mitherausgeber der Kritischen Justiz, zum 60. Geburtstag. Hrsg.: Thomas Blanke, Alexander von Brünneck, Rainer Erd, Günter Frankenberg, Rainer Keller, Rolf Knieper, Ulrich Mückenberger, Joachim Perels und Ulrich Statscheit. Baden-Baden 1988. S. 295–306 (*Schneider* in: Streitbare Juristen, S.).

**Schönke-Schröder** – Strafgesetzbuch. Kommentar. Begründet von Adolph Schönke, fortgeführt von Horst Schröder, mitkommentiert von Peter Cramer. Bearbeitet von Theodor Lenckner, Albin Eser, Walter Stree, Jörg Eisele, Günter Heine, Walter Perron und Detlev-Sternberg-Lieben. 27. Auflage. München 2006 (*zitiert*: Schönke / Schröder-*Bearbeiter*).

**Schroth** Ulrich: Vorsatz und Irrtum. (Reihe: Münchener Universitätsschriften, Reihe der Juristischen Fakultät, Band 132). München 1998 (*Schroth*, Vorsatz und Irrtum, S.).

**Schüftan**, Walter: Die Sonderbehandlung des politischen Verbrechens vom Republikschutzgesetz bis zum Entwurf 1925. Dissertation zur Erlangung der juristischen Doktorwürde der rechts- und staatswissenschaftlichen Fakultät der Universität Breslau. Ohlau in Schlesien 1928 (zitiert: *Schüftan*, Die Sonderbehandlung des politischen Verbrechens, S.).

**Schulze**, Hagen: Die deutschen und ihre Nation. Weimar. Deutschland 1917–1933. 4. Auflage. Berlin 1982 (*Schulze*, Weimar, S.).

SEELIG, Ernst: Grundsätzliches zur Strafbemessung nach dem Entwurf von 1925; in: Monatschrift für Kriminalpsychologie und Strafrechtsreform 18 (1927), S. 237–265 (zitiert: *Seelig*, MschrKrim 18 (1927), S.).

SEIDL, Ralf: Der Streit um den Strafzweck zur Zeit der Weimarer Republik. (Reihe: Europäische Hochschulschriften, Reihe II Rechtswissenschaft, Band 94). Bern, Frankfurt a.M. 1974 (*Seidl*, Der Streit um den Strafzweck zur Zeit der Weimarer Republik, S.).

SPENDEL, Günter: Jurist in einer Zeitenwende. Gustav Radbruch zum 100. Geburtstag. Heidelberg, Karlsruhe 1979 (zitiert: *Spendel*, Jurist in einer Zeitenwende, S.).

SPRINGBORN, Joachim: Idealkonkurrenz und Realkonkurrenz im geltenden Reichsstrafrecht und in den Entwürfen zum Reichsstrafgesetzbuch. Inaugural-Dissertation zur Erlangung der juristischen Doktorwürde der Rechts- und Staatswissenschaftlichen Fakultät der Universität Greifswald. Coburg 1933 (zitiert: *Springborn*, Idealkonkurrenz und Realkonkurrenz, S.).

STAPENHORST, Hermann: Die Entwicklung des Verhältnisses von Geldstrafe zu Freiheitsstrafe seit 1882. Eine rechthistorische Untersuchung anhand von Kriminalstatistiken. Kriminologische und sanktionsrechtliche Forschungen, Bd. 4. Zugleich Inaugural-Dissertation zur Erlangung der Doktorwürde an der Freien Universität Berlin, Wintersemester 1991/1992. Berlin 1993 (zitiert: *Stapenhorst*, Die Entwicklung des Verhältnisses von Geldstrafe zu Freiheitsstrafe seit 1882, S.).

STOLTZENBURG, Joachim: Das Problem des Überzeugungsverbrechers bei Gustav Radbruch. Inauguraldissertation zur Erlangung der Doktorwürde der Juristischen Fakultät der Ruprecht-Karls-Universität. Berichterstatter: Eberhard Schmidt. Heidelberg 1953 (zitiert: *Stoltzenburg*, Das Problem des Überzeugungsverbrechers bei Gustav Radbruch, S.).

STURM, Friedrich: Die strafrechtliche Verschuldung. (Reihe: Strafrechtliche Abhandlungen, Heft 41). Breslau 1902 (zitiert: *Sturm*, Friedrich, Die strafrechtliche Verschuldung, S.).

THIEL, Markus: Gustav Radbruch und die Rechtsfigur des Überzeugungsverbrechers. Die Auffassungen zur Behandlung von Tätern aus Überzeugung während der Weimarer Republik; in: Thomas Vormbaum (Hrsg.): Jahrbuch der Juristischen Zeitgeschichte. Band 3. 2001/2002. Baden-Baden 2002. S. 259–276 (zitiert: *Thiel*, in: Jahrbuch Bd. 3, S.).

TROEMER, Emily: Die Lehre vom Irrtum in den Entwürfen zu einem deutschen Strafgesetzbuch. Inaugural-Dissertation zur Erlangung der juristischen Doktorwürde einer hohen rechts- und wirtschaftswissenschaftlichen Fakultät der Landesuniversität Jena. Berlin 1926 (zitiert: *Troemer*, Die Lehre vom Irrtum, S.).

VOGEL, Hans Jochen: Gustav Radbruch – ein Rechtsdenker und Rechtspolitiker der deutschen Sozialdemokratie; in: Heidelberger Strafrechtslehrer im 19. und 20. Jahrhundert. Hrsg. von Wilfried Küper. Heidelberg 1986. S. 243–268 (zitiert: *Vogel*,

Gustav Radbruch – ein Rechtsdenker und Rechtspolitiker der deutschen Sozialdemokratie, in: Heidelberger Strafrechtslehrer im 19. und 20. Jahrhundert, S.).

VORMBAUM, Thomas: „Politisches" Strafrecht, in: Zeitschrift für die gesamte Strafrechtswissenschaft. 107 (1995), S. 734–760 (zitiert: *Vormbaum*, ZStW 107 (1995), S.).

VORMBAUM, Thomas: Die Lex Emminger vom 4. Januar 1924. Vorgeschichte, Inhalt und Auswirkungen. Ein Beitrag zur deutschen Strafrechtsgeschichte des 20. Jahrhunderts. Berlin 1988 (zitiert: *Vormbaum*, Lex Emminger, S.).

WACH, Adolf: Der neue Strafgesetzentwurf. Allgemeiner Teil; in: Deutsche Juristenzeitung, 1925, Sp. 529–537 (zitiert: *Wach*, DJZ 1925, Sp.).

WACHENFELD: Der Allgemeine Teil des Strafgesetzbuches von 1925; in: Goltdammers Archiv für Strafrecht und Strafprozeßrecht; Bd. 69 (1925), S. 353–366 (zitiert: *Wachenfeld*, GA 69 (1925), S.).

WASSERMANN, Rudolf: Einleitung; in: Gustav Radbruch Gesamtausgabe. Band 9, Strafrechtsreform. Herausgegeben von Arthur Kaufmann, bearbeitet von Rudolf Wassermann. Heidelberg 1992, S. 1–45 (*Wassermann*, Einleitung, in: GRGA, Bd. 9 (Strafrechtsreform), S.).

WESSELS, Johannes / BEULKE, Werner: Strafrecht Allgemeiner Teil. Die Straftat und ihr Aufbau. 36., neu bearbeitete Auflage. Heidelberg 2006 (zitiert: *Wessels / Beulke*, Rn.).

WINKLER, Heinrich August: Der lange Weg nach Westen. Erster Band. Deutsche Geschichte vom Ende des Alten Reiches bis zum Untergang der Weimarer Republik. 5. durchgesehene Auflage. München 2002 (zitiert: *Winkler*, Der lange Weg nach Westen Bd. 1, S.).

WINKLER, Heinrich August: Weimar 1918–1933: die Geschichte der ersten deutschen Demokratie. München 1998 (zitiert: *Winkler*, Weimar 1918–1933, S.).

WIRSCHING, Andreas: Die Weimarer Republik. Politik und Gesellschaft. (Reihe: Enzyklopädie deutscher Geschichte; Bd. 58). München 2000.

WITH, Hans de: Gustav Radbruch. Reichsminister der Justiz. Gedanken und Dokumente zur Rechtspolitik Gustav Radbruch aus Anlaß d. 100. Wiederkehr seines Geburtstages. Unter Mitarbeit von Elmar Hucko und Hans Wrobel. Mit einem Geleitwort vom Hans-Jochen Vogel. Köln 1978 (zitiert: *de With*, Gustav Radbruch, S.).

WOLF, Erik: Das Tatmotiv der Pflichtüberzeugung als Voraussetzung einer Sonderstrafe. Kritische Bemerkungen zum § 71 des amtlichen Entwurfs eines Allgemeinen Deutschen Strafgesetzbuches von 1925; in: Zeitschrift für die gesamte Strafrechtswissenschaft. 46 (1925), S. 203–227 (zitiert: *Wolf*, ZStW 46 (1925), S.).

WOLF, Erik: Einleitung des Herausgebers: Gustav Radbruchs Leben und Werk; in: Gustav Radbruch. Rechtsphilosophie. 6. Auflage. Nach dem Tode des Verfassers besorgt und biographisch eingeleitet von Erik Wolf. Stuttgart 1963. S. 17–79 (zitiert: *Wolf* in der Einleitung zu Gustav Radbruchs Rechtsphilosophie, S.).

WOLF, Erik: Große Rechtsdenker der deutschen Geistesgeschichte. 4., durchgearbeitete und ergänzte Auflage. Tübingen 1963 (zitiert: *Wolf*, Große Rechtsdenker).

WOLF, Erik: Strafrechtliche Schuldlehre. Erster Teil: Die gegenwärtige Lage, die theoretischen Voraussetzungen und die methodologische Struktur der strafrechtlichen Schuldlehre. Mannheim, Berlin, Leipzig 1928 (zitiert: *Wolf*, Strafrechtliche Schuldlehre, S.).

WOLF, Erik: Verbrechen aus Überzeugung. Heidelberger Antrittsvorlesung von Erik Wolf. (Reihe: Recht und Staat in Geschichte und Gegenwart; Eine Sammlung von Vorträgen und Schriften aus dem Gebiet der gesamten Staatswissenschaften, Band 52). Tübingen 1927 (zitiert: *Wolf*, Verbrechen aus Überzeugung, S.).

WOLF, Erik: Zum Problem der Anerkennung von Überzeugungsverbrechen. Weitere kritische Bemerkungen zum § 71 des AE; in: Zeitschrift für die gesamte Strafrechtswissenschaft. 47 (1927), S. 396–403 (zitiert: *Wolf*, ZStW 47 (1927), S.).

WOLFF, Jörg / Dörner, Christine: Jugendstrafrecht zwischen Weimar und Nationalsozialismus, in: Recht der Jugend und des Bildungswesens 38 (1990), S. 54–66 (zitiert: *Wolff / Dörner*, RdJB 38 (1990), S.).

# Juristische Zeitgeschichte

Herausgeber: Prof. Dr. Dr. Thomas Vormbaum, FernUniversität in Hagen

**Abteilung 1: Allgemeine Reihe**

1 *Thomas Vormbaum (Hrsg.):* Die Sozialdemokratie und die Entstehung des Bürgerlichen Gesetzbuchs. Quellen aus der sozialdemokratischen Partei und Presse (1997)

2 *Heiko Ahlbrecht:* Geschichte der völkerrechtlichen Strafgerichtsbarkeit im 20. Jahrhundert (1999)

3 *Dominik Westerkamp:* Pressefreiheit und Zensur im Sachsen des Vormärz (1999)

4 *Wolfgang Naucke:* Über die Zerbrechlichkeit des rechtsstaatlichen Strafrechts. Gesammelte Aufsätze zur Strafrechtsgeschichte (2000)

5 *Jörg Ernst August Waldow:* Der strafrechtliche Ehrenschutz in der NS-Zeit (2000)

6 *Bernhard Diestelkamp:* Rechtsgeschichte als Zeitgeschichte. Beiträge zur Rechtsgeschichte des 20. Jahrhunderts (2001)

7 *Michael Damnitz:* Bürgerliches Recht zwischen Staat und Kirche. Mitwirkung der Zentrumspartei am Bürgerlichen Gesetzbuch (2001)

8 *Massimo Nobili:* Die freie richterliche Überzeugungsbildung. Reformdiskussion und Gesetzgebung in Italien, Frankreich und Deutschland seit dem Ausgang des 18. Jahrhunderts (2001)

9 *Diemut Majer:* Nationalsozialismus im Lichte der Juristischen Zeitgeschichte (2002)

10 *Bianca Vieregge:* Die Gerichtsbarkeit einer „Elite". Nationalsozialistische Rechtsprechung am Beispiel der SS- und Polizeigerichtsbarkeit (2002)

11 *Norbert Berthold Wagner:* Die deutschen Schutzgebiete (2002)

12 *Miloš Vec:* Die Spur des Täters. Methoden der Identifikation in der Kriminalistik (1879–1933), (2002)

13 *Christian Amann:* Ordentliche Jugendgerichtsbarkeit und Justizalltag im OLG-Bezirk Hamm von 1939 bis 1945 (2003)

14 *Günter Gribbohm:* Das Reichskriegsgericht (2004)

15 *Martin M. Arnold:* Pressefreiheit und Zensur im Baden des Vormärz. Im Spannungsfeld zwischen Bundestreue und Liberalismus (2003)

16 *Ettore Dezza:* Beiträge zur Geschichte des modernen italienischen Strafrechts (2004)

17 *Thomas Vormbaum (Hrsg.):* „Euthanasie" vor Gericht. Die Anklageschrift des Generalstaatsanwalts beim OLG Frankfurt/M. gegen Werner Heyde u. a. vom 22. Mai 1962 (2005)

18 *Kai Cornelius:* Vom spurlosen Verschwindenlassen zur Benachrichtigungspflicht bei Festnahmen (2006)

19 *Kristina Brümmer-Pauly:* Desertion im Recht des Nationalsozialismus (2006)

20 *Hanns-Jürgen Wiegand:* Direktdemokratische Elemente in der deutschen Verfassungsgeschichte (2006)

21 *Hans-Peter Marutschke (Hrsg.):* Beiträge zur modernen japanischen Rechtsgeschichte (2006)

**Abteilung 2: Forum Juristische Zeitgeschichte**

1 *Franz-Josef Düwell / Thomas Vormbaum (Hrsg.):* Themen juristischer Zeitgeschichte (1) – Schwerpunktthema: Recht und Nationalsozialismus (1998)
2 *Karl-Heinz Keldungs:* Das Sondergericht Duisburg 1943–1945 (1998)
3 *Franz-Josef Düwell / Thomas Vormbaum (Hrsg.):* Themen juristischer Zeitgeschichte (2) – Schwerpunktthema: Recht und Juristen in der Revolution von 1848/49 (1998)
4 *Thomas Vormbaum:* Beiträge zur juristischen Zeitgeschichte (1999)
5 *Franz-Josef Düwell / Thomas Vormbaum:* Themen juristischer Zeitgeschichte (3), (1999)
6 *Thomas Vormbaum (Hrsg.):* Themen juristischer Zeitgeschichte (4), (2000)
7 *Frank Roeser:* Das Sondergericht Essen 1942–1945 (2000)
8 *Heinz Müller-Dietz:* Recht und Nationalsozialismus – Gesammelte Beiträge (2000)
9 *Franz-Josef Düwell (Hrsg.):* Licht und Schatten. Der 9. November in der deutschen Geschichte und Rechtsgeschichte – Symposium der Arnold-Freymuth-Gesellschaft, Hamm (2000)
10 *Bernd-Rüdiger Kern / Klaus-Peter Schroeder (Hrsg.):* Eduard von Simson (1810–1899). „Chorführer der Deutschen" und erster Präsident des Reichsgerichts (2001)
11 *Norbert Haase / Bert Pampel (Hrsg.):* Die Waldheimer „Prozesse" – fünfzig Jahre danach. Dokumentation der Tagung der Stiftung Sächsische Gedenkstätten am 28. und 29. September in Waldheim (2001)
12 *Wolfgang Form (Hrsg.):* Literatur- und Urteilsverzeichnis zum politischen NS-Strafrecht (2001)
13 *Sabine Hain:* Die Individualverfassungsbeschwerde nach Bundesrecht (2002)
14 *Gerhard Pauli / Thomas Vormbaum (Hrsg.):* Justiz und Nationalsozialismus – Kontinuität und Diskontinuität. Fachtagung in der Justizakademie des Landes NRW, Recklinghausen, am 19. und 20. November 2001 (2003)
15 *Mario Da Passano (Hrsg.):* Europäische Strafkolonien im 19. Jahrhundert. Internationaler Kongreß des Dipartimento di Storia der Universität Sassari und des Parco nazionale di Asinara, Porto Torres, 25. Mai 2001 (2006)
16 *Sylvia Kesper-Biermann / Petra Overath (Hrsg.):* Die Internationalisierung von Strafrechtswissenschaft und Kriminalpolitik (1870–1930). Deutschland im Vergleich (2007)
17 *Hermann Weber (Hrsg.):* Literatur, Recht und Musik. Tagung im Nordkolleg Rendsburg vom 16. bis 18. September 2005 (2007)
18 *Hermann Weber (Hrsg.):* Literatur, Recht und (bildende) Kunst. Tagung im Nordkolleg Rendsburg vom 21. bis 23. September 2007 (2008)

**Abteilung 3: Beiträge zur modernen deutschen Strafgesetzgebung Materialien zu einem historischen Kommentar**

1 *Thomas Vormbaum / Jürgen Welp (Hrsg.):* Das Strafgesetzbuch seit 1870. Sammlung der Änderungen und Neubekanntmachungen; Vier Textbände (1999–2002) und drei Supplementbände (2005, 2006)
2 *Christian Müller:* Das Gewohnheitsverbrechergesetz vom 24. November 1933. Kriminalpolitik als Rassenpolitik (1998)

3 *Maria Meyer-Höger:* Der Jugendarrest. Entstehung und Weiterentwicklung einer Sanktion (1998)
4 *Kirsten Gieseler:* Unterlassene Hilfeleistung – § 323c StGB. Reformdiskussion und Gesetzgebung seit 1870. (1999)
5 *Robert Weber:* Die Entwicklung des Nebenstrafrechts 1871–1914 (1999)
6 *Frank Nobis:* Die Strafprozeßgesetzgebung der späten Weimarer Republik (2000)
7 *Karsten Felske:* Kriminelle und terroristische Vereinigungen – §§ 129, 129a StGB (2002)
8 *Ralf Baumgarten:* Zweikampf – §§ 201–210 a.F. StGB (2003)
9 *Felix Prinz:* Diebstahl – §§ 242 ff. StGB (2003)
10 *Werner Schubert / Thomas Vormbaum (Hrsg.):* Entstehung des Strafgesetzbuchs. Kommissionsprotokolle und Entwürfe. Band 1: 1869 (2002); Band 2: 1870 (2004)
11 *Lars Bernhard:* Falsche Verdächtigung (§§ 164, 165 StGB) und Vortäuschen einer Straftat (§ 145d StGB), (2003)
12 *Frank Korn:* Körperverletzungsdelikte – §§ 223 ff., 340 StGB. Reformdiskussion und Gesetzgebung von 1870 bis 1933 (2003)
13 *Christian Gröning:* Körperverletzungsdelikte – §§ 223 ff., 340 StGB. Reformdiskussion und Gesetzgebung seit 1933 (2004)
14 *Sabine Putzke:* Die Strafbarkeit der Abtreibung in der Kaiserzeit und in der Weimarer Zeit. Eine Analyse der Reformdiskussion und der Straftatbestände in den Reformentwürfen (1908–1931), (2003)
15 *Eckard Voßiek:* Strafbare Veröffentlichung amtlicher Schriftstücke (§ 353d Nr. 3 StGB). Gesetzgebung und Rechtsanwendung seit 1851 (2004)
16 *Stefan Lindenberg:* Brandstiftungsdelikte – §§ 306 ff. StGB. Reformdiskussion und Gesetzgebung seit 1870 (2004)
17 *Ninette Barreneche†:* Materialien zu einer Strafrechtsgeschichte der Münchener Räterepublik 1918/1919 (2004)
18 *Carsten Thiel:* Rechtsbeugung – § 339 StGB. Reformdiskussion und Gesetzgebung seit 1870 (2005)
19 *Vera Große-Vehne:* Tötung auf Verlangen (§ 216 StGB), „Euthanasie“ und Sterbehilfe. Reformdiskussion und Gesetzgebung seit 1870 (2005)
20 *Thomas Vormbaum / Kathrin Rentrop (Hrsg.):* Reform des Strafgesetzbuchs. Sammlung der Reformentwürfe. Band 1: 1909 bis 1919. Band 2: 1922 bis 1939. Band 3: 1959 bis 1996 (2008)
21 *Dietmar Prechtel:* Urkundendelikte (§§ 267 ff. StGB). Reformdiskussion und Gesetzgebung seit 1870 (2005)
22 *Ilya Hartmann:* Prostitution, Kuppelei, Zuhälterei. Reformdiskussion und Gesetzgebung seit 1870 (2006)
23 *Ralf Seemann:* Strafbare Vereitelung von Gläubigerrechten (§§ 283 ff., 288 StGB). Reformdiskussion und Gesetzgebung seit 1870 (2006)
24 *Andrea Hartmann:* Majestätsbeleidigung (§§ 94 ff. StGB a.F.) und Verunglimpfung des Staatsoberhauptes (§ 90 StGB). Reformdiskussion und Gesetzgebung seit dem 19. Jahrhundert (2006)
25 *Christina Rampf:* Hausfriedensbruch (§ 123 StGB). Reformdiskussion und Gesetzgebung seit 1870 (2006)
26 *Christian Schäfer:* „Widernatürliche Unzucht“ (§§ 175, 175a, 175b, 182, a.F. StGB). Reformdiskussion und Gesetzgebung seit 1945 (2006)

27 *Kathrin Rentrop:* Untreue und Unterschlagung (§§ 266 und 246 StGB). Reformdiskussion und Gesetzgebung seit dem 19. Jahrhundert (2007)

28 *Martin Asholt:* Straßenverkehrsstrafrecht. Reformdiskussion und Gesetzgebung seit dem Ausgang des 19. Jahrhunderts (2007)

29 *Katharina Linka:* Mord und Totschlag (§§ 211–213 StGB). Reformdiskussion und Gesetzgebung seit 1870 (2008)

30 *Juliane Sophia Dettmar:* Legalität und Opportunität im Strafprozess. Reformdiskussion und Gesetzgebung von 1877 bis 1933 (2008)

31 *Jürgen Durynek:* Korruptionsdelikte (§§ 331 ff. StGB). Reformdiskussion und Gesetzgebung seit dem 19. Jahrhundert (2008)

32 *Judith Weber*: Das sächsische Strafrecht im 19. Jahrhundert bis zum Reichsstrafgesetzbuch (2009)

33 *Denis Matthies*: Exemplifikationen und Regelbeispiele. Eine Untersuchung zum 100-jährigen Beitrag von Adolf Wach zur „Legislativen Technik“ (2009)

34 *Benedikt Rohrßen*: Von der „Anreizung zum Klassenkampf“ zur „Volksverhetzung“ (§ 130 StGB). Reformdiskussion und Gesetzgebung seit dem 19. Jahrhundert (2009)

**Abteilung 4: Leben und Werk. Biographien und Werkanalysen**

1 *Mario A. Cattaneo:* Karl Grolmans strafrechtlicher Humanismus (1998)

2 *Gerit Thulfaut:* Kriminalpolitik und Strafrechtstheorie bei Edmund Mezger (2000)

3 *Adolf Laufs:* Persönlichkeit und Recht. Gesammelte Aufsätze (2001)

4 *Hanno Durth:* Der Kampf gegen das Unrecht. Gustav Radbruchs Theorie eines Kulturverfassungsrechts (2001)

5 *Volker Tausch:* Max Güde (1902–1984). Generalbundesanwalt und Rechtspolitiker (2002)

6 *Bernd Schmalhausen:* Josef Neuberger (1902–1977). Ein Leben für eine menschliche Justiz (2002)

7 *Wolf Christian von Arnswald:* Savigny als Strafrechtspraktiker. Ministerium für die Gesetzesrevision (1842–1848), (2003)

8 *Thilo Ramm:* Ferdinand Lassalle. Der Revolutionär und das Recht (2004)

9 *Martin D. Klein:* Demokratisches Denken bei Gustav Radbruch (2007)

10 *Francisco Muñoz Conde:* Edmund Mezger – Beiträge zu einem Juristenleben (2007)

11 *Whitney R. Harris:* Tyrannen vor Gericht. Das Verfahren gegen die deutschen Hauptkriegsverbrecher nach dem Zweiten Weltkrieg in Nürnberg 1945–1946 (2008)

12 *Eric Hilgendorf (Hrsg.):* Die deutschsprachige Strafrechtswissenschaft in Selbstdarstellungen (2010)

13 *Tamara Cipolla:* Friedrich Karl von Strombeck. Leben und Werk – Unter besonderer Berücksichtigung des Entwurfes eines Strafgesetzbuches für ein Norddeutsches Staatsgebiet (2010)

14 *Karoline Peters:* J. D. H. Temme und das preußische Strafverfahren in der Mitte des 19. Jahrhunderts (2010)

**Abteilung 5: Juristisches Zeitgeschehen Rechtspolitik und Justiz aus zeitgenössischer Perspektive**

Mitherausgegeben von Gisela Friedrichsen („Der Spiegel")
und RA Prof. Dr. Franz Salditt

1 *Diether Posser:* Anwalt im Kalten Krieg. Ein Stück deutscher Geschichte in politischen Prozessen 1951–1968. 3. Auflage (1999)
2 Jörg Arnold (Hrsg.): Strafrechtliche Auseinandersetzung mit Systemvergangenheit am Beispiel der DDR (2000)
3 *Thomas Vormbaum (Hrsg.):* Vichy vor Gericht: Der Papon-Prozeß (2000)
4 *Heiko Ahlbrecht / Kai Ambos (Hrsg.):* Der Fall Pinochet(s). Auslieferung wegen staatsverstärkter Kriminalität? (1999)
5 *Oliver Franz:* Ausgehverbot für Jugendliche („Juvenile Curfew") in den USA. Reformdiskussion und Gesetzgebung seit dem 19. Jahrhundert (2000)
6 *Gabriele Zwiehoff (Hrsg.):* „Großer Lauschangriff". Die Entstehung des Gesetzes zur Änderung des Grundgesetzes vom 26. März 1998 und des Gesetzes zur Änderung der Strafprozeßordnung vom 4. Mai 1998 in der Presseberichterstattung 1997/98 (2000)
7 *Mario A. Cattaneo:* Strafrechtstotalitarismus. Terrorismus und Willkür (2001)
8 *Gisela Friedrichsen / Gerhard Mauz:* Er oder sie? Der Strafprozeß Böttcher/ Weimar. Prozeßberichte 1987 bis 1999 (2001)
9 *Heribert Prantl / Thomas Vormbaum (Hrsg.):* Juristisches Zeitgeschehen 2000 in der Süddeutschen Zeitung (2001)
10 *Helmut Kreicker:* Art. 7 EMRK und die Gewalttaten an der deutsch-deutschen Grenze (2002)
11 *Heribert Prantl / Thomas Vormbaum (Hrsg.):* Juristisches Zeitgeschehen 2001 in der Süddeutschen Zeitung (2002)
12 *Henning Floto:* Der Rechtsstatus des Johanniterordens. Eine rechtsgeschichtliche und rechtsdogmatische Untersuchung zum Rechtsstatus der Balley Brandenburg des ritterlichen Ordens St. Johannis vom Spital zu Jerusalem (2003)
13 *Heribert Prantl / Thomas Vormbaum (Hrsg.):* Juristisches Zeitgeschehen 2002 in der Süddeutschen Zeitung (2003)
14 *Kai Ambos / Jörg Arnold (Hrsg.):* Der Irak-Krieg und das Völkerrecht (2004)
15 *Heribert Prantl / Thomas Vormbaum (Hrsg.)*: Juristisches Zeitgeschehen 2003 in der Süddeutschen Zeitung (2004)
16 *Sascha Rolf Lüder:* Völkerrechtliche Verantwortlichkeit bei Teilnahme an „Peace-keeping"-Missionen der Vereinten Nationen (2004)
17 *Heribert Prantl / Thomas Vormbaum (Hrsg.)*: Juristisches Zeitgeschehen 2004 in der Süddeutschen Zeitung (2005)
18 *Christian Haumann:* Die „gewichtende Arbeitsweise" der Finanzverwaltung. Eine Untersuchung über die Aufgabenerfüllung der Finanzverwaltung bei der Festsetzung der Veranlagungssteuern (2008)

## Abteilung 6: Recht in der Kunst

Mitherausgegeben von Prof. Dr. Gunter Reiß

1 *Heinz Müller-Dietz:* Recht und Kriminalität im literarischen Widerschein. Gesammelte Aufsätze (1999)
2 *Klaus Lüderssen (Hrsg.):* »Die wahre Liberalität ist Anerkennung«. Goethe und die Juris prudenz (1999)
3 *Bertolt Brecht:* Die Dreigroschenoper (1928) / Dreigroschenroman (1934). Mit Kommentaren von Iring Fetscher und Bodo Plachta (2001)
4 *Annette von Droste-Hülshoff:* Die Judenbuche (1842) / Die Vergeltung (1841). Mit Kommentaren von Heinz Holzhauer und Winfried Woesler (2000)
5 *Theodor Fontane:* Unterm Birnbaum (1885). Mit Kommentaren von Hugo Aust und Klaus Lüderssen (2001)
6 *Heinrich von Kleist:* Michael Kohlhaas (1810). Mit Kommentaren von Wolfgang Naucke und Joachim Linder (2000)
7 *Anja Sya:* Literatur und juristisches Erkenntnisinteresse. Joachim Maass' Roman „Der Fall Gouffé" und sein Verhältnis zu der historischen Vorlage (2001)
8 *Heiner Mückenberger:* Theodor Storm – Dichter und Richter. Eine rechtsgeschichtliche Lebensbeschreibung (2001)
9 *Hermann Weber (Hrsg.):* Annäherung an das Thema „Recht und Literatur". Recht, Literatur und Kunst in der NJW (1), (2002)
10 *Hermann Weber (Hrsg.):* Juristen als Dichter. Recht, Literatur und Kunst in der NJW (2), (2002)
11 *Hermann Weber (Hrsg.):* Prozesse und Rechtsstreitigkeiten um Recht, Literatur und Kunst. Recht, Literatur und Kunst in der NJW (3), (2002)
12 *Klaus Lüderssen:* Produktive Spiegelungen. 2., erweiterte Auflage (2002)
13 *Lion Feuchtwanger:* Erfolg. Drei Jahre Geschichte einer Provinz. Roman (1929). Mit Kommentaren von Theo Rasehorn und Ernst Ribbat (2002)
14 *Jakob Wassermann:* Der Fall Maurizius. Roman (1928). Mit Kommentaren von Thomas Vormbaum und Regina Schäfer (2003)
15 *Hermann Weber (Hrsg.):* Recht, Staat und Politik im Bild der Dichtung. Recht, Literatur und Kunst in der Neuen Juristischen Wochenschrift (4), (2003)
16 *Hermann Weber (Hrsg.)*: Reale und fiktive Kriminalfälle als Gegenstand der Literatur. Recht, Literatur und Kunst in der Neuen Juristischen Wochenschrift (5), (2003)
17 *Karl Kraus:* Sittlichkeit und Kriminalität. (1908). Mit Kommentaren von Helmut Arntzen und Heinz Müller-Dietz (2004)
18 *Hermann Weber (Hrsg.)*: Dichter als Juristen. Recht, Literatur und Kunst in der Neuen Juristischen Wochenschrift (6), (2004)
19 *Hermann Weber (Hrsg.):* Recht und Juristen im Bild der Literatur. Recht, Literatur und Kunst in der Neuen Juristischen Wochenschrift (7), (2005)
20 *Heinrich von Kleist:* Der zerbrochne Krug. Ein Lustspiel (1811). Mit Kommentaren von Michael Walter und Regina Schäfer (2005)
21 *Francisco Muñoz Conde / Marta Muñoz Aunión:* „Das Urteil von Nürnberg". Juristischer und filmwissenschaftlicher Kommentar zum Film von Stanley Kramer (1961), (2006)

22 *Fjodor Dostojewski:* Aufzeichnungen aus einem Totenhaus (1860). Mit Kommentaren von Heinz Müller-Dietz und Dunja Brötz (2005)
23 *Thomas Vormbaum (Hrsg.):* Anton Matthias Sprickmann. Dichter und Jurist. Mit Kommentaren von Walter Gödden, Jörg Löffler und Thomas Vormbaum (2006)
24 *Friedrich Schiller:* Verbrecher aus Infamie (1786). Mit Kommentaren von Heinz Müller-Dietz und Martin Huber (2006)
25 *Franz Kafka:* Der Proceß. Roman (1925). Mit Kommentaren von Detlef Kremer und Jörg Tenckhoff (2006)
26 *Heinrich Heine:* Deutschland. Ein Wintermährchen. Geschrieben im Januar 1844. Mit Kommentaren von Winfried Woesler und Thomas Vormbaum (2006)
27 *Thomas Vormbaum (Hrsg.):* Recht, Rechtswissenschaft und Juristen im Werk Heinrich Heines (2006)
28 *Heinz Müller-Dietz:* Recht und Kriminalität in literarischen Spiegelungen (2007)
29 *Alexander Puschkin:* Pique Dame (1834). Mit Kommentaren von Barbara Aufschnaiter/Dunja Brötz und Friedrich-Christian Schroeder (2007)
30 *Georg Büchner:* Danton's Tod. Dramatische Bilder aus Frankreichs Schreckensherrschaft. Mit Kommentaren von Sven Kramer und Bodo Pieroth (2007)
31 *Daniel Halft:* Die Szene wird zum Tribunal! Eine Studie zu den Beziehungen von Recht und Literatur am Beispiel des Schauspiels „Cyankali" von Friedrich Wolf (2007)
32 *Erich Wulffen:* Kriminalpsychologie und Psychopathologie in Schillers Räubern (1907). Herausgegeben von Jürgen Seul (2007)
33 *Klaus Lüderssen:* Produktive Spiegelungen: Recht in Literatur, Theater und Film. Band II (2007)
34 *Albert Camus:* Der Fall. Roman (1956). Mit Kommentaren von Brigitte Sändig und Sven Grotendiek (2008)
35 *Thomas Vormbaum (Hrsg.):* Pest, Folter und Schandsäule. Der Mailänder Prozess wegen „Pestschmierereien" in Rechtskritik und Literatur. Mit Kommentaren von Ezequiel Malarino und Helmut C. Jacobs (2008)

**Abteilung 7: Beiträge zur Anwaltsgeschichte**

Mitherausgegeben von Gerhard Jungfer, Dr. Tilmann Krach und Prof. Dr. Hinrich Rüping

1 *Babette Tondorf:* Strafverteidigung in der Frühphase des reformierten Strafprozesses. Das Hochverratsverfahren gegen die badischen Aufständischen Gustav Struve und Karl Blind (1848/49), (2006)
2 *Hinrich Rüping:* Rechtsanwälte im Bezirk Celle während des Nationalsozialismus (2007)

**Abteilung 8: Judaica**

1 *Hannes Ludyga:* Philipp Auerbach (1906–1952). „Staatskommissar für rassisch, religiös und politisch Verfolgte" (2005)

2 *Thomas Vormbaum:* Der Judeneid im 19. Jahrhundert, vornehmlich in Preußen. Ein Beitrag zur juristischen Zeitgeschichte (2006)
3 *Hannes Ludyga:* Die Rechtsstellung der Juden in Bayern von 1819 bis 1918. Studie im Spiegel der Verhandlungen der Kammer der Abgeordneten des bayerischen Landtags (2007)

Bei Fragen zur Produktsicherheit wenden Sie sich bitte an:
If you have any questions regarding product safety,
please contact:

Walter de Gruyter GmbH
Genthiner Straße 13
10785 Berlin
productsafety@degruyterbrill.com